T0375454

Grundkurs Software-Engineering mit UML

Stephan Kleuker

Grundkurs Software-Engineering mit UML

Der pragmatische Weg zu erfolgreichen Softwareprojekten

5. Auflage

Stephan Kleuker
Ingenieurwissenschaften und Informatik
Hochschule Osnabrück
Osnabrück, Deutschland

ISBN 978-3-658-46533-9 ISBN 978-3-658-46534-6 (eBook)
https://doi.org/10.1007/978-3-658-46534-6

Die Deutsche Nationalbibliothek verzeichnet diese Publikation in der Deutschen Nationalbibliografie; detaillierte bibliografische Daten sind im Internet über https://portal.dnb.de abrufbar.

Planung/Lektorat: Leonardo Milla
Springer Vieweg ist ein Imprint der eingetragenen Gesellschaft Springer Fachmedien Wiesbaden GmbH und ist ein Teil von Springer Nature.
Die Anschrift der Gesellschaft ist: Abraham-Lincoln-Str. 46, 65189 Wiesbaden, Germany

Vorwort

Das Ziel dieses Buches ist es, ein Meilenstein in der systematischen Ausbildung von Software-Entwicklern zu sein und Lösungsansätze für die unterschiedlichen Herausforderungen des Software-Engineerings zu zeigen. In einer Zeit, in der immer neue Technologien entwickelt werden, zeigt dieses Buch die Fundamente der Entwicklung, die sich langfristig als ingenieurmäßige Vorgehensweisen etabliert haben. Erfahrenen Entwicklern und anderen an IT-Projekten beteiligten Personen kann dieses Buch helfen, sich intensiver mit aktuellen Ansätzen zu beschäftigen und so an der kontinuierlichen Weiterentwicklung des Software-Engineerings teilzunehmen. Für die Lektüre des Buches ist es sinnvoll, einen ersten Grundkurs in einer objektorientierten Programmiersprache wie Java, C# oder C++ abgeschlossen zu haben, da die grundlegenden Begriffe wie Klasse, Objekt, Vererbung und Polymorphie nur kurz aufgefrischt werden.

Der Inhalt dieses Buches basiert auf den Erfahrungen des Autors als Systemanalytiker und Systemberater für recht unterschiedliche komplexe Software-Systeme, die in verschiedenen Vorlesungen zunächst an der Fachhochschule Nordakademie in Elmshorn und dann an der Fachhochschule Wiesbaden erfolgreich an Informatik-Studierende weitergegeben wurden. Den beteiligten Studierenden sei auf diese Weise besonders gedankt, da sie mit ihren Ideen und vielfältigen Fragestellungen sehr zur Abrundung der Veranstaltungen und dieses Buches beigetragen haben.

Sie haben mir weiterhin gezeigt, dass der Spaß an der Informatik häufig mit dem Spaß an selbst entwickelter Software zusammenhängt, die auf Basis gelernter Grundlagen zusammen mit der individuellen Kreativität zum Laufen gebracht wird. Software-Engineering ist in diesem Zusammenhang ein Hilfsmittel, das keine Energie in das erneute Entwickeln bereits etablierter Lösungen fließen lässt, sondern die Kreativität für neue Herausforderungen kanalisiert.

Software-Engineering wird dabei als die Wissenschaft der systematischen Entwicklung von Software, beginnend bei den Anforderungen bis zur Abnahme des fertigen Produkts und der anschließenden Wartungsphase definiert, deren Ziel die Verknüpfung etablierter Lösungsansätze mit neuen Technologien ist. Als wichtiges Hilfsmittel wird dazu in diesem Buch die Unified Modeling Language (UML) vorgestellt, die es ermöglicht,

Entwicklungsergebnisse in solch einer Form festzuhalten, dass sie leicht von anderen IT-Professionals gelesen und weiter bearbeitet werden können.

Das Buch folgt dem Ablauf eines IT-Projektes, ausgehend von den Anforderungen und der besonderen Herausforderung, mit dem Kunden über das gleiche Ziel zu reden, über die erste Modellierung zur systematischen Erfassung dieser Anforderungen. Die schrittweise Optimierung dieser Modelle und die unterschiedlichen Randbedingungen der Implementierung werden diskutiert. Es wird gezeigt, wie Ergebnisse so aufbereitet werden, dass andere Entwickler die Ideen des eigentlichen Autoren nachvollziehen können. Generell stehen dabei die ingenieurmäßigen Überlegungen, wie man Erfahrungen aus erfolgreichen Projekten auf die Anwendbarkeit im eigenen Projekt überprüfen und dann auch übertragen kann, im Mittelpunkt. Dem querschnittlichen Thema Qualitätssicherung ist ein eigenes Kapitel gewidmet.

Aus meinen Praxiserfahrungen folgt auch, dass eine gute Software-Entwicklung zwar die Grundlage eines erfolgreichen Projekts ist, es aber vielfältige Randbedingungen gibt, die von der Entwicklungsumgebung bis zum Miteinander der Projektmitglieder gehen, die den Projekterfolg beeinflussen. Diese Randbedingungen werden in diesem Buch im abschließenden Kapitel diskutiert.

Zu jedem Kapitel gibt es eine Liste von möglichen Risiken, die man zur Überprüfung eigener Projekte nutzen sollte. Jedes Kapitel schließt mit zwei Arten von Aufgaben ab. Im ersten Aufgabenteil werden Wiederholungsfragen gestellt, die man nach intensiver Lektüre des vorangegangenen Kapitels beantworten können sollte. Die Lösungen zu diesen Aufgaben kann man selbst im Buch nachschlagen. Der zweite Aufgabenteil umfasst Übungsaufgaben, in denen man gezielt das angelesene Wissen anwenden soll. Diese Übungsaufgaben sind in verschiedenen Lehrveranstaltungen erfolgreich eingesetzt worden.

Die Bilder, Spezifikationen, Programme und Lösungsvorschläge zu den Aufgaben dieses Buches sowie weitere Information können von der Web-Seite

http://kleuker.iui.hs-osnabrueck.de/SoftwareEngineering.html

zum Buch herunter geladen und unter Berücksichtigung des Copyrights genutzt werden.

In diesem Buch benutze ich verkürzend ohne Hintergedanken bei Einzahlen wie Leser oder Entwickler die männliche Form. Natürlich möchte ich mit diesem Buch auch die Leserinnen jedweden Geschlechts ansprechen.

Zum Abschluss wünsche ich Ihnen viel Spaß beim Lesen. Konstruktive Kritik wird immer angenommen. Bedenken Sie, dass das Lesen nur ein Teil des Lernens ist. Ähnlich wie in diesem Buch kleine Beispiele eingestreut sind, um einzelne Details zu klären, sollten Sie sich mit den hier vorgestellten Ideen hinsetzen und meine, aber vor allem selbst konstruierte Beispiele durchspielen. Sie runden das Verständnis des Themas wesentlich ab.

Wiesbaden
Mai 2008

Stephan Kleuker

Ergänzung zur zweiten Auflage

Neben dem fast immer sehr positiven Feedback zur ersten Auflage, habe ich viele Anregungen zur Erweiterung des Buches und zur Korrektur einiger Tippfehler erhalten. Neben den Studierenden der Hochschule Osnabrück und anderer Hochschulen, gilt mein besonderer Dank für Anregungen meinen Kollegen Prof. Dr. Grit Behrens, Prof. Dr. Theo Gervens, Ralf Neugebauer, Prof. Dr. Andreas Terstegge, Prof. Dr. Frank Thiesing und Prof. Dr. Michael Uelschen.

Es konnten zwar nicht alle Erweiterungswünsche berücksichtigt werden, dafür wurden aber dann einige Verweise auf weitere Ansätze und Vertiefungsmöglichkeiten ergänzt, damit der Umfang dieses Buches nicht gesprengt wird. Hinweise auf gewünschte Ergänzungen, unklare Formulierungen und Tippfehler werden immer gerne entgegen genommen. Die Korrekturen sind auf der Web-Seite zum Buch online erhältlich.

Für die kompetente und freundliche Betreuung der zweiten Auflage möchte ich mich bei Dr. Christel Roß und den weiteren Mitarbeitern des Verlags Vieweg+Teubner bedanken.

Osnabrück
September 2010

Stephan Kleuker

Ergänzung zur dritten Auflage

Aus dem weiteren Feedback von Lesern und aktuellen Trends der Software-Technologie sind kleine Ergänzungen und Konkretisierungen in das Buch eingeflossen. Gerade agile Methoden, die ohnehin Teil des Buches waren, sind noch weiter an verschiedenen Stellen im Buch, neu auch bei der Aufwandsschätzung, verankert. Im Kapitel zu Design-Pattern wird noch intensiver betont, dass Varianten von Pattern existieren und dass ihre Nutzung immer mehr in die Standardentwicklung z. B. durch die Nutzung von Annotationen einfließt.

Für die kompetente und freundliche Betreuung der dritten Auflage möchte ich mich bei Andrea Broßler, Bernd Hansemann, Maren Mithöfer und den weiteren Mitarbeitern des Verlags Springer Vieweg sowie Sorina Moosdorf und Anne Strohbach bedanken.

Osnabrück Stephan Kleuker
Mai 2013

Ergänzung zur vierten Auflage

Ziel dieses Buches bleibt es weiterhin, einen zentralen sinnvollen Weg von der ersten Idee einer Software bis zur erfolgreichen und wartbaren Umsetzung zu zeigen. Natürlich gibt es auch andere Ansätze, die zum Erfolg führen können. Einige dieser Ideen, die der Autor neben seiner Beratertätigkeit in der persönlichen Betreuung von mehr als 100 Abschlussarbeiten in IT-Unternehmen kennenlernen konnte, fließen zumindest in kompakten Überblicken als Ergänzungen in diese Auflage ein.

Deshalb sei neben den gesamten Unterstützern aus dem Verlag explizit den vielen betrieblichen Betreuern und Studierenden gedankt, die mir ihre Wege zur Umsetzung von Software-Projekten gezeigt und dabei oft Teile des Buches genutzt haben. Einige dieser Wege werden in diesem Buch kritisch analysiert.

Osnabrück
September 2017

Stephan Kleuker

Ergänzung zur fünften Auflage

Die Möglichkeiten zur sinnvollen Umsetzung von Nutzeranforderungen in qualitativ hochwertige Software werden ständig größer. Dieses Buch bietet weiterhin eine Sammlung von Vorgehensweisen, die abhängig von konkreten Projektbedingungen, zu einem erfolgreichen Entwicklungsprozess verknüpft werden können. Neben vielen Aktualisierungen, wird der Umgang mit relativ neuen Möglichkeiten, wie der künstlichen Intelligenz, in einem neuen Abschlusskapitel behandelt.

Der Dank für die Unterstützung bei der Umsetzung dieses Buches geht wieder an die Mitarbeiter der Springer Fachmedien Wiesbaden GmbH in Deutschland und Indien.

Osnabrück
September 2024

Stephan Kleuker

Danksagung

Ein Buch kann nicht von einer Person alleine verwirklicht werden. Zu einer gelungenen Entstehung tragen viele Personen in unterschiedlichen Rollen bei, denen ich hier danken möchte.

Mein erster Dank geht an meine Ehefrau Frau Dr. Cheryl Kleuker, die nicht nur die erste Kontrolle der Inhalte und Texte vorgenommen hat, sondern mir erlaubte, einen Teil der ohnehin zu geringen Zeit für die Familie in dieses Buchprojekt zu stecken.

Dank gilt meinem Kollegen Prof. Dr. Sven Eric Panitz von der Fachhochschule Wiesbaden, der sich eine Vorversion dieses Buches kritisch durchgelesen hat und interessante Anregungen lieferte. Viele Studierende, die Veranstaltungen zum Thema Software-Entwicklung bei mir gehört haben, trugen durch ihre Fragen und Probleme wesentlich zu der Herangehensweise an die Themen des Buches bei.

Abschließend sei Sybille Thelen, Günter Schulz, Andrea Broßler, Albrecht Weis und den weiteren Mitarbeitern des Verlags Vieweg+Teubner für die konstruktive Mitarbeit gedankt, die dieses Buchprojekt erst ermöglichten.

Inhaltsverzeichnis

Was ist Software-Engineering? 1

Zusammenfassung

Erinnern Sie sich an Ihre ersten Programmiererfahrungen? Bei mir dauerte es einige Zeit, bis ich die Grundkonstrukte verstanden hatte. Danach war ich der Meinung, dass mir die Welt aus der Sicht zu erstellender Programme zu Füßen liege, da immer größere Programme sich nach meinem Willen verhielten. Natürlich gab es in dieser Entwicklung Höhepunkte mit laufenden Programmen und viele Tiefpunkte mit scheinbar unlösbaren Problemen, bis zur vermeintlichen Sicherheit, dass der Fehler irgendwo im Computer selbst und nicht im gerade geschriebenen Programm liegen müsste. Ohne die Erfahrung anderer Personen, die halfen, Fehler zu entdecken und viele Tipps und Tricks kannten, größere Programme zum Laufen zu bringen, wäre ich auch nicht weitergekommen. Diese Form der Systematik mit der Einbeziehung der Erfahrungen Anderer, mit der immer wiederkehrende Probleme nicht immer erneut gelöst werden müssen, mit der die Kreativität des Programmierens auf neue Herausforderungen gerichtet wird, ist die Kernmotivation des Software-Engineerings, dessen Motivation und Definition in diesem Kapitel genauer betrachtet wird.

Bei Gesprächen über Software-Projekte mit Personen außerhalb des IT-Kernbereichs, werden diese Projekte oft als Synonym für Projekte angesehen, die an einem oder mehreren ihrer Ziele gnadenlos gescheitert sind. Dabei kann das Scheitern sehr unterschiedliche Gründe haben:

- Die Software wurde wesentlich zu spät geliefert.
- Die Software erfüllt nicht die Wünsche des Kunden.
- Die Software läuft nicht auf den vereinbarten Rechnersystemen, sie ist zu langsam oder kommt mit dem Speicher nicht aus.

S. Kleuker, *Grundkurs Software-Engineering mit UML*,
https://doi.org/10.1007/978-3-658-46534-6_1

- Die Software kann nicht erweitert werden oder mit anderer Software zusammenarbeiten.

Diese Liste der möglichen Gründe wird in diesem Buch noch implizit wesentlich erweitert. Dabei ist es das Ziel dieses Buches, dabei zu helfen, möglichst viele dieser Fehlerquellen zu umgehen und konstruktive Ansätze zu zeigen, wie man die Entwicklung komplexer Softwaresysteme in den Griff bekommt.

Um eine erste Antwort zu erhalten, warum Software-Projekte so komplex sind, hilft es, die historische Entwicklung von Software-Projekten zu betrachten. Die Geschichte der Software-Entwicklung ist relativ kurz, sie beginnt mit automatischen Rechenmaschinen, startet richtig mit den ersten Computern, wie der Zuse Z3 in den 1940er Jahren in Deutschland, und hat sich erst seit Mitte der 1970er Jahre zu einem eigenständigen Studienfach, eingebettet im Informatik-Studium, entwickelt. Der im Buchtitel verwendete Begriff Software-Engineering suggeriert, dass die Software-Entwicklung zumindest einen ingenieurmäßigen Anteil hat, der im Mittelpunkt dieses Buches steht. Daraus lässt sich die Frage ableiten, wie dieser ingenieurmäßige Anteil begründet werden kann.

Anfänglich fand die Software-Entwicklung durch einen relativ kleinen Kreis von Personen statt, die meist in den Gebieten Physik, Mathematik und Elektronik sehr gut ausgebildet waren. Programmierer kannten sich mit der Funktionsweise ihres „Elektronengehirns" aus, Programmierung war eine individuelle kreative Leistung, deren Systematik nur in den Anfängen untersucht war.

Seit den 1960er Jahren verbreiteten sich Computer immer mehr, sie wurden neben der meist militärisch orientierten Wissenschaft immer mehr im betriebswirtschaftlichen Umfeld eingesetzt. Meilenstein und Zentrum der Innovation war weiterhin die Raumfahrt. Programme wurden immer komplexer, durch die Einführung von Hochsprachen, so genannten Programmiersprachen, die erst durch einen Compiler in für den Computer direkt verständliche Befehle übersetzt wurden, gab es die Programmierung als eigenständige Abstraktionsebene. Programmentwickler mussten nicht mehr alle physikalischen Details der Maschine kennen, um effizient arbeiten zu können. Dadurch, dass Programme immer komplexer wurden und sich immer mehr Personen mit der Programmierung beschäftigten, ließ die Qualität der entwickelten Software immer mehr nach. Hierfür wurde 1968 auf einer NATO-Fachtagung zur Software-Technik der Begriff der Software-Krise und des Software-Engineerings geprägt [NR69].

Im Folgenden werden einige Begriffe einleitend betrachtet, die wesentlich für die Qualität eines Software-Projekts verantwortlich sind. Detailliertere Betrachtungen werden in den folgenden Kapiteln ergänzt.

Programmiersprachen

Die Erkennung der Software-Krise wird häufig als die Geburtsstunde des Software-Engineering angesehen, da es seitdem vermehrt Überlegungen gab, wie Software systematisch entwickelt werden konnte. Eine wichtige Entwicklung führte zur strukturierten

Programmierung, mit der sehr lange Programme in kleine, möglichst eigenständige Funktionen und Prozeduren sowie später in Module zerlegt werden konnten. Der nächste Schritt führte dann zu der aktuellen objektorientierten Programmierung, die ein weiteres Strukturierungsmittel ergänzte. Größere Beachtung fand die objektorientierte Entwicklung durch die Sprache C++ ab 1983 [Str94], wobei die Überlegungen bis zu Simula [ND81] aus dem Jahre 1967 zurückgehen und es mit Smalltalk recht früh eine sehr gute Programmiersprache gab [Bra09]. Weitergehende Überlegungen über objektorientierte Ideen hinaus ergänzen diese um interessante Ansätze, wie aspektorientierte Programme, stellen aber keine eigenständigen Konzepte dar.

Vorgehensmodelle
Neben der Weiterentwicklung der Programmiersprachen spielt die Weiterentwicklung von Vorgehensweisen bei der Softwareentwicklung eine zentrale Rolle und ist wesentliches Thema dieses Buches. Während Software anfänglich von einer Person geplant und auch realisiert wurde, die Entwicklung danach auf kleine sehr eng zusammenarbeitende Teams überging, wurde Software nach und nach von immer mehr Personen entwickelt, die häufig nur noch Teile des Gesamtprojekts überblicken konnten. Die daraus notwendige Aufteilung der Entwicklung in verschiedene Phasen, ausgehend von der Analyse, was ein neues System leisten soll, über die Planung bis zur Realisierung und Inbetriebnahme wurde in Vorgehensmodellen für die Software-Entwicklung beschrieben. Während der angedeutete Prozess zunächst noch stark an Produktionsprozessen für Autos oder den Bau von Häusern orientiert war, entwickelte sich das Engineering für Software immer mehr zu einer eigenständigen Disziplin. Der Hauptgrund ist, dass Software immateriell, d. h. ohne Datenträger nicht anfassbar ist und bis zu einem gewissen Grad zu beliebigen Entwicklungszeitpunkten geändert werden kann. Diese Möglichkeit der späteren Änderung, die bei Autos und Bauten nur in sehr geringem Maße unter hohem finanziellem Einsatz gegeben ist, wird mittlerweile als wichtige Eigenschaft von Software-Entwicklungsprozessen erkannt. Änderungen kosten natürlich weiterhin Geld, aber man kann durch eine Entwicklung in kleinen Schritten nach einem Schritt über grundsätzliche Änderungen reden, ohne das Produkt vollständig abreißen und neu aufbauen zu müssen.

Dokumentation Die Ergebnisse der Entwicklung müssen dokumentiert werden, damit sie langfristig nachvollziehbar bleiben und in ähnlichen Situationen weiterverwendbar sind. Hier kann der Vergleich zur Entwicklung eines Hauses zur Hilfe genommen werden. Architekten entwerfen Häuser, deren Entwurf sie in Plänen dokumentieren. Die in den Plänen verwandten Zeichen und weitere Details sind soweit einheitlich, dass sie von anderen Architekten, dann aber auch von Bauingenieuren gelesen und weiter umgesetzt werden können. Da die Entwicklungszeit der Informatik relativ kurz ist, gab es viele Vorschläge für Notationen, die in der Software-Entwicklung hilfreich sein könnten, von denen einige eine gewisse Akzeptanz erreichten, wie z. B. Entity-Relationship-Modelle [Che76], aber selten von einer großen Mehrheit der Nutzer akzeptiert wurden.

Dies hat sich maßgeblich mit der Unified Modeling Language (UML) [@UML] geändert, die seit 1998 verschiedene Ansichten und Darstellungsweisen zu einem einzigen Standard vereint hat. Da in den verschiedenen Software-Entwicklungsphasen sehr unterschiedliche Informationen festgehalten werden müssen, gibt es nicht eine einzige graphische Notation, sondern für unterschiedliche Nutzungsgebiete verschiedene Darstellungsmöglichkeiten, die alle in der UML vereinigt sind. Die UML ist damit zu einem wichtigen Hilfsmittel der Software-Entwicklung geworden und wird deshalb in allen Entwicklungsphasen in diesem Buch eingesetzt. Dabei werden die zentralen Modelle im Detail vorgestellt, wobei auf eine vollständige Beschreibung aller möglichen Varianten verzichtet wird, die man in gängigen UML-Nachschlagewerken [Oes12] [RQ12] nachlesen kann.

Systematische Programmierung

Aus dem Hochbau kann man eine weitere Analogie zur Software-Entwicklung aufbauen. Architekten haben Erfahrungen, welche Entwürfe bei Kunden gut ankommen, wie man z. B. funktionale und dabei repräsentative Bürogebäude entwirft. Weiterhin gibt es Erfahrungen, welche Baumaterialien miteinander harmonieren und wie Übergänge zwischen Materialien zu konzipieren sind. Ein weiteres Hilfsmittel stellt die Statik dar, die klare Regeln vorgibt, welche Häuser unter welchen Randbedingungen nicht einstürzen können.

Diese Erfahrungen können als wichtiger Aspekt eines ingenieurmäßigen Vorgehens angesehen werden. Man erkennt Standardaufgaben, weiß dadurch, welche Lösungsmöglichkeiten es gibt und kann dann anhand bestimmter Randbedingungen eine passende individuelle Lösung auswählen. Diese Ideen setzen sich immer mehr auch in der Software-Entwicklung durch. Es gibt Standardlösungen z. B. für gewisse Modellierungsaufgaben, zur Verbindung von Software und Datenbanken und zum Aufbau eines Web-Services. Neben diesem ingenieurmäßigen Entwicklungsanteil bleibt vergleichbar zur Architektur aber auch der kreative Anteil der Software-Entwicklung, der sich z. B. in flexiblen Klassendesigns oder dem Aufbau von sogenannten Frameworks zur Unterstützung unterschiedlicher Aufgaben niederschlägt. Durch das Software-Engineering wird es möglich, diese kreative Entwicklungskraft für die wesentlichen Herausforderungen zu bündeln, für die keine etablierten Lösungen existieren.

Prozesse

Die Software-Entwicklung wird mit ihren Phasen durch einen Prozess beschrieben. Dabei gibt ein Prozess an, wer was wann unter welchen Bedingungen mit welchen möglichen Ergebnissen macht. Dieses Buch kümmert sich im Schwerpunkt um diesen Entwicklungsprozess. Allerdings begründet sich der Erfolg eines Software-Projekts nicht ausschließlich auf der gelungenen Entwicklung. Es gibt weitere Randprozesse im Umfeld der Entwicklung, die von allen Projektbeteiligten in ihrer Bedeutung verstanden werden müssen und die ebenfalls in diesem Buch behandelt werden. Der Prozessbegriff spielt im Entwicklungsprozess selbst und beim Verständnis der Abläufe, die von der zu erstellenden Software unterstützt werden sollen, eine zentrale Rolle.

Definition Software-Engineering

Zusammenfassend kann man Software-Engineering als die Wissenschaft der systematischen Entwicklung von Software, beginnend bei den Anforderungen bis zur Abnahme des fertigen Produkts und der anschließenden Wartungsphase definieren. Es werden etablierte Lösungsansätze für Teilaufgaben vorgeschlagen, die häufig kombiniert mit neuen Technologien, vor Ihrer Umsetzung auf ihre Anwendbarkeit geprüft werden. Das zentrale Mittel zur Dokumentation von Software-Engineering-Ergebnissen sind UML-Diagramme.

Software-Engineering-Kompetenz ist der Schlüssel zu erfolgreichen Software-Projekten, wobei der Erfolg von vielen weiteren Faktoren des Projektumfeldes beeinflusst wird.

Ausblick

Da der Prozessbegriff für alle Teilprozesse innerhalb der Entwicklung, aber auch für das Software-Projekt als Teil des Unternehmens von besonderer Bedeutung ist, beschäftigt sich das Kap. 2 mit diesem Thema. Für die Software-Entwicklung wird das Thema auf grundsätzlicher Ebene vertieft, indem im Kap. 3 unterschiedliche Vorgehensmodelle diskutiert werden.

In den Kapiteln 4 bis 10 steht die eigentliche Entwicklung unter der Nutzung der UML im Mittelpunkt. Sie beginnt im Kap. 4 mit der Anforderungsanalyse, dem wesentlichen Entwicklungsbaustein, mit dem garantiert werden kann, dass ein zum Kunden passendes Software-Produkt entwickelt wird. Nach der Analyse findet die eigentliche Entwicklung statt, die mit dem Grobdesign im Kap. 5 startet. Als Ausblick auf das Ziel der Entwicklung wird in Kap. 6 gezeigt, wie das zentrale Ergebnis der Modellierung, das Klassenmodell, später in Programmcode umgesetzt werden kann. Die Entwicklung geht dann mit dem Feindesign im Kap. 7 weiter, zu dem dann ingenieurmäßige Konzepte zur Optimierung und Anpassung an bestimmte Aufgaben im Kap. 8 vorgestellt werden.

Klassische Entwicklungsprojekte, in denen ein vollständig neues Programm entwickelt wird, sind in der Praxis eher selten. Oft ist Software zu entwickeln, die bereits vorgegebene Software, bestimmte Netzwerkarchitekturen und Softwarearchitekturen nutzen soll bzw. nutzen muss. Ein Überblick über die für die Implementierung relevanten Aspekte, wenn die Software nicht vollständig neu entwickelt wird, befindet sich in Kap. 9. Der Entwicklungsprozess wird mit der Betrachtung des Teilprozesses zur Entwicklung graphischer Oberflächen im Kap. 10 abgerundet.

Die Wahl eines sinnvollen Entwicklungsprozesses schafft die Möglichkeit für eine gelungene Software-Entwicklung. Wichtig ist aber auch zu prüfen, ob die Entwicklung gelungen ist. Einige sehr unterschiedliche Möglichkeiten zur Qualitätssicherung, die die gesamte Entwicklung begleiten, werden zusammengefasst im Kap. 11 behandelt.

Da ein Buch immer einen linearen Aufbau hat, wird auch der Software-Entwicklungsprozess als Folge hintereinander ablaufender Schritte präsentiert. Es sei bereits hier betont, dass diese Schritte durchaus in einem Projekt mehrfach durchlaufen werden können. Diese Idee wird bei der Vorstellung der Vorgehensmodelle wieder aufgegriffen.

Da der Erfolg eines Software-Projekts auch maßgeblich vom Verlauf des Projekts selber abhängt, werden im Kap. 12 sehr unterschiedliche Aspekte zusammengefasst, die nicht unmittelbar selbst Teil der Entwicklung sind, aber den Projekterfolg aus unterschiedlichen Gründen stark beeinflussen können. Diese Einflussfakten müssen alle Projektbeteiligten kennen, da sie zusammen für den Projekterfolg verantwortlich sind. Dazu müssen die Projektprozesse soweit verstanden werden, dass jeder sie unterstützen kann.

Im abschließenden Kap. 13 wird auf die Herausforderungen des Software-Engineerings eingegangen, die durch Themen Cloud-Computing und künstliche Intelligenz, entstehen.

2 Prozessmodellierung

Zusammenfassung

In Software-Projekten arbeiten meist viele Personen aus unterschiedlichen Bereichen eines Unternehmens zusammen. Neben Informatikern, die überwiegend in der eigentlichen Entwicklung beschäftigt sind, sind dies Personen, die das Projekt, evtl. die Abteilung, in der das Projekt läuft, oder auch das gesamte Unternehmen managen. Für jede Entscheidung gibt es Personen, die die notwendigen Informationen als Entscheidungsgrundlage liefern und die mit der Aufbereitung dieser Informationen beschäftigt sind. Dies geht über Sekretariate, die Informationen über verbrauchte Stunden zusammenstellen, bis hin zum Controlling-Bereich, in dem die finanziellen Randbedingungen geprüft werden

Mitarbeiter arbeiten in Software-Projekten in unterschiedlichen Rollen. In größeren Projekten gibt es Spezialisten, die die Anforderungen klären, die durch die Software zu erfüllen sind. Weiterhin gibt es Personen, die die Implementierung durchführen, und häufig andere, die prüfen, ob die entwickelte Software die Anforderungen erfüllt. Natürlich kann eine Person auch verschiedene Rollen in einem Projekt haben. Diese Abläufe gilt es zu erfassen und systematisch zu modellieren.

Aus den einführenden Betrachtungen können Sie ableiten, dass an einem Software-Projekt in einem Unternehmen sehr viele Personen direkt oder indirekt beteiligt sind. Jede Person ist dabei eine Fachkraft mit Spezialkenntnissen und eigenen Erfahrungen. Damit alle zusammenarbeiten können, muss geklärt sein, wer was wann macht. In kleinen Unternehmen erfolgen diese Absprachen meist mündlich, für größere Unternehmen müssen die Abläufe, auch Prozesse genannt, sauber beschrieben sein.

S. Kleuker, *Grundkurs Software-Engineering mit UML*,
https://doi.org/10.1007/978-3-658-46534-6_2

Insgesamt ist es damit das Ziel der Prozessmodellierung zu klären, wer zu welchem Zeitpunkt mit welchen Hilfsmitteln welche Aufgaben zu erledigen hat. Besonders interessant sind dabei die Schnittstellen, an denen ein Arbeitsergebnis an eine andere Person weitergegeben wird.

Neben der Beschreibung der Produktionsabläufe in der Softwareerstellung spielt die Prozessmodellierung auch in der Entwicklung der Software selbst eine entscheidende Rolle. Im Kap. 4 wird die Wichtigkeit der Anforderungsanalyse betont, mit der festgestellt wird, welches Produkt der Kunde wünscht. Dabei ist die Prozessmodellierung ein zentrales Hilfsmittel, da mit ihr für alle am Projekt Beteiligten festgehalten werden kann, wie die aktuellen und gegebenenfalls neuen Arbeitsprozesse des Kunden aussehen.

In diesem Kapitel lernen Sie, wie man Prozesse modellieren kann, was dabei besonders zu beachten ist, aber auch welche Fallen es gibt. Als Beispiel dienen ein Prozess aus der Vorbereitung von Projekten und ein allgemeiner Geschäftsprozess. Wichtig ist es dabei, dass Sie ein Grundverständnis für die Prozessmodellierung entwickeln; die vorgestellten Prozesse sind dabei beispielhaft und können in unterschiedlichen Unternehmen deutlich anders aussehen.

2.1 Unternehmensprozesse

Software-Projekte werden in Unternehmen nicht aus reinem Spaß an der Freude durchgeführt. Sie sind Teil des Unternehmens, das sich konkrete Ziele gesetzt hat. Diese Ziele können von kurzfristiger Gewinnerreichung bis hin zum anerkannten Marktführer für Qualitätsprodukte gehen. Software-Projekte können dabei in Unternehmen, die direkt Geld mit dem Verkauf von Software oder mit Beratungsleistungen für die Software verdienen, unmittelbar für den Unternehmenserfolg verantwortlich sein. Aber auch in anderen Unternehmen spielen Software-Projekte eine entscheidende Unterstützungsrolle, da Arbeitsabläufe und Verwaltungsprozesse durch passende Software vereinfacht und optimiert werden können.

Ein Software-Projekt kann als Teil des Unternehmens angesehen werden. Damit können aber auch andere Teile des Unternehmens mit verantwortlich für den Erfolg von Software-Projekten sein. Abb. 2.1 skizziert diesen Zusammenhang. Im Kern liegt das eigentliche Software-Projekt, unser Schwerpunkt der Betrachtung, in dem die gesamte Entwicklung stattfindet. Das Projekt wird typischerweise von einem oder mehreren Projektleitern im Projektmanagement geleitet, die nach außen für das Projekt verantwortlich sind. Ohne hier schon auf die genauen Verantwortlichkeiten von Projektleitern einzugehen, sei als eine Aufgabe die Verteilung der Teilaufgaben auf die Projektmitarbeiter genannt. Da der Projektleiter dafür verantwortlich ist, dass das Projekt in der vorgegebenen Zeit mit der vorgegebenen Arbeit, d. h. Arbeitsstunden, realisiert wird, besteht hier schon ein Konfliktpotenzial, wenn Entwickler mehr Zeit für eine Teilaufgabe

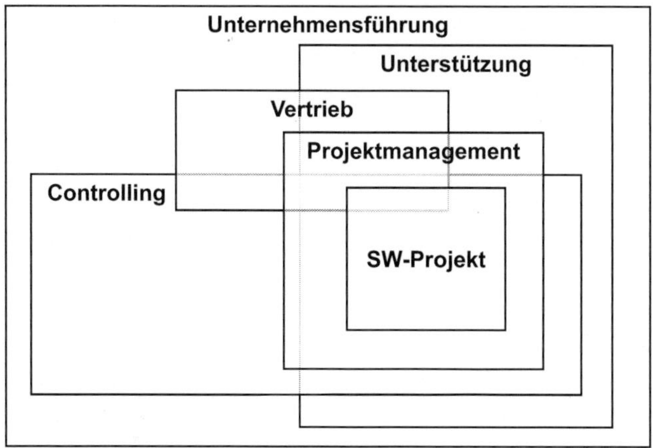

Abb. 2.1 Verzahnung von Projekten und Prozessen in Unternehmen

benötigen, als veranschlagt wurde. In der Abbildung wird weiterhin der Vertrieb als Prozess genannt, der eng mit dem SW-Projekt verzahnt ist. Der Vertrieb ist verantwortlich, den Kundenkontakt aufrecht zu erhalten und Projekte zu akquirieren, die durchführbar sind. Weiterhin kann der Vertrieb auch während der Projektlaufzeit daran beteiligt werden, den Kontakt zum Kunden pflegen und so die Möglichkeiten für Veränderungen im Projektinhalt klären.

Das Controlling ist dafür verantwortlich, die sogenannten Kennzahlen von Projekten, dies sind typischerweise die Anzahl der verbrauchten Arbeitsstunden und die der kalkulierten Arbeitsstunden, zu ermitteln und Projektleitern oder Personen höherer Führungsebenen für Entscheidungen vorzulegen.

Der Kasten mit der Beschriftung „Unterstützung" deutet auf eine Sammlung von Prozessen hin, die mittelbar für den Unternehmenserfolg verantwortlich sind. Dazu gehören so unterschiedliche Prozessbereiche wie Sekretariate, Beschaffungen, IT-Netzwerk und Hausmeisterdienste. Der mittelbare Einfluss auf den Projekterfolg wird deutlich, wenn man sich überlegt, welche Probleme es gibt, wenn neue Mitarbeiter nicht schnell einen trockenen Arbeitsplatz mit am Unternehmensnetzwerk angeschlossenen Rechnern haben.

Die Unternehmensführung definiert die Ziele des Unternehmens, die unmittelbare Auswirkungen auf alle Unternehmensprozesse haben. Abhängig davon, wie Geld verdient werden soll, müssen Vertriebsmitarbeiter Kunden für neue Produkte finden, müssen Mitarbeiter neue Qualifikationen erhalten und kann sich die Bedeutung eines Projekts für ein Unternehmen ändern.

Nachdem die komplexe Prozesslandschaft von Unternehmen angedeutet wurde, soll jetzt der Prozessbegriff genauer geklärt werden. Ein Prozess besteht aus mehreren Prozessschritten, wobei für jeden Prozessschritt geklärt werden muss:

- Was soll in diesem Schritt getan werden?
- Wer ist verantwortlich für die Durchführung des Schritts?
- Wer arbeitet in welcher Rolle in diesem Schritt mit?
- Welche Voraussetzungen müssen erfüllt sein, damit der Schritt ausgeführt werden kann?
- Welche Teilschritte werden unter welchen Randbedingungen durchgeführt?
- Welche Ergebnisse kann der Schritt abhängig von welchen Bedingungen produzieren?
- Welche Hilfsmittel werden in dem Prozessschritt benötigt?
- Welche Randbedingungen müssen berücksichtigt werden?
- Wo wird der Schritt ausgeführt?

Als ein Beispiel für einen Prozessschritt wird die Durchführung eines Tests von einem Software-Tester betrachtet. Dieser Schritt kann wie folgt präzisiert werden. Es soll für eine Software-Komponente X geprüft werden, ob sie den vorgegebenen Test T erfolgreich übersteht. Generell verantwortlich für die gesamte Qualitätssicherung ist der Qualitätssicherungsbeauftragte des Projekts, verantwortlich für den Prozessschritt ist der Tester. Der Tester wird dabei vom Implementierer der Software unterstützt, der in diesem Schritt nur für die korrekte Installation sorgen soll. Zum eigentlichen Test wird X zunächst installiert. Sollte die Installation scheitern, wird der Test als nicht erfolgreich beendet und X an den Implementierer zur Bearbeitung zurückgegeben. Nach erfolgreicher Installation wird der Test T durchgeführt. Verläuft der Test nicht erfolgreich, wird X an den Implementierer zur Bearbeitung zurückgegeben. Nach erfolgreichem Test wird dies in der Dokumentation von X vermerkt und X ist damit im Zustand „geprüft“. Der Test kann nur durchgeführt werden, wenn der Implementierer von X die geforderten Selbsttests für Implementierer durchgeführt hat und die Spezifikation von T vorliegt. Der Test muss die allgemeinen Unternehmensvorgaben für Tests erfüllen, die z. B. fordern können, dass der Tester nicht der Implementierer sein darf. Der Test wird auf einer speziellen Testanlage durchgeführt, die an die Hard- und Software-Umgebung des Kunden/Unternehmens angepasst ist.

Diese präzise Beschreibung klärt eindeutig, was gemacht werden soll und welche Schnittstellen zu anderen Schritten bestehen. Ein anderer Prozess muss z. B. für die Existenz der Testspezifikation sorgen. Der Prozessschritt ermöglicht es einem anderen Prozess, voran zu schreiten, der die Komponente X im Zustand „geprüft“ benötigt.

Weiterhin veranschaulicht das Beispiel den Rollenbegriff. Menschen können in Prozessen in unterschiedlichen Rollen arbeiten, die bestimmte Aufgaben erfüllen müssen. Dazu benötigen sie bestimmte Kompetenzen und, damit sie die Rolle erfolgreich ausfüllen können, bestimmte Fähigkeiten. Im Beispiel sind die Rollen Qualitätssicherungsbeauftragter, Tester und Implementierer genannt. Dabei können mehrere Menschen die gleiche Rolle haben, z. B. kann es mehrere Implementierer in einem Projekt geben. Weiterhin kann ein Mensch auch in verschiedenen Rollen arbeiten, so können in einem kleinen Projekt der Qualitätssicherungsbeauftragte und der Tester die gleiche Person sein.

2.2 Prozessmodellierung mit Aktivitätsdiagrammen

Textuelle Beschreibungen von Prozessen können zwar sehr präzise sein; es ist aber schwer, schnell einen Überblick zu erhalten. Aus diesem Grund wurden verschiedene graphische Beschreibungsmöglichkeiten für Prozesse entwickelt. Einen Überblick kann man z. B. in [Gad03] finden. Hier wird eine leicht abgewandelte Form von Aktivitätsdiagrammen zur Beschreibung von Prozessen genutzt. Aktivitätsdiagramme sind eine der Beschreibungsarten, die in der Unified Modeling Language, die uns im weiteren Verlauf des Buches noch genauer beschäftigen wird, normiert sind. Die Nutzbarkeit von Aktivitätsdiagrammen zur Prozessmodellierung ist in [OWS03] dokumentiert. Diese Diagrammart wird hier eingeführt, da sie in der späteren Entwicklung noch eine weitere Einsatzmöglichkeit, siehe Kap. 4, findet.

Generell kann ein Prozess durch ein wie in Abb. 2.2 dargestelltes Diagramm beschrieben werden, wobei zu einer genauen Dokumentation weiterhin eine textuelle Beschreibung als Ergänzung gehört. Man erkennt die einzelnen Prozessschritte, im Aktivitätsdiagramm Aktionen genannt, an den Rechtecken mit den abgerundeten Kanten. Die Nacheinanderausführung von Aktionen wird durch gerichtete Pfeile beschrieben. Ein ausgefüllter schwarzer Kreis beschreibt den eindeutigen Startpunkt eines Aktivitätsdiagramms. Ein solcher Kreis mit einem weiteren Kreis als Umrandung beschreibt einen Endpunkt, also die Terminierung eines Aktivitätsdiagramms, dabei gibt es genau einen Startpunkt und kann es beliebig viele Endpunkte geben. Rauten stehen für sogenannte Kontrollpunkte. Dabei beschreibt ein Kontrollpunkt, aus dem mehrere Pfeile herausgehen, eine Entscheidung, für Programmierer ein „if“, wobei auf den ausgehenden Pfeilen Bedingungen stehen müssen, von denen maximal eine erfüllt sein kann. Bedingungen sind so zu formulieren, dass sie nach „wahr“ oder „falsch“ auswertbar sind.

Abb. 2.2 Ablaufbeschreibung mit Aktivitätsdiagramm

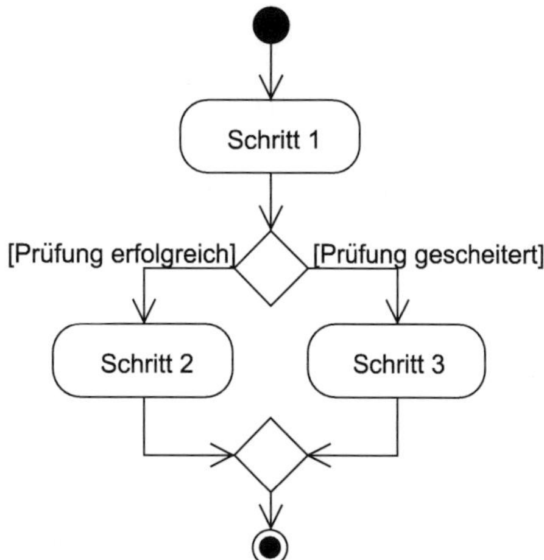

Die eigentliche Auswertung findet in der Raute statt und wird nicht explizit angegeben. In der Raute selbst steht anders als bei Flussdiagrammen nichts drin.

Es sollte vermieden werden, dass keine Bedingung erfüllt wird, da der Prozess dann bei der Ausführung in diesem Kontrollknoten solange stecken bleibt, bis doch eine Bedingung erfüllt ist. Ein Kontrollknoten mit mehr als einem eingehenden Pfeil dient zur Zusammenführung unterschiedlicher Ablaufmöglichkeiten.

Das Diagramm beschreibt, dass zunächst Schritt 1 und dann abhängig von einem Prüfungsergebnis, das z. B. im Schritt 1 berechnet wurde, entweder Schritt 2 oder Schritt 3 ausgeführt wird, bevor der Prozess terminiert.

Abb. 2.3 zeigt einen Ausschnitt aus einem Aktivitätsdiagramm, in dem die Möglichkeit zur Beschreibung von parallelen Abläufen genutzt wird. Durch dicke schwarze Balken mit nur einem eingehenden Pfeil wird beschrieben, dass ab hier Abläufe gleichzeitig möglich sind. Im Beispiel gibt es keine Reihenfolge, ob zuerst ein Projektleiter oder das Projektteam ausgewählt werden soll. Ein dicker schwarzer Balken mit nur einem ausgehenden Pfeil beschreibt, dass hier parallele Abläufe vereinigt werden. Die Art der Vereinigung kann durch die Angabe einer Verknüpfung in geschweiften Klammern präzisiert werden. Dabei steht ein „und" dafür, dass die Teilprozesse für alle eingehenden Pfeile abgeschlossen sein müssen. Gibt man nichts an, wird „und" als Standardfall angenommen. Ein „oder" bedeutet, dass mindestens ein Teilprozess eines eingehenden Pfeils abgeschlossen sein muss. Die Teilprozesse, die zu den anderen eingehenden Pfeilen gehören, laufen dann zwar weiter, aber der beschriebene Gesamtprozess ist nicht von der Beendigung dieser Teilprozesse abhängig. Ein nichtbeendeter Teilprozess läuft dann trotzdem weiter.

Neben den einzelnen Aktionen können in Aktivitätsdiagrammen Objekte beschrieben werden, die entweder Ergebnis einer Aktion sind oder die für die Ausführung einer Aktion benötigt werden. Für unsere Prozessmodellierung können das Personen oder Produkte sein, die zusätzlich in einem bestimmten Zustand sein müssen. Im vorherigen

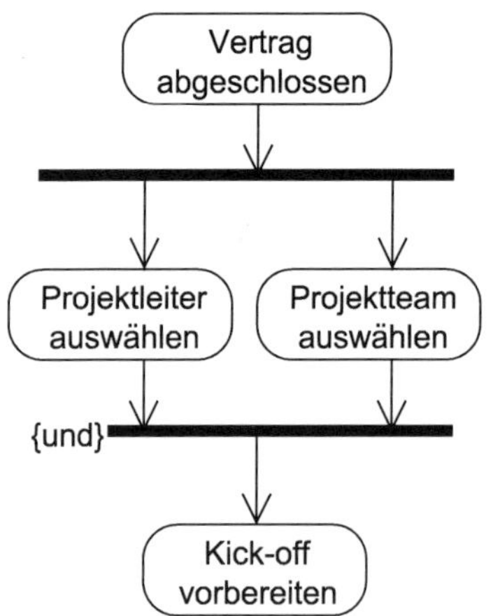

Abb. 2.3 Parallele Abläufe

Test-Beispiel wurde gefordert, dass das „Objekt" Software-Komponente im Zustand „Selbsttest abgeschlossen" vorlag und das Objekt in den neuen Zustand „geprüft" nach dem Schritt überführt wurde. Wichtig ist, dass die UML die Möglichkeit bietet solche Objekte zu ergänzen. Ob das sinnvoll ist, muss individuell im Projekt geklärt werden. Oftmals werden Objekte erst nach einer reinen Modellierung mit Aktionen ergänzt.

Abb. 2.4 zeigt eine Prozessbeschreibung als Aktivitätsdiagramm mit Objekten. Der Prozess beschreibt die Erstellung eines Analysemodells mit einem Werkzeug namens Eclipse, dabei sind die einzelnen Aktionen zusammen mit speziellen Objekten angegeben, die sich zusätzlich in einem bestimmten Zustand befinden. Es sind Objekte zur Beschreibung der beteiligten Rollen und benutzten Werkzeuge ergänzt worden. Es ist sichtbar, dass es keine Vorbedingungen zur Ausführung der Aktion „Eclipseprojekt anlegen" gibt. Zur Ausführung der Aktion wird als Ressource das Werkzeug Eclipse benötigt. Der

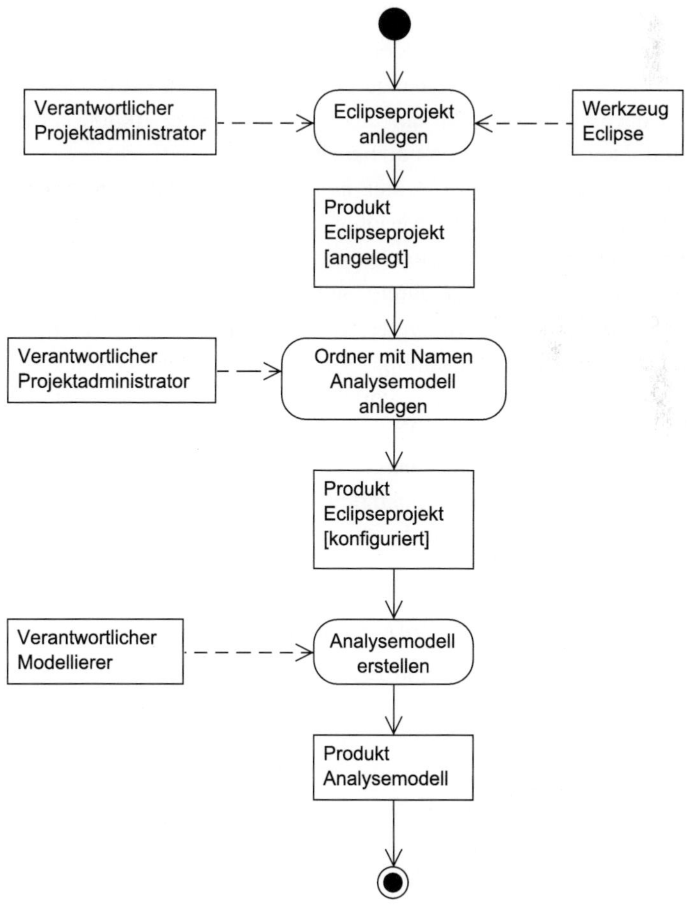

Abb. 2.4 Aktivitätsdiagramm mit Objektfluss

Projektadministrator führt diese Aktion durch. Nach Durchführung der Aktion gibt es ein Produkt Eclipseprojekt, das sich im Zustand „angelegt" befindet und für die Folgeaktion benötigt wird. Ergänzende Rollen und Objekte sind mit gestrichelten Pfeilen mit Aktionen und Rauten verknüpft, damit der eigentliche Ablauf mit den durchgezogenen Pfeilen besser sichtbar bleibt. Grundsätzlich können auch Produkte als Ergänzungen mit gestrichelten Linien mit Aktionen verbunden werden, um deutlich zu machen, dass diese benötigt werden oder ein Ergebnis der Aktion sind. Zeigt die Pfeilspitze auf die Aktion, handelt es sich um ein benötigtes Produkt. zeigt die Pfeilspitze auf das Produkt, handelt es sich um ein Ergebnis. Es sind auch Verbindungen mit zwei Pfeilspitzen denkbar, wenn das Produkt in der Aktion bearbeitet wird. Ein Beispiel ist eine zu aktualisierende Tabelle. Die UML sieht die hier gemachten Ergänzungen mit den gestrichelten Pfeilen nicht vor, sie haben sich aber im Rahmen von detaillierteren Prozessmodellen als hilfreich, aber nicht unbedingt notwendig, herausgestellt.

Es ist zu beachten, dass in Aktivitätsdiagrammen immer Aktionen mit Aktionen verknüpft sind, um mögliche Abläufe zu beschreiben. Auf diesen Verknüpfungen können sich nur beliebig viele Produkte befinden. Werden in einer Aktion mehr als ein Produkt bearbeitet, so können diese hintereinander auf den ausgehenden Pfeilen stehen. Weiterhin geht man davon aus, dass alle auf einem Pfad zu einer Aktion erstellten oder bearbeiteten Produkte in dieser Aktion nutzbar sind.

Bereits dieses kleine Beispiel deutet an, dass die Lesbarkeit graphischer Spezifikationen durch zu viele Symbole verloren gehen kann. Um die Übersichtlichkeit zu behalten, gibt es verschiedene Möglichkeiten. Zunächst kann man Diagramme, die von oben nach unten verlaufen, auf mehrere Seiten verteilen, indem man eindeutige Verknüpfungspunkte einbaut. Ein weiterer zentraler Ansatz ist die Verfeinerung. Damit kann eine Aktion wieder durch ein vollständiges Aktivitätsdiagramm beschrieben werden. Bereits bei der vorherigen Testprozessbeschreibung sieht man, dass in der Aktion ein kleiner Prozess mit Alternativen steckt. Dieser Ablauf hätte als ein zusätzliches Diagramm mit der Aktion verknüpft werden können.

Weiterhin kann man einzelne Objektarten, gegebenenfalls alle Objektarten, im Diagramm weglassen und diese nur in der textuellen Beschreibung dokumentieren. Alternativ kann man den gleichen Ablauf mehrfach darstellen, wobei in jeder Darstellung nur eine der Objektarten mit dargestellt wird.

Die Erstellung von Prozessmodellen ist ein hoch kreativer Prozess. Die Fähigkeit, einen solchen Prozess zu erkennen und zu dokumentieren, ist auch für SW-Projekte sehr wichtig, da es so möglich wird, Arbeitsabläufe beim Kunden zu erfassen, die von der zu entwickelnden Software unterstützt werden sollen. Eine weitere Einsatzmöglichkeit ist das Software-Projekt selber, in dem verschiedene Arbeitsabläufe durch dokumentierte Prozesse koordiniert werden können.

Prozessmodelle werden typischerweise inkrementell entwickelt. Das bedeutet, dass zunächst ein typischer Ablauf genau beschrieben wird. Wenn alle Personen sich auf diese Ablaufbeschreibung geeinigt haben, werden schrittweise mögliche Ablaufalternativen eingebaut. In jedem Schritt, also jedem Inkrement, wird eine neue Alternative ergänzt.

Nachdem alle Alternativen beschrieben sind, kann geprüft werden, ob einzelne Aktionen durch Aktivitätsdiagramme verfeinert werden sollen.

Dieser abstrakt beschriebene Ansatz wird jetzt anhand der Modellierung eines Vertriebsprozesses verdeutlicht. Zu modellieren ist der Vertriebsprozess eines Unternehmens, das Software verkauft, die individuell für den Kunden angepasst und erweitert werden kann.

Dazu wird zunächst ein typisches Ablaufszenario beschrieben. Die gefundene Beschreibung lautet: „Der Vertriebsmitarbeiter kontaktiert Kunden und arbeitet individuelle Wünsche heraus, die Fachabteilung erstellt den Kostenvoranschlag, der Kunde unterschreibt den Vertrag und das Projekt geht in die Ausführung, die in diesem Prozess nicht modelliert werden soll."

Aus dem Szenario sind die beteiligten Rollen Vertriebsmitarbeiter, Kunde und Fachabteilung herauslesbar. Als Produkte werden die Individualwünsche, der Kostenvoranschlag und der Vertrag identifiziert.

Abb. 2.5 zeigt die erste Modellierung, die einen typischen Ablauf, hier den Optimalfall für das Unternehmen, beschreibt. Im nächsten Inkrement wird eine der sicherlich vielen Alternativen eingebaut. Für das Beispiel nehmen wir an, dass der Kunde den Kostenvoranschlag nicht akzeptiert und dass es deshalb zur Anpassung der Individualwünsche und zu einer neuen Kostenkalkulation kommt.

Zunächst wird der Punkt im aktuellen Diagramm gesucht, an dem eine Alternative eingebaut werden muss. Dieser Punkt ist erreicht, wenn die Vertragsverhandlungen einmal durchgeführt wurden. Danach wird der alternative Ablauf beschrieben. Meist muss

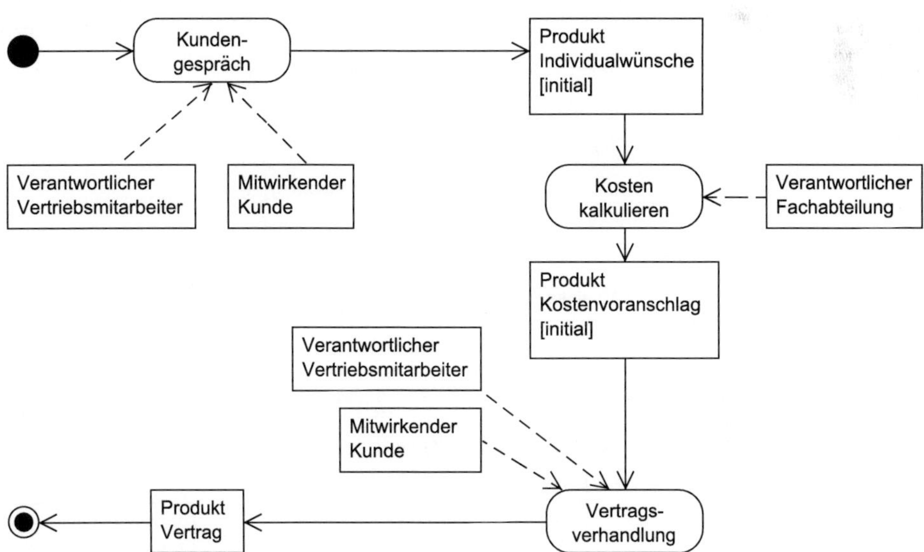

Abb. 2.5 Typischer Ablauf des Vertriebsprozesses

für die alternativen Abläufe dann noch ein Kontrollpunkt gefunden werden, an dem sich neuer und alter Ablauf wieder vereinigen. Abb. 2.6 zeigt, dass dieser Punkt auch vor dem Verzweigungspunkt liegen kann. Das Modell enthält damit eine Schleife, die für mehrfach ausgeführte Nachverhandlungen steht. Man beachte, dass beim erreichten Zwischenergebnis ein Ausstieg des Kunden noch nicht vorgesehen ist. Für dieses Modell gibt es noch einige sinnvolle Erweiterungen, die Sie teilweise in den Übungsaufgaben durchführen sollen.

Nachdem das Modell alle Abläufe enthält, kann man über mögliche Verfeinerungen nachdenken. In Abb. 2.6 ist „Kosten kalkulieren" bereits mit einem kleinen umgedrehten Baum ⏉ markiert. Dies bedeutet, dass es sich nicht um eine Aktion sondern um eine Aktivität handelt, die mit einem anderen Aktivitätsdiagramm dargestellt wird. Bei der Erstellung dieses Diagramms geht man wie beschrieben vor, zunächst wird ein typischer Ablauf modelliert und dann über Alternativen nachgedacht. Ein mögliches Modellierungsergebnis ist in Abb. 2.7 beschrieben. Dabei sind die beteiligten Rollen weggelassen worden, wobei hier jeweils ein Angebotsverantwortlicher aus der Fachabteilung an allen Aktionen ergänzt werden könnte. Anschaulich ist der verfeinerte Prozess mit dem umgebenden Prozess so verknüpft, dass der Startknoten mit der eingehenden Kante und alle Endknoten zusammengefasst mit der ausgehenden Kante verbunden sind.

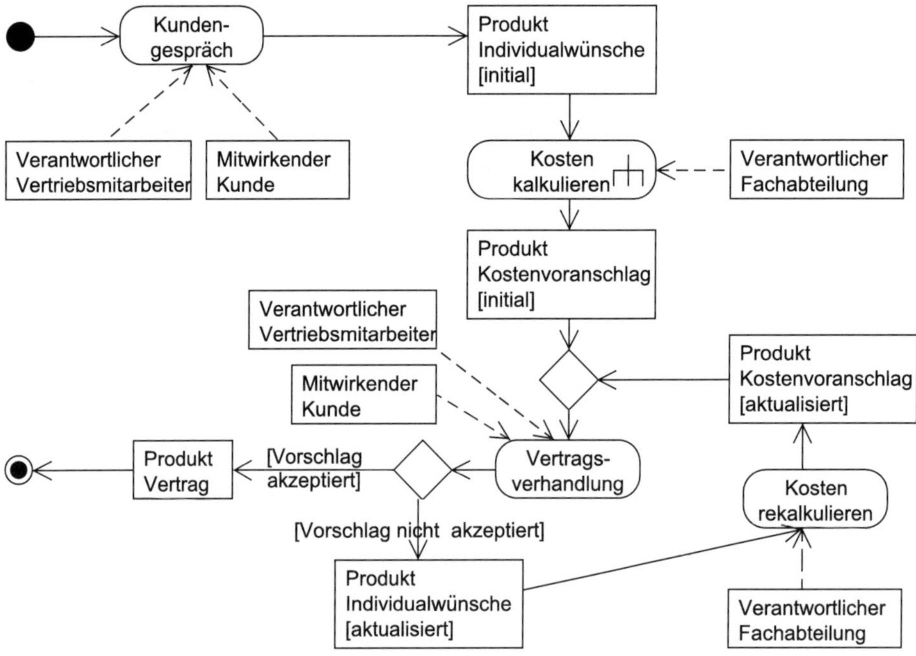

Abb. 2.6 Nachverhandlung

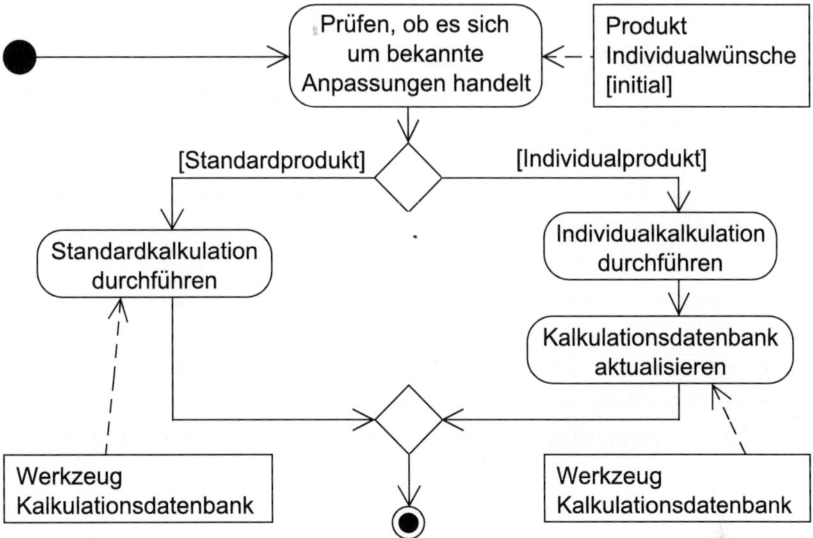

Abb. 2.7 Verfeinerung der Kostenkalkulation

Wenn Sie erste eigene Modellierungen durchführen, werden Sie sich die berechtigte Frage stellen, warum man immer Kontrollpunkte ergänzt, in denen sich verschiedene Abläufe vereinigen. In einer kompakteren Darstellung könnte man die Zusammenführung z. B. in einer Aktion beschreiben, wie es in Abb. 2.8 angedeutet ist. Dabei tappt man leider in eine Modellierungsfalle, da in der Bedeutung von Aktivitätsdiagrammen, also der Semantik, festgehalten ist, dass, wenn Aktionen mehrere Eingangspfeile haben, alle eingehenden Pfeile durchlaufen werden müssen, es sich also um die Vereinigung einer Parallelkomposition handelt. Im konkreten Beispiel müssten zwei Produkte

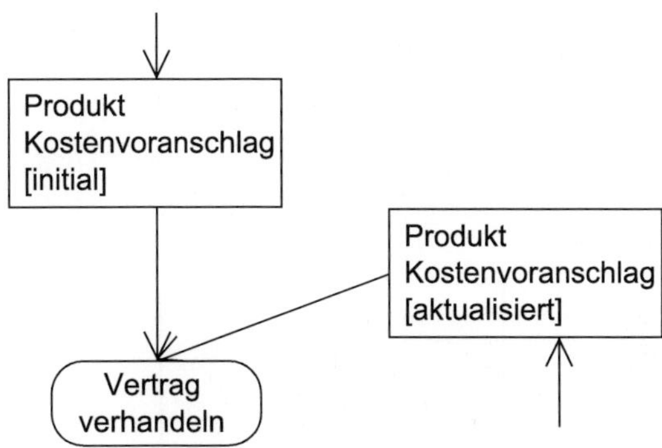

Abb. 2.8 Modellierungsfehler

Kostenvoranschlag, einmal im Zustand „initial" und einmal im Zustand „aktualisiert" vorliegen, was für ein identisches Produkt nicht machbar ist.

Die angedeutete Semantik bedeutet auch, dass es noch mehr Beschreibungsmöglichkeiten in Aktivitätsdiagrammen gibt. Da es an keiner Stelle dieses Buchs das Ziel ist, alle theoretischen Möglichkeiten von UML-Diagrammen darzustellen, wird hier auf weitere Varianten verzichtet. Ziel des Buches ist es aber, immer die relevante Teilmenge der Diagrammarten zu beschreiben, mit denen man (fast) alle Projekte erfolgreich realisieren kann.

Eine allerdings sehr sinnvolle und häufig genutzte Variante bei der Darstellung von Aktivitätsdiagrammen sind Schwimmbahnen (engl.: swim lanes). Dabei wird jeder für mindestens eine Aktion verantwortliche Rolle eine Schwimmbahn zugeordnet. Alle Aktionen, für die diese Rolle verantwortlich ist, werden in die zugehörige Schwimmbahn eingezeichnet. Schwimmbahnen verlaufen parallel, entweder von oben nach unten oder von links nach rechts.

In Abb. 2.9 wurde das Aktivitätsdiagramm aus Abb. 2.6 in ein Diagramm mit Schwimmbahnen umgewandelt. Man erkennt sehr gut bei dieser Darstellung, welche Rolle für welche Aktion, welche Entscheidung und für welches Produkt verantwortlich ist. Das Beispiel zeigt zusätzlich die nicht so häufig genutzte Variante, Mitwirkende an Aktionen mit darzustellen, indem Aktionen auf dem Rand zwischen den Rollen platziert werden. Die hauptverantwortliche Rolle erhält dabei einen Großteil der Fläche der Aktion in

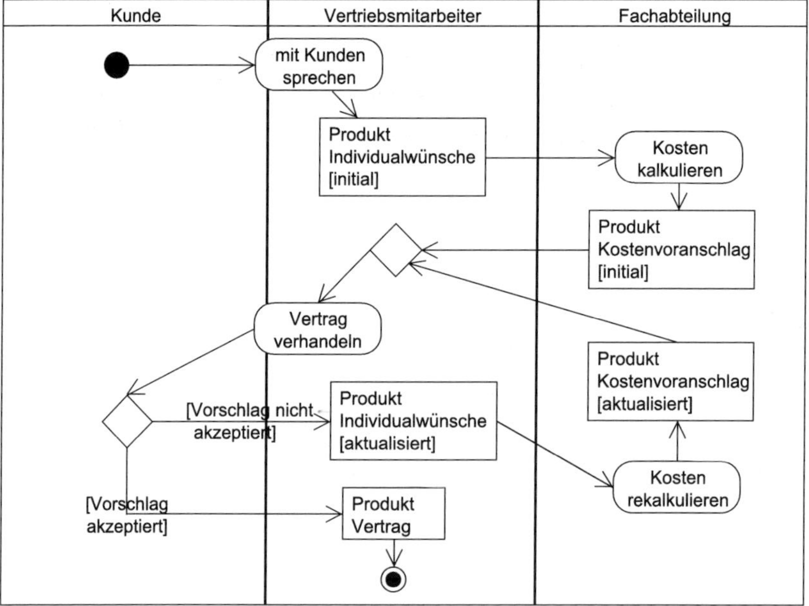

Abb. 2.9 Nutzung von Schwimmbahnen

der Darstellung. Man beachte, dass hier explizit die Verantwortung für eine Entscheidung einer anderen Rolle zugeordnet wird, was man generell diskutieren kann, ob dies notwendig ist. Im Beispiel müssen beide beteiligten Rollen sich auf den Vertrag einigen.

Ein kleiner Nachteil der Schwimmbahnnutzung ist, dass die Diagramme, in denen eine Rolle für fast alle Aktionen die Verantwortung hat, sehr lang werden können. Weiterhin ist generell die Darstellung von Mitwirkenden schwierig.

2.3 Risikomanagement

Jede Aktivität, die Menschen ausführen, beinhaltet Chancen und Risiken. Es besteht immer die Chance, dass man ein vorher gestecktes Ziel erreicht. Auf dem Weg zur Zielerreichung können aber verschiedene Gefahren lauern, die die Zielerreichung verhindern oder zumindest erschweren. Diese Gefahren werden Risiken genannt. Damit stehen Risiken für Ereignisse, die eintreten können, aber nicht eintreten müssen.

In diesem Buch wird das Thema Risikomanagement in IT-Projekten betont, da Erfahrungen des Autors gezeigt haben, dass ein systematisches Risikomanagement einen genauen Einblick in die unterschiedlichen Aspekte des Software-Engineerings verlangt, die in den anderen Kapiteln dieses Buches behandelt werden. In den folgenden Kapiteln wird immer durch die Angabe von Risiken deutlich gemacht, welche Entscheidungen in einem Projekt getroffen werden müssen und welche Auswirkungen diese Entscheidungen haben. Formal würde dieses Unterkapitel sonst sehr gut in das Kapitel „12 Umfeld der Software-Entwicklung“ passen.

Für den Umgang mit Risiken kann man unterschiedliche Strategien entwickeln. Eine Variante ist „Augen zu und durch“, also die Hoffnung, dass ein Risiko nicht eintritt. Eine zweite Variante ist es, sich gegen ein Risiko zu versichern, sodass kein finanzieller Schaden entstehen kann, wobei man die Kosten für die Versicherung berücksichtigen muss. Eine dritte Variante, die auch mit der zweiten Variante kombiniert werden kann, ist der Ansatz, frühzeitig über mögliche Risiken nachzudenken und Maßnahmen zu ergreifen, die die Eintrittswahrscheinlichkeit für die entdeckten Risiken minimiert.

Diese generellen Überlegungen lassen sich auf Unternehmensstrategien und genauso auf Software-Projekte übertragen. Während man bei „Augen zu und durch“ von Notfallplanung oder reaktivem Risikomanagement spricht, stehen die anderen Ansätze für das proaktive Risikomanagement, das hier genauer betrachtet werden soll.

Es ist wichtig für Informatiker, sich frühzeitig mit diesem Ansatz vertraut zu machen, da sie so wesentlich zum Projekterfolg durch ihren Beitrag zum proaktiven Management beitragen können.

Konkretes Beispiel eines Risikos in einem Software-Projekt ist der Einsatz einer neuen Software-Entwicklungsumgebung. Statt zu hoffen, dass sie einfach zu bedienen ist und schon laufen wird, kann man frühzeitig über risikominimierende Maßnahmen nachdenken. Mögliche Maßnahmen sind:

- Alle Mitarbeiter auf der neuen Umgebung schulen.
- Mitarbeiter mit Erfahrung mit der Umgebung einstellen.
- Eine prototypische Entwicklung mit der neuen Umgebung durchführen, wobei alle für das Projekt wichtigen Schritte einmal durchgeführt werden.
- Erkundigungen bei Referenzunternehmen einholen, die diese Umgebung schon einsetzen.

Maßnahmen können kombiniert werden, wobei die Kosten einer Maßnahme natürlich im Verhältnis zur Projektgröße und der Wahrscheinlichkeit des Eintritts stehen müssen. Wird das Risiko als bedrohlich eingestuft, werden die gewählten Maßnahmen durchgeführt. Bei der Ausführung ist zu prüfen, ob die Maßnahmen erfolgreich sind, um gegebenenfalls weitere Maßnahmen zu ergreifen.

Generell kann der Risikomanagementprozess wie folgt beschrieben werden, wobei die Beschreibung angelehnt an [KEP05] erfolgt.

Die wichtigsten Schritte des Risikomanagements, die in den verschiedenen Ansätzen [DL03][Ver03][Wal04] bezüglich ihrer Wichtigkeit leicht unterschiedlich eingestuft werden, sind in Abb. 2.10 dargestellt.

Risiken identifizieren: Im ersten Schritt, der typischerweise frühzeitig bei der Initialisierung eines Projekts stattfinden soll, geht es darum, potenzielle Risiken für das Projekt zu identifizieren. Dabei können unterschiedliche Quellen, wie Erfahrungen aus vorhergehenden Projekten, spezielle Fragebögen und Brainstormings unter potenziellen Projektmitarbeitern hilfreich sein. Da Risikomanagement ein zyklischer Prozess ist, müssen nicht alle Risiken sofort erkannt werden, wobei ein frühzeitiges Erkennen die Folgeschritte erleichtert.

Risiken analysieren: Zu jedem Risiko werden zwei Werte bestimmt: die Eintrittswahrscheinlichkeit und die Höhe der Schäden, die entstehen können. Aus der Multiplikation der ermittelten Zahlen ergibt sich ein Wert, der die Bedrohlichkeit eines Risikos darstellt

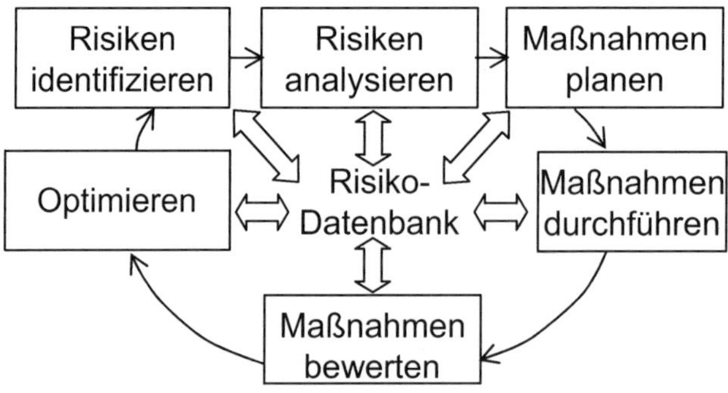

Abb. 2.10 Aufbau eines Risikomanagementprozesses

und seiner Priorisierung dienen kann. Die Bestimmung eines Eintrittsindikators ist eine Hilfestellung, die Gefahr des Auftretens eines Risikos an einem Ereignis festzumachen und eventuelle Handlungen auszulösen.

Maßnahmen planen: In diesem Schritt werden für jedes bedrohliche Risiko Maßnahmen eingeplant, die zur Minimierung der Schäden im Vorwege dienen, wie die Entwicklung von Prototypen, die Schulung von Mitarbeitern und die Risikoverlagerung durch eine bestimmte Vertragsgestaltung. Für jede Maßnahme werden Erfolgsindikatoren definiert.
Maßnahmen durchführen: Die Maßnahmen werden vom jeweiligen Verantwortlichen durchgeführt.
Maßnahmen bewerten: Nach dem Abschluss der Maßnahmen oder zu vorher festgesetzten Zeitpunkten, wie Reviews des Sachstands des Projekts, wird anhand der Erfolgsindikatoren geprüft, ob die Maßnahmen erfolgreich waren.
Optimieren: Die Optimierung bezieht sich zum einen auf die getroffenen Maßnahmen, die eventuell angepasst oder durch weitere Maßnahmen unterstützt werden, zum anderen betrifft die Optimierung auch den Risikomanagement-Prozess selbst, da dieser auch kontinuierlich verbessert und an die aktuelle Lage angepasst werden soll.
Risiko-Datenbank: Diese Datenbank steht für eine firmenspezifisch zu erstellende Erfahrungsdatenbank, in der Informationen verschiedener Projekte über das dortige Risikomanagement zusammengetragen werden. Sie stellt damit eine Quelle mit Informationen über potenzielle Risiken mit bewerteten Maßnahmen dar und stellt sicher, dass Firmenerfahrungen nicht verloren gehen.

Generell ist es wichtig, dass es sich um einen kontinuierlichen Prozess handelt, d. h. dass alle Projektbeteiligten dazu aufgerufen sind, während der gesamten Projektlaufzeit nach neuen Risiken zu suchen und sie diesem Prozess zuzuführen. Weiterhin müssen Risiken und der Erfolg von Maßnahmen wiederholt im Projekt bewertet werden, um auf Änderungen reagieren zu können.

2.4 Risikoanalyse Prozessmodellierung

Bei der generellen Nutzung eines Prozessmodellierungsansatzes können folgende Fragen hilfreich sein, die zur Aufdeckung möglicher Risiken dienen. Wenn eine Frage nicht mit „ja" beantwortet werden kann, sollte der Punkt in eine Risikoliste aufgenommen und dem Risikomanagement zur Verfügung gestellt werden.

1. Wurde die Prozessmodellierung von erfahrenen Mitarbeitern durchgeführt, die komplexe Sachverhalte in Texten und Diagrammen verständlich ausdrücken können?
2. Sind die für das Projekt relevanten Modellierungsergebnisse allen Projektbeteiligten bekannt und von diesen akzeptiert?

3. Ist der Dokumentationsstandard für die Modellierung definiert und verstehen alle Beteiligten die Dokumentation?
4. Wird die Prozessmodellierung kontinuierlich gepflegt, fließen Kenntnisse aus abgeschlossenen Projekten kontinuierlich in die Modellierung ein?

Weitere Risiken werden im abschließenden Kap. 12 diskutiert, da dort der enge Zusammenhang zwischen dokumentierten Prozessen eines Unternehmens und dem Qualitätsmanagement aufgezeigt wird.

Anmerkungen zur Praxis

Prozessmodellierungen spielen in allen Unternehmen eine wichtige Rolle, da mit ihnen präzisiert wird, welche Abläufe erwünscht sind. Die Modellierung von Software-Entwicklungsprozessen und von Abläufen zu entwickelnder Software sind dabei nur zwei von vielen Einsatzmöglichkeiten. Unternehmen mit einem aktiven Qualitätsmanagement beschreiben ihre Prozesse für alle Abläufe in ihrem Unternehmen. Es wird dadurch nachvollziehbar, wer, was, warum, mit wem machen soll. Die Prozessbeschreibungen sind Grundlage von Zertifizierungen von Unternehmen, z. B. nach DIN EN ISO 9001:2015 [DIN15]. Dabei müssen viele Prozesse nicht neu erfunden werden, es stehen Standards zur Verfügung, die entweder umzusetzen sind oder Rahmenbedingungen und Umsetzungsmöglichkeiten mit „Best Practices" beschreiben.

Problematisch kann eine Prozessmodellierung nur werden, wenn es zu einer Überformalisierung von Abläufen kommt, sodass Schritte verpflichtend durchgeführt werden müssen, obwohl alternative Vorgehensweisen gegebenenfalls sogar sinnvoller werden. Dieser Verlust an Flexibilität, die insbesondere bei der Reaktion auf neue Marktgegebenheiten notwendig ist, wird von Tom DeMarco sehr schön in [DeM01] beschrieben. Ein gutes Qualitätsmanagement überprüft deshalb nicht nur die Einhaltung von Prozessen, sondern auch; ob die Prozesse noch passend zur Aufgabenstellung sind.

Gerade im betriebswirtschaftlichen Bereich sind Aktivitätsdiagramme häufiger nicht die erste Wahl bei der Prozessdokumentation. Meist wird die genau wie die UML von der OMG standardisierte Business Process Model and Notation (BPMN) [@BPM] [FR14], manchmal auch erweiterte ereignisgesteuerte Prozessketten (eEPK) [Sei15] genutzt. Alle drei Diagrammarten beschreiben Abläufe mit Graphen und sind damit eng verwandt. Alle Notationen sind mit wenigen Vorkenntnissen generell sehr gut lesbar, werden aber oft durch eine Vielzahl an graphischen Spezialsymbolen schwerer verständlich. Am Anfang einer Modellierung sollte deshalb immer eine Festlegung der zu nutzenden Symbole erfolgen. Grundsätzlich sind alle Diagrammarten gleich ausdrucksstark, sodass kommerzielle Werkzeuge teilweise die automatische Übersetzung zwischen den Diagrammarten anbieten. Durch mehr graphische Elemente sind die entstehenden Diagramme kompakter. ◀

2.5 Aufgaben

Wiederholungsfragen

Versuchen Sie zur Wiederholung folgende Fragen aus dem Kopf, d. h. ohne nochmaliges Blättern und Lesen, zu beantworten.

1. Warum sind Prozessbeschreibungen im Arbeitsleben sinnvoll?
2. Was versteht man unter verzahnten Prozessen in Unternehmen?
3. Wie modelliert man Abläufe mit Aktivitätsdiagrammen, welche Möglichkeiten gibt es?
4. Beschreiben Sie die typischen Inhalte eines (Geschäfts-)Prozessmodells.
5. Wozu können Objekte in der vorgestellten Variante in der Prozessmodellierung genutzt werden?
6. Wie werden Prozessbeschreibungen inkrementell entwickelt?
7. Welche Möglichkeiten gibt es, komplexe Sachverhalte lesbar darzustellen?
8. Was versteht man unter Risikomanagement in IT-Projekten? Skizzieren Sie den zugehörigen Prozess.

Übungsaufgaben

1. In der Abb. 2.6 wurde ein Vertriebsprozess skizziert. Erweitern Sie den Prozess um die folgenden Möglichkeiten
   - Kunde ist am Angebot nicht interessiert.
   - Bis zu einem Vertragsvolumen von 20 T€ entscheidet der Abteilungsleiter bei einem vorliegenden Vertrag, darüber die Geschäftsleitung, ob der Vertrag abgeschlossen werden soll oder Nachverhandlungen nötig sind.
   - Die Fachabteilung hat Nachfragen, die der Vertriebsmitarbeiter mit dem Kunden klären muss.

Hinweis: Die Diagramme dieses Buches können von der Web-Seite des Buches geladen werden. Weiterhin gibt es dort einen Hinweis auf ein freies Werkzeug UMLet [@Let], das zur Bearbeitung genutzt werden kann.

2. a) Größere Aufgaben dürfen in einigen Lehrveranstaltungen von mehreren Studierenden zusammen bearbeitet werden, dabei können Aufgaben in Teilaufgaben zerlegt werden, wobei jeder Studierende alle Teilergebnisse erklären können muss. Spezifizieren Sie einen Prozess, ausgehend von der Findung der Arbeitsgruppe, durch das Ansprechen von anderen Studierenden bis zur Abgabe der Lösung. Berücksichtigen Sie zunächst keine Ausnahmen. Da hier der Ablauf im Mittelpunkt steht, können Sie auf die Angaben von Rollen verzichten.
   b. Bauen Sie in Ihren Prozess aus a) zwei Ausnahmen ein.

3. Projekten drohen aus den unterschiedlichsten Richtungen Gefahren. Gehen Sie davon aus, dass Sie Leiter eines Projekts sind, und überlegen Sie sich zu jedem der genannten Themengruppen jeweils zwei möglichst unterschiedliche Risiken, die Ihr Projekt betreffen können.
   i) Es handelt sich um einen neuen Kunden, mit dem die Firma noch nicht zusammengearbeitet hat.
   ii) Eine zentrale Stelle im Unternehmen regelt für Projekte, wer zu wieviel Prozent wann in welchem Projekt mitarbeitet.
   iii) Eine zentrale Stelle im Unternehmen regelt für Projekte, wer zu wieviel Prozent wann in welchem Projekt mitarbeitet.

Vorgehensmodelle

3

Zusammenfassung

Im vorherigen Kapitel wurde gezeigt, dass es generell wichtig ist, die Vorgehensweisen zu beschreiben, damit die Zusammenarbeit in großen Unternehmen funktioniert. Daraus leitet sich für die Software-Entwicklung die Frage ab, wie hier die beste Vorgehensweise aussieht. Diese Frage wurde und wird von Experten heftig diskutiert. Die daraus gewonnenen Erkenntnisse lassen sich wie folgt zusammenfassen und werden in diesem Kapitel konkretisiert. Es gibt einzelne Teilprozesse, die typischerweise in jedem Software-Projekt vorkommen, dies sind: Anforderungsanalyse, Design, Implementierung sowie Test und Integration. All diese Prozesse werden von Qualitätssicherungsmaßnahmen begleitet. Die Bedeutung dieser Teilprozesse hängt von sehr vielen Faktoren ab, wichtige Beispiele sind: Größe des Projektes, Erfahrungen des Projektteams mit vergleich-baren Aufgaben und besondere Qualitätsanforderungen z. B. bei Software, die mit für Menschenleben verantwortlich ist. Es gibt Prozesse, die für die Unterstützung der Software-Entwicklung wichtig sind, die sich z. B. mit der Bereitstellung der richtigen Entwicklungsumgebung beschäftigen. Die Zusammenhänge zwischen den Teilprozessen und ihre individuellen Ausprägungen sind in den existierenden Prozessmodellen sehr unterschiedlich. Dieses Kapitel beschäftigt sich mit konkreten Prozessmodellen und ihren Vor- und Nachteilen.

Abb. 3.1 zeigt die Ergebnisse einer Umfrage der Computer Zeitung zur Verwendung und zum Bekanntheitsgrad von Vorgehensmodellen. Dies zeigt deutlich, dass es die einzige Lösung mit der ultimativen Vorgehensweise nicht gibt, ansonsten hätte sich ein Modell durchgesetzt. Werden die Prozentangaben der genutzten Modelle summiert, ist das Ergebnis größer als 100 %, da es nicht untypisch ist, dass verschiedene Vorgehensmodelle

S. Kleuker, *Grundkurs Software-Engineering mit UML*,
https://doi.org/10.1007/978-3-658-46534-6_3

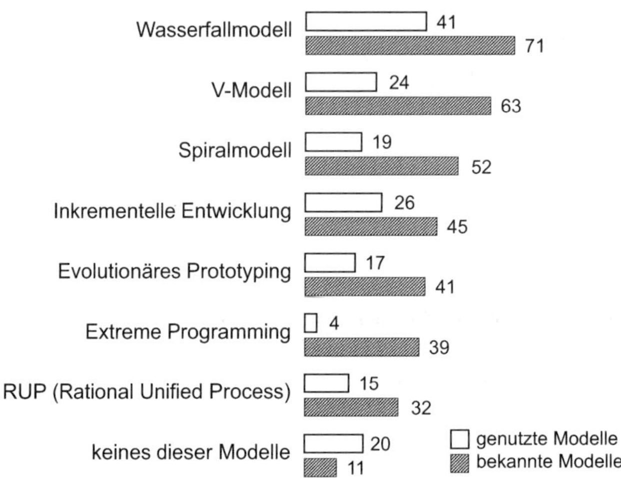

Abb. 3.1 Bekanntheitsgrad von Vorgehensmodellen in deutschen Unternehmen (in Prozent), nach [CZ05]

in einem Unternehmen zum Einsatz kommen. Die genannten Modelle werden gerne kombiniert, und häufig wird nach dem besten Vorgehen gesucht, das optimal zu allen Projektrandbedingungen passt.

Das in Abb. 3.2 dargestellte Ergebnis basiert auf einer Umfrage zum Vorgehen bei Software-Tests in der Praxis [WVS21], in der 2020 für die betrachteten Projekte gefragt wurde, an welchen Vorgehensmodellen sich die betrachteten Projekte orientieren. Weiterhin werden Ergebnisse ähnlicher Umfragen in 2015 und 2011 angezeigt. Es fallen klare Unterschiede zu 2005 auf, auch wenn die Fragestellungen nicht ganz identisch sind. Agile Vorgehensmodelle, von denen bei der ersten Umfrage nur Extreme Programming betrachtet wurde, haben an Bedeutung gewonnen, Details zu den zugehörigen Ansätzen werden in diesem Kapitel vorgestellt. Generell fällt bei den Ergebnissen 2020 auf, dass die Anzahl

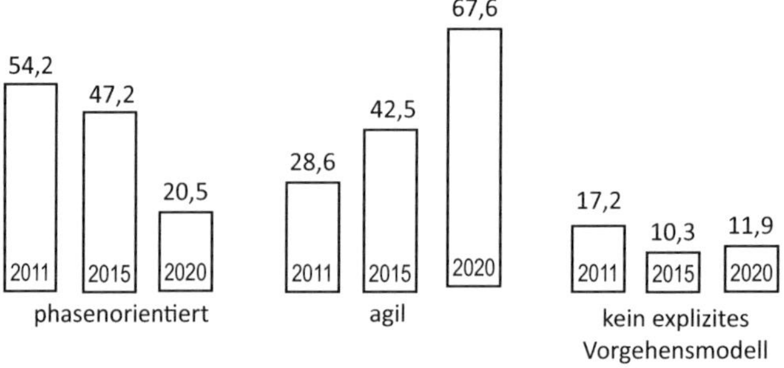

Abb. 3.2 Eingesetzte Vorgehensmodelle (in Prozent)

von konkret in der Literatur beschriebenen und genutzten Vorgehensmodellen, hier unter „anderes explizites Modell" zusammengefasst, stark zugenommen hat. Man kann hier auch die individuellen Modelle hinzuzählen, da hier Unternehmen an ihre Gegebenheiten angepasste Vorgehen nutzen, die von den Befragten nicht mehr explizit bestimmten Ansätzen zugeordnet wurden. Diese angepassten Modelle entwickeln sich oft in Schritten, in denen einzelne Ideen ausprobiert und dann adaptiert oder verworfen werden. Die 12 % ohne Vorgehensmodell können wahrscheinlich auch in die letzte Kategorie eingeordnet werden.

Nach der Vorstellung der zentralen Phasen der Software-Entwicklung im folgenden Unterkapitel, werden mehrere unterschiedliche Vorgehensmodelle kompakt zusammengefasst, dabei die bereits genannten Begriffe „phasenorientiert" und „agil" genauer erläutert. Aus den Beschreibungen lässt sich ableiten, dass jedes Vorgehensmodell seine Berechtigung hat und es vom Projektumfeld abhängt, welcher Ansatz passend ist. Eine Darstellung der Zusammenhänge zwischen Randbedingungen und ausgewähltem Vorgehen wird auch in [BT03] diskutiert.

3.1 Phasen der Software-Entwicklung

In Abb. 3.3 sind die zentralen Phasen der Software-Entwicklung genannt, die in jedem Software-Projekt, sei es eine Neu- oder eine Weiterentwicklung, anzutreffen sind und die in den folgenden Kapiteln detailliert betrachtet werden.

Projekte beginnen mit einer Anforderungsanalyse. Das Ziel dieser Phase ist es, zu verstehen, welches Ergebnis der Kunde wünscht. Die Qualität dieser Verständnisklärung ist maßgeblich für den Projekterfolg verantwortlich. Ein Projekt kann nur erfolgreich sein, wenn der Kunde es als Erfolg ansieht. Dies bedeutet für Software-Ingenieure

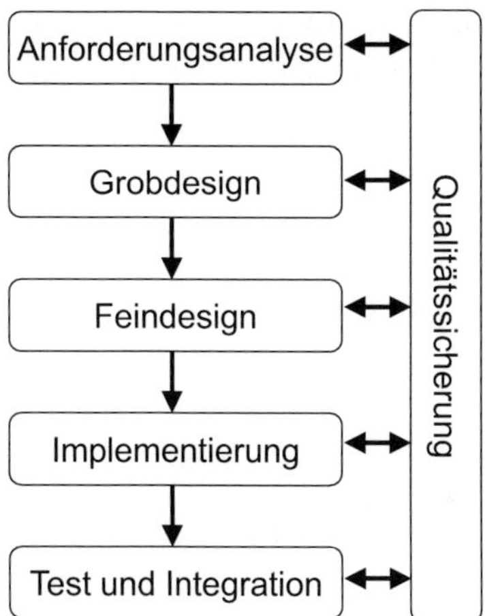

Abb. 3.3 Entwicklungsphasen im Überblick

häufig, dass sie sich in eine ganz andere Welt, in die Welt der Applikation und damit ihres Kunden hineinversetzen müssen. Weiterhin kann vom Kunden nicht verlangt werden, dass er in der Lage ist, alle seine Wünsche explizit zu Papier zu bringen. Es ist ein intensiver Dialog zwischen Kunde und der Entwicklung notwendig. Zentrales Produkt dieser Phase sind die Anwenderforderungen.

Das Grobdesign ist dafür verantwortlich, die Anforderungen in ein unmittelbar für die Software-Entwicklung einsetzbares Modell zu verwandeln. In diesem Modell müssen die informellen Anforderungen präzisiert werden. Weiterhin muss in dieser Phase die grundsätzliche Software- und System-Architektur, konkret welche Software für welche Aufgabe läuft später auf welchem Rechner, festgehalten werden.

Im Feindesign wird das Modell des Grobdesign weiter verfeinert und optimiert. Es werden genaue Schnittstellen zwischen großen Software-Blöcken definiert und ein gutes Design der Software für die Implementierung gesucht. Dabei ist der Begriff Design hier zentral für die innere Struktur der Software. Die Gestaltung der Oberfläche der Software, das Oberflächen-Design, gehört allerdings auch zu dieser Phase. Grobdesign und Feindesign gehen in verschiedenen Vorgehen nahtlos ineinander über und werden dann nur als Design-Phase betrachtet.

In der Implementierung wird die Software programmiert. Es findet die Umsetzung des Feindesigns in einer oder mehreren Programmiersprachen statt. Ziel ist es, dass die Implementierer eine lauffähige Software vorlegen.

In der Phase Test und Integration wird die Software, die typischerweise von mehreren Implementierern entwickelt wurde, zum eigentlichen Software-Produkt zusammengebaut. Dabei muss das Zusammenspiel der Softwareteile getestet und sichergestellt werden, dass die eigentlichen Kundenwünsche erfüllt sind.

Eng mit diesen Phasen ist, wie in Abb. 3.3 dargestellt, die Qualitätssicherung verbunden. Zentrale Aufgabe der Qualitätssicherung ist es, für jedes Teilprodukt im gesamten Entwicklungsprozess sicher zu stellen, dass vor dem Projekt definierte Qualitätskriterien erfüllt sind. Dabei dürfen Folgearbeiten erst beginnen, wenn die benötigten Produkte eine geforderte Qualität erreicht haben. Die Qualitätssicherung gehört damit zu allen Phasen, die in den folgenden Kapiteln diskutiert werden. Um einen kompakten Überblick zu erhalten, sind die zu diesem Thema gehörenden Informationen allerdings im Kap. 11 zusammengefasst.

Dieses Modell ist noch verfeinerbar beziehungsweise um eine Phase Auslieferung und Wartung, die sich mit der Abnahme der Software beim Kunden und der darauf folgenden Garantiephase beschäftigt, ergänzbar.

3.2 Wasserfallmodell

Das erste akademisch beschriebene Ausgangsmodell [Roy70] durchläuft die im vorherigen Unterkapitel genannten Phasen von oben nach unten, wodurch die Bezeichnung „Wasserfall" begründet ist. Jede der fünf Phasen Anforderungsanalyse, Grobdesign,

Feindesign, Implementierung sowie Test und Integration bauen auf den Ergebnissen der vorher genannten Phase auf, sodass der Ansatz an sich sehr plausibel ist. Weiterhin ist eine grobe Projektplanung anhand der genannten Phasen schnell erledigt. Jede der fünf Phasen kann mit einem sogenannten Meilenstein abschließen, bei dem die Ergebnisse der abgeschlossenen Phase kritisch betrachtet werden und entschieden wird, ob und wie das Projekt weiterläuft.

Da Software-Projekte hochkomplexe Prozesse beinhalten, kann nicht garantiert werden, dass alle Phasen auf Anhieb erfolgreich abschließen. Aus diesem Grund wurde in der Praxis frühzeitig eine Variante des Modells genutzt, das um die Möglichkeit ergänzt wurde, bei offenbaren Problemen in die vorherige Phase zurückzugehen und das Problem dort zu lösen. Die Pfeile zwischen den Phasen des Wasserfallmodells in Abb. 3.3 verlaufen dann in beide Richtungen.

Auch mit dieser Optimierung fordert das Wasserfallmodell, dass die Anwenderforderungen nach der ersten Phase im Wesentlichen vollständig vorliegen müssen. Aber alle größeren Software-Projekte haben gezeigt, dass diese Annahme falsch ist. Es ist praktisch unmöglich, eine vollständige Menge von Anforderungen zu einem frühen Projektzeitpunkt zu formulieren. Durch die intensivere Beschäftigung mit dem Projekt werden neue Überlegungen beim Kunden angestoßen, der erkennt, wie die resultierende Software seine Probleme besser lösen könnte. Weiterhin können Entwickler durch kritisches Hinterfragen eventuell nicht eindeutig formulierter Abläufe zu neuen Anforderungen kommen, wobei die Anforderungen nicht unbedingt mehr, aber inhaltlich andere werden können. Der Ansatz, das Problem der sich ändernden Kundenanforderungen als Kundenproblem abzutun, ist meist wenig hilfreich, da der Kunde das Ergebnis abnehmen muss und dadurch ein gewisser Harmonie-Level im Projekt existieren sollte. Da ein Kunde später wieder ein Kunde sein sollte, muss ein konstruktiver Umgang mit sich ändernden Anforderungen gefunden werden.

Bei der Nutzung des Wasserfallmodells muss bereits am Anfang der Implementierung feststehen, welche Techniken eingesetzt werden. Dies ist z. B. bei der Nutzung eines neuen Frameworks sehr kritisch, da man oft erst mit einiger Erfahrung den potenziellen Mehrwert beurteilen kann.

Ein weiteres häufig zu beobachtendes Phänomen von Projekten mit dem Wasserfallmodell ist, dass sie recht lange wie ein Erfolg aussehen und es erst in den letzten beiden Phasen zu eklatanten Zeitverzögerungen kommt. Ein zentraler Grund hierfür ist, dass in den ersten drei Phasen fast ausschließlich Papier mit Texten und Modellen erstellt wird. Der Übergang von einer halbfertigen Anforderungsanalyse zur Grobdesign-Phase, da der Termin für das Ende der Analyse-Phase erreicht wurde, ist zunächst nur ein kleines Problem. Mit einer ähnlichen Argumentation kann das Grobdesign fristgerecht abgeschlossen werden. Erst bei der Implementierung werden schleichende Spezifikationslöcher deutlich. Da zur Schließung dann die Arbeiten der vorherigen Phasen nachgeholt werden müssen, gerät das Projekt jetzt zeitlich aus dem Rahmen. Das Hauptproblem des Wasserfallmodells ist damit, dass Probleme sehr lange verschleppt werden können oder auch erst sehr spät sichtbar werden.

In dem Aufsatz [Roy70] wird bereits auf die Gefahren der rein sequenziellen Abarbeitung der Schritte hingewiesen und Varianten mit Rücksprüngen zu vorhergehenden Phasen diskutiert.

3.3 Prototypische Entwicklung

Eine Verbesserung des Wasserfallmodells ist durch die in Abb. 3.4 skizzierte prototypische Entwicklung möglich. In diesem und den beiden Folgebildern wurde auf die Darstellung der Qualitätssicherung verzichtet, da sie in allen vorgestellten Modellen notwendiger Bestandteil ist.

Bei der prototypischen Entwicklung wird ein kleiner Teil des Projektes vor dem eigentlichen Projekt realisiert. Ziel dieses Prototyps ist es, möglichst viele potenzielle Probleme des eigentlichen Projekts zu finden, sodass diese vor der eigentlichen Entwicklung gelöst werden können. Die Aufgabe des Prototyps ist damit einzig und allein die Entdeckung und mögliche Lösung von Problemen.

Dieser Ansatz ist besonders geeignet, wenn mit Projekten ein völlig neues Aufgabengebiet betreten wird. Der Kunde kann dann am Prototyp erkennen, ob die Entwicklung grundsätzlich in die richtige Richtung geht. Typisch sind dabei Prototypen für die Oberflächen, wobei die spätere Funktionalität sichtbar wird, aber hinter Steuerungselementen der Oberfläche, wie Eingaben und Knöpfen, die Funktionalität nicht ausprogrammiert ist.

Ein weiteres Einsatzgebiet von Prototypen ist der sogenannte technische Durchstich. Dieser Ansatz ist besonders dann interessant, wenn neue Technologien eingesetzt werden. Das Ziel des Prototyps ist es dabei, alle im Projekt eingesetzten Technologien zu

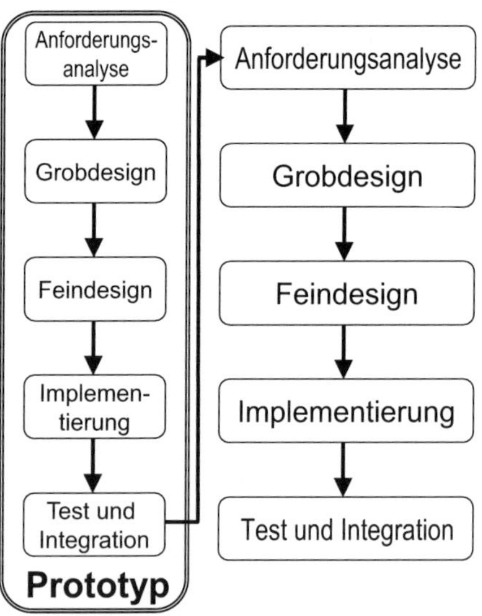

Abb. 3.4 Prototypische Entwicklung

verbinden, sodass die grundsätzliche Realisierbarkeit des Projekts gewährleistet werden kann. Dieser Prototyp kann dann z. B. auch zu ersten Performance-Untersuchungen, ob die resultierende Software schnell genug sein wird, genutzt werden.

Die Idee des Prototypen findet man auch in praktisch allen aktuellen Vorgehensmodellen, da er viele Erkenntnisse über Projektrisiken und deren mögliche Lösungen liefert.

Prototypen können allerdings auch gefährlich für ein Projekt werden. Nutzt man den Ansatz, um mit einem Kunden über die Oberflächengestaltung zu diskutieren, so kann der Kunde leicht den Eindruck bekommen, dass das Projekt vor der unmittelbaren Fertigstellung steht. Der Kunde hat diesen Eindruck, da sich der Prototyp eventuell von außen kaum vom Endprodukt unterscheidet.

Prototypen werden typischerweise schnell ohne besondere Sorgfalt für Details realisiert. Sie sind damit ein Wegwerfprodukt. Kritisch wird es dann auch für Projekte, wenn aus Zeitmangel der mangelhaft entwickelte Prototyp in die Entwicklung übernommen wird, damit man am Anfang vermeintlich Zeit sparen kann.

Ein Problem bei dem Ansatz aus Abb. 3.4 ist es weiterhin, dass die Anwenderforderungen wieder relativ früh vorliegen müssen und dass Änderungen dieser Anforderungen eigentlich nicht vorgesehen sind.

3.4 Iterative Entwicklung

Bei der iterativen Entwicklung wird die von der prototypischen Entwicklung bekannte Wiederholung der Phasen mehrfach durchgeführt. Abb. 3.5 zeigt deshalb eine Schleife, die mit der Fertigstellung des Produktes endet.

Die Idee ist dabei, dass mit jedem Schleifendurchlauf die Ergebnisse des vorherigen Durchlaufs verfeinert werden. Diese Verfeinerung kann aus einer Optimierung oder der Ergänzung zusätzlicher Ablaufmöglichkeiten bestehen.

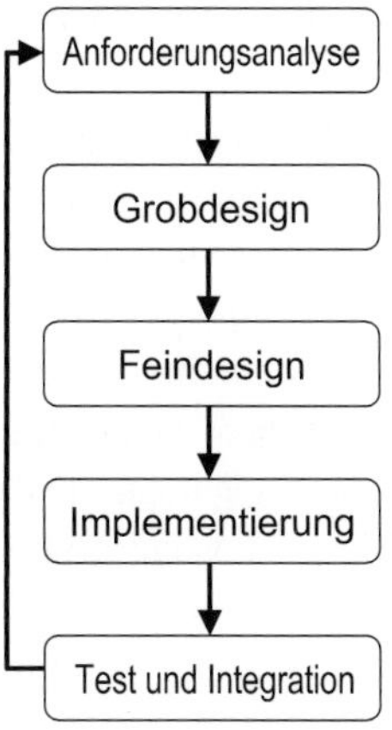

Abb. 3.5 Iterative Entwicklung

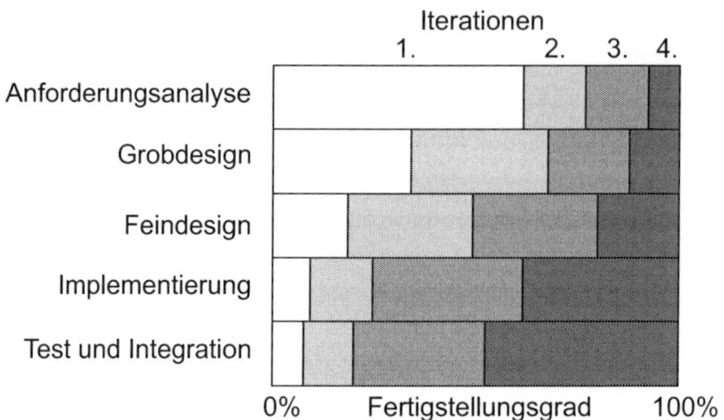

Abb. 3.6 Fertigstellung mit Iterationen

Abb. 3.6 zeigt, dass der Schwerpunkt der Arbeit sich bei den verschiedenen Iterationen verschiebt. Am Anfang werden möglichst viele Anforderungen festgehalten, während später die Realisierung eine größere Bedeutung erhält. Analog zur prototypischen Entwicklung werden aber immer alle Phasen durchlaufen. So enthält die erste Iteration bereits eine Implementierungs- und Testphase. Dadurch ist es möglich, frühzeitig auf erkannte Probleme zu reagieren und diese Reaktion für die nächste Iteration einzuplanen. Auf Änderungen von Anforderungen kann dieser Ansatz ebenfalls eingehen.

Kritisch ist für den Ansatz zu vermerken, dass er schwierig zu planen ist, da es immer zeitliche Puffer für die Reaktion auf Risiken geben muss. Damit stellt das Vertragsmodell ebenfalls neue Anforderungen an den Kunden und das Entwicklungsunternehmen.

Die Ideen des iterativen Ansatzes findet man in vielen aktuellen Vorgehensmodellen. Der Ansatz kann, wie im folgenden Unterkapitel gezeigt, allerdings noch weiter ergänzt werden.

3.5 Iterativ-inkrementelle Entwicklung

Wenn man den Begriff „Iteratives Vorgehen" formal anwendet, bedeutet er, dass ein vorgegebenes Problem durch wiederholte Bearbeitung gelöst wird. Der Zusatz „inkrementell" bedeutet, dass bei jedem Durchlauf nicht nur das existierende Ergebnis verfeinert wird, sondern wie in Abb. 3.7 durch vier Scheiben angedeutet, dass neue Funktionalität hinzukommt. Das bedeutet, dass ein erstes Inkrement aus der Kernfunktionalität besteht und dass dann mit jedem Inkrement neue Funktionalität ergänzt werden kann. Dieser Ansatz garantiert, dass es zwischenzeitlich immer wieder eine vollständig funktionierende Lösung gibt, die typischerweise dem Kunden zumindest zum Probebetrieb auch überlassen wird. Jedes Inkrement macht dann das Produkt noch mehr nutzbar. Bei der Planung der Inkremente kann z. B. folgende Taktik sinnvoll sein. Man kann im ersten

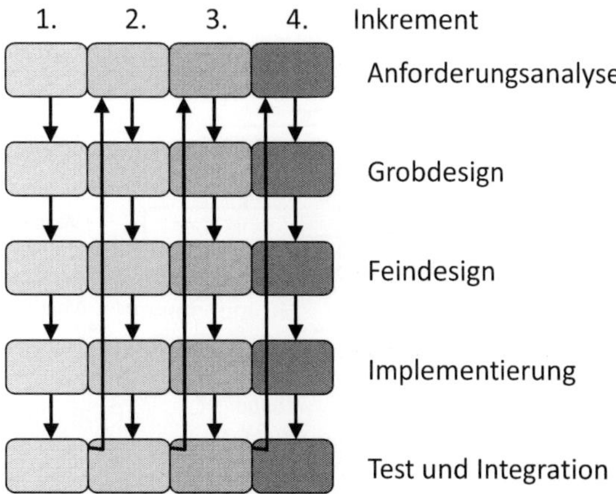

Abb. 3.7 Iterativ-Inkrementelle Entwicklung

Inkrement vergleichbar zum prototypischen Ansatz versuchen, zunächst alle technischen Herausforderungen zu lösen. Danach wird ein Inkrement entwickelt, das sich an den Hauptforderungen des Kunden orientiert und das der ersten Auslieferung an den Kunden entspricht. Die Entwicklung von Folgeinkrementen kann man wieder an eventuell neu entdeckten Risiken oder an besonders dringlichen Kundenwünschen orientieren.

Der Ansatz geht sehr flexibel mit Anforderungen um, da jedes Inkrement einer neuen Planung bedarf, bei der grundsätzlich auch über die Änderung von Anforderungen nachgedacht wird. Zu diesem Ansatz wird ein passendes Vertragsmodell benötigt, das sich möglichst auch an den Inkrementen orientiert.

Bei einem unpassenden Vertragsmodell kann der Ansatz kritisch werden, da leicht ein Streit darüber entstehen kann, welche weitere Funktionalität und welche Änderung noch Teil des aktuellen Vertrages sind und was zu Neuverhandlungen führen muss. Die inkrementelle Entwicklung kann auch von Auftraggebern genutzt werden, indem die Möglichkeit eingebaut wird, dass verschiedene Inkremente von unterschiedlichen Unternehmen realisiert werden.

Generell spricht man oft auch von einem iterativ-inkrementellen Vorgehen, da beide Ansätze eng verwandt sind.

3.6 Allgemeines V-Modell

Das in Abb. 3.8 dargestellte Vorgehensmodell betont neben den Phasen der Software-Entwicklung die Schritte der Qualitätssicherung, wie sie bereits in Abb. 3.3 angedeutet wurden. Auf der linken Seite wird die eigentliche Entwicklung beschrieben. Nach der Anforderungsdefinition findet ein funktionaler Systementwurf statt, der die Schritte des vorgestellten Grobdesigns beinhaltet. Beim technischen Systementwurf geht es darum,

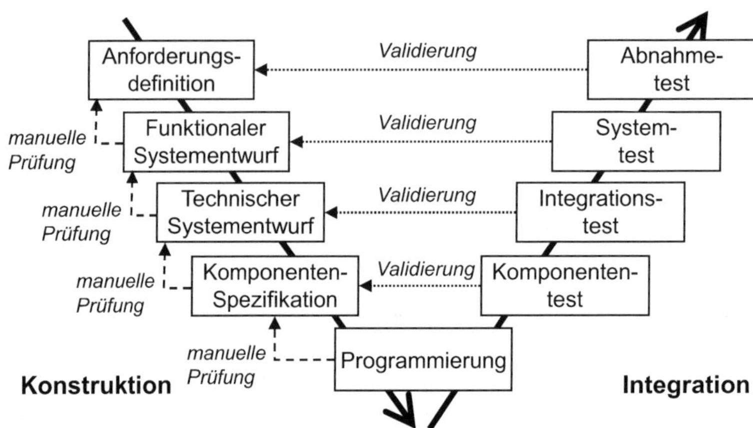

Abb. 3.8 Allgemeines V-Modell

auf welchen Systemen die Software laufen soll. Weiterhin kann hier über die Software hinaus über die Entwicklung neuer Hardware nachgedacht werden. In der Komponentenspezifikation findet das Feindesign statt. Neben dem Entwicklungsverlauf zeigen gestrichelte Linien qualitätssichernde Prüfmaßnahmen. Nach jeder Entwicklungsphase wird geprüft, ob die Ergebnisse zur vorherigen Phase passen, und gegebenenfalls werden Verbesserungen vorgenommen. Die Qualitätssicherung spielt auch für die rechte Seite des V-Modells mit der Integration der Software eine wichtige Rolle, in der verschiedene Testarten unterschieden werden. Beim Komponententest werden einzelne Software-Bausteine überprüft, es wird gezeigt, dass das resultierende Ergebnis zur Komponentenspezifikation passt. Umgekehrt bedeutet dies, dass man bei der Erstellung der Komponentenspezifikation darüber nachdenken muss, wie später getestet werden soll. Aus den einzelnen Komponenten wird das System zusammengebaut, d. h. integriert. Für das Gesamtsystem, das aus neuer Software und Hardware bestehen kann, wird die grundsätzliche Lauffähigkeit anhand des Ergebnisses des technischen Systementwurfs validiert. Beim Systemtest wird für das System als Ganzes geprüft, ob es genau die Funktionalität bietet, die der Kunde fordert. Der Abnahmetest hat eine ähnliche Aufgabe wie der Systemtest, da eine Prüfung gegenüber den Anforderungen stattfindet. Der Unterschied gegenüber dem Systemtest ist typischerweise, dass der Systemtest betriebsintern im entwickelnden Unternehmen stattfindet und der Abnahmetest zusammen mit dem Kunden, der dann auch verantwortlich für das Ergebnis ist, durchgeführt wird.

Betrachtet man das V-Modell in seiner reinen Form, so hat es starke Ähnlichkeit mit dem Wasserfallmodell. Aus diesem Grund stellt das V-Modell meist nur eine Iteration in der Entwicklung dar. Man darf zur vorherigen Phase zurückkehren und das V wiederholt durchlaufen. Durch die Verkettung mehrerer V-Durchläufe spricht man dann auch von einem W-Modell.

3.7 Das V-Modell der Bundesrepublik Deutschland

Die Idee des V-Modells wurde auch vom Staat für seine IT-Projekte aufgegriffen. Durch verzögerte, zu teure und gescheiterte Projekte entstand bei den Behörden der Wunsch, die Gefahren für IT-Projekte aus Sicht des Auftraggebers zu minimieren. So wurde der Auftrag für ein Prozessmodell vergeben, das von allen Auftragnehmern des Bundes genutzt werden sollte.

Das resultierende Modell enthält dazu Vorgaben, welche Prozesse es in den Projekten geben muss und welche Produkte zu welchen Zeitpunkten vorliegen müssen. Der Auftraggeber hat dadurch einheitliche Schablonen für Produkte, zu denen es weiterhin Anforderungen gibt, was darin enthalten sein soll. Dadurch, dass der Auftraggeber in einem Projekthandbuch sein Vorgehen definieren muss, indem die Regeln des V-Modells zu berücksichtigen sind, wird für den Auftragnehmer auch die Prüfung, ob Meilensteine termingerecht erreicht werden, wesentlich erleichtert.

Da Behörden sehr unterschiedliche IT-Projekte ausschreiben und Unternehmen meist eigene Vorgehensmodelle haben, handelt es sich bei dem V-Modell des Bundes um ein sogenanntes Meta-Modell. D. h., es werden zwar Phasen und Produkte vorgegeben, die konkrete Umsetzung kann aber individuell vom Auftragnehmer gestaltet werden. Der Auftragnehmer muss dann sein Vorgehensmodell mit den Vorgaben des V-Modells abstimmen. Eine Software-Entwicklung basierend auf der UML ist damit nur eine von vielen möglichen Projektarten.

Das V-Modell des Bundes wurde in drei wichtigen Iterationen entwickelt. Das erste Modell, das V-Modell 92 von 1992, war noch stark wasserfallorientiert und passte damit nur eingeschränkt zu den aufkommenden iterativ-inkrementellen Vorgehensweisen. Aus diesem Grund wurde der Ansatz mit dem V-Modell 97 von 1997 erweitert, wobei aus Sicht der Auftragnehmer die Öffnung für neue Vorgehensmodelle nicht immer weit genug ging. Die Anforderungen mussten bereits zu einem sehr frühen Zeitpunkt feststehen.

Aktuell ist das V-Modell XT aus dem Jahre 2005, mit XT für „Extreme Tailoring", das zwar die gleiche Motivation wie seine Vorgänger hat, allerdings wesentlich überarbeitet wurde. Das V-Modell XT wird in kürzeren Zyklen aktualisiert und so für weitere Anwendungsszenarien gestaltet. Im Juni 2017 wurde die Version 2.1 online geschaltet [@VM]. Alle Informationen stehen zum Modell im Internet frei zur Verfügung.

Abb. 3.9 zeigt die generelle Struktur des V-Modells XT, woraus die Verwandtschaft zu den vorgestellten Prozessmodellen folgt. Da das Modell einen sehr generischen Charakter hat, sind die geforderten Prozesse in sogenannten Aktivitäten beschrieben. Diese Aktivitäten gehören dann zu einer Aktivitätsgruppe, die eine Zusammenfassung nach Aufgabengebieten wie Entwicklung oder Projektmanagement ist. Die Aktivitäten sind weiter verfeinert, wobei Teilaktivitäten als Ergebnisse Teile der Produkte, sogenannte Themen, als Ergebnis haben. Die einzelnen Produkte sind wieder nach Ergebnisgebieten in Produktgruppen organisiert. Das V-Modell XT enthält ein für Prozessmodelle übliches

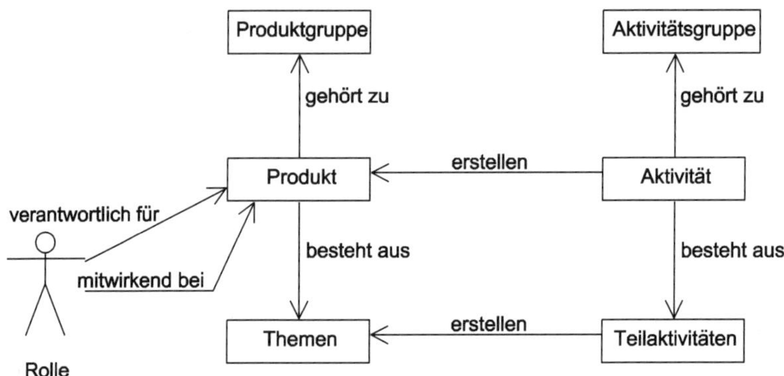

Abb. 3.9 Begriffsstruktur des V-Modells XT

Rollenmodell, mit dem für Produkte deutlich wird, wer wie an der Erstellung mitwirkt und wer für das Ergebnis verantwortlich ist.

Das V-Modell XT ist generisch in dem Sinn, dass abhängig von der Aufgabenstellung, z. B. der Formulierung des V-Modells aus Sicht des Auftraggebers oder des Auftragnehmers, verschiedene Aktivitäten und ihre Reihenfolge verpflichtend sind, weitere Aktivitäten optional, abhängig von der Aufgabenstellung, dann hinzugenommen werden können.

Der Prozess zur Auswahl der richtigen Aktivitäten wird auch „tayloring", also zurechtschneidern, genannt und verlangt einige Erfahrungen mit dem V-Modell XT, da es eine recht große Anzahl an Aktivitäten gibt.

Das V-Modell XT ist ständig auf seine Anpassung an neue Entwicklungen und die Erweiterung für neue Projektarten ausgelegt. Genau wie seine Vorgänger stellen die V-Modelle ein wichtiges Hilfsmittel bei der Kommunikation zwischen Auftragnehmer und Auftraggeber dar, da durch die Dokumentation eine gemeinschaftliche Sichtweise von Projekten erzeugt wird. Da alle V-Modelle sehr viele Dokumente als Produkte fordern, deren Sinn in individuellen Projektsituationen nicht immer deutlich wird, stoßen alle V-Modelle des Bundes auf Kritik. Es muss bei der Planung der Projekte immer darauf geachtet werden, wie ein Projekt zurecht geschneidert wird, damit keine überflüssigen Dokumente entstehen.

Durch seinen modularen Aufbau ist das V-Modell XT ziemlich flexibel geworden, wobei nicht immer eine Reaktion auf die projektindividuellen Risiken möglich ist und so destruktiven Streitereien der Form „Nach V-Modell XT sind Sie aufgefordert, folgendes Produkt zu folgendem Zeitpunkt zu liefern, wenn nicht, drohen wir eine Konventionalstrafe an." die Tür geöffnet ist.

Positiv ist beim Übergang vom V-Modell 97 zum V-Modell XT zu bemerken, dass die frühen Projektphasen, in denen die langfristige Zusammenarbeit zwischen Auftragnehmern und Auftraggebern gefestigt werden muss, eine wesentlich größere Bedeutung erhalten haben. Dabei ist es natürlich nicht möglich, die gesamte Dynamik der Klärung von Projektinhalten und der weiteren Absprachen in einem Prozessmodell festzuhalten.

Die V-Modell XT-Dokumente sind auch für Nicht-Anwender dieses Modells interessant, da sie detailliert Arbeitsschritte, Produkte und Rollen beschreiben. Diese Informationen können bei der Entwicklung anderer Vorgehensmodelle sehr hilfreich sein.

3.8 Rational Unified Process

Der Rational Unified Process, kurz RUP, wurde von den gleichen Personen, Booch, Rumbough und Jacobson [Kru04] maßgeblich entwickelt, die auch für die Entwicklung der UML verantwortlich waren und dabei bei der Firma Rational arbeiteten.

Bei der Entwicklung der UML war man zunächst davon ausgegangen, dass durch die Notation bereits ein Vorgehensmodell festgelegt wurde, deshalb heißen Vorgänger der UML Unified Method. Schnell wurde erkannt, dass es mithilfe der UML-Notation unterschiedliche Ansätze für erfolgreiche Vorgehen geben konnte. Da diese Vorgehen gewisse Gemeinsamkeiten haben, hat man mit dem RUP versucht, diese Vorgehensweisen, basierend auf „best practices", also in Projekten erfolgreichen Arbeitsschritten, zu definieren. Eine Version des RUP wurde auch als Unified Process standardisiert, wobei die Entwicklung des RUP schneller voran schreitet. Im Gegensatz zu dem werkzeugneutralen Unified Process fokussiert der RUP auf die Nutzung der Werkzeuge von IBM Rational [@Rat]. Trotzdem kann das Prozessmodell unabhängig von den Werkzeugen betrachtet werden, da man dazu nur auf die ergänzenden Hinweise zur sinnvollen Werkzeugnutzung in den einzelnen Arbeitsschritten verzichten muss.

Relativ früh wurde bei der Erstellung des RUP erkannt, dass die Iterative Entwicklung ein Meilenstein auf dem Weg zu erfolgreichen Software-Projekten ist. Abb. 3.10 zeigt den zentralen Aufbau des RUP. Auf der linken Seite sind verschiedene Kernprozesse genannt, die bei der Entwicklung von Software eine entscheidende Rolle spielen. Neben den grundsätzlich bekannten Entwicklungsphasen sind hier auch einige Unterstützungsprozesse genannt, die für eine erfolgreiche Projektdurchführung notwendig sind. Beim Geschäftsprozessmodell (Business Modeling) handelt es sich um einen speziellen Anteil der Anforderungsanalyse, mit der die Prozesse des Kunden verstanden werden sollen. Das Konfigurations- und Änderungsmanagement (Configuration & Changemanagement) beschäftigt sich mit der Verwaltung unterschiedlicher Entwicklungsstände und dem systematischen Umgang mit Anforderungsänderungen. Mit Projektumfeld (Environment) ist der Prozess gemeint, der für die Zurverfügungstellung der richtigen Werkzeuge verantwortlich ist. Die zuletzt genannten Prozesse werden im Kap. 12 unabhängig vom RUP genauer betrachtet. Die Abbildung zeigt die unterschiedlichen Arbeitsaufwände in den einzelnen Iterationen.

Der Begriff Phase wird im RUP für verschiedene Stufen der Realisierung genutzt. Dabei steht die Konzeptionsphase (Inception) für die Ermittlung zentraler Anforderungen, in der der Projektumfang festgelegt wird und möglichst viele Projektrisiken entdeckt werden. In der Entwurfsphase (Elaboration) werden die Anforderungen vervollständigt, wird die Entwurfsspezifikation entwickelt und ein detaillierter Projektplan mit

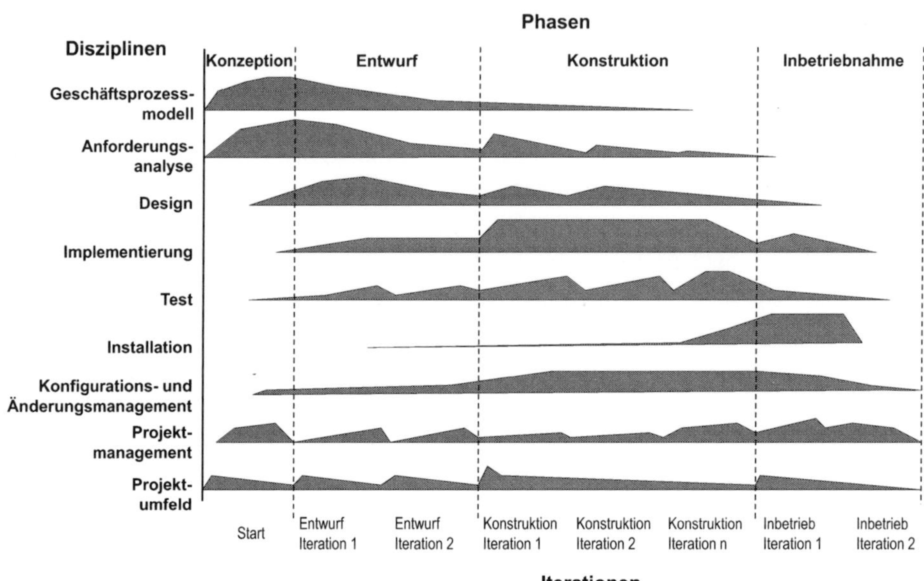

Abb. 3.10 Iterative Entwicklung im RUP [Kru04]

proaktivem Risikomanagement ausgearbeitet. Das Ziel der Konstruktionsphase ist die Implementierung, Integration und damit ein auslieferbares Endergebnis (Construction). Abschließend findet der Übergang in den Betrieb (Transition) statt, in der die Software installiert und abgenommen wird.

Jede der RUP-Phasen kann aus einer oder mehreren Iterationen bestehen, in denen eine Verfeinerung des vorherigen Ergebnisses stattfindet.

Abb. 3.11 zeigt die generelle Struktur des RUP, der aus Kernprozessen, hier Disziplinen genannt, besteht, wobei diese sich aus einzelnen Arbeitsabläufen zusammensetzen. Arbeitsabläufe werden weiter zu Aktivitäten verfeinert, die von Rollen bearbeitet werden, die Verantwortlichkeiten für die erstellten Artefakte (Produkte) übernehmen. Für jedes Artefakt gibt es eine Vorlage, Hinweise zur Erstellung und Checklisten zur Überprüfung, die Ergebnis der Analyse erfolgreicher Vorgehen sind.

In der abstrakten Beschreibung hat der RUP einige Ähnlichkeit mit dem V-Modell XT, das an einigen Stellen Ideen des RUP aufgegriffen hat. Ähnlich wie das V-Modell XT handelt es sich bei dem RUP auch um ein Meta-Modell mit generischen Aspekten. Das bedeutet, dass man am Anfang des Projekts festlegen muss, welche Arbeitsprozesse durchgeführt werden. Anders als beim V-Modell XT sind die Variationsmöglichkeiten in der Prozessgestaltung allerdings geringer, da der Rahmen, wie ein RUP-Projekt aussehen soll, genau festgelegt ist.

Als wesentlicher Unterschied zum V-Modell XT ist der RUP deutlich konkreter, da er keine beliebige Methoden- und Werkzeugauswahl zulässt. Der RUP ist klar auf die

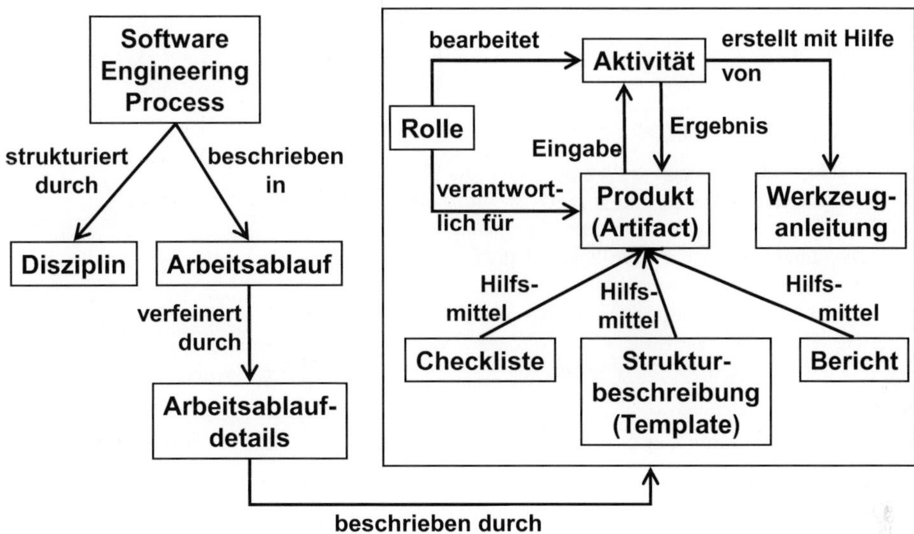

Abb. 3.11 Begriffsstruktur des RUP

Nutzung der UML ausgelegt und kann so wesentlich genauer in seinen Hilfestellungen sein, als es beim V-Modell XT der Fall ist, da dieses möglichst methoden- und werkzeugneutral formuliert wird. Dies ermöglicht die Kombination beider Ansätze, indem man die offen formulierten Vorgaben zur Methodik des V-Modells XT mit den konkreten Beschreibungen des RUP verknüpft. Da es in den Prozessen Detailunterscheidungen gibt, ist diese Kombination allerdings recht aufwendig.

Als Kritikpunkt am RUP kann man festhalten, dass spätestens in der Ausarbeitungsphase von einer fast stabilen Anforderungsmenge ausgegangen wird. Die enge Zusammenarbeit mit dem Kunden, verbunden mit der Möglichkeit, spät Änderungen am System vorzunehmen, ist nur auf Umwegen mit einigen Interpretationen verschiedener Aktivitäten zu erreichen.

3.9 Agile Vorgehensmodelle

Die beiden vorgestellten Vorgehensmodelle V-Modell XT und RUP haben gemeinsam, dass sie auf einen Außenstehenden stark abschreckend wirken können, da sie sehr umfangreich sind, man Zusammenhänge nicht auf Anhieb erkennt und für Projekte eine große Anzahl auch zu pflegender Dokumente, in den vorherigen Teilkapitel meist Produkte genannt, entsteht.

Aus diesem Eindruck heraus haben sich verschiedene SW-Engineering-Experten zusammengesetzt und die „Agile Allianz" gegründet, deren Leitfaden wie folgt im agilen Manifest von 2001 [@Agi] beschrieben ist.

Übersicht

We are uncovering better ways of developing
software by doing it and helping others do it.
Through this work we have come to value:
Individuals and interactions over processes and tools
Working software over comprehensive documentation
Customer collaboration over contract negotiation
Responding to change over following a plan
That is, while there is value in the items on
the right, we value the items on the left more.
www.agileAlliance.org

Eine Grunderkenntnis der Software-Entwicklung ist, dass man ein Team benötigt, das zusammenhält und gemeinsam am Projekterfolg interessiert ist. Dabei werden alle Personen mit ihren individuellen Stärken und Schwächen integriert. Aus diesem Grund betont der erste Leitsatz, dass der Mensch im Mittelpunkt des Projekts steht und es kurze Informationswege geben soll, mit denen Informationen zwischen Projektbeteiligten ausgetauscht werden. Das Problem genereller Prozessbeschreibungen ist, dass sie zunächst „leblos“ sind und durch Menschen „implementiert“ werden. Dadurch wird die kreative Freiheit der Personen eingeschränkt und die Möglichkeit zum schnellen Informationsaustausch behindert. Weiterhin kann bei der Erstellung von Dokumenten leicht der Informationsaustausch per E-Mail erfolgen, während an vielen Stellen direkte Kommunikation zwischen den Beteiligten benötigt wird.

Die laufende Software ist das Kernprodukt des Projekts, gute oder schlechte Dokumentationen leisten zwar einen Beitrag, letztendlich benötigt der Kunde aber sein System, das er in seinen Arbeitsprozessen einsetzen kann. Aus diesem Grund stellt das agile Manifest die laufende Software in den Mittelpunkt. Dokumentation soll nur wenn unbedingt notwendig, am besten eng verknüpft mit dem Programmcode, erstellt werden.

Bereits bei der Beschreibung iterativer Vorgehensweisen wurde auf die Bedeutung des Kunden hingewiesen. Es ist für Software-Projekte typisch, dass Anforderungen am Anfang falsch oder unvollständig definiert und dass sie im Projektverlauf verändert werden. Da Software ein immaterielles Produkt ist, ist ihre Umgebung unklar und es scheint für Außenstehende immer die Möglichkeit zur schnellen Änderung gegeben. Eine Reaktion ist das Festhalten von Anforderungen in Verträgen, sodass jede Änderung im Zweifel zu einer Vertragsveränderung mit finanzieller Nachforderung des Auftragnehmers führt, was letztendlich bis zu Gerichtsverhandlungen führen kann. Da der plumpe Satz „Vor Gericht gewinnen nur die Rechtsanwälte, nämlich das Geld ihrer Klienten“ gerade für solche Verfahren gilt, ist die enge Zusammenarbeit mit dem Kunden die wesentlich sinnvollere Alternative.

Eng mit dem Umgang mit dem Kunden ist damit auch der Umgang mit Änderungen verknüpft. Software-Projekte müssen so konzipiert sein, dass sie auf Änderungen reagieren können. Dies bedeutet, dass man auch geplante Arbeiten verwirft und nach neuen Lösungsstrategien sucht.

Insgesamt haben die vorgestellten Ideen zu unterschiedlichen Vorgehensweisen geführt, von denen zwei in den folgenden Unterkapiteln vorgestellt werden. Dabei kann man die agilen Ansätze nach [Col02] generell in zwei Gruppen einteilen.

Die erste Gruppe beinhaltet die sogenannten Metamodelle, die basierend auf dem agilen Manifest ein Rahmenwerk für die Projektorganisation vorgeben. Dabei wird nicht beschrieben, wie innerhalb des Rahmenwerks Aufgaben erfüllt werden. Die eigentliche Software-Engineering-Methodik und die eingesetzten Werkzeuge werden individuell durch das Projektteam mit seinen Erfahrungen bestimmt. Als konkretes Beispiel wird in diesem Buch „Scrum" genauer vorgestellt.

In der zweiten Gruppe befinden sich Ansätze, die basierend auf erfolgreichen Vorgehensweisen konkrete Vorgaben machen, was in welcher Form gemacht werden soll. Es gibt Vorgaben, wie die Software zu entwickeln und wie Flexibilität in diesen Ablauf als Kernbestandteil eingebaut ist. Hierzu wird in diesem Buch „Extreme Programming" vorgestellt.

Ohne auf die Details der agilen Ansätze einzugehen, kann man generell folgende zusammenfassende Ergebnisse feststellen. Agile Methoden haben es mit ihrem Aufkommen seit Ende der 1990er Jahre geschafft, die Ingenieursdisziplin Software-Engineering wesentlich weiter voran zu bringen. Dadurch, dass bekannte Ideen mit neuen Ansätzen verknüpft wurden, wurde deutlich, dass eine Software-Erstellung nie vom Anfang bis zum Ende vollständig durchgeplant werden kann. Die Flexibilität, die sich mittlerweile auch in den nicht agilen Ansätzen befindet, ist ein Resultat des Aufkommens agiler Methoden.

Agile Methoden sind zunächst erfolgreich in meist kleineren Projekten mit maximal 10 Teilnehmern eingesetzt worden. Diese Grenze ergibt sich zum einen aus dem erhöhten Kommunikationsbedarf zwischen den Projektteilnehmern und zum anderen daraus, dass alle Teilnehmer eng zusammenarbeiten müssen und Anhänger der Ideen der angewandten agilen Methode sein müssen. Koordiniert man die Zusammenarbeit der Teams, z. B. durch Personen, die in mehreren Teams gleichzeitig arbeiten, ist es möglich, auch komplexe Software-Systeme über Jahre hinweg mit einer agilen Vorgehensweise kontinuierlich weiterzuentwickeln. Dieser Weg wird bei der Weiterentwicklung vieler Internet-Plattformen genutzt.

Zusammengefasst muss für Projekte individuell die passende Vorgehensweise gefunden werden. Gerade bei unerfahrenen Projektteilnehmern oder Personen, die häufig ihre Aufgabengebiete wechseln beziehungsweise nur Experten in einem Teil der Software-Entwicklung sind, sind klare Prozessmodelle anzuwenden. Dabei sind die Kritikpunkte des agilen Manifests zu hinterfragen, damit die dahinter steckenden Probleme nicht zu Risiken des Projekts werden. Ein intensiver Blick auf andere Methoden kann den Horizont eines jeden Software-Ingenieurs wesentlich erweitern, allein deshalb ist die Möglichkeit zur Anwendung einzelner Ideen agiler Methoden oder des vollständigen Ansatzes immer wieder neu zu überdenken.

Während es in den ersten Jahren nach der Jahrtausendwende immer nur ein klares „für“ oder „gegen“ agile Methoden gab [Col01], sind diese Fronten zum Glück abgebaut worden. Kritisch muss man aber immer bedenken, dass Beratungsunternehmen mit Methodenberatern davon leben, dass neue Verfahren auf den Markt kommen. Dafür müssen diese Verfahren in der Fachliteratur hoch gelobt werden. Eine objektivere Beurteilung neuer Ansätze ist deshalb meist erst nach einigen Jahren möglich. In diesem Rahmen sei ein Gespräch von mir mit einem Hamburger Berater erwähnt, in dem er gepriesen hat, wie toll die Umstellung des Software-Engineerings bei einem Versicherungsunternehmen auf ein agiles Vorgehen war. Eine Nachfrage beim Verantwortlichen in diesem Unternehmen ergab, dass einige Ideen eines agilen Ansatzes ausprobiert wurden, was wesentlich den Horizont erweitert hatte, wobei letztendlich aber nur eine Idee, die des „Stand-Up-Meetings“, in die klassische Vorgehensweise übernommen wurde. Beim „Stand-Up-Meeting“ treffen sich alle Entwickler morgens und erzählen, was sie am letzten Tag geschafft haben und woran sie an diesem Tag arbeiten werden.

3.10 Scrum

Der Begriff „Scrum“ stammt aus dem Rugby und steht für ein Gedränge, bei dem zwei Mannschaften versuchen, einen Ball zu erreichen und dabei die gegnerische Mannschaft in ihre Platzhälfte zu schieben. Bei diesem Gedränge müssen alle Spieler eng zusammenarbeiten, um dann einen Spielzug mit Raumgewinn zu machen.

Scrum [Scw04] [Glo13] ist ein sogenanntes Metamodell, das nur den Projektrahmen beschreibt und die konkrete Ausgestaltung der Arbeit dem Projektteam überlässt. Insgesamt gibt es für ein Scrum-Projekt drei wesentliche Rollen. Die erste Rolle ist der Product Owner, der die Rolle des Kunden im Projekt übernimmt, also den Kunden sehr gut kennt, Erfahrungen aus dem Anwendungsbereich hat oder sogar ein Repräsentant des Kunden ist. Der Product Owner definiert, welche Aufgaben die zu erstellende Software übernehmen soll. Diese Aufgaben werden im Product Backlog festgehalten, dass sich im Laufe des Projekts durchaus ändern kann. Die zweite zentrale Rolle ist der Scrum Master, der für die Einhaltung der Scrum Regeln da ist und dafür sorgt, dass organisatorische Probleme des Entwicklungsteams beseitigt werden. Der Scrum Master vertritt das Projekt nach außen und ist Ansprechperson des Managements. Die dritte Rolle ist die des Entwicklungsteams, das die eigentliche Software-Entwicklung durchführt.

Die Schritte von Scrum sind in Abb. 3.12 skizziert. Im Überblick besteht ein Scrum-Projekt aus zwei sich wiederholenden, ineinander geschachtelten Abläufen, dem Sprint und den darin strukturierten Arbeitstagen. Dabei beginnt die Wiederholung, nachdem die erste Version des Product Backlog formuliert wurde, in dem die zentralen Aufgaben der zu erstellenden Software festgehalten werden.

Die eigentliche Entwicklung findet in Sprints statt, in denen das Team möglichst ohne größere Einflüsse von außen konzentriert arbeitet. Sprints sind typischerweise ein bis fünf Wochen lang, die Länge kann von Sprint zu Sprint variieren. Zum Beginn des Sprint

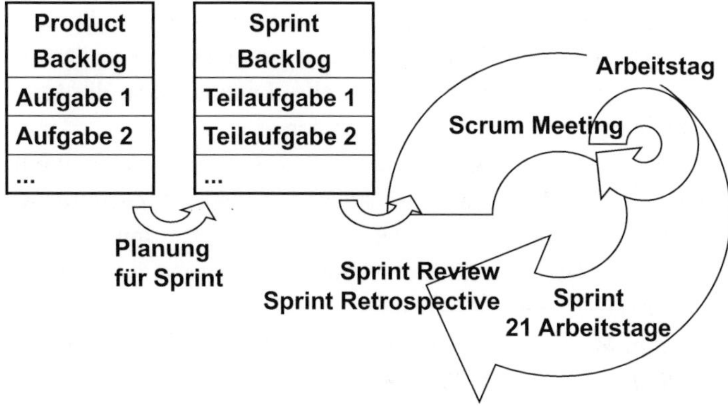

Abb. 3.12 Scrum-Übersicht

wird in einem Sprint Planning Meeting von Product Owner und dem Entwicklungsteam festgelegt, welche Aufgaben und welche Funktionalität im Sprint realisiert werden soll, die resultierenden Arbeitspakete stehen dann im Sprint Backlog. Dabei sucht der Product Owner aus dem Product Backlog die für ihn wichtigsten Funktionalitäten heraus. Ein Teil des Sprint Planning Meetings besteht darin, die Funktionalität in kleinere Teilaufgaben herunter zu brechen, für die alle Beteiligten verstehen, was genau gefordert ist. Hier können auch technische Teilaufgaben, wie die Einrichtung eines Entwicklungsservers, festgelegt werden. Das Entwicklungsteam schätzt die Dauer der Teilaufgaben und wählt letztendlich mit dem Product Owner diejenigen aus, die im Sprint realisiert werden können. Dabei werden alle Randbedingungen, wie Abwesenheiten von Team-Mitgliedern, berücksichtigt. Das Team „committed“ sich dann, also sagt zu, die Funktionalität umzusetzen.

Im laufenden Sprint findet an jedem Arbeitstag ein Scrum Meeting (Daily Scrum) des Entwicklungsteams und des Scrum Masters statt. Bei diesem Treffen geht jeder aus dem Entwicklungsteam kurz auf die folgenden drei Punkte ein:

- Was habe ich seit dem letzten Scrum Meeting bearbeitet?
- Was plane ich bis zum nächsten Scrum Meeting zu tun?
- Welche Probleme gibt es bei meiner Arbeit?

Das Treffen soll nur alle Projektbeteiligten informieren und maximal 15 min dauern. Erst danach können sich Aktionen aus dem Meeting ergeben. Entwickler können z. B. planen, eine Software gemeinsam zu entwickeln oder gemeinsam an einem Fehler zu arbeiten. Der Scrum Master hört sich die Probleme genau an und überlegt, wie er sie beseitigen kann.

Am Ende des Sprints werden dem Product Owner, der natürlich auch in der laufenden Entwicklung befragt werden kann, im Sprint Review die fertiggestellten Software-Anteile zur Abnahme vorgestellt. Getrennt vom Sprint Review findet zusammen mit dem

Scrum Master eine Sprint Retrospective statt, bei der der Ablauf des Sprints kritisch analysiert wird. Es wird festgehalten, was gut gelaufen ist und nicht verändert werden soll, sowie welche Verbesserungsmöglichkeiten es gibt. Es entsteht so die Möglichkeit, den Prozess genau auf das jeweilige Team abzustimmen.

Der Scrum-Master ist damit weniger für die Projektplanung verantwortlich, als mehr für die Koordination. Dabei muss das Projektteam nach außen gegenüber störenden Einflüssen geschützt werden und gewährleistet sein, dass es keine sonstigen Behinderungen des Projektteams gibt. Der Scrum-Master kann auch entscheiden, dass ein Sprint abgebrochen werden muss, wenn ein sinnvoller Abschluss nicht mehr gesichert scheint. Ein erfolgreicher Scrum-Master muss seinem Team vertrauen und hauptsächlich kommunikative und organisatorische Fähigkeiten haben. Dabei ist es möglich, sich als Scrum-Master zertifizieren zu lassen.

Die Verantwortung für die Herstellung der Funktionalität liegt im Wesentlichen im Entwicklungsteam, das sich dabei selbst auf einen Weg einigen kann. Oft ist es der Fall, dass theoretisch alle Entwickler an jeder Stelle des Programm-Codes Bearbeitungen durchführen können, man spricht von der Collective Code Ownership. Dies hat die wesentlichen Vorteile, dass Ausfälle von einzelnen Personen das Team nicht stoppen und immer mehrere Personen über die konkrete Art einer Realisierung diskutieren können. Natürlich kann es in Scrum Teams auch Experten geben, die z. B. sich auf Datenbank-Anbindungen oder das Testen [Lin13] fokussieren.

Die eigentliche Arbeit teilt das Team unter sich selbst auf, dabei befinden sich alle Aufgaben auf einer Tafel und jeder Entwickler kann sich nach kurzer Absprache nach einem Sprint-Meeting um gewählte Aufgaben kümmern. Teil des Prozesses ist es auch, zu visualisieren, wie weit das Projekt schon ist. Dazu wird von jedem Entwickler festgehalten, wieviele Stunden noch für eine Aufgabe benötigt werden. Daraus lässt sich dann kalkulieren, wie hoch der noch benötigte Aufwand des Sprints ist. Dieser Aufwand wird in einem Burndown Chart visualisiert, der zum Ende eines Sprints null notwendige Stunden zeigen sollte.

Die erstellte Dokumentation ist immer eng mit der entstehenden Software verknüpft. Dabei werden Software-Architektur-Dokumente, Testspezifikationen und weitere der Dokumente anderer Vorgehensmodelle erstellt, die eine mittel- und langfristige Weiterentwicklung ermöglichen. Der Product Owner kann solche Dokumente ebenfalls fordern, wenn er weiß, dass Ergebnisse länger benötigt werden.

Scrum dient dazu, die Kommunikation zu kanalisieren und dies möglichst unabhängig von extrovertierten oder introvertierten Entwicklern zu machen. Im Scrum Meeting muss jeder zu seiner Arbeit Stellung nehmen. Weiterhin verhindert die Kürze aller Treffen, die in Scrum gefordert wird, dass ausufernde Diskussionen in größeren Gruppen geführt werden. Solche Einzelgespräche finden dann in der eigentlichen Bearbeitungszeit statt und müssen gegebenenfalls vom Scrum Master moderiert werden.

3.11 Extreme Programming

Extreme Programming, kurz XP [Bec00], ist wahrscheinlich der bekannteste Vertreter der agilen Methoden. In XP hat Kent Beck verschiedene konkrete Maßnahmen koordiniert, die den Projekterfolg gewährleisten sollen.

Zu XP gehört das in Abb. 3.13 skizzierte Prozessmodell, wobei jede der genannten Phasen relativ knapp beschrieben werden kann.

Statt detaillierter Anforderungen werden sogenannte „User Stories" als Ausgangspunkt benutzt, in denen Nutzer aus ihrer Sicht beschreiben, welche Arbeitsschritte sie durchführen, die durch das zu erstellende Software-System unterstützt werden sollen. Statt präziser Anforderungen ist eine zentrale Anforderung von XP, dass der Kunde als Ansprechpartner immer greifbar sein soll. Optimal ist es, wenn ein erfahrener Mitarbeiter des Kunden Teil des Projektteams wird. Neben den User Stories spielt der „Architectural Spike" eine wichtige Rolle, der grob die Software-Architektur umreißt. Basierend auf den User Stories werden Aufwände geschätzt und zusammen mit dem Kunden geplant, welche Entwicklung in der folgenden Iteration stattfinden soll. Bei Unklarheiten z. B. in den zu nutzenden Techniken können Prototypen, hier „Spike" genannt, als weitere Entscheidungshilfe entwickelt werden. Auf Grundlage der Planung wird dann die Iteration durchgeführt, wobei Änderungswünsche des Kunden generell Vorrang haben und zur neuen Planung führen können. Entwicklung und Test sind eng verknüpft. Für jede Software gibt es auf unterer Ebene sogenannte Unit-Tests (siehe auch Kap. 11) und weiterhin Testfälle, die direkt aus den User Stories abgeleitet wurden. Typischerweise soll das Ergebnis eines jeden Arbeitstages eine laufende Software-Version sein, die alle aktuellen Tests erfüllt. Falls beim Testen ein Fehler gefunden wird, wird dieses Problem in einem Testfall dokumentiert, der für folgende Software-Versionen immer mit durchlaufen werden muss. Insgesamt führt die Entwicklung zu vielen kleinen lauffähigen

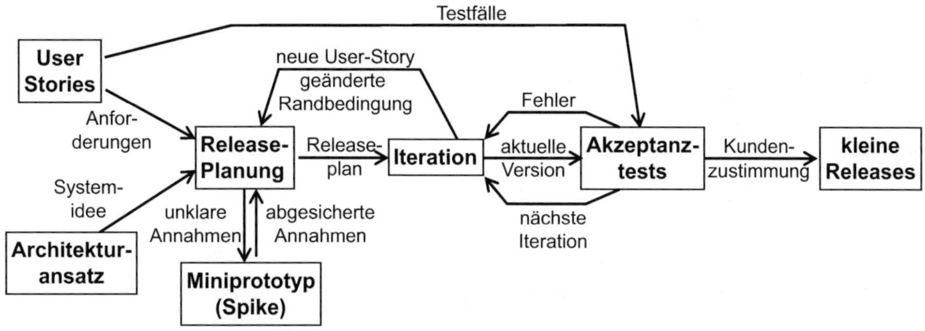

Abb. 3.13 Zentrale Produkte in XP

Fortschritten im Projekt, die möglichst häufig mit dem Kunden auf ihre Sinnhaftigkeit analysiert werden.

Neben den bereits genannten Ansätzen werden folgende Techniken in XP besonders betont:

- Der Projektfortschritt wird gemessen anhand der bereits abgearbeiteten und im Aufwand geschätzten User Stories.
- Falls der Projektfortschritt stark nachlässt, wird sofort der XP-Prozess analysiert und der vermeintliche Schwachpunkt optimiert.
- Alle Projektteilnehmer arbeiten an unterschiedlichen Aufgaben im Projekt, jeder Programmcode kann grundsätzlich von jedem bearbeitet werden.
- Jeder Arbeitstag beginnt mit einem Stand-Up-Meeting, in dem jeder kurz seine letzten Arbeiten, die anstehenden Arbeiten und die letzten aufgetretenen Probleme beschreibt.
- Es wird immer die möglichst einfachste Lösung angestrebt, Optimierungen, die erst später eine Rolle spielen könnten, werden nicht in Betracht gezogen.
- Erscheint eine aktuelle Lösung bei der nächsten Bearbeitung zu komplex, wird sie durch einen Umgestaltungsprozess, Refactoring genannt [Fow99], umgestaltet.
- Zuerst werden Tests und dann die Software geschrieben.
- Software wird im Pair-Programming-Verfahren geschrieben, bei dem immer zwei Entwickler an einer Entwicklung arbeiten. Während der eine programmiert, kontrolliert der andere die Entwicklung und denkt über die Folgeschritte nach, die er dann selber ausprogrammiert.
- Nur ein Paar kann zur Zeit seine neuen Ergebnisse mit der restlichen Software integrieren.
- Testergebnisse werden für alle Projektteilnehmer sichtbar präsentiert.
- Es gibt keine Überstunden.

Auch aus der Sicht eines Nicht-XP-Anwenders stecken viele interessante Ideen in diesem Ansatz. Unglücklich ist nur, dass in den Ursprungsarbeiten zu XP betont wurde, dass man alle genannten Techniken anwenden muss, da sonst dem Projektmisserfolg Tür und Tor geöffnet wird.

XP hat mit Scrum viele Gemeinsamkeiten, so ist Pair Programming ein auch in Scrum-Teams verbreiteter Ansatz. Beim Pair Programming entwickeln zwei Personen die Software zusammen. Während eine Person tippt, überprüft die zweite kritisch den Code und überlegt, ob es wesentliche Vereinfachungen gibt und wie es weitergehen kann. Die Tastatur wird dabei häufiger weitergegeben. Zunächst scheint Pair Programming die Entwicklungszeit zu verdoppeln, was allerdings typischerweise nicht der Fall ist. Arbeiten zwei Entwickler mit ähnlichem Niveau zusammen, erhöht sich durch das Vier-Augen-Prinzip die Qualität des Codes deutlich, weiterhin müssen getroffene Design-Entscheidungen seltener revidiert werden. Bei später notwendigen Änderungen kennen sich mindestens zwei Personen genau mit dem Code aus. Arbeitet eine erfahrene mit einer unerfahrenen Person zusammen, hat dies als Ausbildung einen sehr hohen Mehrwert.

XP fordert im Gegensatz zu Scrum einzelne Techniken, wie die testgetriebene Entwicklung mit den zuerst entstehenden Tests ein, die in Scrum optional bleiben und vom Team bestimmt werden.

3.12 Test Driven und Behaviour Driven Development

Die beiden hier vorgestellten Ansätze fokussieren sich stark auf die Integration der Qualitätssicherung in die Vorgehensweisen. Sie können leicht mit anderen, insbesondere agilen, Vorgehen verknüpft werden. Die im folgenden Überblick genannten Fachbegriffe werden im Kapitel „11 Qualitätssicherung" detaillierter dargestellt.

Beim Test Driven Development (TDD) ist der zentrale Ansatz, Tests vor der eigentlichen Implementierung zu schreiben. In klassischen, auch agilen Vorgehensweisen gibt es eine Tendenz, aus Zeitmangel die Anzahl durchgeführter Tests zu reduzieren, sie gegebenenfalls sogar zu streichen. Der vermeintliche Zeitgewinn führt dabei fast immer zu erhöhten Folgekosten, da nach der Fertigstellung vermehrt Kundenforderungen zur Behebung von Fehlern auftreten. Neben dem Aufwand, die Fehlerquellen zu lokalisieren, sind auch die Verluste durch unzufriedene Kunden zu beachten.

Beim TDD werden Tests vor der eigentlichen Implementierung geschrieben, sodass sichergestellt ist, dass Tests existieren. Ein weiterer Vorteil ist, dass bei der Testerstellung die eigentliche Aufgabenstellung im Mittelpunkt steht und noch nicht über die konkrete Umsetzung nachgedacht wird. Schreiben Entwickler die Tests selber, kann es passieren, dass Denkfehler bei der Erstellung der Algorithmen in den Tests reproduziert und so nicht gefunden werden.

Zur Umsetzung können z. B. zunächst die zu implementierende Funktionalität in vollständig abstrakten Klassen definiert werden. Die danach erstellten Tests nutzen dann diese Methoden. Bei der ersten Testausführung scheitern dann alle Tests, danach beginnt die eigentliche Programmierung. Die Tests werden häufiger durchgeführt, um frühzeitig potenzielle Probleme zu erkennen. Insgesamt entsteht so ein enger Zyklus zwischen Testerstellung und Testerfüllung.

Das Behaviour Driven Development (BDD) greift Ideen des TDD auf, stellt aber die Anforderungen in den Mittelpunkt. Ziel ist es, dass Anforderungen so formuliert werden, dass sie sich direkt zum Test des Systems eignen. Tests werden so durch die Kunden erstellbar. Damit bekommt die Anforderungsanalyse eine besondere Stellung, da sie direkt die Tests zur Abnahme des Systems definiert.

Um diesen Ansatz zu nutzen, ist frühzeitig festzulegen, wie Anforderungen zu definieren sind, da für eine automatische Umsetzung des Ansatzes die Formulierungen der Anforderungen überprüfbar sein müssen. Die Entwicklung orientiert sich ähnlich wie beim TDD an den aus den Anforderungen abgeleiteten Tests, die schrittweise erfüllt werden.

Zur Veranschaulichung dient folgendes Beispiel. Der Kunde wünscht eine Umsetzung des klassischen Würfelspiels Kniffel (oder Yahtzee), das mit 5 Würfeln gespielt wird. Eine Teilaufgabe besteht darin, einem Würfelergebnis eine Punktzahl zuzuordnen. Soll

z. B. eine Punktzahl für ein Feld „3er“ bestimmt werden, wird die Anzahl der Dreien im Wurf gezählt und mit der Augenzahl 3 multipliziert. Anforderungen für das Beispiel können wie folgt aussehen:

```
Szenario:  Berechnung nur Dreier mit Dreiern
  Wenn ich 3,3,1,3,5 geworfen habe
   und nur 3er auswerten lasse
  dann erhalte ich 9 Punkte

Szenario:  Berechnung nur Dreier ohne Dreier
  Wenn ich 1,2,1,6,6 geworfen habe
   und nur 3er auswerten lasse
  dann erhalte ich 0 Punkte
```

Zu den Anforderungen werden Testfälle definiert, die auf die einzelnen Satzteile der Anforderungen zugreifen. Im folgenden Beispiel sind Teile der Anforderungen mit einem regulären Ausdruck beschrieben, der den Zugriff auf die gewürfelten Werte, die gesuchte Augenzahl und die zugeordnete Punktzahl mit Hilfe von Annotationen ermöglicht. Diese speziell gekennzeichneten Werte, hier mit \\d für Zahlen, gehen als Parameter in den Test ein, der dann auf die gewünschte Punktzahl prüft. Um die Prüfung zu ermöglichen wurde die grobe Architektur der Software festgelegt, wodurch bekannt ist, dass es eine Klasse beziehungsweise eine Schnittstelle AuswerterInterface mit der zu prüfenden Methode alsGleiche(gesuchter Wert, Liste der Würfelwerte) geben soll.

```
private AuswerterInterface auswerter;
private List<Integer> wuerfel;
private int punkte;

@When("^ich (\\d+,\\d+,\\d+,\\d+,\\d+) geworfen habe$")
public void ich_geworfen_habe(List<Integer> wuerfel)
                                                throws Throwable {
        this.wuerfel = wuerfel;
}

@And("^nur (\\d+)er auswerten lasse$")
public void nur_er_auswerten_lasse(int wert) throws Throwable {
   this.punkte = this.auswerter.alsGleiche(wert, this.wuerfel);
}

@Then("^erhalte ich (\\d+) Punk(?:t|te)$")
public void erhalte_ich_Punkt(int arg1) throws Throwable {
   Assert.assertEquals(arg1, this.punkte);
}
```

Im nächsten Schritt erfolgt dann eine einfache erste Implementierung, um zumindest eine Anforderung zu erfüllen. Dieser Ansatz wird von Werkzeugen, u. a. JBehave [@JBe] und Cucumber [@Cuc] [RWH15], unterstützt.

BDD ist sicherlich kein Ansatz, der sich für alle möglichen Aufgabenstellungen eignet. In der Praxis wird der Weg erfolgreich bei Systemen eingesetzt, die inkrementell kontinuierlich um neue Funktionalität ergänzt werden, hierzu gehören ERP-, Logistik-, Projektmanagement- und Personalplanungssysteme.

3.13 Risikoanalyse Vorgehensmodell

Bei der Auswahl und Bewertung eines passenden Vorgehensmodells können folgende Fragen hilfreich sein, die zur Aufdeckung möglicher Risiken dienen können. Wenn eine Frage nicht mit „ja" beantwortet werden kann, sollte der Punkt in eine Risikoliste aufgenommen und dem Risikomanagement zur Verfügung gestellt werden.

1. Sind alle Mitarbeiter im grundsätzlichen Aufbau des Vorgehensmodells geschult?
2. Kennen alle Mitarbeiter die Aufgaben ihrer Rollen im ausgewählten Vorgehensmodell?
3. Passt das ausgewählte Vorgehensmodell aufgrund von Erfahrungen mit früheren Projekten zum Projekt?
4. Passen die Persönlichkeiten der ausgewählten Mitarbeiter zum ausgewählten Vorgehensmodell?
5. Ist das Vorgehensmodell auf die Lieferbedingungen und Zeitpunkte aus dem Vertrag abgestimmt?
6. Ist das Vorgehensmodell auf das Vorgehensmodell des Kunden abgestimmt (falls dieser ein Konkretes wünscht)?
7. Gibt es prozesserfahrene Mitarbeiter oder stehen zumindest genügend Ressourcen zur Prozessbegleitung durch einen externen Experten zur Verfügung?
8. Ist das gewählte Vorgehensmodell auf die Prozesse im eigenen Unternehmen, z. B. dem Berichtswesen, abgestimmt?
9. Falls das Vorgehensmodell individuell angepasst werden kann, ist diese Anpassung durch einen Modellexperten geschehen und sind diese Anpassungen schriftlich begründet?

Anmerkungen zur Praxis

Die Wahl eines dokumentierten und nachvollziehbaren Vorgehensmodells ist die Basis nachhaltiger Software-Entwicklung. Nur wenn nachvollzogen werden kann, was wann gemacht wurde, besteht überhaupt die Möglichkeit, Software längerfristig wart- und erweiterbar zu erhalten. Die Problematik wart- und erweiterbarer Systeme kommt leider in der klassischen Programmierausbildung zu kurz, da dort in kurzer

Zeit viele Konzepte gelehrt und mit Beispielprojekten umgesetzt werden. Hier reicht oft das klassische „vom Hirn ins Terminal“ aus, um zu brauchbaren Lösungen zu kommen. Erst wenn diese Lösungen nach einem halben Jahr vom selben oder anderen Entwicklern gelesen, verstanden und mit dem bereits genutzten Konzept erweitert werden können, kann das Verständnis für die Problematik der Entwicklung großer Software-Systeme langsam wachsen. Vorgehensmodelle mit dokumentierten und akzeptierten Prozessdokumentationen sind ein wichtiger Schritt zum Lösen solcher Problematiken.

Die Auswahlkriterien für das passende Vorgehensmodell sind vielfältig und können abhängig von der Art der betrachteten Projekte zu sehr unterschiedlichen Ergebnissen führen. Nur einige dieser Kriterien sind: Projektgröße, erwartete Lebensdauer der Software, Auswirkungen von Fehlern der Software, Bereitschaft des Kunden zur kontinuierlichen Mitarbeit, Erfahrungen der Mitarbeiter, von Mitarbeitern akzeptierte Arbeitsweisen und unterstützende Werkzeuge.

Unabhängig von der konkreten Auswahl gehen alle modernen Vorgehensweisen von der Möglichkeit zur inkrementellen Entwicklung aus, bei der Systeme schrittweise wachsen können und erkannte Probleme zumindest im nächsten Inkrement mit gelöst werden. Agile Vorgehensweisen nutzen dies als ein Grundprinzip. Der Erfolg von agilen Vorgehensweisen basiert zu einem hohen Maß darauf, dass viele Maßnahmen eines Risikomanagements implizit in die genutzten Prozesse eingebaut werden. Der enge Kontakt mit dem Kunden garantiert, dass sich das entstehende Produkt an Kundenwünschen ausrichtet. Kleine Inkremente machen es unwahrscheinlich, plötzlich in Situationen zu kommen, in denen das Projekt wegen technischer Hürden in Schwierigkeiten kommt. Die in einer Mehrzahl der Unternehmen unabhängig vom Vorgehensmodell durchgeführten Scrum Meetings garantieren den Informationsaustausch im Projekt. Trotz dieser vielen implizit eingebauten risikominimierenden Maßnahmen wird ein kritischer externer Blick auf die Projektrisiken benötigt.

Durch sich verändernde Aufgabenstellungen müssen sich Unternehmen immer wieder fragen, ob das momentane Vorgehen noch zu aktuellen Aufgabenstellungen passt. Dies sollte durch Experimente mit alternativen Herangehensweisen ausprobiert werden, was in sehr kritischen Bereichen durch externe Berater, in anderen Bereichen aber z. B. auch durch Abschlussarbeiten in Informatik-Bachelor- und Masterstudiengängen erfolgen kann. ◀

3.14 Aufgaben

Wiederholungsfragen

Versuchen Sie zur Wiederholung folgende Fragen aus dem Kopf, d. h. ohne nochmaliges Blättern und Lesen, zu beantworten.

1. Nennen und beschreiben Sie typische Phasen der SW-Entwicklung.
2. Nennen und beschreiben Sie verschiedene Modelle der Software-Entwicklung. Welche Vor- und Nachteile haben sie?
3. Warum spielen Prototypen in unterschiedlichen Vorgehensmodellen solch eine wichtige Rolle?
4. Was versteht man unter iterativ-inkrementeller Entwicklung?
5. Erklären Sie die „V-Struktur" des V-Modells.
6. Warum wurde das V-Modell des Bundes entwickelt, wie ist das V-Modell XT generell aufgebaut?
7. Erklären Sie die Grundstruktur des RUP. Welche grundsätzlichen Unterschiede zum V-Modell XT gibt es?
8. Was versteht man unter agilen Prozessen, was ist das „Agile Manifest"?
9. Fassen Sie zentrale Ideen von Scrum zusammen.
10. Fassen Sie zentrale Ideen von Extreme Programming zusammen.
11. Fassen Sie zentrale Ideen von Test Driven Development zusammen.
12. Fassen Sie zentrale Ideen von Behaviour Driven Development zusammen.
13. Wie kann man zu einem zu einer bestimmten Projektaufgabe in einem Unternehmen passenden Vorgehensmodell kommen?

Übungsaufgaben

1. Bei sehr kleinen Software-Projekten, wie z. B. der Lösung von Programmieraufgaben in einführenden Lehrveranstaltungen, wird meist kein Vorgehensmodell benötigt. Wenn eine Aufgabe z. B. von drei Studierenden bearbeitet werden soll, müssen aber Absprachen getroffen werden. Überlegen Sie sich ein einfaches Vorgehensmodell für eine Software-Entwicklung von drei Personen, die ca. vier Wochen zur Bearbeitung einer Aufgabe benötigen. Ihr Modell sollte aus kommentierten Aktivitätsdiagrammen bestehen, die auch Angaben zu den aktiven Rollen der Studierenden, die sie in einer Aktion annehmen, beinhalten. Sie können eventuell versuchen, Ihr Ergebnis von Aufgabe 2 zum Kap. 2 zu benutzen. Gehen Sie dabei aus studentischer Sicht auf die verschiedenen Phasen der SW-Entwicklung ein.

2. Überlegen Sie sich mindestens fünf Risiken, die beim Übergang von der Ein-Personen-Entwicklung zur Entwicklung im Dreier-Team auftreten können. Wie werden diese Risiken durch Ihr Vorgehensmodell aus 1. angegangen?

Anforderungsanalyse

4

Zusammenfassung

Da mit der Anforderungsanalyse der Einstieg in die systematische Software-Entwicklung stattfindet, hat diese Phase eine besondere Bedeutung für Software-Projekte. Hier gilt die einfache Aussage „Garbage in, garbage out", da es in einem Projekt praktisch nicht möglich ist, mangelhafte Ergebnisse einer Anforderungsanalyse durch besondere Qualität in späteren Phasen wieder auszugleichen. Weiterhin haben Untersuchungen gezeigt, dass die Kosten für die Korrektur eines Fehlers unmittelbar von der Phase der Entwicklung abhängen, in der sie gemacht wurden. Je früher ein Fehler gemacht und je später er dann entdeckt wird, desto höher werden die Kosten für die Korrektur.

Einen besonderen Reiz hat die Analysephase, da hier IT-Experten mit den Experten anderer Gebiete zusammen arbeiten müssen, für die die Software erstellt wird. Die einfache Aufforderung „Schreiben Sie mal alle Anforderungen auf" kann aus vielen Gründen nicht zum Erfolg führen. Einzelne Personen sind meist nicht in der Lage, ein gesamtes System zu überblicken, und Nicht-IT-Experten können kaum beurteilen, welche Informationen für die spätere Software-Entwicklung relevant sind. Weiterhin muss bedacht werden, dass sich Kundenmeinungen eventuell verändern und es ein Qualitätskriterium von Software-Projekten ist, konstruktiv mit diesen Änderungswünschen umzugehen. In diesem Kapitel lernen Sie, wie man feststellen kann, welche Personen für die Findung von Anforderungen wichtig sind und wie man systematisch zu Anforderungen kommen kann, die die weitere Entwicklung wesentlich erleichtern.

S. Kleuker, *Grundkurs Software-Engineering mit UML*,
https://doi.org/10.1007/978-3-658-46534-6_4

Das Ziel der Anforderungsanalyse ist es zu verstehen, was der Kunde möchte und welche Randbedingungen zu beachten sind. Die Frage, wie die Software später realisiert wird, spielt dabei maximal eine sehr untergeordnete Rolle.

Viele der in diesem Kapitel gemachten Überlegungen fassen Ideen aus [RS14] zusammen und ergänzen diese.

4.1 Stakeholder und Ziele

Ausgangspunkt der Anforderungsanalyse ist die Entscheidung, dass ein Projekt durchgeführt werden soll, was häufig durch einen Vertragsabschluss dokumentiert wird. Dabei muss der Vertrag nicht die gesamte Entwicklung umfassen, er kann auch zunächst nur für die Anforderungsanalyse abgeschlossen werden. Das Ergebnis der Analyse wird dann für einen möglichen Folgevertrag genutzt, da erst mit Ende der Analyse eine gute Aufwandsschätzung möglich wird.

Alternativ kann der Auftraggeber mit erfahrenem Personal die Anforderungsanalyse vor der Ausschreibung eines Projekts selbst durchführen und die Analyseergebnisse zum zentralen Bestandteil der Ausschreibung machen.

Bevor man versucht, die gewünschte Funktionalität eines Systems zu bestimmen, muss man Antworten auf zwei zentrale Fragen finden.

1. Die Anforderungen welcher Personenkreise müssen berücksichtigt werden?
2. Welche zentralen Ziele stecken hinter dem Software-Projekt?

Die Personen, die Anforderungen formulieren können, werden im Englischen als Stakeholder bezeichnet, was im Deutschen nur unzureichend als Betroffene übersetzt werden kann. Aus diesem Grund wird der Begriff hier übernommen. Wenn man zunächst über Stakeholder nachdenkt, fallen einem die späteren Nutzer des Systems ein, die natürlich eine zentrale Bedeutung für die Findung der Anforderungen haben. Es gibt aber wesentlich mehr Stakeholder, die mit ihren Anforderungen wichtig für einen Projekterfolg sein können.

Im Folgenden wird eine Liste von Gruppen von Stakeholdern vorgestellt, wobei zwei Projekte als Beispiele betrachtet werden sollen. Als erstes Projekt wird das Maut-System in Deutschland betrachtet, das dazu dient, die Nutzungsgebühren für Autobahnen zunächst nur für Lastkraftwagen zu berechnen und einzuziehen. Hierbei handelt es sich um ein System, das aus Software und verschiedenen Hardware-Anteilen besteht. Als zweites Beispiel wird ein reines Software-System betrachtet, das zur Projektmanagementunterstützung dient, mit dem Projektaufgaben, ihre Bearbeiter, Termine und der jeweilige Fertigstellungsgrad verwaltet werden sollen. Dieses Beispiel wird uns in Ansätzen durch die gesamte Entwicklung in den Kapiteln 4 bis 9 begleiten.

Für IT-Projekte muss für die folgenden Gruppen von Stakeholdern analysiert werden, ob und welche Bedeutung sie für ein Projekt haben und wer als Repräsentant der jeweiligen Gruppe bei der Findung von Anforderungen behilflich sein kann.

Endanwender
Diese Gruppe ist zentral für den Projekterfolg. Meist kann diese Gruppe weiter aufgespalten werden in Personen, die in unterschiedlichen Rollen das zu erstellende System nutzen wollen. Diese Teilgruppen müssen weiterhin genau bestimmt werden. Diese Auswahl spielt auch später bei der als Unterstützung bei der Gestaltung der Oberfläche eine wichtige Rolle.

Beim Maut-System gibt es sehr unterschiedliche Gruppen von Endanwendern. Diese umfasst die Personen, die verantwortlich für die Abrechnung und für die Überwachung der Einhaltung der Nutzungsregeln sind. Weiterhin sind dies LKW-Fahrer, die ihre On-Board-Unit und Terminals für Mautgebühren bedienen können müssen.

Beim Projektmanagementwerkzeug gibt es eine Personengruppe, die für die Einrichtung von Projekten mit Aufgaben verantwortlich ist. Weiterhin müssen Projektmitarbeiter ihre geleisteten Arbeiten in das System eintragen können. Der jeweilige Projektleiter und das Controlling möchten sich über den Stand einzelner Arbeiten beziehungsweise des gesamten Projekts informieren.

Management des Auftragnehmers
Das Management ist für die Erreichung der Unternehmensziele verantwortlich. Hieraus können sich individuelle Anforderungen an ein Projekt herleiten lassen. Handelt es sich z. B. um das erste Projekt mit einem neuen großen Partner, können die Qualität und die Termineinhaltung von besonderer Bedeutung sein, um die Geschäftsverbindung zu festigen.

Das Maut-System wurde von einem Konsortium großer Unternehmen realisiert, die neben ihrer fachlichen Kompetenz zeigen mussten, dass sie fähig sind, solche Großprojekte zu realisieren, um für Folgeaufträge interessant zu bleiben.

Das Projektmanagementwerkzeug wird in einem Unternehmen entwickelt, das weitere Managementwerkzeuge herstellt und deshalb besonders an modularen und erweiterbaren Systemen interessiert ist.

Käufer des Systems
Das Projekt wird meist von der Einkaufsabteilung eines Unternehmens bezahlt, die die Ziele des eigenen Unternehmens mit umsetzt. Die Interessen des Käufers müssen nicht mit den Interessen der Endanwender übereinstimmen, wenn die neue Software z. B. zur Optimierung von Arbeitsabläufen eingesetzt werden soll.

Das Bundesverkehrsministerium hat das Maut-System in Auftrag gegeben und muss die politische Außenwirkung des Projekts beachten.

Das Unternehmen, das die Projektmanagement-Software in Auftrag gegeben hat, möchte die Qualität seiner Arbeitsprozesse erhöhen, wodurch allerdings keine besonderen Anforderungen zu erwarten sind.

Prüfer

Prüfer sind für End- und Zwischenabnahmen verantwortlich und folgen dabei meist internen oder gesetzlichen Vorgaben. Da die Entscheidungen der Prüfer maßgeblich für die termingerechte Bezahlung sind, sind sie bei der Erfüllung ihrer Vorgaben zu unterstützen.

Die Entwicklung des Maut-Systems folgte einem Projektplan, nach dem zu verschiedenen Terminen u. a. Sachstandsberichte zur Projektlage gefordert waren. Eine kritischere Prüfung von Teilergebnissen durch den Kunden hat nur eingeschränkt stattgefunden, sodass hier Verschleierungen des konkreten Sachstandes möglich waren. Neben der mangelnden Ehrlichkeit in Sachstandsberichten hat diese unzureichende Kontrolle des Projektfortschritts durch den Kunden die eingetretenen Projektverzögerungen wesentlich erleichtert, sodass hier die gewünschte Stakeholder-Beteiligung nicht wirklich stattgefunden hat.

Für die Projektmanagement-Software wird angenommen, dass die Prüfung nach der Beendigung vorher definierter Inkremente stattfinden soll.

Entwickler

Die Entwickler des Auftragnehmers sind daran interessiert, Systeme umzusetzen, die ihrem fachlichen Know-how entsprechen, beziehungsweise Projekte mit neuen Technologien zu bearbeiten, bei denen genügend Zeit zur Einarbeitung zur Verfügung steht. Soll z. B. ein neues System entwickelt werden, für das ein vergleichbares vorher entwickelt wurde, können die Entwickler genau die Wiederverwendungsmöglichkeiten benennen. Daraus können dann Anforderungen folgen, dass das System bestimmte Eigenschaften haben soll, damit die Wiederverwendbarkeit ermöglicht wird.

Das Maut-System stand vor vielen technischen Herausforderungen. Inwieweit Entwickler auf die potenziellen Risiken hingewiesen haben, ist für Außenstehende nicht nachzuvollziehen.

Die Entwickler des Projektmanagement-Systems sind erfahrene Java-Entwickler und wünschen diese Sprache und bewährte Werkzeuge auch in dem neuen Projekt einzusetzen.

Wartungs- und Servicepersonal

Die Personengruppe ist für die Installation, Reparatur und Optimierung des Systems zuständig. Diese Arbeiten spielen eine besondere Rolle, wenn neben Software auch Hardware ausgeliefert werden muss.

Das Maut-System besteht aus vielen verschiedenen Hardware-Komponenten, wie On-Board-Units, Bezahlterminals und Mautbrücken, die robust und trotzdem leicht reparierbar sein sollen.

Für das Projektmanagement-System gibt es keine Hardware-Auslieferung, trotzdem besteht für die Software der Wunsch nach einfachen Installationsroutinen und der Möglichkeit, Software-Komponenten über das Internet nach ihrem Zustand befragen zu können und diese auch über das Internet gegebenenfalls aktualisieren zu können.

Produktbeseitiger
Nach Beendigung der Produktnutzung muss dieses wieder leicht zu entfernen sein. Dies hat für die Hardware eine besondere Bedeutung.

Beim Maut-System sollen die Maut-Brücken möglichst stabil und wartungsarm sein. Trotzdem muss es ohne großen Aufwand möglich sein, die Brücken auszutauschen. Um Kosten zu vermeiden, muss die umweltgerechte Entsorgung oder das Recycling ermöglicht werden.

Bei reinen Software-Systemen spielt nur die Möglichkeit zur Deinstallation der Software eine Rolle, dabei werden diese Anforderungen meist schon vom Wartungs- und Servicepersonal aufgestellt.

Schulungs- und Trainingspersonal
Komplexe Systeme werden dem Kunden typischerweise nicht einfach ausgeliefert, ohne dass eine Einarbeitung stattfindet.

Für diese Einarbeitung werden bei beiden betrachteten Beispielsystemen Beispielszenarien für die Software benötigt, die einfach zu installieren und genauso einfach wieder zu löschen sein müssen. Bei komplexeren Planungssystemen kann ein eigener Trainingsmodus des Systems zu Ausbildungszwecken gefordert werden.

Marketing- und Vertriebsabteilung des Auftragnehmers
Diese Abteilungen sind daran interessiert, dass sich aus dem Verkauf eines Produkts leicht der Wunsch nach dem Kauf eines Folgeprodukts generieren lassen kann. Weiterhin muss das gelieferte System die vertraglich vom Vertrieb ausgehandelte Funktionalität liefern. Stellt ein Unternehmen mehrere Software-Produkte her, die kombinierbar sind, muss diese Möglichkeit auch im Design der Oberflächen der Software beachtet werden.

Das Maut-System soll die Möglichkeit beinhalten, auch PKWs abzurechnen, damit das System erweiterbar und für andere Straßen nutzbar ist.

Für die Projektmanagement-Software sollte z. B. das gleiche „Look- and Feel" genutzt werden, wie es in einer Projektabrechnungssoftware des gleichen Herstellers genutzt wird.

Systemschützer
Systemschützer sind dafür verantwortlich, das System vor einem Missbrauch zu schützen. Dies beinhaltet z. B. die Verhinderung der Systemnutzung durch Personen, die nicht dazu berechtigt sind. Dies beinhaltet aber auch die Vermeidung eines Schadens durch eine falsche Bedienung durch den Nutzer.

Beim Maut-System muss die Manipulation sämtlicher technischer Geräte erschwert werden, beziehungsweise Manipulationen müssen leicht erkennbar, also irreversibel sein. Eine geöffnete On-Board-Unit sollte nicht von einem Elektronik-Bastler manipulierbar sein, ohne dass ein Schaden des Gehäuses sichtbar wird oder die Informationen eines Chips sich verändern.

Beim Projektmanagement-System ist zu beachten, dass Personalinformationen nicht unverschlüsselt im Netz verschickt werden und dass es ein Rollenkonzept gibt, sodass einzelne Nutzer nicht die gesamten Informationen im System verfälschen können.

Standards und Gesetze

Für jedes System können definierte Standards und Normen Grundlagen bilden, die erfüllt werden müssen. Diese können sich teilweise aus der gesetzlichen Grundlage ergeben, Standards können aber auch unternehmensintern beim Auftragnehmer, eventuell auch beim Auftraggeber, Einfluss auf die Systementwicklung haben.

Generell muss bei der Verarbeitung personenbezogener Daten das Datenschutzgesetz berücksichtigt werden.

Projekt- und Produktgegner

Grundsätzlich ist zu erwarten, dass ein Produkt Einfluss auf Menschen haben kann, sei es, dass ihr Arbeitsprozess beeinflusst wird oder sie neue finanzielle Belastungen haben. Rationalen Gegenargumenten kann man teilweise durch die Berücksichtigung zusätzlicher Anforderungen entgegentreten. Dadurch, dass man Betroffene zu Beteiligten macht, kann man weiterhin die Projektakzeptanz erhöhen.

Beim Maut-System wurden Prototypen mit einigen Speditionen getestet, damit die korrekte Funktionalität bei der Einführung gewährleistet werden konnte. Da durch das Mautsystem neue Kosten auf Speditionen zukamen, konnte eine Projektakzeptanz nur sehr eingeschränkt erwartet werden.

Beim Projektmanagement-System ist zu analysieren, welche Aufgaben die aktuell die Arbeiten durchführenden Personen nach der Produkteinführung übernehmen werden.

Kulturkreis

Generell muss eine Software-Oberfläche die fachlichen Begriffe ihrer Nutzer nutzen. Dies wird schwieriger, wenn die Software international vermarktet werden soll. Dazu kommt z. B., dass Farben in verschiedenen Kulturkreisen unterschiedliche Bedeutungen haben und die Leserichtung eine andere sein kann.

Öffentliche Meinung

Bei Projekten, die den öffentlichen Bereich betreffen beziehungsweise deren Ergebnisse für eine große Öffentlichkeit sichtbar sind, kann die Beeinflussung der öffentlichen Meinung Bedeutung für den Projekterfolg haben.

Ziel	Was soll erreicht werden?
Stakeholder	Welche Stakeholder sind in das Ziel involviert? Ein Ziel ohne Stakeholder macht keinen Sinn.
Auswirkungen auf Stakeholder	Welche Veränderungen werden für die Stakeholder erwartet?
Randbedingungen	Welche unveränderlichen Randbedingungen müssen bei der Zielerreichung beachtet werden?
Abhängigkeiten	Hängt die Erfüllung dieses Ziels mit der Erfüllung anderer Ziele zusammen? Dies kann einen positiven Effekt haben, indem die Erfüllung von Anforderungen zur Erreichung mehrerer Ziele beiträgt. Es ist aber auch möglich, dass ein Kompromiss gefunden werden muss, da Ziele unterschiedliche Schwerpunkte haben.
Sonstiges	Was muss organisatorisch beachtet werden?

Abb. 4.1 Schablone zur Dokumentation von Projektzielen

Beim Maut-System wurden z. B. nur das verzögerte Projekt mit den wachsenden Kosten und den nach Überwachungsstaat aussehenden Maut-Brücken Schritt für Schritt für die Öffentlichkeit sichtbar. Das frühzeitige Betonen neuer technologischer Erkenntnisse und ihrer möglichen praktischen Nutzen wurde von der Öffentlichkeit nicht wahrgenommen.

Nachdem man alle Stakeholder identifiziert hat, sollte man sich die Ziele des zu entwickelnden Systems verdeutlichen. In der Beschreibung der Stakeholder sind einzelne Ziele bereits beispielhaft genannt, dazu gehört z. B. neue Kundenverbindungen zu etablieren. In der Praxis ist es sinnvoll, die Stakeholder-Ermittlung eng mit der Zielfindung zu verknüpfen, da Ziele häufig festhalten, warum Stakeholder überhaupt existieren.

Ziel der Zielfindung ist es, dass möglichst alle Ziele explizit genannt werden. Die Erfüllung der Ziele muss nachprüfbar sein. Weiterhin ist zu beachten, dass die Ziele sich auch in Teilen nicht widersprechen und von allen Projektbeteiligten verstanden werden. Grundsätzlich werden Ziele positiv formuliert, d. h. was erreicht werden, und nicht, was nicht geschehen soll.

Ein zentrales Ziel ist immer die Lieferung der gewünschten Funktionalität. Dies ist aber üblicherweise nicht das einzige Ziel. Einzelne Ziele können mit der Schablone in Abb. 4.1 erfasst werden.

Für die Projektmanagement-Software können z. B. folgende Ziele genannt werden, wobei das Erste die zentrale Funktionalität zusammenfasst.

Ziel	1. Die Software muss die Planung und Analyse aller laufenden Projekte ermöglichen
Stakeholder	Projektplaner, Projektleiter, Mitarbeiter, Controlling (alle als Endanwender)

Auswirkungen auf Stakeholder	Projektplaner: Alle Planungsdaten fließen in das neue Werkzeug, es gibt sofort eine Übersicht, wer in welchem Zeitraum an welcher Aufgabe arbeitet Projektleiter: Der Projektleiter ist immer über den aktuellen Stand aller Teilarbeiten informiert, er weiß, wer an was arbeitet Mitarbeiter: Die Mitarbeiter sind verpflichtet, ihre Arbeitsstunden und erreichten Ergebnisse in das Werkzeug einzutragen. Sie sehen, für welche Folgearbeiten sie wann verplant sind Controller: Im Controlling kann man sich schnell über den Stand jedes Projekts informieren und eventuell reagieren
Randbedingungen	Existierende Datenbestände sollen in das System übernommen werden. Die Randbedingungen zur Verarbeitung personalbezogener Daten sind zu beachten
Abhängigkeiten	–
Sonstiges	Es liegt eine Studie des Kunden vor, warum kein Produkt vom Markt zur Realisierung genommen wird

Ziel	2. Der neue Kunde soll von der fachlichen Kompetenz unseres Unternehmens überzeugt werden
Stakeholder	Management, Vertrieb, Entwickler
Auswirkungen auf Stakeholder	Management: Der Projekterfolg hat große Auswirkungen auf die nächsten beiden Jahresbilanzen Vertrieb: Der Kunde muss über die Kooperationsmöglichkeiten informiert werden Entwickler: Es werden hohe Anforderungen an die Software-Qualität gestellt
Randbedingungen	Es muss noch geprüft werden, ob langfristig eine für beide Seiten lukrative Zusammenarbeit überhaupt möglich ist
Abhängigkeiten	Überschneidung mit dem Ziel 3, da eine Konzentration auf die Wünsche des neuen Kunden eventuell einer Verwendbarkeit für den allgemeinen Markt widersprechen kann
Sonstiges	Das Verhalten des neuen Kunden bei Änderungswünschen ist unbekannt

Ziel	3. Das neue Produkt soll für einen größeren Markt einsetzbar sein
Stakeholder	Management, Vertrieb, Entwickler
Auswirkungen auf Stakeholder	Management: Es soll eine Marktposition auf dem Marktsegment Projektmanagement-Software aufgebaut werden Vertrieb: In Gesprächen mit Kunden wird das neue Produkt und seine Integrationsmöglichkeit mit anderen Produkten ab Projektstart beworben Entwickler: Die Software muss modular aufgebaut aus Software-Komponenten mit klaren Schnittstellen bestehen
Randbedingungen	–
Abhängigkeiten	zu Ziel 2 (Beschreibung dort)
Sonstiges	Eine Analyse der Konkurrenten auf dem Markt liegt vor. Es sind Möglichkeiten für neue, den Markt interessierende Funktionalitäten aufgezeigt worden

Die Definition von Zielen ist deshalb wichtig, da sie der Ankerpunkt der Entwicklung von Anwenderforderungen sind. Anforderungen haben nur dann einen Sinn, wenn sie zur Erreichung mindestens eines Ziels beitragen.

4.2 Klärung der Hauptfunktionalität (Use Cases)

Im nächsten Schritt wird mit ausgewählten Repräsentanten der Stakeholder die Kernfunktionalität des neuen Systems festgehalten. Für den Findungsprozess kann man sehr unterschiedliche Ansätze verfolgen, die von der Art des Projekts und den IT-Kompetenzen der Stakeholder abhängen. Typische Ansätze sind:

- Ein oder mehrere Anforderungsanalytiker setzen sich mit den Stakeholdern zusammen und formulieren gemeinsam die Arbeitsprozesse, die durch die Software unterstützt werden sollen. Dabei ist zu beachten, dass alle Stakeholder Gehör finden.
- Die Stakeholder werden interviewt und nach den Aufgaben befragt, die das neue System übernehmen soll. Weiterhin werden erwartete Probleme und Risiken diskutiert. Diese Diskussionsform ist gerade bei kleinen Stakeholder-Gruppen oder schwer erreichbaren Repräsentanten sinnvoll.
- Statt einer Befragung kann auch ein Fragebogen eingesetzt werden, wobei die Bedeutung des Fragebogens dem Befragten deutlich sein muss und die interaktive Komponente der vorherigen zwei Ansätze verloren geht.
- Es werden Dokumente von Altsystemen oder Konkurrenzsystemen analysiert und Optimierungspotenziale mit Stakeholdern in einer der genannten Formen diskutiert.
- Die späteren Endanwender werden vor Ort vom Anforderungsanalytiker beobachtet, er wird in den Arbeitsprozess eingewiesen und versteht so auch Hintergründe der Arbeitsprozesse.

Natürlich können die vorgestellten Ansätze kombiniert werden.

Gefunden werden sollen Aufgaben, die das System übernehmen soll, dabei sind keine Teilschritte, wie die Zuordnung einer Teilaufgabe zu einem Projekt, sondern eigenständige Arbeitsprozesse gemeint. Diese Prozesse haben einen eindeutigen Anfang, liefern ein klares Ergebnis und beschreiben logisch getrennte Aufgaben.

Wichtig ist es, dass alle Aufgaben grundsätzlich identifiziert werden, dabei werden die dahinter steckenden Abläufe in einer der folgenden Iterationen betrachtet.

Für das Projektmanagementsystem sind die im Use Case-Diagramm in Abb. 4.2 festgehaltenen fünf Aufgaben identifizierbar. Im Diagramm stehen die Aufgaben in Ovalen, den eigentlichen Use Cases, auch Anwendungsfälle genannt. Weiterhin sind im Diagramm sogenannte Aktoren sichtbar, dies sind hier Stakeholder in ihren Rollen, die im jeweiligen Use Case tätig werden. Insgesamt erhält man so ein Use Case-Diagramm in UML-Notation.

Als Aktoren können dabei nicht nur Menschen in ihren Rollen, sondern auch Software-Systeme wie Datenbanken auftreten, die bereits existieren und nicht innerhalb des Projekts entwickelt werden. Wird eine Datenbank innerhalb des neuen Projektes entwickelt, taucht sie nicht als Aktor im Diagramm auf. In Abb. 4.3 sieht man die Aktoren „Waren-Informationssystem" und „Timer", der andeutet, dass dieser Use Case zu gewissen Zeiten automatisch angestoßen wird, um einen Bericht über das Lager zu generieren.

Das Finden von Use Cases ist ein hoch kreativer Prozess, der durch die Wünsche des Kunden gesteuert werden muss. Die Use Cases müssen so formuliert werden, dass der Kunde sein gewünschtes System identifizieren kann. Eine Möglichkeit, diesen sehr variantenreichen Prozess zu steuern, kann aus folgendem Ansatz bestehen, der voraussetzt, dass alle Beteiligten im Wesentlichen verstanden haben, welche Informationen im System verarbeitet werden sollen.

Zunächst wird überlegt, welche zentralen Informationen von dem System verwaltet und bearbeitet werden sollen. Dabei reicht es aus, zentrale fachliche Begriffe zu identifizieren. Im ersten Teilschritt sind dies die Basisinformationen, gerne auch Stammdaten genannt, die im späteren Schritt durch neue Informationen kombiniert werden. Beim Projektmanagementsystem sind dies:

Projekt: Projekte haben eine Projektstruktur und werden von Mitarbeitern in Teams bearbeitet.
Mitarbeiter: Mitarbeiter bearbeiten Projekte in Teams.

Für diese Basisinformationen muss zunächst festgestellt werden, ob sie von der zu erstellenden Software verwaltet werden oder ob dies in bereits existierenden Systemen

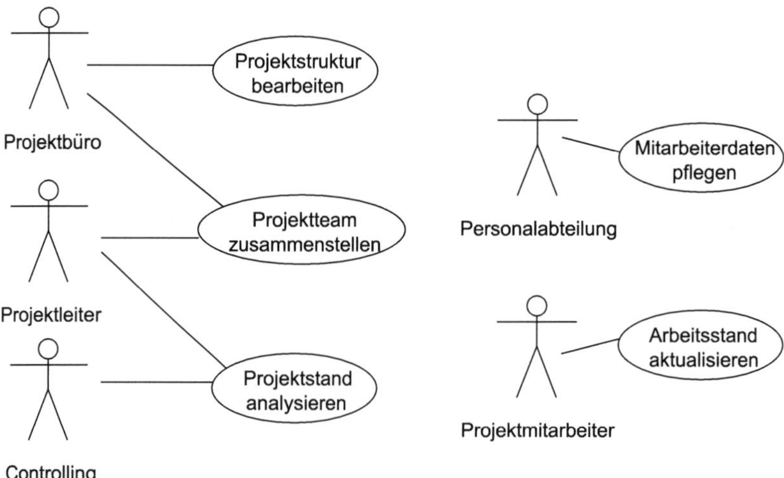

Abb. 4.2 Use Cases des Projektmanagementsystems

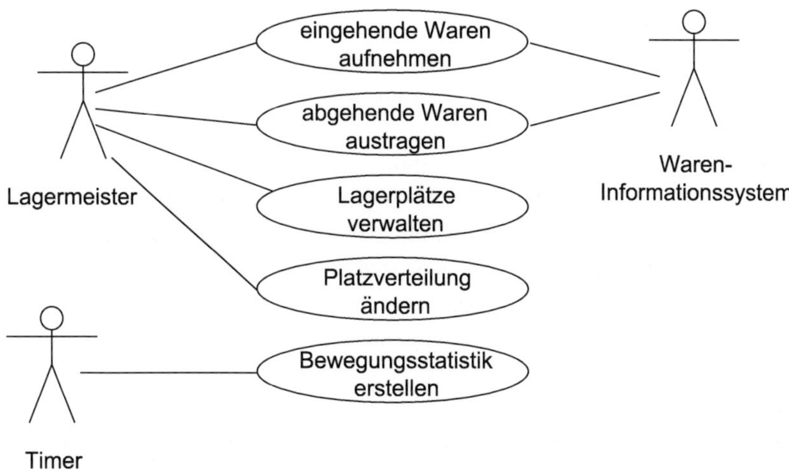

Abb. 4.3 Use Case-Diagramm mit speziellen Aktoren

passiert. Wenn die Verwaltung in einem existierenden System passiert, hat man so einen weiteren Aktor gefunden. Würden im Projektmanagementsystem die Mitarbeiterdaten aus einer bereits existierenden Mitarbeiterverwaltung eingespielt, wäre diese Mitarbeiterverwaltung als weiterer Aktor identifiziert.

Im nächsten Teilschritt werden Use Cases zur Verwaltung dieser Basisinformationen ergänzt. Dabei kann man theoretisch immer die folgenden fünf Fälle betrachten:

- Anlegen einer neuen Information
- Bearbeiten einer existierenden Information
- Löschen einer existierenden Information
- Langfristiges Abspeichern einer Information z. B. in einer Datenbank
- Einlesen langfristiger Informationen z. B. aus einer Datenbank

Statt immer fünf Use Cases anzugeben, kann man diese zusammenfassen, wenn die Arbeitsschritte immer vom gleichen Aktor ausgeführt werden. Im Beispiel werden Projekte immer vom Projektbüro angelegt, bearbeitet und gelöscht, sodass nur der eine Use Case „Projektstruktur bearbeiten" existiert. Ähnliches gilt für die Mitarbeiter-Informationen, die vollständig von der Personalabteilung bearbeitet werden sollen. Die beiden letzten Fälle mit der langfristigen Datenverwaltung werden, wenn nötig, meist in eigenständigen Use Cases zum Backup und zur Pflege der Informationen zusammengefasst. Häufig ist es wie im Beispiel so, dass die Daten beim Anlegen und Löschen automatisch in einer Datenbank verwaltet werden, sodass die letzten beiden Fälle nicht explizit zu betrachten sind.

Da man möglichst nie unterschiedliche Begriffe für den gleichen Sachverhalt nutzen soll, würde der Use Case „Mitarbeiterdaten pflegen" besser „Mitarbeiterdaten bearbeiten" heißen, da die Aufgabe sehr ähnlich zum Use Case „Projektstruktur bearbeiten" ist. Use Cases werden allerdings aus Kundensicht formuliert, sodass es wichtiger ist, die gewünschten Bezeichnungen des Kunden zu übernehmen und diese Verwandtschaft später in der Dokumentation festzuhalten.

Der zweite Schritt der Use-Case-Ermittlung beschäftigt sich mit den dynamischen Informationen, auch Prozessdaten genannt, die aus der Verknüpfung der Basisdaten entstehen. Die dynamischen Informationen unterscheiden sich von den Basisinformationen darin, dass sie sich wesentlich häufiger ändern. Projekte und Mitarbeiter werden meist einmal angelegt, eventuell leicht modifiziert, aber nicht wie Projektteams dynamisch neuen Situationen angepasst. Im Beispiel kann man zwei dynamische Informationsgruppen identifizieren.

Projektteams: Zuordnung von Mitarbeitern zu Projekten, die sich im Laufe eines Projekts typischerweise verändert.
Arbeitsstunden: Für jede Projektaufgabe werden von den Mitarbeitern die Stunden notiert, die sie an dieser Aufgabe arbeiten.

Für jede dieser dynamischen Informationen werden wieder die vorgestellten fünf Fälle analysiert und Use Cases aufgestellt. Im Beispiel resultiert dies in den Use Cases „Projektteam zusammenstellen" und „Arbeitsstand aktualisieren". Die in diesem Schritt gefundenen Use Cases werden meist als erste auch vom Kunden gefunden und zusammen mit der folgenden Gruppe von Use Cases als zentral für das System angesehen.

Im dritten Schritt der Use-Case-Ermittlung wird die Funktionalität ermittelt, die auf Basis der bisher gefundenen Informationen berechnet wird. Dient ein System vollständig nur zur Datenverwaltung, kann es der Fall sein, dass hier kein Use Case ergänzt wird. Häufiger werden die vorhandenen Informationen von menschlichen Experten kombiniert und analysiert, also ausgewertet. Jede dieser Auswertungen führt dann zu einem Use Case. Im Beispiel ist das der Use Case „Projektstand analysieren", in dem die vorhandenen Daten des Projekts kritisch betrachtet werden und es dann zu neuen Planungsmaßnahmen kommt, die z. B. durch den Use Case zur Teamänderung, hier „Projektteam zusammenstellen", abgedeckt sind. Bei komplexeren Systemen z. B. zur Unterstützung von langfristigen Planungen kann die Anzahl der Use Cases hier wesentlich anwachsen.

Der vierte Schritt beschäftigt sich mit Use Cases, die rund um das laufende System benötigt werden. Dabei wurde der Fall mit der langfristigen Datenhaltung bereits erwähnt. Bei verteilten Systemen kann der Systemstart des neu zu erstellenden Systems von anderen Systemen abhängen, sodass der Start und das Beenden des Systems sowie die Überwachung der anderen beteiligten Systeme damit zu eigenständigen Use Cases werden.

Nachdem die erste Version der Use Cases als Diagramm gefunden wurde, sind die Use Cases zu dokumentieren. Dabei wächst auch die Detailtiefe der Beschreibung schrittweise. Wenn möglich, sollte diese Dokumentation immer zusammen mit den

Stakeholdern entwickelt werden, da sie in der Sprache der Stakeholder geschrieben sein muss. Diese Use Cases werden vom Kunden abgenommen.

Bei der Dokumentation kann man zwei Arten von Use Cases unterscheiden [OWS03]:

Business Use Cases: Diese werden aus Sicht der Arbeitsabläufe beim Kunden geschrieben. Sie können auch Ausgangspunkt eines Geschäftsprozessmodells sein, das vielleicht im Rahmen der Software-Einführung optimiert werden soll. In solchen Beschreibungen spielt das IT-System keine Rolle.
System Use Cases: Diese werden aus Sicht des IT-Systems formuliert, wobei in der Detaildokumentation festgehalten wird, welche Arbeiten mit dem System durchgeführt werden.

Beide Use Case-Arten sind eng miteinander verwandt. Falls man beide in einem Projekt nutzt, wird es häufig der Fall sein, dass aus einem Business Use Case ein System Use Case wird, wobei die Beschreibung an die zu erstellende Software angepasst wird. Häufig müssen dann noch System Use Cases ergänzt werden, die sich mit der Einrichtung und Wartung der zu erstellenden Software beschäftigen.

In einem Business Use Case wird z. B. beschrieben, wie für eine Projektplanung verschiedene Bereichsleiter zusammensitzen und diskutieren, welche ihrer Mitarbeiter als Projektmitarbeiter in welchen Rollen zur Verfügung stehen. Im System Use Case steht dann, wie ein Projektbüro-Mitarbeiter sich eine Übersicht über die Mitarbeiter für eine Rolle mit ihren verplanten Arbeitszeiten anzeigen lässt und dann einen Mitarbeiter mit freien Ressourcen dem Projekt zuordnet.

In diesem Buch wird davon ausgegangen, dass schwerpunktmäßig System Use Cases betrachtet werden. Die Ausführungen zur Prozessmodellierung im Kap. 2 sollten aber ausreichen, falls zunächst ein Business Use Case-Modell und dann ein System Use Case-Modell entwickelt werden soll.

Zur Dokumentation der Use Cases kann die Schablone aus Abb. 4.4 genutzt werden, dabei gibt die Nummer in der mittleren Spalte an, in welcher Iteration die Beschreibung entsteht. Zunächst werden nur die Felder der ersten Iteration gefüllt. Bei den nächsten Bearbeitungsschritten werden die bereits existierenden Ergebnisse der abgeschlossenen Iterationen genau geprüft und weitere Informationen ergänzt.

Die Arbeitsschritte zur Dokumentation typischer und alternativer Abläufe sowie zur Ableitung von Anforderungen werden Themen der folgenden Unterkapitel sein.

Parallel zur gesamten Erstellung von Projektdokumenten wie Use Case-Dokumentationen muss ein Glossar geführt werden, in dem Begriffsdefinitionen stehen. Dabei ist es wichtig, dass möglichst immer der gleiche Begriff für den gleichen Sachverhalt genutzt wird. Dieses Glossar ist zentrales Ergebnis der Anforderungsanalyse, da hier alle Begriffe definiert werden, für die unterschiedliche Interpretationen möglich sind. Das Glossar wird im Laufe des Projekts kontinuierlich ergänzt.

Für den Use Case „Projektstruktur bearbeiten“ kann das Ergebnis nach der dritten Iteration wie folgt aussehen.

Name des Use Case	1	kurze prägnante Beschreibung, meist aus Nomen und Verb
Nummer	1	eindeutige Nummer zur Verwaltung, sollte von der eingesetzten Entwicklungsumgebung vergeben werden
Paket	2	bei sehr komplexen Systemen können Use Cases in Teilaufgabenbereiche zusammengefasst werden, diese Bereiche können in der UML als Pakete dargestellt werden, die Paketbildung kann sich an den Schritten zur Use- Case-Ermittlung orientieren
Autor	1	wer hat den Use Case erstellt und wer mitgearbeitet
Version	1	aktuelle Versionsnummer, möglichst mit Änderungshistorie, wer hat wann was geändert
Kurzbeschreibung	1	kurze Beschreibung, was mit dem Use Case auf welchem Weg erreicht werden soll
beteiligte Aktoren	1	welche Aktoren (Stakeholder) sind beteiligt, wer stößt den Use Case an
Fachverantwortlicher	1	wer steht auf fachlicher Seite für Fragen zum Use Case zur Verfügung und entscheidet auf Auftraggeberseite für die Software über den Inhalt
Referenzen	2	Nennung aller Informationen, die bei der späteren Implementierung zu beachten beziehungsweise hilfreich sind, dies können Verweise auf Gesetze, Normen oder Dokumentationen existierender Systeme sein
Vorbedingungen	2	was muss erfüllt sein, damit der Use Case starten kann
Nachbedingungen	2	wie sieht das mögliche Ergebnis aus; im nächsten Schritt sind auch die Ergebnisse alternativer Abläufe zu berücksichtigen
typischer Ablauf	2	welche einzelnen Schritte werden im Use Case durchlaufen, dabei wird nur der gewünschte typische Ablauf dokumentiert
alternative Abläufe	3	welche Alternativen existieren zum typischen Ablauf
Kritikalität	3	wie wichtig ist diese Funktionalität für das Gesamtsystem
Verknüpfungen	3	welche Zusammenhänge bestehen zu anderen Use Cases
funktionale Anforderungen	4	welche konkreten funktionalen Anforderungen werden aus diesem Use Case abgeleitet
nicht-funktionale Anforderungen	4	welche konkreten nicht-funktionalen Anforderungen werden aus diesem Use Case abgeleitet

Abb. 4.4 Schablone zur Dokumentation von Use Cases

Name des Use Case	Projektstruktur bearbeiten
Nummer	U1
Paket	–

Name des Use Case	Projektstruktur bearbeiten
Autor	Ali Analytiker
Version	1.0, 30.01.2008, Erstellung
Kurzbeschreibung	Mitarbeiter des Projektbüros haben die Möglichkeit, Projekte mit Teilprojekten anzulegen und zu bearbeiten
beteiligte Aktoren (Stakeholder)	Projektbüro (startet Use Case durch Auswahl der Funktionalität im zu erstellenden System)
Fachverantwortlicher	Lisa Leitung (zentrale Ansprechpartnerin des Kunden)
Referenzen	Handbuch zur Führung von Projekten des Kunden
Vorbedingungen	Die Software ist vollständig installiert und wurde gestartet
Nachbedingungen	Neue Projekte und Teilprojekte sowie Änderungen von Projekten und Teilprojekten wurden vom System übernommen
typischer Ablauf	1. Nutzer wählt Funktionalität zur Bearbeitung von Projektstrukturen 2. Nutzer legt Projekt mit Projektstandarddaten an 3. Nutzer ergänzt neue Teilprojekte 4. Nutzer verlässt Funktionalität
alternative Abläufe	Nutzer kann existierendes Projekt auswählen, Nutzer kann Daten eines Teilprojekts ändern
Kritikalität	sehr hoch, System macht ohne Funktionalität keinen Sinn

Die zum Use Case gehörenden Glossareinträge werden im folgenden Unterkapitel aufgezählt.

Typisch ist, dass Use Cases gewisse Gemeinsamkeiten haben, es Abläufe gibt, die man identisch beschreiben kann. Allein um sicherzustellen, dass diese Use Cases nicht zweimal ausprogrammiert werden, ist es sinnvoll, diese Gemeinsamkeit festzuhalten. Für einen solchen nicht trivialen Ablauf wird ein zusätzlicher Use Case in das Diagramm aufgenommen, der dann mit den nutzenden Use Cases über eine <<include>>-Beziehung verbunden wird.

In unserem Beispiel könnte man von den meisten Use Cases verlangen, dass sich die Nutzer des Systems in ihrer Rolle identifizieren. Dies kann wie in Abb. 4.5 beschrieben im Use Case-Diagramm modelliert werden. Dem Namen des neuen Use Cases, der genau wie andere Use Cases beschrieben und später bearbeitet wird, kann ein <<secondary>> vorangestellt werden, um anzudeuten, dass dieser Use Case erst bei genauerer Analyse, also im zweiten Arbeitsschritt, gefunden wurde. In der UML ist es für fast alle Elemente möglich, diese mit zusätzlichen Attributen zu beschreiben. Diese Attribute werden in doppeltspitzen Klammern dem UML-Element vorangestellt. Es gibt einige dieser sogenannten Stereotypen, die in der UML definiert sind, grundsätzlich kann der Modellierer aber weitere Stereotypen definieren, für die er dann verpflichtet ist, die Nutzungsmöglichkeiten und die genaue Bedeutung festzuhalten. Im konkreten Fall wird damit später im Diagramm die Art der Verbindung zwischen den Use Cases präzisiert.

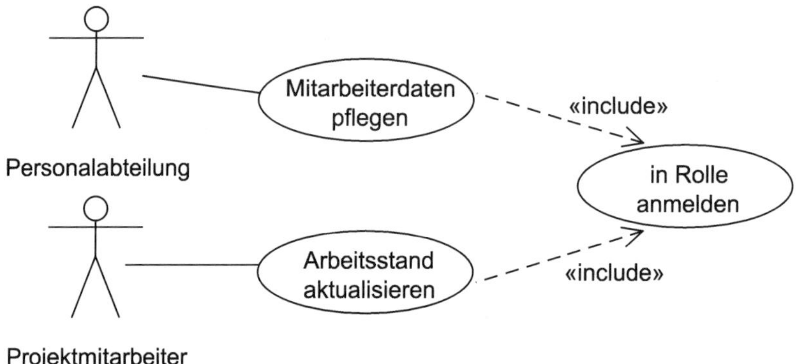

Abb. 4.5 Gemeinsame Nutzung eines Use Cases

Die Verbindung über „include“ wird in den textuellen Beschreibungen vermerkt. Dazu gibt es in der vorgestellten Schablone das Feld „Verknüpfungen“. Weiterhin ist in den Ablaufbeschreibungen darauf hinzuweisen, dass hier der Ablauf eines anderen Use Cases genutzt wird.

Wie bereits angedeutet, ist include sehr hilfreich, um die doppelte Modellierung von Abläufen zu vermeiden. Das include beinhaltet allerdings auch die Gefahr, dass man versucht, ein System funktional zu zerlegen. Dabei könnte ein Use Case baumartig in mehrere andere Use Cases zerlegt werden. Ein Anhaltspunkt für eine fehlerhafte Zerlegung ist, wenn ein Use Case nur noch als Verknüpfung anderer Use Cases beschrieben wird. Wird zusammen mit dem Kunden modelliert, ist es ratsam, vollständig ohne include zu arbeiten, da sonst schnell der Wunsch einzelner an der Modellierung Beteiligter entsteht, eine Funktionalität im Detail mit include-Beziehungen auszuarbeiten. Unabhängig davon sind zentrale Ideen des Kunden, die bei einer Modellierung geäußert werden, aber nicht direkt zur Use-Case-Findung passen, in einem Dokument, einem Informationsspeicher, festzuhalten.

Ein weiterer Zusammenhang, der zwischen Use Cases bei der Analyse festgestellt werden kann, ist, dass ein Use Case einen besonderen Spezialfall eines anderen Use Cases darstellt. Weiterhin kann auch der Wunsch bei der Modellierung entstehen, die Behandlung eines Spezialfalls besonders zu betonen. Für diese Fälle steht der Stereotyp <<extends>> zur Verfügung.

Abb. 4.6 zeigt ein Beispiel für eine Erweiterung, das einen vom Kunden besonders betonten Spezialfall der Projektstandsanalyse dokumentiert. Es wird eine schlagartige Verschlechterung festgestellt, die im zu erstellenden System besonders angezeigt und verwaltet werden soll.

Man sieht in Abb. 4.6 weiterhin, dass man Kommentare in beliebigen UML-Diagrammen in einen Kasten mit einem Eselsohr rechts oben schreibt. Ein Kommentar kann ein informeller Text oder wie in diesem Beispiel eine formale Bedingung sein. Bedingungen

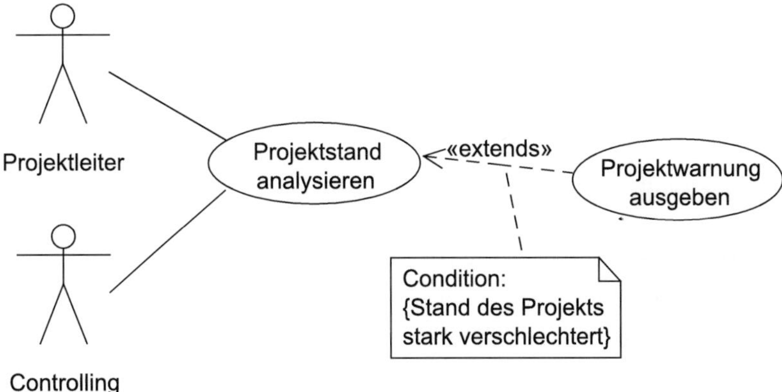

Abb. 4.6 Erweiterung eines Use Cases

werden in geschweiften Klammern festgehalten. Extends sollte noch vorsichtiger als include eingesetzt werden, da die genaue Bedeutung nicht unbedingt allen Lesern des Diagramms unmittelbar ersichtlich ist.

Es gibt in der UML weitere Stereotypen mit denen Verbindungen zwischen zwei Use Cases konkretisiert werden können. Dies sind <<requires>> und <<follows>>, die Ablaufbeziehungen bezüglich der Reihenfolge definieren. Da man mit einzelnen Use Cases keine Abläufe beschreiben soll – dies wird später mit Aktivitätsdiagrammen möglich – kann man auf diese Stereotypen verzichten.

Aus den Kommentaren zur Nutzung von include und extends kann man bereits herauslesen, dass die Auswahl von Use Cases eine schwierige Aufgabe ist, wobei es Hinweise für einen sinnvollen Ansatz gibt, allerdings ein Diagramm nicht unmittelbar richtig oder falsch ist.

Der zentrale Indikator für einen guten Use Case ist, dass er eine Menge von Arbeitsschritten zusammenfasst, einen klaren Startpunkt und klar definierte Ergebnisse hat. Auch bei sehr komplexen Softwaresystemen kommt man bei diesem Ansatz selten über 15 Use Cases hinaus. Generell muss angestrebt werden, dass Use Cases möglichst den gleichen Detaillierungsgrad haben und auf der gleichen Abstraktionsebene angesiedelt sind. Da diese Bedingungen formal kaum zu fassen sind, muss die Gesamtmenge aller Use Cases im Zusammenhang betrachtet und bezüglich dieser Kriterien bewertet werden. Haben Use Cases eine einheitliche Form, die auch ein einheitliches Vokabular umfasst, können sie

- zur weiteren Entwicklung verfeinert werden,
- die Ausgangslage für detaillierte Aufwandsschätzungen sein,
- zentrales Element zur Planung von Iterationen bzw. Inkrementen sein,
- zur Aufteilung der Arbeit zwischen verschiedenen Teams dienen.

Kann eine Entwicklung in klar abgegrenzte Entwicklungsaufgaben aufgeteilt werden, kann es unter Umständen sinnvoll sein, für jede der Entwicklungsaufgaben eine Use Case Beschreibung nur für diese Aufgabe neu zu entwickeln.

4.3 Beschreibung typischer und alternativer Abläufe

Bei der vorgestellten Use Case-Schablone gibt es zwei Textfelder für typische und alternative Abläufe. Für Prozessablaufbeschreibungen haben wir bereits Aktivitätsdiagramme kennen gelernt, die jetzt ebenfalls zur Ablaufbeschreibung genutzt werden können.

Generell wird dabei folgender Ansatz verfolgt.

1. Mache aus den Use-Case-Schritten des typischen Ablaufs einzelne Aktionen.
2. Falls eine Aktion komplex sein sollte, wird sie entweder durch mehrere Aktionen ersetzt oder die Aktion wird als Aktivität durch ein eigenes Aktivitätsdiagramm verfeinert.
3. Ergänze schrittweise alle alternativen Abläufe, wobei für jede Aktion geprüft wird, ob sie verfeinert werden muss.

Die Vorgehensweise ist hier wieder iterativ-inkrementell, da gegebene Aktionen verfeinert und neue Abläufe schrittweise ergänzt werden.

Für den Use Case „Projektstruktur bearbeiten" aus dem vorherigen Unterkapitel ergibt sich aus dem typischen Ablauf das Aktivitätsdiagramm in Abb. 4.7. Es ist keine Verfeinerung notwendig. Meist ist der erste typische Ablauf nur eine Sequenz von Aktionen, die im Spezialfall, wie hier, zu einer Schleife werden.

Im nächsten Schritt werden die alternativen Abläufe betrachtet und in das existierende Aktivitätsdiagramm ergänzt. Das Ergebnis dieser Ergänzung ist in Abb. 4.8 beschrieben.

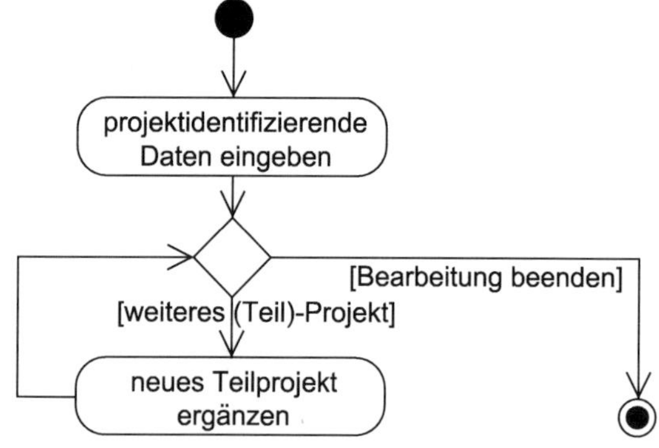

Abb. 4.7 Typischer Ablauf von „Projektstruktur bearbeiten"

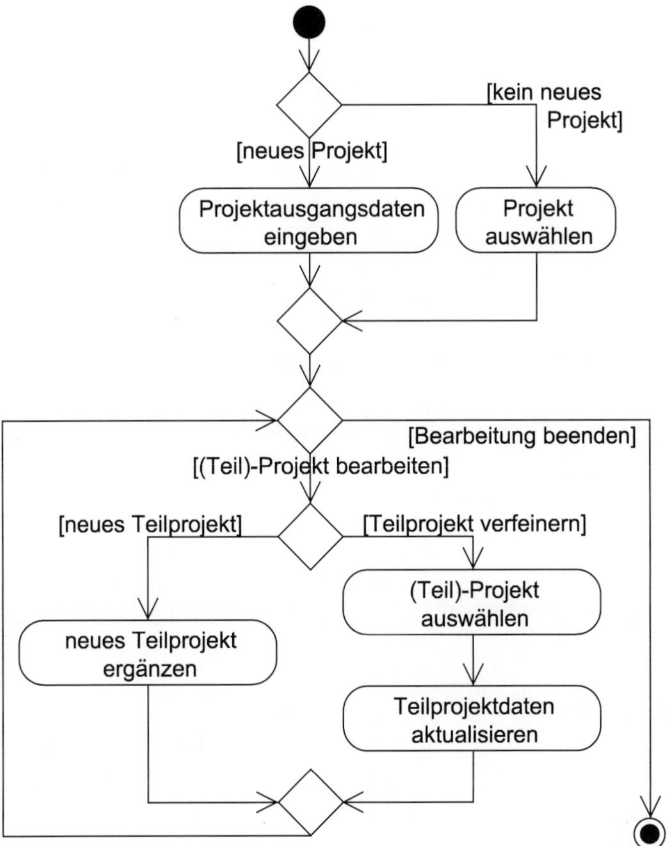

Abb. 4.8 Alle Abläufe von „Projektstruktur bearbeiten"

Man steht auch bei der Verfeinerung durch die Aktivitätsdiagramme wieder vor dem Problem, den richtigen Abstraktionsgrad zu wählen. Im konkreten Fall sind die zentralen alternativen Arbeitsabläufe in das Diagramm aufgenommen worden. Alternativen in den Aktionen werden nicht spezifiziert. Es fehlt z. B. immer eine Überprüfung der Eingaben auf Plausibilität. Damit diese Informationen nicht verloren gehen, ist jedes Diagramm zu dokumentieren, wobei es sich bei der Prüfung der Eingaben um eine zentrale Anforderung handelt, die einmal festgehalten werden muss.

Aus den in Abb. 4.2 dargestellten Use Cases kann man weiterhin die Aktivitätsdiagramme in Abb. 4.9, 4.10, 4.11 und 4.12 ableiten. Für nutzergesteuerte Software kann es sinnvoll sein, den Gesamtablauf einer Software in einem Diagramm zusammenzufassen, dass dann die bereits erwähnten Aktivitätsdiagramme als Verfeinerung nutzt. Der hier passende Ablauf ist in Abb. 4.13 dargestellt.

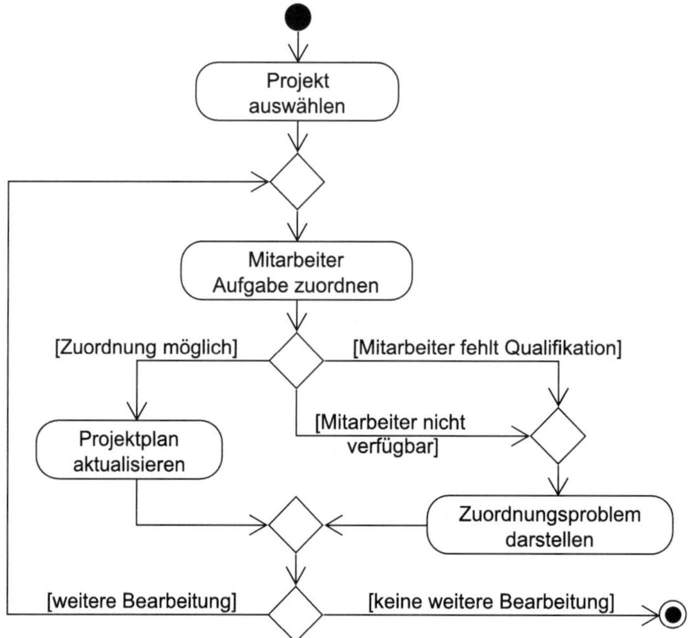

Abb. 4.9 Aktivitätsdiagramm „Projektteam zusammenstellen"

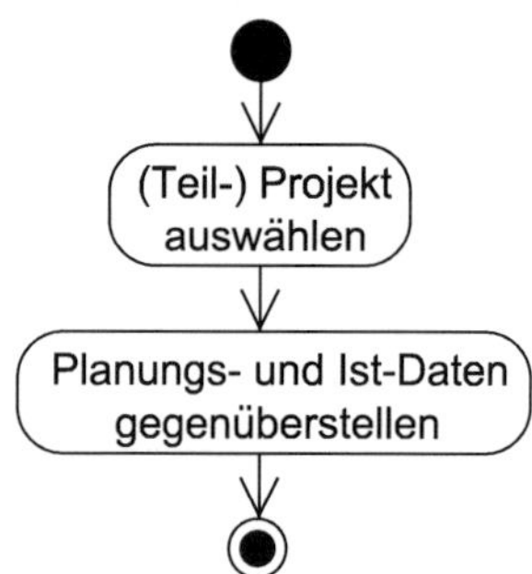

Abb. 4.10 Aktivitätsdiagramm „Projektstand analysieren"

Im Kapitel über Vorgehensmodelle wurde bereits diskutiert, dass man in jeder Entwicklungsphase über die spätere Abnahme der Ergebnisse nachdenken sollte. Die Aktivitätsdiagramme bilden dabei einen sehr guten Ausgangspunkt für die Erstellung von System- bzw. Abnahmetests. Der Ansatz ist, dass man sich für jeden möglichen Durchlauf durch ein Aktivitätsdiagramm einen Testfall überlegt. Dabei muss für alle Durchläufe durch ein Aktivitätsdiagramm garantiert werden, dass jede Kante des Diagramms durchlaufen wird.

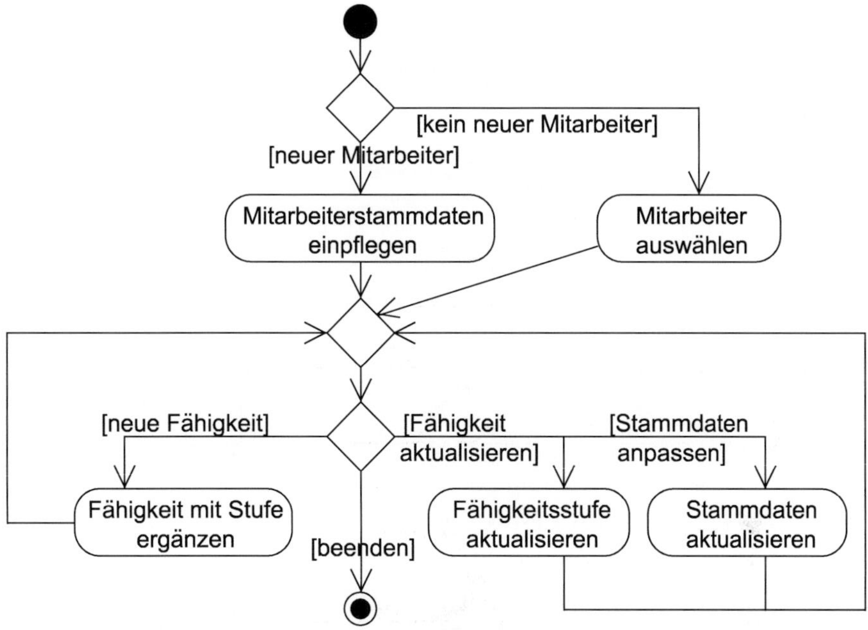

Abb. 4.11 Aktivitätsdiagramm „Mitarbeiterdaten pflegen"

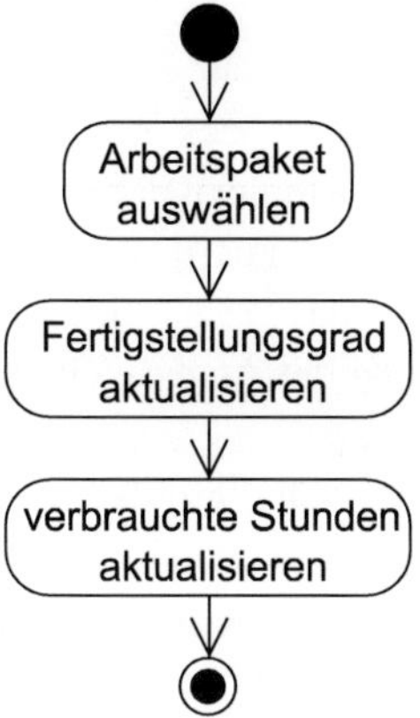

Abb. 4.12 Aktivitätsdiagramm „Arbeitsstand aktualisieren"

4.4 Ableitung funktionaler Anforderungen

Statt jedes Aktivitätsdiagramm detailliert zu dokumentieren, kann man versuchen, aus jedem Diagramm konkrete Anforderungen für die zu erstellende Software abzuleiten. Insgesamt ergibt sich damit der folgende Verfeinerungsansatz.

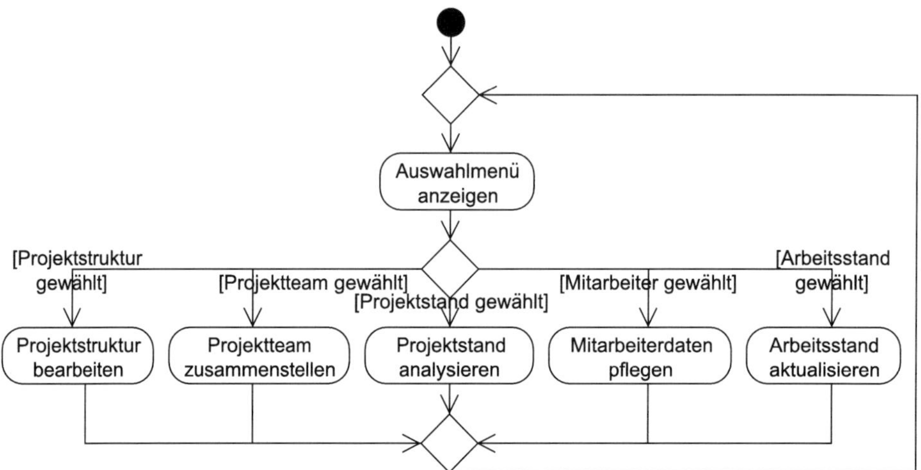

Abb. 4.13 Zusammenspiel der Teilabläufe

1. Finden der Use Cases
2. Dokumentation der Use Cases mit der Dokumentationsschablone
3. Dokumentation typischer und alternativer Abläufe mit Aktivitätsdiagrammen
4. Ableitung funktionaler Anforderungen in Textform

Jeder Arbeitsschritt nimmt wesentlich mehr Zeit als der vorherige in Anspruch, wobei jeder Arbeitsschritt dafür die Qualität des Endergebnisses wesentlich erhöht. Daraus ergibt sich, dass es von der Komplexität der Aufgabe abhängt, inwieweit dieser Verfeinerungsweg gegangen wird. Da aus den jetzt zu erstellenden funktionalen Anforderungen in Textform sehr gut das Analyseklassenmodell abgeleitet werden kann, muss man sich bei einer Abkürzung der Analyse einen kreativen Weg für den Übergang zum Analyseklassenmodell überlegen.

Bei der textuellen Formulierung von Anforderungen geht es darum, vollständig und präzise die Anforderungen an das zu erstellende System zu formulieren. Bei der Formulierung sind viele Hürden zu überwinden. Aus diesem Grund wird hier ein recht formales Regelwerk zur Erstellung von Anforderungen genutzt, wobei später überprüfbare Anforderungen immer das Ziel bleiben.

Bevor dieses Regelwerk vorgestellt wird, soll verdeutlicht werden, warum die Erstellung von Anforderungen eine solch schwierige Aufgabe ist, ohne gleich von der Unfähigkeit eines Analytikers auszugehen. Abb. 4.14 leitet dieses Thema ein, indem sie zeigt, wie eine Person versucht, ihre Wünsche zu erklären und die andere Person basierend auf ihren Erfahrungen versucht, diese Wünsche zu verstehen.

Klärt man mit Experten des Anwendungsgebiets, wie die neue Software eingesetzt werden soll, so müssen die sprachlichen Defizite bekannt sein, die in üblichen

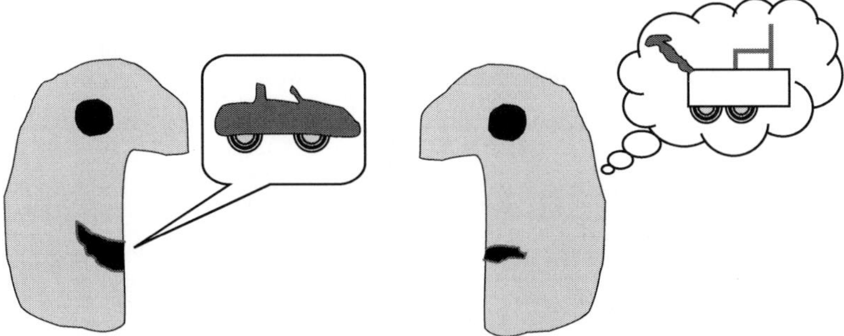

Abb. 4.14 Versuch, Anforderungen verständlich zu formulieren

Gesprächen kaum eine Rolle spielen, die Kommunikation eventuell erleichtern, aber die Erstellung von Anforderungen erschweren [RS14]. Genauer wird die Art der von Gesprächsaussagen beim neurolinguistischen Programmieren, kurz NLP, als Analysegrundlage genutzt [BG76]. Es sei angemerkt, dass hier die daraus abgeleiteten Begriffe Tilgung, Generalisierung und Verzerrung und nicht der NLP-Ansatz selbst genutzt werden.

1. Implizite Annahmen durch Tilgungen: Erklären Experten ihre Ideen, werden sie Informationen, die sie als trivial ansehen, weglassen, was Gespräche wesentlich vereinfacht. Stellen Sie sich dazu zwei Leute vor, die über die Programmiersprachen C++ und Java diskutieren. Sie werden z. B. über die unterschiedlichen Varianten bei der Vererbung reden. Möchte ein Nicht-Programmiersprachenexperte diese Diskussion aufnehmen, muss er die implizit genutzten Begriffe Klasse und Vererbung kennen.
In Texten muss man für jede Aussage sich fragen, unter welchen Bedingungen sie genau gelten. Bei Fachbegriffen ist zu hinterfragen was sie bedeuten und welche Rolle sie in Prozessen spielen.
2. Auslassungen, ebenfalls eine Form der Tilgung: Verwandt mit den impliziten Annahmen sind Auslassungen bei Prozessbeschreibungen. Dabei werden einzelne Schritte vereinfacht zusammengefasst. Die Aussage „Die Dateien werden kompiliert und gelinkt." sollte einem Informatiker geläufig sein. Für einen Nicht-Experten stellen sich die Fragen, was wie kompiliert wird, welches Ergebnis man wo findet und welche Eingaben für das nicht genauer erklärte Linken alle notwendig sind.
In Texten müssen z. B. Verben wie „eingeben" und „anzeigen" kritisch hinterfragt werden, was durch die Fragen „Wer?", „Was?", „Wo?" und „Warum?" erfolgt.
3. Verallgemeinerungen durch Generalisierungen: Beim Verallgemeinern werden Formulierungen wie „immer" oder „nie" genutzt, die für typische Abläufe zutreffen. Will man aber Anforderungen aufschreiben, muss man diese Begriffe hinterfragen. Formulierungen mit „immer" verstecken sich auch in Aussagen wie „nach einer Programmänderung werden die Klassen neu kompiliert". Hier muss kritisch gefragt werden, ob dies immer passiert oder nur, wenn der Editor keine Syntaxfehler erkannt hat und ob wirklich immer alle Klassen neu kompiliert werden müssen.
4. Nominalisierung als Verzerrung: Es ist üblich, bei Tätigkeiten zu hinterfragen, wie sie genau ablaufen. Dabei werden zur Beschreibung der Tätigkeiten Verben genutzt. Nomen werden seltener hinterfragt, da sie für Fachbegriffe stehen, die im Kontext eines Prozesses

> eindeutig sein sollten. Problematisch wird es, wenn Verben nominalisiert werden, wie es in der Formulierung „nach der Kompilierung findet der Unit-Test statt" der Fall ist. Weder ist der Prozess des Kompilierens damit eindeutig beschrieben, noch ist klar, wie getestet werden soll. Man kann Nominalisierungen auch als spezielle Form der Tilgung ansehen[@NLP].

Um diese Probleme zu umgehen, wurde in [RS14] eine Schablone zur Erstellung von Anforderungen vorgegeben. Durch die Forderung nach der Verwendung von Textbausteinen müssen Verben und Objekte klar beschrieben werden. Die folgende Zusammenfassung des Ansatzes aus [RS14] in Abb. 4.15 ist [Kle24] entnommen.

Die verschiedenen Möglichkeiten der Textschablone in Abb. 4.15 haben folgende Bedeutung: Durch die Wahl von „muss", „soll" und „wird" wird die rechtliche Verbindlichkeit einer Anforderung geregelt. Dabei spielen „muss"-Anforderungen die zentrale Rolle, da sie rechtlich verbindlich sind. Mit „soll"-Anforderungen wird beschrieben, dass es aus Sicht des Fordernden sinnvoll erscheint, diese Anforderung zu berücksichtigen, es aber durchaus diskutiert werden kann, ob sie erfüllt werden muss. Mit „wird"-Anforderungen deutet der Kunde an, dass es schön wäre, wenn diese Anforderung erfüllt wäre. Damit kann z. B. beschrieben werden, welche weiteren Funktionalitäten noch in Folgeprojekten eingebaut werden und dass Möglichkeiten zu diesem Einbau bedacht werden sollen.

Aus Sicht des Auftragnehmers könnte man auf die Idee kommen, sich ausschließlich auf „muss"-Anforderungen zu beschränken. Dies ist dann nicht sinnvoll, wenn man einen Kunden zufriedenstellen möchte, da man an einer langfristigen Zusammenarbeit interessiert ist.

In der Schablone werden drei Arten von Anforderungen unterschieden. Diese Arten mit ihrer Bedeutung sind:

> Typ 1: Selbständige Systemaktivität, d. h. das System führt den Prozess selbständig durch, nachdem es dazu von außen durch einen Nutzer oder ein anderes System angestoßen wurde. Ein Beispiel ist die Berechnung des bisherigen Aufwandes eines Projekts durch die Abfrage aller Teilprojekte und die Anzeige des Ergebnisses.
> Typ 2: Benutzerinteraktion, d. h. das System stellt dem Nutzer die Prozessfunktionalität zur Verfügung. Ein Beispiel ist die Verfügbarkeit eines Eingabefeldes, um Projektdaten einzugeben.

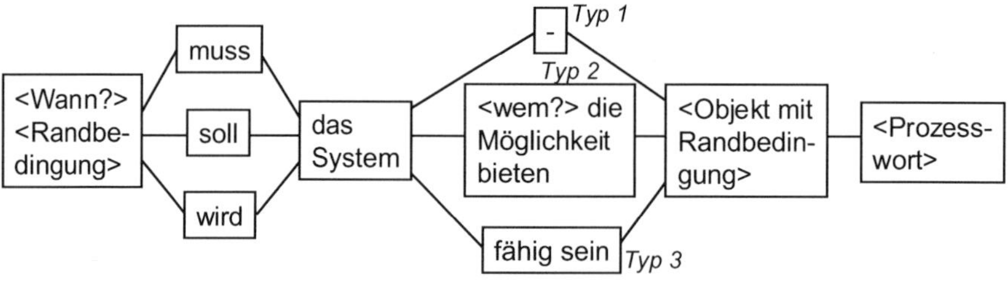

Abb. 4.15 Anforderungsschablone nach Rupp [RS14]

Typ 3: Schnittstellenanforderung, d. h. das System führt einen Prozess in Abhängigkeit von einem Dritten (zum Beispiel einem Fremdsystem) aus, ist an sich passiv und wartet auf ein externes Ereignis. Ein Beispiel ist die Fähigkeit des Systems, die Anfrage einer anderen Bürosoftware nach einer Übersicht über die laufenden Projekte anzunehmen.

Anforderungen vom Typ 1 beschreiben die zentrale Funktionalität, die typischerweise von Anforderungen des Typs 2 oder 3 angestoßen werden. Beim Typ 2 wird z. B. die Möglichkeit geboten, Daten einzugeben und eine Funktionalität aufzurufen. Die eigentliche Ausführung dieser Funktionalität, die die Ergebnisanzeige einschließen kann, wird mit einer Typ 1-Anforderung formuliert. Dieser Zusammenhang ist in Abb. 4.16 skizziert.

Der erste Teil der Schablone mit dem „Wann?" beschreibt, dass für jede Anforderung genau die Randbedingung anzugeben ist, unter welchen Umständen sie erfüllt werden muss. Bei dialogorientierten Systemen wird man dabei häufig auf Formulierungen der Form „Nachdem der Nutzer die Funktionalität XY angewählt hat, muss das System …" oder „Nachdem das System die Gültigkeit der Eigenschaft E geprüft hat, muss das System …".

Für alle Anforderungen wird der Block „Objekt mit Randbedingung" durchlaufen. Dadurch sollen möglichst viele der mit Auslassungen und Nominalisierung beschriebenen Probleme gelöst werden.

Anforderungen werden ausgehend von den Aktivitätsdiagrammen und eventuell weiterhin zur Verfügung stehenden Informationen formuliert. Die Anforderungen werden nummeriert und sollten Kurztitel erhalten. Diese Informationen können genutzt werden, um zu verfolgen, ob und wo eine Anforderung erfüllt wurde. Insgesamt kann man so ein systematisches, typischerweise werkzeugunterstütztes Anforderungstracing aufsetzen,

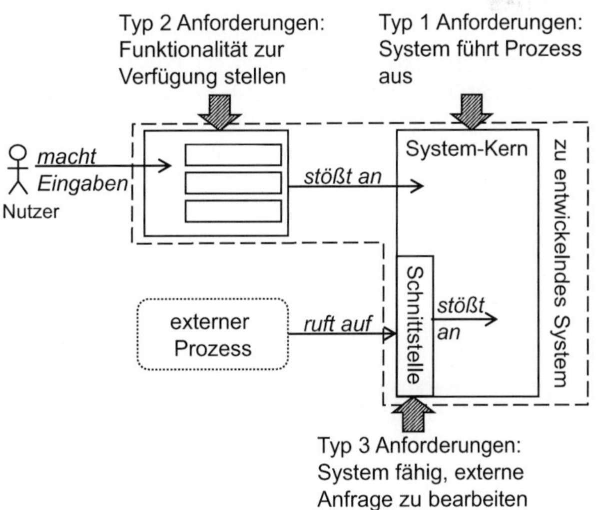

Abb. 4.16 Zusammenhang zwischen Anforderungstypen

bei dem man genau erkennen kann, welche Anforderung wie realisiert wurde und wo weiterhin der Einfluss von Veränderungen sichtbar wird. Das Thema Anforderungstracing wird mit Abb. 63 wieder aufgegriffen.

Im Beispiel werden alle Anforderungen, die aus dem ersten betrachteten Use Case resultieren, mit A1 am Anfang nummeriert. Soll später eine Klasse geändert werden, die zumindest teilweise von einer mit A1 nummerierten Anforderung abstammt, kann man durch Analyse der betroffenen Anforderungen feststellen, ob die gewünschte Änderung der Klasse keiner der betroffenen Anforderungen widerspricht.

Aus dem Diagramm in Abb. 4.8 können dann folgende Anforderungen abgeleitet werden.

A1.1 Projekt anlegen: In der Projektbearbeitung muss das System dem Nutzer die Möglichkeit bieten, ein neues Projekt mit Projektausgangsdaten anzulegen.
Glossar Projektausgangsdaten: automatisch vergebene eindeutige Projektnummer, Projektname, geplanter Start- und Endtermin, geplanter Aufwand.
Glossar Projekt: Kann aus mehreren Teilprojekten bestehen, die wieder als eigene Projekte angesehen werden können. Neben Teilprojekten besteht ein Projekt aus Projektaufgaben.
Glossar Teilprojekt: Die Begriffe Projekt und Teilprojekt sind EDV-technisch als Synonyme zu behandeln.

Die folgende Anforderung gehört zwar zum Aktivitätsdiagramm, sie kann aber in vergleichbarer Form mehrfach aus Aktivitätsdiagrammen abgeleitet werden. Aus diesem Grund wird hier die überarbeitete und damit allgemeinere Form der Anforderung vorgestellt.

A1.2 Datenübernahme: Nach Abschluss der Eingabe (mit „Return“-Taste oder Bestätigungsknopf) bei der Bearbeitung von Daten muss das System neu eingegebene Daten in seine permanente Datenhaltung übernehmen.
A1.3 Projektauswahl: In der Projektbearbeitung muss das System dem Nutzer die Möglichkeit bieten, jedes Projekt auszuwählen.
A1.4 Teilprojekte anlegen: Nach der Projektauswahl muss das System dem Nutzer die Möglichkeit bieten, für existierende Projekte neue Teilprojekte anzulegen.
A1.5 Teilprojekt als Projekt: Bei der Projektdatenbearbeitung muss das System Teilprojekte wie Projekte behandeln und dem Nutzer die gleichen Möglichkeiten zur Bearbeitung bieten.
A1.6: Projektdatenbearbeitung: Nach der Projektauswahl muss das System dem Nutzer die Möglichkeit bieten, den realen Starttermin, das aktuell kalkulierte Fertigstellungsdatum, den geplanten Aufwand und den Projektkommentar zu bearbeiten.
A1.7 Projektaufgaben ergänzen: Nach der Projektauswahl muss das System dem Nutzer die Möglichkeit bieten, neue Projektaufgaben mit dem Aufgabennamen, dem geplanten Start- und Endtermin, dem Arbeitsanteil des Mitarbeiters und dem geplanten Aufwand zu definieren.
Glossar Projektaufgabe: Teilaufgabe in einem Projekt, die einen Namen und einen eindeutigen Bearbeiter hat, der zu einem gewissen Prozentsatz der Aufgabe zugeordnet ist, die einen geplanten und realen Aufwand, geplante und reale Start- und Endtermine und einen Fertigstellungsgrad hat und die nicht weiter verfeinert wird.

Glossar Fertigstellungsgrad: Für Projektaufgaben geben die jeweiligen Bearbeiter den Fertigstellungsgrad in % an. Die Bearbeiter sind angewiesen, dass bei einer Bearbeitung ohne besondere Probleme dieser Wert möglichst linear wächst. Der Fertigstellungsgrad von Projekten wird aus den Fertigstellungsgraden der Teilprojekte und Aufgaben, gewichtet nach dem geplanten Aufwand, berechnet.
Glossar Aufwand: Für Projektaufgaben gibt der jeweilige Bearbeiter an, wie viele Stunden er bereits mit seiner Aufgabe verbracht hat. Der Aufwand von Projekten berechnet sich aus den Aufwänden der jeweiligen Teilprojekte und Projektaufgaben.
A1.8 Projektaufgaben selektieren: Nach der Projektauswahl muss das System dem Nutzer die Möglichkeit bieten, Projektaufgaben zu selektieren.
A1.9 Projektaufgabe bearbeiten: Nach der Projektaufgabenauswahl muss das System dem Nutzer die Möglichkeit bieten, sämtliche Eigenschaften der Projektaufgabe zu bearbeiten.
A1.10 Abhängigkeit von anderen Projekten: Nach der Projektauswahl muss das System dem Nutzer die Möglichkeit bieten, (Teil-)Projekte anzugeben, von deren Fertigstellung das Projekt abhängig ist.
A1.11 Aufwandsänderungsprüfung: Nach der Eingabe eines neuen Teilprojekts oder einer neuen Projektaufgabe und nach der Aktualisierung des Aufwandes eines Teilprojekts oder einer neuen Projektaufgabe muss das System die Aufwandsangaben auf Plausibilität prüfen.
A1.12 Aufwandsdetailanalyse: Bei der Überprüfung der Aufwandsangaben auf Plausibilität muss das System prüfen, ob die Summe der geplanten Teilprojekte und Aufgaben eines Projekts kleiner-gleich der geplanten Summe des Projekts ist.
A1.13 Gescheiterte Aufwandsänderung: Nach einer gescheiterten Aufwandsplausibilitätsprüfung muss das System den Nutzer über das Problem informieren und darf den Aufwandswert nicht verändern.

Abb. 4.17 zeigt den Zusammenhang zwischen dem Aktivitätsdiagramm und den Anforderungen. Im Typischen Fall werden jeder Auswahlalternative und jeder Aktion mindestens, oft genau, eine Anforderung zu geordnet. Im konkreten Beispiel ist der Zusammenhang etwas komplexer, da bei der Formulierung der Anforderungen aufgefallen ist, dass man Teilprojekte und Projektaufgaben etwas anders behandeln muss und sie auch im Glossar getrennt definiert sind. Im Aktivitätsdiagramm werden Teilprojekte und Projektaufgaben noch gleichbehandelt, was zur Zuordnung von jeweils zwei Anforderungen zu einer Aktion führt. Weiterhin wurde die Aktualisierung von Projektaufgaben deutlich genauer spezifiziert, sodass mehrere Anforderungen bei einer Aktion stehen. Insgesamt kann man damit feststellen, dass mit den neuen Erkenntnissen das ursprüngliche Aktivitätsdiagramm ungenau geworden ist. Man steht jetzt vor der schwierigen Entscheidung, ob man veraltete Diagramme sofort nachzieht oder dies später erst bei Bedarf macht. Die Entscheidung hängt von der Bedeutung des Projekts und der Komplexität der Veränderung ab. Im konkreten Fall bleibt der Ablauf im Wesentlichen identisch, sodass auf eine Aktualisierung verzichtet wird. Dies Beispiel macht auch deutlich, wie iterativ die Spezifikation durch die detailliertere Bearbeitung verfeinert wird.

Für die Anforderung A1.2 wurde bereits beschrieben, dass sie auch aus anderen Aktivitätsdiagrammen folgen kann. Diese Information wird im Anforderungstracing festgehalten. Weiterhin könnte man für solche querschnittlichen Anforderungen eine

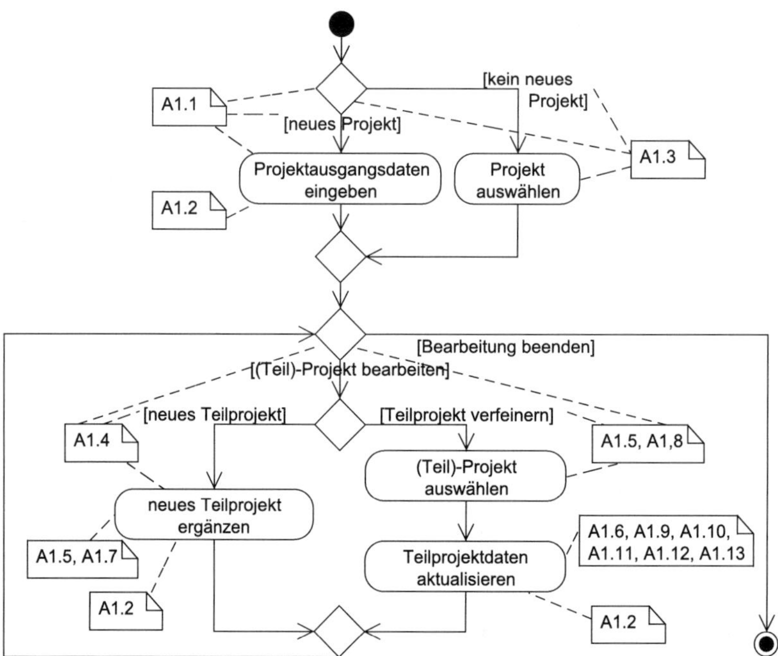

Abb. 4.17 Zusammenhang zwischen Anforderungen und Aktivitätsdiagramm

gesonderte Nummerierung nutzen. Diese Anforderungen könnte man um einen zusätzlichen Abschnitt zur Beschreibung des Systemstarts ergänzen, in dem z. B. folgende Anforderungen festgehalten werden können.

> S1.1 Startauswahl: Zum Systemstart muss das System dem Nutzer die Möglichkeit bieten, die Aufgaben Projektbearbeitung, Mitarbeiterverwaltung und Projektcontrolling anzuwählen.

In diesem Beispiel spielen Typ 3-Anforderungen keine Rolle, da es sich um eine Stand-Alone-Software handelt, die nicht mit anderen Software-Systemen integriert werden muss. Dies würde sich ändern, wenn z. B. die Zusammenarbeit mit einem Werkzeug zur Erstellung von Projektübersichten gefordert wäre. Eine Anforderung könnte dann wie folgt lauten

> A42.1: Zusammenarbeit mit GlobalView: Nach der Kontaktaufnahme durch die Software „GlobalView“ muss das System fähig sein, Anfragen nach den Projektnamen, deren Gesamtaufwänden und Fertigstellungsgraden anzunehmen.

In einer Folgeanforderung vom Typ 1 wird dann die Berechnung des Anfrageergebnisses spezifiziert. Die Übermittlung des Ergebnisses wird dann in einer weiteren Typ 1-Anforderung beschrieben.

Sind aus Aktivitätsdiagrammen textuelle Anforderungen abzuleiten, so wird also jede Aktion in einer oder mehreren Anforderungen konkretisiert. Weiterhin wird jede Transition, also jeder Pfeil und jede Entscheidung in mindestens eine Anforderung übersetzt bzw. als Randbedingung in eine Anforderung aufgenommen. Die Frage nach dem „Wann?“ am Anfang eines jeden Anforderungstextes ergibt sich aus den Abläufen im Aktivitätsdiagramm, die zum zu präzisierenden Element führen.

4.5 Nicht-funktionale Anforderungen

Bisher spielten die funktionalen Anforderungen die Hauptrolle, da durch ihre Erfüllung sichergestellt werden soll, dass ein Software-Produkt entsteht, das der Kunde erfolgreich einsetzen kann. Es gibt aber weitere Anforderungen, die die Nutzbarkeit wesentlich beeinflussen. Ein konkretes Beispiel ist die Reaktionszeit des Systems. Damit ein Nutzer effizient arbeiten kann, darf es bei vom Nutzer als einfach betrachteten Aufgaben keine wesentliche Verzögerung geben. Betrachtet man weiterhin die Liste der Stakeholder, so werden viele von ihnen keine funktionalen Anforderungen stellen, sondern Anforderungen, die rund um das Software-Produkt zu erfüllen sind. Dies betrifft z. B. eine ordentliche Nutzungsdokumentation. Alle diese Anforderungen werden mit dem Sammelbegriff nicht-funktionale Anforderungen zusammengefasst. Dabei kann man unterschiedliche Kategorien von nicht-funktionalen Anforderungen betrachten, die hier genauer vorgestellt werden.

Qualitätsanforderungen
Qualitätsanforderungen werden über geforderte Qualitätsmerkmale definiert, wie sie in Abb. 4.18 beschrieben und ähnlich in der Norm DIN-ISO-9126 definiert sind. Rein formal kann man auch die funktionalen Anforderungen zu den Qualitätsanforderungen zählen, da es sich bei der Korrektheit, also bei der Erfüllung der funktionalen Anforderungen, auch um ein Qualitätsmerkmal handelt.

Bei der Aufstellung der konkreten Anforderungen ist immer zu beachten, dass die Anforderungen erfüllbar sind und man die Erfüllung der Anforderungen auch messen kann, wozu ein möglichst präzise zu überprüfendes Qualitätsmaß anzugeben ist.

Aus Sicht der Praxis sind die Qualitätsanforderungen besonders zu betonen, da einzelne Forderungen über den Erfolg des gesamten Projekts entscheiden können. Diese Macht haben einzelne funktionale Anforderungen typischerweise nicht, da ihre Nichterfüllung zwar zu einem funktionalen Mangel führen kann, aber nicht das Gesamtprojekt gefährdet. Hat das entwickelte System aber z. B. Schwierigkeiten, eine Anforderung nach der Präsentation des berechneten Ergebnisses innerhalb von fünf Sekunden zu erfüllen, kann dies beim deutlichen Überschreiten dieser Grenze zu einem vollständigen Misserfolg des Projektes führen.

Weiterhin können sich hinter kurzen Qualitätsanforderungen große Mengen von Anforderungen verstecken. Dies ist der Fall, wenn die Erfüllung eines Standards oder einer

Qualitäts-merkmal	Definition und Beispielanforderung als Verfeinerung des Qualitätsmerkmals	ein mögliches Qualitäts-maß
Korrektheit	Übereinstimmung eines Programms mit seiner Spezifikation	Erfüllung von Testfällen, die aus der Tabelle XY abgeleitet wurden
	Die SW berechnet den Tarif nach der folgenden Tabelle XY.	
Sicherheit	Ein System, in dem das Risiko eines Personen- oder Sachschadens auf einen annehmbaren Wert begrenzt ist, ist sicher.	Durchschnittliche Zeit, die ein Knackprogramm mit der Brute-Force-Methode „alles ausprobieren" auf einem Rechner XY benötigt, um in das System einzudringen
	Der Zugriff auf die Daten XY erfolgt passwortgeschützt.	
Zuverlässigkeit	Teil der Qualität im Hinblick auf das Verhalten des Systems während oder nach vorgegebenen Zeitspannen bei vorgegebenen Anwendungsbedingungen, Wahrscheinlichkeit, dass das System bis Zeitpunkt t noch nicht ausgefallen ist	Mean Time to Failure: Durchschnittliche Zeit, nach der das System neu gestartet werden muss
	Das System soll 24 Stunden, 7 Tage die Woche laufen.	
Verfügbarkeit	Maß für die Fähigkeit eines Systems, zu einem gegebenen Zeitpunkt funktionstüchtig zu sein, Wahrscheinlichkeit, dass das System zum Zeitpunkt t nicht ausgefallen ist	Mean Time to Failure zusammen mit Mean Time to Repair: Durchschnittliche Zeit, die zur Reparatur und zum Neustart der Software benötigt wird
	Das System läuft jeden Morgen um 7.30 Uhr.	
Robustheit	Eigenschaft, auch in ungewöhnlichen Situationen definiert zu arbeiten und sinnvolle Reaktionen durchzuführen	Zählung der erfolgreichen Fälle betreffend den spezifizierten Situationen XY, in denen die SW weiterläuft, wenn der Strom des Hauptservers abgestellt wird.
	Die SW schaltet bei einem Ausfall des Hauptservers automatisch ohne Auswirkungen für die Nutzer auf den Backup-Server um.	
Speicher- und Laufzeiteffizienz	Speicherverbrauch und Laufzeitverhalten unter unterschiedlichen Lastszenarien	Durchschnittliche und maximale Reaktionszeit des Systems bei XY aktiven Nutzern in den Situationen YZ
	Das System soll auf Rechner XY mit Hauptspeicher YZ fließende Arbeitsabläufe ermöglichen.	

Abb. 4.18 Qualitätsmerkmale

Qualitätsmerkmal	Definition und Beispielanforderung als Verfeinerung des Qualitätsmerkmals	ein mögliches Qualitätsmaß
Änderbarkeit	Möglichkeiten zur Anpassung von Software an veränderte Einsatzbedingungen und Anforderungen	Lines of Code pro Klasse der Schnittstellenkomponente, extern nutzbare Methoden und deren Parameteranzahl
	Ein Versionswechsel der angeschlossenen SW XY muss leicht möglich sein.	
Portierbarkeit	Die Portierbarkeit einer Software ergibt sich aus dem Aufwand, der nötig ist, um eine Software auf einer anderen Plattform (BS, DBMS, Browser) lauffähig zu machen (im Verhältnis zu ihrem Entwicklungsaufwand)	Prüfung der Anzahl einsetzbarer Betriebssysteme (Windows XY) oder einsetzbarer Browser und Zählung etwaiger Abweichungen z. B. in der Darstellung
	Die Clients der Software sollen auf allen Plattformen des Unternehmens lauffähig sein.	
Prüfbarkeit	Möglichkeiten zum Testen eines Programms hinsichtlich Korrektheit, Robustheit und Zuverlässigkeit	Lines of Code pro Klasse oder Komponente, extern nutzbare Methoden und deren Parameteranzahl
	Die Software soll modular aufgebaut sein, Module sollen auswechselbar sein.	
Benutzbarkeit	Software ist benutzungsfreundlich, wenn die Anwender sie für einfach benutzbar halten	Anzahl der Eingabemasken, die einem vorgegebenen standardisierten Aufbau folgen
	Das System ist leicht erlernbar.	

Abb. 4.18 (Fortsetzung)

Norm gefordert wird, da damit die dahinter steckenden Dokumente vollständig zum Teil der Anforderungen werden. Bei der Erstellung von Anforderungen sollte deshalb auf allgemeine Verweise auf Normen verzichtet und besser konkrete Abschnitte zitiert oder eigene Formulierungen werden.

Technische Anforderungen

Unter technischen Anforderungen werden alle Forderungen zusammengefasst, die unmittelbar das technische Umfeld des Software-Projekts betreffen.

Zentral sind hier Hardwareanforderungen. Dabei wird festgelegt, auf welcher Art von Rechner unter Angabe der genauen Ausstattung die Software laufen soll. Hierzu gehört auch die Angabe, um welches Betriebssystem in welcher Version es sich handelt und welche Software parallel zur zu erstellenden Software auf dem gleichen Rechner läuft.

Unter den technischen Anforderungen kann man auch Forderungen an die Entwicklung stellen. Dies betrifft z. B. die konkrete Nennung der nutzbaren Java-Versionen oder der Versionsnummern der einzusetzenden Bibliotheken. Insgesamt soll so gewährleistet sein, dass die neue Software im existierenden Umfeld läuft.

Ein weiterer wesentlicher Bestandteil der existierenden Software ist die genaue Nennung der Software, die mit der neuen Software zusammenarbeiten soll. Bei den funktionalen Anforderungen wird das „wie“ der Zusammenarbeit geklärt. Bei den technischen Anforderungen steht z. B. die Software-Version und bei einer verteilten Architektur die Art der Anbindung im Mittelpunkt. Auskünfte über die Geschwindigkeit des zu nutzenden Netzwerks können Einfluss auf die Performance der neuen Software haben. Weiterhin muss bekannt sein, welche Software zusammen mit der entwickelten Software auf dem gleichen Rechner läuft, um frühzeitig Engpässe bezüglich des Speichers oder der Rechenzeit erkennen zu können.

Falls der Kunde die Pflege und Änderung der Software selbst übernehmen möchte, kann auch die zu nutzende Entwicklungsumgebung als technische Anforderung festgehalten werden.

Sonstige Lieferbestandteile

Software wird meist nicht nur auf einem Datenträger zur Installation ausgeliefert. Alle Produkte, die zu der Software geliefert werden sollen, dazu gehören z. B. Hardware, Nutzungs- und Installationshandbücher, benötigte weitere Software, Entwicklungsdokumente, aber auch Schulungen, sind formal festzuhalten.

Diese Informationen sind Vertragsbestandteil, sollten aber auch bei den Anforderungen genannt werden.

Vertragliche Anforderungen

Die Randbedingungen, wie ein Projekt abzuwickeln ist, stellen ebenfalls Anforderungen an das Projekt dar. Bei der Formulierung dieser Anforderungen kann man entweder auf den Vertrag verweisen oder die Vertragsstellen noch durch Konkretisierungen ergänzen. Dies ist sinnvoll, da Informationen über Zahlungsmodalitäten, Liefertermine, vereinbarte Projektsitzungen, Vertragsstrafen und Eskalationspfade z. B. Bedeutung für die Planung der Iterationen haben.

4.6 Lasten- und Pflichtenheft

Alle Anforderungen sind in einem Anforderungsdokument zusammenzutragen. Für dieses Dokument bieten z. B. das V-Modell XT und der RUP Schablonen an, die bei der Erstellung hilfreich sein können. Statt von einem Anforderungsdokument wird auch häufiger von einem sogenannten Lastenheft gesprochen. Im Lastenheft formuliert der Auftraggeber, also der spätere Kunde, seine Forderungen an das zu liefernde Produkt.

Der Auftragnehmer, also das Software-Entwicklungsunternehmen, kann die Anforderungen, die er erfüllen will, dann in einem Pflichtenheft festhalten und gegebenenfalls konkretisieren.

Das Verhältnis zwischen Lasten- und Pflichtenheft ist stark abhängig von der gesamten Projektorganisation. Erstellt der Auftraggeber das Lastenheft z. B. zusammen mit dem Auftragnehmer oder nutzt der Auftraggeber IT-Expertise zur Erstellung eines qualitativ hochwertigen Lastenhefts, so kann der Auftragnehmer das Lastenheft als sein Pflichtenheft übernehmen.

Enthält das Lastenheft nur eine grobe Aufgabenbeschreibung, ist es aus Sicht des Auftragnehmers und des Auftraggebers sinnvoll, detaillierte Anforderungen zu formulieren und sie zum Vertragsbestandteil zu machen.

Angelehnt an [Bal00] könnte man für ein Lasten- bzw. Pflichtenheft folgende Schablone nutzen.

0. Verwaltungsinformationen
   <Version des Dokuments, wer hat es wann erstellt, wer hat wann welche Änderungen gemacht, wer hat es wann genehmigt>
1. Zielgruppen und Ziele
   <Analyse der Stakeholder und der offen zu nennenden Ziele des Projekts, versteckte Ziele, wie Personalkostenoptimierungen, sollte der Auftragnehmer erkennen>
2. Funktionale Anforderungen
   <Wenn möglich sind hier alle funktionalen Anforderungen mit ihrer Entstehungsgeschichte, ausgehend von Use Cases über Aktivitätsdiagramme bis zu den textuellen Anforderungen, zu dokumentieren>
3. Nicht-funktionale Anforderungen
   <besondere Beachtung müssen hier die Qualitätsanforderungen spielen, weiterhin sind die technischen Anforderungen zu beachten>
4. Lieferumfang
   <genaue Aufzählung, welche Produkte wann in welcher Form wo geliefert werden müssen>
5. Abnahmekriterien
   <hier wird aus Sicht des Auftragnehmers festgehalten, wie er die Erfüllung der Anforderungen überprüfen wird und welche Art die Ergebnisse der Abnahme haben können, dies können neben „erfüllt“ und „nicht erfüllt“ z. B. auch „zurückgestellt für Folgeprüfung“, „abgenommen mit Mängeln, die in der Wartungsphase behoben werden sollen“ sein>
6. Anhänge
   <hier sind alle Dokumente zu erwähnen oder beizulegen, die in diesem Dokument erwähnt wurden, weiterhin stellt das im Laufe der Anforderungsanalyse erstellte Glossar einen wichtigen Bestandteil des Anhangs dar>

Vertragliche Anforderungen sind bei dieser Beispielschablone nicht genannt, da hier davon ausgegangen wird, dass dieses Pflichten- bzw. detaillierte Lastenheft Anlage des Gesamtvertrages ist.

4.7 Varianten und ergänzende Ansätze der Anforderungsanalyse

Der bisher vorgestellte Weg der Anforderungsanalyse hat sich in vielen Projekten als erfolgreich herausgestellt. Er kann aber als recht formal angesehen werden, da die entstehenden textuellen Anforderungen durch die Einschränkung der erlaubten Formulierungen als schwer beziehungsweise anstrengend zu lesen eingestuft werden können. Generell gilt, dass in der Anforderungsanalyse gefundene Unklarheiten die Entwicklung deutlich vereinfachen, es aber Projektsituationen gibt, in denen der gezeigte Weg verkürzt wird. Geht es z. B. um die Erweiterung einer bereits existierenden Software, können Aktivitätsdiagramme oder andere Arten der Prozessnotation im Mittelpunkt stehen. Dies ist gerade dann möglich, wenn spätere Entwickler auf einfachem Weg mit dem Ersteller der Anforderungen kommunizieren können.

In einigen agilen Methoden stehen sogenannte Epics am Anfang der Anforderungsanalyse. Diese beschreiben als Fließtext typische Arbeitsszenarien der späteren Endnutzer. Jedes Epic hat dabei einen klaren Anfang und erzielt am Ende ein klares Ergebnis, was typischerweise einen Mehrwert für den Nutzer der Software darstellt. Die kompakte Formulierung macht das entstehende System „lebendiger" vor den Augen der Entwickler. Solche Epics sind in etwa auf dem Abstraktionsniveau von Use Cases und sind alternativ oder auch ergänzend nutzbar. Dabei ist zu beachten, dass es auch Epics gibt, in denen typische Probleme und erwartete Lösungen beschrieben werden. Weiterhin sind die in diesem Kapitel diskutierten sprachlichen Ungenauigkeiten zu beachten.

Extreme Programming stellt bei der Anforderungserhebung sogenannte User Storys in den Mittelpunkt. Diese können durch eine Verfeinerung, auch Story Decomposition genannt, z. B. aus Epics hervorgehen. User Storys konzentrieren sich auf eine gewünschte Funktionalität und folgen einem typischen Satzbau der folgenden Form.

> Als <Stakeholder in folgender Rolle> möchte ich < geforderte Funktionalität> um <gewünschter Nutzen>.

Ein Beispiel kann wie folgt aussehen:

> Als Projektleiter möchte ich den aktuellen Stand an verbrauchten Arbeitsstunden der Arbeitspakete kompakt überblicken, um zu bewerten, ob aktuelle Planungsziele erreicht werden können.

Das Beispiel zeigt bereits, dass User Storys Teile von Use Cases erfassen und meist einen Zweig eines Aktivitätsdiagrammes mit mehreren Aktionen beschreiben. Sie liegen im Abstraktionsgrad damit zwischen Use Cases und einzelnen Aktionen in Aktivitätsdiagrammen. Es werden weitere User Storys für alternative Abläufe benötigt. Fehlerhaft werden Use Cases und User Storys als vergleichbar angesehen, dies ist wegen der unterschiedlichen Abstraktionsebene nicht der Fall.

Die gezeigten User Storys eignen sich sehr gut zur Verknüpfung mit dem im vorherigen Kapitel vorgestellten Behaviour Driven Development, bei dem Anforderungen mit vergleichbarem Abstraktionsgrad direkt in Abnahmetests umgesetzt werden.

Abb. 4.19 zeigt den Zusammenhang zwischen den textuellen Anforderungen und den Use Storys genauer. Auf der linken Seite ist der in diesem Buch beschriebene Weg vom Use Case Diagramm zu den textuellen Anforderungen skizziert. Statt mit Use Case Diagrammen könnte die Entwicklung auch mit Epics starten. Bei einem Epic handelt es sich typischerweise um eine textuelle Beschreibung eines zu unterstützenden Prozesses. Dabei wird statt einer allgemeinen Beschreibung immer ein konkreter Fall genutzt, der für alle beteiligten den Zugang erleichtern soll. Ein Epic wird dann mit mehreren Use Storys verfeinert. Auf der rechten Seite wird an das Vorgehensmodell Scrum erinnert, das flexibel bezüglich des genutzten Anforderungsanalyseprozesses ist. Die Höhe im Bild deutet den Abstraktionsgrad an, der bei Use Cases und Epics vergleichbar ist. In der Abbildung ist der Ausblick auf das nächste Kapitel ergänzt, der in allen Fällen zur Klassenmodellierung führt. Weitere Verknüpfungen zwischen den gezeigten Artefakten der Abbildung können einen weiteren Mehrwert liefern. Eine anschauliche Beschreibung der zu entwickelnden Software mit einem Epic kann z. B. die eher formale Beschreibung eines Use Case Diagramms auflockern.

Bei der Entwicklung von Anforderungen kann es helfen, sich konkrete Endnutzer vorzustellen und diese nicht als abstrakte Stakeholder vorzustellen. Hier hilft der von der Entwicklung von Nutzeroberflächen bekannte Ansatz mit Personas, der kurz im Unterkapitel „10.3 Berücksichtigung der Ergonomie im Software-Entwicklungsprozess“

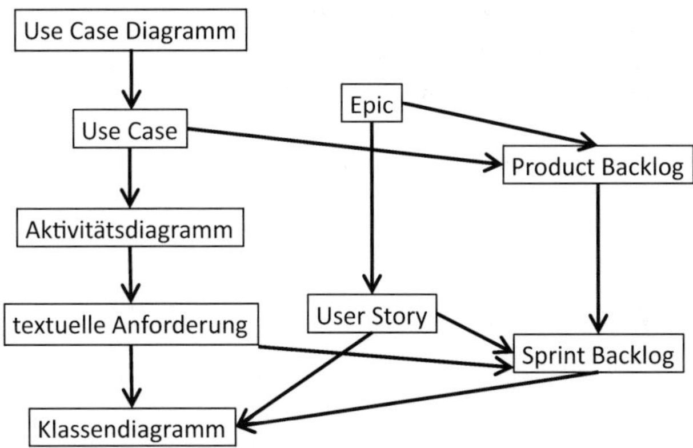

Abb. 4.19 Zusammenhänge zwischen Ergebnissen in der Anforderungsanalyse

vorgestellt wird. Die Idee ist, sich konkrete Nutzer mit ihren Kenntnissen, Vorlieben und einzelnen Charakterzügen vorzustellen, da alle diese Eigenschaften Auswirkungen auf die gewünschte Form der Realisierung haben können. In einem solchen Profil können z. B. folgende fiktive Werte erfasst werden: Name, Alter, Beruf, Familienstand, Wohnort, körperliche Verfassung, Lebenslauf, Ziele, demotivierende Ereignisse, Quellen der Motivation, Persönlichkeitsmerkmale, wie der Grad der Extrovertiertheit, der analytischen Fähigkeiten und ob es eine eher agierende oder reagierende Person ist. Die Werte können natürlich von konkreten Personen stammen, die müssen dann aber mit einer Erfassung einverstanden sein oder die Daten soweit abstrahiert werden, dass der Rückschluss auf genau eine Person nicht mehr möglich ist.

Da es gerade bei einer größeren Gruppe von Analytikern sehr sinnvoll ist, dass sie die gleichen Begriffe und ähnliche Vorgehensweisen nutzen, sind gemeinsame Schulungen sehr sinnvoll. Einen systematischen Ansatz bietet das International Requirements Engineering Board (IREB) [@IRE], das Schulungen mit Zertifizierungen zum Certified Professional for Requirements Engineering im Bereich der Anforderungsanalyse auf verschiedenen Ebenen anbietet.

4.8 Risikoanalyse Anforderungsanalyse

Bei der Anforderungsanalyse können folgende Fragen hilfreich sein, die zur Aufdeckung möglicher Risiken dienen können. Wenn eine Frage nicht mit „ja“ beantwortet werden kann, sollte der Punkt in eine Risikoliste aufgenommen und dem Risikomanagement zur Verfügung gestellt werden.

1. Sind die Projektziele, die Ziele des Kunden und die Ziele des eigenen Unternehmens für das Projekt klar definiert?
2. Hat eine systematische Analyse aller potenziellen Stakeholder des Projekts stattgefunden?
3. Sind alle erreichbaren Stakeholder aktiv an der Anforderungsanalyse z. B. durch direkte Ansprache involviert gewesen?
4. Ist die gewünschte Kernfunktionalität des neuen Systems dokumentiert?
5. Hat eine systematische Ableitung von Anforderungen stattgefunden, sodass für jede Anforderung ihre Quelle gefunden werden kann?
6. Sind die nicht-funktionalen Anforderungen systematisch ermittelt worden?
7. Sind alle Anforderungen auf ihre Überprüfbarkeit analysiert worden?

Anmerkungen zur Praxis

Die leicht plumpe Redensart vom „Garbage in Garbage out“, also unklare Anforderungen führen zwangsläufig zu gescheiterten Projekten, zeigt, wie elementar der Prozess der Anforderungsanalyse ist. Trotzdem wird dieser Prozess teilweise vernachlässigt, da bei der Erstellung eines nicht allzu großen Projektes mit sehr wenigen Leuten in recht kurzer Zeit, der direkte Weg von informellen Vorgesprächen zur ersten Implementierung erfolgreich sein kann. Dies ist insbesondere bei motivierten und kommunikativen Mitarbeitern der Fall. Die Probleme treten aber schnell auf, wenn das so entstandene System die Basis einer langfristigen inkrementellen Entwicklung eines Produkts sein soll. Schnell wird dann unklar, was überhaupt entwickelt wurde, ob es sich bei neuen Anforderungen wirklich um „neue" oder „modifizierte" Anforderungen handelt und warum ein Feature überhaupt entwickelt wurde. Ein Teil der Lösung dieser Aufgabe ist die systematische Erfassung von Anforderungen.

In der Praxis finden hierzu Workshops mit Kunden statt, werden vergleichbare Projekte gesucht und weitere Personen mit Erfahrungen im Anwendungsbereich interviewt. Für klassische Businesssysteme aus den Bereichen ERP, Logistik und Versicherungen spielen dabei Prozessmodellierungen eine zentrale Rolle. Diese Modelle werden oft zur Erfassung der aktuellen Situation und zur Beschreibung etwaiger Optimierungen genutzt. In diesem Kapitel wird dazu eine Vorgehensweise vorgeschlagen, von der natürlich abgewichen werden kann, wenn einzelne Detailstufen nicht benötigt werden. Zu beachten ist dabei, dass bei länger laufenden Projekten sehr oft erst später festgestellt wird, dass eine weitere Detaillierungsstufe bei den Anforderungen sinnvoll gewesen wäre.

Ein zentrales Qualitätskriterium von Anforderungen ist immer die Überprüfbarkeit. Ansätze bei denen die Anforderungsentwicklung eng mit der Entwicklung von Tests verknüpft sind, sind deshalb sehr sinnvoll.

Personen in der Rolle des Anforderungsanalytikers müssen die Fähigkeiten zur systematischen Analyse und zur offenen Kommunikation mit dem Kunden haben. ◀

4.9 Aufgaben

Wiederholungsfragen

Versuchen Sie zur Wiederholung folgende Fragen aus dem Kopf, d. h. ohne nochmaliges Blättern und Lesen, zu beantworten.

1. Was versteht man unter Stakeholdern eines Projekts, welche verschiedenen Gruppen gibt es?
2. Wie kann man Projektziele definieren, welche Auswirkungen können sie auf die Anforderungen haben?
3. Mit welchen Ansätzen kann man die gewünschte Funktionalität eines neuen Systems ermitteln?
4. Was sind Use Cases, wie kann man sie systematisch entwickeln?
5. Was sind Aktoren, wie werden sie gefunden?

6. Wozu können <<include>> und <<extends>> genutzt werden, was ist bei der Nutzung zu beachten?
7. Wie kann man Use Cases systematisch dokumentieren?
8. Wie kann man typische und alternative Abläufe eines Use Cases systematisch dokumentieren?
9. Welche Probleme kann es geben, wenn Menschen Anforderungen aus ihrer Sicht formulieren?
10. Wie ist die Anforderungsschablone nach Rupp aufgebaut, welche Bestandteile enthält sie warum?
11. Was für Arten von funktionalen Anforderungen kann man unterscheiden?
12. Wozu dient ein Glossar?
13. Was für Arten von nicht-funktionalen Anforderungen gibt es?
14. Was sind Qualitätsmerkmale und Qualitätsmaße, wie hängen sie zusammen?
15. Was sind typische Inhalte von Lasten- und Pflichtenheften, wie hängen sie zusammen?
16. Was versteht man unter User Storys und Epics, wie können sie eingesetzt werden?

Übungsaufgaben

1. Entwickelt werden soll eine einfache Web-Interface-Software für ein Studierendeninformationssystem (WISSIS). In diesem System können sich Studierende über ihre aktuellen Noten informieren. Die Noten werden vom Prüfungsamt eingepflegt. Die Informationen über die Studierenden werden vom Immatrikulationsamt eingepflegt. Der Auftraggeber sei die Hochschulleitung, Auftragnehmer Ihre IT-Firma.
   a) Bestimmen Sie alle möglichen Stakeholder des Projekts (arbeiten Sie die Checkliste dazu ab).
   b) Geben Sie drei mögliche Ziele für das System an, nutzen Sie die Dokumentationsschablone.
   c) Strukturieren Sie das System mit minimal drei und maximal sechs Use Cases, die Sie kurz erläutern. Nutzen Sie dazu die in der Abb. 4.4 vorgestellte Schablone. Es reicht bei der Ablaufbeschreibung, den typischen Ablauf zu dokumentieren.
   d) Überlegen Sie sich drei möglichst unterschiedliche Risiken, die sich angelehnt an die Aufgabenstellung typischerweise im Projekt ergeben können. Nennen Sie zu jedem Risiko eine Maßnahme, die Sie ergreifen würden, um die Eintrittswahrscheinlichkeit des Risikos zu minimieren. Wie würden Sie den Erfolg Ihrer risikominimierenden Maßnahmen messen?
   e) Ausgangspunkt ist Ihr Use Case-Diagramm aus c). Geben Sie für jeden Use Case ein möglichst detailliertes Aktivitätsdiagramm an, beachten Sie, dass Sie hier schon aus Realisierungssicht modellieren dürfen. Zeichnen Sie dazu

zunächst den typischen Ablauf und tragen Sie dann Alternativen ein. Berücksichtigen Sie, dass Nutzer typischerweise ähnliche Aufgaben wiederholt ausführen wollen, ohne sich erneut beim System anzumelden. Gehen Sie weiterhin davon aus, dass Studierende entweder eine Gesamtübersicht oder eine Detailansicht für eine Veranstaltung erhalten können.

f) Verfeinern Sie ein Aktivitätsdiagramm aus e), das mindestens drei Aktionen und eine Alternative enthält, indem Sie textuelle Anforderungen unter der Nutzung der Anforderungsschablone dazu ableiten.

2. Betrachten Sie den folgenden, sicherlich nicht qualitativ hochwertigen „Anforderungstext". Formulieren Sie diesen Text in qualitativ hochwertigeren Anforderungen unter der Nutzung der Anforderungsschablone. Versuchen Sie dabei, einen möglichst einheitlichen Abstraktionsgrad zu erreichen. Markieren Sie Anforderungen, die Sie aus Ihrer IT-Erfahrung formulieren können, aber mit dem Kunden abklären müssen. Markieren Sie Begriffe, die in das Glossar eingetragen werden sollen.

   Beachten Sie, dass eine 1-zu-1 Übersetzung der Sätze oft nicht möglich ist. Füllsätze ohne die direkte Nennung von Funktionalität werden weggelassen bzw. hinterfragt. Sie sollten auf mindestens 10 Anforderungen kommen.

   Das System soll zur Verwaltung der komplexen Projektstrukturen in unserer Firma dienen, dabei ist es interessant, wer in welchem Projekt arbeitet, aber auch, zu welchem Bereich ein Projekt gehört. Bereiche und Projekte werden von wichtigen Mitarbeitern geleitet, wobei es sich als nicht wünschenswert herausgestellt hat, dass Bereichsleiter auch Projektleiter sind. Ich könnte mir vorstellen, dass bei der Eingabe eines neuen Projektes, bei dem der Projektleiter ein Bereichsleiter ist, ein trauriger Smiley erscheint und ein Text aufpoppt „das wollen wir doch nicht mehr". Neben dem Anlegen der Informationen muss man natürlich schauen können, wie viele Projekte in welcher Abteilung sind und wo wieviele Mitarbeiter in Projekten sind. Dabei ist natürlich zusätzlich zu beachten, dass Mitarbeiter nur anteilig in Projekten arbeiten. Insgesamt sollte man alle wichtigen Informationen über Projekte leicht abfragen können.

   Natürlich gehört auch der finanzielle Bearbeitungsanteil zum System, da jeder Bereichsleiter nur ein bestimmtes Budget hat, das durch neue Projekte oder aktualisierte Budgets von alten Projekten nicht überschritten werden darf. Aber diese Anpassungsmöglichkeiten sind ja für eine solche Verwaltungssoftware selbstverständlich.

   a. Überlegen Sie sich zu jeder der genannten Kategorien nicht-funktionaler Anforderungen eine Beispielanforderung zu dem System aus a), die man sinnvollerweise für das System ergänzen könnte.

3. Entwickeln Sie nach dem vorgestellten Ansatz zur Use Case-Ermittlung für folgende neu zu erstellende Systeme jeweils ein Use Case-Diagramm. Wählen Sie „sprechende Namen" für Ihre Use Cases, eine weitere Dokumentation ist hier nicht gefordert.

a) Zu entwickeln ist ein System zur Verwaltung von Aktiendepots für eine Bank. Dazu müssen die Kunden erfasst werden. Die Informationen über die Aktien werden über das Internet bezogen. Der Kunde hat die Möglichkeiten, Aktien zu kaufen und verkaufen sowie obere und untere Grenzen in Euro zu setzen, wann Aktien gekauft bzw. verkauft werden sollen. Das System bietet Bankangestellten die Möglichkeit, zu analysieren, wieviele Aktien insgesamt von welchem Typ sich aktuell im Besitz von Kunden befinden und welche monetären Veränderungen es für frei wählbare Zeiträume gibt. Kunden können sich Statistiken über ihre eigenen Aktiendepots und beliebige Aktien anzeigen lassen.
b) Das zu entwickelnde System Marineschiff kann sich über verschiedene, vom System zu verwaltende Sensoren, die Teil des Systems sind, Informationen über sich um das Schiff herum befindliche Schiffe und in der Luft sowie unter Wasser befindlichen Elemente besorgen (allgemein Tracks genannt). Ein Systemoperateur kann die Tracks als freundlich, neutral oder feindlich markieren. Das System kann mit befreundeten Einheiten Informationen über Tracks austauschen. Die zu entwickelnde Software verwaltet die Informationen über die Effektoren (Waffen und Ablenkungssysteme) des Schiffes, die ebenfalls zum System gehören. Die Software ist weiterhin in der Lage, mit Hilfe der Effektoren eine Bekämpfung eines Tracks einzuplanen und diese, wenn gewünscht, automatisch auszuführen.

Grobdesign

5

Zusammenfassung

Das Ziel des Grobdesigns ist es, alle Informationen der Anforderungsanalyse in die Sprache der Software-Entwickler zu übertragen. Als Übersicht über die zu entwickelnde Funktionalität eignen sich die Klassendiagramme der UML. Dazu wird in diesem Kapitel gezeigt, wie man systematisch aus den textuellen Anforderungen des vorherigen Kapitels ein Klassendiagramm ableiten kann. Die Ableitung der Klassendiagramme erfolgt dabei iterativ. Abhängig von den Erfahrungen des Analytikers werden die Anforderungen schrittweise in das Klassendiagramm eingebaut. Die UML unterstützt dabei den Ansatz, zunächst Informationen unpräzise zu spezifizieren und diese dann in folgenden Iterationen zu konkretisieren. Das Ziel der ersten Klassendiagramme ist die vollständige Erfassung der gewünschten Funktionalität. Die Klassendiagramme werden dann im Feindesign so überarbeitet, dass sie zu einer gelungenen Implementierung führen.

Klassendiagramme sind eine sogenannte statische Sichtweise, da man nur sieht, welche Funktionalität angeboten wird. Aus diesem Grund werden zu den Klassendiagrammen Sequenzdiagramme entwickelt, die zeigen, welches Objekt wann mit welchem anderen Objekt redet, also Methoden des anderen Objekts aufruft. Mit Sequenzdiagrammen entsteht so eine Möglichkeit zu prüfen, ob die z. B. mit Aktivitätsdiagrammen beschriebene Funktionalität mit der im Klassendiagramm spezifizierten Funktionalität realisiert werden kann.

Die zweite wichtige Aufgabe des Grobdesigns ist es, alle notwendigen Festlegungen für die Systemarchitektur zu treffen. Die Systemarchitektur mit den Informationen über die benutze Hardware und Infrastruktur ist häufig in Projekten nicht frei wählbar. Diese

S. Kleuker, *Grundkurs Software-Engineering mit UML*,
https://doi.org/10.1007/978-3-658-46534-6_5

Randbedingungen, die in den nicht-funktionalen Anforderungen festgehalten sein sollen, werden so aufbereitet, dass das zu entwickelnde System zu diesen Anforderungen passt.

Der zuletzt genannte Punkt zur Systemarchitektur wird im folgenden Unterkapitel diskutiert. Der Rest des Kapitels beschäftigt sich mit der systematischen Entwicklung und Validierung des Analyseklassenmodells.

5.1 Systemarchitektur

Die im Projekt zu erstellende Software muss auf einer Hardware laufen. Für diese Beziehung können nicht-funktionale Anforderungen angegeben werden. Typisch sind Anforderungen der folgenden Form:

- Vorgabe der Hardware, die Software muss z. B. auf einer Spezialhardware funktionieren oder sie muss auf der bereits beim Kunden vorhandenen HW laufen können
- Vorgabe des Betriebssystems, die Software muss eventuell mit anderer Software auf Systemebene zusammenarbeiten, weiterhin wünscht der Kunde, dass sämtliche Software unter dem bereits vorhandenen System läuft
- Vorgabe der Middleware, die Software wird häufig auf verschiedene Prozesse verteilt, die miteinander kommunizieren müssen, dazu können Vorgaben durch beim Kunden existierende Kommunikationsplattformen oder einzusetzende Technologien entstehen
- Vorgabe ob und welche Cloud Dienste zu nutzen sind, was auch eine notwendige Virtualisierung betreffen kann und eng mit den vorherigen drei Punkten zusammenhängt
- Vorgaben zu Schnittstellen und eingesetzten Programmiersprachen, die Software soll mit anderer Software kommunizieren und muss dabei deren Schnittstellen berücksichtigen; damit das System dann erweiterbar bleibt, müssen sich auch die neuen Schnittstellen an den vorhandenen Ansatz halten, was auch Auswirkungen auf die einzusetzende Programmiersprache haben kann
- Vorgaben zum „Persistenzframework", die Daten der zu erstellenden Software müssen typischerweise langfristig gespeichert werden, wozu sich z. B. Datenbanken anbieten; es sind verschiedene Ansätze bekannt, und jeder dieser Ansätze stellt gewisse Anforderungen an die Form der zu entwickelnden Software als Programmierrandbedingungen

Weiterhin beeinflussen die ausgewählten Frameworks der Software-Entwicklung Teile der eigentlichen Modellierung. Frameworks realisieren bereits Teilaufgaben. Wenn die zu erstellende Software dann bestimmte vom Framework vorgegebene Eigenschaften erfüllt, können Frameworks die Entwicklungszeit wesentlich verkürzen und durch ihren in der Praxis erprobten Einsatz die Software-Qualität wesentlich erhöhen.

Eine frühe Wahl betrifft die Art der Benutzeroberflächen-Realisierung. Jeder genutzte Weg ist in bestimmter Art mit der darunter liegenden Software verknüpft, sodass dieses Vorgehen bei der Erstellung zu berücksichtigen ist. Es ist auch eine bewusste

Entscheidung, die Realisierung der Oberfläche durch geschickte Wahl der Software-Architektur so zu trennen, dass die Oberflächentechnologie austauschbar wird. Eine detaillierte Einführung in Architekturansätze befindet sich in [Gol14].

Ein entscheidendes Kriterium für den Projekterfolg kann die Auswahl der Software-Architektur und etwaiger Frameworks bei einer zu entwickelnden Software sein, die auf verschiedenen Plattformen laufen soll. Ein konkretes Beispiel ist eine Software, für die es eine klassische Variante auf Desktop-Rechnern, Möglichkeiten zur Nutzung im Browser und Umsetzungen auf mobilen Plattformen geben soll. Die Umsetzung wird wahrscheinlich mit einem Server-basierten System passieren, bei dem die Datenhaltung und die Geschäftslogik auf dem Server läuft. Der weitere Weg kann sehr unterschiedlich aussehen. Ein Extrem ist die Realisierung der Oberfläche und weiterer Logik, wie die der Überprüfung von Eingaben, in getrennten Systemen für den klassischen, den Web- und jeden der mobilen Bereiche wie Android, iOS und Windows Mobile. Der wesentliche Vorteil des Ansatzes ist, dass immer die genau passende Technik für das jeweilige System eingesetzt wird, Oberflächen können genauso aussehen, wie der Nutzer es von anderen Programmen her kennt und der Zugriff auf die individuelle Hardware der Systeme ist kein Problem. Der zentrale und gravierende Nachteil ist, dass mit dieser Überlegung fünf verschiedene Systeme entstehen, die gewartet und erweitert werden müssen und eventuell im Angebot der Funktionalität auseinanderlaufen. Das andere Extrem ist es nur eine einzige Realisierung zu machen und alles als Web-Programm umzusetzen. Hierzu bietet sich JavaScript mit HTML5 als Umsetzung an, was von einigen mächtigen Frameworks unterstützt wird. Vor- und Nachteile drehen sich dabei um, es gibt nur ein zu pflegendes Programm, das sich aber nicht immer genau an seine Laufzeitumgebung anpasst. Aktuell müssen im Code doch öfter Fallunterscheidungen für verschiedene Zielsysteme, aber auch verschiedene Browser eingebaut werden. Neben diesen Extremen gibt es verschiedene Varianten von hybriden Systemen, bei denen Teile des Codes für unterschiedliche Zielsysteme identisch sind, für spezielle Aufgaben aber plattformindividuelle Ergänzungen entwickelt werden. Generell gilt es in Abhängigkeit von der Aufgabe und weiteren Rahmenbedingungen einen Kriterienkatalog aufzustellen, um verschiedene Ansätze zu bewerten.

Alle genannten Vorgaben können unmittelbaren Einfluss auf die Entwicklung haben, da sie einen freien Ansatz zur Software-Entwicklung einschränken können. Für den in diesem Buch zunächst beschriebenen Ansatz wird angenommen, dass es keine besonderen Vorgaben gibt. Im Kapitel „9 Implementierungsaspekte" wird anhand einiger Beispiele gezeigt, wie man mit solchen Vorgaben umgehen kann.

Zu beachten ist, dass die Vorgaben nicht nur vom Kunden kommen können. Es ist die zentrale Aufgabe am Anfang der Entwicklung zu klären, auf welcher Systemarchitektur die spätere Software laufen wird. Die Auswahl der Komponenten der Systemarchitektur muss so geschehen, dass alle Qualitätsanforderungen erfüllt und nachgewiesen werden können. In Projekten, in denen neue Technologien zum Einsatz kommen, ist hier die Entwicklung eines Prototyps sinnvoll, mit dem die technische Realisierbarkeit des Software-Projekts nachgewiesen wird.

5.2 Ableitung von grundlegenden Klassen

Es wird vom Leser dieses Buchs erwartet, dass er sich mit den grundlegenden Begriffen der objektorientierten Softwareentwicklung, wie Klasse, Methode, Vererbung, Polymorphie und abstrakte Klasse, grundsätzlich auskennt. Die Begriffe werden hier zwar kurz eingeführt, allerdings sei unerfahrenen Lesern empfohlen, ein zusätzliches Buch zur Einführung in die Objektorientierung, z. B. [Oes04], [Mer04], [HMG05], [Gru05] zumindest parallel zu diesem Buch zu lesen.

Ziel des Grobdesigns ist es, die in der Anforderungsanalyse entstandenen Ergebnisse in ein Modell umzusetzen, das als Grundlage für die Implementierung, typischerweise mit vorhergehender Optimierung im Feindesign, genutzt werden kann. Sinnvolle Voraussetzung für die Modellierung ist die textuelle Beschreibung des zu erstellenden Systems. Hier wird davon ausgegangen, dass das System durch textuelle Anforderungen, die mit dem Ansatz des vorherigen Kapitels erstellt wurden, beschrieben ist.

Basierend auf den erstellten Dokumentationen wird nach Objekten und Klassen gesucht, die mit der Software bearbeitet werden sollen. Diese Bearbeitung findet ebenfalls mit Objekten statt, die in dem dann folgenden Schritt gefunden werden.

Objekte haben eine eindeutige Identität und werden durch ihre Eigenschaften beschrieben. Beispiel ist ein konkretes Projekt mit den Eigenschaften Name „Perpetuum", Projektleiter „Erna Meier" und einem Starttermin 24.10.08. Diese Eigenschaften werden in sogenannten Exemplarvariablen, auch Instanzvariablen, Objektvariablen oder Attribute genannt, dokumentiert. Die formale Struktur von Objekten wird in Klassen festgehalten, die als erste Information neben dem Klassennamen alle Exemplarvariablen enthalten. Eine Klasse Projekt ist damit eine Schablone, die beschreibt, wie konkrete Projekt-Objekte aussehen.

Auch bei der Findung von Klassen geht man typischerweise iterativ vor, man findet zunächst erste Klassen mit Exemplarvariablen. Diese Information wird dann in folgenden Iterationen um weitere Klassen und Exemplarvariablen erweitert.

Zum Finden von Klassen werden die bisher erstellten Texte analysiert und für jeden Satz geprüft, ob hier ein Objekt oder die Beschreibung eines Objekts benutzt wird. Eine sehr grobe Faustregel besagt, dass Nomen für Objekte und Adjektive für Eigenschaften, also Exemplarvariablen stehen können. Wurde der hier vorgeschlagene, etwas aufwendigere Ansatz mit der zusätzlichen systematischen Erstellung textueller Anforderungen gewählt, so ist diese Analyse meist recht einfach durchführbar. Dabei ist neben den Anforderungen das Glossar eine wichtige Quelle zur Findung von Klassen. Die so gefundenen Klassen werden auch Entity-Klassen genannt, da sie genau die meist realen Objekte beschreiben, die vom zu erstellenden System verwaltet werden sollen und keine komplexe Funktionalität aufweisen.

Diese Analyse soll jetzt anhand der im vorherigen Kapitel entwickelten Anforderungen für das Projektmanagementsystem erfolgen.

A1.1: In der Projektbearbeitung muss das System dem Nutzer die Möglichkeit bieten, ein neues Projekt mit Projektausgangsdaten anzulegen.

Glossar Projektausgangsdaten: automatisch vergebene eindeutige Projektnummer, Projektname, geplanter Start- und Endtermin, geplanter Aufwand.

In der ersten Iteration interessieren nur die Klassen und ihre Exemplarvariablen.

Mit der Analyse dieser Anforderung und des Glossars wird Folgendes gefunden: Klasse Projekt mit Exemplarvariablen Projektnummer, Projektname, geplanter Starttermin, geplanter Endtermin, geplanter Aufwand.

Die Information, dass eine Klasse, Exemplarvariable oder Methode aus einer konkreten Quelle, hier A1.1, abgeleitet wurde, ist zu dokumentieren. Dadurch kann nachverfolgt werden, warum es eine Klasse gibt, und später festgestellt werden, welche Anforderungen bei der Änderung einer Klasse betroffen sein können. Die möglichst durch ein Software-Werkzeug verwaltete Verknüpfung zwischen Anforderungsquelle und Klassendiagrammelement ist damit ein weiterer wichtiger Bestandteil des Anforderungstracings.

Aus den Anforderungen A1.2 und A1.3 lassen sich zwar gewünschte Funktionalität, aber direkt keine Klassen und Objekte ableiten. Dies ist für A1.3 diskutabel, allerdings besteht auch in der zweiten Iteration, bei der die Funktionalität gefunden wird, die Möglichkeit, Exemplarvariablen zu ergänzen.

A1.4: Nach der Projektauswahl muss das System dem Nutzer die Möglichkeit bieten, für existierende Projekte neue Teilprojekte anzulegen.

Gefunden: Exemplarvariable Teilprojekte für Projekt, (eventuell) neue Klasse Teilprojekt.

Typisch ist hier, dass ein sogenannter Kandidat aufgeschrieben wird. Da es für Teilprojekte noch keine Exemplarvariablen gibt, ist es unklar, ob es sich um eine eigene Klasse handelt. Die Exemplarvariable Teilprojekte hat die Besonderheit, dass sie mehrere Objekte beinhalten kann, es sich also um eine Sammlung, auch Collection genannt, handelt.

A1.5: Bei der Projektdatenbearbeitung muss das System Teilprojekte wie Projekte behandeln und dem Nutzer die gleichen Möglichkeiten zur Bearbeitung bieten.

Damit sind Teilprojekt und Projekt für die Software Synonyme, sodass keine eigene Klasse Teilprojekt existiert.

Das Problem mit Synonymen, also verschiedenen Wörtern mit gleicher Bedeutung, und Homonymen, also einem Wort mit verschiedenen Bedeutungen, wurde bereits bei der Anforderungsanalyse angedeutet. Spätestens bei der Modellerstellung ergibt sich die zweite Möglichkeit, über diese Problematik nachzudenken, da z. B. festgehalten werden muss, ob es sich um dieselbe Exemplarvariable handelt.

A1.6: Nach der Projektauswahl muss das System dem Nutzer die Möglichkeit bieten, den realen Starttermin, das aktuell kalkulierte Fertigstellungsdatum, den geplanten Aufwand und den Projektkommentar zu bearbeiten.

Gefunden: Exemplarvariablen für Projekt mit den Inhalten realer Starttermin, aktuelles Fertigstellungsdatum, Kommentar

A1.7: Nach der Projektauswahl muss das System dem Nutzer die Möglichkeit bieten, neue Teilaufgaben mit dem Aufgabennamen, dem geplanten Start- und Endtermin, dem Arbeitsanteil des Mitarbeiters und dem geplanten Aufwand zu definieren.

Glossar Projektaufgabe: Teilaufgabe in einem Projekt, die einen Namen und einen eindeutigen Bearbeiter hat, der zu einem gewissen Prozentsatz der Aufgabe zugeordnet ist, die einen geplanten und realen Aufwand, geplante und reale Start- und Endtermine und einen Fertigstellungsgrad hat und die nicht weiter verfeinert wird.

Glossar Fertigstellungsgrad: Für Projektaufgaben geben die jeweiligen Bearbeiter den Fertigstellungsgrad in % an. Die Bearbeiter sind angewiesen, dass bei einer Bearbeitung ohne besondere Probleme dieser Wert möglichst linear wächst. Der Fertigstellungsgrad von Projekten wird aus den Fertigstellungsgraden der Teilprojekte und Aufgaben, gewichtet nach dem geplanten Aufwand, berechnet.

Glossar Aufwand: Für Projektaufgaben gibt der jeweilige Bearbeiter an, wie viele Stunden er bereits mit seiner Aufgabe verbracht hat. Der Aufwand von Projekten berechnet sich aus den Aufwänden der jeweiligen Teilprojekte und Projektaufgaben.

Gefunden: Exemplarvariable Aufgaben für Projekt, weiterhin neue Klasse Projektaufgabe mit Exemplarvariablen Namen, Bearbeiter, Arbeitsanteil, geplanter Aufwand, realer Aufwand, geplanter und realer Starttermin, geplanter und realer Endtermin, Fertigstellungsgrad.

Objekte der Klasse Projekt haben auch Exemplarvariablen Fertigstellungsgrad und realer Aufwand, die allerdings vollständig aus anderen Werten berechnet werden können. Man spricht dabei von einer abhängigen Exemplarvariablen. Die Exemplarvariable Aufgaben kann eine Menge von Werten annehmen, während die anderen Exemplarvariablen immer einen, in seltenen Fällen auch keinen, Wert haben.

In A1.8 und A1.9 werden keine neuen Exemplarvariablen gefunden.

A1.10: Nach der Projektauswahl muss das System dem Nutzer die Möglichkeit bieten, (Teil-)Projekte anzugeben, von deren Fertigstellung das Projekt abhängig ist.

Gefunden: Exemplarvariable Vorgänger für Projekt.

Die bisher gefundenen Informationen können in einem Klassendiagramm, dem ersten Analysemodell, notiert werden. Eine erste Version eines Klassendiagramms steht in einer noch nicht ganz UML-konformen Notation in Abb. 5.1. Im oberen Kastenteil steht der Name der Klasse, und getrennt durch einen durchgehenden Strich folgen die Exemplarvariablen. Diese sind in der Form nameDerVariable:Typ notiert, wobei es sich eingebürgert hat, Namen von Klassen groß und Namen von Exemplarvariablen klein zu schreiben. Das Minuszeichen vor der Exemplarvariablen gibt die Sichtbarkeit an. Ein Grundprinzip der Objektorientierung ist es, dass alle Eigenschaften nach außen gekapselt sind und der Zugriff dann nur über Methoden erfolgen kann. Das Minus steht für die Sichtbarkeit „private", was bedeutet, dass nur innerhalb der Methoden der Klasse auf die Exemplarvariablen direkt zugegriffen werden darf.

Projekt
-projektnummer: int -projektname: String -startGeplant: Datum -endeGeplant: Datum -aufwandGeplant: int -teilprojekte: Menge(Projekt) -startReal: Datum -endeReal: Datum -kommentar: String -aufgaben: Menge(Projektaufgabe) -/fertigstellungsgrad: int -/aufwandReal: int -vorgaenger: Menge(Projekt)

Projektaufgabe
-aufgabenname: String -bearbeiter: Mitarbeiter -arbeitsanteil: int -startGeplant: Datum -endeGeplant: Datum -aufwandGeplant: int -startReal: Datum -endeReal: Datum -aufwandReal: int -fertigstellungsgrad: int

Abb. 5.1 Erste halbinformelle Darstellung als Klassendiagramm

Die Exemplarvariablen fertigstellungsgrad und aufwandReal sind mit einem Schrägstrich gekennzeichnet. Dieser hält die Eigenschaft fest, dass die Werte dieser Exemplarvariablen aus den Werten anderer Objekte berechnet werden können. Bei einer späteren Implementierung ist dann zu entscheiden, ob es diese Variablen gibt und der Entwickler für die Konsistenz der Daten verantwortlich ist oder ob die Daten immer berechnet werden. Aus andere Exemplarvariablen berechenbare Eigenschaften stehen oftmals nicht in Klassendiagrammen.

Bei der Wahl der Datentypen gibt es in der UML zwar Vorgaben, falls die Zielprogrammiersprache bereits bekannt ist, man kann aber auch die dort vorhandenen Typen nutzen. Alternativ kann man auf die Typangabe ganz verzichten, dann muss der Typ aus der Dokumentation der Klasse folgen.

Der Typ Menge ist sehr unüblich als Typ für Exemplarvariablen wie aufgaben. Genauer soll hiermit ausgedrückt werden, dass einem Projekt-Objekt eine Menge von Projektaufgaben-Objekten zugeordnet werden sollen. Dies wird in Klassendiagrammen mit einer Assoziation, einem Strich zwischen den beteiligten Klassen, dargestellt. Assoziationen können mit verschiedenen Informationen ergänzt werden, wovon einige bereits in Abb. 5.2 genutzt werden, wobei sie auch nachträglich ergänzt werden können.

Man erkennt, dass in der Klasse Projekt die Exemplarvariable aufgaben nicht mehr genannt wird. Sie steht stattdessen am Ende der Assoziationsverbindung in der Nähe der zugehörigen Typ-Klasse Projektaufgabe. Würde diese Variable alleine stehen, bedeutete dies, dass zu einem Projekt genau eine Projektaufgabe gehören würde. Diese Angabe kann durch die Angabe sogenannter Multiplizitäten konkretisiert werden. Der Stern steht dabei für „beliebig viele", also Null, eine oder mehrere Projektaufgaben. Auf der anderen Seite der Assoziation ist vermerkt, dass jedes Projektaufgaben-Objekt zu genau einem Projekt gehört, dabei wurde auf einen Namen für diesen Teil der Assoziation verzichtet.

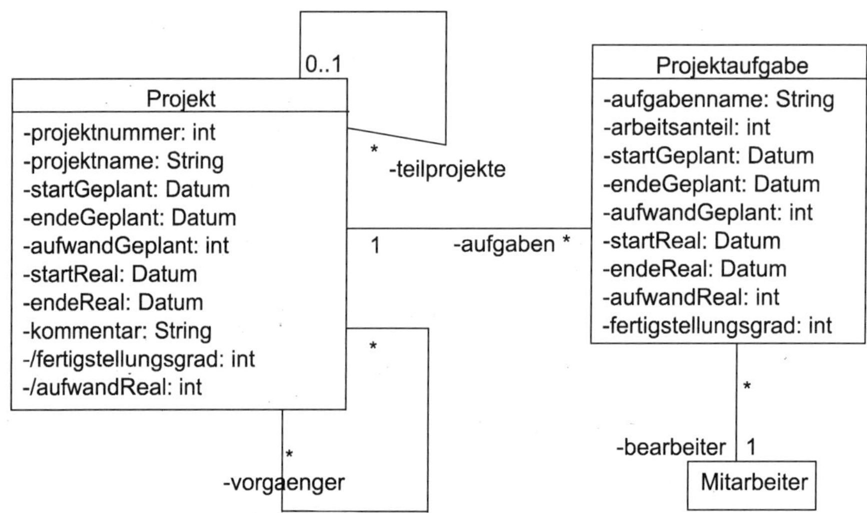

Abb. 5.2 Klassendiagramm mit Assoziationen

Weiterhin sieht man, dass Assoziationen auch eine Klasse mit sich selbst verbinden können. Genau steht unten im Klassendiagramm, dass ein Projekt beliebig viele Projekte als Vorgänger haben kann. Weiterhin kann jedes Projekt Vorgänger von beliebig vielen anderen Projekten sein. Ein Projekt kann weiterhin beliebig viele Teilprojekte haben und selbst Teilprojekt von maximal (0.1) einem anderen Teilprojekt sein. Damit kann man eine Baumstruktur beschreiben, bei der es beliebig viele Verzweigungen geben kann, es aber immer nur einen Vorgängerknoten gibt, wobei die Wurzel keinen Vorgänger hat.

Für die Klasse Projektaufgabe wurde als Typ der Variable bearbeiter Mitarbeiter angegeben. Da dies keiner der Elementartypen Boolean, Integer, Real oder String ist, wird hier angenommen, dass es sich um eine neue Klasse handelt. Am Ende der Modellierung wird dann geschaut, ob dies eine echte Klasse mit Eigenschaften ist, oder ob es sich in Wirklichkeit nur um einen String, also einen Text mit dem Namen des Bearbeiters, handelt. Typischerweise werden weitere Klassen, die es standardmäßig in der Programmiersprache oder in Klassenbibliotheken der Programmiersprache gibt, wie Elementartypen behandelt, sodass sie einfach als Typ einer Exemplarvariablen auftreten können. Dies ist hier für die Klasse Datum der Fall.

Die Erstellung eines Klassendiagramms ist ein hoch dynamischer Prozess, bei dem häufig vermeintliche Klassen und Assoziationen gefunden werden, die man im nächsten Schritt wieder verwerfen muss. Aus praktischer Sicht eignen sich hier beschreibbare Magnettafeln, wobei jede Klasse mit ihren Eigenschaften auf einem DIN-A4-Blatt steht, das leicht von der Tafel entfernt und auch wieder hingehängt werden kann.

Assoziationen werden dann auf der Tafel eingezeichnet und sollten leicht löschbar sein. Weiterhin ist es sinnvoll, Arbeitszwischenstände mit einem Foto zu dokumentieren.

Generell gilt, dass abhängig von der Komplexität des Projekts und der Erfahrung der Modellierer mehrere Iterationen benötigt werden, um zu einem vollständigen Klassendiagramm mit detailliert beschriebenen Assoziationen zu kommen. In diesem Buch werden die minimal notwendigen Iterationen zum Finden von Klassen und Methoden jeweils nur einmal durchlaufen.

Bei den Multiplizitäten werden typischerweise folgende Werte genutzt, dabei können die Zahlen 3 und 7 durch beliebige andere, nicht negative Zahlen ersetzt werden.

*	beliebig viele Objekt
1	genau ein Objekt
3	genau drei Objekte
1..*	mindestens ein, bis beliebig viele Objekte
3..*	mindestens drei, bis beliebig viele Objekte
0..1	kein oder ein Objekt
3..7	drei bis sieben Objekte

Der Zusammenhang zwischen Klassen und Objekten wurde bereits angedeutet. Klassen stehen für Strukturen. Objekte, die von einer Klasse erzeugt werden, haben dann diese Struktur, wie z. B. Exemplarvariablen, und füllen die Struktur mit konkreten Werten. Objekte können auch in der UML dargestellt werden, wobei die in Abb. 5.3 gezeigte kombinierte Darstellung mit einer Klasse und einem Beispielobjekt in einem Diagramm unüblich ist. Soll ein Projekt-Objekt zusammen mit seinen Projektaufgaben-Objekten gezeigt werden, so werden alle Projektaufgaben-Objekte einzeln dargestellt und mit einem Strich mit dem Projekt-Objekt verbunden.

Objekte werden in der UML durch NameDesObjekts:TypDesObjekts dargestellt, wobei die Informationen unterstrichen sind. Wenn eine der Informationen Name oder

Perpetuum:Projekt
projektnummer=42
projektname="Perpetuum"
startGeplant=24.10.2008
endeGeplant=31.12.2009
aufwandGeplant=1000
startReal=null
endeReal=null
kommentar="in Planung"

Abb. 5.3 Klasse und Objekt der Klasse

Typ aus dem Kontext klar ist, kann sie weggelassen werden. Weiterhin kann man für Objekte die konkreten Belegungen der Exemplarvariablen angeben, wie es in der Abbildung gemacht wurde, wobei dieser Teil auch vollständig weggelassen werden könnte. Die zugehörigen Projektaufgaben-Objekte werden alle individuell dargestellt und über Assoziationen mit dem Projekt-Objekt verbunden.

5.3 Ableitung von Methoden und Kontrollklassen

In der nächsten Iteration werden die Anforderungen und das Glossar erneut durchgegangen und analysiert, welche Funktionalität von den Objekten gefordert wird. Klassen enthalten neben den Exemplarvariablen Beschreibungen der Methoden, die auch Operationen oder Objektfunktionen genannt werden, die zur Berechnung von Ergebnissen oder/und zur Veränderung der Werte der Exemplarvariablen dienen. Alle Werte der Exemplarvariablen eines Objekts zusammen werden auch Zustand des Objekts genannt.

Typischerweise bieten Objekte Methoden zur Abfrage und Veränderung von Exemplarvariablen an. Diese Methoden werden üblicherweise beim Analysemodell weggelassen. Für die spätere Implementierung ist allerdings zu überlegen, ob wirklich beide Methoden benötigt werden. Für eine Variable x vom Typ int sind dies die Methoden

getX():int, die den Wert der Exemplarvariablen x zurückgibt,
setX(int):void, mit der der Wert von x auf den übergebenen Wert gesetzt wird.

Grundsätzlich gilt, dass Objekte Methoden, die nur Informationen, die aus ihren Exemplarvariablen berechnet werden können, benötigen, selber anbieten. Ein konkretes Beispiel ist eine Methode berechneVerteiltenAufwand() mit der berechnet wird, welcher Aufwand bereits Projektaufgaben und Teilprojekten zugewiesen wurde.

Schlecht wäre der Ansatz, hierzu eine neue Klasse zu nutzen, die alle Projekte und Projektaufgaben kennt und die dann ihre Informationen zur Berechnung des verteilten Aufwands nutzen würde. Da ein Projekt alle seine Anteile kennt, muss ein Projekt-Objekt in der Lage sein, Berechnungen auf Basis dieser Anteile durchzuführen. Solche Design-Regeln werden in Kap. 8 noch genauer betrachtet.

Zur Koordination von Objekten wird häufig eine Steuerungsklasse, auch Control-Klasse genannt, benötigt, die Objekte erzeugt und Informationen an die Objekte delegiert. Objekte dieser Klassen müssen dazu meist einen Überblick über alle existierenden Objekte einer bestimmten Klasse haben.

Ein formaler Ansatz ist es, alle Use Cases durchzugehen und für jeden Use Case eine Steuerungsklasse zu definieren, die dann die benötigten Objekte verwaltet und die Zusammenarbeit koordiniert. Dabei ist es häufig sinnvoll, mehrere Steuerungsklassen zusammenzulegen, da sie sowieso sehr eng zusammenarbeiten müssen.

Gerade bei den Steuerungsklassen ist es wichtig, dass folgende Anforderungen an die Klassenformulierung beachtet werden.

- Klassen übernehmen jeweils eine Aufgabe und besitzen genau die zur Durchführung der Aufgabe benötigten Methoden und die für die Methoden benötigten Exemplarvariablen.
- Klassen sollen möglichst wenig andere Klassen kennen, wodurch die Schnittstellenanzahl gering gehalten wird.

Nun werden die Anforderungen erneut durchgegangen und nach geforderten Funktionalitäten gesucht. Dabei deuten Verben und die Nennung mehrerer Objekte in einem Satz auf mögliche Funktionalitäten hin.

> A1.1: In der Projektbearbeitung muss das System dem Nutzer die Möglichkeit bieten, ein neues Projekt mit Projektausgangsdaten anzulegen.

Hier ist gefordert, dass ein neues Projekt-Objekt angelegt werden kann. Bei der Erstellung werden einige Daten als Parameter für die Objekterzeugung übergeben. Objekte werden durch den Aufruf sogenannter Konstruktoren erzeugt. Dabei werden hier Konstruktoren nur dann angegeben, wenn sie vom Standard-Konstruktor, der keine Parameter hat, abweichen. Im konkreten Beispiel wird ein Konstruktor mit vier Parametern gefordert.

Gefunden: Konstruktor Projekt(String, Datum, Datum, int)

> A1.2: Nach Abschluss der Eingabe (mit „Return"-Taste oder Bestätigungsknopf) bei der Bearbeitung von Daten muss das System neu eingegebene Daten in seine permanente Datenhaltung übernehmen.

Hier steht nur eine versteckte Anforderung an die Nutzungssteuerung, als Funktionalität wird nur set gefordert, um Werte zunächst in ein Objekt zu schreiben. Das Konzept zur permanenten Datenhaltung wird später analysiert, wobei gerade hier eventuelle Vorgaben der verwendeten Systemarchitektur beachtet werden müssen.

> A1.3: In der Projektbearbeitung muss das System die Möglichkeit bieten, jedes Projekt auszuwählen.

Gefunden: Neue Steuerungsklasse Projektverwaltung, die damit die zum Use Case gehörende Steuerklasse ist. Die Klasse hat zunächst die zwei Exemplarvariablen alle Projekte und selektiertes Projekt. Die Projektauswahl ist die set-Methode für das selektierte Projekt.

> A1.4: Nach der Projektauswahl muss das System dem Nutzer für existierende Projekte die Möglichkeit bieten, neue Teilprojekte anzulegen.

Wie bei Mengen von Werten üblich, wird meistens eine add- und eine delete-Methode gefordert, mit der Elemente hinzugefügt und wieder gelöscht werden können.

Gefunden: In diesem Fall nur teilprojektHinzufuegen(Projekt): void, wobei auf die Angabe des Typen void, dem leeren Datentypen ohne mögliche Belegung, verzichtet werden kann.

A1.7: Nach der Projektauswahl muss das System dem Nutzer die Möglichkeit bieten, neue Projektaufgaben mit dem Aufgabennamen, dem geplanten Start- und Endtermin, dem Arbeitsanteil des Mitarbeiters und dem geplanten Aufwand zu definieren.

Gefunden: Projekt hat Methode aufgabeHinzufuegen(Aufgabe): void, weiterhin gibt es einen Konstruktor der Form Aufgabe(String, Datum, Datum, int, int).

Glossar Aufwand: ... Der Aufwand von Projekten berechnet sich aus den Aufwänden der jeweiligen Teilprojekte und Projektaufgaben.

Hier versteckt sich die Funktionalität, dass für Projekte der aktuelle Aufwand berechnet werden soll, ähnlich kann man dann auch für die Berechnung des Fertigstellungsgrades argumentieren.

Gefunden: Methoden realenAufwandBerechnen(): int und fertigstellungsgradBerechnen(): double für die Klasse Projekt.

A1.8: Nach der Projektauswahl muss das System dem Nutzer die Möglichkeit bieten, Projektaufgaben zu selektieren.

Gefunden: Projekt hat Exemplarvariable selektierteAufgabe, wobei später geklärt werden muss, ob dies die richtige Klasse für diese Exemplarvariable ist. Wichtig ist zunächst nur, dass die Information ins Modell übernommen wird. Diese Exemplarvariable hätte mit etwas Erfahrung natürlich auch in der ersten Iteration gefunden werden können.

A1.10: Nach der Projektauswahl muss das System dem Nutzer die Möglichkeit bieten, (Teil-)Projekte anzugeben, von deren Fertigstellung das Projekt abhängig ist.

Gefunden: Projekt hat Methode vorgaengerHinzufuegen(Projekt): void.

A1.11: Nach der Eingabe eines neuen Teilprojekts oder einer neuen Projektaufgabe und nach der Aktualisierung des Aufwands eines Teilprojekts oder einer neuen Projektaufgabe überprüft das System die Aufwandsangaben auf Plausibilität.

Es folgt, dass ein Teilprojekt-Projekt die Möglichkeit haben muss, festzustellen, zu welchem (Teil-)Projekt es gehört.

Gefunden: In der bereits gefundenen Assoziation, mit der Teilprojekte festgehalten werden, ist diese Information bereits in der Multiplizität 0.1 enthalten, es wird ein sogenannter Rollenname „vater“ zur Verdeutlichung ergänzt. Es wird so beschrieben, dass jedes Projekt zu einem oder keinem anderen Projekt gehört. Später wird man entscheiden müssen, wie man Assoziationen realisiert. Der Ansatz wird dann sein, dass jeder Rollenname an einer Assoziation als Programmcode umgesetzt wird.

Die Klasse Projekt hat eine Methode aufwandsaenderungPruefen(neuerAufwand: int): bool, man sieht, dass man zur Veranschaulichung nicht nur den Typ eines Parameters, sondern auch einen Namen für den Parameter angeben kann. Die Klasse Projekte hat weiterhin eine Methode aufwandsaenderungPruefen(Projektaufgabe, int): bool.

Die Klasse Projektaufwand hat eine Methode verteilterAufwand():int, die sich durch zugeordneter Aufwand (geplanter Aufwand minus verteilter Aufwand) berechnet.

> A1.12: Bei der Überprüfung der Aufwandsangaben auf Plausibilität muss das System prüfen, ob die Summe der geplanten Teilprojekte und Aufgaben eines Projekts kleiner-gleich der geplanten Summe des Projekts ist.

Die Anforderung beschreibt nur detailliert, wie die vorher gefundene Methode zu realisieren ist.

> A1.13: Nach einer gescheiterten Aufwandsplausibilitätsprüfung muss das System den Nutzer über das Problem informieren und darf den Aufwandswert nicht verändern.

Die Projektverwaltung bekommt die Möglichkeit, auf das gefundene Problem hinzuweisen, mit inkonsistenteAktualisierungAnzeigen(grund:String):void. Da es sich hierbei um eine Funktionalität im Zusammenhang mit der graphischen Oberfläche handelt, sollte in einem Kommentar vermerkt werden, dass später ein einheitliches Nutzungskonzept für die Oberfläche umgesetzt werden soll, was eventuell zu Veränderungen an dieser Methode führen kann.

Generell ist bei der Benennung von Methoden und Variablen auf die Lesbarkeit zu achten, nicht allgemein übliche Abkürzungen sind zu vermeiden. Diese „sprechenden Namen" sind wesentlicher Teil der Dokumentation.

Das dann resultierende Klassendiagramm ist in Abb. 5.4 festgehalten. Methoden werden getrennt von den Exemplarvariablen in einem dritten Block der Klassendarstellung aufgeführt. Das Zeichen vor den Methoden beschreibt die Sichtbarkeit der Methode und bedeutet hier, dass jeder diese Methoden nutzen kann.

Abb. 5.5 zeigt unterschiedliche Möglichkeiten, eine Klasse in einem Klassendiagramm darzustellen. Grundsätzlich gilt immer, dass man alle Informationen bis auf den Klassennamen ausblenden kann. In Abb. 5.5 ist damit immer die gleiche Klasse beschrieben. Man kann auf die Nennung von Klassendetails verzichten, wenn nur Zusammenhänge dargestellt werden. Da üblicherweise nicht alle Informationen in ein Klassendiagramm passen, man dann aber mit mehreren Diagrammen alle Zusammenhänge darstellen möchte, können Klassen in verschiedenen Diagrammen wiederholt werden. Bei der Wiederholung reicht es dann meist aus, nur den Klassennamen zu erwähnen. Man erkennt in Abb. 5.5 neben den verschiedenen Möglichkeiten, Methoden verschieden detailliert darzustellen, auch die Variante, in einem vierten Kasten eine informelle Beschreibung der Funktionalität der Klasse zu ergänzen. Generell gilt, dass

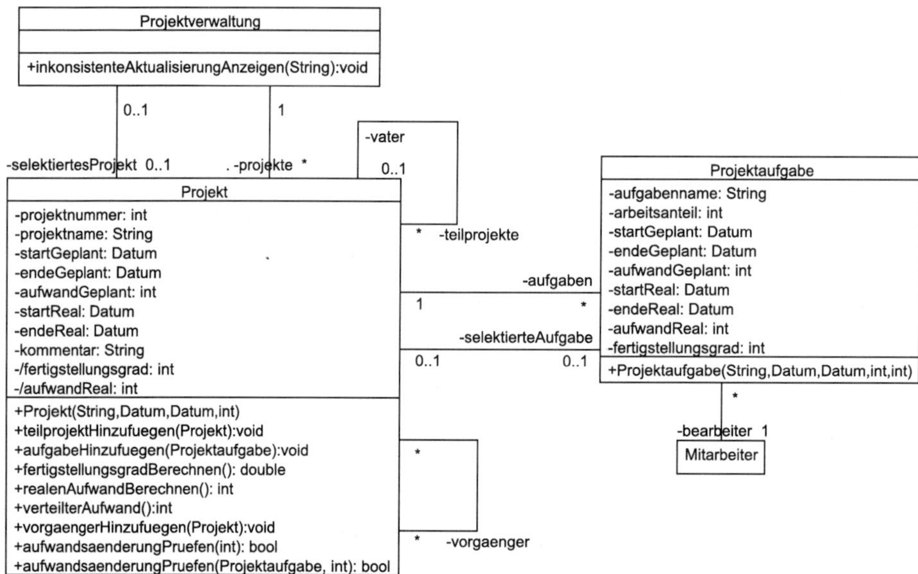

Abb. 5.4 Klassendiagramm mit Methoden

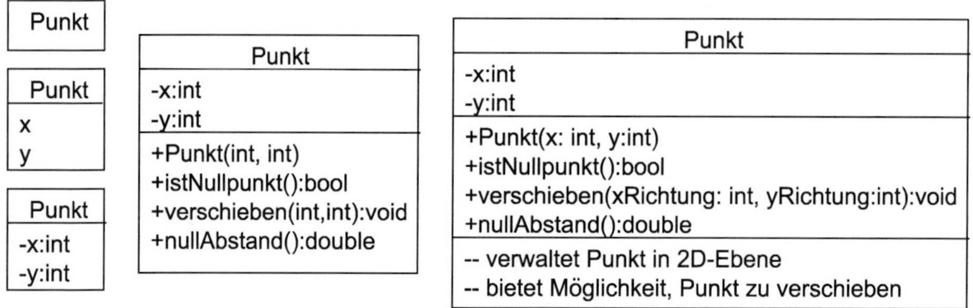

Abb. 5.5 Varianten der Klassendarstellung

jedes Klassendiagramm detailliert zu dokumentieren ist. Bei Methoden wird neben der Sichtbarkeit auch die zugehörige Parameterliste und gefolgt von einem Doppelpunkt der Typ des Rückgabewerts angegeben. Bei Parametern kann man aucg Namen angeben, die die Lesbarkeit erhöhen können.

In einer weiteren Iteration kann man das erhaltene Analysemodell auf leicht zu erkennende Optimierungsmöglichkeiten analysieren, wobei hier nur das Ziel ist, das Diagramm aus Sicht der Modellierer verständlicher zu formulieren. Optimierungen aus Programmiersicht finden später statt. Klassen, die keine Methoden und Exemplarvariablen haben, werden gelöscht. Für sehr komplexe Klassen wird geprüft, ob man sie in zwei oder mehr Klassen mit getrennter Funktionalität zerlegen kann. Dies ist dann sinnvoll, wenn sehr unterschiedliche Aufgaben von der Klasse erledigt werden.

Wenn Klassen große Gemeinsamkeiten aufweisen, kann man überlegen, eine sogenannte Oberklasse einzurichten, von der dann die anderen Klassen erben. Im Beispiel haben Projekt und Projektaufgabe große Gemeinsamkeiten, sodass sich eine gemeinsame Oberklasse Projektkomponente wie in Abb. 5.6 dargestellt anbietet. Die erbenden Klassen Projekt und Projektaufgabe haben dann die Exemplarvariablen der Projektkomponente und zusätzlich eigene Exemplarvariablen. Die Exemplarvariablen von Projektkomponente sind mit einem „Gartenzaun" (#) gekennzeichnet. Dieser steht für die Sichtbarkeit protected, die bedeutet, dass diese Exemplarvariablen von der Klasse selbst und von allen erbenden Klassen direkt bearbeitet werden können, die Exemplarvariable für andere Klassen aber nicht direkt zugreifbar, also private, ist.

Weiterhin ist der Klassenname kursiv geschrieben, was bedeutet, dass die Klasse abstrakt ist, also keine Objekte dieser Klasse erzeugt werden können. Die abstrakte Klasse Projektkomponente ist damit als Typ von Variablen einsetzbar und schafft die Möglichkeit, Polymorphie zu nutzen. Die Namen von abstrakten Methoden werden ebenfalls kursiv geschrieben. In einer erbenden Klasse werden Methoden der beerbten Klasse nur angegeben, wenn man diese überschreibt.

Wenn man für eine Variable angeben möchte, dass sie nur bestimmte Werte, wie „rot", „gelb" und „gruen" annehmen kann, sollte man statt des Typen String einen eigenen Aufzählungstypen, im englischen Enumeration, definieren. Die Klasse wird dazu, wie in Abb. 5.7 gezeigt, mit einem Stereotypen <<enumeration>> gekennzeichnet. Im dem Diagrammteil, in dem sonst Exemplarvariablen aufgeführt werden, stehen die möglichen Werte der Aufzählung.

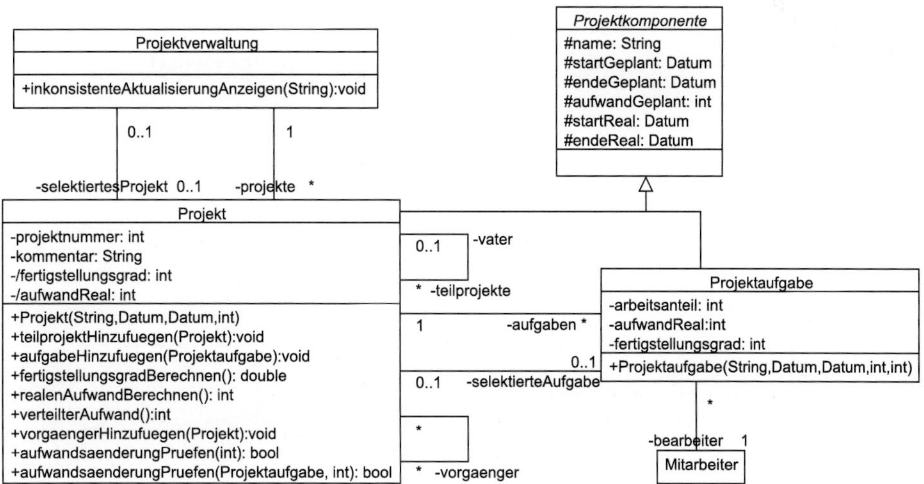

Abb. 5.6 Klassendiagramm mit Vererbung

Abb. 5.7 Aufzählung

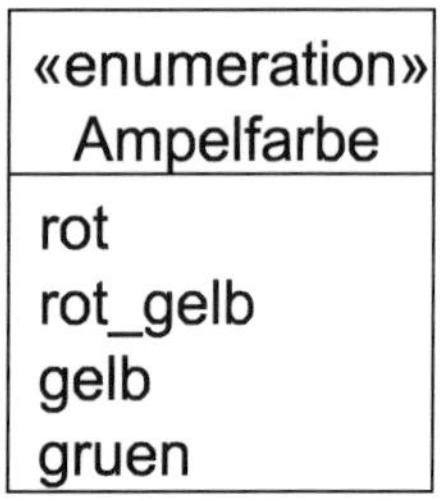

«enumeration»
Ampelfarbe
rot
rot_gelb
gelb
gruen

5.4 Validierung mit Sequenzdiagrammen

Nachdem die erste vermeintlich vollständige Version eines Analyseklassenmodells erstellt wurde, stellt sich die Frage, ob alle Informationen aus der Anforderungsanalyse in das Modell übertragen wurden. Um hier eine Überprüfungsmöglichkeit zu schaffen, bieten sich sogenannte Sequenzdiagramme an, mit denen man Folgen von Methodenaufrufen für unterschiedliche Objekte darstellen kann.

Abb. 5.8 zeigt fünf Varianten, mit denen ein Methodenaufruf in einer objektorientierten Programmiersprache dargestellt werden kann. Am oberen Bildrand werden alle beteiligten Objekte notiert, die zum Zeitpunkt der gezeigten Methodenaufrufe bereits existieren. Die Zeit verläuft von oben nach unten. Ein Pfeil von einem Objekt zum anderen mit gefüllter Spitze steht für einen Methodenaufruf, der eventuell ein Ergebnis

Abb. 5.8 Darstellungsvarianten im Sequenzdiagramm

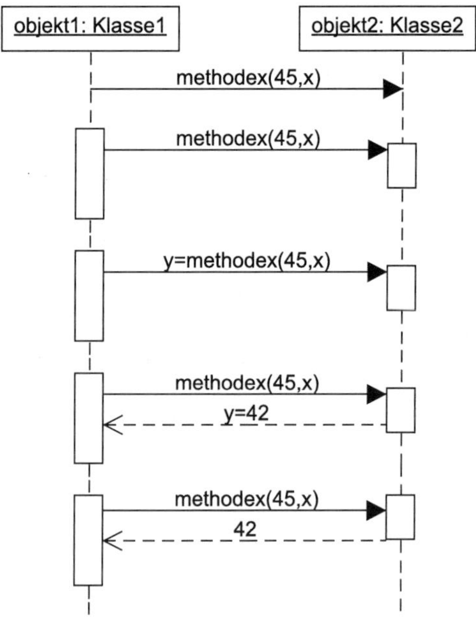

zurück liefert. Wichtig ist, dass objekt1 im Beispiel mit seiner weiteren Ausführung wartet, bis objekt2 die Methode ausgeführt hat. Zusätzlich zum Methodennamen können Parameter angegeben werden.

Die zweite Variante in Abb. 5.8 zeigt sogenannte Aktivitätsboxen, die andeuten, welche Objekte beschäftigt sind. Man sieht an dieser Darstellung etwas deutlicher, dass objekt1 wartet, bis objekt2 seine Berechnung abgeschlossen hat. Die letzten drei Varianten in Abb. 5.8 zeigen die Möglichkeit, berechnete Ergebniswerte direkt im Diagramm anzugeben. Die Auswahl der Notationsart hängt mit dem benötigten Detaillierungsgrad für das Sequenzdiagramm zusammen. Dies führt dazu, dass man zunächst nur einfache Methodennamen an die Pfeile schreibt und das Diagramm bei Bedarf später verfeinert. Die von oben nach unten verlaufenden gestrichelten Linien werden Lebenslinien des Objekts genannt. Man kann, wie in den letzten Fällen gezeigt, Kästen auf die Lebenslinien malen, um anzudeuten, dass das Objekt zu diesem Zeitpunkt aktiv ist, beziehungsweise auf ein Ergebnis wartet.

Mit Sequenzdiagrammen ist auch die genaue Beschreibung von Programmabläufen möglich, was durch das Beispiel in Abb. 5.9 gezeigt wird. Das Klassendiagramm zeigt

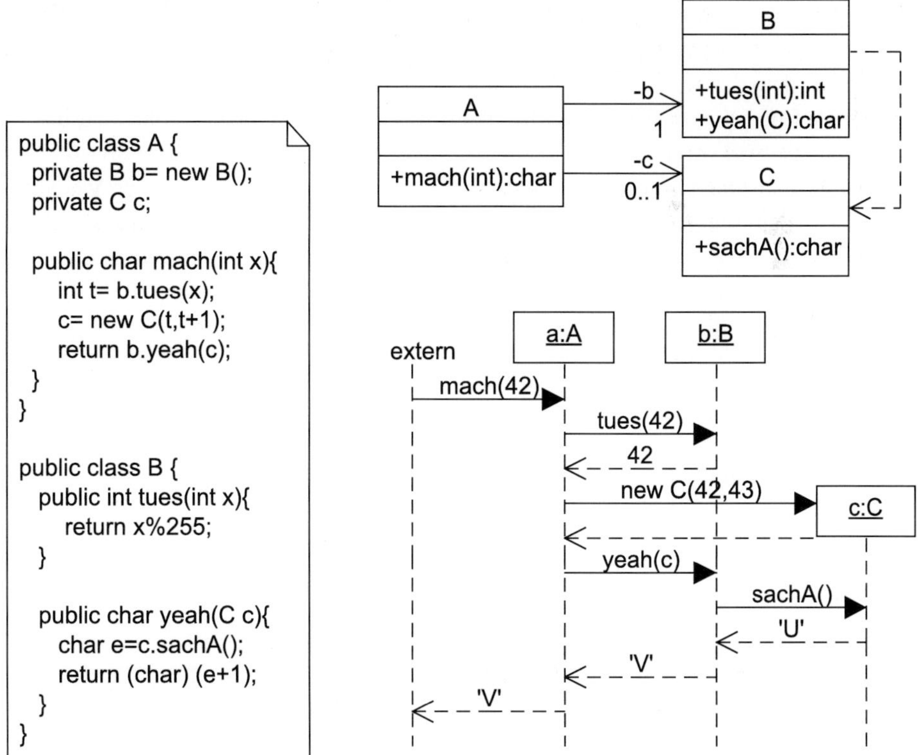

Abb. 5.9 Sequenzdiagramm zu konkretem Programm

die Beziehungen zwischen den Klassen. Neu ist der gestrichelte Pfeil zwischen den Klassen B und C, der für einer nutzt-Beziehung steht. Innerhalb der Klasse B wird zumindest an einer Stelle die Klasse C genutzt, wobei diese Information in keiner Exemplarvariablen steht. Dies passiert, wenn C ein Parameter einer Methode ist oder lokal ein Objekt der Klasse C erzeugt wird. Die nutzt-Beziehungen werden typischerweise später in Klassendiagrammen ergänzt. Für die Übersichtlichkeit kann man diese Beziehungen auch in einem getrennten Diagramm darstellen. Gerade bei der Wiederverwendung einer Klasse ist es wichtig zu wissen, von welchen anderen Klassen sie abhängt, was durch Assoziationen und nutzt-Beziehungen deutlich wird.

Der Programmcode auf der linken Seite enthält die Programmzeilen, deren genauer Sinn hier keine Rolle spielt. Wichtig ist, wann welche Methode aufgerufen wird. Im Sequenzdiagramm wird angenommen, dass zwei Objekte der Klassen A und B bereits existieren. Oftmals spezifiziert man das Verhalten von Objekten, ohne dass klar ist, wer der genaue Aufrufer ist. In diesem Fall wird ein undefiniertes Objekt „extern" als Aufrufer genutzt. Im konkreten Fall kann damit die Methode mach() des Objekts a aufgerufen werden. Man kann durch die Verfolgung der Pfeile genau sehen, welches Objekt gerade rechnet und welches Objekt Methoden eines anderen Objekts aufruft.

Im Detail sieht man, dass die Zeile int t = b.tues(x) zu einem Aufruf der Methode beim Objekt b der Klasse B führt, der dann ein Ergebnis zurückliefert. Werden neue Objekte erzeugt, wird das zugehörige Objekt im Sequenzdiagramm erst ab dem Zeitpunkt gezeigt, zu dem der Konstruktor aufgerufen wird. Der zweite Teil des Diagramms zeigt, wie ein Aufruf bei b zu einem Methodenaufruf beim neuen Objekt c führt und das Ergebnis dann zurückgereicht wird.

Statt Sequenzdiagrammen können auch Kommunikationsdiagramme zur Visualisierung des dynamischen Verhaltens genutzt werden. Abb. 5.10 zeigt den Zusammenhang, dass die bisher vorgestellten Sequenzdiagramme und Kommunikationsdiagramme die gleichen Abläufe darstellen können. Im Kommunikationsdiagramm werden die Objekte

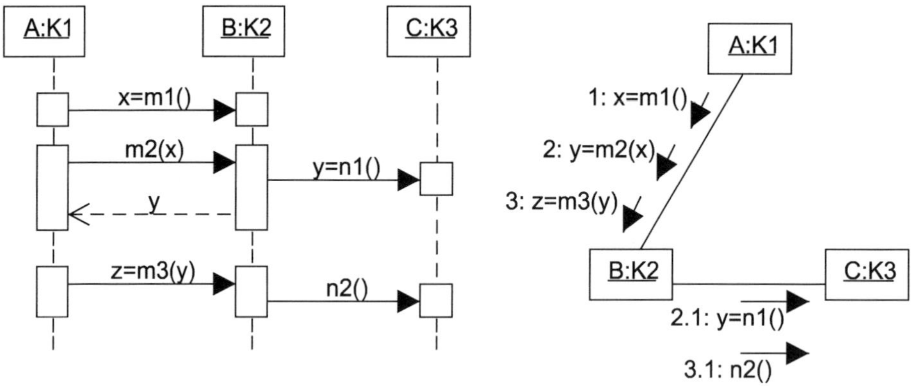

Abb. 5.10 Sequenzdiagramm mit Kommunikationsdiagramm

genau wie im Sequenzdiagramm als Kästchen mit optionalen Objekt- und Klassennamen dargestellt. Objekte, die in Beziehung stehen, werden mit einer durchgezogenen Linie verbunden. Am Rand dieser Linien wird die Reihenfolge der Aufrufe beschrieben. Dazu steht vor der Methode eine Nummer, aus der sich die Reihenfolge der Aufrufe ergibt. Wenn zu einer angestoßenen Berechnung mehrere Folgenachrichten gehören, wird dies durch eine erweiterte, mit einem Punkt abgetrennte Nummerierung, im Beispiel 2.1, verdeutlicht. Die Schachtelung der Nummerierungen kann dabei über mehrere Ebenen gehen. Die Abbildung zeigt weiter zwei Varianten, wie Rückgabewerte im Sequenzdiagramm dargestellt werden und ihre Umsetzung rechts im Kommunikationsdiagramm. Kommunikationsdiagramme können sehr gut die Nutzung der Abhängigkeiten zwischen den Objekten zeigen, sie werden allerdings bei komplexeren Abläufen leicht unübersichtlich. In diesem Buch werden deshalb ausschließlich Sequenzdiagramme genutzt, was sicherlich auch eine Geschmackssache ist.

Seit der UML 2.0 können Sequenzdiagramme nicht nur einen Ablauf, sondern viele alternative Abläufe darstellen. Man erkennt in Abb. 5.11 linksoben zunächst, dass eine Objekterzeugung in der Form dargestellt wird, dass ein Pfeil auf das neu erstellte Objekt zeigt, welches nicht am oberen Bildrand steht. Durch ein X auf der Lebenslinie, wie rechtsoben gezeigt, kann man verdeutlichen, dass ein Objekt an dieser Stelle aus dem Speicher gelöscht wird, was insbesondere bei Programmiersprachen ohne Garbage Collector eine Rolle spielt.

Werden Teile des Sequenzdiagramms in einem Kasten dargestellt, kann linksoben in diesem Kasten ein Abarbeitungsbefehl stehen. Abb. 5.11 zeigt dazu drei Möglichkeiten.

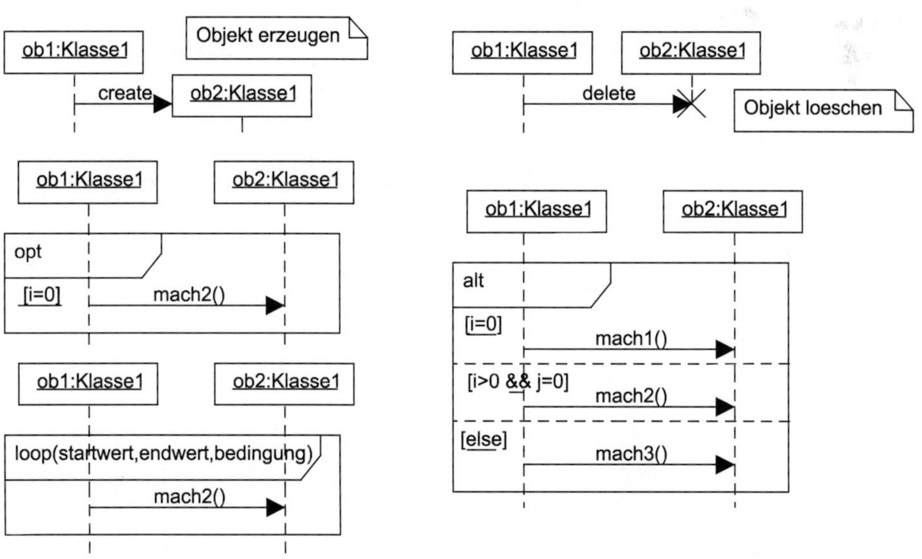

Abb. 5.11 Strukturierte Sequenzdiagramme

Mit „opt“ werden optionale Teile beschrieben. Dies bedeutet, dass, wenn die Bedingung in eckigen Klammern erfüllt ist, dieser Teil des Diagramms durchgeführt wird und sonst nichts stattfindet.

Allgemeiner kann eine Alternative mit „alt“ dargestellt werden, dabei sind alle Alternativen durch eine gestrichelte Linie getrennt. Für jede Alternative gibt eine Boolesche Bedingung in eckigen Klammern an, wann diese Alternative gewählt wird. Die Booleschen Bedingungen müssen sich gegenseitig ausschließen. Falls keine Bedingung gilt, wird der else-Teil ausgeführt.

Weiterhin kann man mit „loop“ eine Schleife definieren, dabei muss aus den Werten in den Klammern eindeutig hervorgehen, wie häufig die Schleife ausgeführt wird. Die strukturierten Sequenzdiagramme werden seltener genutzt, da sie schnell schwer lesbar sind und Sequenzdiagramme nur exemplarische Abläufe zeigen sollen.

Der eigentliche Validierungsansatz besteht darin, dass man versucht, jeden im Aktivitätsdiagramm beschriebenen Ablauf mit einem Sequenzdiagramm darzustellen. Dies ist in Abb. 5.12 verdeutlicht. Man erkennt, dass es insgesamt drei verschiedene Abläufe durch das Aktivitätsdiagramm geben kann, die mit einer durchgezogenen, einer lang-gestrichelten und einer kurz-gestrichelten Line umrandet sind. Dabei ist das Ziel, dass jede Kante durchlaufen werden muss. Zu jedem möglichen Ablauf muss dann ein Sequenzdiagramm gefunden werden, das die gleiche Funktionalität beschreibt, wie es in der

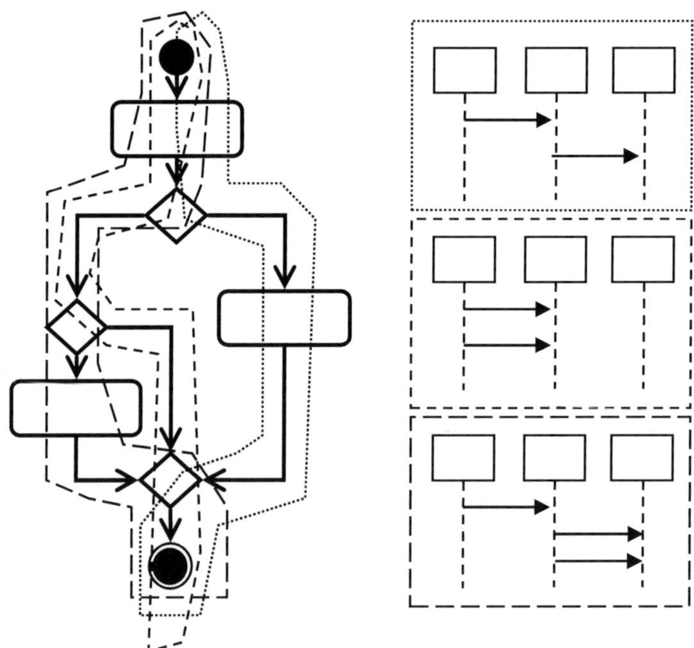

Abb. 5.12 Zusammenhang zwischen Aktivitäts- und Sequenzdiagrammen

Abbildung auf der rechten Seite angedeutet wird. Damit einzelne Teilabläufe z. B. für die erste Aktion nicht in jedem Diagramm dargestellt werden müssen, kann man auch Teildiagramme für eine oder mehrere Aktionen erstellen.

Zusätzlich zu den genannten Diagrammen kann es sinnvoll sein, Abläufe, die in den Anforderungen besonders betont werden, auch zu modellieren. Dazu gehört z. B. auch die Erzeugung neuer Objekte. Insgesamt erhält man so eine gewisse Sicherheit, dass man alle funktionalen Anforderungen in das Analysemodell übernommen hat. Die nicht-funktionalen Anforderungen sollten sich zu großen Teilen in der Systemarchitektur wiederfinden.

Insgesamt ist die Ableitung des Analyseklassenmodells zusammen mit den Sequenzdiagrammen ein iterativer Prozess. Es ist wahrscheinlich, dass man bei der Erstellung von Sequenzdiagrammen auf neue notwendige Methoden stößt.

Eine Art von Methoden, die man häufiger bei der Entwicklung von Sequenzdiagrammen findet, sind Methoden, die nur innerhalb der Klasse für Berechnungen benötigt werden. Dazu kann ein Methodenpfeil ausgehend von der Lebenslinie eines Objekts zurück zu seiner Lebenslinie dargestellt werden. Die so entdeckten Methoden werden häufig nur in der Klasse benötigt und können deshalb als private deklariert werden.

Nach dem Aktivitätsdiagramm aus Abb. 31 muss es die Möglichkeit geben, ein neues Projekt mit Teilprojekten und Projektaufgaben zu erstellen. Das zugehörige Sequenzdiagramm befindet sich in Abb. 5.13. Als Besonderheit wurde ein Objekt „Extern" ergänzt, was für ein beliebiges unbekanntes Objekt steht, das bei anderen Objekten Methoden aufrufen kann. Im Beispiel könnte dies die graphische Oberfläche, aber auch ein WebService sein. Das Beispiel zeigt, dass Extern über die Projektverwaltung zwei neue

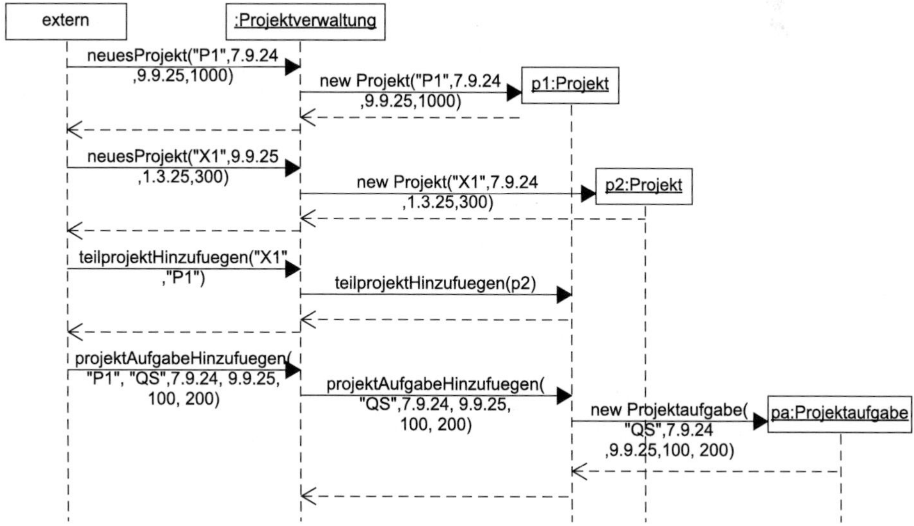

Abb. 5.13 Erzeugung neuer Projekte

Projekte p1 und p2 anlegt. Danach wird p2 dann p1 als Teilprojekt hinzugefügt. Die Projektverwaltung kennt dazu alle existierenden Projekte und kann so X1 das Objekt p2 und P1 das Objekt p2 zuordnen. Die Idee ist dabei, dass Projekt-Objekte nur in Ausnahmefällen nach außen gegeben und alle Änderungen über die Projektverwaltung an die betroffenen Projekte weitergeleitet werden. Im Beispiel wird auf einen Antwortwert bei der Projekterstellung verzichtet. Typisch wäre es hier eine Id, einen das Objekt eindeutig identifizierenden Primärschlüssel zu erzeugen, der auch das Ergebnis der Methode sein könnte. Im nächsten Schritt soll dem Projekt P1 eine Projektaufgabe QS hinzugefügt werden. Dazu identifiziert die Projektverwaltung das zu P1 passende Objekt und gibt den Aufruf an dieses Objekt weiter. Dieser Ansatz der Delegation ist oft anzutreffen, dabei erhält das Verwaltungsobjekt einen Methodenaufruf mit n Parametern, identifiziert dann mit einem die Parameter das zugehörige Objekt und gibt den Aufruf dann mit n-1 Parametern weiter. Das Projektobjekt erzeugt dann die Projektaufgabe. Dieser sinnvolle Ansatz enthält bereits einige Designentscheidungen, sodass das Sequenzdiagramm erst recht spät in der Klassenmodellierung entstehen wird.

Die Aussage „die Projektverwaltung kennt alle Projekte" beinhaltet, dass die Projektverwaltung Referenzen auf alle Objekte haben muss. Diese Referenzen werden typischerweise in einer Sammlung oder Collection, z. B. in einer Liste oder einer Map verwaltet. Diese Objekte werden in Sequenzdiagrammen weggelassen, da es sich um ein Standardverhalten handelt. Für Anfänger kann es sinnvoll sein, diese Sammlungen im Diagramm anzugeben. Abb. 5.14 zeigt dazu, wie ein Projektverwaltung-Objekt angelegt und ein Projekt hinzugefügt wird. Die Projektverwaltung nutzt eine Map mit dem Schlüssel Projektname und dem zugeordneten Projekt und jedes Projekt nutzt eine Liste zur Verwaltung der Projektaufgaben.

Abb. 5.15 zeigt ein weiteres Beispiel, wie die Klassen von außerhalb genutzt werden können. Für „Extern" wurde hier das Bild eines Aktors genutzt, um zu verdeutlichen, dass diese Klasse nicht zum aktuell betrachteten Klassensystem gehört. In diesem Diagramm

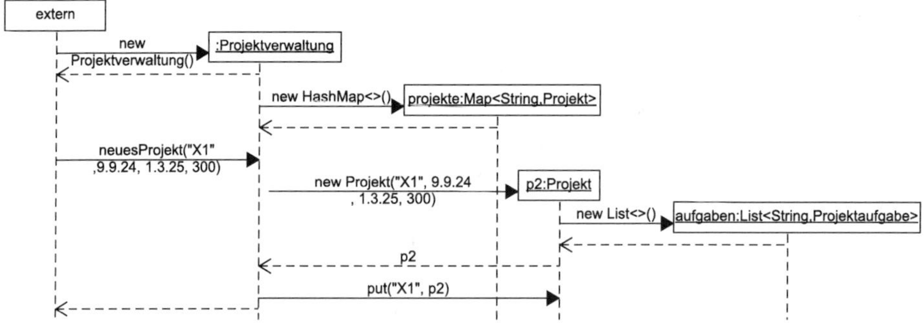

Abb. 5.14 Nutzung von Sammlungen

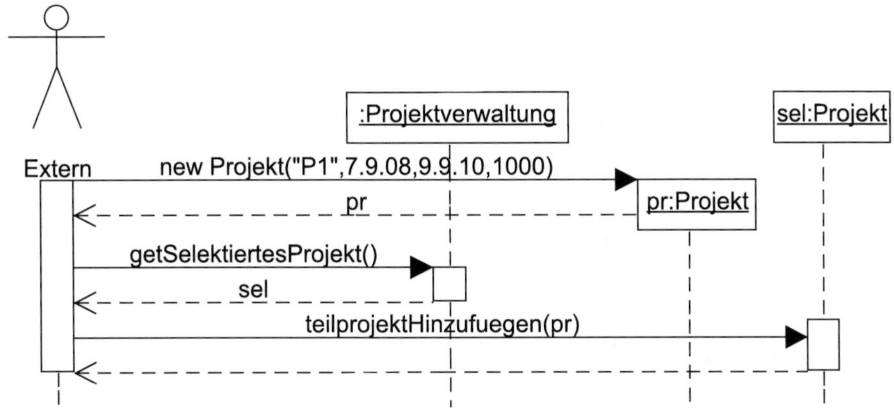

Abb. 5.15 Von außen angestoßene Projekterzeugung

steuert das externe Objekt alle Aktionen und doe Projektverwaltung gibt Projekt-Objekte nach außen. Der Vorteil der Variante aus Abb. 5.14 ist, dass die Projektverwaltung mehr Kontrolle über die Projekte bekommt und man gegebenenfalls externen Nutzern keinen Zugriff auf Projekt-Objekte geben muss. Die Entscheidung für einen der beiden Wege hängt von der Modellierungserfahrung ab. Im späteren Verlauf des Buches wird andiskutiert, warum die erste Lösung etwas besser ist.

Bei der Aktualisierung von Teilprojekten ist als interessantester Fall die Änderung des Aufwands eines Projekts zu betrachten. Hierbei gibt es mehrere Fälle. Erhöht man den Aufwand für ein Projekt, ist das unproblematisch für die Teilprojekte und Projektaufgaben dieses Projekts, da für sie mehr Aufwand zur Verfügung steht. Die Aufwandsänderung kann aber kritisch für andere Projekte sein, die dieses Projekt als Teilprojekt haben. Die Information, zu welchem Projekt ein Projekt als Teilprojekt gehört, steht in der Exemplarvariable vater. Wird der Aufwand für ein Projekt verringert, muss geprüft werden, ob dies mit den Aufwänden der Teilprojekte und Projektaufgaben verträglich ist.

Die vorgestellten Alternativen werden im Sequenzdiagramm in Abb. 5.16 beschrieben. Es wird geprüft, ob die Änderung des Aufwands für ein Projekt auf den Wert neuerWert möglich ist. Zunächst gibt es die grobe Fallunterscheidung, ob der neue Aufwand geringer als der ursprünglich geplante Aufwand ist, der in der Exemplarvariablen aufwandGeplant des Projekts steht.

Ist der neue Aufwand geringer, berechnet das Projekt den aktuell verteilten Aufwand. Dies geschieht in der Methode verteilterAufwand, die für das Projekt spezifiziert ist. Die Details dieser Berechnung sind in diesem Sequenzdiagramm weggelassen, können aber auch hier oder in einem anderen Sequenzdiagramm spezifiziert werden. Nachdem der verteilte Aufwand bestimmt wurde, wird in der inneren Alternative nur noch geprüft, ob

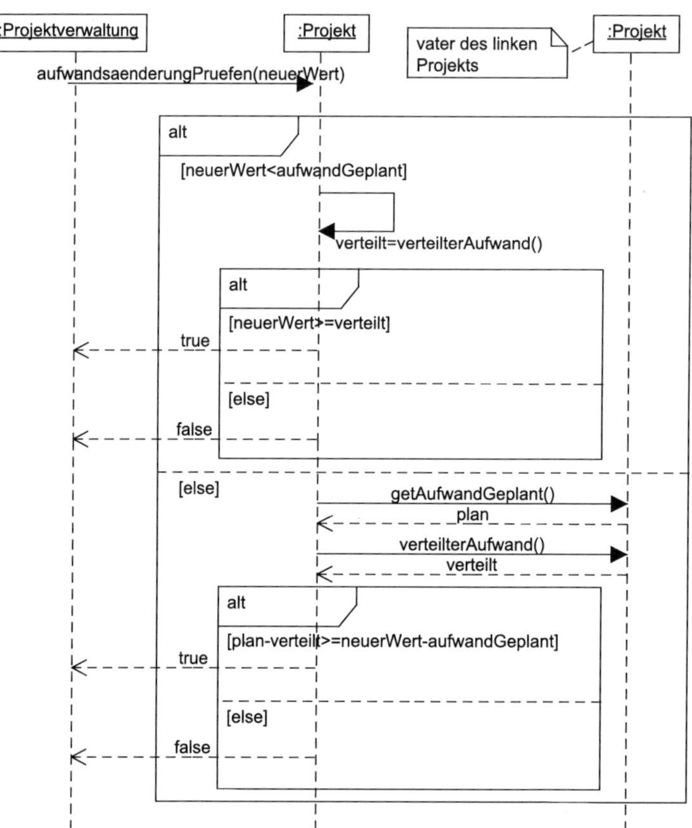

Abb. 5.16 Aufwandsänderung eines Projekts

der neue Aufwandswert größer-gleich als der bisher verteilte Aufwand ist. Falls ja, kann der Aufwand in der gewünschten Form geändert werden, sonst nicht.

Soll der Aufwand für das Projekt vergrößert werden, muss zunächst festgestellt werden, wie hoch der geplante und der davon verteilte Aufwand des Vater-Projekts ist. Ist der freie Aufwand des Vaterprojekts (plan-verteilt) größer-gleich als der zusätzlich für das Projekt veranschlagte Aufwand (berechnet mit der Differenz neuerWert – aufwandGeplant), ist die Aufwandsänderung möglich, sonst nicht.

Neben Teilprojekten können auch Projektaufgaben verändert werden. Der zugehörige Ablauf ist in Abb. 5.17 beschrieben. Die Projektverwaltung übergibt die Änderungsanfrage für eine Projektaufgabe aufg. Das Projekt befragt die Projektaufgabe nach dem aktuell geplanten Aufwand und berechnet im nächsten Schritt den bereits verteilten Aufwand. Im Vergleich zum vorherigen Sequenzdiagramm ist der Aufwand für die Projektaufgabe genau dann änderbar, wenn der noch freie Anteil des im Projekt verteilbaren

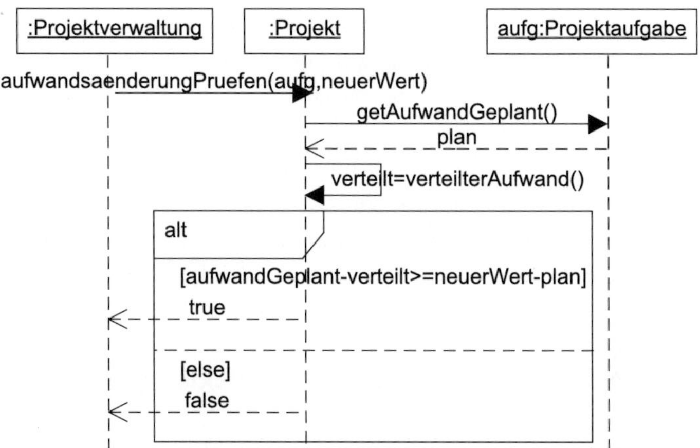

Abb. 5.17 Aufwandsänderung einer Projektaufgabe

Aufwands (aufwandGeplant-verteilt) größer-gleich dem zusätzlichen Aufwand (neuer-Wert-plan) für die Projektaufgabe ist.

Die Berechnung des verteilten Aufwandes wurde in den beiden vorherigen Sequenzdiagrammen nicht im Detail beschrieben. Diese Beschreibung ist hier für den dazu analogen Fall der Berechnung des Fertigstellungsgrades eines Projekts in Abb. 5.18 angegeben. Der Fall ist analog zur Aufwandsberechnung, da alle Teilprojekte und Projektaufgaben des Projekts berücksichtigt werden.

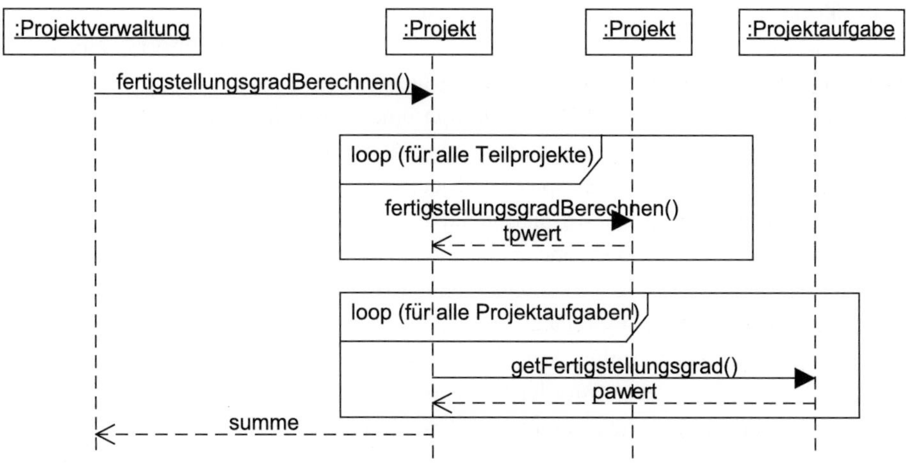

Abb. 5.18 Berechnung des Fertigstellungsgrads

Um den Fertigstellungsgrad zu berechnen, wird der Fertigstellungsgrad aller Teilprojekte ermittelt. Man beachte, dass hiermit eine Rekursion beschrieben wird, da jedes Teilprojekt die gleiche Berechnung erneut anstellen muss. Die Rekursion ist kein Problem, da jedes Projekt nur Teilprojekt genau eines anderen Projektes sein kann.

Im nächsten Schritt werden die Fertigstellungsgrade aller Projektaufgaben ermittelt und aus den berechneten Werten das Ergebnis der Anfrage berechnet. Der Rückgabewert ist hier nicht explizit spezifiziert, da es nur generell darum ging zu zeigen, dass ein zur Berechnung passender Ablauf mit den Methoden des Analyseklassenmodells möglich ist.

5.5 Überlegungen zur Oberflächenentwicklung

Die detaillierten Ideen zur Oberflächenrealisierung werden in einem getrennten Unterkapitel behandelt, da man sie von der eigentlichen Modellierung trennen kann. Die allgemeine Forderung lautet nur:

> „Mache alle Modellanteile an der Oberfläche sichtbar, die ein Nutzer ändern oder für dessen Inhalte er sich interessieren kann."

Diese Forderung kann mit Sequenzdiagrammen umgesetzt werden, wenn sie Abläufe ausgehend von Nutzereingaben und resultierend in Ausgaben beschreiben. Man kann allerdings die konkrete Modellierung der Klassen der Oberfläche verschieben, da hierbei typischerweise Klassenbibliotheken eine wichtige Rolle spielen, die auch wesentlichen Einfluss auf die zu entwickelnden Klassen haben. Dieses Thema wird weiter in den Kapiteln 8 und 9 behandelt, in denen die Nutzung spezieller Modellierungsansätze und die Zusammenarbeit mit Klassenbibliotheken diskutiert werden.

Im nächsten Schritt soll eine Oberfläche für das bisher beschriebene Klassenmodell ergänzt werden. Ein direkter Ansatz ist, für jede Klasse, deren Informationen nach außen sichtbar sein sollen, eine eigene Oberflächen-Klasse zu ergänzen. Im konkreten Beispiel gibt es dann z. B. zur Klasse Projekt eine Klasse Projektmaske, mit der neue Projekte angelegt und verändert werden können. Weiterhin wird eine zentrale Oberflächen-Klasse, im folgenden Beispiel GUISteuerung, genommen, die dann steuert, welche Maskenklasse aktuell zur Anzeige genutzt wird. Die Methoden der Maskenklassen ergeben sich aus den bisher gefundenen Methoden der vorhandenen Klassen. Es wird für jede Methode geprüft, ob sie nach außen sichtbar sein soll. Bei der Ausführung wird das Maskenobjekt dann in der Oberfläche eingegebene Werte nutzen, um die Methode des zugehörigen Objekts aufzurufen. Eine weitere wichtige Quelle der Methoden der Oberflächen-Klassen können die Anforderungen in Textform sein, da Typ 2-Anforderungen genau die möglichen Benutzerinteraktionen beschreiben.

Die so resultierenden Oberflächen-Klassen werden auch Boundary-Klassen genannt, da sie für die Grenze zwischen dem zu entwickelnden System und dem Nutzer stehen.

Weitere Boundary-Klassen erhält man, wenn man die Typ 3-Anforderungen analysiert, da diese Klassen dann die Methoden bereitstellen, die von anderen Systemen genutzt werden können.

Abb. 5.19 zeigt ein Beispiel mit der Umsetzung des Ansatzes zur Bearbeitung von Projekten. Es fällt auf, dass Methoden in den Maskenklassen keine Parameter haben und nur die Aufgaben beschreiben, die Objekte dieser Klasse übernehmen sollen. Dies soll verdeutlichen, dass es sich um von außen angestoßene Funktionalität handelt und die Parameter typischerweise aus Elementen der Oberfläche, z. B. Texteingabefeldern, gelesen werden. Weiterhin sind keine konkreten Exemplarvariablen der Masken-Objekte genannt. Bei „steuert" handelt es sich um einen Namen der Assoziation, die die Lesbarkeit fördert, aber später keinen Einfluss auf die Realisierung hat. Auf die Angabe der konkreten Oberflächengestaltungsklassen wird hier verzichtet, da nur eine Oberflächen-Spezifikation zur Vervollständigung des Modells das Ziel ist. Weiterhin können bei jeder Modellerweiterung auch neue Methoden für die bereits existierenden Klassen gefunden werden. Bei Klassen, die Mengen von Objekten verwalten, wird häufig eine Methode zur Wahl eines bestimmten Elements benötigt, wie es hier mit gibProjekt(position) der Fall ist.

Abb. 5.20 zeigt ein mögliches Sequenzdiagramm zum Anlegen eines Projekts mit einem Teilprojekt. Da die Oberfläche nicht im Detail spezifiziert wurde, sind die Aufrufe teilweise nur mit informellem Text beschrieben, was für Sequenzdiagramme im Grobdesign erlaubt ist.

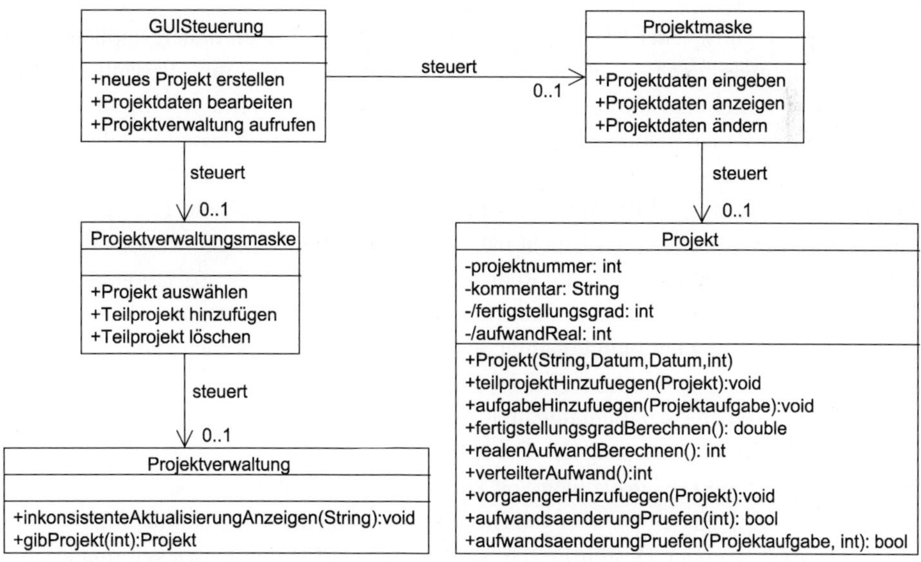

Abb. 5.19 Erweiterung mit Boundary-Klassen

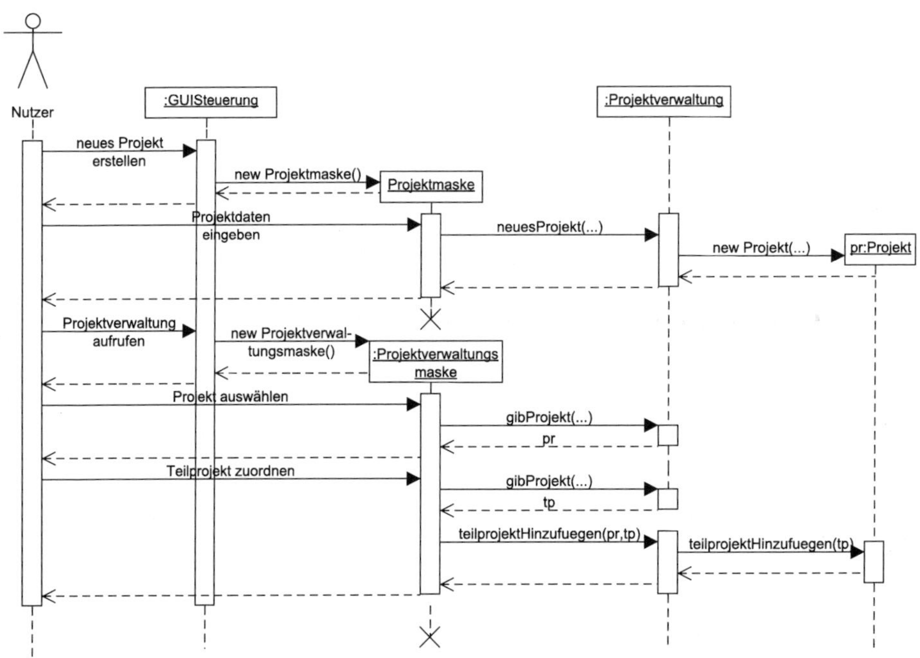

Abb. 5.20 Sequenzdiagramm mit Nutzungsdialog

Im Beispiel wurde jeder Klasse eine Maskenklasse zugeordnet. In den Kapiteln 6 und 8 werden Optimierungen des Klassenmodells vorgestellt, wobei eine Variante der Modellierung auch hier als Optimierung genutzt werden kann. Statt Masken für alle Klassen anzugeben, kann man stattdessen nur Masken für die Control-Klassen angeben. Diese Klassen werden dann von der Oberfläche mit der Erstellung und der Auswahl von Entity-Klassen beauftragt. Alle Arbeitsschritte verlaufen dann über die Control-Klassen, was den kleinen Vorteil hat, dass nicht mehr so viele unterschiedliche Klassen direkt zusammenarbeiten müssen. Durch die Reduzierung der Anzahl der Assoziationen wird ein Modell meist wartbarer, d. h. es ist einfacher verständlich und leichter änderbar.

Neben der Klärung der Funktionalität der Oberfläche gehört es auch zum Grobdesign, über die grundsätzliche Gestaltung der Oberfläche nachzudenken. Dabei spielen neben der reinen Umsetzung der Funktionalität sehr viele weitere Aspekte, wie die intuitive Nutzbarkeit und die Umsetzung der Corporate Identity, eine wichtige Rolle. Diese Fragen des graphischen Designs sollten von kreativen Designern bearbeitet werden, die zumindest ein Grundwissen darüber haben, was später in der Programmierung wirklich umsetzbar ist. Die ersten Designskizzen werden meist auf Papier entwickelt und können dann mit Werkzeugen für Oberflächen-Prototypen umgesetzt und mit Kunden diskutiert werden. Den besonderen Anforderungen an die Oberflächengestaltung ist das Kap. 10 gewidmet.

5.6 Anforderungsverfolgung

In diesem Kapitel wurde ein systematischer Weg zur Ableitung eines ersten Klassenmodells aus den Anforderungen beschrieben. Gerade für größere Projekte und Projekte, die langfristig weiterentwickelt werden, ist es für zukünftige Arbeiten sehr hilfreich, festzuhalten, wo welche Anforderungen umgesetzt sind. Allgemeiner hat man eine Quelle gegeben, sowie eine Umsetzung dieser Quelle in einem Ziel und will dann festhalten, welche Teile der Quelle wo umgesetzt wurden. Diese Verfolgung (engl. Tracing) ist bei dem bisher im Buch skizzierten Entwicklungsweg auch bei allen weiteren „Quell-Ziel"-Paaren sinnvoll. Die Übergänge sind:

- von Use Case-Diagrammen zu Aktivitätsdiagrammen
- von Aktivitätsdiagrammen oder genauer Aktionen und Entscheidungen zu Anforderungen in Textform
- von Anforderungen in Textform zu Klassen oder genauer Exemplarvariablen, Methoden und Parametern von Methoden

Später wird eine Verknüpfung von Anforderungen mit den daraus abgeleiteten Testfällen hilfreich sein.

Die Verknüpfungsinformationen müssen verwaltet werden. In einfachen Fällen ist dies in Textdokumenten schnell möglich, indem jeweils die Quelle der Information angegeben wird. Finden aber Änderungen statt, kann die Pflege der Verknüpfungen sehr aufwendig werden, sodass hier eine Werkzeugunterstützung sinnvoll ist. Teilweise sind solche Verknüpfungsmöglichkeiten eng in UML-Werkzeugen integriert, in denen es z. B. für Use Cases die Möglichkeit gibt, Links zu ergänzen, die dann unmittelbar zum konkreten Aktivitätsdiagramm führen. Alternativ kann eine dann allerdings manuell zu pflegende Datenbank eine Kompromisslösung sein.

Abb. 5.21 skizziert einen Ausschnitt aus einem möglichen Verfolgungswerkzeug. Man erkennt sofort, dass ein Netzwerk entsteht, also mehrere Quellinformationen zu einer Zielinformation führen können und häufiger eine Quellinformation in mehreren Zielen umgesetzt wird.

Einen unmittelbaren Nutzen hat die Verfolgungsinformation in diesem Beispiel sofort, da man erkennt, dass eine Anforderung keine Quelle hat. In diesem Fall ist zu klären, ob hier eine Verknüpfungsinformation vergessen wurde oder ob es keine Quelle gibt und somit die Anforderung nicht vom Kunden stammt und nicht umgesetzt werden muss. Weiterhin sieht man, dass eine Anforderung anscheinend noch nicht im Klassendiagramm umgesetzt wurde.

Richtig wertvoll werden die Verknüpfungsinformationen, wenn eine Software nachträglich geändert oder erweitert werden soll. Häufig stellt sich z. B. dann die Frage, ob man eine Klasse umschreiben kann, damit sie die neuen Anforderungen effizienter umsetzt. Anhand der Verknüpfungsinformationen kann man feststellen, welche Anforderungen

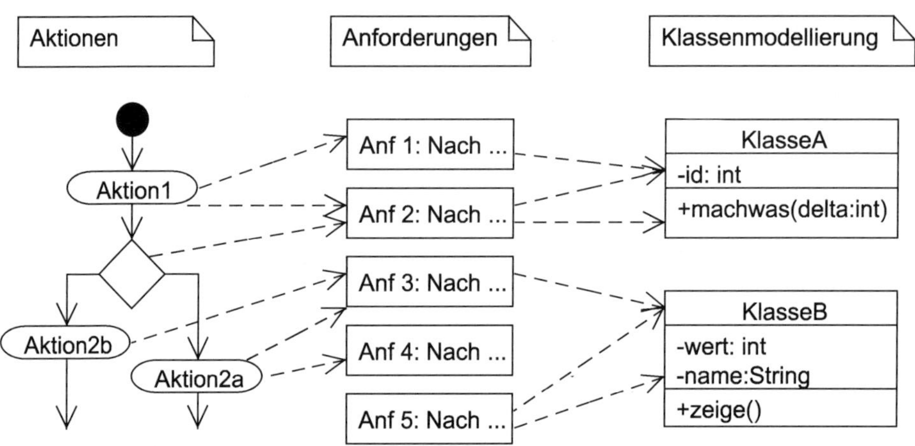

Abb. 5.21 Beispiel für Verknüpfungsinformationen

für diese Klasse eine Rolle spielen und ob die angedachte Optimierung eventuell die Erfüllung dieser Anforderungen verhindert.

Soll aus der Software eine Funktionalität gestrichen oder nur verlagert werden, erkennt man sofort, welche Klassen betroffen sind. Zurückgehend von diesen Klassen erkennt man weiterhin, ob es noch mehr als die ursprünglichen Anforderungen als Betroffene dieser Veränderung gibt.

Neben der reinen Verknüpfungsinformation über Quelle und Ziel, kann man auch festhalten, wann diese Verknüpfung entstanden ist, z. B. zu welchem Entwicklungszyklus bei der inkrementellen Entwicklung die Verknüpfung gehört. Wird eine Software entwickelt, die genauer eine Software-Familie beschreibt, also z. B. eine Software bestehend aus Basiskomponenten und individuellen Erweiterungen pro Kunde, ist es hilfreich, festzuhalten, für welchen Kunden diese Verknüpfung gesetzt wurde.

Werden später Verknüpfungsinformationen zwischen Anforderungen und Testfällen ergänzt, kann man immer herausfinden, ob und wie eine Anforderung geprüft wird.

5.7 Risikoanalyse Grobdesign

Beim Grobdesign können folgende Fragen hilfreich sein, die zur Aufdeckung möglicher Risiken dienen können. Wenn eine Frage nicht mit „ja“ beantwortet werden kann, sollte der Punkt in eine Risikoliste aufgenommen und dem Risikomanagement zur Verfügung gestellt werden.

1. Sind alle Randbedingungen aus der notwendigen Hardware- und Softwareumgebung des Zielsystems in der Systemarchitektur dokumentiert?
2. Basiert das Grobdesign auf einer detaillierten Projektbeschreibung und möglichst systematisch abgeleiteten Anforderungen?

3. Wurden alle zur Verfügung stehenden Dokumente des Projekts zur Erstellung des Grobdesigns abgearbeitet?
4. Wurde das Grobdesign von erfahrenen Modellierern erstellt?
5. Kann man für jedes Modellelement nachvollziehen, woher es abgeleitet wurde?
6. Wurde das Grobdesign z. B. mit Sequenzdiagrammen validiert, damit die dynamischen Aspekte des Projekts abgedeckt sind?
7. Wurden die Klassen nach dem Prinzip, dass nur eine zentrale Aufgabe pro Klasse erledigt werden soll, konzipiert und ist die Zahl der Verbindungen zwischen den Klassen gering gehalten worden?
8. Sind alle Assoziationen vollständig mit Multiplizitäten angegeben?
9. Gibt es keine allwissenden Klassen, sind die Aufgaben sinnvoll auf unterschiedliche Klassen verteilt worden?
10. Wurde ein Konzept zur Findung der Funktionalität der Oberfläche entwickelt und umgesetzt?
11. Werden erste GUI-Prototypen von dafür geschulten Personen, z. B. GUI-Designern, entwickelt und mit dem Kunden diskutiert?
12. Werden Informationen über die Verknüpfungen zwischen Use Cases, Aktivitätsdiagrammen, textuellen Anforderungen und Klassendiagrammen verwaltet und aktualisiert?
13. Wird geprüft, dass alle Anforderungen umgesetzt wurden?
14. Wird geprüft, dass keine nicht geforderte Funktionalität realisiert wird?

Anmerkungen zur Praxis

Klassendiagramme sind das elementare Werkzeug der Software-Entwicklung. Ähnlich wie Bauingenieure Baupläne oder Maschinenbauer Konstruktionszeichnungen ohne Anleitung lesen können müssen, müssen Informatiker Klassendiagramme auf Anhieb vom Aufbau her verstehen und Fragen zu Details der Umsetzung stellen können. In vielen Projekträumen hängen ein oder mehr Klassendiagramme, die zur Diskussion von Erweiterungen, aber auch Umbauten der Software genutzt werden. Dieses und das folgende Kapitel zeigen Klassendiagramme und Sequenzdiagramme als elementaren Modellierungsmöglichkeiten.

Bei Neuentwicklungen spielen Klassendiagramme eine zentrale Rolle. Typischerweise setzen sich mehrere Entwickler um ein Whiteboard oder eine Pinnwand zusammen und beginnen die zentralen Klassen zu modellieren. Unabhängig davon ob gezeichnet oder Karten beschrieben werden, der Prozess ist hochdynamisch und kann über lange Zeit massiven Veränderungen unterliegen. Anfänger müssen zumindest die Sprache der Diagramme, also die Bedeutung der Symbole verstehen, um dem Prozess folgen zu können.

Ein gutes Modell hängt sehr stark von den Erfahrungen und Fähigkeiten der Modellierer ab, da es oft bereits bei den ersten Modellen um Teilaspekte geht, die die Realisierung betreffen. In diesem Kapitel wurde ein erster, teilweiser naiver Ansatz verfolgt, der ein brauchbares Modell liefert. Unter der Kenntnis der eingesetzten Programmiersprache, Bibliotheken und Frameworks kann oft recht zügig ein für die Implementierung nutzbares Modell entstehen. In diesem Fall können für das Klassenmodell Grob- und Feindesign verschmelzen.

In jeder Informatik-Ausbildung erfolgt zunächst eine Einführung in die Programmierung und erst danach in die Klassenmodellierung. Dieser Weg ist der einzig sinnvolle, da in gut gewählten Programmieraufgaben typischerweise Klassen vorgegeben sind, die jeweils die Anforderungen an ein gutes Modell erfüllen. So wird in kleinen Schritten ein Vorwissen für die Modellierung aufgebaut. In der Java-Ausbildung ist es elementar, den Umgang mit Realisierungen der Interfaces List, Map und Set sowie den Umgang mit Arrays zu kennen, bevor der Begriff einer Collection in der UML im Detail verstanden werden kann. ◀

5.8 Aufgaben

Wiederholungsfragen

Versuchen Sie zur Wiederholung folgende Fragen aus dem Kopf, d. h. ohne nochmaliges Blättern und Lesen, zu beantworten.

1. Welchen Einfluss können Wünsche des Kunden auf die Systemarchitektur haben?
2. Welche allgemeinen Auswirkungen kann die Wahl einer Systemarchitektur auf die Software-Entwicklung haben?
3. Wie können die Begriffe „Objekt“, „Klasse“, „Exemplarvariable“, „Methode“, „Assoziation“, „Multiplizität“ und „Vererbung“ definiert werden?
4. Mit welchen Multiplizitäten kann man was beschreiben?
5. Wie sieht ein systematischer Weg zur Ermittlung von Klassen und Methoden aus?
6. Welche Methoden gibt es typischerweise für einfache Exemplarvariablen und Exemplarvariablen, die mehr als einen Wert eines Typs aufnehmen können?
7. Was sind Boundary-, Entity- und Control-Klassen, wie werden sie eingesetzt?
8. Wie werden Aufzählungen als Typen in der UML behandelt?
9. Welche Möglichkeiten gibt es, Methodenaufrufe in Sequenzdiagrammen zu beschreiben, wann werden sie eingesetzt?
10. Welche Strukturierungsmöglichkeiten gibt es für Sequenzdiagramme?
11. Wie werden Sequenzdiagramme zur Validierung von Klassendiagrammen genutzt?
12. Was versteht man unter Anforderungsverfolgung, wann ist sie nützlich?

Übungsaufgaben

1. Die Anforderungsanalyse für den Use Case „Mitarbeiterdaten pflegen“ zum Projektverwaltungsbeispiel führt zum Aktivitätsdiagramm in Abb. 34 und den nachfolgenden Anforderungen

Glossar (Ergänzung):

Mitarbeiterstammdaten: Mitarbeiternummer (eindeutig, wird vom System vergeben), Vor- und Nachname sowie der zur Verfügung stehende Anteil des Mitarbeiters (Vollzeit = 100%)

Fähigkeit (eines Mitarbeiters): möglichst genaue Beschreibung der individuellen Kenntnis (z. B.: Java-Programmierung, Projektleitung) und der aktuellen Fähigkeitsstufe. Für die Titel der Kenntnisse wird ein Katalog geführt, der (noch) nicht vom System verwaltet wird

Fähigkeitsstufe: Beschreibung der Kompetenz eines Mitarbeiters (z. B. Experte, Fortgeschritten, Grundkenntnisse (d. h. geschult ohne Projekterfahrung), veraltet (mehr als 3 Jahre nicht angewandt)) bezüglich einer bestimmten Fähigkeit. Für die Fähigkeitsstufen wird ein Katalog geführt, der nicht vom System verwaltet wird.

A4.1: In der Mitarbeiterverwaltung muss das System dem Nutzer die Möglichkeit bieten, einen neuen Mitarbeiter mit den Mitarbeiterstammdaten anzulegen.

A4.2: In der Mitarbeiterverwaltung muss das System dem Nutzer die Möglichkeit bieten, jeden Mitarbeiter auszuwählen.

A4.3: Für einen in der Mitarbeiterverwaltung ausgewählten Mitarbeiter muss das System dem Nutzer die Möglichkeit bieten, außer der Mitarbeiternummer die Stammdaten des Mitarbeiters zu bearbeiten.

A4.4: Für einen in der Mitarbeiterverwaltung ausgewählten Mitarbeiter muss das System dem Nutzer die Möglichkeit bieten, eine neue Fähigkeit für den Mitarbeiter anzulegen.

A4.5: Für einen in der Mitarbeiterverwaltung ausgewählten Mitarbeiter muss das System dem Nutzer die Möglichkeit bieten, für eine Fähigkeit des Mitarbeiters den Wert der Fähigkeitsstufe zu verändern.

Leiten Sie aus den Anforderungen schrittweise ein Klassendiagramm ab. Dazu soll neben dem erstellten Klassendiagramm für jede Anforderung bzw. jeden Glossareintrag genau angegeben werden, was aus ihr abgeleitet wurde. Dies erfolgt entweder in einer Beschreibung der Form „Aus dem Glossareintrag Mitarbeiterstammdaten wurde Folgendes abgeleitet: ..., aus A4.1 wurde Folgendes abgeleitet: ...“ oder Sie annotieren in Ihrem Klassendiagramm für jedes Element (Klasse, Exemplarvariable, Exemplarmethode, Assoziation), woher es kommt.

Geben Sie weiterhin Sequenzdiagramme für die drei Abläufe „neuen Mitarbeiter anlegen“, „neue Fähigkeit für einen Mitarbeiter ergänzen“ und „Fähigkeit eines Mitarbeiters ändern“ an. Dabei kann es sinnvoll sein, dass die Methodenaufrufe Ihrer Mitarbeiterverwaltung von außerhalb der Klasse kommen. In diesem Fall wird ein nicht weiter spezifiziertes Objekt „Extern“ in das Sequenzdiagramm aufgenommen. Eventuell müssen Sie weitere Methoden ergänzen, die sich indirekt aus den Anforderungen ergeben.

2. Für die Erstellung eines UML-Werkzeugs wurden u. a. folgende Anforderungen entwickelt

   Glossar:
   Assoziation: Eine Assoziation hat einen Namen und verknüpft zwei oder mehr Klassen oder Interfaces, dabei gehört zu jeder Assoziation mindestens eine Klasse. Auf die Angabe von Multiplizitäten und Richtungen wird vereinfachend verzichtet.

   Interface: Ein Interface wird durch seinen Namen und Exemplarmethoden beschrieben.

   Klasse: Eine Klasse wird durch ihre Exemplarvariablen, Klassenvariablen, Exemplarmethoden und Klassenmethoden sowie ihren Klassennamen beschrieben.

   Methoden: Eine Methode hat einen Rückgabe-Typ, der zusätzlich zu den vorhandenen Typen void sein kann, einen Methodennamen und eine Parameterliste. Die Parameterliste besteht aus beliebig vielen Variablen.

   Realisierung: Eine Realisierung verbindet eine Klasse mit einem Interface.

   Typ: Ein Typ kann entweder eine Klasse oder einer der Elementartypen Integer, Boolean oder String sein.

   Variablen: Eine Variable hat einen Namen und einen Typ.

   Vererbung: Eine Vererbung verbindet immer zwei Klassen oder zwei Interfaces, wobei die eine Klasse die Eigenschaften der anderen Klasse erbt.

   Anforderungen:

   K1: In der Klassendiagrammbearbeitung muss das System dem Nutzer die Möglichkeit bieten, neue Klassen einzurichten.

   K2: In der Klassendiagrammbearbeitung muss das System dem Nutzer die Möglichkeit bieten, neue Interfaces einzurichten.

   K3: In der Klassendiagrammbearbeitung muss das System dem Nutzer die Möglichkeit bieten, neue Assoziationen einzurichten.

   K4: In der Klassendiagrammbearbeitung muss das System dem Nutzer die Möglichkeit bieten, neue Realisierungen einzurichten.

   K5: In der Klassendiagrammbearbeitung muss das System dem Nutzer die Möglichkeit bieten, neue Vererbungen einzurichten.

Leiten Sie aus den Anforderungen und dem Glossar schrittweise ein Klassendiagramm ab. Dazu soll neben dem erstellten Klassendiagramm für jede Anforderung bzw. jeden Glossareintrag genau angegeben werden, was aus ihr abgeleitet wurde. Welche Teile der Anforderungen können Sie nur unzureichend umsetzen?

Vom Klassendiagramm zum Programm

6

Zusammenfassung

Im vorherigen Kapitel wurde gezeigt, wie man aus einem Anforderungstext zu einem ersten Klassendiagramm kommt und wie validiert werden kann, dass das Klassendiagramm die Realisierung aller gewünschten Funktionalitäten ermöglicht. Dabei wurde durch die Sequenzdiagramme gezeigt, welche Methode von welcher anderen Methode aufgerufen wird. Offen bleibt dabei, was genau in den Methoden abläuft, was dann im Programmcode beschrieben werden muss.

Dieses Kapitel zeigt, wie man aus Klassendiagrammen sogenannte Programmskelette generieren kann, die dann in der eigentlichen Implementierungsphase gefüllt werden müssen. Wir übersetzen dabei zu Lernzwecken direkt das erhaltene Analysemodell, was in der Praxis höchstens für Prototypen gemacht wird. In größeren Projekten wird man das bisher erreichte Klassenmodell durch weitere Modellierungen, z. B. durch Zustandsdiagramme und die genaue Formulierung von Randbedingungen der Form „Ein Projekt kann nicht Teilprojekt von sich selbst sein." ergänzen. Weiterhin gibt es viele Erfahrungen, wie man bestimmte Teilaufgaben mit speziellen Konstruktionen aus verschiedenen Klassen realisieren kann. Die Nutzung dieser ingenieurmäßig entwickelten Design-Ansätze führt dann zu einem besser zu realisierenden, besser zu wartenden, also zu korrigierenden, und besser zu erweiternden Programmcode. Diese Optimierungsideen werden in den nachfolgenden beiden Kapiteln vorgestellt. Um die tiefere Bedeutung dieser Kapitel zu verstehen und einen einfacheren Zugang zu diesen Themen zu haben, wird hier zunächst der grundsätzliche Weg vom Klassendiagramm zum lauffähigen Programm aufgezeigt. Die folgenden Kapitel zeigen dann Optimierungen und Verfeinerungen der hier vorgestellten Vorgehensweise, wobei von dieser in ihrem grundsätzlichen Ablauf nicht abgewichen wird.

S. Kleuker, *Grundkurs Software-Engineering mit UML*,
https://doi.org/10.1007/978-3-658-46534-6_6

6.1 CASE-Werkzeuge

Praktisch jede Software-Entwicklung findet heutzutage innerhalb einer sogenannten Entwicklungsumgebung mit weiteren ansteuerbaren Werkzeugen, wie einem Build-Werkzeug und einem Versionsmanagement statt. Ein klassischer Begriff ist dabei Computer Aided Software-Engineering (CASE). Dabei kann der Einsatz in Projekten stark variieren.

Große Hersteller, wie Microsoft, IBM und JetBrains, bieten so genannte Tool-Suiten an, mit denen der vollständige Weg von der Erfassung der Anforderungen bis zum ausgelieferten Code in den zugehörigen Werkzeugen stattfindet. Es handelt sich dabei um Suiten, da mehrere Werkzeuge aufeinander abgestimmt sind, aber nicht jede Komponente, z. B. eine zur genauen Verfolgung der Anforderungen, eingesetzt werden muss. Durch die Werkzeugwahl wird aber die Wahl des Entwicklungsprozesses etwas eingeschränkt, da man sich leider an den Möglichkeiten der Werkzeuge orientieren muss.

Ein alternativer Ansatz ist es, einzelne Entwicklungsschritte mit verschiedenen Werkzeugen durchzuführen. Dabei können bereits in einem Unternehmen etablierte Werkzeuge mit neuen Werkzeugen kombiniert werden, die weitere Entwicklungsschritte erleichtern. Problematisch sind dabei meist die Schnittstellen zwischen den Werkzeugen, da diese häufig nicht aufeinander abgestimmt sind.

Entschließt man sich für ein eigenes „Werkzeug-Sammelsurium", bieten sich auch verschiedene Open-Source-Produkte an. Prominentes Beispiel ist die Entwicklungsumgebung Eclipse [@Ecl] [WK06], die sich besonders für den Einsatz in Java-Projekten eignet. Der Vorteil von Eclipse ist, dass es leicht durch sogenannte Plugins erweitert werden kann und man so für viele Aufgaben der Entwicklung weitere Werkzeuge in einer Umgebung integriert hat. Ein ähnlich konzipiertes freies Werkzeug ist NetBeans von Oracle [@Net] [Mya07].

Die eigentliche Auswahl der CASE-Umgebung hängt stark vom gewählten Entwicklungsprozess ab. Wichtig ist dabei die Antwort auf die Frage, wie mit Änderungen in der Entwicklung mit dem CASE-Werkzeug umgegangen wird. Dabei gibt es zwei Extreme, zwischen denen es weitere Ansätze gibt. Die beiden Extreme sind:

1. Die Phasen Analyse, Grobdesign und Feindesign werden einmal oder iterativ-inkrementell für das gesamte Projekt systematisch durchlaufen. Nachdem die Programmierung begonnen hat, werden Änderungswünsche für bereits abgeschlossene Teilarbeiten mithilfe der Designergebnisse analysiert und die Änderungen nur im Programmcode vollzogen. Die Ergebnisse aus Analyse, Grobdesign und Feindesign werden nicht aufdatiert.
2. Für jeden umgesetzten Änderungswunsch werden die Phasen Analyse, Grobdesign und Feindesign anhand der existierenden Ergebnisse erneut durchlaufen und alle notwendigen Änderungen in den zugehörigen Dokumenten und dann später auch im Programmcode ausgeführt.

Die Entscheidung über den verfolgten Ansatz hängt u. a. davon ab, ob das entstehende Produkt langfristig gepflegt und erweitert werden soll, was für den zweiten Ansatz spricht, oder ob ein Projekt mit dem erstellten Produkt grundsätzlich abgeschlossen sein soll, was für den ersten Ansatz spricht. Eine richtige Auswahl des Ansatzes, der sich natürlich auch zwischen diesen Extremen bewegen kann, hat maßgeblichen Einfluss auf die Entwicklungs- und Wartungskosten.

Für den in diesem Kapitel betrachteten Übergang vom Klassendiagramm zur Implementierung ist interessant, dass viele Werkzeuge ein sogenanntes Round-Trip-Engineering anbieten. Zunächst wird aus dem Klassendiagramm ein Programmskelett generiert. Beim Round-Trip-Engineering ist es dann möglich, dass Änderungen im Programmcode direkt zurück in das Klassendiagramm übernommen werden. Ein Spezialfall ist dabei, dass existierender Programmcode direkt zurück in ein vorher nicht existierendes Klassendiagramm übersetzt wird.

Round-Trip-Engineering garantiert damit, dass Klassendiagramme immer zum Programm-Code passen. Dies bedeutet aber auch, dass die gesamte Entwicklung in dem CASE-Werkzeug stattfindet, mit dem die Klassenmodellierung durchgeführt wird. Da es aber effizientere bzw. bei Entwicklungen bereits etablierte Werkzeuge zur Programmierung geben kann, ist die enge Bindung zwischen Diagrammen und Code nicht immer gewünscht. Die Entscheidung über den gewählten Ansatz hängt mit der beschriebenen generellen Entscheidung über den gewählten Entwicklungsansatz zusammen und bedarf einer individuellen Entscheidung für das jeweilige Projekt.

6.2 Übersetzung einzelner Klassen

Damit ein Klassendiagramm in ein Programmskelett umgesetzt werden kann, müssen die Angaben im Klassendiagramm vollständig sein. Dies umfasst bei Klassen, dass

- für jede Exemplar- und Klassenvariable ein Typ angegeben ist
- für jede Methode genau die Typen der Parameter und der Rückgabetyp spezifiziert sind
- für jede Assoziation genau ihre Art und die Verwendungsrichtung angegeben wird, was genauer Thema des folgenden Unterkapitels ist

Abb. 6.1 zeigt die vollständige Beschreibung einer einzelnen Klasse im Klassendiagramm, dabei sind alle get- und set-Methoden explizit angegeben. Der genaue Umgang mit diesen Methoden hängt teilweise vom eingesetzten CASE-Werkzeug ab, sie wurden hier zur Vervollständigung der Betrachtung ergänzt.

Neu sind im Klassendiagramm die unterstrichene Variable und die unterstrichenen Methoden, die für Klassenvariablen und Klassenmethoden stehen. Dabei beschreiben Klassenvariablen Eigenschaften der Klasse und nicht der individuellen Objekte. Jedes

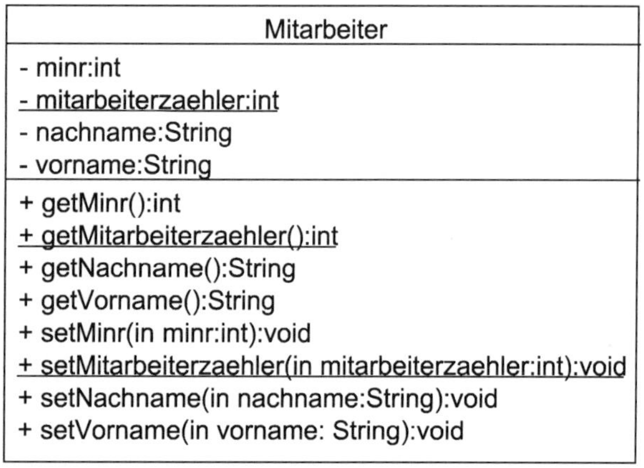

Abb. 6.1 Klasse mit Klassenvariablen und -methoden

Mitarbeiter

- minr:int
- mitarbeiterzaehler:int
- nachname:String
- vorname:String

+ getMinr():int
+ getMitarbeiterzaehler():int
+ getNachname():String
+ getVorname():String
+ setMinr(in minr:int):void
+ setMitarbeiterzaehler(in mitarbeiterzaehler:int):void
+ setNachname(in nachname:String):void
+ setVorname(in vorname: String):void

Objekt kann auf eine Klassenvariable seiner Klasse zugreifen, wobei Änderungen für alle Objekte dieser Klasse sichtbar sind, da es sich immer um dieselbe Variable handelt. Mit Klassenmethoden kann man ebenfalls auf Klassenvariablen, aber nicht auf Exemplarvariablen zugreifen, wobei für den Zugriff keine Objekte der Klasse erzeugt werden müssen. Der Zugriff erfolgt in den meisten Programmiersprachen in der Form.

```
<Klassenname>.<Klassenmethode>(<Parameter>)
```

Klassenvariablen sind mit Bedacht einzusetzen, da sie gegen das Lokalitätsprinzip der Objektorientierung verstoßen. Es handelt sich formal um globale Variablen, auf die alle Objekte einer Klasse gemeinsam zugreifen können. Klassenvariablen und –methoden können sinnvoll für gemeinsame Konstanten, wie z. B. Informationen über einen Speicherpfad, und Hilfsberechnungen, wie z. B. Umwandlungsfunktionen in Verschlüsselungen, mit denen ein String in einen anderen konvertiert wird, eingesetzt werden. Meist werden solche Funktionen in zentralen Klassen zusammengefasst, die keine Exemplarvariablen und Exemplarmethoden enthalten und auf die alle anderen Klassen zugreifen können. Ein typisches Beispiel ist die Klasse Math in Java, die alle wesentlichen mathematischen Grundfunktionen, wie Winkelfunktionen, enthält. Weiterhin können Klassenvariablen für globale Zählvariablen genutzt werden, mit der die Anzahl der erzeugten Objekte kontrolliert wird. Dieser Ansatz wird auch im Beispiel genutzt, um jedem Mitarbeiter eine eindeutige Mitarbeiternummer minr zuzuordnen.

Weiterhin fällt im Klassendiagramm auf, dass die Parameter mit dem Schlüsselwort „in" gekennzeichnet sind. Hiermit wird festgelegt, dass die Parameter innerhalb der Methode nicht verändert werden. Standardmäßig sind Parameter mit „inout" gekennzeichnet, was bedeutet, dass sie in der Methode für Berechnungen zur Verfügung stehen, sie aber auch in der Methode so verändert werden können, dass die Änderungen nach Beendigung der Methode noch sichtbar sind. Durch eine Kennzeichnung mit „out" wird festgelegt, dass dieser Parameter nur als weiterer Ergebniswert der Methode genutzt wird. Es wird beim Aufruf typischerweise eine Dummy-Variable ohne besonderen Inhalt übergeben, die nach der Methodenausführung dann einen Ergebniswert enthält. In den meisten Klassendiagrammen wird bei Parametern aber auf diese Angabe verzichtet.

Das Ergebnis einer möglichen Generierung des Programmcodes eines nicht ganz geschickten Werkzeugs kann wie folgt aussehen.

```
public class Mitarbeiter {
    /**
     * @uml.property  name="minr"
     */
    private int minr;
    /**
     * Getter of the property <tt>minr</tt>
     * @return Returns the minr.
     * @uml.property name="minr"
     */
    public int getMinr() {
            return minr;
    }
    /**
     * Setter of the property <tt>minr</tt>
     * @param minr The minr to set.
     * @uml.property name="minr"
     */
    public void setMinr(int minr) {
           this.minr = minr;
    }
    private String vorname = "";
    public String getVorname() {
            return this.vorname;
    }
    public void setVorname(String vorname) {
           this.vorname = vorname;
    }
    private String nachname = "";
    public String getNachname() {
            return this.nachname;
    }
    public void setNachname(String nachname) {
           this.nachname = nachname;

    private static int mitarbeiterzaehler;

    public static int getMitarbeiterzaehler() {
            return mitarbeiterzaehler;
```

```
    }
    public static void setMitarbeiterzaehler (
                                int mitarbeiterzaehler) {
            Mitarbeiter.mitarbeiterzaehler = mitarbeiterzaehler;
    }
}
```

Bei der Betrachtung des Programmcodes fallen mehrere Dinge auf:

- Die Klasse wurde in diesem Fall vollständig generiert, sie kann so eingesetzt werden.
- Im Programmcode wurden einige Kommentare ergänzt. Dies sind zum einen Kommentare, die sich auch im Klassendiagramm befinden und die vom CASE-Werkzeug verwaltet werden. Zum anderen sind dies CASE-Werkzeug-spezifische Kommentare, die die Verknüpfung zwischen dem Werkzeug und dem Programm herstellen und später z. B. beim Round-Trip-Engineering genutzt werden. Im Beispiel sind diese Kommentare nur für minr stehen gelassen worden, sie wurden in gleicher Form für die anderen Exemplarvariablen generiert. Für die Entwickler bedeutet dies, dass es Teile im generierten Programmcode gibt, die von ihnen verändert, und Teile, die auf keinen Fall verändert werden dürfen, da sonst das Round-Trip-Engineering nicht mehr funktioniert.
- Weiterhin fällt auf, dass das Werkzeug bei der Übersetzung einer eigenen Coding-Guideline folgt, bei der zunächst die Exemplar- oder Klassenvariable definiert wird und unmittelbar dahinter die get- und set-Methoden stehen. Diese Struktur des Programmcodes ist bei einigen CASE-Werkzeugen einstellbar. Im Beispiel wäre eine andere Einstellung vorteilhaft, da es sich eingebürgert hat, zunächst die Klassenvariablen, dann die Exemplarvariablen, dann die Klassen- und zum Schluss die Exemplarmethoden, sortiert nach ihrer Sichtbarkeit, zu nennen.

Natürlich kann die vollständige Generierung des Programmcodes nur in relativ einfachen Fällen klappen. Ein Beispiel, bei dem es zumindest etwas schwerer ist, zeigt Abb. 6.2, wobei nur der ergänzte Konstruktor und eine zusätzliche Methode angegeben sind. Der folgende Programmcode zeigt in den gestrichelten Kästen, welche Programmanteile in diesem Beispiel bei dem genutzten UML-Generierungswerkzeug vom Entwickler ergänzt werden mussten.

```
public Mitarbeiter(String vorname, String nachname){
   this.vorname = vorname;
   this.nachname = nachname;
   this.minr = Mitarbeiter.mitarbeiterzaehler++;
}
@Override
public String toString() {
   return minr + ": " + vorname + " " + nachname;
}
```

Mitarbeiter
+ Mitarbeiter(in vorname:String, in nachname:String) + toString():String

Abb. 6.2 Ergänzungen der Mitarbeiterklasse

Im gezeigten Beispiel kann ein geschicktes CASE-Werkzeug die Generierung vielleicht noch vollständig übernehmen, wobei der in gestrichelten Kästen geschriebene Code üblicherweise von Hand ergänzt werden muss. Bei Berechnungen, wie der des Fertigstellunggrades eines Gesamtprojekts aus den Werten der Teilprojekte, wäre die vollständige Generierung nur möglich, wenn man im CASE-Werkzeug die Berechnungsvorschrift spezifizieren könnte.

Je komplexer die Form der Berechnung ist, desto unwahrscheinlicher ist es, dass der Code automatisch generiert werden kann. In diesen Methoden steckt dann die Hauptarbeit der Entwickler.

6.3 Übersetzung von Assoziationen

Durch Assoziationen werden Beziehungen zwischen Klassen definiert. Typisches Ergebnis sind weitere Exemplarvariablen für die beteiligten Klassen. Das genaue Ergebnis hängt dabei von der Art der Assoziation ab.

Bei der ersten Modellierung wird häufiger nur ein einfacher durchgezogener Strich zwischen den beteiligten Klassen gezogen. Der nächste Schritt ist es, die Multiplizitäten festzulegen, also mit wie vielen Objekten der anderen Klasse ein Objekt einer Klasse in Beziehung steht. Abb. 6.3 zeigt weitere Informationen, die für Assoziationen festgehalten werden können. Von oben nach unten kann man der jeweiligen Assoziation Folgendes entnehmen.

1. Die Klassen Polygon und Punkt stehen in Beziehung.
2. Polygone bestehen aus Punkten. In der Mitte der Assoziation ist der Assoziationsname eingetragen, der Pfeil, genauer das Dreieck, gibt die Leserichtung an. Dieser Assoziationsname findet sich in der späteren Übersetzung in den Programmcode nicht wieder.
3. Jedes Polygon besteht aus beliebig vielen Punkten. Jeder Punkt gehört zu genau einem Polygon. Der letzte Satz bedeutet auch, dass Polygone in diesem Fall keine gemeinsamen Punktobjekte haben können. Verschiedene Polygone können zwar in den Punktkoordinaten, z. B. (2,3) für einen Punkt in der graphischen Darstellung, übereinstimmen, es handelt sich dabei aber um zwei verschiedene Punktobjekte mit den gleichen Werten in den Exemplarvariablen.

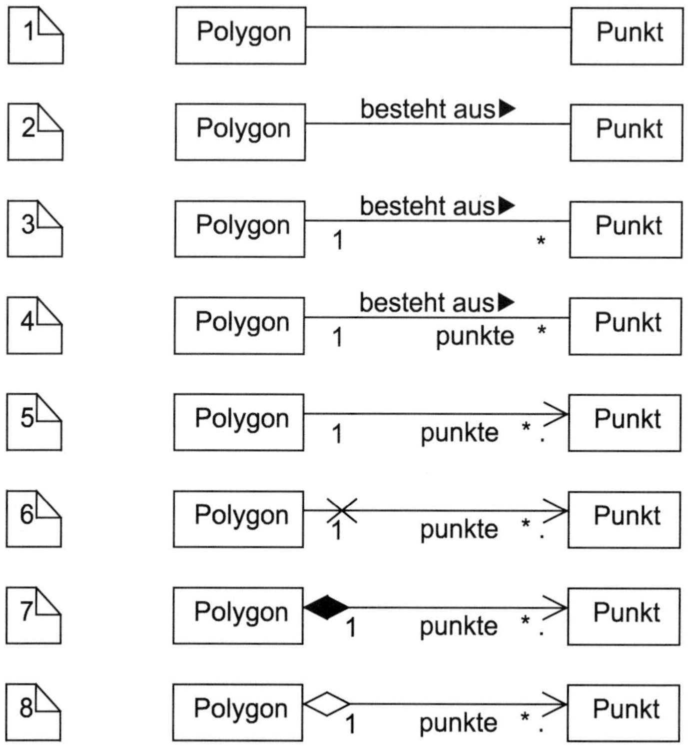

Abb. 6.3 Varianten von Assoziationen

4. Jedes Polygon besteht aus beliebig vielen Punkten, die in einer Exemplarvariablen punkte der Klasse Polygon verwaltet werden. Jeder Punkt gehört zu genau einem Polygon.
5. Jedes Polygon besteht aus beliebig vielen Punkten, die in einer Exemplarvariablen punkte der Klasse Polygon verwaltet werden. Dabei kennt nur das Polygon die Punkte, die zu ihm gehören, man kann nicht, wie in allen vorherigen Fällen, vom Punkt auch auf das Polygon schließen, zu dem der Punkt gehört. Die Multiplizität „1" spielt damit für die Übersetzung in den Programmcode zunächst keine Rolle, da ein Punkt keine Informationen über Polygone hat. Die „1" ist trotzdem relevant, da sie eine Randbedingung angibt. Es ist vom Entwickler zu garantieren, dass jedes Punktobjekt nur in einem Polygon vorkommt.
6. Um die im vorherigen beschriebene Navigierbarkeit in eine Richtung zu verdeutlichen, kann man am Ende der Richtung, in die nicht navigiert werden kann, die Assoziation durchkreuzen bzw. mit einem X markieren.
7. Eine ausgefüllte Raute konkretisiert die Zugehörigkeit in der Form, dass Punktobjekte existenzabhängig vom zugehörigen Polygon sind. Dies bedeutet, dass, wenn ein Polygonobjekt gelöscht wird, auch alle zugehörigen Punkte gelöscht werden.

8. Eine leere Raute bedeutet, dass sich das Polygon aus Punkten zusammensetzt, diese aber nicht existenzabhängig sind. Nachdem ein Polygonobjekt gelöscht wird, können die Punktobjekte alleine weiter existieren und dann z. B. in anderen Polygonen genutzt werden.

Weiterhin kann für die Exemplarvariable punkte noch eine Sichtbarkeit, typischerweise private (-) oder protected (#), angegeben werden.

Ziel des Feindesigns ist es, dass jede Assoziation detailliert spezifiziert ist. Besonders wichtig ist dabei die Navigierbarkeit, da eine Navigierbarkeit in eine Richtung wesentlich einfacher zu realisieren ist, als eine Navigierbarkeit in beide Richtungen.

Das Klassendiagramm in Abb. 6.4 beschreibt, dass jede Projektaufgabe maximal einen Mitarbeiter als Bearbeiter hat. Durch die Multiplizität „0.1" wird festgelegt, dass es nicht immer einen Bearbeiter geben muss. Dies erkennt man in der folgenden Realisierung daran, dass die Exemplarvariable nicht mit einem Wert vorbesetzt wird und es auch nicht notwendig ist, dass in Konstruktoren der Exemplarvariablen bearbeiter ein Wert zugeordnet wird. In Programmiersprachen gibt es dazu eine leere Referenz, meist Null-Wert genannt, die sich auf keinen Speicherplatz bezieht. Der Programmcodeausschnitt sieht wie folgt aus.

```
public class Projektaufgabe {
  /** werkzeugspezifische Kommentare weggelassen
   */
  private Mitarbeiter bearbeiter;
  public Mitarbeiter getBearbeiter() {
    return this.bearbeiter;
  }
  public void setBearbeiter(Mitarbeiter bearbeiter) {
    this.bearbeiter = bearbeiter;
  }
}
```

Diese Realisierung ist sehr nützlich, da nicht sofort alle Werte der Exemplarvariablen bekannt sein müssen und sie mit der set-Methode gesetzt werden können. Kritisch zu beachten ist, dass die Exemplarvariable bearbeiter immer den Wert null haben kann und auf dem Null-Wert keine Methoden ausgeführt werden können, was bei Berechnungen immer zu prüfen ist.

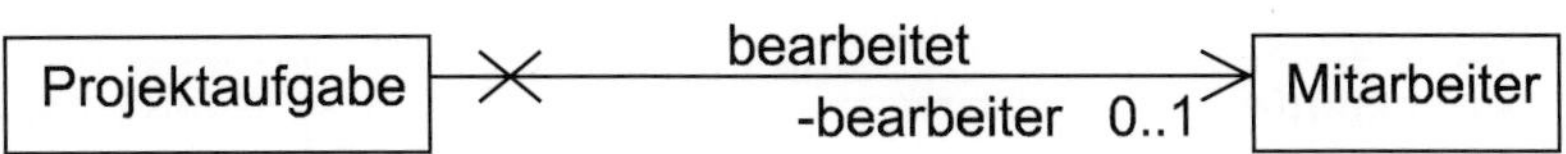

Abb. 6.4 Optional assoziiertes Objekt

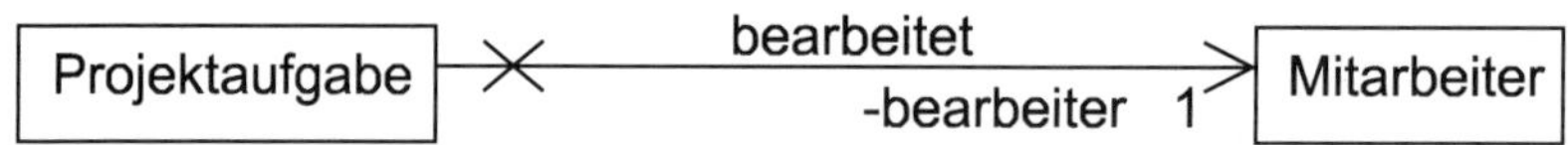

Abb. 6.5 Genau ein zugeordnetes Objekt

Abb. 6.5 zeigt, dass jede Projektaufgabe immer einen Bearbeiter haben muss, es also nicht möglich ist, auf die Frage nach einem Bearbeiter eine Null-Referenz zu erhalten.

Um dies zu gewährleisten, kann man der Exemplarvariablen bereits bei der Definition einen Default-Wert zuordnen. Dies geschieht durch:

```
private Mitarbeiter bearbeiter = new Mitarbeiter();
```

Weiterhin muss beachtet werden, dass in jedem Konstruktor die Exemplarvariable bearbeiter einen sinnvollen Wert erhält. Ist dies der Fall, könnte man auch auf die Initialisierung der Exemplarvariable bei der Deklaration verzichten. Bei der zugehörigen set-Methode ist weiterhin darauf zu achten, dass kein null-Wert übergeben wird.

In Abb. 6.6 können einer Projektaufgabe beliebig viele Mitarbeiter zugeordnet werden. Diese Mitarbeiter werden wieder in einer Exemplarvariablen mitarbeiter verwaltet. Der Typ dieser Variablen muss eine sogenannte Collection (Sammlung, in C++ auch Container genannt) sein. Zur genaueren Bestimmung des Collectiontyps muss bekannt sein, ob die Reihenfolge der Elemente wichtig ist und ob Elemente wiederholt werden können. Daraus ergeben sich vier Varianten, die den Typ bestimmen.

Die Möglichkeiten und die zugehörigen Typen sind ohne Rücksicht auf konkrete Programmiersprachen in Abb. 6.7 dargestellt. Wird von der Multiplizität gefordert, dass eine Mindestanzahl von Elementen vorliegen muss, z. B. „2.*", so muss in allen Konstruktoren darauf geachtet werden, dass sich mindestens zwei Elemente in der Collection befinden. Bei einer endlichen Multiplizität wie „2.7" ist eine Realisierung in einem Feld (Array) mit sieben Elementen sinnvoll. Generell muss bei der Wahl der Collection beachtet werden, dass Programmiersprachen meist weitere Collection-Typen anbieten und man dann noch weitere Auswahlmöglichkeiten hat. Ist z. B. der Zugriff auf Objekte durch eine einfache, das Objekt identifizierende Exemplarvariable möglich, so können Zuordnungen (Maps) benutzt werden, in denen jedem der identifizierenden Werte ein Element zugeordnet werden kann. Weiterhin gibt es für den schnellen Zugriff auf Elemente in Collections Hash-Funktionen, die dann von den Elementen der Collection unterstützt werden müssen.

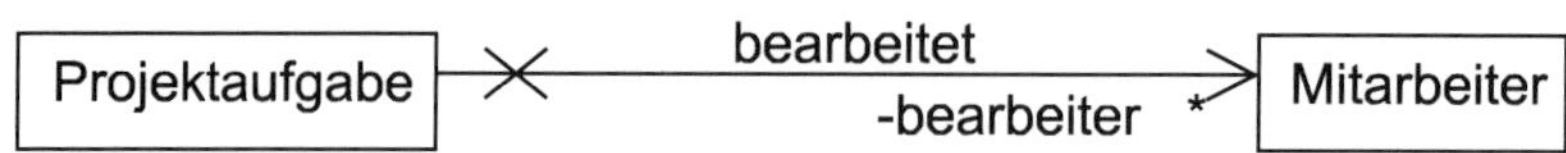

Abb. 6.6 Beliebig viele zugeordnete Objekte

Reihenfolge	Wiederholung	Collection-Typ
egal	verboten {unique}	Datentyp Menge (Set), in der jedes Element maximal einmal vorkommen kann und die Reihenfolge bei der Bearbeitung beliebig ist
egal	erlaubt	Datentyp Multimenge (Multiset, Bag), in der Elemente beliebig oft vorkommen, die in beliebiger Reihenfolge bearbeitet werden können
wichtig {ordered}	verboten {unique}	Datentyp geordnete Menge (OrderedSet), alle Elemente sind angeordnet, jedes mögliche Element kommt maximal einmal vor, die Elemente werden bezüglich ihrer Ordnung abgearbeitet
wichtig {ordered}	erlaubt	Datentyp Liste (List, Sequence), alle Elemente sind angeordnet, Elemente können sich wiederholen, die Elemente werden bezüglich ihrer Ordnung abgearbeitet

Abb. 6.7 Varianten von Collections

In den geschweiften Klammern in Abb. 6.7 sind Randbedingungen angegeben, die zusätzlich am Ende der Assoziation notiert werden können.

In Abb. 6.8 sind drei in der UML erlaubte Varianten dargestellt, die zeigen, dass einer Projektaufgabe eine Collection von Mitarbeitern als Bearbeiter zugeordnet wird. Das „unique" macht deutlich, dass sich jeder Mitarbeiter nur einmal in der Collection befinden darf. In der mittleren Darstellung wird die Exemplarvariable explizit im Kasten der Klasse angegeben. In eckigen Klammern steht die mögliche Anzahl der zugeordneten Elemente und die Randbedingung „unique" steht am Ende in geschweiften Klammern. Der Stern macht deutlich, dass es sich um eine dynamische Struktur handeln muss, aber nicht

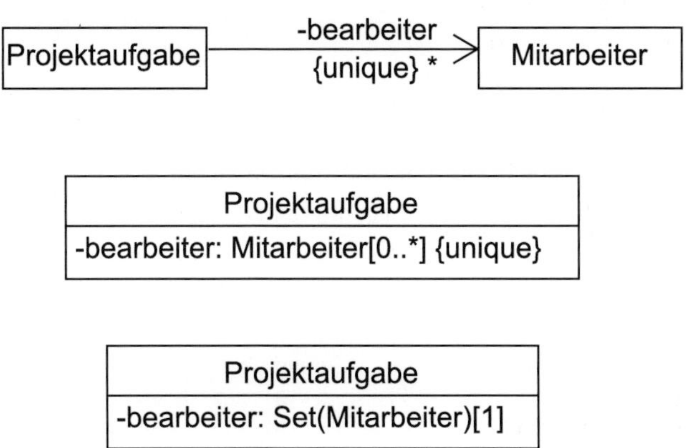

Abb. 6.8 Varianten zur Darstellung einer Menge in UML

welcher Typ zu nutzen ist. In der dritten Darstellung wird der Typ mit Set explizit angegeben, die Angabe [1] macht deutlich, dass der Variablen bearbeiter immer eine Menge zugeordnet sein muss. Zwar sind alle Darstellungen erlaubt, wenn es der Platz zulässt ist aber immer die visuelle Darstellung der Assoziation, also das oberste Diagramm, vorzuziehen. Die Umsetzung als Programm kann bei allen drei Diagrammen identisch sein.

Neben der Liste und der Menge ist die Map der dritte elementare Typ zur Umsetzung von Collections. Maps, in Java als Map<K,V> notiert, beschreiben Sammlungen von Wertepaaren bei denen immer einem eindeutigen Schlüsselwert vom Typ K, engl. key, ein Wert vom Typ V, engl. value, zugeordnet wird. Werden Mitarbeiter z. B. durch eine Mitarbeiternummer minr vom Typ int eindeutig identifiziert, kann eine Map eingesetzt werden, die einer Projektaufgabe eine Sammlung von Mitarbeitern zuordnet. Der konkrete Typ wäre dann Map<Integer, Mitarbeiter>. Diese Konkretisierung einer Collection kann wie in Abb. 6.9 gezeigt in der UML dargestellt werden. Die für den Schlüssel relevante Variable der Werte-Klasse wird in dem Kasten links wiederholt. Durch die Angabe der „1“ ist deutlich, dass zu jeder Mitarbeiternummer in der Projektaufgabe ein Mitarbeiter, also keine Null-Referenz, existieren muss. Theoretisch könnte statt der 1 auch ein Stern stehen, was im konkreten Fall nur Sinn machen würde, wenn es zu einer Mitarbeiternummer mehrere Mitarbeiter geben könnte. Der Typ wäre dann Map<Integer, Collection<Mitarbeiter> >.

In einigen Java-Werkzeugen werden Collections, bei denen die Wiederholung der Elemente erlaubt ist, automatisch in Variablen vom Typ der Schnittstelle List mit der Implementierung ArrayList übersetzt. Der resultierende Programmabschnitt sieht dann wie folgt aus.

```
import java.util.List;
import java.util.ArrayList;
public class Projektaufgabe {
  private List<Mitarbeiter> bearbeiter
                              = new ArrayList<Mitarbeiter>();
```

Da die ArrayList recht einfach zu bearbeiten ist, ist sie häufiger auch die Standardwahl von Implementierern. Man sollte allerdings vor der Typwahl zumindest darüber nachdenken, ob man wirklich den vom Laufzeit- und Speicherverhalten besten Typ gewählt hat. Man muss z. B. beachten, dass Listen Wiederholungen erlauben und dass, wenn

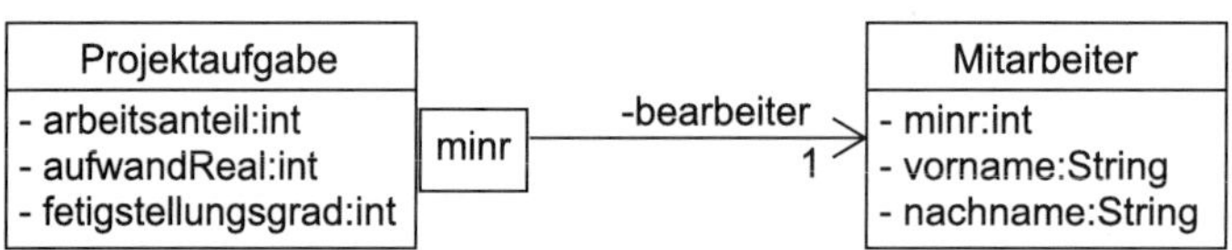

Abb. 6.9 Darstellung einer Map in UML

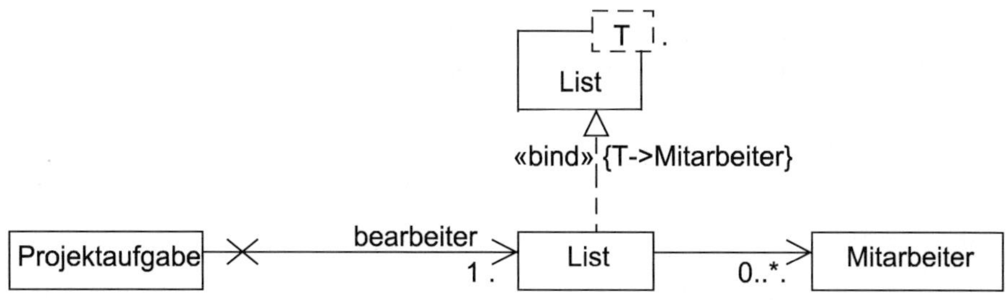

Abb. 6.10 Variante zur Listenmodellierung

diese unerwünscht sind, vor dem Einfügen immer überprüft werden muss, ob sich das Element bereits in der Liste befindet. Im konkreten Beispiel wäre eine Menge als Typ sinnvoller, da jeder Bearbeiter nur einmal einer Projektaufgabe zugeordnet werden kann.

Analysiert man den zuletzt gezeigten Programmcode kritisch, so kann man feststellen, dass bearbeiter eigentlich den Typ List<Mitarbeiter> hat, der aber nicht explizit im Klassendiagramm ersichtlich ist. Möchte man solche generischen Typen sichtbar machen, kann man das z. B. wie in Abb. 6.10 gezeigt darstellen, wobei es hier einige Varianten gibt, da z. B. die Klasse Mitarbeiter üblicherweise dann nicht im Diagramm vorkommt. Man erkennt, dass generische Klassen mit einem gestrichelten Rechteck in der rechten oberen Ecke dargestellt werden. In diesem Rechteck stehen dann die generischen Parameter. Der gestrichelte Pfeil in der Abbildung bedeutet, dass es sich bei der generischen Klasse genauer um ein generisches Interface handelt, das durch ArrayList<Mitarbeiter> realisiert wird. An diesem Pfeil steht weiterhin, wodurch die generische Variable konkretisiert wird. Der Begriff des Interfaces wird im folgenden Unterkapitel noch genauer erläutert. Falls man keine generische Software entwickelt, sollte man Listen nicht in der expliziten Form darstellen.

6.4 Spezielle Arten der Objektzugehörigkeit

Im vorherigen Unterkapitel wurde die Multiplizität „0.1“ bereits genauer analysiert. Für Personen, die nur in Java programmieren, könnte das Thema damit abgeschlossen sein. Für C++-Programmierer und für UML-Nutzer stellt sich aber die Frage nach der genauen Zugehörigkeit, deren Hintergrund auch für Java-Entwickler von Interesse ist.

In Abb. 6.3 wurden zwei Rauten vorgestellt, die für die unterschiedlichen Arten der Zugehörigkeit zu einem Objekt stehen, die jetzt genauer analysiert werden sollen.

Abb. 6.11 beschreibt, dass ein Mitarbeiter nicht exklusiver Bestandteil einer Projektaufgabe ist, d. h. der Mitarbeiter könnte auch in anderen Objekten genutzt werden. Man spricht dabei von einer Aggregation, die man meist bei Beziehungen vorfindet. Die Realisierung der relevanten Teile in Java lautet

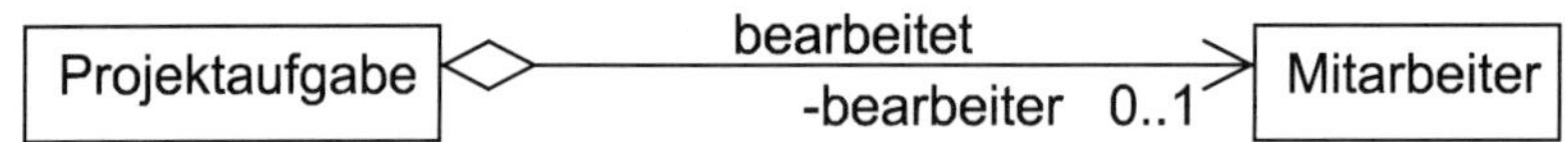

Abb. 6.11 Aggregation einer Klasse

```
public class Projektaufgabe{
  private Mitarbeiter bearbeiter = null;
  public Mitarbeiter getBearbeiter(){
    return this.bearbeiter;
  }
  public void setBearbeiter(Mitarbeiter bearbeiter){
    this.bearbeiter = bearbeiter;
  }
```

Semantisch bedeutet dies, dass eine Projektaufgabe eine Referenz auf ein Mitarbeiterobjekt enthält. Wenn ein anderes Objekt die getBearbeiter()-Methode nutzt, erhält es eine Referenz auf das gleiche Mitarbeiterobjekt und kann damit auch den Mitarbeiter bearbeiten.

Will man eine vergleichbare Semantik in C++erreichen, so hat man zwei Möglichkeiten. Bei der ersten Möglichkeit wird mit den klassischen, bereits aus C bekannten Zeigern gearbeitet. Der Programmausschnitt sieht wie folgt aus. In der Header-Datei von Mitarbeiter steht unter anderem:

```
class Mitarbeiter{
private:
  Mitarbeiter* bearbeiter;
```

In der Implementierungsdatei steht unter anderem:

```
Mitarbeiter* Projektaufgabe::getBearbeiter(){
  return bearbeiter;
}
void Projektaufgabe::setBearbeiter(Mitarbeiter* bearbeiter){
  this->bearbeiter = bearbeiter;
}
```

C++bietet mit dem &-Operator, der eine Referenz auf die zugehörige Variable erzeugt, hier auf den Rückgabewert bzw. auf den Parameter, eine alternative Implementierung. In der Header-Datei von Mitarbeiter steht unter anderem:

```
class Mitarbeiter{
private:
  Mitarbeiter bearbeiter;
```

In der Implementierungsdatei steht unter anderem:

```
Mitarbeiter& Projektaufgabe::getBearbeiter(){
  return bearbeiter;
}
void Projektaufgabe::setBearbeiter(Mitarbeiter& bearbeiter){
  this->bearbeiter = bearbeiter;
}
```

Aus objektorientierter Sicht kann man die Übersetzung dieser Assoziation als kritisch ansehen, da sie gegen den Schutz von Exemplarvariablen nach außen verstößt. Jeder, der eine Referenz auf das Mitarbeiterobjekt erhält, kann alle öffentlichen Mitarbeiter-Methoden ausführen und so direkt eine Exemplarvariable einer Projektaufgabe verändern.

Eine Möglichkeit, dies zu verhindern ist, keine Referenz auf das eigentliche Objekt zurückzugeben, sondern ein Interface dazwischen zu schalten. Dabei ist ein Interface eine spezielle abstrakte Klasse, die ausschließlich Exemplarmethoden enthält, die alle nicht ausimplementiert sind.

Dieser Ansatz zur Interfacenutzung ist in Abb. 6.12 beschrieben. Man sieht auf der rechten Seite die Klasse Mitarbeiter mit allen Methoden, die Exemplarvariablen zu verändern. Weiterhin wird angenommen, dass die Projektaufgabe nur Methoden zum Lesen der Exemplarvariablen nutzt. Zu diesem Zweck wird ein neues Interface Aufgabenbearbeiter geschrieben, in dem diese lesenden Methoden stehen, die von der Klasse Mitarbeiter implementiert werden. Eine Projektaufgabe erhält dann keine Referenz mehr auf einen Mitarbeiter, sondern nur auf einen Aufgabenbearbeiter, genauer auf ein Objekt, das diese Schnittstelle realisiert. Wird dann die Referenz auf den Aufgabenbearbeiter

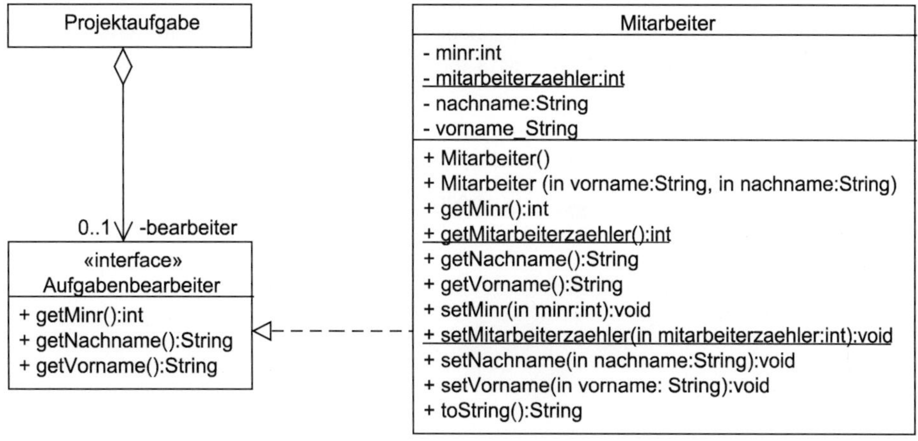

Abb. 6.12 Interfacenutzung zur Kapselung

weitergegeben, können Nutzer der Referenz nur die Methoden nutzen, die auch der Projektaufgabe zur Verfügung stehen. Theoretisch könnte man den Ansatz fortführen und verschiedene Interfaces der Klasse Mitarbeiter bilden, die zu unterschiedlichen Zwecken eingesetzt werden können. Bei diesem Schritt ist zu bedenken, dass sehr viele Interfaces mit wenigen Methoden entstehen. Weiterhin muss kritisch angemerkt werden, dass ein Objekt, das eine Referenz auf einen Aufgabenbearbeiter erhält und das auch Zugang zur Klasse Mitarbeiter hat, durch eine Umwandlung (einen Cast) sich wieder das Mitarbeiterobjekt herleiten kann.

Abb. 6.13 zeigt eine Kurzdarstellung der Realisierung des Interfaces Aufgabenbearbeiter durch die Klasse Projektaufgabe durch die sogenannte Lollipop-Darstellung.

Eine alternative Designentscheidung ist es, dass die Projektaufgabe niemals das Mitarbeiterobjekt zurückgibt. Soll dieser Mitarbeiter verändert werden, so muss eine Methode der Klasse MitarbeiterController genutzt werden. In der Implementierung wird dann z. B. der Parameter mit der setNachname()-Methode an den Mitarbeiter weiter gereicht. Dieser Ansatz ist bei Aggregationen typisch.

Neben dem vorgestellten Design-Ansatz gibt es eine weitere Möglichkeit, eine Exemplarvariable zu schützen. Diese wird in der UML wie in Abb. 6.14 gezeigt dargestellt. Die Bedeutung dieser Raute ist, dass der Mitarbeiter existenzabhängig von der Projektaufgabe ist, man spricht dabei von einer Komposition. Wenn das Projektaufgabeobjekt gelöscht wird, dann wird auch der zugehörige Bearbeiter gelöscht. Veranschaulichen kann man dies durch einen Mitarbeiter, der über einen Werkvertrag eingestellt ist, der mit Abschluss der Aufgabe beendet wird.

Eine unschöne Variante der Nutzung und Realisierung dieses Ansatzes ist es, den gleichen Weg der Implementierung wie bereits bei der einfachen Abhängigkeit vorgestellt zu gehen. Andere Objekte können dann ebenfalls Referenzen auf das Mitarbeiterobjekt haben, und wenn dieses Objekt gelöscht wird, muss jeder Referenzinhaber darauf vorbereitet sein, d. h., er muss vor jedem Zugriff auf das Objekt prüfen, ob es noch existiert.

Eine sauberere Implementierung ist es, das Mitarbeiterobjekt als vollständigen Teil des Projektaufgabeobjekts zu sehen. Dies bedeutet, dass nur die Projektaufgabe den Mitarbeiter kennt und diesen bearbeiten darf. Eine Veränderung erfolgt wieder über den MitarbeiterController.

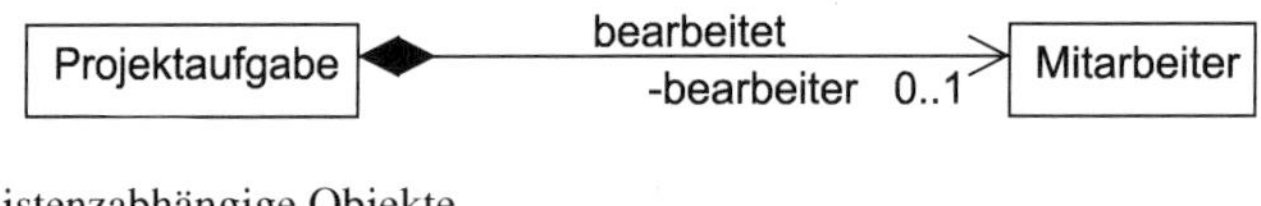

Abb. 6.14 Existenzabhängige Objekte

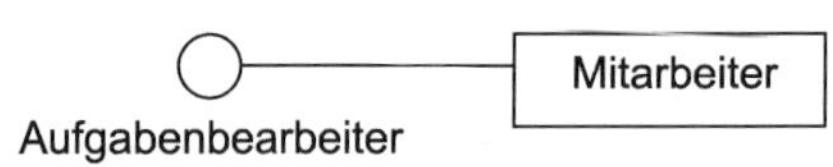

Abb. 6.13 Lollipop-Darstellung einer Interface-Realisierung

Alternativ kann die Projektaufgabe direkt eine Methode getBearbeiter() anbieten, die statt einer Referenz eine echte Kopie des Mitarbeiterobjekts liefert. Damit kann der Nutzer der Methode das Mitarbeiterobjekt zwar lokal für sich in beliebiger Form nutzen, mit seinen Zugriffen aber das ursprüngliche Mitarbeiterobjekt nicht verändern. Wird in C++im Kopierkonstruktor, wie es standardmäßig der Fall ist, eine Kopie angelegt, so sieht die Implementierung wie folgt aus. In der Header-Datei steht

```
class Mitarbeiter{
private:
  Mitarbeiter bearbeiter;
```

In der Implementierungsdatei steht unter anderem:

```
Mitarbeiter Projektaufgabe::getBearbeiter(){
  return bearbeiter;
}
void Projektaufgabe::setBearbeiter(Mitarbeiter& bearbeiter){
  this->bearbeiter = bearbeiter;
}
```

Bei der Rückgabe der get-Methode und beim Sichern des Wertes in der set-Methode werden jeweils Kopien der Objekte angelegt.

In Java steht diese Variante direkt nicht zur Verfügung. Wenn dieser Ansatz gewünscht ist, kann man in Java die clone()-Methode nutzen, mit der eine Kopie eines Objekts angelegt wird. Der Ausschnitt aus der Implementierung sieht dann wie folgt aus.

```
public class Projektaufgabe{
  Mitarbeiter bearbeiter = null;
  public Mitarbeiter getBearbeiter(){
    return this.bearbeiter.clone();
  }
  public void setBearbeiter(Mitarbeiter bearbeiter){
    this.bearbeiter=bearbeiter.clone();
  }
```

Bei der Nutzung von clone() ist zu beachten, dass standardmäßig nur eine flache Kopie angelegt wird, also Referenzen von Exemplarvariablen kopiert werden und dann auf die gleichen Objekte zeigen. Für echte Kopien muss die clone()-Methode überschrieben werden.

Bisher wurden nur Abhängigkeiten zwischen Klassen betrachtet, die langfristig bestehen. Häufig hat man gerade bei Steuerungsklassen den Fall, dass diese nur kurzfristig auf Objekte zugreifen, um diese dann an andere Objekte weiterzuleiten. Diese Abhängigkeiten sind wichtig, da die Steuerungsklasse auf die benutzte Klasse Zugriff

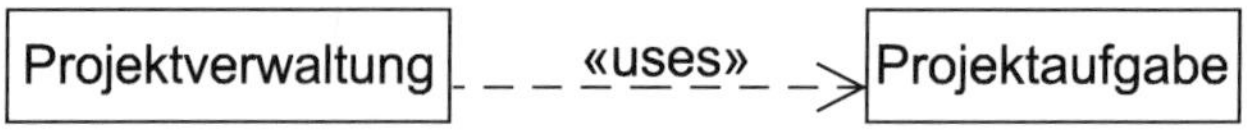

Projektverwaltung «uses» Projektaufgabe

Abb. 6.15 Nutzt-Beziehung in UML-Darstellung

haben muss. Weiterhin muss bei Änderungen der Implementierung der benutzten Klasse auch über eventuell notwendige Änderungen in der Steuerungsklasse nachgedacht werden. Abb. 6.15 zeigt die Darstellung der Abhängigkeit in der UML, statt eines <<uses>> wird auch der Stereotyp <<include>> genutzt oder der Stereotyp ganz weggelassen. Grundsätzlich sollte man Assoziationen und Abhängigkeiten nur dann in einem Klassendiagramm darstellen, wenn die Übersichtlichkeit darunter nicht wesentlich leidet. Alternativ kann man zwei Bilder mit den gleichen Klassen zeichnen, wobei in einem Bild nur die Assoziationen und im anderen Bild nur die weiteren Abhängigkeiten dargestellt werden. Im Programmausschnitt sieht die kurzfristige Klassennutzung dann wie folgt aus.

```
public class Projektverwaltung {
    private Projekt selektiertesProjekt;

   public void projektaufgabeErgaenzen(String name){
        Projektaufgabe pa= new Projektaufgabe(name);
        this.selektiertesProjekt.aufgabeHinzufuegen(pa);
    }
```

6.5 Aufbau einer Software-Architektur

Unter einer Software-Architektur versteht man eine Aufteilung der Software in logisch eng zusammenhängende Einheiten, die möglichst getrennt entwickelt und verwaltet werden können. Diese Aufteilung kann typischerweise basierend auf dem Analyseklassenmodell passieren, wobei sich durch gewisse Designoptimierungen weitere Aufteilungsmöglichkeiten ergeben. Durch die Software-Architektur kann man die Software in sogenannte Pakete aufteilen, die jeweils eine Aufgabe bündeln. Diese Bündelung sollte die Form haben, dass Klassen innerhalb des Pakets eng miteinander kooperieren und dass die Schnittstellen zu anderen Klassen in anderen Paketen möglichst einfach sind.

Für große Systeme bietet es sich weiterhin an, kleine Pakete wieder in größeren Paketen zu bündeln. Dies ist z. B. in der Java-Klassenbibliothek der Fall. Abb. 6.16 zeigt ein Beispiel für die Paketverschachtelung bei der Textanzeige mit einem Paketdiagramm. Man sieht, dass es beim Oberflächengestaltungspaket swing unter anderem ein Teilpaket zur Anzeige und Bearbeitung von Texten namens text gibt. Neben allgemeinen Klassen zur Textbehandlung enthält dieses Paket Pakete zur Bearbeitung von Texten im HTML- und RTF-Format. Für HTML gibt es weiterhin spezielle Klassen, die für die Analyse und

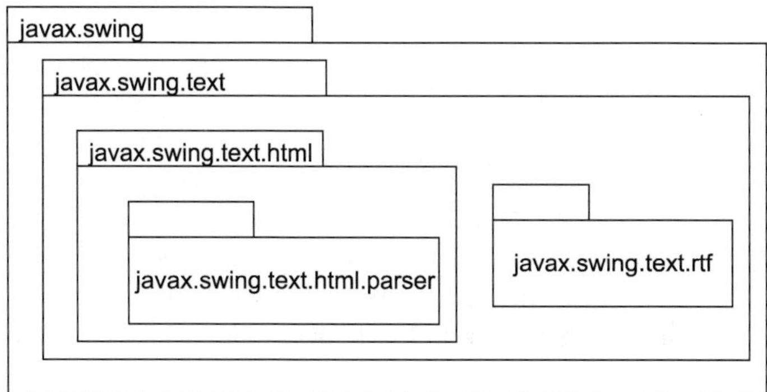

Abb. 6.16 Paketverschachtelung in Java

Abarbeitung von HTML-Texten zuständig sind, die sich im zugehörigen parser-Paket befinden.

Die Abbildung zeigt, dass ein Paket in der UML als Karteikarte dargestellt wird. Wenn nur der Name des Pakets genannt wird, steht dieser in der Mitte der Paketnotation; werden weitere Teile des Pakets innerhalb des Pakets dargestellt, dies kann graphisch oder durch die Nennung der Elemente in Textform innerhalb des Kastens erfolgen, steht der Paket-Name oben im Kopf der Karteikarte. Sogenannte vollqualifizierte Namen von Paketen sind immer in der Form

NameDesHauptpakets.NameDesUnterPakets.NameDesUnterUnterPakets

angegeben, wobei diese Kette theoretisch beliebig verlängert werden kann. Im Paket swing gibt es ein Paket namens text, das ein Paket namens rft enthält.

Bei der Suche nach einer sinnvollen Aufteilung von Klassen in Pakete gibt es einige generelle Ansätze. Abb. 6.17 zeigt, dass man Klassen meist in drei Schichten, manchmal

Abb. 6.17 Drei-Schichten-Architektur

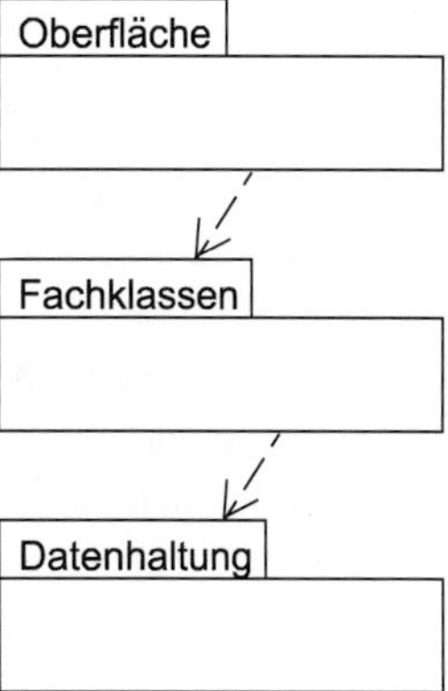

auch als Ebenen bezeichnet, im englischen „tier“ genannt, aufteilen kann. Im Oberflächenpaket befinden sich alle Klassen, die zur Darstellung der graphischen Oberfläche da sind und die zur Kommunikation mit dem Nutzer dienen. Auf Fachklassenebene stehen alle Klassen, die zur Darstellung des fachlichen Inhalts benötigt werden. Bei der Erstellung des Analyseklassenmodells lag der Schwerpunkt auf dieser Ebene. Die dritte Ebene kümmert sich um die Datenhaltung, d. h. sie ist verantwortlich dafür, wie Objekte langfristig abgespeichert und dann wieder geladen werden. In Abb. 6.17 sind gestrichelte Abhängigkeitspfeile eingezeichnet. Dabei bedeutet ein Pfeil von einem Paket A zu einem anderen Paket B, dass eine Klasse aus A eine Klasse aus B in irgendeiner Form nutzt. Eine zentrale Forderung der Paketierung ist, dass es keine zyklischen Abhängigkeiten zwischen den Paketen gibt, man also nicht bei einem Paket A starten, dann den Abhängigkeitspfeilen folgen und wieder bei A ankommen kann. Solche zyklischen Abhängigkeiten, die man möglichst schon zwischen Klassen vermeiden sollte, führen zu aufwendigen Änderungsprozessen, da bei einem Paket A, das ein Paket B nutzt, bei der Änderung einer Klasse im Paket B für alle Klassen in A geprüft werden muss, welche Auswirkungen es gibt. Änderungen in A haben keinen Einfluss auf die Klassen in B. Bei zyklischen Abhängigkeiten könnte es passieren, dass man bei Änderungen mehrfach den Zyklus rückwärts durchlaufen muss.

Generell gilt, dass ein Paket B zuerst kompiliert werden muss, bevor ein Paket A, das von B abhängig ist, kompiliert werden kann. Bei zyklischen Abhängigkeiten kann es auch hier Probleme geben.

Die in Abb. 6.17 dargestellte Drei-Schichten-Architektur ist nur eine sehr grobe Strukturierungsmöglichkeit. In der Literatur werden auch mehrschichtigere Architekturen diskutiert. So kann es sinnvoll sein, ein querschnittliches Paket mit Hilfsdiensten zu haben, die allen anderen Paketen zur Verfügung stehen. In solch einem Paket oder einem zusätzlichen Paket könnte man auch globale Klassen verstauen, wobei es von diesen möglichst wenige geben sollte. Zu globalen Klassen gehören z. B. projektspezifische Datentypen, wie Aufzählungen, die in allen anderen Paketen genutzt werden. Weiterhin benötigt man häufig zentrale Projekteinstellungen, wie Informationen über Pfade, die Klassen in verschiedenen Paketen benutzen. Globale Klassen nutzen typischerweise Klassenvariablen und Klassenmethoden.

Abb. 6.18 zeigt eine mögliche Paketaufteilung für das Projektmanagementsystem, dabei ist die Fachklassenebene in zwei Pakete, Projekte und Projektmitarbeiter, aufgeteilt worden. Die Datenhaltung ist in diesem Diagramm nicht spezifiziert, da sie in Kap. 9 getrennt behandelt wird. Bei der Oberfläche wird davon ausgegangen, dass es eine Steuerungsklasse gibt, die dann die Abarbeitung an verschiedene Masken verteilt.

Die Paketzerlegung erfüllt die zentrale Forderung nach einer azyklischen Struktur, die man auch durch eine weitere Verfeinerung der Paketstruktur, wie sie in Abb. 6.19 angedeutet ist, nicht verliert.

Abb. 6.20 zeigt eine alternative Klassenaufteilung, wie sie für das Beispiel realistischer ist. Abb. 6.18 ist zwar azyklisch, es gibt aber noch viele Abhängigkeiten zwischen

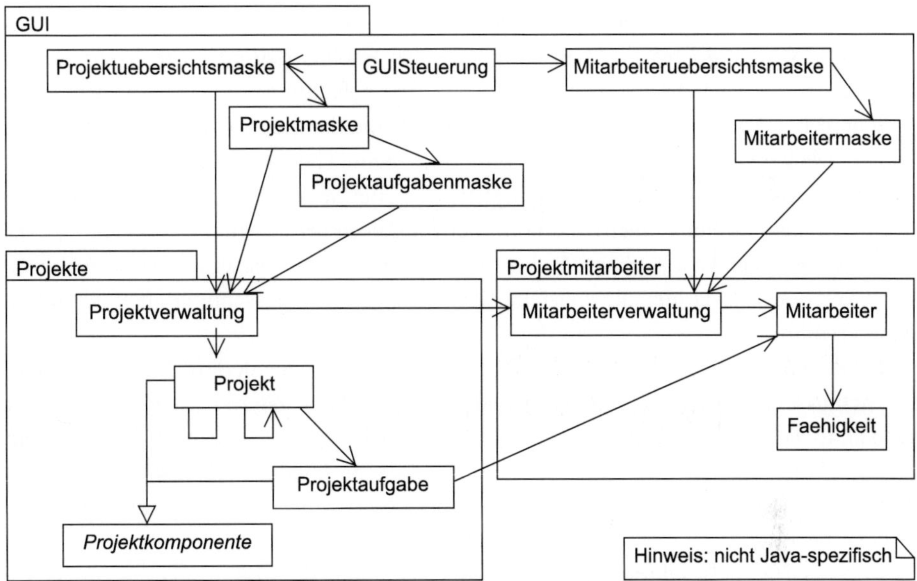

Abb. 6.18 Paketaufteilung für das Projektmanagementsystem

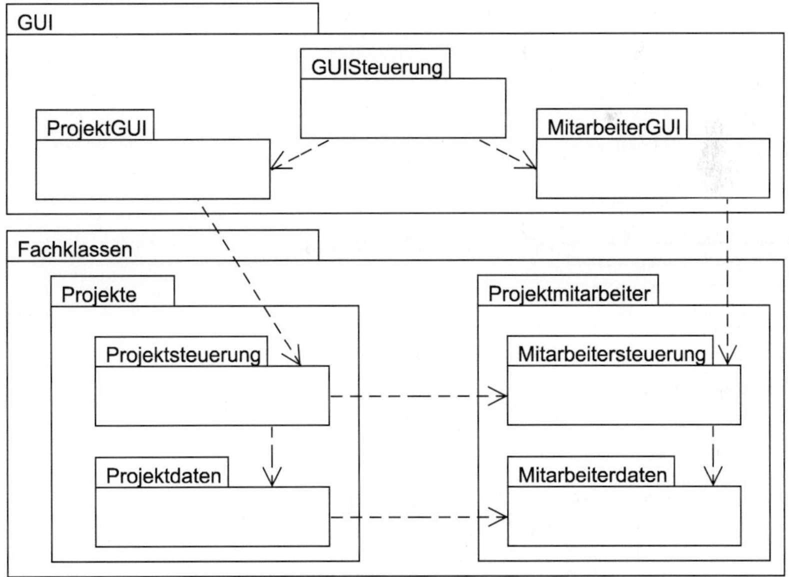

Abb. 6.19 Verfeinerung der Paketierung

unterschiedlichen Klassen der einzelnen Pakete. Da es ein Ziel der Paketierung ist, dass die Pakete von möglichst unabhängig arbeitenden Entwicklergruppen realisiert werden, soll die Anzahl der Schnittstellen möglichst gering gehalten werden. Aus diesem Grund sind in Abb. 6.20 Koordinationsklassen eingeführt, die den Zugriff auf die Klassen im jeweiligen Paket steuern. Dieser Ansatz wird auch beim Thema Design-Pattern im Kap. 8 mit dem Fassade-Pattern wieder aufgegriffen. Weiterhin wird in Abb. 6.20 davon ausgegangen, dass es eine einheitliche Form der Maskensteuerung gibt, sodass alle Spezialmasken von einer generischen Maskenform erben können. Dieser sinnvolle Ansatz ist nicht java-typisch, da hier die spezielle Nutzung der Java-Klassenbibliothek zu anderen Klassen führt.

Pakete können in Java und C+ +problemlos umgesetzt werden, in Java gibt es dazu das Schlüsselwort package, in C+ +namespace. Die etwas andere Art der Nutzung sieht man an folgenden Programmcodeausschnitten. Dabei wird davon ausgegangen, dass eine Klasse Projektaufgabe in einem Paket fachklassen.projektdaten passend zu Abb. 6.19 realisiert werden soll und den Zugriff auf eine Klasse Mitarbeiter im Paket projektmitarbeiter benötigt.

In Java sieht die Beschreibung der Paketzuordnung und der Abhängigkeit wie folgt aus:

```
package fachklassen.projektdaten;
import fachklassen.projektmitarbeiter.Mitarbeiter;
public class Projektaufgabe {
```

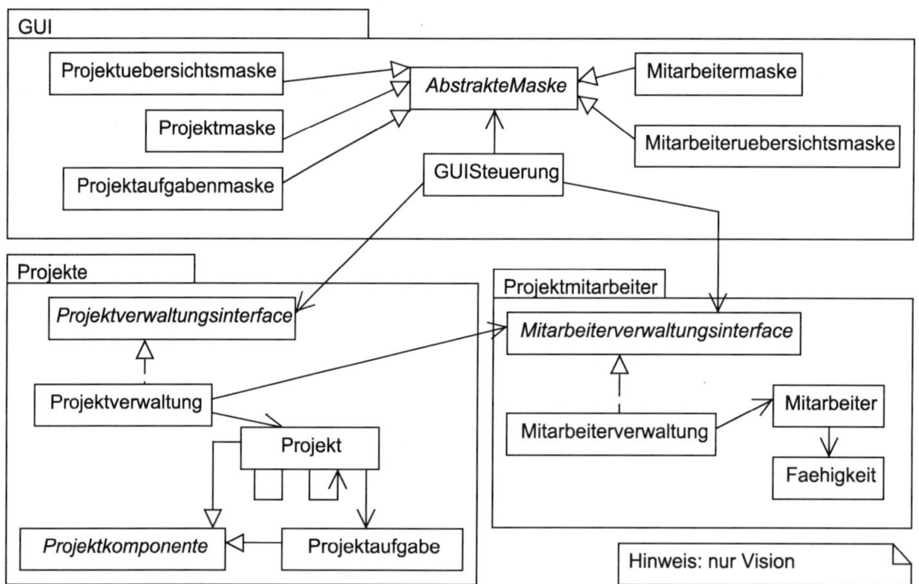

Abb. 6.20 Alternative Klassen und Paketstruktur

```
    private Mitarbeiter bearbeiter;
    /* ... */
}
```

In C+ +sieht die Beschreibung der Paketzuordnung und der Abhängigkeit wie folgt aus:

```
#include "Mitarbeiter.h" //evtl. mit Dateipfad
using namespace Fachklassen::ProjektMitarbeiter;
namespace Fachklassen{
    namespace Projektdaten{
            class Projektaufgabe{
                    private:
                        Mitarbeiter *bearbeiter; // ...
            };
    }
}
```

Auf den ersten Blick sind zyklische Abhängigkeiten nicht immer vermeidbar. Wenn man keinen einfachen Weg findet, diese zyklische Abhängigkeit zu umgehen, gibt es den in Abb. 6.21 beschriebenen Ansatz zur Umkehr von Abhängigkeiten. Auf der linken Seite sieht man eine bidirektionale Assoziation, A1 benötigt B1 und B1 benötigt A1, was zu zyklischen Abhängigkeiten zwischen den Paketen führt. Geht man davon aus, dass die Paketaufteilung sonst als gelungen angesehen wird und damit nicht verändert werden soll, zeigt Abb. 6.21 auf der rechten Seite eine Lösung.

Zur Klasse B1 wird eine Interfaceklasse IB1 geschrieben, die zumindest alle Methoden beinhaltet, die A1 von B1 benötigt. Aus diesem Grund ist es möglich, dass A1 statt mit einem Objekt der Klasse B1 mit einem Objekt arbeiten kann, das IB1 implementiert. Dadurch, dass IB1 in das Paket A verlegt wurde, ist nur noch das Paket B vom Paket A abhängig.

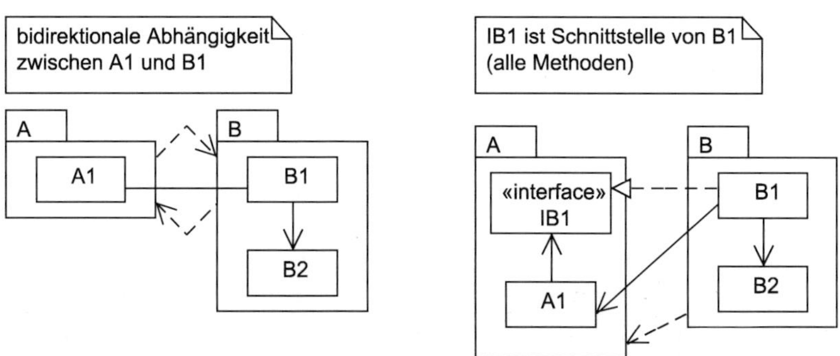

Abb. 6.21 Auflösung zyklischer Abhängigkeiten

6.6 Weitere Schritte zum lauffähigen Programm

Bei der eigentlichen Implementierung müssen die nicht-funktionalen Anforderungen zumindest im Hinterkopf bleiben, da sie in einige Implementierungsentscheidungen einfließen. Diese Anforderungen können im Klassendiagramm, das sich hauptsächlich auf die funktionalen Anforderungen konzentriert, nur schlecht dargestellt werden.

Da es nicht sinnvoll ist, alle Projektinformationen in eine Modellansicht zu stecken, weil dies zu unlesbaren Diagrammen führt, ist es sinnvoll, sich auf verschiedene „Sichten" auf die resultierende Software zu konzentrieren. Dabei bedeutet der in diesem Buch wie häufig in der Literatur zweifach verwendete Begriff „Sicht" in diesem Fall eine Sichtweise auf die resultierende Software, die sich auf bestimmte Aspekte der Software konzentriert. Ziel ist es letztendlich, dass die resultierende Software sinnvolle Ergebnisse für alle Sichten liefert. Dadurch, dass es eine Verzahnung der Sichten gibt, ist garantiert, dass ein insgesamt erfolgreiches Softwareprojekt das Ergebnis ist.

In Abb. 6.22 werden die unterschiedlichen „4+1"-Sichten [Kru04] mit ihren wesentlichen Themengebieten vorgestellt. Die Sichten mit den verwendbaren UML-Sprachelementen, die teilweise noch genauer vorgestellt werden, sind im Einzelnen:

Logische Sicht: Das ist die Sicht, die bei der eigentlichen Software-Entwicklung im Mittelpunkt steht und den Schwerpunkt dieses Buches bildet. In dieser Sicht wird die Funktionalität des Systems betrachtet. Die Ergebnisse sind das Analyse- und das Designmodell. In der UML werden Klassendiagramme, Paketdiagramme, Zustandsdiagramme, zur Prüfung der Zusammenhänge Sequenzdiagramme und zur Analyse der geforderten Abläufe Aktivitätsdiagramme eingesetzt.

Ablaufsicht: In dieser Sicht werden alle dynamischen Aspekte der Abläufe des zu entwickelnden Systems zusammengefasst. Es wird beschrieben, welche Abläufe innerhalb der Software möglich sind. Bisher wurde in diesem Zusammenhang immer von einem Programm als Ergebnis gesprochen. Häufig sollen aber mehrere Programmteile

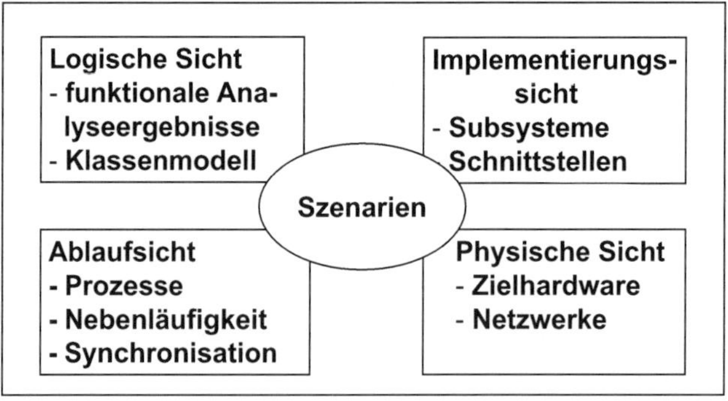

Abb. 6.22 4+1-Sichten eines Systems

das Ergebnis sein, die dann in mehreren Prozessen realisiert werden. Welcher Prozess wo läuft, ist z. B. bei Systemen, die über mehrere Rechner laufen, auch in der Analysephase festzuhalten. Wichtig ist dabei, wie die Prozesse Informationen austauschen. Statt unabhängiger, vom Betriebssystem getrennt behandelter Prozesse, kann die Nutzung von Threads, nebenläufigen Abläufen innerhalb eines Prozesses, eine Rolle spielen. Zur Darstellung von Zusammenhängen eignen sich besonders Sequenzdiagramme und die damit verwandten Kommunikationsdiagramme. Auf allgemeinerer Ebene können auch Aktivitätsdiagramme und für detaillierte Spezifikationen die im Folgekapitel vorgestellten Zustandsdiagramme eingesetzt werden. Innerhalb von Klassendiagrammen kann man Klassen, die zu eigenen Threads oder Prozessen führen, besonders kennzeichnen.
Implementierungssicht: In dieser Sicht geht es darum, wie eine vollständige Implementierung der Klassen und Pakete verwaltet werden kann. Dazu können logische Klassen z. B. in Teilsysteme aufgeteilt werden, die wiederum einige der implementierten Schnittstellen anbieten und die als einzelne Softwareteilpakete installiert werden können. Zu dieser Sicht gehört auch die „innere" Organisation des Umgangs mit Dateien, es muss z. B. deutlich werden, wie die neue Software wo benötigte Dateien sucht. Dies kann im konkreten Fall ein Verzeichnis mit Bildern sein, das mit der Software ausgeliefert werden und auf das die Software zugreifen muss. In der UML werden Paket- und hauptsächlich Komponentendiagramme zur Beschreibung genutzt.
Physische Sicht: Diese Sicht beschäftigt sich zentral mit der Hardware, d. h. mit den Rechnern, auf denen die zu entwickelnde Software später laufen muss, und den Netzwerkverbindungen dazwischen. Zur Spezifikation werden Deployment-Diagramme, auch Verteilungsdiagramme genannt, genutzt.

Szenarien: Die getrennten Aufgabenstellungen der Sichten müssen von der zu erstellenden Software gelöst werden. Wichtig ist aber, dass alle Lösungsteile zusammenpassen. Wie bereits in der Beschreibung angedeutet gibt es UML-Sprachmittel, die die Verzahnung der Sichten verdeutlichen. Dies wurde bereits an den in den vorherigen Kapiteln genutzten Use Cases und Aktivitätsdiagrammen deutlich. Sie wurden genutzt, um alle Anforderungen an das System zu ermitteln, sodass ihre Beschreibungen sich dazu eignen, Aspekte aller Sichten zu beinhalten.
Die schwerpunktmäßige Zuordnung von UML-Sprachelementen zu den einzelnen Sichten ist in Abb. 6.23 dargestellt. Dabei ist zu beachten, dass gleichartige Diagramme auch in verschiedenen Sichten eingesetzt werden können. Üblicherweise wird dann ein anderer Teilaspekt des Diagramms betont.

Die zuerst beschriebenen vier Sichten sollen jetzt beispielhaft noch genauer betrachtet werden.

Ablaufsicht
Abb. 6.24 zeigt die mögliche Darstellung eigenständiger Prozesse bzw. Threads und der zugehörigen aktiven Objekte. In Java erkennt man solche Klassen z. B. daran, dass sie von der Klasse Thread erben oder das Interface Runnable implementieren und eine Me-

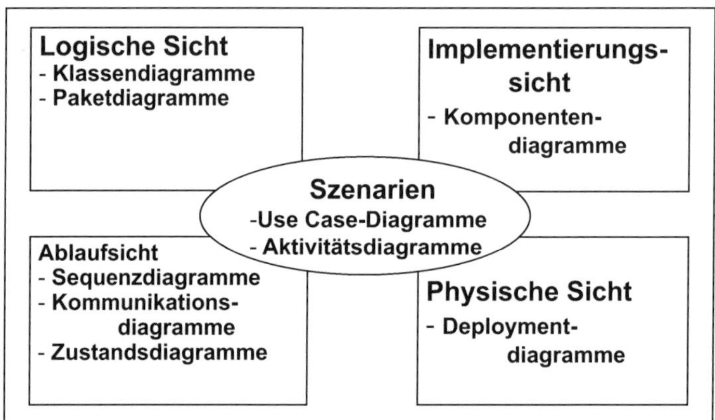

Abb. 6.23 UML-Sprachelemente der Sichten

Abb. 6.24 Aktive Klasse

thode run() beinhalten. Eine Darstellungsvariante in der UML gibt es mit der Nutzung von Stereotypen, indem z. B. eine aktive Klasse mit <<thread>> oder <<process>> gekennzeichnet wird.

Implementierungssicht

Nachdem die Klassen und damit die Pakete implementiert sind, muss das resultierende System in lauffähige Einheiten aufgeteilt werden, die installierbar sind. Typischerweise setzt sich solch eine Einheit aus einem oder mehreren Software-Paketen zusammen. Diese Einheiten werden dann Komponenten genannt. In Java sind dies typischerweise resultierende *.jar-Dateien.

Abb. 6.25 zeigt zwei alternative Darstellungen von Komponenten, die in Komponentendiagrammen, in denen mehrere Komponenten und ihre Verbindungen dargestellt werden können, spezifiziert werden. In beiden Darstellungen ist neben dem Komponentennamen die Angabe über angebotene und benötigte Schnittstellen abzulesen. Angebotene Schnittstellen werden wieder in der Lollipop-Notation angegeben, bei der der Schnittstellenname an der runden Spitze des Lollipops steht. Genauer betrachtet muss man nicht von angebotenen Schnittstellen reden, sondern davon, dass die Komponente die Erzeugung von Objekten anbietet, die diese Schnittstellen implementieren.

Geforderte Schnittstellen werden mit einem offenen Halbkreis an der Spitze einer Verbindung dargestellt. Die Darstellung suggeriert, dass man den Halbkreis als Steckdose interpretieren kann, in der eine Schnittstelle angeschlossen wird. Formal bedeutet

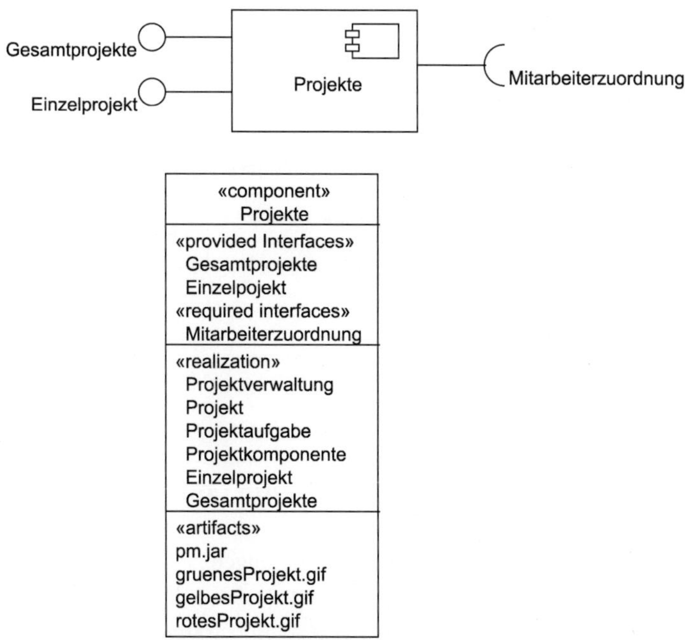

Abb. 6.25 Varianten der Komponentendarstellung

eine geforderte Schnittstelle, dass die Komponente für ihre Arbeit ein Objekt benötigt, das diese Schnittstelle implementiert.

In der Detaildarstellung unten in der Abbildung können noch die Klassen angegeben werden, die sich in der Komponente befinden (<<realization>>). Weiterhin kann man angeben, aus welchen Bestandteilen bzw. Artefakten (<<artifacts>>) sich die Komponente zusammensetzt. Dies können neben dem eigentlichen ausführbaren Programm weitere Dateien, im Beispiel Bilder, sein.

Physische Sicht

Im Verteilungsdiagramm (deployment diagram), wie es in Abb. 6.26 gezeigt wird, sieht man, welche Software letztendlich auf welchem Rechner laufen soll. Neben den Rechnern sind die Arten der Verbindungen angegeben. Die Rechner werden als viereckige Quader dargestellt, in deren Inneren man zeigen kann, welche ausführbaren Programme (<<executable>>) und eventuell weitere Dateien (<<artifacts>>) auf ihnen installiert sind. Für die Verbindungen kann spezifiziert werden, von welcher Art sie sind und welche Bandbreite sie haben. Durch die Angabe von Multiplizitäten kann man im Beispiel angeben, dass 20 ProjektmanagerClients an den Projektverwaltungsserver angeschlossen werden.

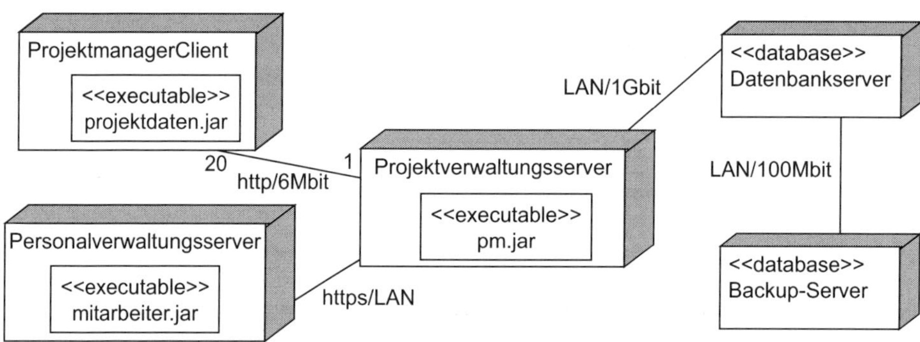

Abb. 6.26 UML-Verteilungsdiagramm

6.7 Fallstudie: Von Anforderungen zum Code

In diesem Kapitel wird der Schritt von den Anforderungen zu einem Modell, das bereits für die Realisierung genutzt werden kann, aufgezeigt. Dabei sollen folgende Anforderungen, die hier nicht genau nach der Rupp-Schablone beschrieben sind, umgesetzt werden.

Story 1: Es soll eine Software zur Verwaltung von eindeutig identifizierbaren Mitarbeitern und ihren Fähigkeiten geschrieben werden.

Story 2: Die Software soll Projekte verwalten, denen Mitarbeiter und ein Scrum Master aus der Gruppe der Mitarbeiter zugeordnet werden.

Story 3: Mitarbeiter können in verschiedenen Projekten mitarbeiten, dazu wird festgelegt, von wann bis wann sie zu welchem Prozentanteil mitarbeiten.

Fähigkeiten werden mit einer Aufzählung beschrieben und in einer Sammlung in einer Objektvariable faehigkeiten, wie in Abb. 6.27 gezeigt, verwaltet. Ergänzend könnte

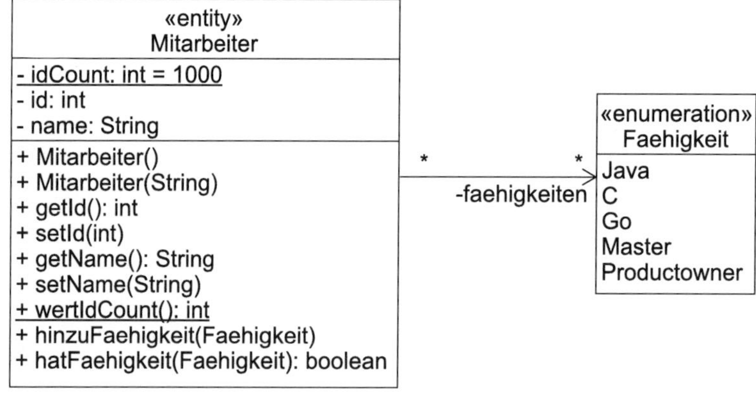

Abb. 6.27 Mitarbeiter mit Fähigkeiten

noch gefordert werden, dass jede Fähigkeit nur einmal einem Mitarbeiter zugeordnet werden kann. Zur Erinnerung sind in der Klasse Mitarbeiter alle get- und set-Methoden angegeben. Zur Umsetzung der eindeutigen Identifizierbarkeit wird die Objektvariable id genutzt. Die Klassenvariable idCount wird bei jedem Aufruf eines Konstruktors erhöht und der Wert id zugeordnet. Durch den Startwert wird sichergestellt, dass id-Werte mindestens vierstellig sind. Die Klassen sind mit Stereotypen gekennzeichnet, die in der UML frei verwendet werden können. Das Stereotyp „<<entity>>“ steht dafür, dass dieses Objekt zentrale Daten verwaltet und nur elementare Funktionalität anbietet. Der Name Entity ist von den Entity-Relationship-Modellen für Datenbanken [Kle24] bekannt. Solche Klassen werden sich sehr oft sehr ähnlich mit einer Tabelle einer relationalen Datenbank umgesetzt.

Da alle Mitarbeiter verwaltet werden sollen, wird in Abb. 6.28 eine Klasse MitarbeiterController ergänzt, die alle Mitarbeiter-Objekte kennt und später die einzige Klasse im System sein wird, die Mitarbeiter-Objekte erzeugen, lesen, ändern und löschen kann. Dies ist eine Design-Entscheidung für die es sinnvolle Alternativen geben kann. Allerdings wird häufig dieser Ansatz einer Control- oder Management- oder Verwaltungs-Klasse genutzt, da so der eine Ort bekannt ist, an dem Objekte entstehen können, was insbesondere bei späteren Änderungen ein großer Vorteil sein kann.

Im nächsten Schritt wird in Abb. 6.29 die Klasse Projekt ergänzt, die eine Sammlung zugeordneter Mitarbeiter enthält. Soll ein weiterer Mitarbeiter zum Projekt hinzugefügt werden, ist dieses Objekt zu übergeben, da ein Projekt keine Mitarbeiter-Objekte

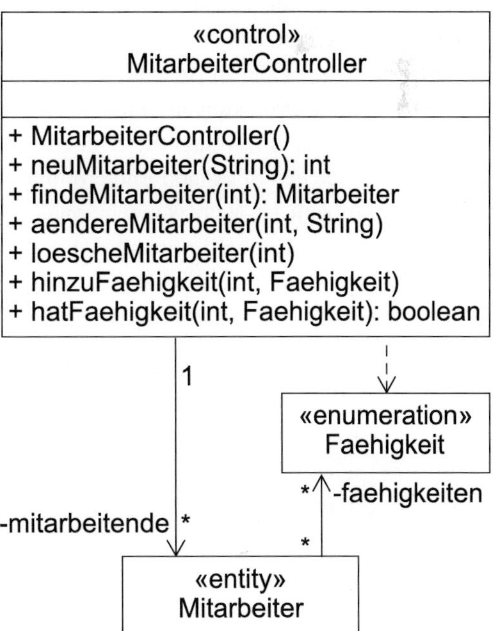

Abb. 6.28 Ergänzung der Klasse MitarbeiterController

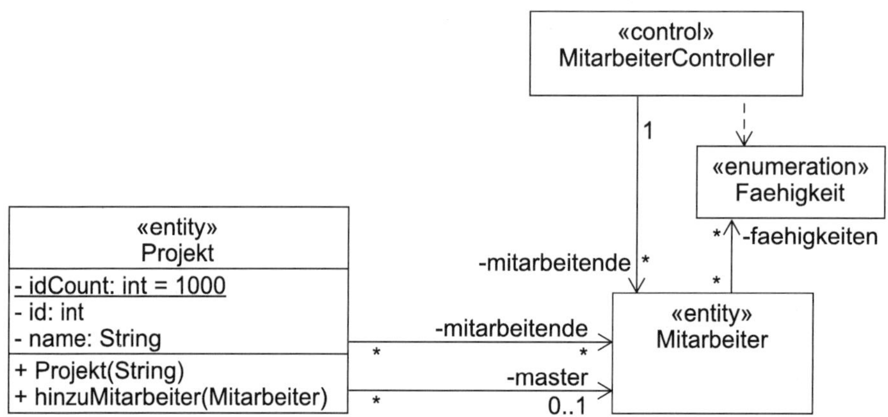

Abb. 6.29 Ergänzung der Klasse Projekt

erzeugen darf. Vereinfachend sind im Klassendiagramm get- und set-Methoden sowie weitere Methoden zur Bearbeitung von mitarbeitende weggelassen worden. Weiterhin ist wieder erkennbar, dass es durchaus mehrere Assoziationen zwischen Klassen geben kann, was am assoziierten Mitarbeiter-Objekt für den Scrum Master zu erkennen ist.

Story 3 fordert, dass festzuhalten ist, zu welchem Anteil und von wann bis wann ein Mitarbeiter im Projekt mitarbeitet. Diese drei Eigenschaften müssen dann in einer passenden Klasse festgehalten werden. Der Ansatz in Abb. 6.30 zeigt zwei komplett falsche Ansätze. Würden diese Daten im Projekt stehen, würde dies bedeuten, dass jeder Mitarbeiter den gleichen Arbeitsanteil, den gleichen Start- und den gleichen Endtermin haben muss. Dies kann in Ausnahmefällen sinnvoll sein, beschreibt aber mit Sicherheit keine allgemeine Projekteigenschaft. Ähnlich sinnlos ist es die Daten beim Mitarbeiter festzuhalten, da so ein Mitarbeiter in allen zugeordneten Projekten mit dem gleichen Anteil und den gleichen Start- und Endtermin teilnehmen muss.

Dieses Problem ist auch von relationalen Datenbanken bekannt und die zugehörige Lösung, dort ein Koppel-Entitätstyp, hier eine Koppel-Klasse. Objekte dieser Klasse Mitarbeit enthalten die individuellen Informationen für einen Mitarbeiter in einem

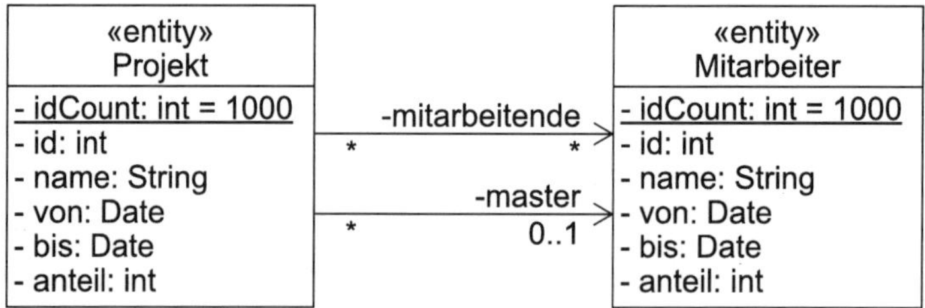

Abb. 6.30 Fehlerhafte Zuordnung der Mitarbeit

Projekt, also genau den zum Projekt und Mitarbeiter gehörenden Arbeitsanteil mit dem Start- und Endtermin.

Die Klasse Mitarbeit ist in Abb. 6.31 eingezeichnet. Die Leserichtungen hängen von der weiteren Nutzung der Software ab. Hier wird angenommen, dass ein Projekt wissen soll, welche Mitarbeiten geplant sind und gegebenenfalls über dieses Objekt dann den zugehörigen Mitarbeiter herausfinden kann. Die angegebene id dient, wie häufig zur eindeutigen Objektidentifikation und vereinfacht auch die Datenbankanbindung.

Weiterhin wurde in Abb. 6.31 eine Klasse ProjektController zur Verwaltung ergänzt. Diese Klasse kann Projekte anlegen und Mitarbeiter zu existierenden Projekten hinzufügen. Da der ProjektController keinen Zugriff auf die Mitarbeiter-Objekte hat, fragt der ProjektController mit einer Mitarbeiter-Id beim MitarbeiterController-Objekt nach, erhält dann die Referenz auf das zugehörige Mitarbeiter-Objekt und kann diese mit

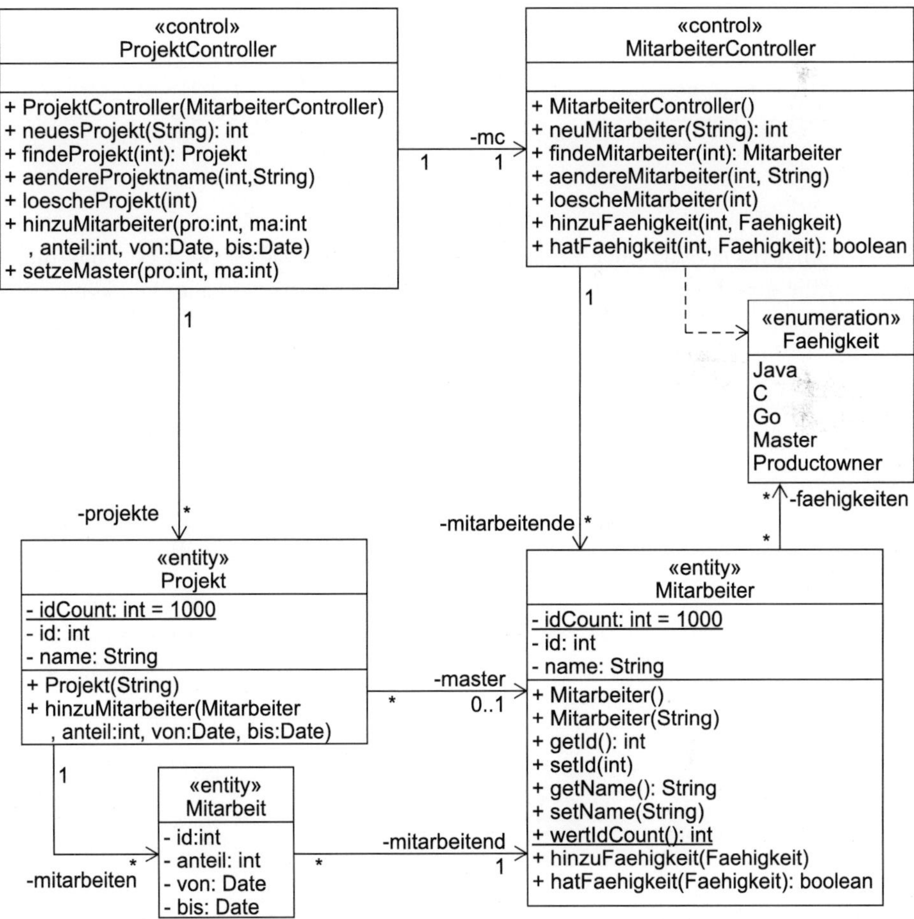

Abb. 6.31 Zusammenspiel von Controller und Entitäten

den weiteren benötigten Daten dann dem Projekt mitteilen. Dieser Ablauf ist auch in Abb. 6.32 beschreiben. Das eingezeichnete Mitarbeiter-Objekt könnte dabei weggelassen werden, da kein Methodenaufruf bei ihm erfolgt. Durch die Angabe des Objekts ist aber noch deutlicher um wen es sich bei m handelt.

Das Klassendiagramm in Abb. 6.32 macht deutlich, dass Controller mit anderen Controllern und ihnen zugeordneten Entities kommunizieren. Entities rufen nur Methoden anderer Entities auf. Es entsteht so eine hierarchische Ordnung.

In dem vorherigen Sequenzdiagramm stehen die bereits existierenden Objekte, wie gefordert, in der obersten Zeile. Es fehlt aber noch die Möglichkeit das Programm zu starten. Dies wird in einem speziellen Teilprogramm erfolgen, in denen immer genau ein Objekt der Controller-Klassen erzeugt wird, was auch der folgende Code zeigt.

```
public class Main {
  public static void main(String[] args) {
    MitarbeiterController mc = new MitarbeiterController();
    ProjektController pc = new ProjektController(mc);
    Nutzung n = new Nutzung(mc, pc);
    n.beispielNutzung();
  }
}
```

Die letzten beiden Zeilen der Klasse Main deuten an, dass es einen Nutzungsdialog gibt, der die gezeigten Klassen, genauer ihre Objekte bearbeiten kann. Die könnte eine

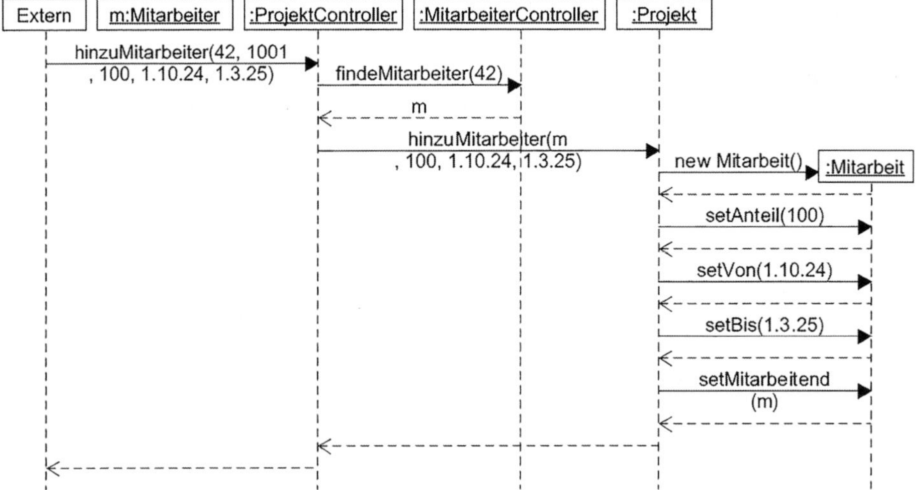

Abb. 6.32 Mitarbeiter zum Projekt hinzufügen

graphische Oberfläche, aber auch ein WebService sein. Diese Art von Klassen, die den Zugriff auf Controller-Objekte regeln, werden Boundary-Klassen genannt, weshalb der hier vorgestellte Ansatz auch als Boundary-Control-Entity-Ansatz (BCE, auch häufiger umgedreht als ECB) bekannt und weit verbreitet ist. Es gilt wieder, dass Boundary-Klassen Methoden bei Boundary- und Controller-Klassen aufrufen dürfen. Controller dürfen keine Methodenaufrufe bei Boundaries machen. Eine Beispiel-Boundary-Klasse kann mit einer kleinen Beispielnutzung wie folgt aussehen.

```
public class Nutzung {
  private MitarbeiterController mc;
  private ProjektController pc;
  public Nutzung(MitarbeiterController mc, ProjektController pc) {
    this.mc = mc;
    this.pc = pc;
  }
  public void beispielNutzung() {
    int ma1 = mc.neuMitarbeiter("Ursula");
    int ma2 = mc.neuMitarbeiter("Friedel");
    int p = this.pc.neuesProjekt("GUI");
    this.pc.hinzuMitarbeiter(p, ma1, 50
        , this.toDate("01.09.24"), this.toDate("01.03.25"));
    this.pc.hinzuMitarbeiter(p, ma2, 100
        , this.toDate("01.09.24"), this.toDate("31.03.25"));
    this.pc.setzeMaster(p, ma1);
    System.out.println(this.pc.findeProjekt(p));
  }
  private LocalDate toDate(String text) {
    DateTimeFormatter formatter
        = DateTimeFormatter.ofPattern("dd.MM.yy");
    try {
        LocalDate date = LocalDate.parse(text, formatter)
        // Korrigiere das Jahrhundert, falls noetig
        if (date.getYear() < 100) {
            date = date.withYear(2000 + date.getYear());
        }
        return date;
    } catch (DateTimeParseException e) {
        System.out.println("Ungueltiges Datumsformat: " + text);
    }
    return null;
  }
}
```

Die zugehörige Ausgabe sieht wie folgt aus.

```
Projekt [id=1, name=GUI, mitarbeiten=[Mitarbeit [id=1, anteil=50,
von=2024-09-01, bis=2025-03-01, mitarbeitend=Mitarbeiter [id=1000,
name=Ursula]], Mitarbeit [id=2, anteil=100, von=2024-09-01,
bis=2025-03-31, mitarbeitend=Mitarbeiter [id=1001, name=Friedel]]],
master=Mitarbeiter [id=1000, name=Ursula]]
```

Abschließend soll hier noch die Frage behandelt werden, wie genau Aufrufe von Klassenmethoden in Sequenzdiagrammen dargestellt werden. Dieser Punkt wird in der UML-Definition [@UML] nicht explizit behandelt. Generell können Aufrufe von Klassenmethoden auch bei jedem Objekt dieser Klasse stattfinden. Das dies unsauberer Code ist, machen alle größeren Entwicklungsumgebungen schnell deutlich. Ein damit verbundenes Problem ist, dass auch erst Objekte dieser Klasse existieren müssten, um einen solchen Aufruf einzeichnen zu können. Da aber Klassenmethoden zum Aufruf kein Objekt dieser Klasse benötigen, wäre dies eine weitere Einschränkung.

Generell wird die Semantik der UML in der UML selbst mit einem Meta-Modell definiert. Konkret gibt es ein Klassendiagramm zur Beschreibung von Klassendiagrammen. Dies bedeutet z. B. dass es eine Klasse mit Namen „Klasse" gibt, die in Objektvariablen Sammlungen von Objektvariablen mit Namen und Typen, von Klassenvariablen mit Namen und Typen sowie Objektmethoden und Klassenmethoden mit ihrer jeweiligen Signatur enthält. Für jede der Klassen, die in diesem Kapitel erstellt wurden gibt es ein solches Objekt vom Typ „Klasse". Diese Idee ist auch in Programmiersprachen, wie Java, C# und Smalltalk, vorhanden. Der folgende Beispielcode zeigt, wie ein solches eindeutiges Meta-Objekt erhalten werden kann und wie dieses Objekt in Java zu nutzen ist, um sich z. B. alle Objektmethoden ausgeben zu lassen. Der Ansatz geht weiter, sodass auch Methoden über die Nutzung dieses Klassen-Objekts ausführbar sind. Dieser recht mächtige Ansatz wird Reflexion genannt.

```
public class Reflexionsbeispiel {
  public static void main(String[] args)
      throws NoSuchMethodException, SecurityException
           , IllegalAccessException, InvocationTargetException {
    Mitarbeiter mitarbeiter = new Mitarbeiter("Wolfgang");
    Class<?> cl = mitarbeiter.getClass();
    // geht auch: Class<Mitarbeiter> cl = Mitarbeiter.class;
    for (Method m: cl.getDeclaredMethods()) {
      if(!(m.getName().startsWith("get")
          || m.getName().startsWith("set"))) {
        System.out.println(m.getName());
      }
    }
    Method set = cl.getDeclaredMethod("setName", String.class);
```

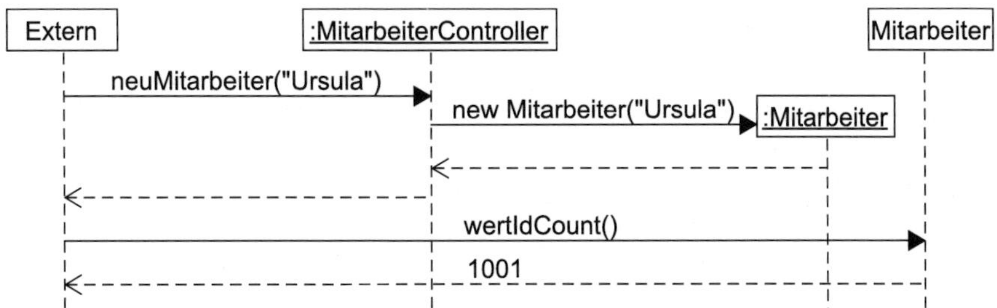

Abb. 6.33 Sequenzdiagramm mit Klassenmethode

```
    set.invoke(mitarbeiter, "Horst Dieter");
    System.out.println(mitarbeiter);
  }
}
```

Die zugehörige Ausgabe lautet wie folgt.

```
toString
hinzuFaehigkeit
hatFaehigkeit
wertIdCount
Mitarbeiter [id=1000, name=Horst Dieter]
```

Dieser Ansatz kann auch zur Lösung der Sequenzdiagrammproblematik genutzt werden. Klassenmethodenaufrufe werden an das Klassenobjekt geschickt, das anders als normale Objekte als Klasse oben im Sequenzdiagramm im Kasten nicht unterstrichen ist. Abb. 6.33 zeigt zunächst die Erzeugung eines Mitarbeiter-Objekts und dann die Abfrage von idCount über die Klassenmethode wertIdCount().

6.8 Risikoanalyse Klassendiagrammübersetzung

Bei der Übersetzung von Klassendiagrammen können folgende Fragen hilfreich sein, die zur Aufdeckung möglicher Risiken dienen können. Wenn eine Frage nicht mit „ja" beantwortet werden kann, sollte der Punkt in eine Risikoliste aufgenommen und dem Risikomanagement zur Verfügung gestellt werden.

1. Hat vor der Übersetzung der Klassendiagramme eine Designoptimierung von erfahrenen Designern stattgefunden (Optimierungen werden in Folgekapiteln erklärt)?
2. Ist das Werkzeug zur Klassenmodellierung auf den gewählten Entwicklungsweg abgestimmt, ist dabei besonders geklärt, ob, wie und warum mit Round-Trip-Engineering umgegangen wurde.

3. Falls Codegenerierung genutzt wird, ist vorher geklärt, ob der Code die gewünschte Qualität in Inhalt und Struktur hat?
4. Sind alle Assoziationen so im Detail spezifiziert und durchdacht, dass Implementierer genau wissen, wie sie diese Assoziationen umsetzen müssen?
5. Hat eine Paketaufteilung in azyklisch abhängige Pakete stattgefunden, die klare Aufgabenschwerpunkte haben, d. h. eng zusammenhängend sind und die sich klar von anderen Paketen abgrenzen?
6. Sind die Schnittstellen zwischen den Software-Paketen im Detail abgeklärt und dokumentiert?
7. Ist dokumentiert, welche Dateien neben der erstellten Software noch ausgeliefert werden müssen und wo diese zu installieren sind?
8. Ist festgelegt und dokumentiert, welche Prozesse auf welchen Rechnern welche Aufgaben lösen sollen?
9. Ist die Zielhardware mit ihren Randbedingungen (Vernetzungen, Betriebssysteme, Auslastung) bekannt und validiert, dass die Software unter diesen Bedingungen lauffähig sein wird?
10. Sind alle Randbedingungen aus der notwendigen Hardware- und Softwareumgebung des Zielsystems in der Systemarchitektur dokumentiert?

Anmerkungen zur Praxis

Jeder erfahrene Modellierer hat bei der Erstellung von Klassendiagrammen den entstehenden Programmcode im Kopf. Dabei konzentriert er sich auf die Modellierung, da er weiß, dass eine Umsetzung generell machbar ist. Um diese Vorgehensweise zu erreichen sind gute Programmiererfahrungen unerlässlich. Grundlegend ist dabei das Wissen, wie Collections umgesetzt werden können, wie es mit Arrays, Lists, Sets und Maps der Fall sein kann. Da jede größere Programmiersprache mehrere Implementierungen z. B. von Listen anbietet sollten erfahrene Entwickler wissen, in welchen Details sich die Realisierungen unterscheiden. Bei Collections ist das Wissen über das Laufzeit- und Speicherverhalten beim Hinzufügen, Löschen und Suchen relevant. Zur Wahl der passenden Realisierung müssen weiterhin Annahmen getroffen werden, wie häufig diese drei Operationen benutzt werden.

Da die UML unabhängig von Programmiersprachen ist, wird nicht jedes Konzept aller objektorientierten oder objektbasierten Sprachen unterstützt, sodass es dafür keine graphische Repräsentation gibt. Durch die Angabe solcher Informationen in den Klassen können sie trotzdem visualisiert werden. Hier sind oft Ergänzungen mit eigenen Stereotypen sinnvoll. Werden z. B. Annotationen in Java genutzt, ist es oft sinnvoll diese direkt als Stereotypen, z. B. <<@Inject>> zu übernehmen und bei Variablen sowie Assoziationen zu ergänzen.

Wie bereits im vorherigen Kapitel angedeutet ist die richtige Auswahl der System- und Software-Architektur wichtig für den Aufwand der späteren Implementierung und wichtiger für die Wart- und Erweiterbarkeit des entstehenden Systems. Da hier sehr viele projektindividuelle Faktoren eine Rolle spielen, gibt dieses Kapitel nur einen grundlegenden Einblick. ◀

6.9 Aufgaben

Wiederholungsfragen

Versuchen Sie zur Wiederholung folgende Fragen aus dem Kopf, d. h. ohne nochmaliges Blättern und Lesen, zu beantworten.

1. Was versteht man unter CASE?
2. Was ist eine Tool-Suite?
3. Welche Randbedingungen können die Entscheidung für Entwicklungswerkzeuge beeinflussen?
4. Wozu können und sollen Klassenvariablen und Klassenmethoden genutzt werden?
5. Welche automatischen Möglichkeiten gibt es, aus einem Klassendiagramm Programmcode zu generieren?
6. Wie werden verschiedene Multiplizitäten typischerweise in Programmcode übersetzt?
7. Welche Entscheidungskriterien gibt es zur Auswahl passender Collections in Realisierungen?
8. Was ist eine Aggregation, wie wird sie in Programmcode übersetzt?
9. Was ist eine Komposition, wie wird sie in Programmcode übersetzt?
10. Was sind Interfaces, wie können sie realisiert werden, wie werden sie in der UML dargestellt?
11. Was ist eine Software-Architektur?
12. Welche Ideen und Ansätze sollte man bei der Einteilung in Pakete beachten?
13. Wie kann man zyklische Abhängigkeiten zwischen Paketen auflösen?
14. Was versteht man unter dem 4 + 1-Sichten-Modell, was für eine Bedeutung hat es für die Realisierung?
15. Welche Fragen werden zentral in der Ablaufsicht geklärt? Welche UML-Sprachelemente werden hier aus welchem Grund typischerweise wie eingesetzt?
16. Welche Fragen werden zentral in der Implementierungssicht geklärt? Welche UML-Sprachelemente werden hier aus welchem Grund typischerweise wie eingesetzt?
17. Welche Fragen werden zentral in der physischen Sicht geklärt? Welche UML-Sprachelemente werden hier aus welchem Grund typischerweise wie eingesetzt?

Übungsaufgaben

1. Gegeben sei das Klassendiagramm aus obiger Abb. 6.34. Implementieren Sie das Diagramm jeweils in Java und C+ +(soweit bekannt), dabei soll belege mit Referenzen arbeiten. Füllen Sie die Methoden mit sinnvollen Inhalten, die sich aus den Methodennamen ergeben sollten. Schreiben Sie jeweils ein kleines Hauptprogramm, mit dem Sie ihre Implementierung testen können. Die Methode ausgeben() der Reiseabrechnung könnte z. B. folgende Ausgabe liefern.

```
Reise Nr.4242 von Mitarbeiter 42
Anreise 2300€ [Details:Flug, von:Frankfurt, nach:Honolulu]
Unterbringung 3000€ [Details:Palm Resort, von:1.11.08,
bis:15.11.08]
Rückreise 1050€ [Details:Flug, von:Honolulu, nach:Hahn]
```

   Für diese Reiseabrechnung liefert gesamtsumme() den Wert 6350 zurück.
2. a) Implementieren Sie das gegebene Klassendiagramm aus derAbb. 6.35 mit den angegebenen Paketen in Java oder C+ +, wobei der interessante Punkt hier ist, dass einer Projektaufgabe mehrere Mitarbeiter und einem Mitarbeiter mehrere

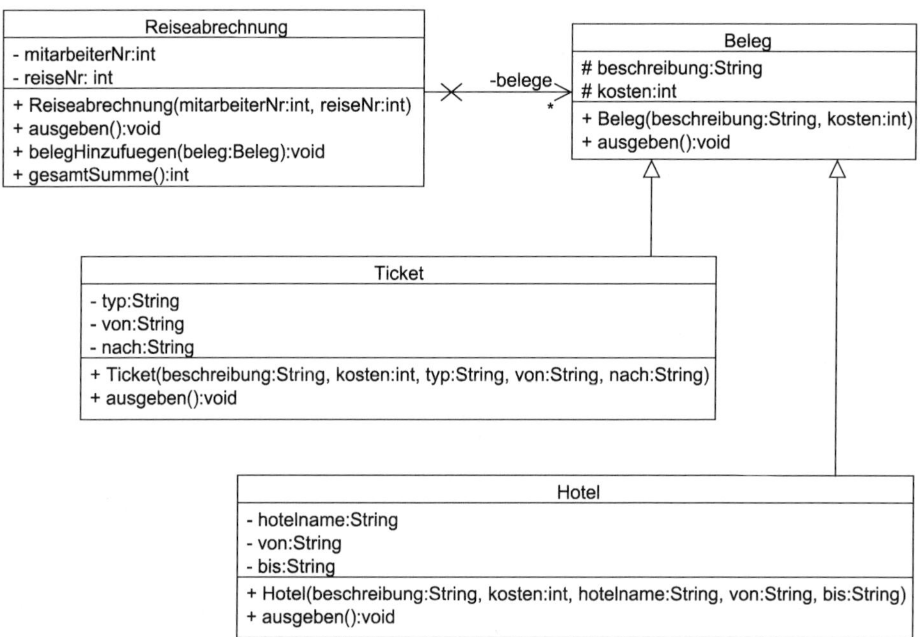

Abb. 6.34 Klassendiagramm zur Reisekostenverwaltung

Projekte zugeordnet werden können. Schreiben Sie dazu ein Programm, mit dem man Projekte und Mitarbeiter anlegen kann, mit dem man einen Mitarbeiter einem Projekt, einem Projekt einen Mitarbeiter zuordnen und wieder abziehen kann und mit dem man sich die Mitarbeiter eines Projekts und die Projekte eines Mitarbeiters anzeigen lassen kann. Ein zugehöriger Nutzungsdialog könnte folgende Form haben.

```
Was wollen Sie machen?
(0) Programm beenden
(1) neuen Mitarbeiter anlegen
(2) neues Projekt anlegen
(3) einem Mitarbeiter ein Projekt zuordnen
(4) einem Projekt einen Mitarbeiter zuordnen
(5) einen Mitarbeiter von einem Projekt entfernen
(6) ein Projekt von einem Mitarbeiter entfernen
(7) alle Mitarbeiter ausgeben
(8) alle Projekte ausgeben
```

Beachten Sie, dass, wenn ein Mitarbeiter einem Projekt hinzugefügt wird, dieses Projekt auch dem Mitarbeiter hinzugefügt werden muss. Diese Kontrolle soll in den Klassen Projekt und Mitarbeiter und nicht in der steuernden Eingabeklasse stattfinden. Eventuell müssen Sie dazu Methoden ergänzen, die nicht im Klassendiagramm enthalten sind. Vermeiden Sie Code-Wiederholungen wo möglich.
Die Ausgabe zum Punkt 7 könnte z. B. wie folgt aussehen.

```
1: Ute[ Analyse(42) ]
2: Ergon[ Design(43) Implementierung(44) ]
3: Uwe[ Analyse(42) Implementierung(44) ]
```

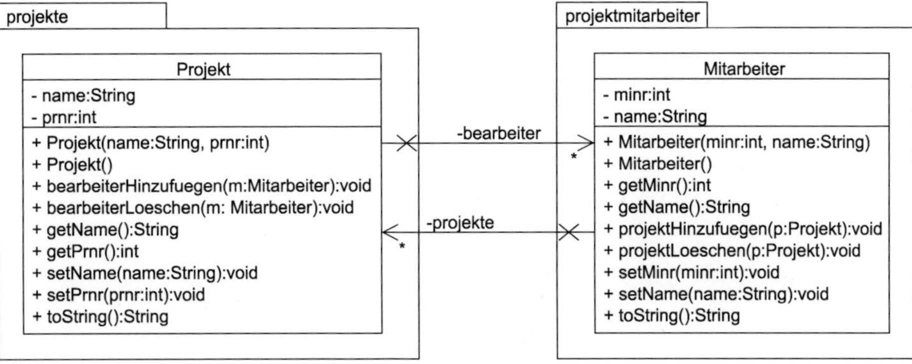

Abb. 6.35 Klassendiagramm Mitarbeiter und Projekte

Die Ausgabe zum Punkt 8 könnte z. B. wie folgt aussehen.

```
42: Analyse[ Ute(1) Uwe(3) ]
43: Design[ Ergon(2) ]
44: Implementierung[ Ergon(2) Uwe(3) ]
```

b) Die Pakete sind gegenseitig voneinander abhängig, was möglichst vermieden werden soll. Nutzen Sie den skizzierten Ansatz, mit dem man zyklische Abhängigkeiten aufbrechen kann, und passen Sie Ihr Ergebnis aus a) an.

Konkretisierungen im Feindesign

7

Zusammenfassung

Aus dem Analyseklassenmodell ist ein erster Vorschlag für die zu implementierenden Klassen bekannt. Im vorherigen Kapitel wurde gezeigt, wie man grundsätzlich zum laufenden Programm kommen kann. Praktisch als einzige zentrale Aufgabe des Entwicklers wurde genannt, dass die nicht trivialen Methodenrümpfe mit Inhalt gefüllt werden müssen. Gerade dies ist die spannendste und kritischste Aufgabe in der Implementierungsphase, da hier die Kreativität und die Fähigkeiten der Entwickler gefragt sind, die herausfinden müssen, wie eine informelle Beschreibung in das gewünschte lauffähige Programm umgesetzt wird.

Um die Lücke zwischen Klassendiagramm mit informeller Methodenbeschreibung und Implementierung nicht zu groß und fehlerträchtig zu machen, bietet die UML mehrere Möglichkeiten, wie Zustandsdiagramme und die Object Constraint Language, die Spezifikation der zu implementierenden Details präziser zu beschreiben.

Zunächst werden Zustandsdiagramme vorgestellt, mit denen es Ihnen ermöglicht wird, das Innenleben von Objekten genauer zu beschreiben. Für jedes Objekt kann damit angegeben werden, unter welchen Umständen sich das Objekt bei welchen Ereignissen wie verhält.

Ein zweiter unabhängiger Ansatz ist es, die rein graphische Beschreibung des Klassendiagramms um die Angabe von Randbedingungen zu ergänzen. Diese Bedingungen werden in der Object Constraint Language (OCL) spezifiziert und können beliebige Zusammenhänge zwischen Klassen, wie „Ein Projekt kann nicht Vorgänger von sich selbst sein.", ausdrücken. Weiterhin kann man mit der OCL genau definieren, wie das Ergebnis von Methodenaufrufen aussehen soll, ohne dabei konkrete Implementierungen anzugeben.

S. Kleuker, *Grundkurs Software-Engineering mit UML*,
https://doi.org/10.1007/978-3-658-46534-6_7

7.1 Zustandsdiagramme

Ein Teil der Objekte dient zur Verwaltung der Informationen, die in ihren Exemplarvariablen gespeichert sind. Dabei stehen dann allen Nutzern die Zugriffsmethoden zur Verfügung, die die Werte der Exemplarvariablen, eventuell nach einfachen Berechnungen, zurückgeben. Bei dieser Art von Klassen ist es ausgenommen von den konkreten Rückgabewerten egal, wann welche Methode aufgerufen wird. Man spricht dabei auch von gedächtnislosen oder zustandslosen Objekten.

Bei einer zweiten Klassenart ist es maßgeblich vom Objektzustand, also den konkreten Werten der Exemplarvariablen, abhängig, wie sie sich verhalten. Beschreibt ein Objekt z. B. die Verbindung zu einem anderen Rechner, macht es üblicherweise nur einmal Sinn, dem Objekt mitzuteilen, dass eine Verbindung aufgebaut werden soll. Nur bei einer bestehenden Verbindung kann man Methoden zur Übertragung von Daten aufrufen. Weiterhin kann man nur eine bestehende Verbindung beenden. Es ist vom inneren Zustand des Objekts abhängig, welche Methoden sinnvoll aufgerufen werden können, man spricht von Objekten mit Gedächtnis oder zustandsbehafteten Objekten.

Zustandsdiagramme, auch Zustandsautomaten genannt, beschreiben das Verhalten von Zuständen mit ihren Zustandsübergängen. Für Klassen, die ein zustandsabhängiges Verhalten haben, sind solche Zustandsdiagramme für ihre Objekte anzugeben. Objekte, deren Methoden immer sinnvoll genutzt werden können, da nur einfache Berechnungen stattfinden, haben keinen besonderen Zustandsautomaten. Dieser Automat hätte nur einen Zustand, der die Ausführung aller Methoden ermöglicht.

Abb. 7.1 zeigt den grundsätzlichen Aufbau eines Zustandsdiagramms, wobei auf der linken Seite ein Zustand in der allgemeinen Form und rechts ein konkreter Zustand dargestellt sind. Jedes Zustandsdiagramm hat einen eindeutigen Startzustand, der als ausgefüllter Kreis erkennbar ist, und kann mehrere Endzustände, als umkreister ausgefüllter Kreis erkennbar, haben. Generell muss es sich um eine deterministische Verhaltensbeschreibung handeln, was bedeutet, dass sich ein Objekt immer in genau einem Zustand befindet und abhängig von Folgeereignissen der darauf folgende Zustand eindeutig definiert ist. Mehrere Endzustände sind nur erlaubt, damit bei komplexeren Darstellungen nicht sehr viele Kanten quer durch die Darstellung zum einzigen Endzustand laufen müssen.

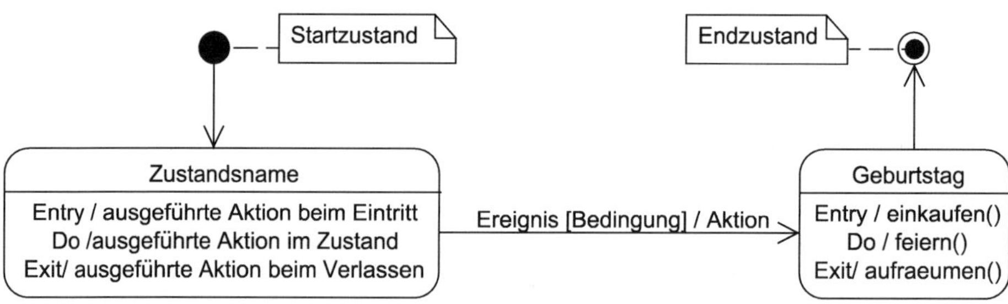

Abb. 7.1 Grundstruktur eines Zustandsdiagramms

Zustände sind durch Zustandsübergänge, so genannte Transitionen, die als gerichtete Pfeile vom Start- zum Zielzustand dargestellt werden, verbunden. Eine Zustandsbeschreibung kann neben dem Zustandsnamen folgende drei Teile beinhalten.

Entry-Teil: Hier wird spezifiziert, was gemacht werden soll, wenn dieser Zustand über eine Transition neu betreten wird. Der Begriff „Aktion", der in Abb. 7.1 mehrfach genutzt wird, steht dabei für ein Programmstück, das eine einfache Zuweisung, aber auch ein Aufruf einer oder mehrerer Methoden sein kann.
Do-Teil: Beschreibt Aktionen, die ausgeführt werden sollen, solange sich das Objekt in diesem Zustand befindet. Dieser Teil macht besonders bei Objekten einen Sinn, die ein zeitgesteuertes Verhalten haben, da hier z. B. kontinuierlich Informationen gelesen werden können.

Exit-Teil: Dieser Teil beschreibt, was passieren soll, wenn der Zustand verlassen wird. Alle drei Teile der detaillierten Zustandsbeschreibung können weggelassen werden.

Die Beschreibungen von Transitionen setzen sich wiederum aus drei Teilen zusammen, wobei ebenfalls jedes der Teile wegfallen kann. Im Falle einer Transition gibt es folgende Beschreibungsdetails.

Ereignis: Dies ist der zentrale Teil einer Transition, da Zustandsdiagramme sogenannte reaktive Systeme beschreiben, die auf von außen angestoßene Ereignisse reagieren. Ein Ereignis kann dabei der Aufruf einer Methode des Objekts, aber auch eine interne Zustandsänderung, z. B. die Variable fertig erhält den Wert 100 zugewiesen, sein. Es ist wichtig, dass aus der Spezifikation bzw. der Dokumentation des Zustandsdiagramms klar hervorgeht, welche Ereignisse betrachtet werden.
Bedingung: Eine Transition wird dann durchlaufen, wenn das Ereignis eintritt und die Boolesche Bedingung in eckigen Klammern erfüllt ist. Wird die Bedingung weggelassen, bedeutet dies formal, dass sie „wahr" ist und das Durchlaufen der Transition nur vom Eintreffen des Ereignisses abhängt. Die Boolesche Bedingung wird üblicherweise mithilfe der Exemplarvariablen des Objekts definiert.

Aktion: Diese Aktion wird ausgeführt, wenn die Transition durchlaufen wird, also noch vor der Entry-Aktion des Zielzustands der Transition. Dies kann wieder die Ausführung einer Methode sein.
Transitionen, die keine Beschriftung haben, werden unmittelbar nach dem Exit-Teil der vorhergehenden Zustands ausgeführt.

Abb. 7.2 zeigt ein Zustandsdiagramm für ein Projektobjekt. Bei der Erzeugung eines Objektes werden im Entry-Teil des Zustands „Projekterzeugung" die genannten vier set-Methoden ausgeführt, danach findet ein automatischer Übergang in den Zustand „Projektplanung" statt, da kein Ereignis gefordert wird und es keine Bedingung gibt. In diesem Zustand wird auf das Eintreffen eines der drei spezifizierten Ereignisse gewartet, die z. B. an der graphischen Oberfläche durch den Nutzer ausgelöst werden können. Tritt das Ereignis „neues Teilprojekt" ein, wird das Teilprojekt zu den anderen Teilprojekten hinzugefügt. Der danach folgende Übergang hängt von den beiden in eckigen Klammern

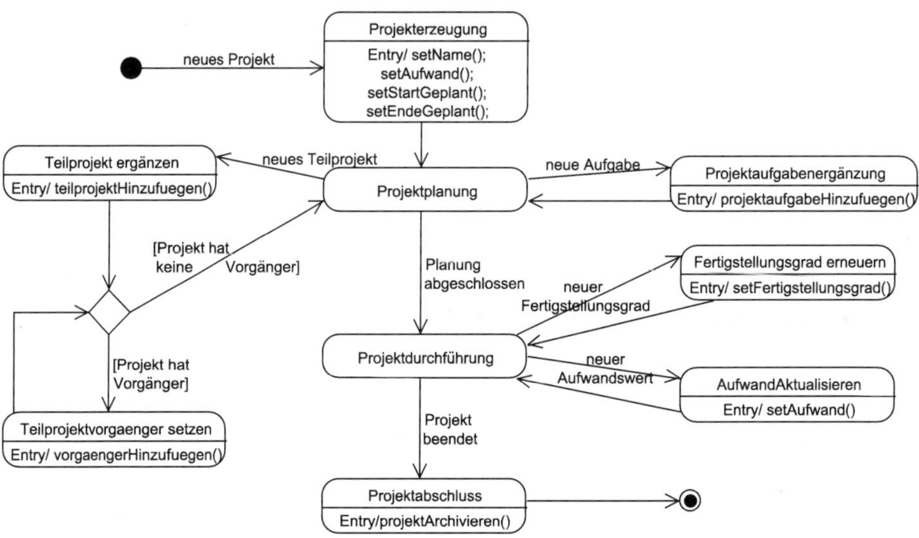

Abb. 7.2 Zustände eines Projekts

angegebenen Bedingungen ab, ob das relevante Teilprojekt abhängig von einem Vorgängerprojekt ist. Genau wie bei Aktivitätsdiagrammen werden Rauten zur Beschreibung von Alternativen genutzt, die nur von Bedingungen abhängen. Rauten mit mehr als einer eingehenden Kante dienen wieder zur Vereinigung von Ablaufalternativen, dabei kann hier auf die explizite Nutzung von Vereinigungsrauten verzichtet werden. Weiterhin ist dem Zustandsdiagramm z. B. zu entnehmen, dass nach Abschluss der Projektplanung keine Ergänzungen von Teilprojekten, sondern nur noch die Aktualisierung von Aufwänden und Fertigstellungsgraden, möglich sind.

Im weiteren Verlauf der Spezifikationsentwicklung muss präzisiert werden, wann formal welche Ereignisse eintreten. Wie in der Entwicklung mit der UML üblich, können zunächst angegebene informelle Spezifikationen durch formale Beschreibungen ersetzt werden. Ein vollständig spezifiziertes Zustandsdiagramm ist oft direkt als Programm umsetzbar. Bei einem direkten Weg kann man einen neuen Aufzählungstypen für die Zustände definieren und den Zustand des Objekts in einer Exemplarvariablen festhalten. Kann der Zustand des Objekts leicht aus den Werten einzelner Exemplarvariablen abgeleitet werden, kann man auf den Aufzählungstyp und die zugehörige Zustandsexemplarvariable verzichten.

Zustandsdiagramme sind visuell eingängig und eignen sich deshalb sehr gut zur Diskussion in Gruppen. Werden die Diagramme sehr groß, verlieren sie aber schnell ihre intuitive Verständlichkeit. Dies war die Hauptmotivation von David Harel [Har87] für die Erfindung von State-Charts, deren Beschreibung die Grundlage der UML-Zustandsdiagramme ist. Harel hat die Notationsmöglichkeiten für Zustandsdiagramme erweitert, wobei grundsätzlich gilt, dass jede Erweiterung in ein einfaches Zustandsdiagramm, das nur die bisher beschriebenen Mittel nutzt, umgeformt werden kann. Im Folgenden werden einige der häufig genutzten vereinfachten Darstellungsmöglichkeiten in Zustandsdiagrammen vorgestellt.

Eine typische Situation in Zustandsdiagrammen ist häufig, dass eine Menge von Zuständen sich bei einem bestimmten Ereignis gleich verhalten. Dies kann z. B. bei einer Ausnahmebehandlung oder bei einem Abbruch der Fall sein. Zustände können deshalb in Zustandsdiagrammen hierarchisch organisiert werden, dabei kann ein Zustand durch viele andere Zustände verfeinert werden. Abb. 7.3 zeigt hierfür ein Beispiel. Der Zustand „aktives Projekt" wird durch ein eigenes Zustandsdiagramm mit einem eigenen Startzustand verfeinert. Man erkennt, dass man durch das Ereignis „Projekt beendet" den Zustand „aktives Projekt" verlassen kann. Neu ist die Möglichkeit, dass es für den hierarchischen Zustand eine Transition, die an der Zustandsgrenze beginnt mit dem Ereignis „Projekt abgebrochen" zu einem Folgezustand, hier einem Endzustand, gibt. Diese Notation bedeutet, dass egal in welchem seiner internen Zustände sich der Zustand „aktives Projekt" befindet, es einen Übergang mit dem Ereignis „Projekt abgebrochen" zum Endzustand gibt. Man erspart sich so mit einer Transition das Einzeichnen von sieben Transitionen, ausgehend von den internen Zuständen des Zustands „aktives Projekt".

Weiterhin kann es bei Objekten der Fall sein, dass sich ein Zustand aus mehreren, generell unabhängigen Teilzuständen zusammensetzt. Beispiel ist eine Uhr, die die Möglichkeit hat, Stunden im 12-h oder 24-h-Modus darzustellen und unabhängig davon die Möglichkeit bietet, in einem Fenster die Sekunden oder das Datum anzuzeigen. Für die einzelnen Möglichkeiten gibt es dabei zwei einfache Automaten:

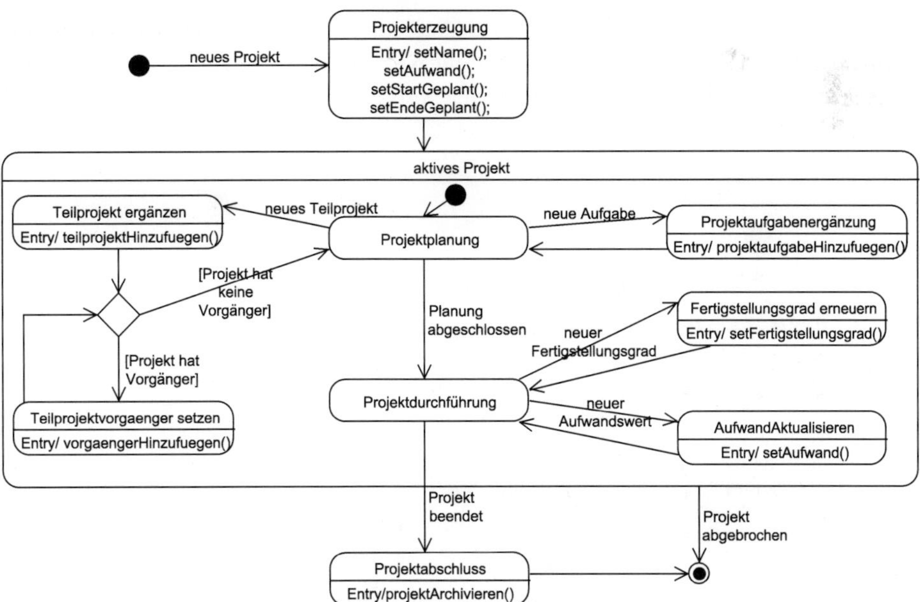

Abb. 7.3 Hierarchisches Zustandsdiagramm

- ein Zustandsdiagramm für den Anzeigemodus der Stunden, bei dem man zwischen „12h" und „24h" mit einem Knopfdruck „oben" umschalten kann,
- ein Zustandsdiagramm für den Anzeigemodus des Fensters, bei dem man zwischen „Datum" und „Sekunden" mit einem Knopfdruck „unten" wechseln kann.

Möchte man diese zwei Zustandsdiagramme in einem Zustandsdiagramm darstellen, muss man ein Zustandsdiagramm mit vier Zuständen, „12h/Datum", „24h/Datum", „12h/Sekunden" und „24h/Sekunden", nutzen. Bei n Zustandsdiagrammen mit jeweils m Zuständen würde man zu einem Zustandsdiagramm mit m^n Zuständen kommen.

Abb. 7.4 zeigt links die Lösung ohne Parallelkomposition und rechts die vereinfachte Lösung im Zustandsdiagramm, in dem ein Zustand in mehrere parallel, also gleichzeitig, betrachtete Teilzustandsdiagramme zerlegt wird. Jedes dieser Teildiagramme stellt ein eigenes Zustandsdiagramm dar, der Gesamtzustand setzt sich aus den Teilzuständen zusammen.

Die Parallelkomposition erleichtert zwar die Darstellungsweise, sie erfordert aber auch ein genaues Nachdenken über das Verhalten in bestimmten Situationen. Die wichtigsten Regeln dafür sind:

- Kann ein Ereignis in beiden Teildiagrammen verarbeitet werden, so machen beide Teildiagramme einen Übergang zum jeweiligen Folgezustand.
- Eine ausgehende Kante von einem Zustand, der eine Parallelkomposition enthält, kann nur genutzt werden, wenn sich alle Teilzustandsdiagramme in einem Endzustand befinden.
- Verzweigt eine Kante eines Teilzustandsdiagramms aus dem Gesamtzustand heraus, so werden alle Teilzustandsdiagramme mit Nutzung dieser Kante verlassen. Verlässt man also einen Teilautomaten, werden alle verlassen.

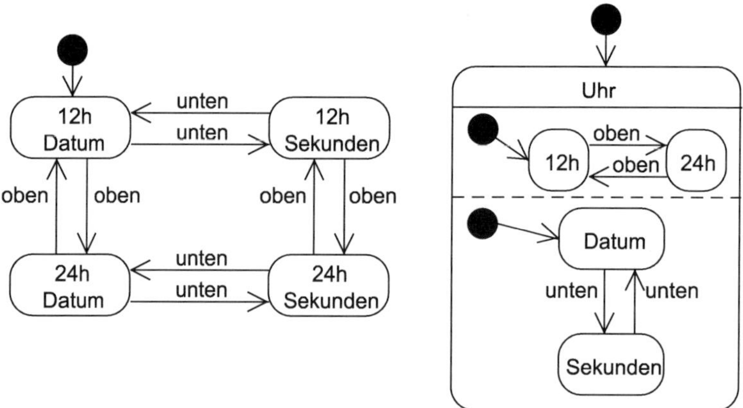

Abb. 7.4 Parallelkomposition

Mit parallelen Automaten lassen sich sehr gut komplexe Steuerungssysteme beschreiben, die aus mehreren zusammenarbeitenden Komponenten bestehen. Dabei ist es möglich, dass ein Ergebnis aufritt, das zu einer Aktion führt, die wiederum ein Ereignis eines anderen Teilautomaten ist. Ein Temperatursensor löst ein Ereignis „Temperatur zu hoch" aus, was als Aktion zu einem Signal „Temperaturwarnung" führt, das als Ereignis einer Motorsteuerung erkannt wird und zu einer Aktion „Ventilklappe öffnen" führt.

Abb. 7.5 zeigt eine Problematik, die bei einer Verknüpfung von Aktionen und Ereignissen auftreten kann. Ein Ereignis p führt zu einer Aktion x, die als Ereignis zu einer Aktion q, die als Ereignis zu einer Aktion y, die als Ereignis zu einem weiteren Zustandsübergang führt. Meist ist man bei solchen Ereignisketten nur am resultierenden Endzustand nach der Ausführung aller Teilschritte interessiert, man spricht dabei von der Macrostep-Semantik. Im Beispiel kann man dazu die Zustandsfolge „Start -> K(A1,B1) –p-> K(A3,B3) –z-> K(A1,B1)" aufschreiben. Dabei beschreibt K(A1,B1), dass man sich im Zustand K mit den parallelen Unterzuständen A1 und B1 befindet. Mit „-p->" wird das Ereignis p beschrieben, das zu einem Folgezustand führt, wobei hier mehrere Aktionen als weitere Ereignisse verarbeitet werden. Theoretisch kann man sich vorstellen, dass eine Kette aus Ereignissen und Aktionen unendlich werden kann, wenn man zu einem in der Kette vorher erreichten Zustand zurückspringt. Man hat dann einen Livelock spezifiziert, also den Fall, dass der Automat zwar kontinuierlich weitere Schritte ausführt, er aber nie mehr in einem Zustand ohne weitere Ereignisverarbeitung zur Ruhe kommt. Dies entspricht einem Computer, der bei vollständiger CPU-Auslastung nicht mehr bereit ist, auf Nutzereingaben zu reagieren. In der Macrostep-Semantik gibt es dann keinen Folgezustand. Ist man deshalb an den Detailschritten interessiert, betrachtet man die Microstep-Semantik mit den einzelnen Teilschritten. Für das Beispiel kann man hier folgendes Verhalten dann beschreiben: Start -> K(A1,B1) –p-> K(A2,B1) –x-> K(A2,B2) –q-> K(A3,B2) –y-> K(A3,B3) –z-> K(A3,B1) –r-> K(A1,B1).

Abb. 7.6 verdeutlicht die Bedeutung von Zustandsdiagrammen für reaktive Realzeitsysteme. Dabei ist es möglich, sich in Bedingungen und Aktionen auf die abgelaufene

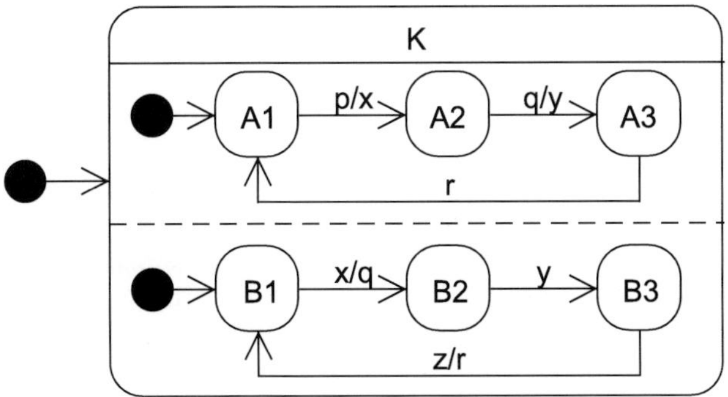

Abb. 7.5 Microsteps und Macrosteps

Zeit zu beziehen und Zeiten zu messen. Im Beispiel wird ein Objekt angeklickt und in der Variablen selektiert gespeichert. Wird innerhalb von 0.5 s dieses Objekt erneut angeklickt, so handelt es sich um einen Doppelklick. Wird ein anderes Objekt angeklickt oder das gleiche Objekt nach mindestens 0.5 s, handelt es sich nur um einen einfachen Klick auf das jeweilige Objekt.

Zustandsdiagramme haben abhängig von der Art des entwickelten Systems häufig eine sehr unterschiedliche Bedeutung in der Entwicklung. Betrachtet man Software aus dem reinen Wirtschaftsbereich, wie Enterprise-Resource-Planning Systeme, aber auch die bereits betrachtete Projektverwaltung, so spielen Zustandsdiagramme häufiger keine zentrale Rolle, da es recht wenig Objekte gibt, denen ein komplexeres Zustandsdiagramm zugeordnet wird. Hier ist es sehr oft der Fall, dass jede Methode eines Objekts zu fast jedem Zeitpunkt aufgerufen werden kann. Hat man z. B. eine Entity-Klasse wie Mitarbeiter, so dürfen üblicherweise die Methoden zum Ändern des Namens und der Adresse eines Mitarbeiters unabhängig von weiteren Werten aufgerufen werden. Typisch ist es für solche Systeme, dass es einzelne zentrale Klassen gibt, für die eine Spezifikation mit einem Zustandsdiagramm sehr hilfreich sein kann. In Abb. 7.3 ist dies für Objekte der Klasse Projekt sinnvoll, man sieht, wann überhaupt welche Methoden genutzt werden dürfen, andere Beispiele sind Aufträge bzw. Einkaufslisten oder Ausleihzustände in einer Bibliothek. Falls in einem Zustand eine nicht erlaubte Methode aufgerufen wird, muss eine Fehlerbehandlung entwickelt werden. Dies kann von einem einfachen Ignorieren bis zum detaillierten Exception-Handling gehen. Im Beispiel kann ein Projekt im Zustand Projektplanung nicht beendet werden, es besteht nur eine Abbruchmöglichkeit.

In technischen Systemen spielen Zustandsdiagramme in der Spezifikation häufig eine herausragende Rolle. Sehr häufig werden komplizierte Steuerungsalgorithmen mit Zustandsdiagrammen spezifiziert. In einem weiteren Schritt ist es dann teilweise möglich,

Abb. 7.6 Zustandsdiagramm mit Zeit

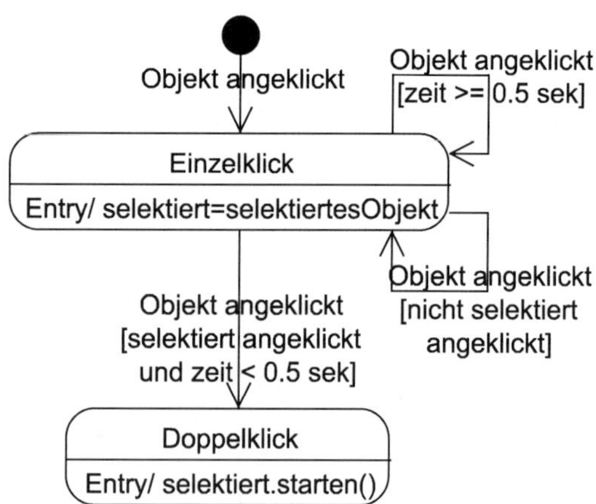

aus der Spezifikation automatisch Programmcode z. B. für Speicherprogrammierbare Steuerungen zu generieren.

Der ereignisgesteuerte Ansatz von Zustandsdiagrammen eignet sich besonders für hardwarenahe Systeme, da diese häufig über Signale kommunizieren, die dann einem eingehenden Ereignis entsprechen. Weiterhin kann dann im Aktionsteil oder in der Zustandsbeschreibung festgelegt werden, welche neuen Ereignisse generiert werden sollen.

Abb. 7.7 beschreibt einen kleinen Ausschnitt aus einer Start-Stopp-Automatik eines Motors, die den Motor automatisch ausstellen soll, wenn dieser nicht benötigt wird, z. B. beim Halt an einer Ampel. Weiterhin gibt es die Randbedingung, dass der Motor nur bei einer Außentemperatur zwischen 3 Grad und 30 Grad automatisch ausgestellt werden darf, damit die Klimaanlage sonst weiter funktioniert.

Für eine Spezifikationsentwicklung muss zunächst festgelegt werden, welche Signale es geben soll, danach kann jede der beteiligten Komponenten als Zustandsdiagramm spezifiziert werden. Die beteiligten Komponenten für dieses vereinfachte Beispiel sind in Abb. 7.8 festgehalten. An den Pfeilen stehen die Namen der gesendeten Signale, die Richtung der Pfeile gibt an, von wo nach wo die Signale fließen Im Beispiel gibt es ein Zündschloss, das die Signale start und ende, zwei Knöpfe für die Automatik, die die Signale an und aus, sowie eine Kupplung, die die Signale leerlauf und druecken schicken können. Die Außentemperatur wird kontinuierlich über einen Sensor gemessen, der resultierende Wert in einer lokalen Variablen temp hinterlegt. Das Zustandsdiagramm der Start-Stopp-Steuerung selbst generiert als Aktionen die Signale motor_an und motor_aus an die Motorsteuerung.

Man erkennt im Zustandsdiagramm, dass das erste Signal vom Zündschloss kommt und danach, dass die Start-Stopp-Automatik zunächst nicht eingeschaltet ist. Der Fahrer kann anfänglich ohne Automatik mit dem Signal druecken der Kupplung fahren oder

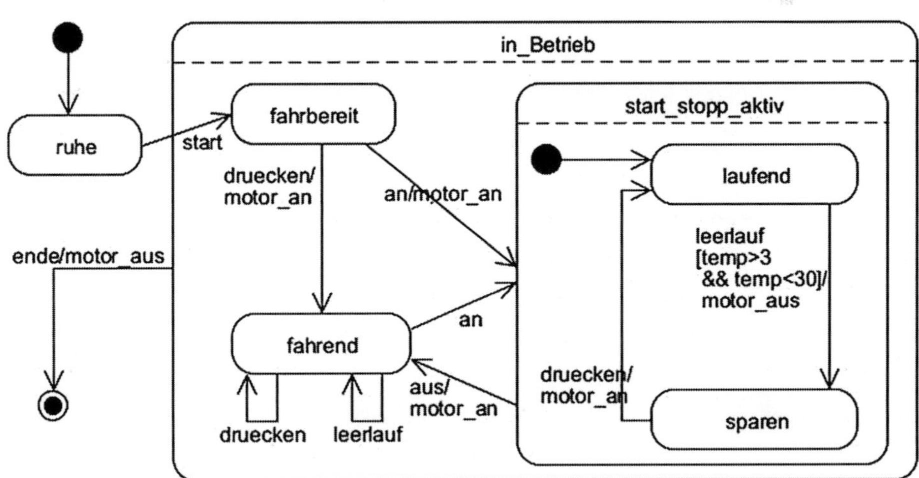

Abb. 7.7 Start-Stopp-Steuerung

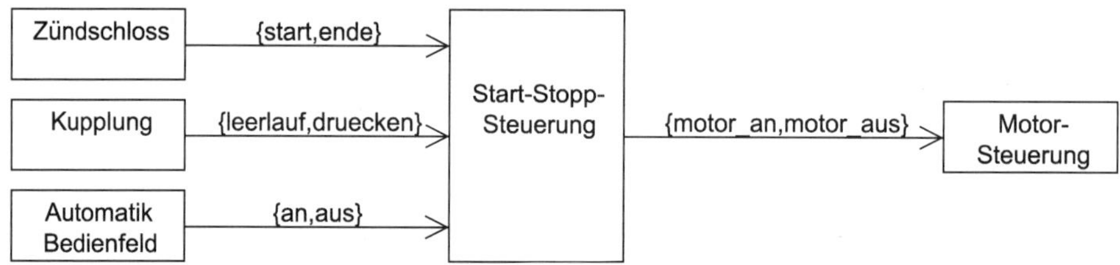

Abb. 7.8 Architektur der Start-Stopp-Automatik

diese direkt mit dem Signal an einschalten, wodurch auch der Motor gestartet wird. Schaltet man die Automatik im Betrieb mit dem Signal aus wieder ab, wird durch das Signal motor_an in der Aktion sichergestellt, dass der Fahrer mit laufendem Motor weiterfahren kann. Dabei ist es möglich, dass der Motor das Signal motor_an zweimal hintereinander ohne ein zwischenzeitliches Signal motor_aus bekommt. Dies muss bei der Entwicklung der Motorsteuerung berücksichtigt werden. Ähnliches gilt für das ende-Signal, bei dem ein zweites Mal direkt hintereinander ein motor_aus-Signal erzeugt werden kann, insofern das ende-Signal im Zustand laufend empfangen wird.

Eine weitere Einsatzmöglichkeit für Zustandsdiagramme oder anderen Arten von Ablaufdiagrammen ist die Steuerung von Benutzungsoberflächen. Dabei repräsentieren die Zustände die einzelnen graphischen Oberflächen. Die Ereignisse sind dann Benutzereingaben, wie das Drücken eines Knopfes, die dazu führen, dass eine andere Benutzeroberfläche, also ein neuer Zustand mit einer neuen Ausgabe erreicht wird. Abb. 7.9 zeigt ein Beispiel, die Applikation befindet sich am Anfang im Zustand start, der eine Skizze der zugehörigen Oberfläche enthält. Der Nutzer kann seinen Namen und ein Passwort eingeben und den Knopf „einloggen" drücken. Das Drücken des Knopfes entspricht dem

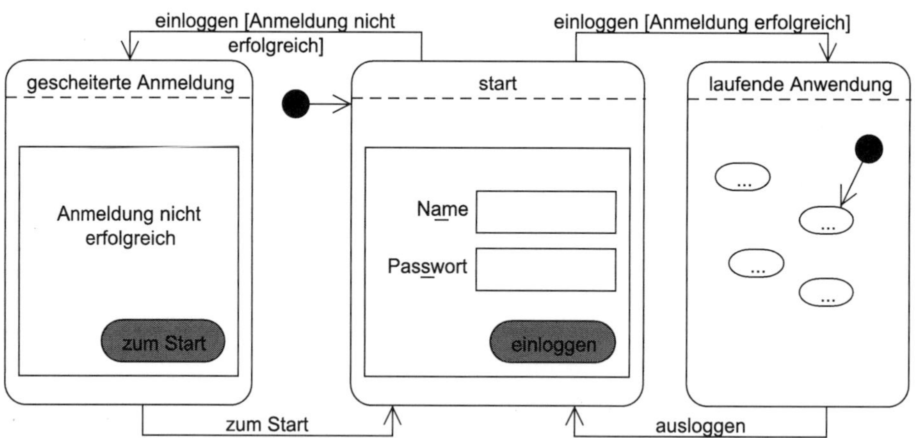

Abb. 7.9 Beschreibung von Oberflächen als Zustandsdiagramm

Auslösen eines Ereignisses. Intern wird geprüft, ob die Anmeldung erlaubt ist. Das Ergebnis wird als Boolesche Bedingung in den beiden ausgehenden Kanten genutzt. Bei einer nicht erfolgreichen Anmeldung wird die zum Zustand „gescheiterte Anmeldung" gehörige Oberfläche gezeigt, von der man über den Knopf „zum Start" wieder zum Anmeldebildschirm gelangen kann. Bei einer erfolgreichen Anmeldung gelangt der Nutzer in den hierarchischen Zustand „laufende Anwendung", der in der Abbildung nur skizziert wird. Die Hierarchie ist hier hilfreich, da die ausgehende Transition mit dem Ereignis ausloggen fordert, dass es auf allen Seiten bzw. in allen Zuständen im Zustand „laufende Anwendung" eine, möglichst einheitliche, Möglichkeit gibt, dieses Ereignis zu erzeugen.

Frameworks, die in Kap. 9 genauer diskutiert werden, machen Vorgaben an einen Entwickler, damit eine im Framework enthaltene Funktionalität effizient genutzt werden kann. Ein solches Framework kann ebenfalls auf einem Zustandsdiagramm aufbauen. Abb. 7.10 zeigt ein Beispiel für Activity-Objekte [@Act], die zentral zur Steuerung von Applikationen in Android-Systemen sind. Vereinfachend kann man sich eine Activity als eine für den Nutzer sichtbare Seite vorstellen. Das Zustandsdiagramm enthält diverse Methoden, die jeweils mit „on..." beginnen. Ein Entwickler kann diese Methoden überschreiben und so seine Reaktion in dem jeweiligen Zustand ausprogrammieren. Die grau schattierten Zustände sind diejenigen, die meist in Dokumentationen betont werden. Bei den Ereignissen wird deutlich, dass sie entweder vom Nutzer der Applikation oder vom Betriebssystem selbst ausgelöst werden.

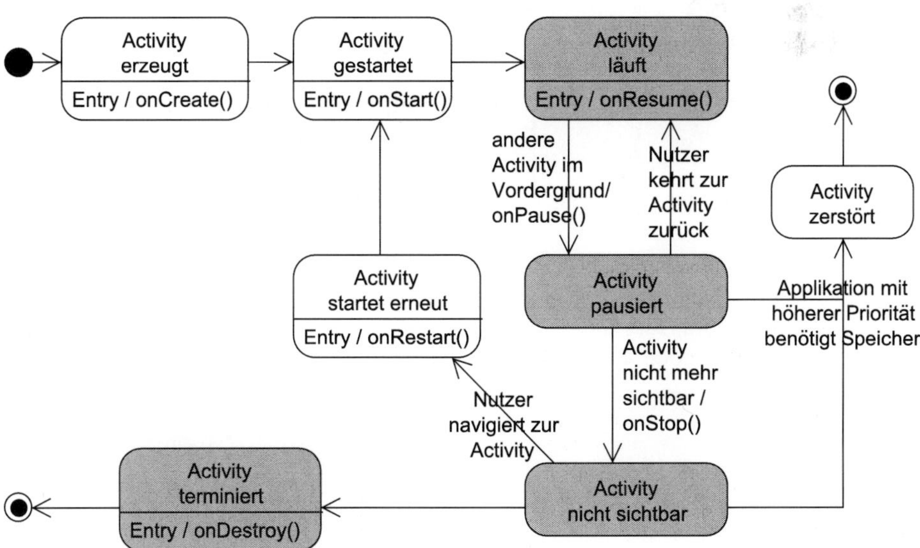

Abb. 7.10 Zustände einer Android-Activity

7.2 Object Constraint Language

Bei der Erstellung von Klassendiagrammen kommt man ab und zu in Situationen, in denen die bisher vorgestellten Modellierungsmöglichkeiten nicht ausreichen. Ein typisches Beispiel ist die Forderung, dass ein Projekt nicht Teilprojekt von sich selbst sein kann. Generell erlaubt die UML, solche Randbedingungen in geschweiften Klammern an dem jeweiligen UML-Objekt zu notieren. So kann z. B. die Eigenschaft, dass eine Projektnummer nicht negativ sein darf, direkt im Klassendiagramm bei der Exemplarvariable als.

- projektnummer:int {projektnummer>=0}.

notiert werden. Diese ergänzenden Informationen machen das Klassendiagramm nicht unbedingt lesbarer, und weiterhin können komplexe Zusammenhänge mit anderen Objekten nicht in einer kurzen Formel beschrieben werden. Aus diesem Grund gibt es die zusammen mit der UML standardisierte Object Constraint Language [WK02], kurz OCL, mit der man Randbedingungen für Klassen und Objekte formulieren kann.

Damit dieses Unterkapitel auch ohne die vorherigen Kapitel gelesen werden kann, wird hier ein neues Beispiel eingeführt. Das zugehörige Klassendiagramm ist in Abb. 7.11 dargestellt. Es gibt eine Klasse Studi, deren Objekte verschiedene, selbsterklärende Eigenschaften, wie Name, Matrikelnummer (matnr), ihr Studienfach (fach) und ob sie ein Urlaubssemester machen, haben. In der Exemplarvariablen studienfach werden alle Ver-

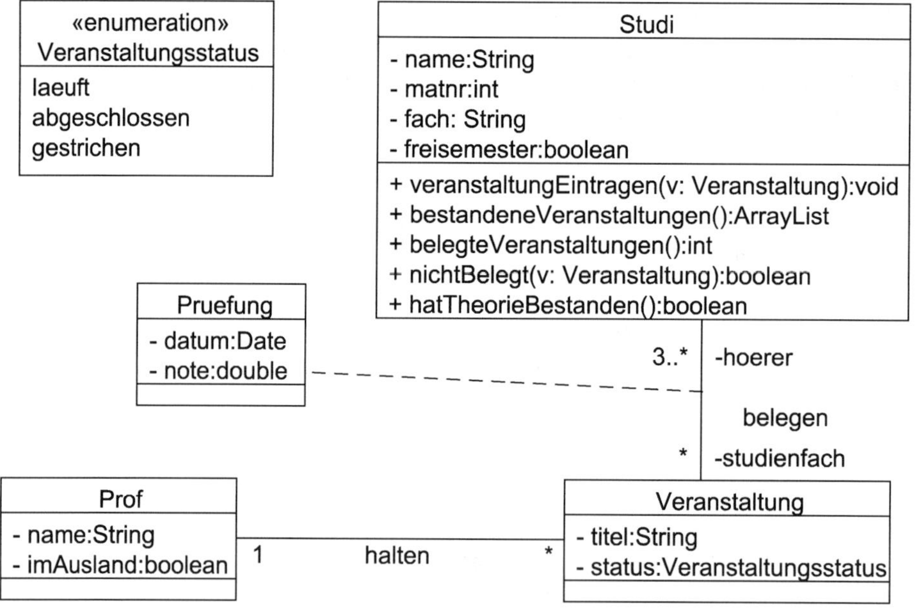

Abb. 7.11 Klassendiagramm zur OCL-Erläuterung

anstaltungen festgehalten, die ein Studi aktuell belegt oder belegt hat. Die Assoziation „belegen" ist bidirektional, sodass ein Veranstaltungsobjekt in der Exemplarvariablen hoerer seine mindestens drei eingeschriebenen Studis kennt. Jede Veranstaltung hat neben einem Titel einen Veranstaltungsstatus, der als Aufzählungstyp definiert ist.

Neu in dem Klassendiagramm ist die Möglichkeit, dass Assoziationen detaillierte Eigenschaften haben können. Zur Beschreibung ist eine solche Assoziationsklasse mit einer gestrichelten Linie mit der Assoziation verbunden. Solche Klassen können sonst normal wie andere Klassen auch benutzt werden. Wichtig ist, dass ein Assoziationsobjekt immer genau zu einem Paar bestehend aus einem Studi-Objekt und einem Veranstaltungsobjekt gehört. Diese Formulierung zeigt auch, dass es immer alternative Modellierungsmöglichkeiten ohne Assoziationsklassen gibt, wie es bereits mit Koppelklassen angesprochen wurde. Im Beispiel wird angenommen, dass diese Klasse sinnvoll ist, da so die Art der Assoziation am besten ausgedrückt werden kann.

Weiterhin gibt es in Abb. 7.11 die Klasse Prof, wobei jeder Prof mehrere Veranstaltungen halten kann und die Information hinterlegt ist, ob er sich im laufenden Semester im Ausland für einen Forschungsaufenthalt befindet.

Möchte man beschreiben, dass alle Matrikelnummern mindestens fünfstellig sind, so kann man fordern, dass die Matrikelnummern größer-gleich 10.000 sein müssen. Eine Möglichkeit, dies in der OCL zu beschreiben, sieht wie folgt aus.

```
context Studi inv hoheMatrikelnummern:
self.matnr>=10000
```

Mit dem Schlüsselwort context wird angegeben, auf welches UML-Objekt, hier typischerweise auf welche Klasse, sich die OCL-Formel bezieht. Das Schlüsselwort inv gibt an, dass es sich um eine Invariante handelt, d. h., dass alle Studiobjekte diese Formel nach außen immer erfüllen müssen. Nach dem Schlüsselwort inv kann optional der Name der OCL-Formel stehen, der häufig weggelassen wird. Der abschließende Doppelpunkt muss wieder benutzt werden.

Aus dem context geht hervor, welche Objekte betrachtet werden sollen. Mit „self" erhält man eine Referenz auf dieses Objekt, wie man es mit this in Java und (*this) in C+ +kennt. Innerhalb der Formel kann direkt auf alle Exemplarvariablen und –methoden zugegriffen werden.

Falls man Probleme mit dem Verständnis von self hat, kann man dem betrachteten Objekt einen Namen geben. Dies ist der Fall in folgender Formel, die semantisch äquivalent zu der vorherigen Formel ist.

```
context s:Studi inv:
s.matnr>=10000
```

Da bei einer präzisen Spezifikation häufig viele OCL-Formeln geschrieben werden, die auch genau den Klassen in den Paketen zugeordnet werden müssen, kann man OCL-Formeln ebenfalls in Paketen organisieren, deren Struktur sich sinnvollerweise an der

Paketstruktur der betrachteten Klassen orientiert. Syntaktisch kann die Zusammenfassung von OCL-Formeln wie folgt aussehen.

```
package com::meineFirma::meineSW
  context Studi inv: ...
  context Studi inv: ...
endpackage
```

Neben Forderungen für Exemplarvariablen erlaubt es die OCL auch, das Verhalten von Exemplarmethoden genau zu spezifizieren. Dabei wird nicht die eigentliche Implementierung beschrieben, sondern formuliert, unter welchen Vorbedingungen eine Methode welche Nachbedingungen erfüllen soll.

Die Forderung, dass ein Studi, der nicht im Freisemester ist, in Veranstaltungen eingeschrieben sein muss, kann in der OCL wie folgt beschrieben werden.

```
context Studi::belegteVeranstaltungen():Integer
pre studiIstDa: self.freisemester=false
post hoertVeranstaltungen: result>0
```

Aus dem Kontext geht hervor, dass es sich um die Methode belegteVeranstaltungen() der Klasse Studi handelt, die Notation findet sich u. a. auch bei Implementierungen in C+ +wieder. Weiterhin ist der Rückgabetyp der Methode angegeben.

Nach dem Schlüsselwort pre wird die Vorbedingung definiert. Der Name der Vorbedingung, hier studiIstDa, kann weggelassen werden. In der Vorbedingung wird festgelegt, dass die Formel nur zu prüfen ist, wenn der Studi nicht im Freisemester ist.

Nach dem Schlüsselwort post folgt die Nachbedingung, deren Name hoertVeranstaltungen wieder weggelassen werden könnte. Das OCL-Schlüsselwort result bezeichnet das Ergebnis der Methode, für das hier ein Wert größer als Null gefordert wird.

Ab und zu reicht es nicht aus, in Formeln auf Exemplarvariablen und Ergebniswerte zurückzugreifen. Dies sieht man an folgender Formel, mit der gefordert wird, dass sich die Zahl der Veranstaltungen des Studis erhöht, wenn er für eine Veranstaltung eingetragen wird, die er vorher noch nicht gehört hat.

```
context Studi::veranstaltungEintragen(v: Veranstaltung)
pre: nichtBelegt(v)
post: self.belegteVeranstaltungen()@pre
              = self.belegteVeranstaltungen()-1
```

Man sieht, dass Parameter von Methoden in die context-Angabe übernommen werden. Weiterhin ist es in Vor- und Nachbedingungen möglich, Methoden des betrachteten Objekts zu nutzen. Bei der Nutzung der Methoden stellt sich die Frage, ob sie sich auf das

Objekt vor oder nach der Ausführung von veranstaltungEintragen() beziehen. Gibt man nichts weiter an, ist immer der Fall nach der Ausführung gemeint. Will man den Wert vor der Ausführung nutzen, muss man der Methode, wie im Beispiel gezeigt, ein @pre anfügen.

Die OCL unterstützt zunächst die in Abb. 7.12 beschriebenen elementaren Datentypen, für die weiterhin einige Beispielmethoden angegeben sind. Das Typsystem kann aber vom Spezifizierer erweitert werden. Auf die bereits vorhandenen Collection-Typen wird später eingegangen.

Der Zugriff auf Exemplarvariablen erfolgt typischerweise über die Nutzung ihres Namens. Falls dieser Rollenname nicht im Klassendiagramm steht, kann der Bezug über den Namen der verbundenen Klasse aufgebaut werden, wobei der Klassenname dann in der Formel klein geschrieben wird. Dies ist typischerweise dann notwendig, wenn man eine gerichtete Assoziation hat, in der OCL-Formel aber gegen die Richtung der Assoziation eine Forderung formulieren möchte, was durchaus nicht unüblich ist. Eine Projektaufgabe muss z. B. nicht wissen, zu welchem Projekt sie gehört, aber eine Forderung, dass der kalkulierte Aufwand der Projektaufgabe kleiner-gleich dem kalkulierten Aufwand des Projekts sein muss, macht durchaus Sinn, auch wenn es hier alternative Formulierungen geben kann.

Als konkretes Beispiel soll formuliert werden, dass der veranstaltende Prof einer Veranstaltung nicht im Ausland sein sollte.

```
context Veranstaltung inv:
self.status = Veranstaltungsstatus::laeuft
        implies
        not self.prof.imAusland
```

Das Schlüsselwort implies dient dazu, „wenn-dann“-Bedingungen zu spezifizieren. Im zweiten Teil sieht man den Zugriff auf das Prof-Objekt durch self.prof. Weiterhin erkennt man, dass man in OCL-Formeln immer direkt auf Exemplarvariablen mit Hilfe der Punktnotation zugreifen darf und wie der Zugriff auf Werte einer Aufzählung erfolgt.

Der Zugriff über Klassennamen kann auch für Assoziationsklassen genutzt werden, wobei sich diese auch auf die Rollennamen der verbundenen Objekte beziehen dürfen.

Typ	Beispielwerte	Beispielmethoden
Boolean	true, false	and, or, xor, not, implies, if then else endif
Integer	1, -5, 42, 4242424242	*, +, -, /, abs()
Real	3.14, 42.42, -99.999	*, +, -, /, floor()
String	'Hallo Again', 'Heidi', ''	concat(), size(), substring()

Abb. 7.12 Basistypen mit Methoden in OCL (kleiner Ausschnitt)

Die Forderung, dass die Note für eine abgeschlossene Veranstaltung zwischen 1 und 5 liegen sollte, sieht wie folgt aus.

```
context Pruefung inv:
 self.studienfach.status =
     Veranstaltungsstatus::abgeschlossen
  implies
     (self.note>=1.0 and self.note<=5.0)
```

Bisher wurden nur Exemplarvariablen betrachtet, denen genau ein Wert zugeordnet werden kann. Mit der OCL kann man aber auch Forderungen für Collections formulieren, wobei die OCL standardmäßig die Typen Collection, Set, OrderedSet, Sequence und Bag kennt. Gehört zu einer Exemplarvariablen eine Collection, so kann man auf dieser einige in der OCL definierte Methoden ausführen. Diese Methoden zum Finden einzelner Elemente, zum Finden von Mengen von Elementen, zur Prüfung, ob es ein Element gibt, das eine bestimmte Eigenschaft hat, und zum Durchlaufen einer Collection findet man in vergleichbarer Form in jeder Klassenbibliothek.

Will man eine Methode methode auf eine Collection collection anwenden, so wird folgende Notation in der OCL genutzt, erfahrene Programmierer werden bei dem Ansatz eine Verwandtschaft zu Java Streams feststellen [Rup14]:

```
collection -> methode(<parameter>)
```

Die Forderung, dass ein Studi in einem Semester maximal an 12 Veranstaltungen beteiligt sein darf, kann wie folgt formalisiert werden.

```
context Studi inv:
studi.studienfach
       -> select (s | s.status = Veranstaltungsstatus::laeuft)
       -> size() <= 12
```

Mit studi.studienfach wird die Collection aller für den Studi eingetragenen Veranstaltungen bezeichnet. Auf dieser Collection wird die select-Methode ausgeführt, die wiederum als Ergebnis eine Collection hat. Diese Collection wird so berechnet, dass in ihr alle Elemente aus studi.studienfach enthalten sind, die den Status „laeuft" haben. Die Variable s vor dem senkrechten Strich kann man sich als Laufvariable vorstellen, die alle Elemente der Collection studi.studienfach durchläuft. Man könnte s damit auch einen Iterator nennen, wie er aus Java und der Standard Template Library STL von C++ bekannt ist.

Auf diese mit select berechnete Collection wird dann die Methode size() angewandt, die einen Integer-Wert liefert, für den gefordert wird, dass er kleiner-gleich 12 ist.

Die Forderung, dass die Methode hatTheorieBestanden() genau dann wahr ergibt, wenn eine solche Prüfung existiert, kann wie folgt formalisiert werden.

```
context Studi::hatTheorieBestanden():Boolean
post: result = self.pruefung
   -> exists( p | p.note<=4.0 and p.studienfach.titel='Theorie')
```

Durch self.pruefung erhält man eine Collection aller Prüfungsobjekte, die sich auf das betrachtete Studi-Objekt beziehen, für die man dann auf alle zugehörigen Assoziationsobjekte zugreifen kann.

Mit exists werden alle Elemente der Collection durchlaufen, und das Ergebnis ist genau dann wahr, wenn mindestens eines der Elemente die im exists-Teil spezifizierte Bedingung erfüllt.

Mit der OCL besteht auch die Möglichkeit, das Ergebnis von Methoden zu spezifizieren, die Collections als Ergebnis haben. Die Forderung, dass die Methode bestandeneVeranstaltungen() auch wirklich nur die Veranstaltungen als Ergebnis hat, die diese Forderung erfüllen, kann wie folgt in der OCL formuliert werden.

```
context Studi::
              bestandeneVeranstaltungen():Collection
post: result=self.pruefung
        ->select( p | p.note<=4.0)
        ->iterate(p:Pruefung; erg:Collection=Collection{}|
                 erg->including(p.studienfach))
```

Für das Ergebnis werden zunächst alle zum betrachteten Studi gehörende Prüfungsobjekte mit self.pruefung betrachtet. Aus dieser Collection werden alle Prüfungen in einer Collection berechnet, deren Note mindestens 4.0 ist. Im nächsten Schritt müssen aus diesen Prüfungen die zugehörigen Veranstaltungen berechnet werden. Dazu gibt es in der OCL eine iterate-Methode, die zwei Parameter hat. Der erste Parameter ist wie bei den vorher vorgestellten Methoden die Laufvariable, die über alle Elemente der Collection läuft. Zur Präzisierung kann man für solche Variablen auch zusätzlich noch den Typ der Variablen angeben. Der zweite Parameter der iterate-Methode steht für das Ergebnis des Durchlaufs durch die Collection. Dieser Typ muss zusammen mit einem initialen Wert angegeben werden, da mit iterate sehr unterschiedliche Berechnungen möglich sind. In diesem Fall heißt die Ergebnisvariable erg, ist vom Typ Collection und steht am Anfang für die leere Collection. Die Bedingung fordert, dass erg nach der Berechnung alle zu den jeweiligen bestandenen Prüfungen gehörenden Veranstaltungen enthält. Die Methode including ergibt dabei genau dann wahr, wenn sich das als Parameter genannte Objekt in der Collection befindet.

Aus der Beschreibung lässt sich zwar mit einiger Programmiererfahrung eine Implementierung herleiten. OCL ist aber eine Spezifikationssprache für Randbedingungen und deshalb ist eine direkte Umsetzung in eine Implementierung nicht immer möglich. Da es sich um eine Spezifikationssprache handelt, muss dies auch nicht gegeben sein. Die OCL wird leider von den meisten CASE-Werkzeugen nicht unterstützt.

7.3 Risikoanalyse Feindesign

Beim Feindesign können folgende Fragen hilfreich sein, die zur Aufdeckung möglicher Risiken dienen können. Wenn eine Frage nicht mit „ja" beantwortet werden kann, sollte der Punkt in eine Risikoliste aufgenommen und dem Risikomanagement zur Verfügung gestellt werden.

1. Wurde für jede Klasse geprüft, ob ihre Methoden in beliebiger Reihenfolge sinnvoll genutzt werden können und für alle Klassen, für die das nicht gilt, ein Zustandsdiagramm geschrieben?
2. Wurden alle Zustandsdiagramme auf Vollständigkeit geprüft, insbesondere alle Zustände analysiert, auf welche Ereignisse sie reagieren müssen?
3. Sind alle Zustandsdiagramme so formal ausgearbeitet, dass sie direkt in ein Programm umgewandelt werden können?
4. Wenn Zeitbedingungen im Projekt eine Rolle spielen, wurden diese in Zustandsdiagramme eingearbeitet?
5. Wurden alle Randbedingungen der Klassendiagramme, die nicht aus dem Diagramm ersichtlich sind, von Logik-Experten in OCL festgehalten?
6. Falls das Projekt sehr kritisch ist, wurde über weitergehende Maßnahmen zur Software-Korrektheit, z. B. den Einsatz formaler Methoden, nachgedacht?

Anmerkungen zur Praxis

Die in diesem Kapitel gezeigten Ergänzungen um weitere UML-Sprachelemente haben in der Abhängigkeit von der Projektart sehr unterschiedliche Relevanz. Je mehr Ereignisse und eine systematische Ereignisverwaltung eine Rolle spielen desto wahrscheinlicher wird es, dass Zustandsdiagramme die zentrolle Rolle in der Designphase übernehmen. Oftmals gibt es nur reine Entitätsklassen und Aufzählungen, deren Nutzung in Steuerungsklassen mit teilweise sehr komplexen Zustandsdiagrammen beschrieben werden. Dies ist sehr häufig bei der Verknüpfung von Elektrotechnik und Informatik-Systemen, wie im Auto- und Maschinenbau der Fall. Dabei sind Zustandsdiagramme dann direkt zur Simulation des entstehenden Systems nutzbar, häufig ist auch die automatische Generierung des finalen Programm-Codes zumindest für bestimmte Komponenten möglich.

Von der Object Contraint Language muss leider berichtet werden, dass sie in Unternehmen praktisch irrelevant ist. Der entscheidende Grund besteht in der nicht vorhandenen Werkzeugunterstützung zur Laufzeit von Programmen. In einem idealen Einsatzfeld könnte aus der OCL eine Software-Komponente entstehen, die für das laufende Programm überwacht, dass alle spezifizierten Regeln eingehalten werden. Während dies für eine kleine Teilmenge der Regeln denkbar ist, wird der allgemeine Ansatz kaum erfolgreich sein. Dies begründet sich zum einen daraus, dass OCL-Regeln deklarativ sind, also beschreiben, was gewünscht ist, aber nicht wie es umgesetzt werden soll. Das zweite Problem ist, wie eine generelle Verknüpfung zwischen dem eigentlichen Programm und der Regel-Komponente aussehen sollte. Wird wirklich jede Zuweisung geprüft, wäre das entstehende System sehr langsam. Die Idee, aus den OCL-Regeln ein oder mehrere Validierungsklassen oder –methoden abzuleiten, ist dagegen sinnvoll.

Die OCL selbst ist aber für die UML sehr wichtig, da sie zur Spezifikation der Semantik von UML-Diagrammen genutzt wird. Dazu gibt es ein Metamodell der UML beschrieben in der ebenfalls von der OMG standardisierten Meta Object Facility (MOF) [@MOF], das diverse Anforderungen an ein korrektes UML-Diagramm mit OCL-Regeln beschreibt. Dieses Metamodell enthält z. B. die Klassen „Klasse", „Variable" und „Assoziation", deren Verknüpfungen in einem Klassendiagramm und deren Randbedingungen mit der OCL beschrieben sind. ◀

7.4 Aufgaben

Wiederholungsfragen

Versuchen Sie zur Wiederholung folgende Fragen aus dem Kopf, d. h. ohne nochmaliges Blättern und Lesen, zu beantworten.

1. Wann ist es sinnvoll, für eine Klasse ein Zustandsdiagramm anzugeben?
2. Wie werden Zustände und Transitionen in Zustandsdiagrammen beschrieben?
3. Wie funktionieren hierarchische Zustandsdiagramme, warum gibt es sie?
4. Wie kann in Zuständen eine Parallelkomposition genutzt werden, wann ist dies warum sinnvoll, was ist zu beachten?
5. Wie sieht die typische Nutzung von Zustandsdiagrammen in technischen Systemen aus?
6. Wie sieht die typische Nutzung von Zustandsdiagrammen in der Entwicklung von Benutzeroberflächen aus?
7. Was bedeutet es, wenn eine Assoziation mit einer Klasse markiert ist?
8. Wozu gibt es die OCL?
9. Wie ist eine typische Invariante in OCL aufgebaut?
10. Wozu werden die Schlüsselworte result und @pre benötigt?
11. Welche Möglichkeiten gibt es in der OCL, ausgehend von einer Klasse auf verbundene Elemente zuzugreifen?
12. Welche Möglichkeiten gibt es in der OCL, mit Collections umzugehen?

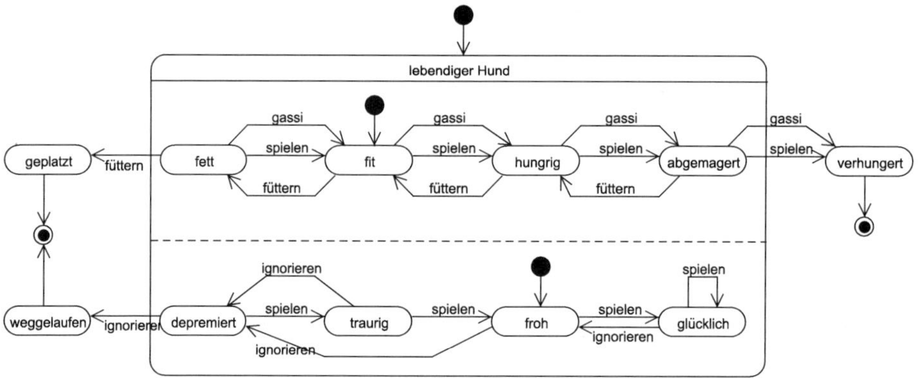

Abb. 7.13 Zustandsdiagramm eines Hundesimulators

Übungsaufgaben

1. Mit dem Zustandsdiagramm in Abb. 7.13 wird das Verhalten eines niedlichen Hundesimulatorobjekts beschrieben. Ein Objekt dieser Klasse soll interaktiv durch einen Nutzungsdialog gesteuert werden. Die Grundidee ist dabei, dass der Nutzer eine Eingabe macht und das Objekt seinen aktuellen Zustand ausgibt. Der Dialog hat folgendes Aussehen.

```
Was wollen Sie mit Wauzi machen?
  (0) verschenken (Programm beenden)
  (1) mit ihm spielen
  (2) mit ihm Gassi gehen
  (3) ihn füttern
  (4) ihn ignorieren und fuer das Studium lernen
```

Eine Beispielausgabe kann nach einigen Schritten wie folgt aussehen.

```
Der Hund ist FIT und TRAURIG.
```

Man erkennt, dass bei einer Parallelkomposition alle Teilzustände ausgegeben werden. Bei der Parallelkomposition ist weiterhin zu beachten, dass mehrere Teilkomponenten auf die gleichen Ereignisse reagieren können. Können mehrere Teilautomaten ein Ereignis bearbeiten, passiert dies bei allen Automaten gleichzeitig. Also mit dem Ereignis spielen im Zustand (fit/traurig) findet ein Übergang nach (hungrig/froh) statt.
Ihre Aufgabe besteht darin, das Zustandsdiagramm präzise in einem Programm mit der zugehörigen Nutzungssteuerung abzubilden (Abb. 7.14).

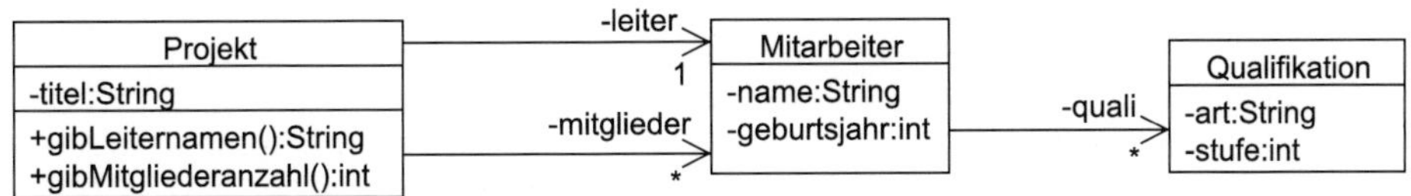

Abb. 7.14 Projektmitarbeiter mit Qualifikationen

2. Gegeben sei das Klassendiagramm aus Abb. 7.14
   a) Welche Randbedingungen lassen sich direkt aus dem Klassendiagramm ablesen?
   b) Formulieren Sie folgende Randbedingungen in OCL.
      i) Kein Mitarbeiter wurde vor 1940 geboren.
      ii) Die Werte der Qualifikationsstufen liegen immer zwischen null und vier, jeweils einschließlich.
      iii) Die Methode gibLeiternamen gibt den Namen des Leiters des Projekts zurück.
      iv) Die Methode gibMitgliederanzahl gibt die Anzahl der Projektmitglieder (ohne den Leiter) zurück.
      v) Kein Projekt hat mehr als 10 Mitarbeiter.
      vi) Jeder Mitarbeiter hat eine Qualifikationsart Java.
      vii) Jeder Leiter hat die Qualifikationsart Leitung mit einer Stufe größer als zwei.
      viii) Der Projektleiter kommt nicht in der Projektmitgliederliste vor.
      ix) In jedem Projekt mit mehr als drei Mitgliedern hat ein Mitglied die Qualifikation QS mit einer Stufe größer als zwei.

Optimierung des Designmodells

8

Zusammenfassung

In den vorherigen beiden Kapiteln wurde gezeigt, wie man ein Klassendiagramm, das eventuell mit Zustandsdiagrammen und OCL-Constraints ergänzt wird, in Programmcode umsetzen kann.

Bereits am Anfang des Kapitels 5 wurde erwähnt, dass das erreichte Analyseklassenmodell sich nur sehr bedingt für eine direkte Umsetzung eignet, gerade wenn es von unerfahrenen Modellierern erstellt wurde. Generell wird nach einem Klassenmodell gesucht, das möglichst alle drei der folgenden Eigenschaften vereint und durch Design Pattern ermöglicht wird Zunächst soll das Klassenmodell leicht änderbar sein. Kleine Änderungen sollen nicht dazu führen, dass man viele Klassenimplementierungen ändern muss. Weiterhin soll das Klassenmodell leicht erweiterbar sein. Neue Klassen, gerade Klassen, die Ähnlichkeiten zu existierenden Klassen haben, sollen leicht in das bisherige Klassengefüge eingebaut werden können. Dazu muss unter anderem die Lesbarkeit des Klassenmodells auch für Entwickler gewährleistet sein, die nicht an der Entwicklung beteiligt waren. Zu guter Letzt soll das Klassenmodell modulare Strukturen ermöglichen. Es soll Klassen ergeben, die eng zusammenarbeiten und nur möglichst einfache Verbindungen zu anderen Klassen haben.

Die Ideen zur qualitativ hochwertigen Klassenmodellierung kann man bereits bei der Modellierung „im Kleinen" nutzen. Dabei wird geklärt, wie man Methoden sinnvoll auf unterschiedliche Klassen aufteilt und so festgelegt, wie eine Funktionalität aus objektorientierter Sicht umgesetzt werden soll. Diese Ideen werden am Anfang des Kapitels erläutert.

S. Kleuker, *Grundkurs Software-Engineering mit UML*,
https://doi.org/10.1007/978-3-658-46534-6_8

Die intensiven Erfahrungen mit der objektorientierten Programmierung seit den 1990er Jahren haben zu immer wiederkehrenden Realisierungsansätzen geführt, die zumindest einige der oben genannten Herausforderungen des Designs lösen. Diese Ansätze, mit dem gerade für die Oberflächenrealisierung relevanten Model-View-Controller-Pattern und den bekannten Design-Pattern der „Gang of Four", den GoF-Pattern, die in [GHJ95] beschrieben sind, lernen Sie anhand konkreter Beispiele anschließend in diesem Kapitel kennen.

Den Lesern sei an dieser Stelle besonders eindringlich empfohlen, sich mit den Pattern nicht nur lesend auseinander zu setzen. Zum tieferen Verständnis ist es dringend notwendig, zu jedem Pattern selbst eine kleine Beispielimplementierung zu schreiben. Neben dem erwähnten GoF-Buch kann hier auch die kompakte Zusammenfassung von Pattern in [ES04] hilfreich sein.

8.1 Design im Kleinen

Für ein gutes Design gibt es zwei sehr allgemeine Regeln, die man als Grundlage nutzen kann:

- KISS = Keep It Simple Stupid, man soll die einfachst mögliche Realisierung wählen, die das Problem vollständig löst und gut nachvollziehbar ist. Dies bedeutet keinen „Quick and Dirty"-Ansatz, sondern eine klare Entscheidung für einen einfachen Entwicklungsstil
- YAGNI = You Ain't Gonna Need It, ist verwandt mit KISS und bedeutet, dass man keine Verallgemeinerungen entwickeln soll, die das Design für theoretisch in der Zukunft vielleicht gewünschte Erweiterungen vereinfachen. Dies beinhaltet z. B. bei den Zugriffsmethoden für Exemplarvariablen die Frage, ob alle Varianten, z. B. ein add und ein remove für Listen, notwendig sind. Für Entwickler bedeutet das konkret, nur die Funktionalität zu realisieren, die beauftragt wurde und keine weitergehenden Lösungen zu konzipieren, da diese nicht beauftragt, also nicht bezahlt sind. Dies gestaltet sich anders, wenn eine langfristig wart- und erweiterbare Software das Ziel ist.

Eine Konsequenz der Regeln ist es, dass man zunächst ein sauberes Design in den Mittelpunkt stellt und nicht alle theoretisch möglichen Laufzeitoptimierungen durchführt, die meist schwerer nachvollziehbar sind. Insofern die Ausführungszeit als Ergebnis aus dem Prototypen nicht als sehr kritisch erkannt wird, kann man eventuell doch notwendige Optimierungen nach ersten Performance-Analysen durchführen, die die kritischen Stellen aufdecken.

Die Nichtanwendung von Regeln für das gute Design führt meist zu komplexen und schlecht wartbaren Systemen [BMM98]. Diese erkennt man z. B. an folgenden Symptomen:

- Never-Touch-A-Running-System: Entwickler ergänzen Funktionalität nur, indem Programmcode um den existierenden Code gestrickt wird. Typisch ist die Erweiterung einer Methode mit einem if am Anfang, dem der alte Code folgt und dem neuen Code im else-Zweig, der dann teilweise ähnliche Berechnungen wie die existierende Implementierung durchführt.
- Seiteneffekte: Kleine, nach Dokumentation unproblematische Änderungen führen dazu, dass Probleme an Stellen auftreten, an denen man es nicht erwarten konnte.
- Aufwendige Detailänderungen: Theoretisch kleine Änderungen, wie die Anpassung eines Dateinamens, führen zu aufwendigen Änderungen an unterschiedlichen Stellen, da die Modularität verletzt wurde.
- Aufwendige Detailänderungen: Theoretisch kleine Änderungen, wie die Anpassung eines Dateinamens, führen zu aufwendigen Änderungen an unterschiedlichen Stellen, da die Modularität verletzt wurde.

Design by Contract – Zentrale Bedeutung von Interfaces

Viele Pattern-Ideen basieren auf der Nutzung von abstrakten Klassen oder ihrem Spezialfall der Interfaces, deutsch Schnittstellen. Die Bedeutung von Interfaces wird z. B. in Java deutlich, da diese explizit mit einem Schlüsselwort hervorgehoben werden. Natürlich kann man in jeder objektorientierten Sprache Interfaces als vollständig abstrakte Klassen, also Klassen, in denen keine Methode ausimplementiert ist, nutzen.

Interfaces sind die Grundlage des „Design by Contract“, das eine wesentliche Modularisierung des Designs und der Realisierung ermöglicht. Abb. 8.1 veranschaulicht diesen Vertrag, der durch ein Interface definiert ist. In diesem Vertrag sind die geforderten Methoden mit ihrer genauen Spezifikation informell oder in der OCL festgelegt. Die Entwickler garantieren, dass diese Methoden in der gewünschten Form realisiert werden, die Art der Realisierung liegt aber vollständig in ihrer Verantwortung. Dies ermöglicht es auch, dass in späteren Fällen die Realisierung verändert wird, da nur die Regeln des Vertrags, also das Interface, beachtet werden muss.

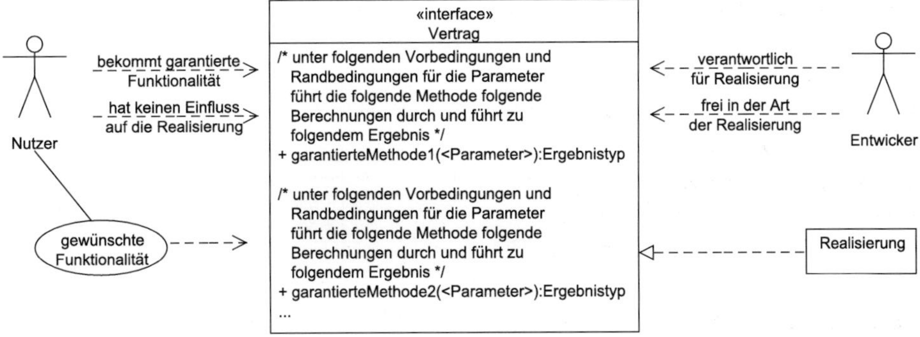

Abb. 8.1 Design by Contract

Auf der anderen Seite stehen die Nutzer des Interfaces, die ihre Wünsche in den Vertrag mit einfließen lassen. Sie können bei der Entwicklung davon ausgehen, dass es garantiert Objekte gibt, die die im Interface spezifizierten Eigenschaften anbieten. Durch diese Aufteilung kann man die gesamte Software-Entwicklung entkoppeln, wenn die jeweiligen Teams die vereinbarten Verträge einhalten. Um dann an ein Objekt zu kommen, das das Interface realisiert, gibt es verschiedene Ansätze. Einmal sind die Klassen explizit bekannt, die das Interface realisieren, sodass der Nutzer die Objekte selbst konstruieren kann. Alternativ gibt es eine Klasse mit einer Klassenmethode, die dann auf Basis der übergebenen Parameterwerte ein für den Nutzer passendes Objekt konstruiert, das das Interface realisiert.

Dependency Injection
Interfaces spielen auch bei einem weiteren Design-Schritt mit der sogenannten Dependency Injection eine wichtige Rolle, wobei man diese auch mit konkreten Klassen durchführen kann. Bei der Dependency Injection beschäftigt man sich mit der Frage, woher ein Objekt die benötigten Objekte für seine Exemplarvariablen bekommt. Eine Variante ist es, dass beim Konstruktoraufruf genügend Informationen übergeben werden, sodass ein Objekt sich die benötigten anderen Objekte selbst konstruieren kann. Hierzu müssen die benötigten Konstruktoren und die dazu passenden Parameter sehr genau bekannt sein, was die Änderungsfreundlichkeit einschränkt.

Ein alternativer Weg ist, dass die benötigten Objekte für die Exemplarvariablen von außen übergeben werden und damit kein Wissen über die Konstruktion im Objekt vorliegen muss. Die benötigten Objekte können dann im Konstruktor oder nachträglich über set-Methoden übergeben werden. Für die Objektvariablen werden dann häufiger Interfaces als Typen genutzt, da dann die konkrete Implementierung leicht austauschbar ist. Dieser Ansatz wird in Abb. 8.2 skizziert. Die Klasse Nutzer hat drei Exemplarvariablen inter1, inter2 und inter3, deren Typ jeweils ein Interface ist, die von verschiedenen

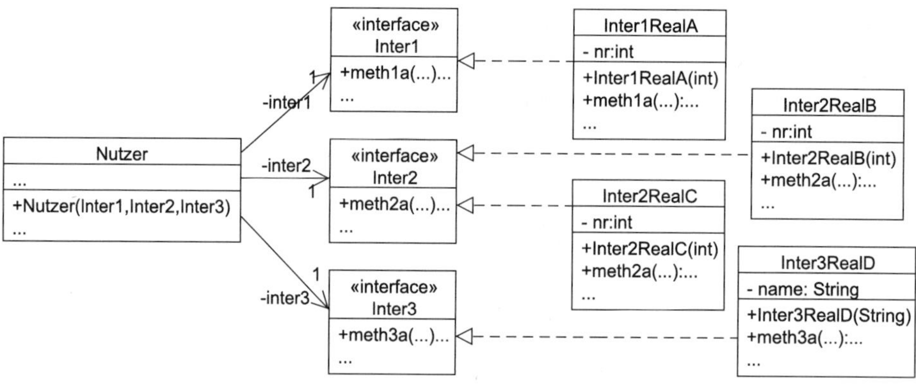

Abb. 8.2 Dependency Injection

Klassen realisiert werden. Die Erstellung eines Objekts der Klasse Nutzer kann dann wie folgt aussehen.

```
Nutzer nutzer = new Nutzer(new Inter1RealA(42), new Inter2RealC(43)
        , new Inter3RealD("Hallo"));
```

Als Ausblick sei angemerkt, dass die Idee von Dependency Injection für WebApplikationen und deren Frameworks z. B. in der Jakarta Enterprise Edition (JEE) [@JEE] konsequent weiter gedacht wird, da man dort unter Nutzung des Contexts and Dependency Injection Frameworks (CDI) [@CDI] mithilfe von Annotationen spezifizieren kann, dass man ein Objekt einer bestimmten Klasse benötigt, dieses Objekt aber dann vom Server erstellt und injiziert wird.

Annotationen können vor und während der eigentlichen Programmausführung genutzt und der zugehörige Code ausgeführt werden. Die folgenden Zeilen sichern zu, dass bei der Erzeugung eines neuen Objektes der Klasse Persistence ein Objekt der Klasse EntityManager bzw. ein Objekt, das das Interface EntityManager realisiert, erzeugt wird.

```
public class Persistence {
  @Inject
  private EntityManager em; ...
```

Wird in der Klasse Persistence auf die Exemplarvariable em zugegriffen, ist so garantiert, dass es sich nie um eine null-Referenz handelt, insofern em nicht explizit auf null gesetzt wird.

Bei Interfaces kann durch weitere Annotationen beziehungsweise Attribute von Annotationen festgelegt werden, welche das Interface implementierende Klasse zur Injizierung zu nutzen ist.

GRASP-Pattern

Neben den erwähnten GoF-Pattern gibt es einige Regeln, deren Einhaltung zu einem guten Design führen kann. Einige dieser Regeln sind als GRASP-Pattern (General Responsibility Assignment Software Patterns) [Lar05] bekannt geworden.

In einer zentralen Frage bei der Realisierung einer Funktionalität geht es darum, wo die Funktionalität realisiert wird. Ein typisches Szenario ist der Zugriff über Steuerungsklassen auf Entity-Klassen. Soll z. B. der Fertigstellungsgrad einer Projektaufgabe geändert werden, so kann die Steuerungsklasse Projektverwaltung das relevante Projekt beauftragen, eine Referenz auf die Projektaufgabe zu liefern, woraufhin die Steuerungsklasse dann den Fertigstellungsgrad anpasst. Der Ablauf ist im Sequenzdiagramm Abb. 8.3 spezifiziert. Der Nachteil dieses Ansatzes ist es, dass eine Klasse nicht nur ihre Exemplarvariablen, sondern auch die Exemplarvariablen der ihr bekannten Objekte kennen muss, also „allwissend" direkt alle in irgendeiner Form beteiligten Objekte kennt, was dem GRASP-Pattern der geringen Kopplung widerspricht.

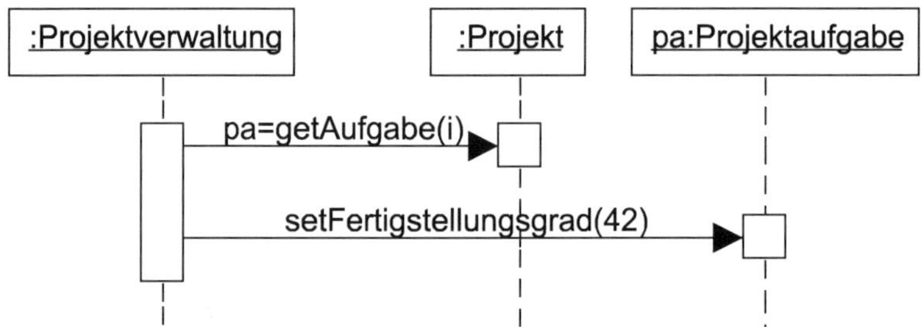

Abb. 8.3 Allwissende Klasse

Ein alternativer Ansatz, wie er bereits bei der Aggregation beschrieben wurde, ist, dass ein Objekt Informationen, die es selber direkt nicht verarbeiten kann, an die Exemplarvariable weiterleitet, die die Information verarbeitet. Der zugehörige Ablauf ist in Abb. 8.4 dargestellt, wobei angenommen wird, dass die i-te Projektaufgabe pa sei. Der Vorteil dieses Ansatzes ist, dass jede Klasse eine Teilaufgabe übernimmt und man allwissende Klassen vermeidet.

Die zentrale Forderung ist, eine Funktionalität genau in den Klassen zu realisieren, die diese Aufgabe ohne weiteres Wissen bearbeiten können. Diese Forderung bezieht sich auch darauf, welche Objekte bei anderen Objekten Methoden aufrufen sollen. Abb. 8.5 zeigt, dass die Projektverwaltung eine Sammlung von Projekten beinhaltet, die wiederum jeweils eine Sammlung von Projektaufgaben enthält. Um die Anzahl der Abhängigkeiten klein zu halten, ist es sinnvoll, dass die Projektverwaltung nie direkt Methoden der Projektaufgabe nutzt, sondern dafür die Verbindung zum jeweiligen Projekt-Objekt nutzt, wie es auch Abb. 8.4 der Fall ist. Dieses Prinzip wird „Rede nicht

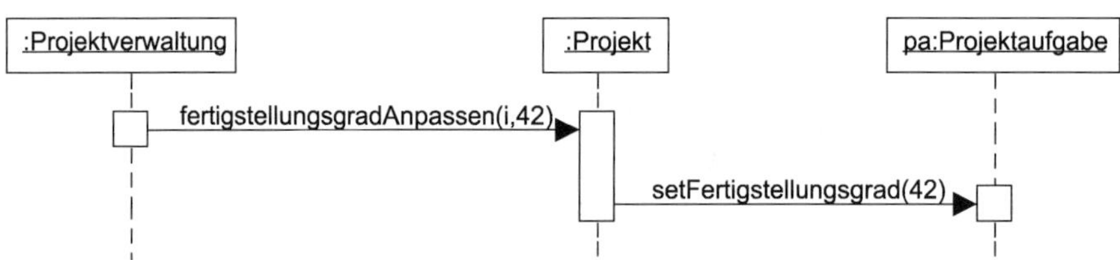

Abb. 8.4 Verteilte Funktionalität

Abb. 8.5 Rede nicht mit Fremden

mit Fremden“ oder als GRASP-Pattern „don’t talk to strangers“ genannt. Ein ähnliches Prinzip gilt bei der Erzeugung von Objekten, die nur in Klassen stattfinden soll, die selbst das notwendige Wissen haben oder direkt übergeben bekommen. Im konkreten Fall sollte nur die Projektverwaltung neue Projekt-Objekte und nur Projekt-Objekte neue Projektaufgaben-Objekte erzeugen können. Dies wird auch Creator-Pattern genannt.

Für die meisten Design-Regeln gibt es Ausnahmen, bei denen es sinnvoll ist, von den Regeln des guten Designs abzuweichen. Dies könnte selbst im beschriebenen Fall sinnvoll sein, wenn die Steuerungsklasse gleichzeitig die einzige Klasse eines Software-Pakets sein soll, die die Kommunikation mit anderen Software-Paketen durchführt. In diesem Fall kann es z. B. sinnvoll sein, dass die Projektverwaltung Referenzen auf Projektaufgaben an die Oberfläche übergeben kann. Dann ist es auch diskutabel, dass die Projektverwaltung direkt Projektaufgaben-Objekte bearbeitet.

Dass diese Diskussion nicht in jedem Fall geführt werden muss, soll an dem Ausschnitt eines anderen Beispiels gezeigt werden. Ein Dominostein kann durch eine Klasse beschrieben werden, die in zwei Exemplarvariablen links und rechts die Augenwerte der einzelnen Steinseiten, wie in Abb. 8.6 gezeigt, beschreibt.

Weiterhin gibt es eine Klasse Spiel zur Steuerung des Spielablaufs. Die Klasse Spiel merkt sich in einer Exemplarvariablen mitte vom Typ Dominostein, an welchen Stein angelegt werden kann. Der Stein mitte beinhaltet dabei den Wert des linken Endes und des rechten Endes aller gelegten Spielsteine. In einer möglichen Implementierung übergibt ein Spielerobjekt einen Spielstein, um zu prüfen, ob dieser Stein an die Mitte angelegt werden kann. Eine schlechte Realisierung dieser Aufgabe sieht in Java wie folgt aus.

```
public boolean ablegbar(Dominostein d){ // in Spiel
  return d.getLinks() == this.mitte.getRechts()
        || d.getRechts() == this.mitte.getLinks();
}
```

Der Ansatz ist deshalb schlecht, da das Spielobjekt in den „Innereien“ der Dominosteinobjekte wühlt, um die gewünschte Information zu erhalten. Sauber ist eine Implementierung, in der ein Dominostein selbst prüft, ob ein anderer Stein an ihn angelegt werden kann.

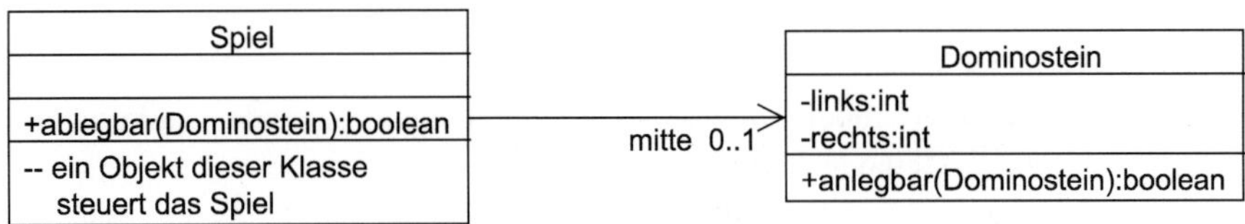

Abb. 8.6 Ausschnitt aus einem Klassendiagramm eines Dominospiels

```
public boolean ablegbar(Dominostein d){ // in Spiel
  return this.mitte.anlegbar(d);
}
public boolean anlegbar(Dominostein d){ // in Dominostein
  return this.links=d.getRechts() || this.rechts=d.getLinks();
}
```

Durch die Implementierung in der Klasse Dominostein vermeidet man weiterhin, dass die Berechnung möglicher anlegbarer Steine z. B. in der Spielerklasse nochmals wiederholt wird, was dem GRASP-Pattern des hohen Zusammenhalts widerspricht.

Polymorphie

Ein weiteres generelles Designziel ist es, dass Objekte möglichst wenig über die genaue Klassenzugehörigkeit anderer Objekte wissen. Abläufe der Form, wenn das Objekt zur Klasse A gehört, dann mach das, wenn es zur Klasse B gehört, mache jenes, sind in der normalen objektorientierten Programmierung unerwünscht. Diese Art von Abläufen sind nur bei einer Metaprogrammierung erlaubt, bei der man z. B. Komponenten realisieren möchte, siehe Kap. 9, bei denen man sich genau über Eigenschaften der benutzten Objekte informieren muss.

Bei der konkreten Bearbeitung eines Problems sollten solche Alternativen, wie verschachtelte Alternativen generell, vermieden werden. Ein wichtiger Lösungsansatz in der objektorientierten Programmierung stellt die dynamische Polymorphie dar, an die an dieser Stelle erinnert werden soll.

Die Idee ist dabei, dass man sich bei jeder Variable fragen muss, was die kleinstmögliche Typinformation ist, die ich über ein Objekt haben muss, um die Berechnungen erfolgreich durchzuführen. Dies bedeutet bei Vererbungshierarchien, z. B. Klasse B erbt von der Klasse A und Klasse C erbt von der Klasse B, dass man sich immer fragen muss, ob es nicht ausreicht zu wissen, dass eine Variable vom Typ A ist. Diese Variable kann auch Objekte der Klassen B und C aufnehmen, stellt aber nur die Methoden von A zur Verfügung. Dabei können die Methoden von A natürlich in den Klassen B und C überschrieben werden. Dabei ist beim Überschreiben zu beachten, dass nicht gegen das Liskovsche Prinzip, dass Objekte der Unterklassen immer anstelle von Objekten der Klasse, von der sie geerbt haben, genutzt werden können, verstoßen wird. Dies bedeutet genauer, dass:

- überschreibende Methoden grundsätzlich ein vergleichbares, an die Klasse angepasstes Verhalten haben,
- die überschreibende Methode mindestens in den gleichen Zuständen funktioniert wie die überschriebene Methode,
- die überschreibende Methode höchstens die gleichen Zustände als Ergebnis haben kann wie die überschriebene Methode.

Für eine Methode, die z. B. auf den ganzen Zahlen zwischen 1 und 10 funktioniert und Zahlen zwischen 40 und 60 als Ergebnis liefert, darf eine überschreibende Methode auf einem größeren Zahlenbereich, z. B. zwischen -10 und 10, funktionieren und Ergebnisse aus einem kleineren Zahlenbereich, z. B. 42 und 50, liefern.

Interfaces unterstützen, wie bereits erwähnt, diese Idee besonders, was das folgende Beispiel nochmals verdeutlichen soll. Abb. 8.7 zeigt das Interface Geoobjekt, das von drei verschiedenen Klassen implementiert wird, wobei jede Klasse eine eigene Interpretation der Methoden des Interfaces liefert. Interessant ist die Beschreibung der Konstruktoren von Punkt und Rechteck, in denen sogenannte Default-Werte angegeben werden. In der Realisierung bedeutet dies, dass man einzelne Parameter weglassen kann, die dann die angegebenen Default-Werte erhalten. Während man die Default-Werte in C++direkt in der Methodendeklaration angeben kann, ist dies in Java nicht möglich. In Java kann man entweder drei Konstruktoren schreiben oder in diesem Fall ab Java 5 dynamisch lange Variablenlisten nutzen. Die Implementierung kann dann wie folgt aussehen.

```
public class Punkt {
    private int x = 0;  // Default-Wert
    private int y = 0;  // Default-Wert

    public Punkt(int ... val){
        if(val.length > 0)
            this.x = val[0];
```

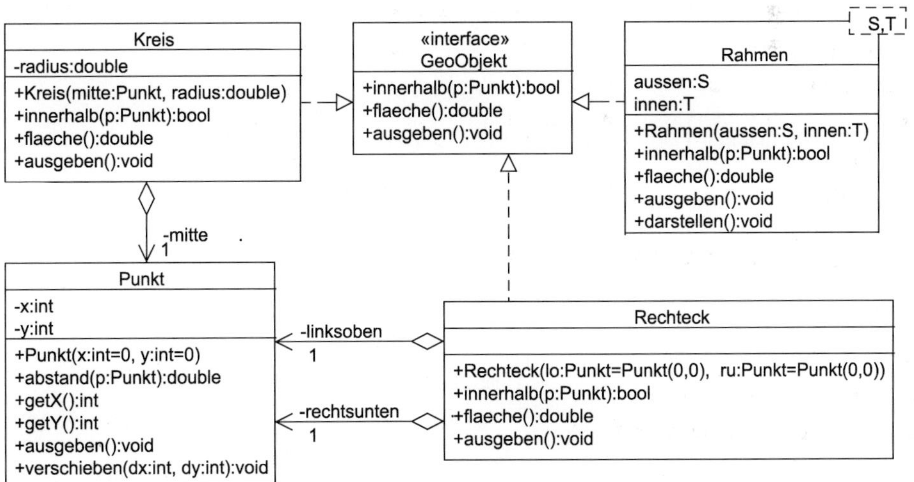

Abb. 8.7 Dynamische Polymorphie durch Interface-Nutzung

```
            if(val.length > 1)
                this.y = val[1];
        }
        public static void main(String[] s){ // zu Testzwecken
            Punkt p1 = new Punkt();
            Punkt p2 = new Punkt(4);
            Punkt p3 = new Punkt(5,42);
        }
    }
```

Im folgenden Programm werden unterschiedliche Objekte der Klassen aus Abb. 8.7 erzeugt, wobei nur die Eigenschaft wichtig ist, dass es sich um GeoObjekte handelt.

```
package kapitel8_DynamischePolymorphie;
public class Main {
    public static void main(String[] args) {
        Rechteck r1=new Rechteck(new Punkt(6,16),new Punkt(27,3));
        Rechteck r2=new Rechteck(new Punkt(12,13),new Punkt(19,5));
        Kreis k1= new Kreis(new Punkt(15,9),8.);
        Kreis k2= new Kreis(new Punkt(15,9),4.);
        GeoObjekt[] g={r1,k1,r2,k2,
                       new Rahmen<Rechteck,Rechteck>(r1,r2),
                       new Rahmen<Rechteck,Kreis>(r1,k2),
                       new Rahmen<Kreis,Rechteck>(k1,r2),
                       new Rahmen<Kreis,Kreis>(k1,k2)};
        for(GeoObjekt obj:g)
            System.out.println(obj.getClass()+"\t: "+obj.flaeche());
    }
}
```

Bei der dynamischen Polymorphie wird zur Laufzeit für eine Variable entschieden, welche Methode aufgerufen wird, dabei wird immer die genau zum Objekt passende Methode aus der eigentlichen Klasse des Objekts ausgeführt. Die Entscheidung, zu welcher Klasse ein Objekt gehört, beeinflusst damit zur Laufzeit, welche Methode ausgeführt wird. Die Ausgabe des obigen Programms kann bei korrekter Implementierung der Methoden wie folgt aussehen.

```
class kapitel08_DynamischePolymorphie.Rechteck  : 273.0
class kapitel08_DynamischePolymorphie.Kreis     : 201.06192982974676
class kapitel08_DynamischePolymorphie.Rechteck  : 56.0
class kapitel08_DynamischePolymorphie.Kreis     : 50.26548245743669
class kapitel08_DynamischePolymorphie.Rahmen    : 217.0
```

```
class kapitel08_DynamischePolymorphie.Rahmen      : 222.7345175425633
class kapitel08_DynamischePolymorphie.Rahmen      : 145.06192982974676
class kapitel08_DynamischePolymorphie.Rahmen      : 150.79644737231007
```

Eine weitere typische Designentscheidung betrifft häufig die Anpassung existierender Klassen, wobei grundsätzlich schon eine nutzbare Klasse existiert, diese aber nicht alle geforderten Aufgaben löst. Es gibt zwei grundsätzlich legitime Ansätze, mit denen man zu lauffähigen Lösungen kommt.

Der erste Ansatz ist das Erben von der existierenden Klasse. Man kann dann Methoden ergänzen, sodass man eine Klasse erhält, die alle Aufgaben löst. Dieser Ansatz ist passend, wenn man die bereits existierende Klasse selbst geschrieben hat oder man ein Framework (siehe Kap. 9) entwickelt. Bei anderen Rahmenbedingungen muss man beachten, dass sich Änderungen der existierenden Klasse drastisch auf die erbende Klasse auswirken können. Wird die Ausgangsklasse von Personen geändert, die die erbende Klasse nicht kennen, kann es z. B. passieren, dass Methoden mit Namen ergänzt werden, die eigentlich neu in der erbenden Klasse geschrieben wurden. Weiterhin kann es bei sehr langen Vererbungsketten passieren, dass man aus Versehen eine bereits existierende Methode überschreibt. Ein typisches Beispiel kann beim Erben von einer Klasse aus der Swing-GUI-Klassenbibliothek von Java passieren, wenn man eine eigene getX()-Methode schreibt, da diese bereits irgendwo in der Vererbungshierarchie implementiert ist. Das Resultat kann eine nicht nutzbare Oberfläche mit völlig zerstörtem Layout sein.

Der zweite Ansatz als Variante ist die sogenannte Delegation. Dabei nutzt die neu zu schreibende Klasse die existierende Klasse in einer Exemplarvariablen. Die neue Klasse wird dann alle Methodenaufrufe, die sich auf die existierende Klasse beziehen, an diese weiterleiten, was die Ausführungszeit etwas erhöhen kann. Neue Funktionalität kann dafür einfach ergänzt werden und die enge Abhängigkeit von der Oberklasse verschwindet.

8.2 Model View Controller

Beim Model-View-Controller-Pattern, kurz MVC-Pattern, handelt es sich um einen Ansatz, an dem man besonders gut die gewünschte Flexibilität eines Designs erläutern kann. Dieses Design Pattern, auch Entwurfsmuster genannt, wurde bereits in der Sprache Smalltalk seit Ende der 1980er Jahre eingesetzt.

Die zentrale Idee von MVC ist, dass man die Verwaltung der Information von der Art, wie die Information verändert wird, und der Art, wie der Inhalt dargestellt wird, trennen kann. Durch den Ansatz wird es z. B. möglich, die Komponenten zur Veränderung auszutauschen, ohne dass die Informationsverwaltung und äußere Darstellung geändert werden muss. Weiterhin kann man verschiedene Varianten von Darstellungen wählen, die unabhängig von den anderen Elementen sein können.

Im Detail besteht der MVC-Ansatz aus folgenden Elementen mit folgenden Aufgaben:

Model: Im Modell werden die eigentlichen Informationen gespeichert, wozu üblicherweise Exemplarvariablen dienen. Das Modell kennt alle Views, die zur Darstellung der Modell-Inhalte genutzt werden, und informiert diese über Änderungen.
View: Views dienen zur Darstellung des Ergebnisses nach außen, wobei „außen" nicht unbedingt für eine graphische Oberfläche stehen muss, da man aufbereitete Informationen auch für andere Klassen anbieten kann. Die Vorstellung des Views als Oberfläche ist aber beim Erlernen hilfreich. Man kann sich z. B. für einen Zahlenwert innerhalb eines Modells verschiedene Views, wie die textuelle Darstellung, die Darstellung mit einem Zeiger auf einer Skala oder die Darstellung im Tortendiagramm vorstellen. Jeder View muss sich beim Modell anmelden, damit er über Werteänderungen informiert wird.
Controller: Über Controller können die Werte des Modells verändert werden. Dabei kann es zu einem Modell durchaus verschiedene Controller geben, die alle nur eine Referenz auf das Modell haben müssen.

Abb. 8.8 zeigt das Ergebnis einer Realisierung eines MVC-Pattern. Das Modell besteht in diesem Fall nur aus einem ganzzahligen Wert. Zu diesem Wert gibt es oben ein Fenster, einen View, in dem der Wert des Modells hier in textueller Form dargestellt wird. Unten ist ein Controller dargestellt, bei dem über zwei Knöpfe der Wert des Modells änderbar ist.

Bei der Nutzung des Pattern muss man zwei Phasen unterscheiden. In der ersten Phase werden die zugehörigen MVC-Objekte erzeugt und verbunden. In der zweiten Phase findet die eigentliche Nutzung der Struktur statt. In Abb. 8.9 sieht man am Anfang die erste Phase, in der eine Klasse die zugehörigen MVC-Objekte konstruiert. Dabei muss es sich nicht, wie in diesem Fall, um eine zusätzliche Klasse handeln.

Zunächst wird das Modell erzeugt. Danach können beliebig viele Controller und Views erzeugt werden, wobei diesen Objekten immer eine Referenz auf das Modell übergeben werden muss. Im Beispiel wird zunächst ein Controller-Objekt erzeugt. Für den dann erzeugten View gilt wie für alle Views, dass sie sich beim Modell anmelden müssen. Dazu übergibt der View eine Referenz auf sich selbst an das Modell, das sich alle Referenzen in einer Collection merkt.

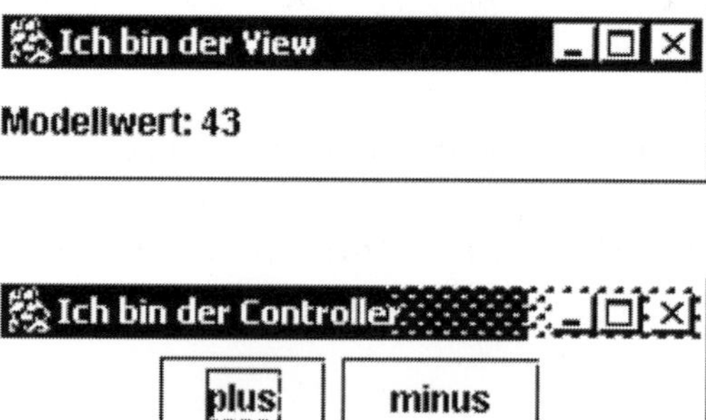

Abb. 8.8 MVC-Ausgabe

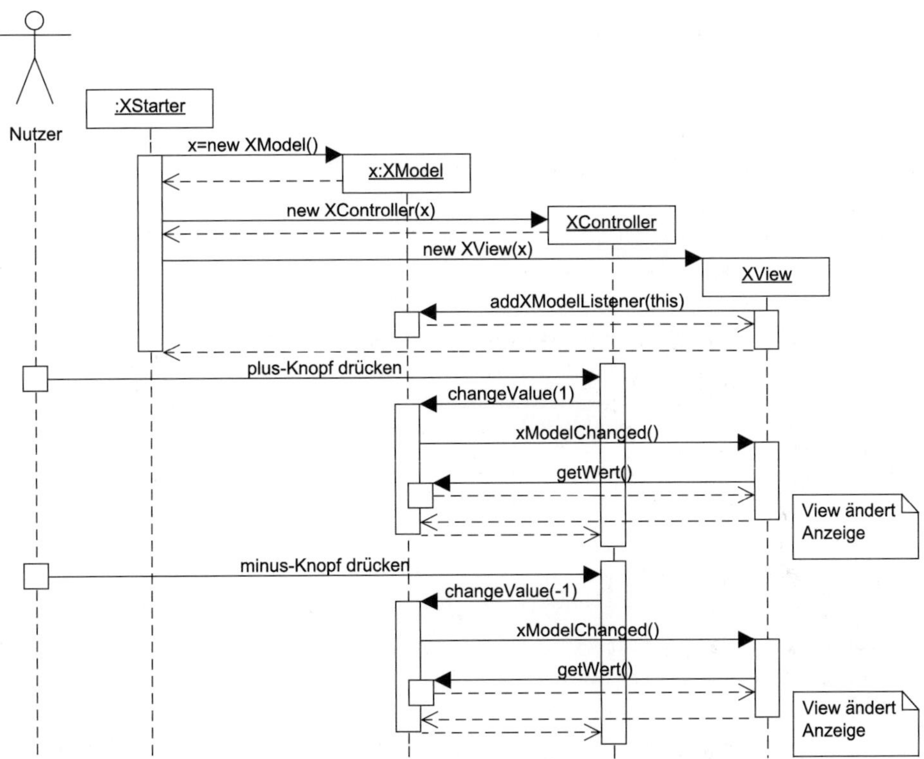

Abb. 8.9 MVC-Initialisierung und Nutzung

Alle Änderungen gehen von Controller-Objekten aus, wobei die Quelle der Aktion sehr unterschiedlich sein kann. Der Controller schickt die Änderungsaufforderungen an das Modell. Danach schickt das Modell die Änderungen an alle angeschlossenen Views, die sich vorher angemeldet hatten. Bei der Benachrichtigung der Views gibt es grundsätzlich zwei Varianten. In der ersten Variante teilt das Modell dem View den geänderten Wert innerhalb der Benachrichtigung mit. Dies ist bei wenig benötigten Informationen sinnvoll. In der zweiten Variante wird der View nur benachrichtigt, sodass der View sich dann die aktuellen Modell-Werte durch Aufrufe von Modell-Methoden abholen kann. Diese Variante ist bei größeren Datenmengen sinnvoll, wenn nicht alle geänderten Werte für den View relevant sind.

Abb. 8.10 zeigt ein zum MVC-Ansatz passendes Klassendiagramm ohne die nutzt-Beziehungen der Klasse X-Starter. Damit sich unterschiedliche Views beim Modell anmelden und diese dann benachrichtigt werden können, müssen alle Views eine einheitliche Schnittstelle anbieten. Diese Schnittstelle dient dann als Typ in der Verwaltung der Views, die sich beim Modell angemeldet haben. Eine mögliche Realisierung des Modells sieht wie folgt aus.

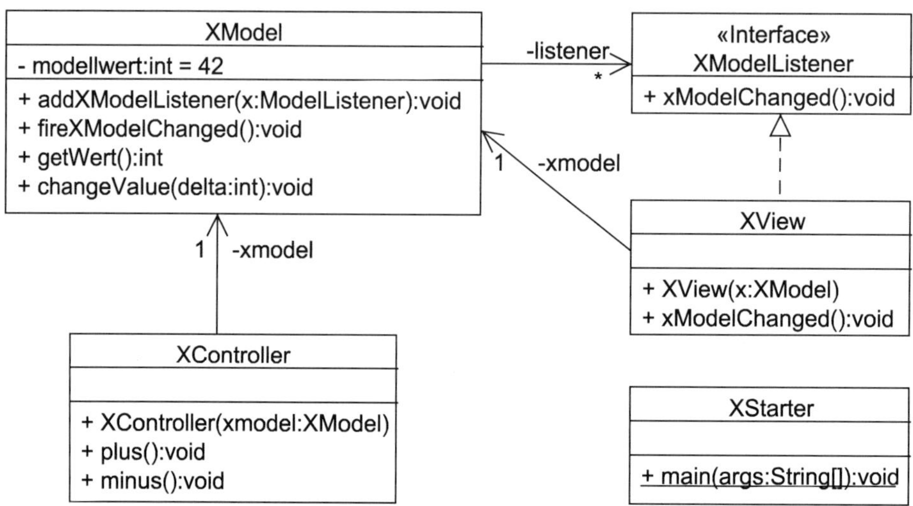

Abb. 8.10 Klassendiagramm zu MVC

```
import java.util.List;
import java.util.ArrayList;
public class XModel{
    private List<XModelListener> listener = new ArrayList<> ();
    private int modellwert = 42;

    //Verwaltung der Listener des Modells
    public void addXModelListener(XModelListener x){
     this.listener.add(x);
    }

    //Benachrichtigung der Listener
    private void fireXModelChanged(){
        for(XModelListener x:listener)
               x.xModelChanged();
    }

    //Auslesen der Modellinhalte
    public int getWert(){
        return this.modellwert;
    }


    //Veränderung des Modells
    public void changeValue(int delta){
```

```
            this.modellwert += delta;
            fireXModelChanged();
        }
    }
```

Die Exemplarvariablen des Modells können in zwei Bereiche aufgeteilt werden. Im ersten Bereich findet die Verwaltung der angemeldeten Views statt, dies passiert hier in der listener-Variable. Der zweite Teil beinhaltet die eigentlichen Modellwerte, die im Beispiel nur eine ganzzahlige Variable beinhalten. Für die Modellwerte sind üblicherweise zumindest get-Methoden realisiert. Weiterhin gibt es eine Methode, um sich beim Modell anzumelden, hier addXModelListener. Zur Änderung des Modells stehen den Controllern verschiedene Methoden zur Verfügung, dies ist in diesem Fall nur changeValue. Bei einer Modelländerung müssen alle angemeldeten Views benachrichtigt werden. Dies passiert im Beispiel durch den Aufruf der lokalen Methode fireXModelChanged, nachdem eine Änderung des Modells stattgefunden hat.

```
public interface XModelListener {
    public void xModelChanged();
}
```

Damit die Kommunikation zwischen Modell und View klappt, muss jeder View das XModelListener-Interface implementieren.

```
import javax.swing.*;
public class XView extends JFrame implements XModelListener{
    private XModel xmodel;
    private JLabel jlabel= new JLabel("Modellwert:     ");
    public XView(XModel x){
        super("Ich bin der View");
        this.xmodel = x;
        this.xmodel.addXModelListener(this);
        //Rest Swing für Anzeige
        getContentPane().add(this.jlabel);
        setDefaultCloseOperation(EXIT_ON_CLOSE);
        setSize(250,60);
        setLocation(0,0);
        setVisible(true);
    }
    public void xModelChanged() {
        this.jlabel.setText("Modellwert: "
                            + this.xmodel.getWert());
    }
}
```

Beim View sind für den MVC-Ansatz nur die markierten Zeilen relevant, der Rest sorgt für die Ausgabe mit dem Graphikpaket Swing in Java. Jeder View muss das Modell kennen, zu dem er gehört. Im Beispiel wird diese Information in der Exemplarvariablen xmodel festgehalten, die im Konstruktor gesetzt wird. Damit der View über Änderungen informiert wird, meldet er sich im nächsten Schritt beim Modell an.

Der View muss das XModelListener-Interface implementieren. Wird der View dann über eine Änderung des Modells informiert, kann er sich die für ihn relevanten Daten vom Modell, hier mit getWert, holen.

Jeder Controller muss nur das Modell kennen, das er bearbeiten kann, was im Beispiel in der Exemplarvariablen xmodel steht, die im Konstruktor gesetzt wird. Wenn der Controller dann das Modell ändern will, kann er die Methoden des Modells aufrufen.

```
import java.awt.FlowLayout;
import java.awt.event.*;
import javax.swing.*;
public class XController extends JFrame{
   private XModel xmodel;
   public XController(XModel x){
         super("Ich bin der Controller");
         this.xmodel = x;
         getContentPane().setLayout(new FlowLayout());
         JButton plus = new JButton("plus");
         getContentPane().add(plus);
         plus.addActionListener(new ActionListener(){
               public void actionPerformed(ActionEvent e){
                     this.xmodel.changeValue(1);
               }});
         JButton minus = new JButton("minus");
         getContentPane().add(minus);
         minus.addActionListener(new ActionListener(){
               public void actionPerformed(ActionEvent e){
                     this.xmodel.changeValue(-1);
               }});
         setDefaultCloseOperation(EXIT_ON_CLOSE);
         setSize(250,60);
         setLocation(0,90);
         setVisible(true);
   }
}
```

Für Pattern ist es typisch, dass eine konkrete Lösung angeboten wird. Grundsätzlich besteht nie die Pflicht, diese Lösung absolut identisch in die eigenen Lösungen zu übernehmen. Häufig gibt es Varianten der gezeigten Lösungen, die die gleiche Qualität haben und in bestimmten Situationen sogar besser geeignet sind. Für das MVC-Pattern gibt es auch einige Variationsmöglichkeiten, Beispiele sind:

- Es muss nicht unbedingt ein Interface XModelListener geben, wenn sichergestellt ist, dass sich nur eine Objektart beim XModel anmelden will.

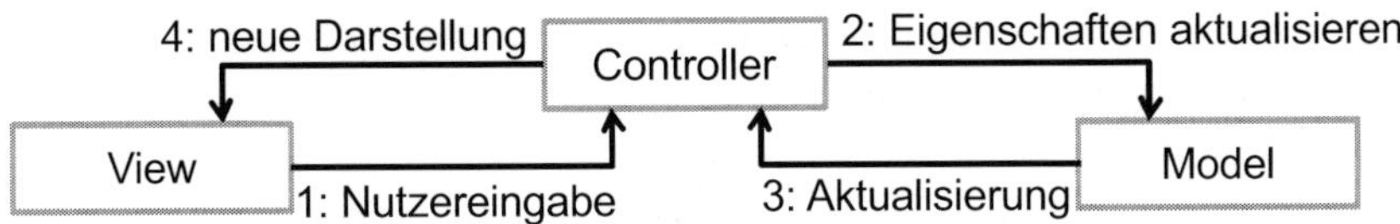

Abb. 8.11 MVC mit zentraler Controller-Nutzung

- Die MVC-Aufteilung kann genauso gut genutzt werden, wenn bekannt ist, dass es nur einen View geben wird. In diesem Fall wird die Exemplarvariable listener keine Collection, sondern eine einfache Referenz sein. Der generelle Vorteil der klaren Aufgabenteilung zwischen der Datenhaltung im Modell, der Steuerung durch den Controller und der Anzeige im View bleibt erhalten. Dies ist sogar das MVC-Pattern in der ursprünglichen Form.
- Es kann passieren, dass ein Steuerelement, z. B. ein Knopf, auch für die Ausgabe, z. B. als Beschriftung des Knopfes genutzt wird. In diesem Fall können Controller und View zusammenfallen. Dieser Ansatz wird z. B. in Java in der Oberflächen-Bibliothek Swing genutzt.
- Die Verwaltung der Views muss nicht im Modell stattfinden. Häufig findet man auch den Ansatz, dass der Controller alle Views kennt und benachrichtigt, dass sich das Modell verändert hat und die Views dann z. B. das Modell nach neuen Werten abfragen können oder der Controller alle Views informiert. Für den letzten Fall ist die prinzipielle Reihenfolge der Methodenaufrufe in Abb. 8.11 skizziert, wobei die erste Nachricht auch von einem anderen Objekt kommen könnte. Dieser Ansatz wird oft auch als Model-View-Presenter (MVP) bezeichnet.
- Mit Einführung von XAML als Oberflächenbeschreibungssprache hat Microsoft für C# den Ansatz Model-View-View Model (MVVM) [Hal11] in deren Mittelpunkt gestellt. Dabei kommuniziert der View, der weiterhin die Oberfläche repräsentiert und Nutzereingaben annimmt, ausschließlich mit dem View Model. Das View Model kennt alle Informationen, die dargestellt werden sollen. Dies sind die fachlichen Daten und Eigenschaften des Views, wie z. B. Farbe und Form von Knöpfen. Die fachlichen Daten erhält das View Model vom Model, das die eigentlichen Daten enthält und von dem ausgehend weitere Aktionen angestoßen werden können. Das Model ist nur mit dem View Model verbunden. Aus dieser Beschreibung wird deutlich, dass ein Name der Form MVMV passender gewesen wäre.

8.3 Vorstellung einiger GoF-Pattern

Die „Gang of Four"-Pattern entstammen alle einem Buch [GHJ95], das eine erste, sehr gut lesbare größere Zusammenfassung von Pattern darstellte, die als Buch veröffentlicht wurde. Hinter Pattern stehen immer wiederkehrende Programmierlösungen für immer wieder vergleichbare Programmieraufgaben. Der dahinter stehende ingenieurmäßige Ansatz ist, dass die Aufgabe erkannt wird und daraus eventuell mit geringer Anpassung sofort die Lösung als Fragment eines Klassendiagramms folgt.

Der Ansatz, wiederkehrende Ideen in allgemein verwendbare Lösungskonzepte zu verwandeln, ist ein zentraler Antriebspunkt der Informatik. Ausgehend von Maschinensprachenbefehlen zur einzelnen Ansteuerung von Speicherzellen wurden Assemblerbefehle zur hardwarenahen Programmierung entwickelt. Aus der Erkenntnis heraus, dass häufig immer wiederkehrende Assemblerbefehle benötigt wurden, entstanden höhere Programmiersprachen, die sich mit der Zeit in ihrem Abstraktionsgrad immer weiter entwickelten. Komplexe algorithmische Lösungen und immer wieder benötigte Teilprogramme haben zu Software-Bibliotheken geführt, für die beispielhaft die Klassenbibliothek von Java oder die Standard Template Library (STL) von C++ genannt werden können. Pattern stellen einen weiteren Abstraktionsschritt dar, wobei hier allerdings nicht ganze Lösungen, sondern Lösungsstrukturen verpackt werden.

In diesem Buch werden nur einige der Pattern des GoF-Buches vorgestellt, um ein Grundverständnis aufzubauen. Ein Ratschlag zum erfolgreichen Umgang mit Pattern ist, dass man sich eines der Bücher über Pattern nimmt und jeden vorgestellten Pattern selbst an einem kleinen Beispiel ausprogrammiert. Man erhält so einen individuellen Einblick in den Aufbau des jeweiligen Patterns.

Observer

Das Observer-Pattern ist eng mit dem im vorherigen Unterkapitel vorgestellten Model-View-Controller-Ansatz verwandt. Wie in Abb. 8.12 gezeigt, gibt es eine Beobachter-Klasse, vergleichbar zum View, die Änderungen einer anderen Klasse, hier KonkretesSubjekt, vergleichbar dem Model, erkennt.

Um über Änderungen informiert zu werden, meldet sich der Beobachter beim Subjekt an, das ihn dann über Änderungen informiert. Damit der konkrete Beobachter informiert werden kann, implementiert er die Schnittstelle Beobachter. Änderungen werden dann über den Aufruf der Methode aktualisieren von dem Subjekt dem Beobachter mitgeteilt.

Statt die Verwaltung der Beobachter immer wieder zu implementieren, ist es sinnvoll, eine typischerweise abstrakte Klasse Subjekt zu implementieren, die die Verwaltung der Beobachter mit der Anmeldung und Abmeldung sowie die Benachrichtigung über Modelländerungen übernimmt. Klassen, die von Subjekt erben, haben dann eine vollständige Beobachterverwaltung und sind nur verpflichtet, bei Modelländerungen die Methode informieren zu nutzen. Weiterhin müssen sie den Zugriff auf die geänderten Werte ermöglichen.

Im Klassendiagramm ist spezifiziert, dass ein KonkreterBeobachter-Objekt genau ein KonkretesSubjekt-Objekt kennt. Das muss in einer Variante des Pattern nicht sein, es können beliebig viele KonkretesSubjekt-Objekte beobachtet werden. Dann muss das KonkreterBeobachter-Objekt allerdings informiert werden, welches Objekt verändert wurde. Dies ist z. B. über einen Parameter der Methode aktualisieren möglich.

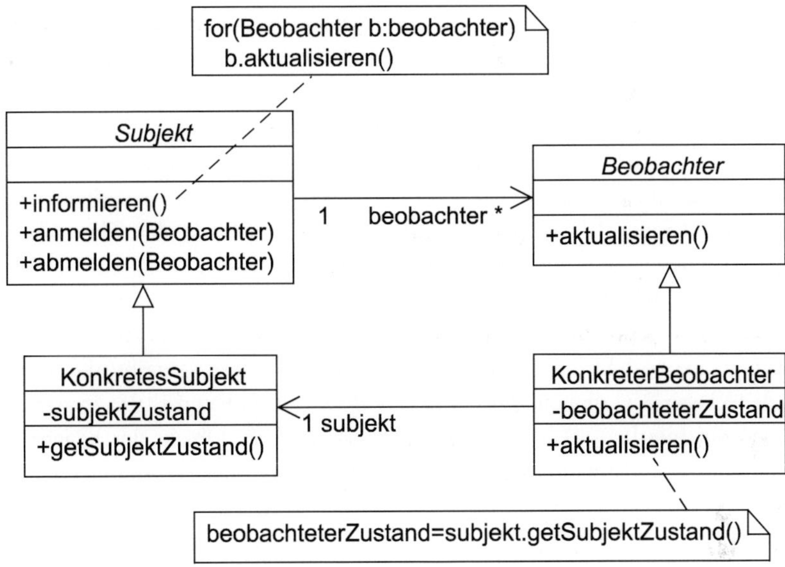

Abb. 8.12 Observer-Pattern

In einer weiteren Variante des Pattern muss es keine feste Assoziation zwischen KonkretesSubjekt und KonkreterBeobachter geben. In diesem Fall reicht es nicht aus, den Beobachter zu informieren; es muss auch die Veränderung als Parameter der Methode aktualisieren übergeben werden. Da in Java nur eine echte Vererbung, aber die Realisierung beliebig vieler Interfaces möglichst, muss auch nicht unbedingt eine Vererbung mit Subjekt stattfinden. Man kann die Verwaltung der Beobachter in eine externe Klasse auslagern, an die dann Anmeldungen delegiert werden. Da das Pattern sehr häufig benötigt wird, befinden sich in der Java-Klassenbibliothek das Interface java.util.Observer mit der einen Methode

```
public void update (Oberservable beobachtetesObjekt
                   , Object aenderung)
```

und die Klasse java.util.Observer, die die vollständige Beobachterverwaltung und Benachrichtigung anbietet. Diese Klasse kann zur Vererbung oder zur Delegation genutzt werden.

Adapter

Das Adapter-Pattern haben wir bereits bei der Diskussion der Aggregation in einem Spezialfall kennen gelernt. Die allgemeine Idee bei der Aggregation ist es, dass ein komplexeres Objekt ein einfacheres Objekt besitzt. Das komplexe Objekt kann dabei

Methodenaufrufe, die sich auf das einfachere Objekt beziehen, direkt an dieses Objekt durch einen Methodenaufruf weiterleiten. Das komplexe Objekt kann damit die Rolle eines einfachen Objekts übernehmen und weitere Funktionalität ergänzen. Diese Ergänzung der Funktionalität gehört zum verwandten Decorator-Pattern, das hier aber nicht weiter betrachtet wird.

Dieser Ansatz kann, wie in Abb. 8.13 gezeigt, noch etwas verallgemeinert werden. Ein Objekt einer Klasse IchBrauchB benötigt ein Objekt der Klasse B, genauer bestimmte Methoden dieser Klasse. Wir haben eine Klasse C, die zwar die von B gewünschte Funktionalität hat, die diese Funktionalität aber unter einem anderen Namen anbietet oder aus einem anderen Grund nicht als Exemplarvariable zur Verfügung steht. Die Lösungsidee besteht darin, dass man eine Adapterklasse schreibt, die sich wie ein Objekt der Klasse B verhalten kann, also von B erbt, bzw. wenn B wie in Abb. 8.13 angenommen ein Interface ist, dieses implementiert und ein Objekt der Klasse C aggregiert. Die Klasse IchBrauchB kann nun mit der Adapterklasse zusammenarbeiten. Ein

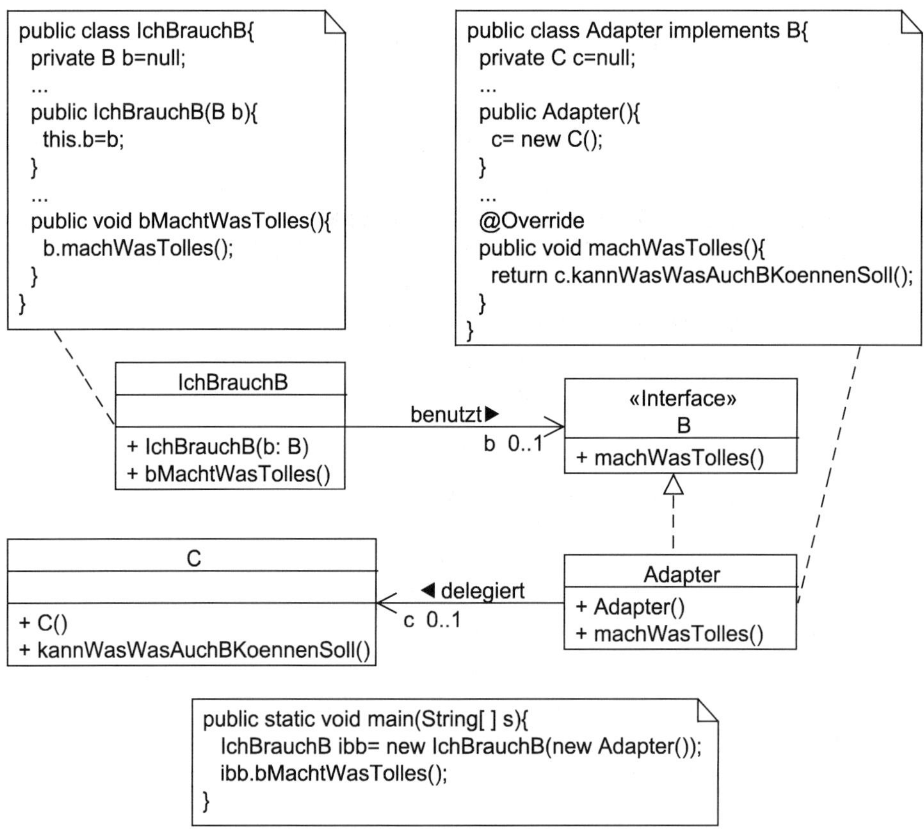

Abb. 8.13 Adapter-Pattern

Objekt der Klasse IchBrauchB fordert dann die gewünschte Funktionalität von einem Adapterklassenobjekt, das diese Anforderung an das aggregierte Objekt der Klasse C weiter gibt.

Ausschnitte aus einem konkreten Programmcode des Adapters sind in der Abbildung als Kommentare ergänzt.

Fassade

Bei der Erstellung von Software-Paketen, die von anderen Entwicklern, eventuell sogar in anderen Projekten in anderen Unternehmen genutzt werden, stellt sich die Frage, welche Klassen man anderen Personen zur Verfügung stellt. Unabhängig von der eigentlich gewählten Klassenstruktur gibt es dabei folgende Punkte zu bedenken.

- Stellt man zu viele Klassen zur Verfügung, kann dies zur Verwirrung führen, da Nutzer sich mit der internen Struktur des Pakets auseinandersetzen müssen.
- Werden zu viele Klassen sichtbar, könnten Konkurrenzunternehmen Informationen über den internen Aufbau eines Pakets ableiten und versuchen, diese Struktur nachzubauen.
- Bei vielen sichtbaren Klassen wird die Wartung schwieriger, da Änderungen innerhalb der Klassen den externen Nutzern bekannt gegeben werden müssen.

Aus diesen Gründen versucht man die Anzahl der Klassen, auf die externe Nutzer zugreifen können, möglichst gering zu halten. Ein Ansatz dazu ist eine Fassaden-Klasse, die die einzige für externe Nutzer sichtbare Klasse ist. Die Idee besteht darin, dass diese Fassaden-Klasse Objekte aller theoretisch nach außen nutzbaren Objekte aggregiert, ähnlich einer Adapterklasse, und Methodenaufrufe an die jeweils passende Klasse weiterleitet. Meist wird dabei nicht eine Fassadenklasse, sondern ein Interface nach außen angeboten. In der Realität muss es sich dabei nicht nur um ein Interface mit einer realisierenden Klasse handeln, es können auch mehrere Interfaces sein, die von einer oder mehreren Klassen realisiert werden.

Abb. 8.14 zeigt ein kleines Beispiel, bei der eine Fassadenklasse Zweiundvierzig zwei Objekte der dahinter liegenden Klassen aggregiert und Methodenaufrufe weiterleitet. In der Realität kann eine solche Fassadenklasse auch mit weiteren Aufgaben kombiniert werden, dies kann z. B. die Prüfung sein, ob der Aufrufer der Methode überhaupt die Erlaubnis zum Aufruf der Methode mit den übergebenen Parameterwerten hat.

Wie bereits erwähnt, sind Fassaden sehr praktisch für die Entwickler, die hinter der Fassade arbeiten. Sie können ihre Implementierungen relativ frei optimieren, solange sie nur die von der Fassade zur Verfügung gestellten Methoden anbieten. Bei neueren Versionen solcher Fassaden wird man darauf achten, dass alle Methoden der alten Fassade weiterhin mit gleichem Verhalten angeboten werden, neue Methoden können dann als Ergänzung realisiert werden.

Man beachte, dass man mit dem Fassadenansatz absichtlich gegen gewisse Prinzipien der objektorientierten Klassenmodellierung verstößt. Fassadenklassen haben zwar eine

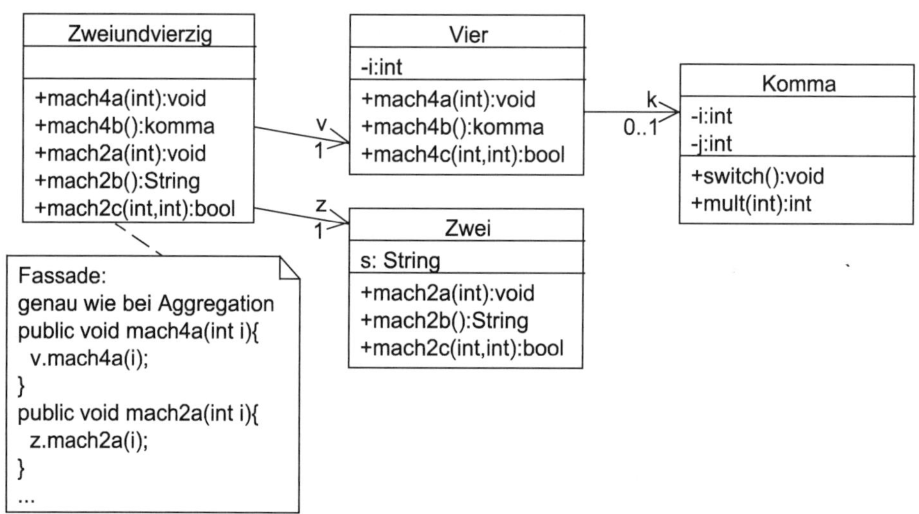

Abb. 8.14 Fassade-Pattern

konkrete Aufgabe nach außen, im Inneren werden aber eventuell kaum im Zusammenhang stehende Funktionalitäten vereinigt. Die vorher genannten Gründe zur Trennung des nach außen sichtbaren Ergebnisses von der eigentlichen Implementierung zeigen aber, dass Fassadenklassen sehr sinnvoll sind. Man spricht in diesem Zusammenhang auch davon, dass eine Entwicklung sich an Interfaces, genauer Fassaden, orientiert. Soll ein größeres Projekt die Software-Entwicklung in mehreren kleineren Projekten durchführen, so kann man recht frühzeitig die Schnittstelle, also Fassaden, festlegen, sodass jedes Teilprojekt weiß, welche Funktionalität von anderen Teilprojekten wie nutzbar ist, was wieder die Idee des „Design by Contract“ ist.

Abstract Factory

Abb. 8.15 zeigt eine Anwendung des Abstrakt Factory-Pattern. Zentral geht es um die Verwaltung gleichartiger Objekte, wobei neue Objektarten hinzukommen können, die aber für den zentralen Nutzer wenig relevant sind.

Im Beispiel werden Verpackungsobjekte betrachtet, wobei für jede Verpackung bekannt ist, dass sie ein Spielbrett und Spielfiguren enthält. Für die eigentliche Aufgabe sind aber nur wenige Details der Spiele relevant, da es hier nur um die Verwaltung von Verpackungen geht.

Für die konkreten Details stehen die beiden Interfaces Spielbrett und Spielfigur zur Verfügung. Diese Interfaces können dann für unterschiedliche Spiele durch verschiedene Klassen realisiert werden.

Um die Verpackung genauer zu spezifizieren, muss nur die Art des Spieles bekannt sein. Für die verschiedenen Arten gibt es eine Oberklasse, eine abstrakte Fabrik namens Spielefabrik. Jede Spielefabrik bietet Möglichkeiten, sich über das zugehörige Spielbrett

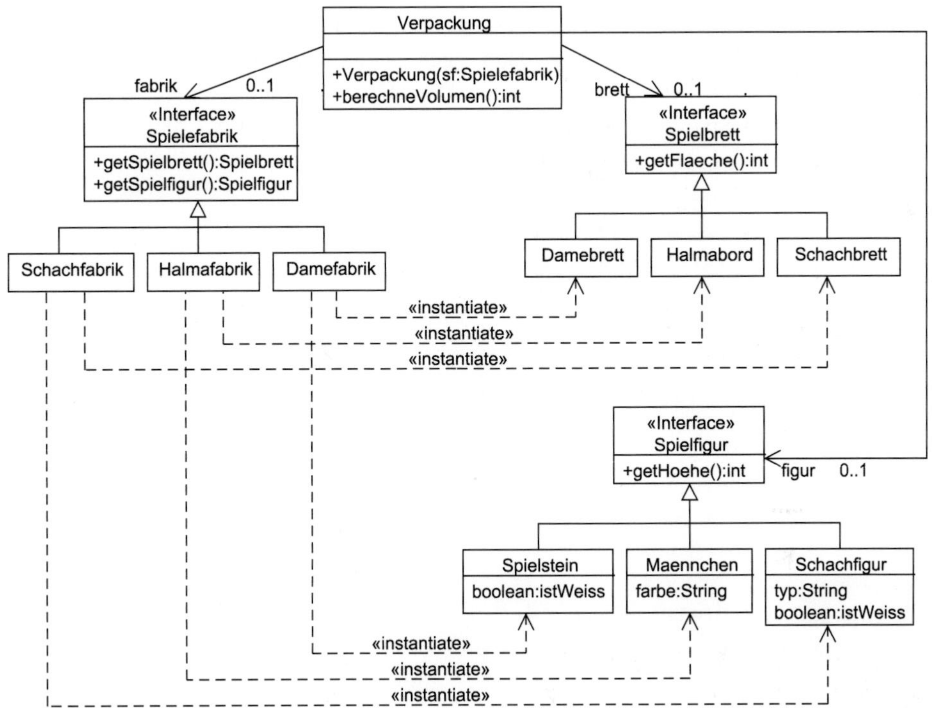

Abb. 8.15 Abstract Factory Pattern

und die Spielfiguren zu informieren. Dazu erzeugt jede konkrete Fabrik ein konkretes Spielbrett-Objekt und ein Spielfigur-Objekt. Die Nutzung des Patterns kann in einem Ausschnitt wie folgt aussehen.

```
public class Verpackung{
  private Spielefabrik fabrik=null;
  private Spielbrett brett=null; //
  private Spielfigur figur=null;
  public Verpackung(Spielefabrik sf){
    this.fabrik = sf;
    this.brett = this.fabrik.getSpielbrett();
    this.figur = this.fabrik.getSpielfigur();
  }
  ...
  public int berechneVolumen(){
    return this.brett.getFlaeche() * this.figur.getHoehe();
  }
  ...
}
```

Die Verpackung bekommt ein Objekt übergeben, das die abstrakte Spielefabrik-Klasse konkretisiert. Dieses Objekt kann dann nach seinem Spielbrett-Objekt und Spielfigur-Objekt gefragt werden. Bei weiteren Berechnungen stehen dann alle Methoden der Schnittstellen Spielbrett und Spielobjekt zur Verfügung. Ein Ausschnitt der Klasse Damefabrik könnte z. B. wie folgt aussehen.

```
public class Damefabrik implements Spielefabrik{
  Damebrett brett;
  Spielstein spielfigur;
  public Damefabrik(){
    this.brett = new Damebrett();
    this.spielfigur = new Spielstein();
  }
  @Override
  public getSpielbrett(){
    return this.brett;
  }
  @Override
  public getSpielfigur(){
    return this.spielfigur;
  }
}
```

Eine mögliche Nutzung der Klassen kann dann wie folgt aussehen.

```
public static void main(String[] s){
  Verpackung v = new Verpackung(new Damefabrik());
  System.out.println("Volumen: "+ v.berechneVolumen());
}
```

Die Anwendung des Abstract Factory-Pattern hat den Vorteil, dass man leicht neue Spiele mit Spielbrettern und Spielfiguren ergänzen kann. Man muss nur die zugehörigen Klassen in den jeweiligen Vererbungs- bzw. Realisierungshierarchien integrieren.

Der Ansatz wird aber dann wenig hilfreich bei der Wiederverwendung, wenn eine neue Objektart, z. B. verschiedene Spielanleitungen, in das Diagramm ergänzt werden sollen. Neben den Spielanleitungsklassen müssen alle abstrakten und konkreten Fabriken angepasst werden.

Singleton

Für Sichtbarkeiten von Exemplarvariablen, -methoden und Konstruktoren gibt es folgende Regeln.

- Exemplarvariablen sind private, und falls die Klasse in einer Vererbung genutzt werden soll, protected.
- Exemplarmethoden sind public, falls es sich nur um Methoden zur internen Strukturierung handelt; sie sind private bzw. protected, falls andere Klassen von dieser Klasse erben dürfen.
- Konstruktoren sind public.

Für Objekte mit besonderen Eigenschaften kann man von diesen Regeln abweichen. Wir haben bereits Steuerungsobjekte kennen gelernt, für die es häufig der Fall ist, dass nur ein Objekt dieser Klasse existiert. Es gibt weitere Objekte, für die es sinnvoll ist, zu garantieren, dass nur ein Objekt existiert und keine Kopien entstehen. Ein Beispiel sind Verbindungen, die von verschiedenen Objekten genutzt werden müssen, da der Aufbau mehrerer Verbindungen zu teuer wäre oder physikalisch nur eine Leitung existiert.

In diesem Fall darf ein Konstruktor nicht public sein, da sonst immer ein neues Objekt angelegt werden würde. Der Trick ist dann, eine Klassenmethode anzubieten, die das zugehörige Objekt zurückgibt. Nur falls noch kein Objekt angefordert wurde, wird das einzig existierende Exemplar dieser Klasse angelegt.

Im folgenden Beispiel soll ein Punkt-Objekt die Rolle des wertvollen, eindeutigen Objekts übernehmen, und als Singleton ausgearbeitet werden. Im ersten Schritt dürfen die Konstruktoren nur für die Klasse selbst sichtbar sein. Im zweiten Schritt muss die Klasse Punkt das Erstellen von Kopien verhindern. Die Klasse sieht wie folgt aus.

```
package kapitel08_Singleton;
public class Singleton implements Cloneable{
    private int x = 0;
    private int y = 0;
    private static Singleton pkt = null; //für einziges Exemplar

    private Singleton(int x, int y){
        this.x = x;
        this.y = y;
    }

    public static Singleton getPunkt(){
        if (pkt == null) { // ein einziges Mal erzeugen
            pkt = new Singleton(6,42);
        }
        return pkt;
    }
    @Override
    public Singleton clone(){
```

```
        //echtes Kopieren verhindern
        return this;
    }
    public void ausgeben(){
        System.out.print("[" + this.x + "," + this.y + "]");
    }

    public void verschieben(int dx, int dy){
        this.x += dx;
        this.y += dy;
    }
}
```

Das folgende Programm zeigt eine Beispielnutzung mit zwei Versuchen, unterschiedliche Punkte zu erhalten.

```
package kapitel08_Singleton;
public class Main {
    public static void main(String[] s){
        Singleton p1 = Singleton.getPunkt();
        Singleton p2 = Singleton.getPunkt();
        // Singleton sing = new Singleton(); constructor not visible
        p1.ausgeben();
        p2.ausgeben();
        if(p1 == p2) {
            System.out.println("\n identisch");
        }
        p1.verschieben(3,5);
        p1.ausgeben();
        p2.ausgeben();
        Singleton p3 = p1.clone();
        if(p2 == p3) {
            System.out.println("\n identisch");
        }
    }
}
```

Die Ausgabe des Programms sieht wie folgt aus.

```
[6,42][6,42]
 identisch
[9,47][9,47]
 identisch
```

Abschließend sei angemerkt, dass das Singleton-Pattern oft auch als Anti-Pattern bezeichnet wird. Der Hintergrund ist, dass dieses Pattern oft gerade von unerfahrenen Personen unnötig angewandt wird. Nur wenn die Singleton-Eigenschaft explizit notwendig ist, soll das Pattern eingesetzt werden. Nur weil es wahrscheinlich ist, dass es nur ein Objekt der Klasse gibt, z. B. Controller-Objekte, sollte das Pattern nicht genutzt werden, da es spätere Code-Veränderungen nur unnötig verkompliziert.

Proxy

Das Proxy-Pattern wird meist als Stellvertreter-Pattern sinnvoll übersetzt. Das behandelte Problem ist, dass man ein „wertvolles" Objekt hat, das z. B. für eine knappe Ressource wie eine Datenbankverbindung steht, die von vielen anderen Objekten genutzt werden soll. All diese Nutzer sollen sich aber nicht mit Details der Verwaltung des wertvollen Objekts beschäftigen.

Die Lösungsidee besteht darin, den vielen Nutzern nicht direkt den Zugang zu dem wertvollen Objekt zu geben, sondern eine Klasse, die Proxy-Klasse, dazwischen zu schalten. Für Nutzer der Klasse verhalten sich die Proxy-Objekte genau wie das wertvolle Objekt. Intern regelt das Proxy-Objekt dann den eigentlichen Zugriff auf das so geschützte wertvolle Objekt.

Dieser Ansatz ist auch in Abb. 8.16 beschrieben. Es gibt ein Nutzerobjekt, das ein Objekt vom Typ KlasseMitWertvollemInhalt nutzen möchte. Dieser Typ steht für ein Interface, das von der „wertvollen" Klasse RealeKlasse und dem Proxy realisiert wird. So merkt der Nutzer nicht, ob er mit einem Objekt der Klasse RealeKlasse oder der Klasse Proxy arbeitet. In einer Beispielimplementierung kann das Interface wie folgt aussehen.

```
public interface KlasseMitWertvollemInhalt {
    public int anfrage(String details);
}
```

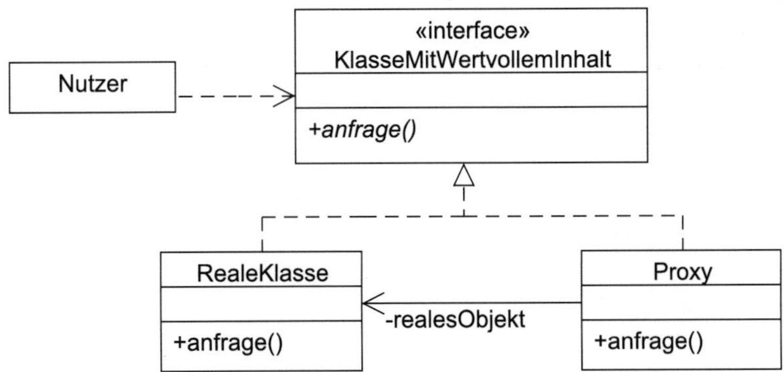

Abb. 8.16 Proxy-Pattern

Die RealeKlasse wird hier nicht vollständig implementiert, es wird davon ausgegangen, dass es ein wertvolles Verbindungsobjekt gibt, über das ein angeschlossenes externes System abgefragt werden kann.

```
public class RealeKlasse implements KlasseMitWertvollemInhalt {
    private Verbindung verbindung;

    public RealeKlasse(String verbindungsdaten){
        this.verbindung = new Verbindung(verbindungsdaten);
    }

    public int anfrage(String details) {
        return this.verbindung.befragen(details);
    }
}
```

Die Proxyklasse hat eine Referenz auf das reale Objekt und kann so den Zugriff verwalten. Ein typischer Ansatz ist es hier, Teile des Singleton-Pattern zu nutzen, mit der die Referenz verwaltet wird. Man ist nicht verpflichtet, hier ein Singleton-Pattern zu nutzen, wenn der Proxy auch andere Aufgaben übernimmt, wie z. B. eine Aufbereitung der vom Nutzer übergebenen Anfrage, bevor diese weitergegeben wird.

```
public class Proxy implements KlasseMitWertvollemInhalt {
    //Variante mit Singleton (gibt Alternativen)
    private static RealeKlasse realesObjekt;

    public Proxy(){
        if(realesObjekt == null)
          realesObjekt = new RealeKlasse("Spezialinfos");
    }

    public int anfrage(String details) {
        return realesObjekt.anfrage(details);
    }
}
```

Ein Beispielprogramm für einen Nutzer sieht wie folgt aus.

```
public class Nutzer {

    public int proxyNutzen(String anfrage){
        KlasseMitWertvollemInhalt k = new Proxy();
        return k.anfrage(anfrage);
    }
```

```
    public static void main(String[] s){
        //etwas sinnlos, zu Testzwecken
        Nutzer n = new Nutzer();
        System.out.println(n.proxyNutzen("gib41"));
    }
}
```

Decorator

Ein Ansatz zur flexiblen Erweiterbarkeit ist es, dass ein Programm so konzipiert wird, dass interessierte Objekte über bestimmte Objektänderungen durch Methodenaufrufe informiert werden. Ein einfaches Beispiel ist ein Log-Buch in einer Datei, in der alle vollzogenen Methodenaufrufe notiert werden sollen. Da diese Log-Aktionen nicht in die eigentlich betrachtete Klasse integriert werden sollen, allein um nicht vom Prinzip abzuweichen, dass eine Klasse nur eine zentrale Aufgabe übernimmt, muss die betrachtete Klasse veränderbar sein. Der „Trick" ist es wieder, dass diese interessante Klasse ein Interface realisiert und es eine zweite Klasse, den Decorator gibt, der ebenfalls das Interface realisiert. Der Decorator hat dann Zugriff auf die eigentliche Klasse und kann Aufrufe an das zugehörige Objekt delegieren. Um dieses Delegieren herum können dann Aktionen stattfinden, die zum ursprünglichen Aufruf ergänzt werden sollen. Der Decorator wird flexibler, wenn statt einer Referenz auf die konkrete beobachtete Klasse eine Referenz auf ein Interface übergeben wird und so ein Decorator wieder einen Decorator dekorieren kann.

Dieser allgemeine Ansatz wird mit folgendem Beispiel illustriert. Abb. 8.17 zeigt die im Mittelpunkt stehende Klasse Konto, die das KontoInterface realisiert. Die folgende Implementierung enthält keine Besonderheiten.

```
public interface KontoInterface {
    void einzahlen(int betrag);
    int getStand();
}
```

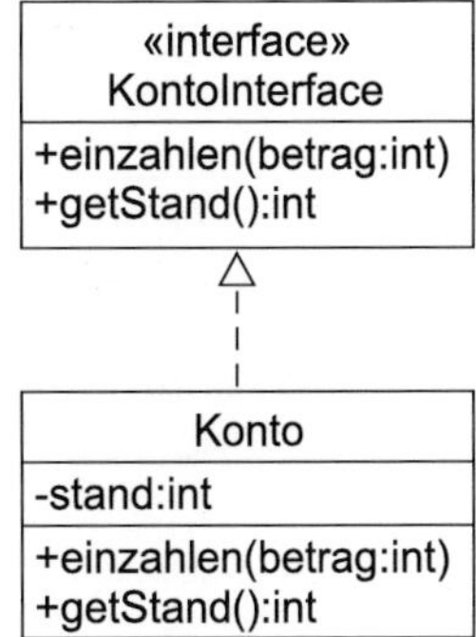

Abb. 8.17 Ausgangssituation Decorator

```
public class Konto implements KontoInterface {
    private int stand;

    @Override
    public void einzahlen(int betrag){
        this.stand += betrag;
    }

    @Override
    public int getStand(){
        return this.stand;
    }

    @Override
    public String toString() {
        return "Konto{" + "stand=" + stand + '}';
    }
}
```

Nun wird die Klasse KontoDecorator in Abb. 8.18 hinzugefügt. Die Klasse nutzt über die Exemplarvariable konto ein Objekt, das ebenfalls das KontoInterface realisiert. An dieses Objekt werden dann die eigentlichen Methodenaufrufe weitergeleitet. Der folgende Code zeigt, dass damit alle Aufrufe der Methode abgefangen werden können, theoretisch die Übergabeparameter änderbar sind, dann der eigentliche Aufruf erfolgt und dann ein

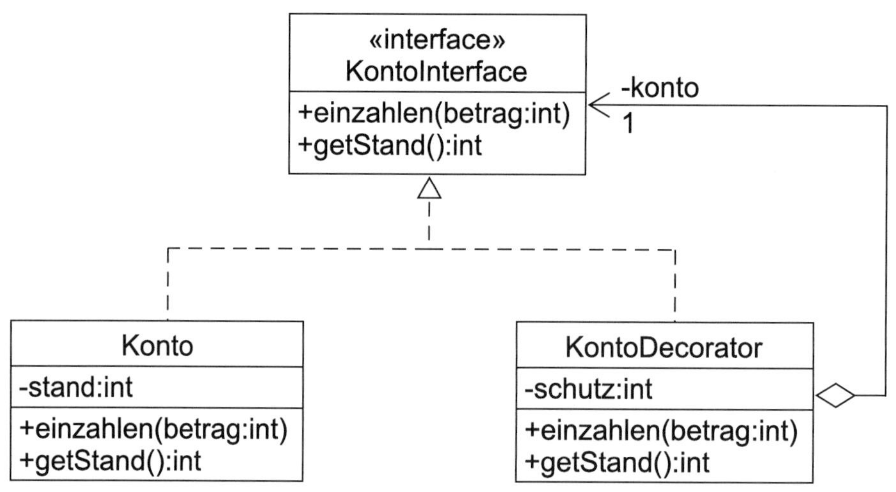

Abb. 8.18 Klassendiagramm mit Decorator

eventuelles Ergebnis des Aufrufs wieder bearbeitbar ist. Dieses Ergebnis ist dann das Ergebnis des eigentlichen Aufrufs. Als Beispiel für Manipulationsmöglichkeiten wird neben der hier ausgegebenen Log-Information noch von jedem eingezahlten Betrag 4 abgezogen. Beim Abruf des Kontostandes wird der einbehaltene Wert wieder hinzugefügt, sodass ein Nutzer eines KontoDecorator-Objekts die Manipulation nicht bemerkt. Bei einem direkten Zugriff auf das Konto-Objekt ist diese Änderung natürlich erkennbar.

```
public class KontoDecorator implements KontoInterface{

    private KontoInterface konto;
    private int schutz;

    public KontoDecorator2(KontoInterface konto){
        this.konto = konto;
    }

    @Override
    public void einzahlen(int betrag) {
        System.out.println("vor einzahlen");   // vor dem eigent-
                                               // lichen Aufruf
        this.schutz += 4;
        this.konto.einzahlen(betrag - 4);      // eigentlicher Aufruf
        System.out.println("nach einzahlen"); // nach dem eigent-
                                               // lichen Aufruf
    }

    @Override
    public int getStand() {
        System.out.println("vor getStand");
        int ergebnis = this.konto.getStand();
        System.out.println("nach getStand");
        return ergebnis + this.schutz;
    }
}
```

Das folgende Programm zeigt, wie ein Konto mit einem und dann einem zweiten Decorator umgeben wird.

```
    public static void main2(String[] args) {
        KontoInterface k = new Konto();
        KontoInterface ktmp = new KontoDecorator(k);
        KontoInterface kd = new KontoDecorator(ktmp);
```

```
        kd.einzahlen(42);
        System.out.println("Stand: " + kd.getStand());
        System.out.println("Konto: " + k);
    }
```

Die nachfolgenden Ausgaben zeigen die Log-Informationen, den nach außen sichtbaren Wert des Decorators und den eigentlichen Wert des Kontos.

```
vor einzahlen    // Ausgabe des dekorierten Dekorator vor Dekorato-
raufruf
vor einzahlen    // Ausgabe des Dekorators vor Methodenaufruf des
Kontos
nach einzahlen   // Ausgabe des Dekorators nach Methodenaufruf des
Kontos
nach einzahlen   // Ausgabe des dekorierten Dekorators nach Dekora-
toraufruf
vor getStand
vor getStand
nach getStand
nach getStand
Stand: 42
Konto: Konto{stand=34}
```

Bei der Kombination eines Decorators mit dem Observer-Observable-Ansatz können alle an bestimmten Methodenaufrufen interessierten Objekte über diesen Aufruf informiert werden. Die informierten Objekte können dann Ergebnisse mach dem Informationsaufruf liefern, die dann in die weitere Bearbeitung einfließen.

Wird nur das Klassendiagramm des Patterns betrachtet, fällt eine große Ähnlichkeit zum Proxy-Pattern auf. Der Proxy umhüllt ebenfalls das eigentlich zu nutzende Objekt. Der wesentliche Unterschied besteht allerdings in der Nutzung. Beim Proxy-Pattern ist bereits zur Compile-Zeit bekannt, welches konkrete Objekt genutzt werden soll. Beim Decorator wird das Objekt erst zur Laufzeit angegeben, sodass flexibel jeweils neu entstehende Objekte mit einem Decorator versehen werden können.

Strategy

Oftmals kann man ein komplexes algorithmisches Problem auf sehr unterschiedliche Arten lösen. Dabei kann es auch sein, dass es die einzig optimale Lösung nicht gibt, sondern dass die effizienteste Lösung von weiteren Randbedingungen abhängt. Ein Beispiel ist die Aufgabe, Objekte zu sortieren, deren effiziente Ausführung davon abhängt, ob man auf alle Elemente oder nur jeweils das erste Element zugreifen kann. Weiterhin spielt es eine Rolle, ob bereits eine grobe Sortierung vorliegt oder alle Objekte zufällig auftreten können.

Bei einer flexiblen Realisierung ist es dann sinnvoll, dass man nicht nur eine, sondern mehrere Implementierungen zur Verfügung hat. Statt dabei in einer Methode mit einem Parameter zwischen den unterschiedlichen Ansätzen umzuschalten, gibt es die bessere Lösung, den Algorithmus in einer Klasse zu kapseln und diese dann zu nutzen.

Abb. 8.19 zeigt eine etwas andere Anwendung des Strategy-Pattern. Abhängig von der Zahlungskräftigkeit eines Kunden soll die Detailtiefe von übertragenen Bildern geändert werden. Die verschiedenen Algorithmen werden in einer Methode bildBerechnen() realisiert, die in drei verschiedenen Klassen zur Verfügung steht, die damit alle das Interface AbstrakteStrategie implementieren. Ein Dienstanbieterobjekt bekommt ein konkretes Objekt übergeben und kann damit auf die konkrete Realisierung des Algorithmus zurückgreifen. Ein Ausschnitt aus einer möglichen Nutzung und Umsetzung dieses Patterns ist in den Kommentaren der Abbildung enthalten.

Command

Das Command-Pattern ist verwandt mit dem Strategy-Pattern und wird anhand eines minimalen Beispiels vorgestellt. Das Pattern schafft die Möglichkeit, die Steuerung von Methodenausführungen in Objekten zu kapseln und so die Steuerung insgesamt zu flexibilisieren.

Als Beispiel dient ein kleiner Taschenrechner, der Addition und Subtraktion für ganzzahlige Werte anbietet, weiterhin kann ein Wert in einem zusätzlichen Speicher abgelegt werden, der dann auch addiert und subtrahiert werden kann. Die folgende Klasse zeigt den Rechner, der gesteuert werden soll.

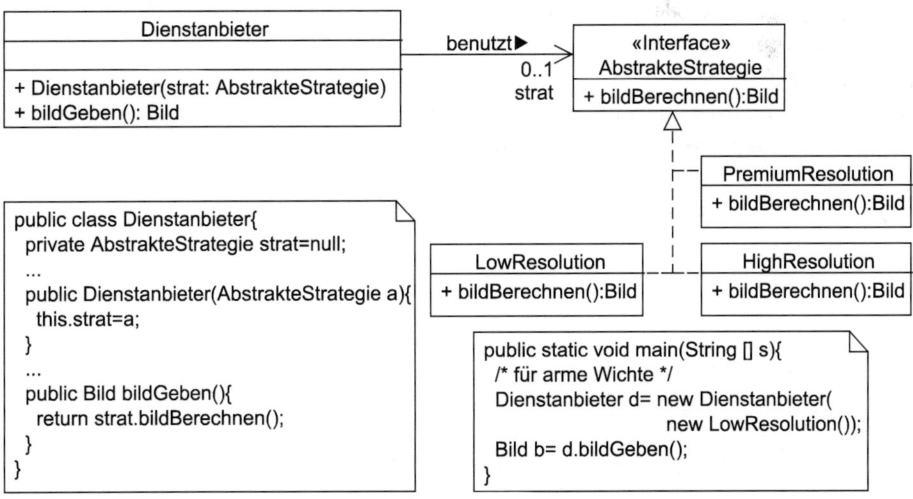

Abb. 8.19 Strategy-Pattern

```
package business;
public class Rechner {
    private int anzeige;
    private int speicher;

    public int getAnzeige() {
        return this.anzeige;
    }

    public void setAnzeige(int anzeige) {
        this.anzeige = anzeige;
    }

    public int getSpeicher() {
        return this.speicher;
    }

    public void setSpeicher(int speicher) {
        this.speicher = speicher;
    }
    public void addieren(int wert) {
        this.anzeige += wert;
    }

    public void subtrahieren(int wert) {
        this.anzeige -= wert;
    }

    public void speichern(){
        this.speicher = this.anzeige;
    }

    public void speicherAddieren(){
        this.anzeige += this.speicher;
    }

    public void speicherSubtrahieren(){
        this.anzeige -= this.speicher;
    }

    @Override
    public String toString(){
      return "Speicher: " + this.speicher + "  Wert: " + this.anzeige;
    }
}
```

Eine direkte Umsetzung eines Nutzungsdialogs kann wie folgt aussehen.

```
package io;
import java.util.Scanner;
import business.Rechner;
public class Dialog {
  private Rechner rechner = new Rechner();
  public void dialog() {
    int eingabe = -1;
    while (eingabe != 0) {
      System.out.println("(0) Programm beenden\n"
          + "(1) addieren\n"
          + "(2) subtrahieren\n"
          + "(3) Anzeige in Speicher\n"
          + "(4) Speicher addieren\n"
          + "(5) Speicher subtrahieren");
      eingabe = new Scanner(System.in).nextInt();
      switch (eingabe) {
        case 1: {
          System.out.print("Wert eingeben: ");
          this.rechner.addieren(new Scanner(System.in).nextInt());
          break;
        }
        case 2: {
          System.out.print("Wert eingeben: ");
          this.rechner.subtrahieren(new Scanner(System.in).nextInt());
          break;
        }
        case 3: {
          this.rechner.speichern();
          break;
        }
        case 4: {
          this.rechner.speicherAddieren();
          break;
        }
        case 5: {
          this.rechner.speicherSubtrahieren();
          break;
        }
      }
      System.out.println(this.rechner);
    }
  }
}
```

Generell ist der Dialog nutzbar, allerdings ist er mit dem switch-case-Befehl schon stark verschachtelt. Der Dialog steht damit für Beispiele, in denen häufig auch mit geschachtelten if-else-Befehlen die eigentlich auszuführende Methode für ein Objekt bestimmt wird.

Das Command-Pattern ermöglicht es, die Befehle in einem Objekt zu kapseln, diese Objekte realisieren dann das Interface Command mit der Methode execute(). Der Aufbau der Klassen wird in Abb. 8.20 gezeigt. Der neue Dialog kann dann wie folgt umgesetzt werden.

```
package main;
import io.commands.Addieren;
import io.commands.AnzeigeSpeichern;
import io.commands.Command;
import io.commands.SpeicherAddieren;
import io.commands.SpeicherSubtrahieren;
import io.commands.Subtrahieren;
import java.util.HashMap;
import java.util.Map;
import java.util.Scanner;
import business.Rechner;
public class Dialog {
  private Rechner rechner = new Rechner();
  private Map<Integer,Command> aktionen = new HashMap<>();
```

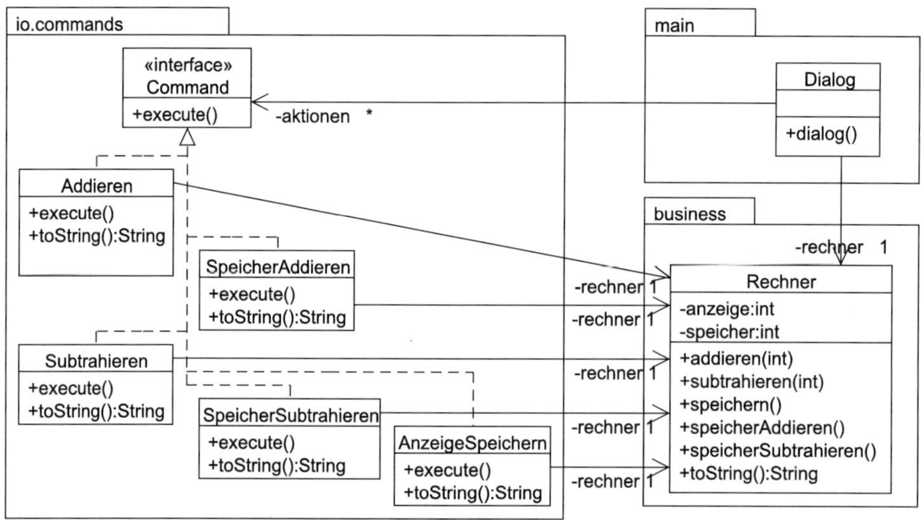

Abb. 8.20 Taschenrechner mit Command-Pattern

```
  public Dialog(){
    this.aktionen.put(1, new Addieren(this.rechner));
    this.aktionen.put(2, new Subtrahieren(this.rechner));
    this.aktionen.put(3, new AnzeigeSpeichern(this.rechner));
    this.aktionen.put(4, new SpeicherAddieren(this.rechner));
    this.aktionen.put(5, new SpeicherSubtrahieren(this.rechner));
  }
  public void dialog() {
    int eingabe = -1;
    while (eingabe != 0) {
      System.out.println("(0) Programm beenden");
      for(int tmp:this.aktionen.keySet()){
         System.out.println("(" + tmp + ") " + this.aktionen.get(tmp));
      }
      eingabe = new Scanner(System.in).nextInt();
      Command com = this.aktionen.get(eingabe);
      if(com != null){
        com.execute();
      }
      System.out.println(this.rechner);
    }
  }
}
```

Das zugehörige Interface hat den folgenden einfachen Aufbau.

```
package io.commands;
public interface Command {
  public void execute();
}
```

Die einzelnen Befehle sehen wie folgt aus.

```
package io.commands;
import java.util.Scanner;
import business.Rechner;
public class Addieren implements Command {
  private Rechner rechner;

  public Addieren(Rechner rechner){
    this.rechner = rechner;
  }
```

```
  @Override
  public void execute() {
    System.out.print("Wert eingeben: ");
    this.rechner.addieren(new Scanner(System.in).nextInt());
  }

  @Override
  public String toString(){
    return "addieren";
  }
}

package io.commands;
import business.Rechner;
public class AnzeigeSpeichern implements Command {
  private Rechner rechner;

  public AnzeigeSpeichern(Rechner rechner){
    this.rechner = rechner;
  }

  @Override
  public void execute() {
   this.rechner.speichern();
  }

  @Override
  public String toString(){
    return "Anzeige in Speicher";
  }
}

package io.commands;
import business.Rechner;
public class SpeicherAddieren implements Command {
  private Rechner rechner;

  public SpeicherAddieren(Rechner rechner){
    this.rechner = rechner;
  }

  @Override
  public void execute() {
```

```
    this.rechner.speicherAddieren();
  }

  @Override
  public String toString(){
    return "Speicher addieren";
  }
}

package io.commands;
import business.Rechner;
public class SpeicherSubtrahieren implements Command {
  private Rechner rechner;

  public SpeicherSubtrahieren(Rechner rechner){
    this.rechner = rechner;
  }

  @Override
  public void execute() {
    this.rechner.speicherSubtrahieren();
  }

  @Override
  public String toString(){
    return "Speicher subtrahieren";
  }
}

package io.commands;
import java.util.Scanner;
import business.Rechner;
public class Subtrahieren implements Command {
  private Rechner rechner;

  public Subtrahieren(Rechner rechner){
    this.rechner = rechner;
  }
  @Override
  public void execute() {
    System.out.print("Wert eingeben: ");
    this.rechner.subtrahieren(new Scanner(System.in).nextInt());
  }
```

```
    @Override
    public String toString(){
      return "subtrahieren";
    }
  }
```

Der Dialog wird so leicht erweiterbar, da neue Befehle mit wenig Aufwand ergänzt werden können, es ist kein „wühlen“ in komplexen Programmstrukturen notwendig. Natürlich zeigt das Beispiel nur einen einfachen Ansatz, der aber leicht erweiterbar ist. Gerade wenn die Befehle mehr Möglichkeiten beinhalten und von verschiedenen Personen bearbeitet werden, sind die Stärken dieses Pattern sichtbar. Im Beispiel kann der Spezialfall mit der Möglichkeit das Programm zu beenden, z. B. durch die folgende Befehls-Klasse ersetzt werden.

```
package io.commands;
public class Nichts implements Command {

  @Override
  public Command execute() {
    return this;
  }

  @Override
  public String toString(){
    return "Programm beenden";
  }
}
```

Weiterhin kann das Command-Interface zunächst durch eine abstrakte Klasse realisiert werden, die eine Exemplarvariable vom Typ Rechner hat und so die Anzahl der Verbindungen reduziert.

Das Pattern ist leicht ausbaubar und eignet sich zur Realisierung einer Undo-Funktionalität, mit der vorher ausgeführte Befehle zurückgenommen werden können. In einer Variante wird das Interface um eine Methode undo() erweitert und jedes ausgeführte Command-Objekt auf einem Stapel gespeichert. Die undo()-Methoden werden dann aufgerufen, um Änderungen rückgängig zu machen. Wichtig ist dabei, dass man alle Änderungen kennt, die durch die Ausführung von execute() auftreten, damit sie wieder rückgängig gemacht werden.

Alternativ ist die Erzeugung eigener Undo-Objekte machbar, die wieder auf dem Prinzip des Command-Pattern aufbauen.

Selbst bei dem einfachen Beispiel sollte deutlich werden, dass die einzelnen Command-Objekte oft noch weitere Exemplarvariablen benötigten, damit sie ihre Funktionalität anbieten können. Für diese Informationen ist eine Übergabe im Konstruktor möglich oder die Command-Objekte werden von weiteren Objekten über set-Methoden bearbeitet.

State

Eng verwandt mit dem Strategy-Pattern ist auch das State-Pattern, das hier in einer Variante zur klassischen Darstellung gezeigt wird. Dabei soll sich ein Objekt abhängig von einem konkreten Zustand in den Ergebnissen seiner Methoden unterschiedlich verhalten. Die Idee der Umsetzung besteht darin, das zustandsabhängige Verhalten in speziellen Klassen, einer pro Zustand, zu kapseln und dem eigentlichen Objekt abhängig von seinem Zustand ein Zustandsobjekt zuzuordnen.

Abb. 8.21 zeigt eine konkrete kleine Anwendung. Oben in der Abbildung ist das Zustandsdiagramm für eine Messstation angegeben. Wird ein Wert größer-gleich 42 gemessen, geht die Station in den Zustand kritisch über. Der Zustand wird erst wieder auf ok gesetzt, wenn der Messwert kleiner-gleich 22 ist. In der hier vorgestellten Variante des State-Pattern gibt es eine abstrakte Klasse Zustand. Mit der zentralen Methode setX kann der gemessene Wert verändert werden. Abhängig von diesem Wert und dem konkreten Zustand wird dann der neue Zustand berechnet. Die Implementierungen der Zustandsklassen sehen z. B. wie folgt aus.

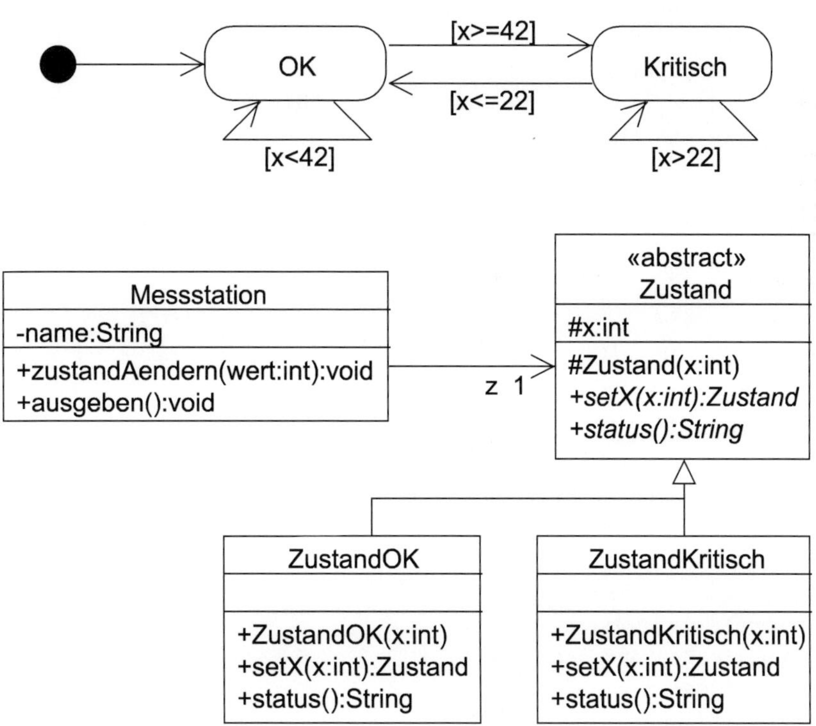

Abb. 8.21 State-Pattern

```
package kapitel08_State;
public abstract class Zustand {
    protected int x;

    public abstract Zustand setX(int x);
    public abstract String status();

    protected Zustand(int x){
        this.x = x;
    }
}
```

und

```
package kapitel08_State;
public class ZustandOK extends Zustand{
    public ZustandOK(int x) {
        super(x);
    }
    @Override
    public Zustand setX(int x) {
        super.x = x;
        if(super.x >= 42)
                return new ZustandKritisch(x);
        return this;
    }
    @Override
    public String status() {
        return "alles ok";
    }
}
```

sowie

```
package kapitel08_State;
public class ZustandKritisch extends Zustand{
    public ZustandKritisch(int x) {
        super(x);
    }
    @Override
    public Zustand setX(int x) {
        super.x = x;
        if(super.x <= 22)
```

```
                return new ZustandOK(x);
            return this;
        }
        @Override
        public String status() {
            return "kritisch";
        }
    }
```

Die Messstationsklasse ist sehr einfach gehalten und speichert neben ihrem Zustand nur den Namen. Bei Wertänderungen wird das konkrete Zustandsobjekt zur Wert- und Zustandsänderung aufgerufen. Die Klasse sieht wie folgt aus.

```
package kapitel08_State;
public class Messstation {

    private String standort = "City";
    private Zustand zustand = new ZustandOK(0);

    public void zustandAendern(int wert){
        this.zustand = this.zustand.setX(wert);
    }

    public void ausgeben(){
        System.out.println(standort + " Zustand: "
                                    + this.zustand.status());
    }
}
```

Das folgende Programm zeigt eine Beispielnutzung der vorherigen Klassen.

```
package kapitel08_State;
public class Main {
    public static void main(String[] args) {
        Messstation m = new Messstation();
        int[] werte = {17,42,36,21,43};
        for(int i:werte){
            m.zustandAendern(i);
            m.ausgeben();
        }
    }
}
```

Die Ausgabe des Programms lautet:

```
City Zustand: alles ok
City Zustand: kritisch
City Zustand: kritisch
City Zustand: alles ok
City Zustand: kritisch
```

Im vorgestellten Ansatz ist das Zustandsobjekt immer der Rückgabeparameter der zustandsändernden Methoden. In einer allgemeineren Variante wird der aktuelle Zustand als ein Parameter innerhalb der Methoden weitergegeben, damit auch andere Rückgabewerte berechnet werden können.

Visitor-Pattern

Die Motivation für das Visitor-Pattern ist, dass es Funktionalitäten gibt, die in vielen Klassen existieren sollen, diese aber nicht in jeder Klasse implementiert werden soll, u. a. um Code-Duplizierung zu vermeiden. Oft handelt es sich um Hilfsfunktionalitäten, wie die Aufbereitung eines Objekts für eine bestimmte Form einer graphischen Oberfläche, eine Formatierung zur Speicherung in einer Datei oder zur Übertragung in einer Web-Applikation.

Im konkreten Beispiel einer Reiseverwaltung werden Reisen aus unterschiedlichen Bausteinen, wie Hotel-Buchungen und Mietwagen-Reservierungen, zusammengestellt und für alle Fach-Entitäten soll es Umwandlungsmöglichkeiten in die Datenformate XML und JSON geben. Da zur Umwandlung Hilfsmethoden eingesetzt werden, sollen diese nur einmal in einer passenden Klasse realisiert werden.

Der zentrale Ansatz ist in Abb. 8.22 beschrieben. Die beiden Fachklassen Hotel und Mietwagen realisieren ein zusätzliches Interface, hier Basis genannt, das die Realisierung genau einer Methode fordert, der ein Objekt der neuen Klasse Visitor übergeben wird. Im Klassendiagramm ist als Kommentar die Realisierung dieser Methode bereits angedeutet, sie sieht wie folgt aus.

```
@Override
public void accept(Visitor v){
  v.visit(this);
}
```

In der Methode wird die zentrale Methode des Visitors aufgerufen und das besuchte Objekt selbst als Parameter übergeben. Dadurch erhält das Visitor-Objekt Zugriff auf das zu bearbeitende Objekt und kann die fachliche Verarbeitung, also die Umwandlung nach XML oder JSON, durchführen. In kleinen Varianten könnte nicht das gesamte Objekt sondern nur relevante Teilinformationen übergeben werden. Die rechte Seite zeigt die Umsetzung des Visitors. Der Visitor selbst ist ein Interface, das für jede Umsetzung des Visitors eine visit()-Methode enthält, die als Parameter ein Objekt der besuchten Klasse erhält.

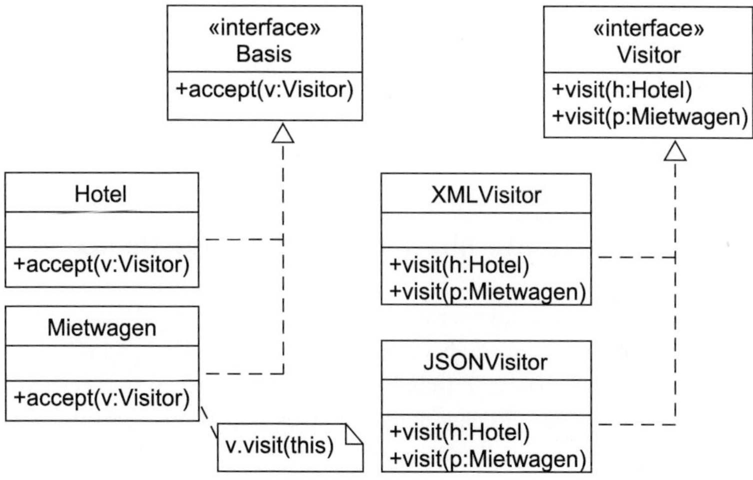

Abb. 8.22 Beispiel für Visitor-Pattern

Für jede Umsetzung des Visitors müssen dann passende Implementierungen der Methoden angegeben werden. Abb. 8.23 zeigt eine mögliche Nutzung, dazu muss ein Nutzungs-Objekt zumindest ein Visitor-Objekt haben und Implementierungen das Basis-Interfaces kennen. Eine minimale Beispielnutzung sieht wie folgt aus.

```
public static void main(String[] args) {
   Basis[] bas = {new Hotel(), new Mietwagen()};
   Visitor vis = new XMLVisitor();
   for(Basis b:bas) {
       System.out.println(b.accept(vis));
}
```

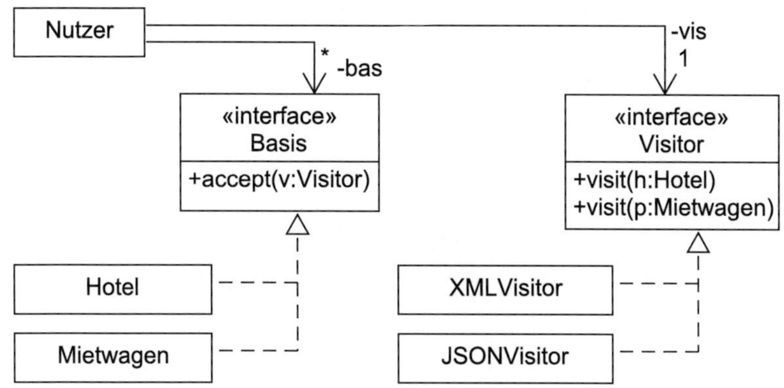

Abb. 8.23 Nutzung des Visitor-Patterns

```
vis = new JSONVisitor();
for(Basis b: bas) {
   System.out.println(b.accept(vis));
}
}
```

8.4 Fallstudie zur patternbasierten Architektur: Redux

Redux wurde ursprünglich in JavaScript entwickelt [Bug17][Irv22], um sicherzustellen, dass in einem verteilten System alle beteiligten Systeme die gleichen Informationen über den Systemzustand haben. Diese Zustandsinformationen können z. B. Details über aktuell angezeigte Objekte oder Rechte aktiver Nutzer sein. Typischerweise arbeiten alle Komponenten in JavaScript asynchron und nebenläufig, was Grundlage der Effizienz solcher Ansätze ist. Ein solcher gemeinsamer Zustand wird zur Synchronisation benötigt. In diesem Kapitel wird der Ansatz auf Java übertragen und vereinfachend auf Asynchronität verzichtet, um kein weiteres Konzept einführen zu müssen.

Die Grundidee von Redux ist im Klassendiagramm in Abb. 8.24 beschrieben. Die wichtigste Klasse ist die State-Klasse, die alle Informationen enthält, die für alle relevanten Komponenten identisch sein sollen. Die Methode clone() wird explizit erwähnt, da als zentrale Idee alle relevanten Komponenten immer nur eine Kopie des eigentlichen Zustands erhalten. Nur die zentrale Verwaltungsklasse Store hat Zugriff auf das eigentliche State-Objekt und kann diesen Zustand ändern. Die eigentliche Zustandsveränderung berechnet ein Reducer-Objekt. Dieses erhält dazu einen Zustand und ein Action-Objekt, welches detaillierte Informationen zur Zustandsänderung erhält. Das Reducer-Objekt berechnet aus dem alten Zustand und dem Action-Objekt den neuen

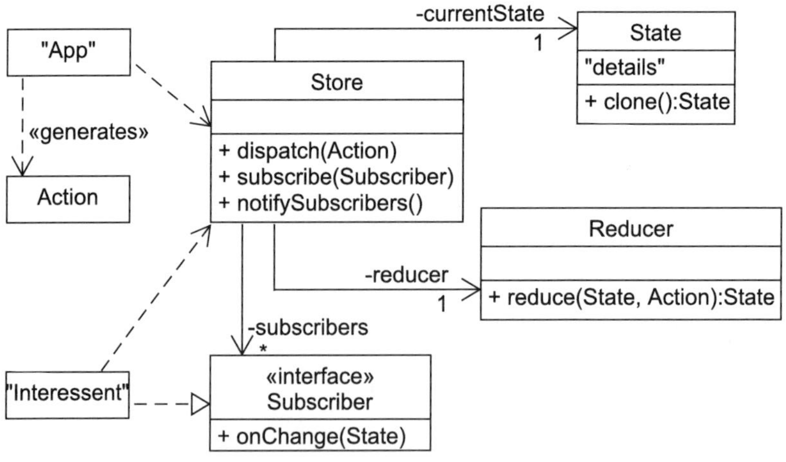

Abb. 8.24 Grundsätzlicher Aufbau von Redux

Folgezustand und übergibt diesen an das Store-Objekt. Das Store-Objekt erhält von außen, z. B. einer App, ein solches Action-Objekt übergeben und führt die Änderungen durch. Damit eine interessierte Komponente die Zustandsänderungen mitbekommt, wird das Observer-Observable-Pattern genutzt. Hat der Store eine Zustandsänderung mithilfe des Reducers durchgeführt, wird der neu berechnete Zustand an alle angemeldeten Interessenten (Subscriber) mit der onChange()-Methode verteilt.

Interessenten können prinzipiell alles mit ihrem Zustands-Objekt machen, was sie wollen, da sich Änderungen nicht auf das ursprüngliche Zustands-Objekt des Stores auswirken. Üblicherweise wird das Zustands-Objekt bei den Interessenten deshalb nur gelesen. Sollen Änderungen durchgeführt werden, ist ein passendes Action-Objekt zu erzeugen und dieses dem Store zu übergeben, der dann den Reducer aufruft sowie den dann neu berechneten Zustand an alle Interessierten verteilt. Dieser Ablauf ist auch im Sequenzdiagramm in Abb. 8.25 beschrieben. Oftmals wird es sich bei den im Klassendiagramm angedeuteten Klassen App und Interessent um eine Klasse handeln, die den Zustand verändern und auf Zustandsänderungen dann reagieren kann.

Dieser Ansatz soll in einem konkreten Beispiel genutzt werden, bei dem die gegebene Basis-Architektur noch erweitert wird. Als Beispiel wird eine Aufgabenliste genutzt, die zentraler Bestandteil des Zustands hier sein soll. Das Klassendiagramm in Abb. 8.26 zeigt, dass der State ein TaskList-Objekt verwaltet. Die eigentlichen Aufgaben stehen in Task-Objekten. Dabei hat jede Task eine Id, eine Aufgabenbeschreibung (text), eine verantwortliche Person (responsible) und die Information, ob die Task schon abgearbeitet wurde

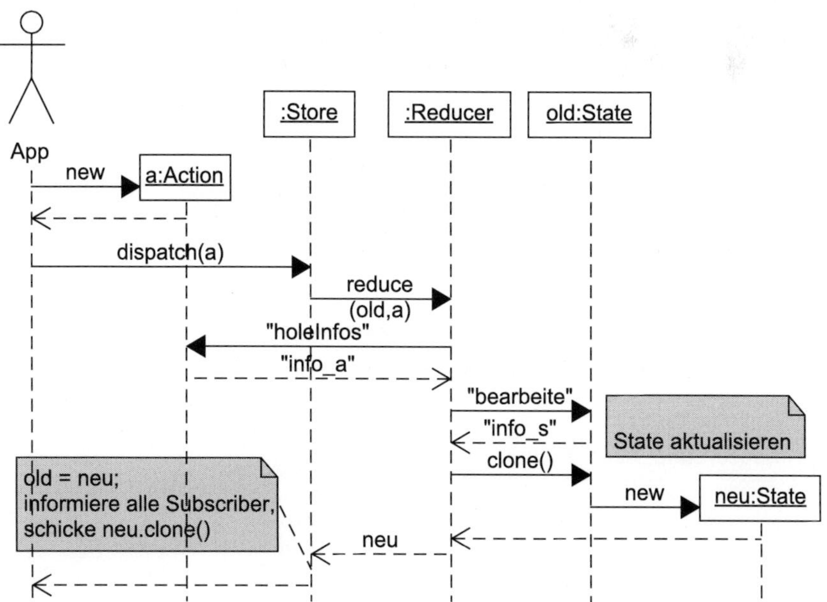

Abb. 8.25 Ablauf der Redux-Nutzung

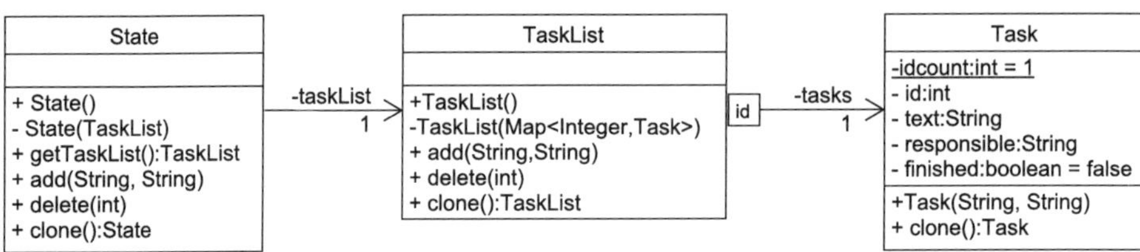

Abb. 8.26 Beispielzustand als TaskList

(finished). Die TaskList verwaltet die Tasks in einer Map, die die Id der Task als Schlüssel nutzt. Es gibt Methoden zum Hinzufügen (add) und Löschen (delete). Damit der Zustand, also die TaskList, geklont werden kann, müssen die TaskList und die Task eine clone()-Methode anbieten. Der vollständige Code ist von der Webseite des Buches herunterladbar.

Abb. 8.27 zeigt den Store genauer. Die Änderung ist, dass ein Decorator eingebaut wird. Dazu wird dem eigentlichen Store ein Interface vorgeschaltet, welches der Store realisiert. Der eigentliche Decorator ist der AbstractDecoratorStore, der mögliche Implementierungen des Interfaces anbietet. Die Klasse ist abstrakt, damit konkrete Decorator davon erben und die benötigten Methoden, hier nur dispatch(), dekorieren können. Im Beispiel soll es neben dem eigentlichen Store noch als Decorator einen TimerStore geben, der messen soll, wie lange für die Ausführung der dispatch()-Methode benötigt wird. Eine dazu passende Implementierung des TimerStore sieht wie folgt aus.

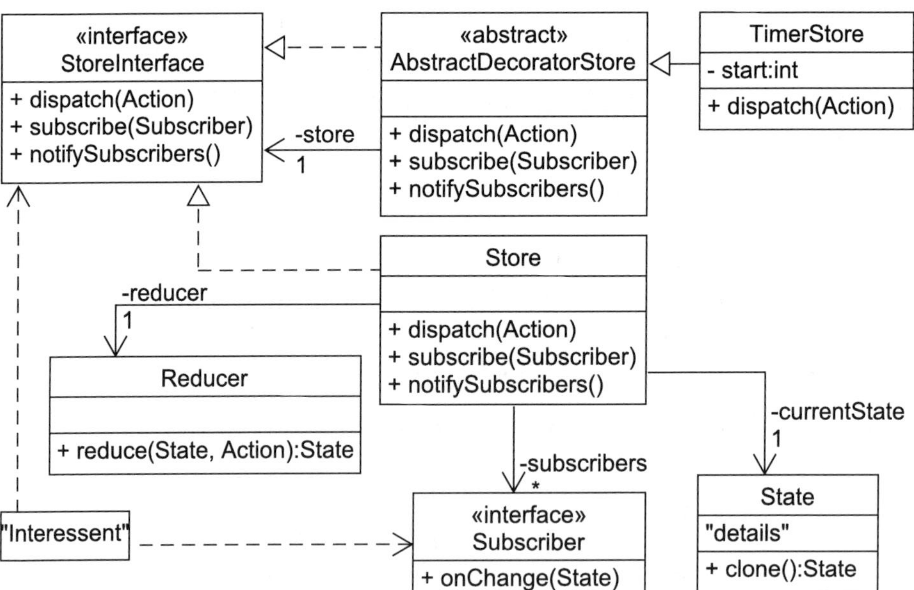

Abb. 8.27 Flexibler Store mit Decorator

```
public class TimerStore extends AbstractDecoratorStore {
  private long start;

  public TimerStore(StoreInterface store) {
    super(store);
  }

  @Override
  public void dispatch(Action action) {
    this.start = System.nanoTime();
    super.store.dispatch(action);
    System.out.println("Dauer von " + action
        + ": " + (System.nanoTime() - start));
  }
}
```

Die eigentliche Erstellung des Stores kann dann wie folgt aussehen und zeigt die typische Ineinanderschachtelung von Dekoratoren.

```
private StoreInterface store = new TimerStore(
    new Store(new State(), new Reducer())
);
```

Generell können so weitere Decorator miteinander kombiniert werden. Dies ist für alle Funktionalitäten möglich, die auf den dispatch()-Aufruf mit dem übergebenen Action-Objekt reagieren wollen. Dies kann auch Überprüfungen des Action-Objekts z. B. auf das Einhalten benötigter Rechte beinhalten. Sollte dabei die eigentliche dispatch()-Methode nicht mehr durchgeführt werden, würde dies zwar gegen die Idee des Decorator-Pattern verstoßen, es würde sich dann aber um das eng verwandte Chain-of-Responsibility-Pattern handeln. Bei diesem Pattern gibt es eine Kette von Objekten, die die gleiche Funktionalität anbieten, genau wie beim StoreInterface, die allerdings vor, während oder nach dem Delegieren der Methode entscheiden können, die Berechnung zu beenden. Die eigentliche Idee ist dabei, dass eine Aufgabe so lange in der Kette weitergegeben wird, bis ein Objekt diese Aufgabe bearbeiten kann und dies tut.

Abb. 8.28 zeigt eine systematische und recht einfach erweiterbare Möglichkeit zur Erzeugung von Action-Objekten. Diese Objekte erhalten alle Informationen, was gemacht werden soll und welche Parameter zu nutzen sind. Der Befehl, also was gemacht werden soll, wird jeweils in einer individuellen Klasse, hier im Beispiel mit AddAction und DeleteAction definiert, die von der abstrakten Klasse Action erben. Da die Anzahl von Parametern und ihre Typen oft variieren können, wird hier auf den einfachsten, aber auch unsichersten Ansatz zurückgegriffen, einer Liste von String-Parametern. Es sei daran erinnert, dass dies sehr flexibel ist, aber durch Tippfehler oder vergessene Änderungen bei Programmänderungen leicht zu Fehlern führen kann.

Die eigentlichen Action-Objekte werden durch eine Factory erstellt, die als Parameter den Typ des Befehls und die Parameter erhält. Die Parameter werden hier als Array

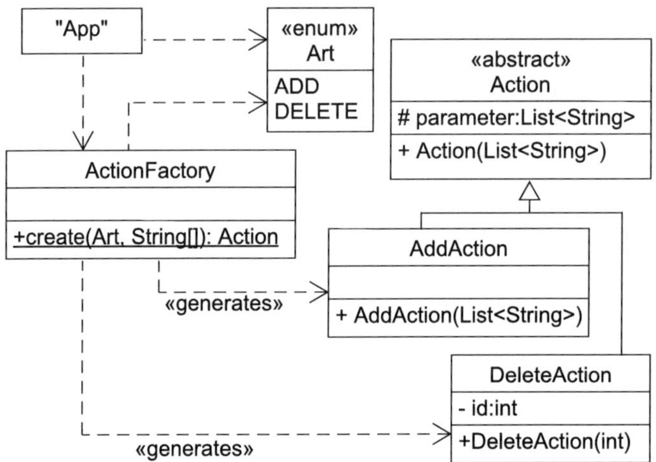

Abb. 8.28 Erzeugung von Action-Objekten

übergeben, was in Java die Möglichkeit ergibt, dass der Konstruktor mit beliebig vielen kommaseparierten Strings aufgerufen werden kann. Für jede Befehlsart wird dabei immer ein neuer Wert in die Enumeration Art eingetragen. Ausschnitte aus den genannten Klassen sehen wie folgt aus, die ActionFactory wird auch zur Überprüfung der korrekten Parameteranzahl genutzt.

```
public abstract class Action {
  protected List<String> parameter;

  public Action(List<String> parameter) {
    this.parameter = parameter;
  }
public Action(String... par1){
    this(Arrays.asList(par1));
  }
  public List<String> getParameter() {
    return this.parameter;
  }
}

public class AddAction extends Action {
  public AddAction(String... par1){
    super(Arrays.asList(par1));
  }
  public AddAction(List<String> list) {
    super(list);
  }
}
```

```
public class ActionFactory {
  // auch mehrere create-Methoden denkbar
  public static Action create(Art command, String... value) {
    try {
      switch (command) {
        case ADD:
          if (value.length != 2) {
             throw new IllegalArgumentException(
                   "Hinzufügen benötigt zwei Parameter");
          }
          return new AddAction(value);
        case DELETE:
          if (value.length != 1) {
             throw new IllegalArgumentException(
                   "Delete benötigt Parameter");
          }
          return new DeleteAction(Integer.parseInt(value[0]));
      default:
             throw new IllegalArgumentException(
                   "Action(" + command + ","
                   + Arrays.asList(value) + ") existiert nicht");
  }
  } catch (ClassCastException e) {
    throw new IllegalArgumentException(
              "Action(" + command + ","
              + Arrays.asList(value)
              + ") hat falschen Parametertyp: " + e);
    }
  }
}
```

Der Reducer ist dann nur dafür verantwortlich, den Befehl, also die gewünschte Action, auf dem aktuellen Zustand auszuführen und den Folgezustand zu berechnen.

```
  public class Reducer {

    public State reduce(State state, Action action) {
      this.reduceIntern(state, action);
      return state.clone();
    }

    private void reduceIntern(State state, Action action) {
      if (action instanceof AddAction) {
         state.add(action.getParameter().get(0),
                   action.getParameter().get(1));
         return;
    }
```

```
    if (action instanceof DeleteAction) {
      state.delete(((DeleteAction) action).getDeleteId());
      return;
    }
    throw new IllegalArgumentException(
            "Action " + action + " nicht unterstützt");
  }
}
```

Die Nutzung des Reducers im Store zusammen mit der Verwaltung der Interessenten sieht wie folgt aus.

```
public class Store implements StoreInterface {

  private State currentState;
  private Reducer reducer;
  private List<Subscriber> subscribers = new ArrayList<>();

  public Store(State initialState, Reducer reducer) {
    this.currentState = initialState;
    this.reducer = reducer;
  }

  @Override
  public void dispatch(Action action) {
    this.currentState
        = reducer.reduce(this.currentState, action);
    this.notifySubscribers();
  }

  @Override
  public void notifySubscribers() {
    for (Subscriber s : this.subscribers){
      s.onChange(this.currentState.clone());
    }
  }

  @Override
  public void subscribe(Subscriber subscriber) {
    this.subscribers.add(subscriber);
    subscriber.onChange(this.currentState.clone());
  }
}
```

Die eigentliche Nutzung wird hier kompakt in einer textbasierten Applikation zusammengefasst.

```
public class Main {
  public static void main(String[] args) {
    new TextIO().dialog();
  }
}

public class TextIO {
  private StoreInterface store =
          new TimerStore(
                  new Store(new State(), new Reducer()));
  private State state;
  public TextIO() {
    this.store.subscribe(new Subscriber() {
      @Override
      public void onChange(State s) {
        state = s;
        System.out.println(state.getTaskList());
      }
    });
  }

  public void dialog() {
    int eingabe = -1;
    while (eingabe != 0) {
      System.out.print(""
              + "(0) beenden\n"
              + "(1) Task hinzu\n"
              + "(2) Task löschen\n"
      );
      eingabe = Eingabe.leseInt();
      try {
        switch (eingabe) {
          case 1: {
            this.newTask();
            break;
          }
          case 2: {
            this.deleteTask();
            break;
          }
        }
      } catch (Exception e) {
        System.out.println(e);
      }
    }
  }
```

```
  private void deleteTask() {
    System.out.print("welche Id: ");
    int id = Eingabe.leseInt();
    Action action = ActionFactory.create(Art.DELETE, "" + id);
    store.dispatch(action);
  }
  private void newTask() {
    System.out.print("neue Aufgabe: ");
    String text = Eingabe.leseString();
    System.out.print("Bearbeiter*in: ");
    String responsible = Eingabe.leseString();
    Action action
             = ActionFactory.create(Art.ADD, text, responsible);
    store.dispatch(action);
  }
}
```

Eine Beispielausführung sieht wie folgt aus.

```
(0) beenden
(1) Task hinzu
(2) Task löschen
1
neue Aufgabe: Redux erlernen
Bearbeiter*in: ich
Task{id=1, text=Redux erlernen, responsible=ich, finished=false}

Dauer von AddAction{parameter=[Redux erlernen, ich]}: 40402400
```

Wird nur die letzte Ein- und Ausgabe betrachtet, könnte ein solches Programm ohne Pattern sicherlich wesentlich kürzer realisiert werden. Die genutzte Architektur wird erst sinnvoll, wenn es mehr Action-Objekte gibt, weitere Decorator für den Store sinnvoll werden oder auf ein verteiltes asynchrones System übergegangen wird. Das Beispiel zeigt, wo Pattern sinnvoll eingesetzt werden können ohne auf Zwang an jeder möglichen Stelle ein Pattern zu nutzen.

Generell ist die Redux-Struktur sehr gut um Funktionalität erweiterbar, allerdings müssen die Entwickler das Pattern genau verstanden haben. Für neue Befehle wird eine neue Action mithilfe der ActionFactory erstellt und mindestens der Reducer muss erweitert werden. Eventuell sind Änderungen an der TaskList oder den Tasks notwendig, was auch zur Änderung der clone()-Methode führen muss.

Soll der Zustand nur bearbeitet werden, muss kein neuer Befehl entstehen, da das lokale Zustands-Objekt ausgewertet werden kann. Keinesfalls darf es neben dem Store ein zweites Objekt geben, das den Zustand bearbeiten kann. Dies würde bei einer ersten Änderung eventuell zu keinen Problemen führen, würde aber alle späteren Erweiterungen unmöglich machen. Dies ist ein drastisches Beispiel, wie durch unerfahrene Entwickler ein effizientes Projekt schnell in ein Desaster geführt werden kann.

8.5 Abschlussbemerkungen zu Pattern

Der Einsatz von Pattern kann das Design wesentlich verbessern, da es besser wartbar und änderbar werden kann. Pattern haben meist die Eigenschaft, dass neue Klassen bzw. Schnittstellen eingefügt werden, was zunächst die Lesbarkeit erschweren kann. Sind aber alle Leser mit einem Grundverständnis von Pattern ausgestattet, kann so auch die Lesbarkeit erhöht werden.

Abb. 8.29 zeigt, dass man auch Klassendiagramme um die Information über die Nutzung von Pattern, so genannte Kollaborationen, ergänzen kann. Dazu werden die beteiligten Klassen, eventuell ergänzt um ihre Rollennamen, gestrichelt mit dem Namen des eingesetzten Pattern verbunden.

Pattern kann man nach ihrer Art unterscheiden, wobei es drei wesentliche Arten gibt. Dies sind:

- Erzeugungspattern, mit denen es darum geht, dass der Nutzer eines Klassensystems möglichst wenig Details über die erzeugten Klassen wissen muss, da häufig nur Eigenschaften bekannt sein müssen, die in wenigen Schnittstellen zusammengefasst werden können. Konkretes Beispiel ist das Abstract Factory Pattern.

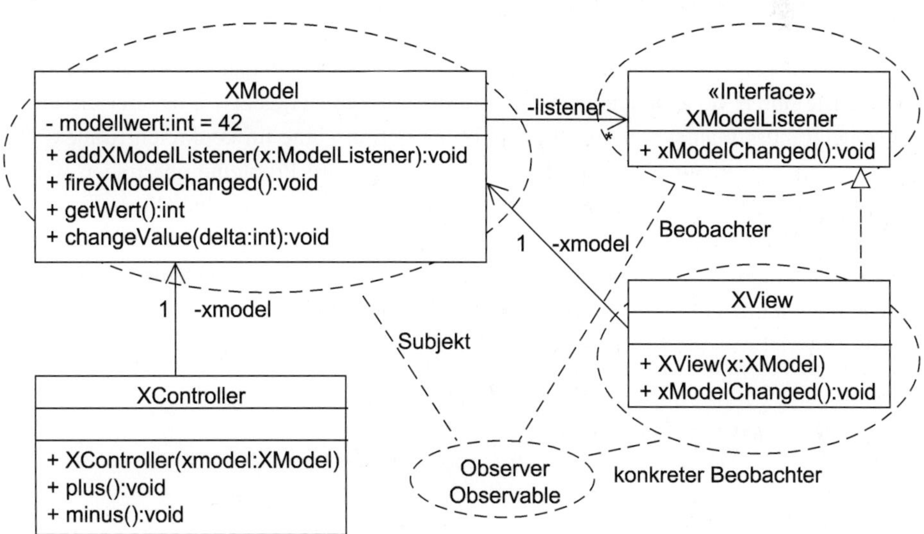

Abb. 8.29 Pattern als Kollaboration eingezeichnet

		Aufgabenbereich		
		Erzeugung	Struktur	Verhalten
Einsatzbereich	Klasse	Factory	Adapter	Interpreter
				Template
	Objekt	Abstract Factory	Adapter	Command
		Builder	Bridge	Observer
		Prototype	Decorator	Visitor
		Singleton	Facade	Memento
			Composite	Strategy
			Proxy	Mediator
			Flyweight	State
				Chain of Responsibility

Abb. 8.30 Patternübersicht

- Strukturpattern, die sich mit der Komposition von Klassen und Objekten zu größeren und trotzdem verständlichen Strukturen beschäftigen. Beispiele sind das Adapter- und das Proxy-Pattern.
- Verhaltenspattern werden zur Flexibilisierung und Optimierung des objektinternen Verhaltens bei seinen Berechnungen eingesetzt. Konkretes Beispiel ist das Strategy-Pattern.

Man kann weiterhin den Einsatzbereich der Pattern auf Klassen- und Objektebene unterscheiden. Alle vorgestellten Pattern gehören zur Objektebene und haben in der konkreten Realisierung eine höhere Bedeutung als Pattern auf Klassenebene.

Abb. 8.30 zeigt eine Übersicht über die im GoF-Buch behandelten Pattern, wobei diese Liste durch verschiedene Beispiele in der Literatur ergänzt wurde. Bei diesen Ergänzungen muss man sich immer fragen, ob es sich um eine im konkreten Kontext sehr schöne Lösung handelt, die nur schwer auf vergleichbare Probleme übertragen werden kann, oder um eine neue Idee, die möglichst universell einsetzbar sein sollte.

Da Pattern nicht nur Vorteile haben, ist es sinnvoll, genau zu dokumentieren, wann ein Pattern wie eingesetzt werden kann. Dazu gibt es in der Literatur verschiedene Schablonen, deren wichtigste Inhalte in Abb. 8.31 festgehalten sind.

Ein Beispiel für eine Befüllung dieser Schablone sieht wie in Abb. 8.32 gezeigt aus.

Name	Name des Pattern, evtl. mit alternativen Namen oder Übersetzungen
Patterngruppe	in welchem Bereich wird das Pattern eingesetzt (auf Objekt- oder Klassenebene, Erzeugung, Struktur, Verhalten)
Einsatzbereich	kompakte allgemeine Beschreibung, wann das Pattern eingesetzt wird
Problem	detaillierte Beschreibung, in welchem Kontext das Pattern eingesetzt werden soll
Struktur	allgemeine Beschreibung des Pattern, z. B. mit Klassendiagramm
Lösung	textuelle Beschreibung der Lösungsidee
Varianten	Verwandtschaft mit anderen Pattern, leichte Abwandlungen z. B. durch Weglassen oder Hinzufügen von Klassen
Beispiel	Beschreibung eines konkreten Einsatzszenarios mit Implementierung
Vorteile	was spricht für dieses Pattern, wie werden Erweiterbarkeit, Wartbarkeit, Lesbarkeit gefördert
Nachteile	unter welchen Voraussetzungen, z. B. möglichen Erweiterungen in der Zukunft, sollte das Pattern nicht eingesetzt werden

Abb. 8.31 Pattern-Schablone

Name	Proxy (Stellvertreter)
Patterngruppe	Struktur, auf Objektebene
Einsatzbereich	einfacher Zugriff vieler Objekte auf eine kritische Ressource
Problem	viele Objekte wollen Objekte nutzen, deren Zugriff gesondert geregelt werden muss
Struktur	siehe Abb. 128
Lösung	die vielen Objekte erhalten ein Stellvertre terobjekt, das sich nach außen genau wie ein kritisches Objekt verhält, da es die gleiche Schnittstelle wie dieses Objekt realisiert, intern wird der genaue Zugriff von Stellvertreterobjekt geregelt
Varianten	Proxy können n eben dem reinen Zugriff auch weitere Aufgaben, z. B. das Filtern von Informationen übernehmen, typisch ist auch die Nutzung des Singleton -Patterns inner halb des Proxy-Objekts
Beispiel	siehe Code in Abb. 128
Vorteile	Details in der Realisierung des kritischen Objekts können ohne Änderung der Nutzer vorgenommen werden, Nutzer müssen sich nicht um Verwaltungsdetails kümmern
Nachteile	falls durch die Nutzung des Proxy erhebliche zeitliche Verzögerungen durch den zeitgleichen Zugriff vieler Nutzer auftreten können, ist es für den Nutzer nicht unbedingt klar, warum sie auftreten

Abb. 8.32 Proxy-Pattern in Schablonendarstellung

8.6 Risikoanalyse Design-Optimierungen

Bei Design-Optimierungen können folgende Fragen hilfreich sein, die zur Aufdeckung möglicher Risiken dienen können. Wenn eine Frage nicht mit „ja" beantwortet werden kann, sollte der Punkt in eine Risikoliste aufgenommen und dem Risikomanagement zur Verfügung gestellt werden.

1. Wurde für jede Funktionalität geprüft, ob sie in der passenden Klasse realisiert wird?
2. Wurden allwissende Klassen vermieden?
3. Wurde geprüft, dass keine Funktionalität in mehr als einer Klasse realisiert wird?
4. Wurden selbsterklärende Methodennamen genutzt?
5. Wurden möglichst kurze Parameterlisten genutzt?
6. Ist die Funktionalität jeder Methode auf einen Blick übersehbar?
7. Wurde zur Oberflächeneinbindung das zur Oberflächen-Bibliothek passende Design-Konzept genutzt?
8. Wurde von erfahrenen Designern geprüft, ob und wo Design-Pattern das System leichter wart- und erweiterbar machen können?
9. Haben die Software-Pakete einfache Interfaces für externe Nutzer?
10. Steht das Design-By-Contract-Paradigma im Mittelpunkt, orientiert sich die Entwicklung an Schnittstellen?

Anmerkungen zur Praxis

Pattern sind ein zentrales Fundament der Software-Entwicklung. Sie sind eine zentrale Begründung für den Begriff „Engineering" als Teil des Software-Engineering, da hiermit die Übertragbarkeit eines vielfach erfolgreich angewandten Vorgehens auf vergleichbare Aufgabenstellungen ermöglicht wird.

Oft stellen Personen am Anfang ihrer Informatik-Ausbildung die Frage, ob sie alle Pattern auswendig können müssen. Die Antwort ist einfach „ja", aber es kann nicht erwartet werden, dass sie auf Anhieb zum täglichen Handwerk gehören. Nachdem die wichtigsten Pattern in kleinen, möglichst selbst definierten Szenarien programmiert wurden, sollte erkannt werden, dass die Ansätze eigentlich sehr intuitiv sind und viele Vorteile haben. Ist dieses Verständnis da, wird es in Folgeprojekten im Hinterkopf abrufbar sein, sodass Pattern Schritt für Schritt zum alltäglichen Gebrauchsmittel werden. Sollte dies nicht der Fall sein, ist das ein guter Indikator nicht den Beruf des Software-Entwicklers zu ergreifen. Zu den vorgestellten Pattern bleibt anzumerken, dass sie in verschiedene Komplexitätsstufen beim Erlernen eingestuft werden können. Außer dem Abstract Factory- und dem Command-Pattern sind die vorgestellten Pattern als „elementar" einzustufen.

Die Design Pattern machen mehr als deutlich, dass Interfaces beziehungsweise abstrakte Klassen die zentrale Idee der Objektorientierung sind, da sie die Entwicklung flexibler und modularer machen. Die eigentliche Vererbung ist nur ein Hilfsmittel bei sehr verwandten Klassen und ist nur mit viel Bedacht einzusetzen und Teilweise durch einfache Assoziationen und dem Delegieren von Aufrufen ersetzbar.

In diesem Kapitel wurden einige grundlegende Pattern der Objektorientierung vorgestellt. Bei der Verwendung von Frameworks und Bibliotheken gibt es sehr oft weitere Pattern und systematische Vorgehensweisen der typischen Nutzung, die vor einem praktischen Einsatz ebenfalls verstanden werden müssen. ◀

8.7 Aufgaben

Wiederholungsfragen

Versuchen Sie zur Wiederholung folgende Fragen aus dem Kopf, d. h. ohne nochmaliges Blättern und Lesen, zu beantworten.

1. Wie findet man Klassen, in denen eine Funktionalität sinnvoll realisiert werden kann?
2. Was versteht man unter dynamischer Polymorphie?
3. Wozu gibt es Design-Pattern, wie werden sie eingesetzt?
4. Wie funktioniert der Model-View-Controller-Ansatz?
5. Wie funktionieren folgende Pattern: Observer, Adapter, Fassade, Abstract Factory, Singleton, Proxy, Decorator, Strategy, Command, State?
6. Wie dokumentiert man Design-Pattern?

Übungsaufgaben

1. Zu entwickeln ist ein Programm in Java oder C++, das den Model-View-Controller-Ansatz verdeutlicht. Dazu soll es ein einfaches Modell geben, das einen ganzzahligen Wert w speichert und eine Methode zum Ändern des Wertes zur Verfügung stellt. Zu diesem Modell soll es Views geben, die sich beim Modell anmelden können und ein spezielles Zeichen z haben. Bei einer Wertänderung des Modells von w auf einen Wert w' sollen alle Views benachrichtigt werden, die dann w'-mal das Zeichen z ausgeben.
   Schreiben Sie dazu ein Hauptprogramm, mit dem man für ein Modell beliebig viele Views erzeugen kann. Weiterhin soll es möglich sein, beliebig viele Controller für das Modell zu erzeugen. Jeder Controller hat einen individuellen Text für eine Eingabeaufforderung. Die Controller können dann den Modellwert ändern. Eine mögliche Ausgabe des Programms kann wie folgt aussehen (Eingaben sind umrahmt).

```
Was wollen Sie?
 (0) Programm beenden
 (1) neuen View erstellen
 (2) neuen Controller erstellen
 (3) Controller zum Ändern auswählen
1
Welches Ausgabezeichen? #
Was wollen Sie?
 (0) Programm beenden
 (1) neuen View erstellen
 (2) neuen Controller erstellen
 (3) Controller zum Ändern auswählen
1
Welches Ausgabezeichen? *
Was wollen Sie?
 (0) Programm beenden
 (1) neuen View erstellen
 (2) neuen Controller erstellen
 (3) Controller zum Ändern auswählen
2
Welche Eingabeaufforderung? Gib Wert
Was wollen Sie?
 (0) Programm beenden
 (1) neuen View erstellen
 (2) neuen Controller erstellen
 (3) Controller zum Ändern auswählen
2
Welche Eingabeaufforderung? Mach Zahl
Was wollen Sie?
 (0) Programm beenden
 (1) neuen View erstellen
 (2) neuen Controller erstellen
 (3) Controller zum Ändern auswählen
3
Welchen der Controller (1-2)? 1
Gib Wert: 6
######
******
Was wollen Sie?
 (0) Programm beenden
 (1) neuen View erstellen
 (2) neuen Controller erstellen
 (3) Controller zum Ändern auswählen
3
Welchen der Controller (1-2)? 2
Mach Zahl: 9
#########
*********
Was wollen Sie?
 (0) Programm beenden
 (1) neuen View erstellen
 (2) neuen Controller erstellen
(3) Controller zum Ändern auswählen
3
Welchen der Controller (1-2)? 2
Mach Zahl: 9
#########
*********
Was wollen Sie?
 (0) Programm beenden
 (1) neuen View erstellen
 (2) neuen Controller erstellen
(3) Controller zum Ändern auswählen
```

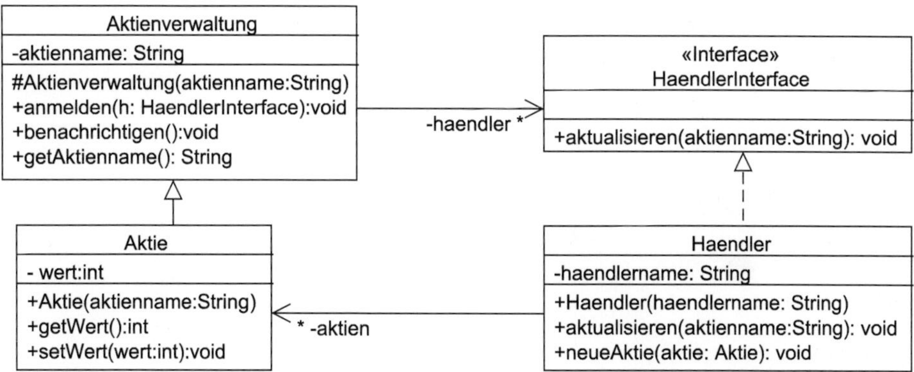

Abb. 8.33 Aktien-Observer

2. Gegeben sei das Klassendiagramm aus Abb. 8.33, das die Nutzung des Observer-Pattern zeigt. Dabei interessieren sich Händler für Aktienkurse und können sich bei Aktien anmelden, die ihnen mit neueAktie übergeben wurden.
   Falls sich der Wert der Aktien ändert, werden alle interessierten Händler benachrichtigt, welche Aktie (ihr Name) sich geändert hat. Aktien haben einen eindeutigen Aktiennamen.
   Geben Sie eine vollständige Implementierung aller angegebenen Klassen in Java oder C++an, dabei sollen alle an einer Aktie interessierten Händler informiert werden, wenn sich ihr Wert ändert, also setWert genutzt wird. Die informierten Händler sollen dann ihren Namen, den Aktiennamen und den neuen Wert der Aktie ausgeben. Ergänzen Sie einen Nutzungsdialog, der folgendes Aussehen haben kann.

```
Was wollen Sie?
 (0) Programm beenden
 (1) neue Aktie erstellen
 (2) neuen Händler erstellen
 (3) Händler interessiert an Aktie
 (4) Aktienwert ändern
```

3. Ein Versandhaus benutzt das Zustandsdiagramm aus Abb. 8.34 zur Bewertung seiner Kunden. Dabei wird für jede Bestellung als Ereignis festgehalten, ob sie pünktlich, unpünktlich oder gar nicht bezahlt wurde.
   In der Variablen pünktlicheZahlungen wird vermerkt, wie viele der letzten Zahlungen pünktlich waren, wobei diese Variable bei einer unpünktlichen Zahlung ieder auf null gesetzt wird. Abhängig vom Zustand wird den Kunden ein Kredit

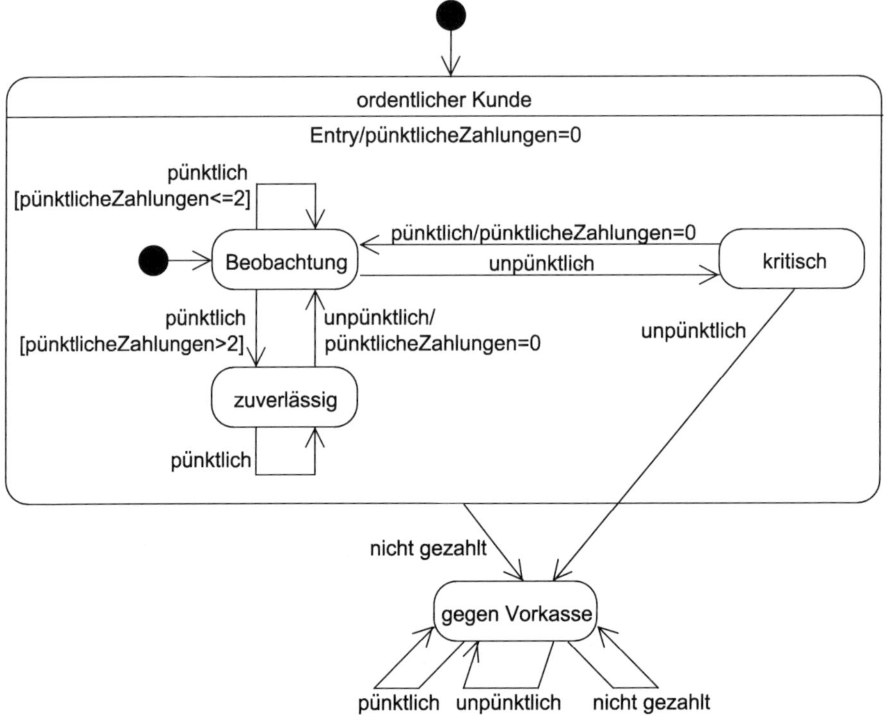

Abb. 8.34 Zustandsdiagramm Kundenstatus

gewährt, wobei folgende maximale Grenzen gelten: zuverlässig = 500, Beobachtung = 200, kritisch = 100. Implementieren Sie das Zustandsdiagramm für eine Klasse Kundenbewertung unter Nutzung des State-Pattern und ergänzen Sie einen Nutzungsdialog, mit dem verschiedene Ereignisse für Bestellungen erzeugt werden und der maximal gewährte Kredit ausgegeben wird. Der Nutzungsdialog kann folgende Form haben.

```
nächste Aktivität:
  (0) Programm beenden
  (1) letzte Rechnung pünklich
  (2) letzte Rechnung unpünktlich
  (3) letzte Rechnung nicht gezahlt
  (4) Kundenstatus anzeigen
  (5) Kundenkreditrahmen anzeigen
```

4. Die Abb. 8.35 zeigt das sogenannte Composite-Pattern. Erklären Sie anschaulich, wie das Pattern aufgebaut ist und wozu es eingesetzt werden kann. In einer Variante könnte der Stern bei „kinder“ durch „1“ ersetzt werden, welchen Sinn hätte das?

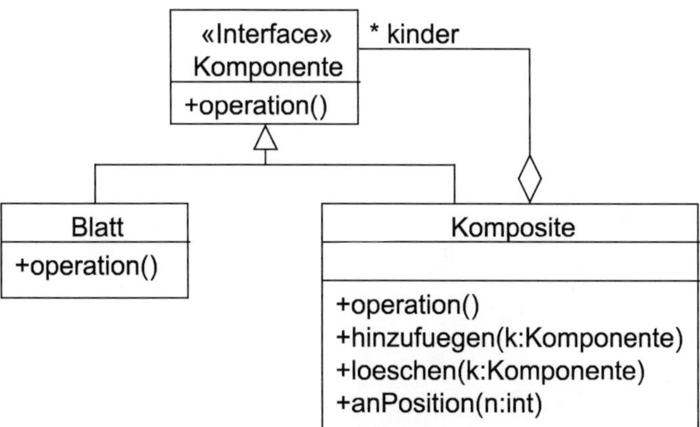

Abb. 8.35 Composite-Pattern

Überlegen Sie sich, welche Probleme bei der Patternnutzung auftreten können, die man z. B. durch die Nutzung von OCL-Constraints verhindern könnte.
Schreiben Sie ein Programm, das dieses Pattern nutzt. Dazu soll es in der Klasse Blatt eine Exemplarvariable wert vom Typ int geben, die in einem zu ergänzenden Konstruktor gesetzt wird. Mit der Methode operation() soll dann die Summe aller zur Komponente gehörenden Werte berechnet werden. Ergänzen Sie ein Hauptprogramm, mit dem Sie Ihre Funktionalität beispielhaft testen können.

Implementierungsaspekte

9

Zusammenfassung

Der eigentliche Weg vom Klassendiagramm zur Implementierung wurde bereits im Kap. 6 beschrieben. Dabei wurde gezeigt, wie aus einem Klassendiagramm die Programmskelette für die Realisierung abgeleitet werden können. Die Aufgabe der Implementierungsphase besteht darin, die generierten Programmskelette so zu füllen, dass alle Anforderungen erfüllt werden. Dabei geht es nicht nur um die algorithmische Umsetzung, deren Ideen in der Programmiergrundausbildung vermittelt werden, sondern auch um die Berücksichtigung vielfältiger projektindividueller Randbedingungen.

Statt alle möglichen Randbedingungen im Detail zu diskutieren, was den Raum mehrerer Fachbücher benötigt, werden in diesem Kapitel zentrale Implementierungsaspekte mit ihren Problemen angesprochen. Es wird dabei deutlich, dass einzelne Randbedingungen, wie die Entscheidung für den Einsatz einer bestimmten Technologie oder auch Programmiersprache maßgeblich für den Projekterfolg sein können.

Neben den Randbedingungen gibt es Entscheidungen im Software-Design, die in Projekten frei wählbar sein können. Ist es z. B. nicht vorgegeben, wie die Daten einer Applikation verwaltet werden, bieten sich sehr unterschiedliche Konzepte an. Mögliche Varianten zur persistenten Datenverwaltung werden ebenfalls in diesem Kapitel vorgestellt, dabei wird unter anderem die Bedeutung von XML und JSON für Datenformate geklärt.

Die Generierung von Programmcode aus Klassendiagrammen und eventuell auch Zustandsdiagrammen ist ein erster Schritt zur Generierung vollständiger Software-Systeme. Die Idee ist dabei, dass sich Entwickler nicht mehr mit den elementaren

S. Kleuker, *Grundkurs Software-Engineering mit UML*,
https://doi.org/10.1007/978-3-658-46534-6_9

Programmschritten beschäftigen müssen, sondern diese Schritte zu größeren Bausteinen zusammengefasst sind, die dann von Entwicklern nur noch z. B. mit Parametern angepasst werden müssen. In diesen Ansatz passen die hier betrachteten Themen Software-Bibliotheken, Komponenten und Frameworks, deren Hilfsmittel oft die andiskutierten Annotationen sind. Mit dem Ansatz, die Programmierung weiter zu abstrahieren und möglichst noch von der konkreten Realisierung in einer Programmiersprache zu trennen, beschäftigen sich die vorgestellten Ansätze der Domain Specific Languages und der Model Driven Architecture.

Abschließend wird mit dem Refactoring ein Ansatz vorgestellt, wie man bereits lauffähigen Programmcode so umbauen kann, dass er besser lesbar und wiederverwendbar wird.

Dieses Kapitel zeigt damit typische Probleme und Lösungsansätze, anders als die restlichen Kapitel des Buches. Das Kapitel ist deshalb für Studierende und Auszubildende interessant, um Zusammenhänge zu anderen Bereichen kennenzulernen. Erfahrene Entwickler können dieses Kapitel auslassen.

9.1 Einfluss nicht-funktionaler Anforderungen

Bereits bei der Anforderungsanalyse wurde erwähnt, dass nicht-funktionale Anforderungen eine besondere Rolle beim Projekterfolg haben können. Wurde eine funktionale Anforderung vergessen zu realisieren, ist das ärgerlich; wenn das neue System aber nicht auf der vertraglich vereinbarten Hardware läuft, ist dies ein gravierendes Problem.

Da der Begriff „nicht-funktionale Anforderungen" sehr unterschiedliche Arten von Anforderungen umfasst, müssen sie beim Design und der Implementierung unterschiedlich berücksichtigt werden. Im Folgenden werden einige Beispiele mit ihren Auswirkungen diskutiert.

Vorgaben bzgl. der Hardware

Generell ist am Anfang des Projekts z. B. durch Prototypen zu testen, inwieweit die Performance der zu nutzenden Hardware eine kritische Ressource darstellt. Werden nur einzelne Datensätze verwaltet und weitergeleitet, wie es bei graphischen Oberflächen mit Ein- und Ausgabemasken der Fall ist, ist die Tendenz, dass die Rechnerleistung und Infrastruktur eine geringe Bedeutung hat. Sind aber komplexe Berechnungen notwendig, muss eine große Menge von Daten analysiert oder müssen Daten in Echtzeit verarbeitet werden, ist über die Performance in der Entwicklung im Detail nachzudenken. Innerhalb der Entwicklung spielen dann Zeit- und Speicheroptimierungen eine wichtige Rolle, was, insofern keine Spezialbibliotheken eingesetzt werden können, den Entwicklungsaufwand wesentlich erhöhen kann. Auf der Implementierungsseite werden dann Werkzeuge zur Performance-Messung eingesetzt. Sehr hilfreich sind dabei Werkzeuge, die zählen können, wie häufig einzelne Anweisungen ausgeführt werden, um mögliche Engpässe zu erkennen.

Sicherheit (Safety)
Bei Anwendungen, bei denen Gefahren für Leib und Leben oder große Geldmengen eine Rolle spielen, muss ein besonderes Augenmerk auf die Qualität, genauer die Korrektheit, der Software gelegt werden. Dies beinhaltet den gesamten Entwicklungsprozess und die besonders intensive Nutzung von Qualitätssicherungsmöglichkeiten, wie sie im Kap. 11 vorgestellt werden.

Diese Sicherheitsanforderungen sind in unterschiedlichen Anwendungsbereichen auch für die Implementierung relevant. Neben der Testbarkeit, die garantiert werden muss, werden auch Sprachkonstrukte eingeschränkt. So ist es in sehr kritischen Applikationen verboten, Speicherbereiche dynamisch zu allokieren. Damit sind z. B. keine dynamischen Datenstrukturen wie Listen oder rekursive Programmierung einsetzbar. In der Implementierung muss von Anfang genau festgelegt werden, welcher Speicherplatz von welcher Funktionalität benötigt wird. Damit ist der maximal notwendige Speicherplatz berechenbar und Speicherüberläufe vermeidbar.

Lange Zeit war für militärische Applikationen die für das Militär entwickelte Programmiersprache Ada vorgeschrieben, da sie eine präzise Semantik hat und die korrekte Verwendung von Datentypen genau überwacht. Weiterhin gab es die Möglichkeit, Compiler zu zertifizieren, wenn die korrekte Übersetzung bestimmter Benchmark-Programme nachgewiesen werden konnte.

Sicherheit (Security)
Werden personenbezogene Daten und andere sicherheitskritische Informationen verarbeitet, dann ist der besondere Schutz der Daten zu beachten. Dies spielt insbesondere dann eine Rolle, wenn Informationen über nicht sichere, also externe Leitungen wie das Internet übertragen werden. Hierfür sind Verschlüsselungsprogramme oder Verschlüsselungshardware einzusetzen, die grundsätzlich den eigentlichen Ablauf der Software verlangsamen. Wie beim Einsatz spezieller Hardware generell, muss bedacht werden, dass z. B. Krypto-Server angesteuert werden müssen und dies meist nicht mit beliebigen Programmiersprachen oder speziellen Softwarebrücken zur Verbindung unterschiedlicher Sprachen möglich ist.

Wenn man die Verschlüsselung von über Netzwerken verteilten Informationen mit einer Komprimierung verbinden kann, ist es teilweise möglich, die zusätzliche Laufzeit gering zu halten.

Zur Umsetzung von Security-Maßnahmen kann auch der Einsatz weiterer spezieller Hardware, z. B. von Fingerabdruckscannern, und die Festlegung organisatorischer Maßnahmen, wie die Bewachung eines Computer-Raums, gehören.

9.2 Verteilte Systeme

In der klassischen Programmierung gibt es einen zentralen Programmablauf, in dem zwar neue Objekte entstehen und unterschiedliche Methoden aufgerufen werden, es aber immer genau einen Kontrollpunkt gibt, der festlegt, welcher Schritt als nächstes ausgeführt wird.

Bei verteilten Systemen gibt es verschiedene dieser Kontrollpunkte, da mehrere Teilprogramme zusammenarbeiten müssen. Beispiele sind Betriebssystemprozesse, die unterschiedliche Hardwarekomponenten steuern. Oftmals ist es aber auch bei ganz „normalen" Anwendungen sinnvoll, die Aufgaben in mehrere Prozesse aufzuteilen, die meist unabhängig voneinander arbeiten und nur selten Informationen austauschen müssen.

Die Regelung des Informationsaustauschs stellt dabei eine vielschichtige Herausforderung in der Informatik dar, deren Lösung stark von weiteren Randbedingungen abhängt.

In der Datenbankwelt wird der Begriff der Transaktion genutzt, mit dem beschrieben wird, dass mehrere einzelne Schritte garantiert zusammen ohne die Beeinflussung anderer Prozesse laufen können. Wird z. B. ein Geldbetrag von einem zum anderen Konto überwiesen, so darf das System unter keinen Umständen dann abbrechen, wenn nur das Geld abgebucht wurde. Das System muss garantieren, dass die Buchung vollständig oder bei Problemen überhaupt nicht durchgeführt wurde.

In theoretischen Ansätzen spricht man dabei von atomaren Bereichen, die Aktionen beinhalten, die von anderen Prozessen nicht unterbrochen werden können. Betrachtet man z. B. zwei Prozesse, die die globale Variable x nutzen dürfen, die sie jeweils um eins erhöhen wollen, ist folgendes Szenario denkbar. Ist der Rechenschritt nicht atomar, kann man sich vorstellen, dass der eine Prozess eine lokale Kopie von x erstellt, dann der andere Prozess eine lokale Kopie von x erstellt, dann der erste seine lokale Kopie um eins erhöht und diesen Wert in die Speicherzelle von x zurückschreibt und dann der erste seine lokale Kopie um eins erhöht und diesen Wert in die Speicherzelle von x zurückschreibt. Insgesamt ist damit der Wert von x nur um eins und nicht um zwei erhöht worden.

Für die Kommunikation zwischen Prozessen gibt es verschiedene Varianten, die teilweise nicht von allen Programmiersprachen unterstützt werden. Eine für die Entwicklung recht einfache Lösung stellt der so genannte Remote-Method-Invocation-Ansatz (RMI) dar. Dabei wird durch für den Entwickler unsichtbare Steuerungsprozesse sichergestellt, dass Methodenaufrufe auch in entfernten Systemen ermöglicht werden Die Umsetzung erfolgt durch das im vorherigen Kapitel vorgestellte Proxy-Pattern. Aus Sicht der Entwicklung hat man ein homogenes System, bei dem es einige Methodenaufrufe gibt, die deutlich mehr Zeit verbrauchen. Bei diesem Ansatz ist wie bei anderen Ansätzen auch bei der Objektorientierung zu überlegen, wie Objekte verwaltet werden sollen. In einer Variante haben Objekte einen festen Ursprungsprozess, sodass alle Methodenaufrufe für dieses Objekt an diesen Prozess weitergeleitet werden müssen. In einem anderen Ansatz können Objekte, zumindest Kopien der Objekte, verteilt auf verschiedenen Knoten des Netzes existieren, wobei die Kopien die Synchronisation untereinander, also die Garantie, dass alle Nutzer des Objekts das gleiche Objekt behandeln, übernehmen.

Bei dem Aufruf von Funktionalität über Prozessgrenzen hinaus kann man zwei grundsätzliche Ansätze unterscheiden.

synchrone Aufrufe: Bei synchronen Aufrufen wartet der Sender, bis der Empfänger bereit ist, seinen Aufruf anzunehmen. Danach führt der Empfänger die Berechnung aus und der Sender wartet bis zum Erhalt der Antwort. Ein Empfänger, der auf einen externen Aufruf wartet, verharrt solange, bis ein solcher Aufruf erfolgt.
asynchrone Aufrufe: Beim asynchronen Aufruf schickt der Sender seine Informationen an den Sender und setzt danach unmittelbar seine Tätigkeit fort. Später kann er dann in einer Empfängerrolle prüfen, ob eventuell angeforderte Berechnungsergebnisse vorliegen. Ein Empfänger kann alle eingehenden Informationen abarbeiten, die üblicherweise in einem Puffer verwaltet werden. Falls keine Information vorliegt, muss auch der Empfänger warten. Für den Fall, dass ein Sender auf einen vollen Puffer trifft, kann man die Fälle unterscheiden, bei denen der Sender dann warten muss, und die meist genutzte Möglichkeit, dass diese Informationen verworfen werden, also verloren gehen.

Synchrone Aufrufe haben den großen Vorteil, dass alle Prozesse genau wissen, in welchem Zustand sie sich bei der Kommunikation befinden. Ein wesentlicher Nachteil ist die relativ aufwendige Realisierung einer synchronen Kommunikation, sodass das System durch die möglichen Wartezeiten von Sender und Empfänger langsam werden kann.

Abb. 9.1 zeigt ein anderes klassisches Problem verteilter Systeme, das insbesondere bei synchronen Aufrufen auftreten kann. Im Beispiel fordert der Prozess A den Prozess B zu einer Berechnung auf, wobei der Prozess B fast zur gleichen Zeit den Prozess A zu einer Berechnung aufgefordert hat. Im synchronen Fall warten beide Prozesse unendlich lang auf die Antwort des anderen, man spricht von einem Deadlock.

Asynchrone Aufrufe sind meist schneller, da Sender und Empfänger unabhängig arbeiten können. Kritisch wird es bei vollen Puffern, da das System dann entweder langsam wird oder Informationen verloren gehen. Ein weiteres Problem ist in Abb. 9.2 dargestellt, da es weder für den Sender noch den Empfänger eindeutig sein kann, in welcher Reihenfolge Aufrufe verschickt wurden. Im oberen Fall kann der Prozess B annehmen, dass der Aufruf von C vor dem Aufruf von A passiert sein muss, was aber nicht garantiert ist. Im unteren Fall kann der Prozess A annehmen, dass sein Aufruf vor dem Aufruf von C erfolgte, während C annimmt, dass sein Aufruf vor dem Aufruf von A erfolgte. Man spricht bei den beiden beschriebenen Varianten von Abläufen auch von Races.

Neben der Deadlock-Problematik gibt es bei verteilten Systemen noch das Livelock-Problem. Bei Livelocks sind zwar Prozesse aktiv und führen immer neue Anweisungen

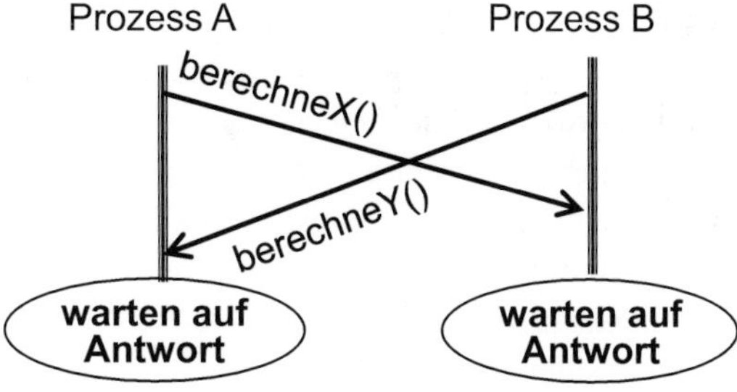

Abb. 9.1 Deadlock-Möglichkeit

Abb. 9.2 Races

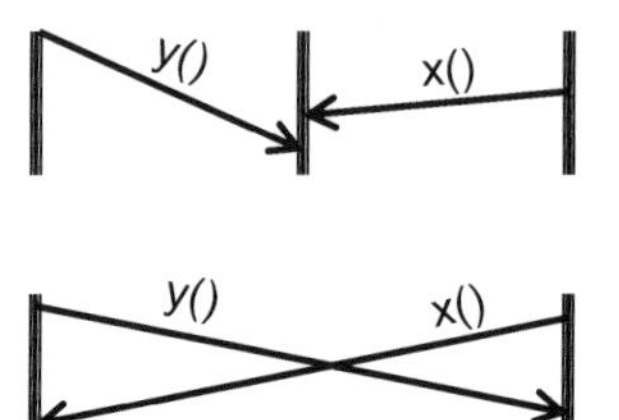

aus, allerdings wird insgesamt kein Systemfortschritt erreicht. Man kann sich das wie eine über mehrere Prozesse verteilte while(true){}-Schleife vorstellen. Typisch sind Situationen, in denen ein Prozess zyklisch fragt, ob eine Reaktion eines anderen Prozesses vorliegt.

Betrachtet man die Abarbeitung von Prozessen genauer, stellt sich die Frage, welcher Prozess ausgeführt wird, wenn mehrere Prozesse ausführbar sind. In Betriebssystemen kann man dies teilweise über Prioritäten regeln, bei denen Prozesse höherer Priorität immer vor anderen Prozessen ausgeführt werden. Dabei kann es auch möglich sein, dass Prozesse mit steigender Wartezeit eine höhere Priorität erhalten.

Bei gleicher Priorität wird ein sogenannter Scheduler-Prozess benötigt, der folgende Abläufe unterstützen kann.

beliebige (unfaire) Abläufe: Ohne besondere Regelung wird immer einer der Prozesse ausgeführt, der gerade ausführbar ist.
schwach faire Abläufe: Der Scheduler garantiert, dass ein Prozess, der ab einem bestimmten Zeitpunkt immer ausführbar wäre, letztendlich auch ausgeführt wird.
stark faire Abläufe: Der Scheduler garantiert, dass ein Prozess, der ab einem bestimmten Zeitpunkt immer mal wieder ausführbar wäre, letztendlich auch ausgeführt wird.

Für den Entwickler von Software, die in Prozessen abläuft, ist es wichtig zu wissen, welche Fairnessannahmen er machen kann oder ob er die Fairnesssteuerung selbst übernehmen muss.

Neben der Detailsteuerung von Abläufen muss bei verteilten Systemen festgelegt werden, welcher Prozess welche Aufgabe übernimmt. Dies spielt gerade bei Mehrprozessorsystemen oder Software, die über mehrere Rechner verteilt wird, eine wichtige Rolle. Durch ein ungeschicktes Prozessdesign können zentrale Prozesse entstehen, die die anderen Prozesse aufhalten, wenn diese von Ergebnissen des zentralen Prozesses abhängig sind.

Zur Prozessverteilung bei sogenannten Client–Server-Systemen kann man einige generelle Strukturbetrachtungen machen. Dabei treten Client–Server-Systeme in der Praxis sehr häufig auf, wenn es eine zentrale Koordinationseinheit, den Server, gibt, mit dem meist auf viele Nutzerrechner verteilte Programme, die Clients, kommunizieren. Beim Prozessdesign ist zu beachten, was für eine starke Rechenleistung der Server hat, damit er die Clients nicht ausbremst, und welche Aufgaben man auf den Client auslagern möchte. Diese Überlegungen spielen auch bei mobilen Applikationen eine besondere Rolle.

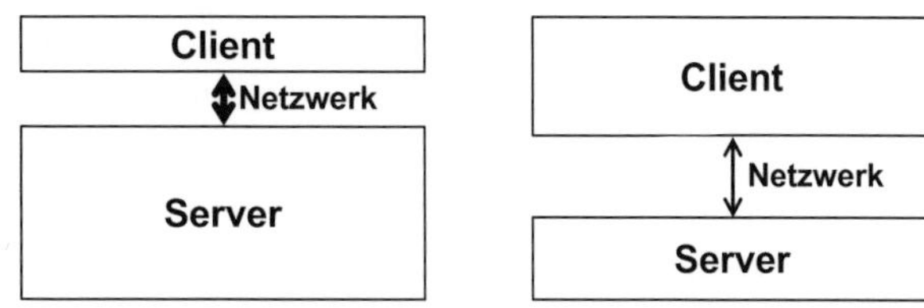

Abb. 9.3 Thin und Fat Client–Server-Ansätze

Zwei mögliche Varianten sind in Abb. 9.3 dargestellt. Bei der sogenannten „Thin Client"-Lösung finden alle Berechnungen auf dem Server statt. Die Clients dienen ausschließlich zur Ein- und Ausgabe, komplexere Berechnungen finden nicht statt. Der Vorteil dieses Ansatzes ist, dass die Clients nicht belastet werden, da nur reine Ein- und Ausgabe stattfindet. Ein weiterer Vorteil ist, dass die Entwickler des Servers die größtmögliche Kontrolle über die Applikation haben und festlegen, welche Berechnungen wie durchgeführt werden. Weiterhin sind Clients leicht austauschbar, da sie nur die Ein-Ausgabekommunikation mit dem Server beherrschen müssen. Die Nachteile dieses Ansatzes sind die hohe Serverbelastung und die mögliche hohe Netzbelastung, da jede Reaktion des Clients durch den Server gesteuert werden muss.

Die eventuell zu hohe Netzbelastung ist ein wichtiges Argument für eine so genannte „Fat Client"-Lösung, bei der der Client neben der Ein- und Ausgabe lokal Funktionalität implementiert. Dies entlastet den Server, da weniger Rechenleistung benötigt wird, und kann das Netzwerk entlasten, wenn der Client zunächst versucht, Ergebnisse lokal zu berechnen und nur, wenn dies nicht möglich ist, mit dem Server kommuniziert.

Abb. 9.4 zeigt eine Erweiterung des vorher vorgestellten zweischichtigen Ansatzes, bei dem eine dritte Schicht eingebaut wird. Die Überlegungen zur Drei-Schichten-Architektur wurden teilweise bereits bei der Software-Architektur diskutiert und können hier um die Idee der verteilten Realisierung der Schichten ergänzt werden. Es gibt wieder viele Clients, die sich typischerweise auf das Ein- und Ausgabeverhalten konzentrieren

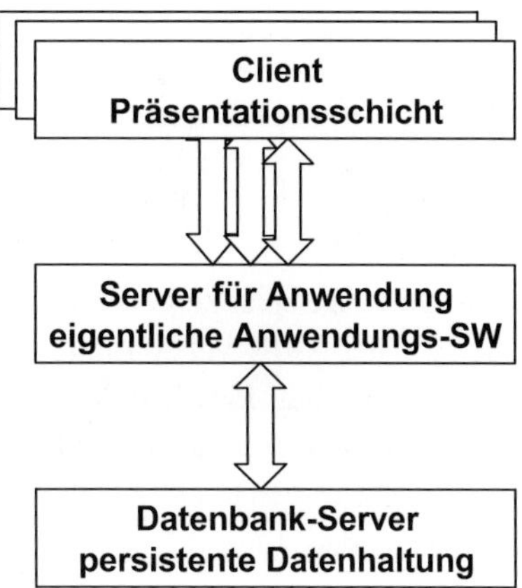

Abb. 9.4 Drei-Schichten-Architektur

und mit einem Applikationsserver verbunden sind, der alle Forderungen der Clients koordiniert. Auf einem dritten Rechner läuft die persistente Datenhaltung, z. B. in der Form einer handelsüblichen Datenbank.

Die Vorteile dieses Ansatzes sind, dass der Applikationsserver genauer steuern kann, wann Zugriffe auf die Datenbank notwendig werden, weiterhin, dass der Datenbankserver für die Clients nicht mehr direkt zugreifbar sein muss und so die Sicherheit gegen Hacker-Attacken erhöht wird. Ein dritter Vorteil ist, dass die Anzahl der Verbindungen zur Datenbank eingeschränkt werden kann, was bei bestimmten Lizenzkostenmodellen für Datenbanken eine Rolle spielt.

9.3 Grundideen von XML und JSON

XML [Erl03] ist eine vom W3C-Committee [@XML] definierte und standardisierte Sprache zur Beschreibung von Datenmodellen und Daten. Die Standardisierung ermöglicht es, einheitliche Datenaustauschformate für unterschiedliche Bereiche zu definieren, sodass Werkzeuge verschiedener unterschiedlicher Hersteller leicht basierend auf dem gemeinsamen Datenmodell zusammenarbeiten können. Die Idee ist dabei, dass für individuelle Bereiche bestimmte Datenformate in XML definiert werden, die dann dort ein verbindlicher Standard sind. Hier wird ein Einblick in die prinzipielle XML-Nutzung gegeben.

```
<?xml version="1.0" encoding="utf-8"?>
<team>
  <mitarbeiter>
    <minr>42</minr>
    <name>Aische Meier</name>
    <anteil>40</anteil>
  </mitarbeiter>
  <mitarbeiter>
    <minr>46</minr>
    <name>Nabil Ibn</name>
    <anteil>50</anteil>
  </mitarbeiter>
</team>
```

Das kleine Beispiel zeigt den hierarchischen Aufbau eines XML-Dokuments, das mit der Angabe der XML-Version und der Kodierung beginnt. Jedes XML-Element besteht aus einem Start-Tag, hier z. B. <team>, und einem dazu passenden End-Tag, hier </team>, zwischen dem sich andere XML-Elemente und Texte befinden können. Auf oberster Ebene gibt es genau ein XML-Element, die Wurzel. Im Beispiel erkennt man, dass sich zwischen den Tags des team-Elements zwei Mitarbeiter-Elemente befinden, die sich jeweils aus drei Teilen zusammensetzen. Die genauen Regeln, wie ein XML-Dokument aufgebaut ist, werden entweder in einer Document Type Definition (DTD) oder etwas genauer mit einem XML-Schema beschrieben. Durch die Angabe der ebenfalls standardisierten DTD oder XML-Schemas wird formal definiert, welche Elemente in welcher Form in einem wohlgeformten und gültigen XML-Dokument stehen können. Aus theoretischer Sicht ist der Definitionsansatz eng mit kontextfreien Grammatiken [VW04] verwandt.

```
<projekt abteilung="Entwicklung" vertrag="Festpreis">
  <projektname>Speichermodul</projektname>
  <kunde blz="65566445" knr="35674534" />
  <projektleiter kosten="1000">
    <minr>49</minr>
    <name>Ute Rose</name>
    <anteil>50</anteil>
  </projektleiter>
</projekt>
```

Das vorherige Beispiel zeigt als weiteren wichtigen Baustein von XML-Elementen die sogenannten Attribute. Diese werden beim Start-Tag in der Form

<Name des Attributs> = <Wert>

angegeben, wobei der Wert immer in Anführungsstrichen steht. Die erlaubten Attribute und ihre Wertebereiche werden ebenfalls durch DTDs oder XML-Schemas festgelegt.

Hat ein XML-Element nur Attribute und keinen Inhalt, kann auch die folgende Kurzschreibweise ohne End-Tag genutzt werden.

```
<projekt abteilung="Entwicklung" vertrag="Festpreis"/>
```

Kommentare können in der aus HTML bekannten Form ergänzt werden.

```
<!-- Isch bin en Kommenta -->
```

Zur Speicherung und Bearbeitung von XML-Dokumenten sind in den letzten Jahren viele Software-Pakete entstanden, sodass XML in jeder aktuellen Programmiersprache bearbeitet werden kann.

JSON [@JSO] steht für JavaScript Object Notation und ist eine kompakte menschen- und maschinenlesbare Form zur Beschreibung zusammenhängender Daten. Die Notation wird in der Sprache JavaScript eingesetzt, wird aber mittlerweile von allen wichtigen Programmiersprachen mit Bibliotheken unterstützt. JSON hat gegenüber XML den Vorteil etwas kompakter zu sein, es werden weniger Bytes zur Repräsentation der gleichen Information benötigt. Ein JSON-Objekt kann wie folgt aussehen.

```
{ "name": "Tony Stark",
   "alter": 42,
   "firma": { "name": "Stark Industries",
   "ort": "New York, N.Y"
   },
   "freunde":["Steve Rogers", "Bruce Banner"]
}
```

Das JSON-Objekt zeigt alle Darstellungsmöglichkeiten. Das eigentliche Dokument wird durch geschweifte Klammern zusammengefasst. Inhalte werden als Key-Value-Pärchen beschrieben, dabei steht der Key, auch Attribut genannt, in Anführungsstrichen vor einem Doppelpunkt. Der zugehörige Wert des Attributs folgt nach dem Doppelpunkt. JSON-Objekte sind wie JavaScript typenlos, d. h. als Wert kann ein beliebiger Typ stehen, der nur die Syntaxregeln von JSON einhalten muss. Im Beispiel wird zunächst ein String und beim zweiten Attribut eine Zahl als Wert genutzt. Das dritte Attribut zeigt, dass als Wert auch wieder ein JSON-Objekt stehen kann. Insgesamt ergibt sich damit eine beliebig tiefe Verschachtelungsmöglichkeit von JSON-Objekten. Der Wert des vierten Attributs zeigt die letzte Möglichkeit, dass ein Array von Werten in eckigen Klammern steht. Die Elemente des Arrays können dabei wieder beliebige Werte, also auch JSON-Objekte sein.

9.4 Programmbibliotheken

Eine zentrale Anforderung an erfahrene Informatiker ist, dass sie nicht das Rad neu erfinden sollen. Dies bedeutet, dass sie ihr Wissen über vorhandene Lösungen nutzen, damit sie keine Zeit für Reimplementierungen verschwenden. Die Frage „wie ein Rad gebaut wird“ sollte in den ersten Semestern des Studiums oder am Anfang der Ausbildung gelernt werden.

Für die meisten Probleme, die wiederkehrend auftreten, gibt es Bibliotheken, wobei es stark von der Programmiersprache abhängt, ob diese Bibliotheken frei erhältlich oder kostenpflichtig sind. Bei beiden Varianten ist vor der ersten Verwendung zu prüfen, ob der Kreis der Nutzer groß genug ist, sodass Detailfehler möglichst nicht mehr auftreten oder zumindest mit Workarounds beschrieben werden. Bei späteren Tests muss man von der Korrektheit der Bibliothek ausgehen können, da für sie keine Tests vorgesehen sind.

Erfahrene Entwickler unterscheiden bei Bibliotheken zwischen Fehlern und Eigenheiten. Dabei bezeichnen Eigenheiten eventuell auf Grundlage der Intuition der Entwickler oder unklarer Dokumentationen getroffene Annahmen, die nicht zutreffen. Weiterhin kann es bei längerfristig genutzten Bibliotheken der Fall sein, dass Nutzer für einen bekannten Fehler Workarounds entwickelt hatten und, damit alte Applikationen weiterhin laufen, diese Workarounds weiterhin in der Bibliothek existieren und dokumentiert sind.

Bekannte Beispiele für Klassenbibliotheken sind die Standard Template Library (STL) von C+ +und die Java-Klassenbibliothek. Beide Bibliotheken nehmen dem Nutzer unter anderem die Mühe ab, dynamische Datenstrukturen, wie Listen und Mengen, selbst zu implementieren. Dass die Ansätze sich im Detail unterscheiden, ist nicht weiter verwunderlich. So vermissen Java-Programmierer beim Übergang zu C+ +für Listen die Möglichkeit, direkt das i-te Element abzufragen.

Die Java-Klassenbibliothek stellt in vielen verschiedenen Paketen die unterschiedlichsten Funktionalitäten zur Verfügung. So gibt es sicherlich häufiger benötigte Pakete für die Kommunikation über das Netzwerk und seltener benutzte Pakete für die elementare Nutzung von Sound-Dateien oder für 3D-Objekte. Für Entwickler bedeutet dies, dass sie sich zunächst informieren müssen, ob für ihre Aufgabe eine passende Klassenbibliothek existiert und dann, wie sie funktioniert. Erst wenn man mögliche Bibliotheken im Detail verstanden hat, kann man auch Argumentationsketten dafür aufbauen, dass eventuell doch eine eigene individuelle Lösung entwickelt wird. Argumente für eine eigene Lösung können z. B.

- Instabilität der Bibliothek
- kein garantierter Support
- eine wichtige Teilfunktionalität ist nicht vorhanden und kann nicht einfach ergänzt werden
- zu hohe Anschaffungs- oder Wartungskosten
- unpassendes Lizenzmodell für die kommerzielle Nutzung

sein.

Gemeinsam ist allen Klassenbibliotheken, dass sie Nutzern Klassen und die damit verbundenen Methodenaufrufe zur Verfügung stellen. Der Nutzer ist dann alleine verantwortlich, diese Funktionalität sinnvoll zu nutzen.

Die Java-Klassenbibliothek, von der nebenbei im Folgenden gezeigt wird, dass der Name Bibliothek eigentlich zu eng gefasst ist, enthält auch einige der erwähnten Eigenheiten. Ein prominentes Beispiel sind die folgenden Methoden der Klasse java.awt.Graphics bzw. deren Unterklasse java.awt.Graphics2D.

drawRect(int x, int y, int w, int h): zeichnet ein Rechteck ausgehend von dem Punkt (x, y) mit der Breite w und der Höhe h
drawOval(int x, int y, int w, int h): zeichnet eine Ellipse bzw. einen Kreis in einem Rechteck, das wie bei drawRect definiert ist
drawString(String str, int x, int y): gibt einen String str aus, Anfangsposition und Basislinie des Strings sind durch den Punkt (x, y) definiert

Bei den ersten beiden Methoden stehen die x- und y-Koordinaten an den ersten beiden Parameterstellen, bei der dritten Methode leider nicht. Weiterhin wird der String oberhalb des Punktes (x, y) gezeichnet, während die anderen Objekte unterhalb gezeichnet werden.

9.5 Komponenten

In Komponenten wird die Idee der Bibliotheken konsequent weitergeführt, wobei nicht nur einzelne Klassen, sondern gleich Teilapplikationen zur Nutzung angeboten werden. Komponenten können, wie in Kap. 6 angesprochen, Schnittstellen implementieren, indem sie Objekte anbieten, die diese Schnittstellen realisieren.

Neben der größeren Funktionalität, die Komponenten übernehmen können, ist es eine typische Eigenschaft, dass sie konfigurierbar sind. Handelt es sich um eine eigene Software, so kann die Konfiguration z. B. durch Konfigurationsdateien erfolgen. Oftmals wird auch eine Schnittstelle zur Konfiguration angeboten, sodass die Einstellung bzw. Änderung der Komponente durch set-Methoden erfolgen kann.

Ein Beispiel für Komponenten im Kleinen stellen die Elemente zur Darstellung graphischer Oberflächen in Java mit den AWT- und Swing-Klassen, genauer Komponenten, dar. Die Konfigurierbarkeit der Komponenten wird z. B. in sogenannten GUI-Builder-Programmen genutzt. Dabei wird eine graphische Oberfläche so entwickelt, dass sie auf einem Zeichenblatt durch die Anordnung der gewünschten Komponenten realisiert wird. Abb. 9.5 zeigt einen Ausschnitt aus einem solchen GUI-Builder in der Entwicklungsumgebung Eclipse. Man erkennt, dass ein Button ausgewählt wurde und dass am rechten Rand die Konfigurationsmöglichkeiten zu sehen sind.

Der Komponentenbegriff wird in diesem Unterkapitel absichtlich etwas unpräzise gelassen, da seine genaue Bedeutung stark von dem Entwicklungsgebiet abhängt. Bei Entwicklungen im SAP-Bereich kann sich der Begriff z. B. auf ein ganzes SAP-Modul beziehen. Bei verteilten Systemen kann man statt von Komponenten auch über bereits existierende Prozesse diskutieren, die bestimmte Dienste anbieten.

Im Java-Bereich gibt es eine Konkretisierung, die sogenannten Java Beans. Dabei handelt es sich um Klassen, die gewisse Designregeln erfüllen, sodass sie konfigurierbar

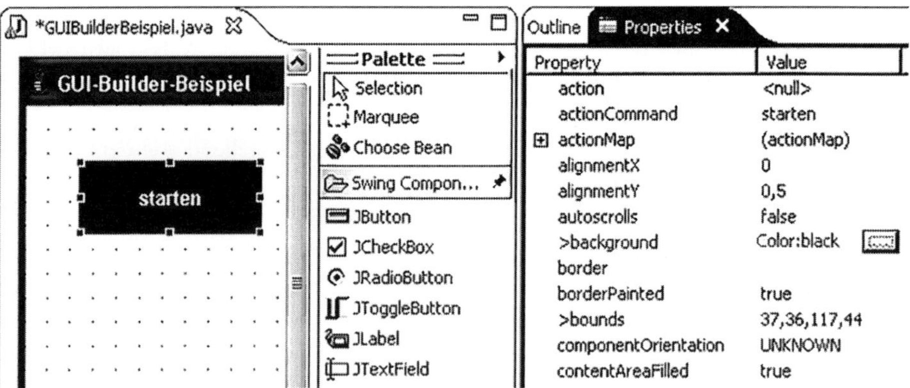

Abb. 9.5 GUI-Builder

sind und leicht verknüpft werden können. Die Kommunikation mit den Komponenten oder auch der Komponenten untereinander ist dabei an das Observer-Pattern, siehe Abb. 124, angelehnt.

Ohne auf die vollständigen Möglichkeiten der Java Beans einzugehen, soll hier das Grunddesign und eine mögliche Anwendung kurz diskutiert werden.

Die Basisforderungen für eine Klasse, damit es sich um eine Java Bean handelt, sind:

- Es gibt einen Konstruktor ohne Parameter.
- Für jede Exemplarvariable gibt es eine einfache get- und eine dazu passende set-Methode.
- Die Klasse muss das Interface Serializable implementieren. Dieses Interface enthält keine Methoden, kann aber nur bei Klassen verwendet werden, die in ihren Exemplar- und Klassenvariablen nur Objekte nutzen, die das Interface Serializable selbst implementieren.

Bereits durch das Einhalten dieser Anforderungen kann eine Java Bean, wenn sie eine graphische Darstellung hat, in GUI-Buildern genutzt werden.

Weiterhin erlaubt Java für Java-Beans einen sehr komfortablen Weg, wie Objekte dieser Klassen gespeichert und geladen werden können. Dies soll an einem einfachen Beispiel, einem Punkt, verdeutlicht werden. Die Klasse Punkt ist wie folgt definiert.

```
package kapitel09_JavaBean;
public class Punkt implements Serializable{
    private int x;
    private int y;
    public Punkt(){
        this.x = 0;
        this.y = 0;
    }
    public Punkt(int x, int y){
        this.x = x;
        this.y = y;
    }
    public int getX() {
        return this.x;
    }
    public void setX(int x) {
        this.x = x;
    }
    public int getY() {
        return this.y;
    }
    public void setY(int y) {
```

```
        this.y = y;
    }
    @Override
    public String toString(){
        return "[" + this.x + "," + this.y + "]";
    }
}
```

Das folgende Programm zeigt die Nutzung der Bean-Klasse Punkt mit einem kleinen Beispiel.

```
package kapitel09_JavaBean;
import java.beans.XMLDecoder;
import java.beans.XMLEncoder;
import java.io.BufferedInputStream;
import java.io.BufferedOutputStream;
import java.io.FileInputStream;
import java.io.FileNotFoundException;
import java.io.FileOutputStream;
public class BeanNutzer {
  public static void main(String[] s){
    Punkt p1 = new Punkt();
    Punkt p2 = new Punkt(3,4);
    Punkt p3 = new Punkt(1,1);
    Punkt p4 = new Punkt(2,2);
    String datei = "punkt.txt";
    try {
      XMLEncoder out = new XMLEncoder(
          new BufferedOutputStream(
              new FileOutputStream(datei)));
      out.writeObject(p1);
      out.writeObject(p2);
      out.close();
    } catch (FileNotFoundException e) {} //wegschauen
    try {
      XMLDecoder in = new XMLDecoder(
          new BufferedInputStream(
              new FileInputStream(datei)));
      p3 = ((Punkt)in.readObject());
      p4 = ((Punkt)in.readObject());
      in.close();
    } catch (FileNotFoundException e) {} //wegschauen
    System.out.println( p3 + "   " + p4);
  }
}
```

Das Beispielprogramm erzeugt zunächst vier Punkte, danach wird die Klasse XMLEncoder sowie weitere Hilfsklassen zur Dateibearbeitung aus der Klassenbibliothek genutzt. Danach werden die Objekte p1 und p2 im XML-Format in die Datei punkt.txt geschrieben.

Im zweiten try-catch-Block werden aus eben dieser Datei zwei Punkte im XML-Format herausgelesen. In der resultierenden Ausgabe, die die Form

```
[0,0]  [3,4]
```

hat, sieht man, dass die vorher gespeicherten Punkte wirklich eingelesen wurden.

Neben der komfortablen Möglichkeit, Java Bean-Objekte zu speichern, hat die Nutzung der Klassen XMLEncoder und XMLDecoder weiterhin den Vorteil, dass die Objekte im XML-Format abgespeichert werden, das als Textformat für Menschen lesbar ist und leicht mit anderen Werkzeugen bearbeitet werden kann. Die Datei punkt.txt sieht wie folgt aus.

```
<?xml version="1.0" encoding="UTF-8"?>
<java version="1.7.0_21" class="java.beans.XMLDecoder">
  <object class="Punkt"/>
  <object class="Punkt">
    <void property="x">
      <int>3</int>
    </void>
    <void property="y">
      <int>4</int>
    </void>
  </object>
</java>
```

Wenn man sich das Beispiel genau anschaut, handelt es sich hierbei nicht nur um die Nutzung der Komponentenidee, da nicht nur Methoden aufgerufen werden. Beim Einlesen nutzt das XMLDecoder-Objekt die Information aus, dass es zu den in der Datei property genannten Eigenschaften set-Methoden gibt. Hier wird der Kontrollfluss umgekehrt, statt dass die Applikation Methoden aufruft, wie es z. B. mit writeObject der Fall ist, ruft jetzt die Komponente Methoden auf. Dieser Ansatz wird im folgenden Kapitel genauer erläutert.

In Java kann der so genannte Reflexions-Mechanismus genutzt werden, mit dem für ein Objekt zur Laufzeit bestimmt werden kann, welche Methoden zur Verfügung stehen. Dieser Ansatz wird z. B. bei dem XMLEncoder-Objekt genutzt, das zunächst in writeObject berechnet, welche dem Namen nach zusammenpassenden get- und set-Methoden das übergebene Objekt anbietet. Kommentiert man z. B. die getX-Methode in der Klasse Punkt aus, wird automatisch nur der y-Wert abgespeichert.

Abb. 9.6 fasst in einem Mindmap die wesentlichen Eigenschaften von Komponenten zusammen, wobei nicht immer alle Eigenschaften zutreffen müssen. Zentral wird jede

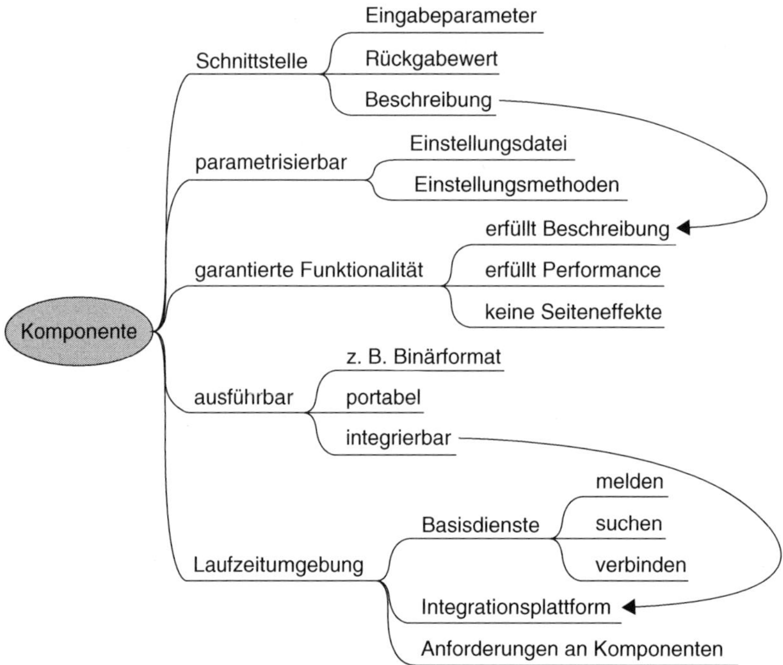

Abb. 9.6 Zentrale Eigenschaften von Komponenten

Komponente durch ihre angegebenen Schnittstellen spezifiziert, dabei wird für jede Funktionalität genau angegeben, was übergeben werden muss und welches Ergebnis man dann erwarten kann. Das Verhalten von Komponenten kann konfiguriert werden, die geschieht durch Konfigurationsdateien oder Möglichkeiten in der Software, wie set-Methoden. Die angebotene Funktionalität erfüllt die Anforderungen des „Design by Contract" und bietet die spezifizierte Funktionalität in der angegebenen Qualität an. Komponenten sind entweder alleine oder eingebunden in größere Software-Systeme ausführbar und können in verschiedenen Umgebungen eingesetzt werden. Oftmals laufen Komponenten in einer bestimmten Ausführungsumgebung, einem Container und nutzen die dort angebotenen Basisdienste, wie die Persistierung oder Kommunikationsmöglichkeiten mit anderen Komponenten. Damit die Basisdienste genutzt werden können, müssen bei der Komponentenentwicklung selbst Richtlinien und Schnittstellen beachtet werden.

9.6 Frameworks

Statt eine vollständige Funktionalität in einer Bibliothek oder einer Komponente anzubieten, kann man auch versuchen, einheitliche Verfahren für verschiedene Arten von Objekten zu entwickeln. Ein konkretes Beispiel wäre ein Verfahren, mit dem Objekte in eine Datenbank geschrieben und auch wieder gelesen werden können.

Es ist schwierig, diesen Ansatz als reinen Komponentenansatz zu implementieren, da die Komponenten mit beliebigen Objekten umgehen können müssen. Eine alternative Idee ist, dass die Vorgabe fordert, dass die bearbeitbaren Objekte bestimmte Eigenschaften, z. B. Methoden, haben und, wenn dies der Fall ist, eine gewisse Funktionalität garantiert wird.

Solche Vorgaben werden Frameworks genannt. Frameworks definieren Anforderungen an Objekte, die in der Objektorientierung üblicherweise durch die geforderte Erfüllung einer Schnittstelle oder das Erben von einer vorgegebenen Klasse formuliert sind. Für Objekte, die diese Anforderungen erfüllen, stellt das Framework dann die Funktionalität zur Verfügung.

Der zentrale Unterschied zwischen einer Komponente und einem Framework ist, dass die Kontrolle dem Framework übergeben wird. Klassen des Frameworks rufen Methoden der vom Nutzer implementierten Objekte auf und nicht umgekehrt, wie es bei Komponenten der Fall ist.

Mit den Enterprise Java Beans (EJB) und dem Spring-Framework stehen z. B. sehr mächtige Frameworks zur Verfügung, die es erlauben, Objekte leicht mit einer Datenbank zu verwalten. EJBs übernehmen dabei auf Wunsch die gesamte Transaktionssteuerung, wodurch die meisten Probleme einer verteilten Applikation durch das Framework gelöst werden. Dieser Framework-Ansatz findet sich teilweise auch in der Java-Klassenbibliothek wieder, in der also die Ansätze von Bibliotheken, Komponenten und Frameworks vereint sind. Als Beispiel wird hier die baumartige Darstellung von Projekten betrachtet.

Abb. 9.7 zeigt eine mögliche Darstellung einer Projektverwaltung, wobei die Informationen zu den Projekten, Teilprojekten und Vorgängern hierarchisch angeordnet sind.

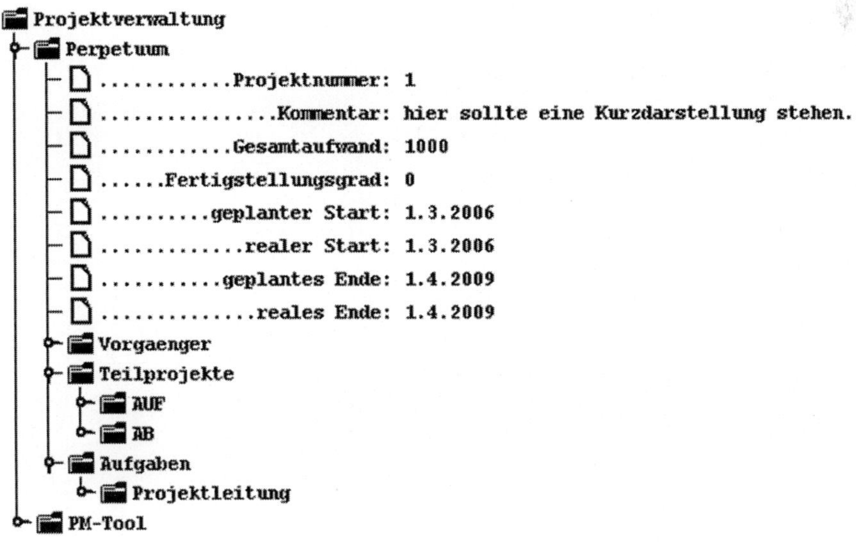

Abb. 9.7 Projektverwaltung als Baum

Java bietet mit einigen Klassen und Interfaces zum Thema Tree an, dass die Darstellung und Nutzung von Bäumen direkt durch diese Klassen gesteuert wird. Die Steuerung übernimmt u. a. die Fälle, dass der Ast eines Baumes auf- bzw. zugeklappt wird.

Um das Tree-Framework zu nutzen, wird eine Klasse benötigt, die die Schnittstelle TreeModel aus Abb. 9.8 implementiert. Zu diesem Interface findet man in der Java-Dokumentation die in Abb. 9.8 gezeigten Informationen.

Ein Nutzungsansatz ist im Klassendiagramm in Abb. 9.9 beschrieben. Es wird eine Klasse ProjektTreeModel geschrieben, die das Interface TreeModel implementiert. Diese Klasse kennt die Klasse Projektverwaltung, die die Informationen über alle vorhandenen

Method Summary	
void	addTreeModelListener(TreeModelListener l) Adds a listener for the TreeModelEvent posted after the tree changes.
Object	getChild(Object parent, int index) Returns the child of parent at index index in the parent's child array.
int	getChildCount(Object parent) Returns the number of children of parent.
int	getIndexOfChild(Object parent, Object child) Returns the index of child in parent.
Object	getRoot() Returns the root of the tree.
boolean	isLeaf(Object node) Returns true if node is a leaf.
void	removeTreeModelListener(TreeModelListener l) Removes a listener previously added with addTreeModelListener.
void	valueForPathChanged(TreePath path, Object newValue) Messaged when the user has altered the value for the item identified by path to newValue.

Abb. 9.8 Java TreeModel (aus Java-Klassendokumentation [@Jav])

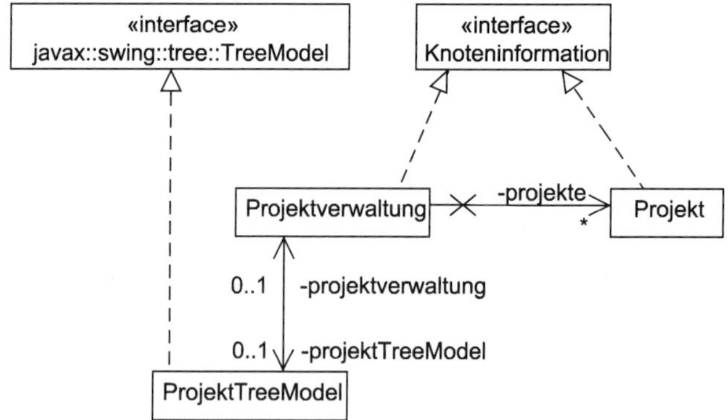

Abb. 9.9 Nutzung des Tree-Frameworks

Projekte koordiniert. Wie im Diagramm angedeutet, kann es sinnvoll sein, dass die Klasse Projektverwaltung auch das ProjektTreeModel kennt, da hier ein Observer-Observable-Ansatz genutzt wird.

Auf das Interface Knoteninformation wird gleich eingegangen. Zunächst wird ein zentraler Ausschnitt der Implementierung der Klasse ProjektTreeModel betrachtet.

```
public class ProjektTreeModel implements TreeModel {
    private Projektverwaltung projektverwaltung;
    private List<TreeModelListener> listener
                = new ArrayList<TreeModelListener>();

    public ProjektTreeModel() {
        this.projektverwaltung = new Projektverwaltung();
    }
    public Object getRoot() {
        return this.projektverwaltung;
    }
    public Object getChild(Object arg0, int i) {
        return ((Knoteninformation)arg0).itesElement(i);
    }
    public int getChildCount(Object arg0) {
        return ((Knoteninformation)arg0).anzahlElemente();
    }
    public void addTreeModelListener(TreeModelListener arg0){
        this.listener.add(arg0);
    }
} // nur Ausschnitt
```

Die zentrale Aufgabe der Klasse ProjektTreeModel ist die Realisierung des Interfaces TreeModel. Da die eigentlichen Bauminformationen in der Projektverwaltung stehen, werden die Methoden aus TreeModel alle als Zugriffe auf das Projektverwaltungsobjekt realisiert. Da die von der Projektverwaltung verwalteten Projekt-Objekte auch Teil der Baumdarstellung sind, muss die Projektverwaltung einige Aufrufe von ProjektTreeModel an die Projekte weiterleiten. Damit die Beantwortung der Wünsche der Klasse ProjektTreeModel vereinfacht wird, wird für alle Klassen, die im Baum darstellbar sind, vereinbart, dass sie ein einheitliches Interface Knoteninformation implementieren müssen. Dieses Interface garantiert die Möglichkeit, den Informationsbedarf des ProjektTreeModels zu befriedigen. Das Interface Knoteninformation sieht wie folgt aus.

```
public interface Knoteninformation {
    public int anzahlElemente();
    public Knoteninformation itesElement(int i);
    public boolean istBlatt();
```

```
    public int anPosition(Knoteninformation ki);
    public String titel();
}
```

Die Klasse Projektverwaltung beinhaltet u. a. dann folgende Implementierung.

```
public class Projektverwaltung implements Knoteninformation{
    private List<Projekt> projekte = new ArrayList<Projekt>();

    public int anzahlElemente() {
        return this.projekte.size();
    }
    public Knoteninformation itesElement(int i) {
        return this.projekte.get(i);
    }
    public boolean istBlatt() {
        return false;
    }
    public String titel() {
        return "Projektverwaltung";
    }

    @Override
    public String toString(){
        return titel();
    }
} // nur Ausschnitt
```

Die Implementierung der Klasse Projekt kann dann folgende Zeilen beinhalten.

```
public class Projekt implements Knoteninformation{
    private Eigenschaft[] eigenschaften = new Eigenschaft[8];
    private BaumListe<Projekt> teilprojekte
       = new BaumListe<Projekt>("Teilprojekte");
    private BaumListe<Projekt> vorgaenger
       = new BaumListe<Projekt>("Vorgaenger");
    private BaumListe<Aufgabe> aufgaben
       = new BaumListe<Aufgabe>("Aufgaben");

    public int anzahlElemente() {
      return this.eigenschaften.length+3;
    }
    public Knoteninformation itesElement(int i) {
      switch(i){
```

```
            case 0: case 1: case 2: case 3: case 4: case 5: case 6:
            case 7: return eigenschaften[i];
            case 8: return vorgaenger;
            case 9: return teilprojekte;
            case 10:return aufgaben;
          }
          return null;
        }
      } // nur Ausschnitt
```

Die Klassen BaumListe, Eigenschaft und Aufgaben sind vereinfachend nicht ins Klassendiagramm aufgenommen worden. Dabei kann man sich die Eigenschaftsklasse als einfache Container-Klasse für einzelne Projekteigenschaften vorstellen. Da die einzelnen Projektaufgaben und die individuellen Eigenschaften auch im Baum dargestellt werden sollen, müssen sie ebenfalls das Interface Knoteninformation implementieren.

Alternativ zur Nutzung eines Interfaces Knoteninformation hätten alle Klassen auch direkt das Interface TreeModel implementieren können, was die Nutzung der Klassen noch flexibler gemacht hätte. Da aber nicht alle Methoden des Interfaces für Klassen wie Eigenschaft benötigt werden, wurde das individuell gestaltete Interface Knoteninformation ergänzt.

Damit die Klasse ProjektTreeModel genutzt werden kann, muss ein Objekt dieser Klasse an ein JTree-Objekt, ein View-Objekt übergeben werden. Der relevante Programmcode dazu besteht aus folgenden Zeilen.

```
ProjektTreeModel ptm=new ProjektTreeModel();
JTree baum=new JTree(ptm);
JScrollPane scroller=new JScrollPane(baum);
add(scroller,BorderLayout.CENTER);
```

Einzelne Klassen und Interfaces wie in den vorherigen Beispielen sind für einführende Erklärungen der Begriffe Komponente und Framework hilfreich. Die meisten Komponenten- und Framework-Ansätze beinhalten aber wesentlich mehr Funktionalität, sodass die Auswahl der passenden Komponenten und Frameworks wichtige Design-Entscheidungen sind, die die gesamte Implementierung stark beeinflusst. Wieder muss ein individueller Bewertungskatalog aufgestellt werden, der folgende Punkte enthalten sollte.

- Wird die gesamte Funktionalität abgedeckt oder müssen Schnittstellen zu anderen Ansätzen geschaffen werden?
- Liegen bereits eigene Erfahrungen im Unternehmen vor?
- Gibt es vergleichbare Referenzprojekte, in denen die Technologie eingesetzt werden kann?

- Ist die Technik bereits etabliert, gibt es Support-Möglichkeiten?
- Welche Folgekosten können entstehen?
- Ist der Übergang zu einem vergleichbaren Ansatz später noch möglich?

9.7 Persistente Datenhaltung

Bei den meisten Applikationen ist es der Fall, dass Daten auch nach der Beendigung der Applikation zur weiteren Verwendung weiter existieren sollen. Man spricht dabei von persistenten Daten gegenüber sogenannten transienten Daten, die nur zur Laufzeit der Applikation existieren.

Zur persistenten Datenhaltung gibt es zunächst zwei Ansätze, die man bei genauerer Betrachtung weiter verfeinern kann. Beim ersten Ansatz speichert die Applikation ihre Daten direkt in Dateien ab. Der zweite Ansatz besteht darin, ein anderes Werkzeug, typischerweise eine Datenbank, zur Abspeicherung zu nutzen. Der wesentliche Vorteil von Datenbanken ist dabei, dass verschiedene Applikationen gleiche Daten zur gleichen Zeit nutzen können. Dabei werden die bei den verteilten Systemen beschriebenen Probleme zumindest teilweise durch die Datenbank gelöst.

Bei der direkten Nutzung von Dateien bieten Programmiersprachen eine sehr unterschiedliche Unterstützung. Die elementare Unterstützung besteht darin, dass man einzelne Bytes in Dateien speichern kann. Aufbauend auf dieser Funktionalität werden dann meist komfortablere Dienste angeboten. Die möglichen Varianten werden hier kurz anhand der Möglichkeiten in Java diskutiert.

Das folgende Programm zeigt die Möglichkeit, in Java direkt einzelne Bytes, hier Zeichen, in eine Datei zu schreiben.

```
FileOutputStream o = new FileOutputStream("xxx");
String s = "Hello again";
for(int i = 0; i < s.length(); i++){
  o.write(s.charAt(i));
}
o.close();
```

Die Nutzung von Bytes ist sehr aufwendig, da so zunächst nur 256 verschiedene Werte benutzt werden können. Weiterhin kostet das direkte Schreiben in die Datei sehr viel Zeit, da jedes Byte einzeln auf das Speichermedium geschrieben wird. Effizienter ist dann der Ansatz, zunächst mehrere Bytes zu sammeln, und diese dann in einem Schritt abzuspeichern. In Java können dazu Pufferklassen genutzt werden, was wie folgt aussehen kann.

```
BufferedOutputStream o = new BufferedOutputStream(
                              new FileOutputStream("xxa"),4);
String s = "Hello again";
for(int i = 0; i < s.length(); i++){
```

```
    o.write(s.charAt(i));
  }
  o.close();
```

Weiterhin bieten die Klassen wie DataOutputStream die Möglichkeit, vollständige Werte von Standarddatentypen zu schreiben. Dazu gehören dann Methoden wie writeInt oder writeString. Dies bedeutet allerdings für Objekte immer noch, dass ihre Exemplarvariablen einzeln geschrieben werden müssen, wie z. B. bei der folgenden Klasse Point.

```
public class Point {
  private int x;
  private int y;
  public Point(int a, int b) {
    this.x = a;
    this.y = b;
  }
  public void speichern(DataOutputStream o) throws IOException{
    o.writeInt(this.x);
    o.writeInt(this.y);
  }
  public static Point lesen(DataInputStream i) throws IOException{
    return new Point(i.readInt(),i.readInt());
  }
}
```

Die bisher erzeugten Dateien haben den Vorteil, dass sie für Menschen lesbar sind, so von Hand editiert und auch leicht von anderen Programmen gelesen werden können. Der wesentliche Nachteil der gezeigten Ansätze ist es, dass der Entwickler sehr aufwendig für jede Klasse Methoden zum Speichern und Lesen implementieren muss. Wesentlich komfortabler ist ein Ansatz, bei dem vollständige Objekte abgespeichert werden können. Dazu muss eine Klasse in Java das Interface Serializable implementieren, das zwar keine Methoden enthält, aber nur implementiert werden kann, wenn alle Exemplarvariablen Typen haben, die selbst Serializable implementieren. Der folgende Programmausschnitt zeigt eine Beispielnutzung.

```
public class Person implements Serializable{
   private String name;
   private String vorname;
...
Person pers1 = new Person ("Maier", "Anja");
ObjectOutputStream out = new ObjectOutputStream (
                                new FileOutputStream("test"));
out.writeObject (pers1);
...
```

```
ObjectInputStream in = new ObjectInputStream (
                          new FileInputStream ("test"));
pers1=(Person) in.readObject();
...
```

Der Nachteil dieses Ansatzes ist es, dass so genannte Binärdateien entstehen, die nur von der Applikation, die die zugehörigen Klassen kennt, wieder eingelesen werden können. Dies wird besonders dann problematisch, wenn die Klasse eines gespeicherten Objekts geändert wird, indem man z. B. eine weitere Exemplarvariable ergänzt. Damit Binärdateien dann noch genutzt werden können, ist ein Hilfsprogramm zu schreiben, mit dem die Objekte in die neue Form konvertiert werden.

Statt Binärdateien bietet Java auch die im vorherigen Teilkapitel gezeigte Möglichkeit, dass Textdateien im XML-Format erzeugt werden.

Größere Datenmengen werden üblicherweise in Datenbanken verwaltet. Entwickelt man eine Applikation für eine schon existierende Datenbank, muss man nur die Möglichkeiten herausfinden, die die gewählte Programmiersprache zur Einbindung der Datenbank bietet. Die zentrale Nutzung der Datenbank findet dann meist über Lese- und Schreibbefehle sowie Anfragen statt. Dazu müssen SQL-Befehle auf der Datenbank ausgeführt werden.

Eine häufig genutzte Möglichkeit besteht darin, dass SQL-Befehle [Tür03] [Kle24] direkt von Java aus, als Strings, ausgeführt werden können. Dies wird im folgenden Beispiel durch einen kleinen Programmausschnitt mit der Nutzung von JDBC verdeutlicht.

```
//Oracle JDBC driver laden
DriverManager.registerDriver(new oracle.jdbc.driver.OracleDriver());
// Aufbau der DB-Verbindung für Dummy-User
Connection conn = DriverManager.getConnection(
     "jdbc:oracle:thin:@172.16.1.47:1521:DBName","user","passwort");
// Erzeugung eines Objekts für DB-Manipulationen
Statement stmt = conn.createStatement();
//Beispielbefehl, hier Anfrage, ausführen
ResultSet rs = stmt.executeQuery("SELECT * FROM Kunde");
// Ausgabe
while(rs.next()){
  int id = rs.getInt("Kundennummer");
  String name= (String) (rs.getObject());
  System.out.println(„Nr."+id+": "+name);
}
```

Das Beispielprogramm besteht aus zwei Arbeitsschritten. Der erste Arbeitsschritt dient zum Aufbau einer Verbindung mit der Datenbank. Dieser Verbindungsaufbau muss meist nur einmal am Anfang der Datenbanknutzung erfolgen. Dann zeigt das Programm, wie ein SQL-Befehl ausgeführt und das Ergebnis der Anfrage von Java aus angezeigt werden kann. Zentral ist hier die ResultSet–Klasse, mit der das Datenbankergebnis schrittweise eingelesen wird. Objekte dieser Klasse verhalten sich genauso wie Iteratoren, bei denen man prüfen kann, ob es noch ein nächstes Element gibt und, wenn ja, dieses Element eingelesen wird.

Die Möglichkeiten des skizzierten Einsatzes von JDBC hängen stark davon ab, welche JDBC-Version vom jeweiligen Datenbankhersteller unterstützt wird. Einfache Möglichkeiten für INSERT-, UPDATE-, DELETE- und SELECT-Befehle gibt es immer. In höheren JDBC-Versionen wird z. B. die Bearbeitung von ResultSet-Objekten noch flexibler, sodass man an beliebige Stellen im Ergebnis manövrieren kann.

Weiterhin besteht mit Methodenaufrufen wie conn.commit() und conn.rollback() die Möglichkeit, die Transaktionssteuerung der Datenbank zu nutzen.

An dieser Stelle soll noch eine Warnung vor dem Missbrauch von ResultSet-Objekten erfolgen. Grundsätzlich bietet die Datenbank viele Möglichkeiten, Anfragen zu formulieren und die Konsistenz sowie die Sicherheit der Daten zu gewährleisten. Es ist immer eine schlechte Idee, diese Datenbankfunktionalität im Java-Programm nachzubauen. Dies passiert meist, wenn Java-Entwickler zu wenig Wissen über Datenbanken sowie Anfragen haben und dann anfangen, alle Daten der Datenbank zunächst in lokale Variablen der Applikation einzulesen.

Auch bei Neuentwicklungen kann es sinnvoll sein, eine relationale Datenbank zu nutzen [Dat00] und deren Entwicklung innerhalb des Projekts durchzuführen [Kle24]. Vorteile dieser Produkte sind, dass sie einen hohen Marktanteil haben, sich der Nutzung in neuen Entwicklungsphilosophien anpassen und über mehrere Jahrzehnte gereift sind. Als wesentliche Nachteile ist zu beachten, dass die Applikation verantwortlich für die sinnvolle Datenbanknutzung ist und so einige Programmierarbeit in diese Datenhaltungsschicht gesteckt werden muss, sowie dass Objekte nicht einfach in relationalen Tabellen verwaltet werden können.

Ein alternativer Ansatz besteht darin, eine Software zur Verwaltung von Objekten in Datenbanken mit in die Applikation zu integrieren. Ziel dieser sogenannten Persistence-Mapper ist es, dass der Entwickler sich möglichst wenig um Datenbankdetails kümmern muss. Als konkrete Beispiele für solche Frameworks können Ansätze wie Enterprise Java Beans (EJB) [EL07][@JEE], Hibernate [OLW07], Spring [OLW07], JPA [@JPA] und JDO [JR03] genannt werden. Allgemein beschrieben, gibt es die Möglichkeit, Klassen, die bestimmte Eigenschaften haben, in einen Rahmen einzubetten, sodass das Framework die vollständige Kontrolle der Objekte und der Transaktionen übernimmt. Der Entwickler kann sich dann auf die eigentliche Funktionalität konzentrieren.

9.8 Annotationen

Annotationen ermöglichen es, Eigenschaften von Programmen und Teilen von ihnen zu spezifizieren, die nicht selbst zu programmieren sind, sondern von einer Umgebung realisiert werden, die die Annotationen auswertet. Der Programmierstil ändert sich damit grundlegend von „was soll genau passieren" in „welches Verhalten ist gewünscht". Annotationen erweitern damit alle Sprachkonstrukte um Metadaten.

Annotationen gibt es in Java seit Java 5 [@Ann], sie waren vorher schon erfolgreich in C# eingeführt worden. Ihre konkreten Verwendungsmöglichkeiten werden anhand von zwei Java-Beispielen skizziert. Annotationen beginnen mit einem at-Zeichen (@), einige sind bereits Teil des Java-Standards. Bereits in einzelnen vorherigen Beispielen wurde die Annotation @Override von Methoden genutzt, mit der Methoden markiert werden, mit denen man Methoden einer beerbten Klasse überschreibt. Existiert eine solche Methode in einer beerbten Klasse nicht, gibt der Compiler eine Fehlermeldung aus. Dies ist gerade in der Nutzung von Klassenbibliotheken hilfreich, da man so Schreibfehler oder Fehler im Aufbau der Parameterlisten findet. Ohne die Annotation würde es dann zwei Varianten einer Methode geben, die geerbte und die neu geschriebene.

Annotationen können aber wesentlich mehr und z. B. dafür sorgen, dass bestimmte Standardprogrammieraufgaben automatisch bei der Übersetzung erledigt werden. Im Unterkapitel Persistenz wurde andiskutiert, dass man Objekte in Datenbanken speichern will, was auf der Grundlage von JDBC machbar, aber recht aufwendig und monoton ist. Anders wird dies durch den Einsatz von JPA [@JPA], was der folgende Ausschnitt einer Klasse veranschaulicht.

```
import javax.persistence.Entity;
import javax.persistence.GeneratedValue;
import javax.persistence.Id;
import javax.persistence.OneToMany;
@Entity
public class Projekt implements Serializable {
  @Id @GeneratedValue
  private int projektid;
  private String name;
  @OneToMany(cascade=CascadeType.PERSIST)
  private Set<Projektauftrag> auftraege;
  public Projekt(){
    this.auftraege = new HashSet<Projektauftrag>();
  }
  // fehlen notwendige get- und set-Methoden (auch add wäre
  // sinnvoll)
  ...
}
```

Die Klasse Projekt ist durch @Entity annotiert, wodurch spezifiziert wird, dass Objekte dieser Klasse in einer Datenbank verwaltet werden können. Mit @Id annotierte Exemplarvariablen beschreiben einen Wert, mit dem das Objekt eindeutig identifiziert werden kann, ein sogenannter Primärschlüssel. Durch die zweite Annotation

@GeneratedValue wird festgelegt, dass das System selbst und nicht der Nutzer diese Werte vergeben soll, wobei die ausführende Software dann garantiert, dass diese Primärschlüssel eindeutig sind. Die Exemplarvariable name ist nicht annotiert und wird später in den resultierenden Tabellen in der Datenbank eine einfache Spalte. Mit der Annotation @OneToMany wird festgehalten, dass in der Collection aufträge Projektauftrag-Objekte stehen, die mit dem jeweiligen Projekt verbunden sind. Es können zu einem Projekt beliebig viele Projektauftrag-Objekte gehören. Annotationen können in Klammern Parameter haben. Im Beispiel wird festgelegt, dass, wenn ein Projekt-Objekt gespeichert, also persistiert, wird, alle zugehörigen Projektauftrag-Objekte auch gespeichert werden sollen.

Damit JPA genutzt werden kann, muss es einen parameterlosen Konstruktor geben, weiterhin sind get- und set-Methoden für die Exemplarvariablen gefordert. Ansonsten können beliebige Konstruktoren und Methoden ergänzt werden.

Zur Nutzung ist einmal die Datenbankverbindung zu spezifizieren, weiterhin muss ein Verwaltungsobjekt des JPA-Frameworks erzeugt werden, mit dem dann Transaktionen und das Erzeugen, Lesen, Verändern und Löschen von Objekten in der Datenbank ermöglicht wird.

```
// Daten erzeugen
EntityManagerFactory emf
   = Persistence.createEntityManagerFactory("PersitenceUnit");
EntityManager em = emf.createEntityManager();
em.getTransaction().begin();
em.persist(new Projekt("Perpetuum"));
em.persist(new Projekt("Deep Thought"));
em.getTransaction().commit();
em.close();
// Daten lesen
em = emf.createEntityManager();
List<Projekt> projekte = em.createQuery(
   "SELECT p FROM Projekt p",Projekt.class).getResultList();
 for(Projekt p:projekte) {
   System.out.println(p);
 }
 em.close();
 emf.close()
```

Es wird dabei die JPA-Query Language für Anfragen genutzt, eine Sprache die verwandt mit SQL ist, aber objektorientierte Konzepte enthält. Insofern eine sinnvolle toString()-Methode für Projekte implementiert ist, kann die Ausgabe wie folgt aussehen.

```
Perpetuum(1,{})  Deep Thought (2,{})
```

Annotationen wurden oft zunächst für spezielle Aufgaben konzipiert, wandern aber immer mehr in den Java-Standard und die klassische Programmierung ein. Ein weiteres Beispiel ist das Bean Validation-Framework [@BVa], mit dem man geforderte Eigenschaften von Objekten spezifizieren kann. Die Idee dahinter ist, dass diese Regeln an einem zentralen Ort stehen und so die Validierung von Objekten an einer Stelle vereinheitlicht wird. Den Ansatz skizziert der folgende Ausschnitt aus einer Klasse.

```
import javax.validation.constraints.Max;
import javax.validation.constraints.Min;
import javax.validation.constraints.NotNull;
import javax.validation.constraints.Size;
public class Mitarbeiter {
    @Min(value=100000, message="sechs Stellen")
    @Max(value=999999, message="sechs Stellen")
    private int minr;
    @NotNull(message = "Ohne Name is nich")
    @Size(min = 2)
    private String name;
    @Valid @Size(max = 5)
    private List<Projektaufgabe> bearbeitet
                              = new ArrayList<>();
  // parameterloser Konstruktor, get- und set-Methode wie sonst
  auch
```

Die Exemplarvariable minr hat zwei Annotationen, mit denen der minimale und der maximale Wert festgelegt werden. Neben dem Grenzwert können diese Annotationen auch die auszugebende Fehlermeldung als Parameter beinhalten. Weiterhin wird gefordert, dass die Exemplarvariable name ein echtes Objekt referenziert, dessen Textlänge mindestens zwei Zeichen hat. Die Annotation @Valid der Sammlung bearbeitet garantiert, dass auch alle Objekte der Liste nach den zu Projektaufgabe gehörenden Regeln validiert werden.

Generell und gerade bei diesem Framework ist es wichtig, dass Entwickler selbst Annotationen schreiben können, die sich dann nahtlos in die Funktionalität des Frameworks einfügen. Weiterhin ist es auch möglich, selbst Annotationen zusammen mit ihrer Ausführung zu definieren, man kann durch das Annotation Processing die auszuführenden Arbeitsschritte bestimmen.

Abb. 9.10 zeigt, dass man Annotationen als Stereotypen in UML-Klassendiagramme als weitere ergänzende Informationen einbauen kann. Generell gilt bei der Nutzung von mehreren Frameworks, dass man prüfen muss, ob diese überhaupt zusammenarbeiten können, da sie in den Übersetzungsprozess von Java eingreifen und dort unerwünschte Effekte durch Abhängigkeiten in Ausführungsreihenfolgen entstehen können. In Java direkt integrierte Frameworks wie JPA und Bean Validation sind problemlos kombinierbar, die Kombination wird im JPA-Standard sogar explizit unterstützt.

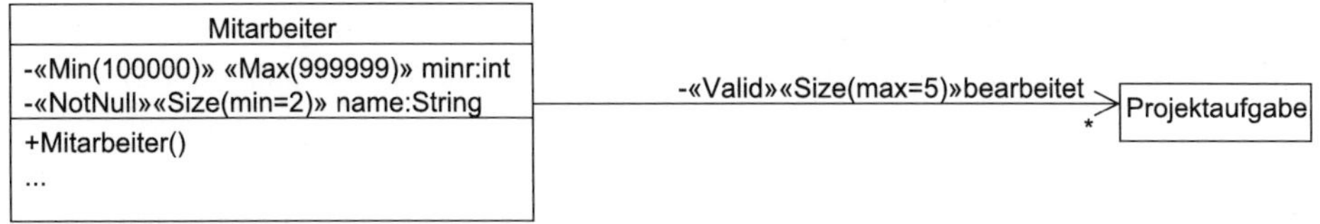

Abb. 9.10 Annotationen im Klassendiagramm

9.9 Domain Specific Languages

Die Entwicklung von Programmiersprachen ist dadurch geprägt, dass neue Sprachen typischerweise einen höheren Abstraktionsgrad haben und mehr Strukturierungsmöglichkeiten bieten. Von dem direkten Setzen von Bits durch Schalter bis hin zum Assembler-Code fand der erste Schritt statt. Danach wurden Programmiersprachen, z. B. Algol 60, entwickelt, die schon die auch heute noch genutzten Schleifenkonstrukte erlaubten. Der Vorteil der Programmiersprachen gegenüber Assembler ist, dass man gleichartige Probleme wie eine while-Schleife nicht immer wieder langwierig unter der genauen Berücksichtigung der zu verwendenden Speicherzellen von Hand kodieren muss. Die Kritik, dass die übersetzte Programmiersprache weniger laufzeit- oder speicherplatzoptimalen Assembler erzeugt, wird auch heute noch genutzt, wenn es in Diskussionen um die Sinnhaftigkeit einer neuen Abstraktionsebene geht. Diese Herausforderung muss von den Übersetzern, also den Compiler-Bauern, gelöst werden.

Nachfolgende Programmiersprachen erweiterten den Befehlsumfang und führten mit Modulen und Klassen neue Strukturierungsmöglichkeiten ein, die die Entwicklung immer komplexer werdender Programme ermöglicht. Dieser Trend hat sich in den letzten Jahren verlangsamt, wobei die aspektorientierte Programmierung [Böh06] hier ein weiteres, orthogonales Strukturierungsmittel zur Objektorientierung ergänzt, deren Ideen sich auch teilweise in Annotationen widerspiegeln.

Die Weiterentwicklung neuer programmiersprachlicher Befehle hat stark abgenommen, da man schnell erkannt hat, dass immer neue Befehle die eigentliche Programmierarbeit immer komplexer machen und die Spezialbefehle nur selten eingesetzt werden können. Programmierern stehen mit Funktionen und Methoden ohnehin in einem gewissen Rahmen die Möglichkeiten offen, Sprachen zu erweitern.

Möchte man mit einer Programmiersprache aber nur bestimmte gleichartige Aufgaben lösen, kann man sehr wohl über neue komplexere Befehle nachdenken. Ein Beispiel ist die Entwicklung von Menü-Steuerungen, bei der es eine erste Ebene von Menü-Einträgen gibt, denen jeweils Einträge der zweiten Ebene zugeordnet werden können, zu denen es weitere Ebenen geben kann. Natürlich lässt sich dies mit klassischen Programmiersprachen, meist unterstützt durch Klassenbibliotheken und Frameworks, realisieren, allerdings müssen einige Zeilen Programmcode dafür geschrieben werden. Geht man von der allerdings nicht bewiesenen These aus, dass ein Programmierer unabhängig von der Programmiersprache an einem Tag immer die gleiche Anzahl Zeilen Code schreiben kann, würde eine abstraktere Sprache die Entwicklungszeit und damit die Entwicklungskosten reduzieren.

Dies ist eine Motivation, die hinter Domain Specific Languages (DSL) steht [KK06], bei der für verschiedene Bereiche, also Domänen, die klassischen Befehle um weitere Befehle ergänzt werden. Nehmen wir z. B. einen Befehl mit folgender Syntax

```
<Menuebene> ::= Menu( <Name1> <Submenu>,
... , <NameN> <Submenu>)
<Submenu> ::= <Menuebene> | <AktionsID>
```

Damit wäre ein Befehl der folgenden Form möglich.

```
m = Menu(„Datei" Menu(„Laden" 1,"Speichern" 2
                    , „Speichern unter" 3),
    „Format" ( „Schrift" („Größer" 4, „Kleiner" 5),
               „Absatz" („Zentriert" 6, „Blocksatz" 7),
               „Standard" 8),
    „Hilfe" 9);
```

Das zugehörige Menü mit allen ausgeklappten Untermenüs ist in Abb. 9.11 dargestellt. Die AktionsIDs können dann für die Zuordnung von Aktionen, also z. B. Methodenaufrufen, zu den einzelnen Menü-Punkten dienen. Typischerweise wird zur Formulierung von DSL-Sprachen und zu deren Nutzung XML eingesetzt.

Ein interessantes Betätigungsfeld für die Domain Specific Languages stellen Web-Dienste dar, da es neben der Entwicklung der eigentlichen Dienste immer viele Konfigurationsaufgaben gibt, mit denen z. B. festgehalten werden muss, wo die übersetzten Programme gespeichert werden und wie diese Programme sich bei Registrierdiensten anmelden müssen. Diese Konfigurationsaufgaben können für den Entwickler bei der Übersetzung der Domain Specific Language in eine konkrete Programmiersprache unsichtbar eingebaut werden. Annotationen kann man dabei auch als eine in Java eingebettete DSL auffassen, wobei sie keine eigene Sprache bilden.

Abb. 9.11 Mit DSL erstelltes Menü

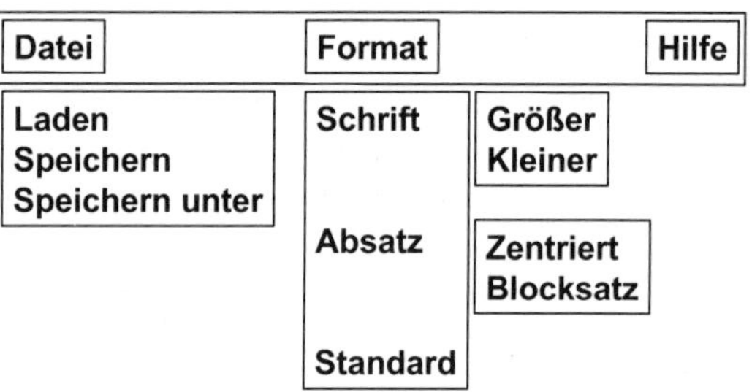

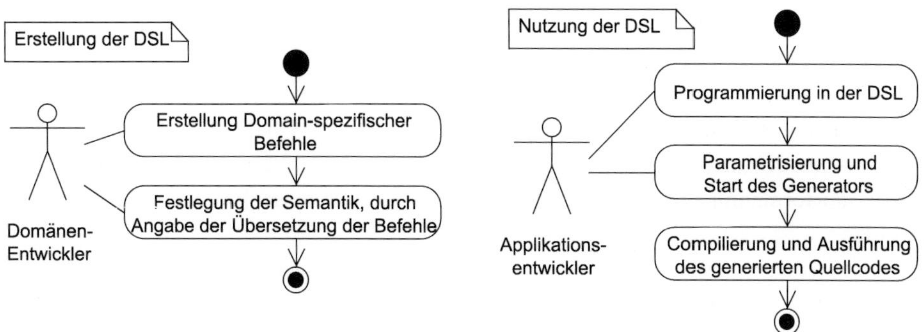

Abb. 9.12 Arbeitsprozesse bei der DSL-Nutzung

Für Domain Specific Languages kann man zwei Arbeitsprozesse unterscheiden, die in Abb. 9.12 beschrieben sind. Zunächst muss die Sprache von einem in der Domäne erfahrenen Entwickler mit Abstraktionsfähigkeiten konzipiert werden. Dabei wird versucht, möglichst gleichartige Programmierschritte zu einfacheren Anweisungen zusammenzufassen. Wichtig ist, dass für jeden der Befehle die Semantik präzise beschrieben wird. Eine Möglichkeit zur Semantikdefinition besteht darin, jedem Befehl Zeilen in einer bereits bekannten Programmiersprache zuzuordnen.

Die entwickelte Sprache, die natürlich noch erweitert werden kann, deren existierende Befehle aber nicht mehr verändert werden sollten, wird dann von den Entwicklern genutzt. Dabei ist es nicht untypisch, dass man für die Übersetzung der Sprache dem Übersetzer einige Parameter, wie z. B. Informationen über Pfade, mitteilen muss.

Ein spezielles Beispiel einer DSL wurde bereits mit dem Behaviour Driven Development im Unterkapitel „3.12 Test Driven und Behaviour Driven Development" vorgestellt. Dabei wird eine spezielle, hier eng an die natürliche Sprache, angelehnte Sprache zur Spezifikation von Anforderungen genutzt, die direkt in ausführbare Tests übersetzt werden konnten. Das Beispiel zeigt auch, dass eine DSL bei weitem nicht alle Aspekte einer Software-Entwicklung abdecken muss, aber in Teilbereichen sehr hilfreich sein kann.

9.10 Model Driven Architecture

Klassenbibliotheken und Frameworks enthalten wiederverwendbare Lösungsideen. Die Wiederverwendbarkeit beschränkt sich dabei auf die eingesetzte Programmiersprache.

Die Idee der Model Driven Architecture (MDA) ist es, dass Lösungen zwar formal, aber möglichst programmiersprachen- oder gar architekturunabhängig formuliert werden. Erst im nächsten Schritt wird dann festgelegt, wie die Details umzusetzen sind. Man spricht dabei von einer Transformation, bei der eine abstrakte Beschreibung, das so genannte Computer Independent Model (CIM), zunächst in ein Platform Independent

Model (PIM) und dann in eine konkrete Realisierung, das Platform Specific Model (PSM), umgesetzt wird.

Es ist dabei nicht zwingend gefordert, dass die Transformation sofort zu einem ausführbaren Programm kommt. Das resultierende PSM könnte auf einer anderen Abstraktionsebene wieder als PIM fungieren. Dabei kann dieses PIM dann durch weitere Transformationsregeln in ein weiteres, möglicherweise ausführbares PSM übersetzt werden.

Eine zentrale Rolle spielen bei diesem Ansatz die Transformationsregeln, in denen genau der Übergang formalisiert wird. Steht im PIM z. B. eine Collection, kann diese in Java z. B. in eine ArrayList oder bei einer Transformation nach C++ in eine std::list übersetzt werden.

Der formale Zusammenhang ist in Abb. 9.13 beschrieben. Statt von den Begriffen PIM und PSM wird hier allgemeiner vom Übergang von der Modellart1 zur Modellart2 gesprochen. Alle Modelle und Transformationsregeln benötigen dazu eine formale Semantik. Zu diesem Zweck strebt die OMG eine Standardisierung des MDA-Ansatzes an. Zentrale Grundlage der Semantik ist dabei die Meta Object Facility (MOF) [WKB04].

Der konkrete Entwicklungsweg mit der MDA ist in Abb. 9.14 beschrieben. Die eigentliche Problemlösung wird möglichst lösungsneutral formuliert. In den nächsten Schritten werden dann Konkretisierungen für die abstrakten Elemente vorgenommen. Diese Transformationen mit den zugehörigen Konkretisierungen werden solange durchgeführt, bis man zum ausführbaren Programm gelangt.

Ein Beispiel ist die Entwicklung von Web-Diensten, die zunächst abstrakt beschrieben werden. Dann wird für die nächste konkretere Ebene das Infrastrukturmodell festgelegt.

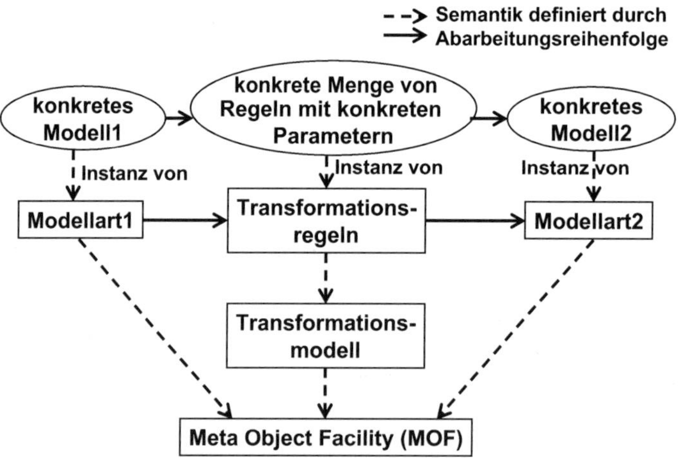

Abb. 9.13 MDA-Hintergrund

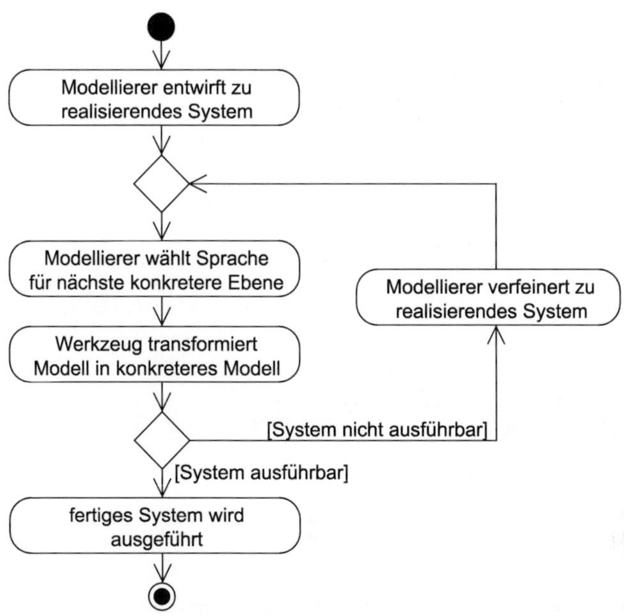

Abb. 9.14 Prozess der MDA-Nutzung

Dabei kann man z. B. zwischen einer Realisierung mit Enterprise Java Beans oder der Dot-Net-Plattform vom Microsoft wählen. Hat man sich für Dot-Net entschieden, muss als nächste Entscheidung die konkrete Programmiersprache zur Realisierung ausgewählt werden.

In den Praxisbemerkungen im Unterkapitel „7.3 Risikoanalyse Feindesign" wurde bereits angedeutet, dass Zustandsdiagramme nicht nur zur Spezifikation sondern auch zur Generierung von Code genutzt werden können. Bei diesem Ansatz wird die sehr enge Verwandtschaft zwischen MDA und DSL-Nutzung deutlich, da er beiden Themen zugeordnet werden kann.

9.11 Refactoring

Bei der Programmentwicklung wachsen Programme schrittweise, da immer mehr Alternativen implementiert werden. Dies führt häufig dazu, dass einzelne Methoden immer komplexer werden. Ein Ziel der Objektorientierung ist die Wiederverwendbarkeit von Programmen. Um dies zu gewährleisten, müssen diese möglichst einfach für Personen lesbar sein, die das Programm selber nicht geschrieben haben. Neben der zentralen Anforderung nach der detaillierten Dokumentation des Verhaltens einer Methode gibt es zwei weitere zusammenhängende Kriterien:

- Die Namen der Methoden sollen möglichst selbsterklärend sein.
- Methoden sollten maximal 15 Zeilen lang sein und so wenig while, switch, und if wie möglich beinhalten.

Durch die „sprechenden“ Methodennamen kann ein Programm allein durch den Programmcode selbst wesentlich lesbarer werden, wie es durch die folgende Methode veranschaulicht wird.

```
public int risikoklasseBerechnen(int alter, boolean raucher){
    int ergebnis = basisklasseBerechnen(alter);
    if(raucher)
        ergebnis += raucherZuschlag(alter);
    return ergebnis;
}
```

Natürlich bringt eine starke Zerlegung in Methoden die Gefahr mit sich, dass man die Übersicht in einer großen Menge kleiner Methoden verliert. Dieses Problem wird dadurch gelöst, dass Methoden möglichst da stehen, wo sie in der Nähe häufig genutzt werden. Weiterhin bieten gute Softwareentwicklungsumgebungen Möglichkeiten an, direkt zum Programmcode einer aufgerufenen Methode zu manövrieren und von dort aus zum ursprünglichen Aufrufpunkt zurückzukehren.

Es stellt sich die Frage, wie man komplexe Methoden vereinfachen kann. Hierzu stellt das Refactoring [Fow99] einen systematischen Ansatz dar, der hier auf Methodenebene beschrieben werden soll.

Auf Methodenebene besteht die Idee darin, dass ein syntaktisch korrektes Programmstück in eine neue Methode ausgelagert werden soll. Dies wird an folgendem Java-Beispiel gezeigt.

```
public int ref(int x, int y, int z){
   int a = 0;
   if(x > 0){
      a = x;
      x++;
      --y;
      a = a + y +
   z;
   }
   return a;
}
```

Das umrahmte Programmstück soll in einer Methode ausgegliedert werden. Dabei kann diese Ausgliederung direkt nur geschehen, wenn maximal eine lokale Variable auf der linken Seite einer Anweisung steht. Falls eine solche Variable existiert, gibt diese den Rückgabetypen und den Rückgabewert der ausgegliederten Methode an. Im Beispiel ist dies die Variable a. Würde es mehrere solche Variablen geben, könnte ihre Veränderung nicht unmittelbar durch den Rückgabewert erfolgen. In C++ und bei Java-Objekten ist dies kein Problem, da diese als Parameter von Methoden ebenfalls verändert werden können, wenn es sich um Referenzen handelt. Das Ergebnis des Refactorings kann im Beispiel wie folgt aussehen.

```
public int ref(int x, int y, int z){
    int a = 0;
    if(x > 0){
        a = mach(x, y, z);
    }
    return a;
}
private int mach(int x, int y, int z) {
    int a;
    a = x;
    x++;
    --y;
    a = a + y + z;
    return a;
}
```

Die folgende Methode kann in Java nicht einfach einem Refactoring unterzogen werden.

```
public int ref2(int x){
   int a = 0;
   int b = 0;
   int c = 0;
   if(x > 0){
         a = x;
         b = x;
         c = x;
   }
   return a+b+c;
}
```

Im markierten Programmblock werden die Werte von drei lokalen Variablen verändert, was nicht direkt in einer ausgelagerten Methode passieren könnte. In C++ ist dies kein Problem und würde zu folgendem Ergebnis führen.

```
int Rechnung::ref2(int x){
    int a = 0;
    int b = 0;
    int c = 0;
    if(x > 0){
```

```
            abcAnpassen(a,b,c,x);
        }
        return a + b + c;
    }

    void Rechnung::abcAnpassen(int& a, int& b, int& c, int x){
        a = x;
        b = x;
        c = x;
    }
```

Refactoring erlaubt es damit, nach dem ersten Programmierschritt „bring das Programm in der gewünschten Form zum Laufen" im zweiten Schritt das Programm lesbarer und wiederverwendbarer zu gestalten, dabei können die Ideen auf den Umbau und das Auslagern von Klassen erweitert werden.

9.12 Konkretes Beispiel: JSF, JPA, CDI und EJB

Das folgende Beispiel soll den Zusammenhang zwischen Klassendiagramm, Software-Architektur, Framework und Implementierung nochmals zusammenfassend verdeutlichen. Die dabei benutzten Technologien werden nur knapp erklärt, da Detailbetrachtungen weit den Rahmen dieses Buches sprengen würden. An einzelnen Stellen werden Ideen skizziert, die in einer Implementierung häufiger auftreten können, dabei aber im ersten Schritt zunächst gegen die KISS-Idee tendenziell verstoßen.

Das Beispiel ist der Ausschnitt einer Mitarbeiterverwaltung, mit der im ersten Inkrement neue Mitarbeiter hinzugefügt und bearbeitet werden können. Es wird angenommen, dass nicht jeder alle Mitarbeiterdaten einsehen soll und nach dem Anlegen eines Mitarbeiters weitere Daten in einer anderen Abteilung ergänzt werden können. Diese Ergänzungen wären Aufgaben eines Folgeinkrements.

Abb. 9.15 zeigt die prototypische Oberfläche vor dem Einfügen eines neuen Mitarbeiters und Abb. 9.16 nach der Auswahl eines Mitarbeiters zur Bearbeitung.

Das Klassendiagramm in Abb. 9.17 zeigt linksunten die eigentliche Mitarbeiterklasse, weiterhin ist erkennbar, dass Annotationen in der Form von Stereotypen ergänzt wurden. Objekte der Klasse werden mit dem bereits erwähnten JPA-Ansatz [@JPA] in einer Datenbank gespeichert. Der Quellcode sieht wie folgt aus. Die Spaltennamen ergeben sich aus den Namen der Exemplarvariablen, die mit @Version annotierte Variable dient zur Transaktionssteuerung, der Wert wird bei jeder Veränderung erhöht. Beim Versuch einer Änderung wird zunächst geprüft, ob der Wert von version dem aktuellen Wert in der Datenbank entspricht. Ist das nicht der Fall, ist das benutzte Objekt veraltet und die Transaktion wird abgebrochen.

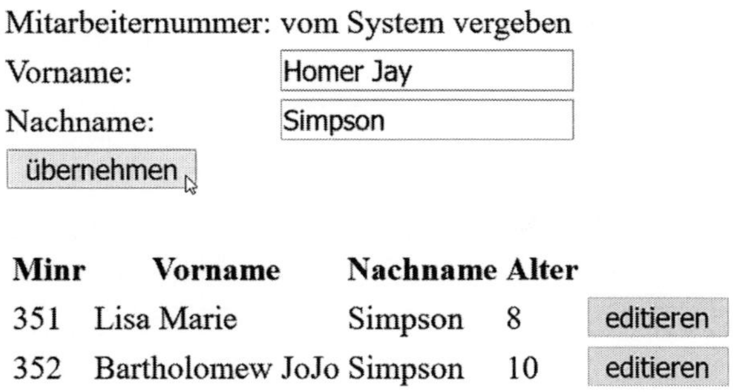

Mitarbeiternummer: vom System vergeben
Vorname: Homer Jay
Nachname: Simpson
übernehmen

Minr	Vorname	Nachname	Alter	
351	Lisa Marie	Simpson	8	editieren
352	Bartholomew JoJo	Simpson	10	editieren

Abb. 9.15 Eingabe eines neuen Mitarbeiters

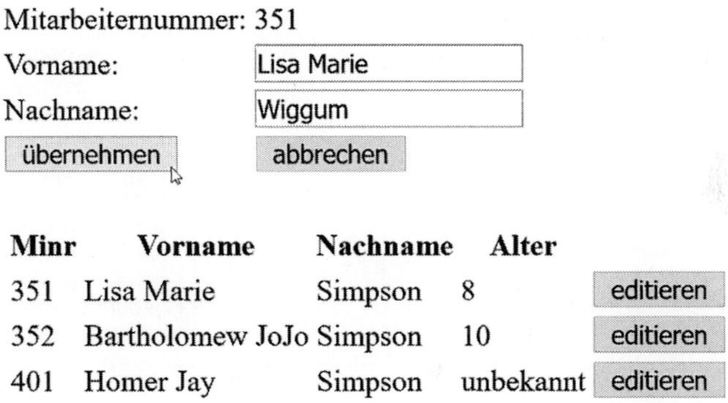

Mitarbeiternummer: 351
Vorname: Lisa Marie
Nachname: Wiggum
übernehmen abbrechen

Minr	Vorname	Nachname	Alter	
351	Lisa Marie	Simpson	8	editieren
352	Bartholomew JoJo	Simpson	10	editieren
401	Homer Jay	Simpson	unbekannt	editieren

Abb. 9.16 Editieren eines Mitarbeiters

```
package entity;
import java.io.Serializable;
import java.util.Date;
import javax.persistence.Entity;
import javax.persistence.GeneratedValue;
import javax.persistence.GenerationType;
import javax.persistence.Id;
import javax.persistence.Temporal;
import javax.persistence.Version;

@Entity
public class Mitarbeiter implements Serializable{
    @Id
    @GeneratedValue(strategy = GenerationType.AUTO)
    private int minr;
    private String vorname;
    private String nachname;
```

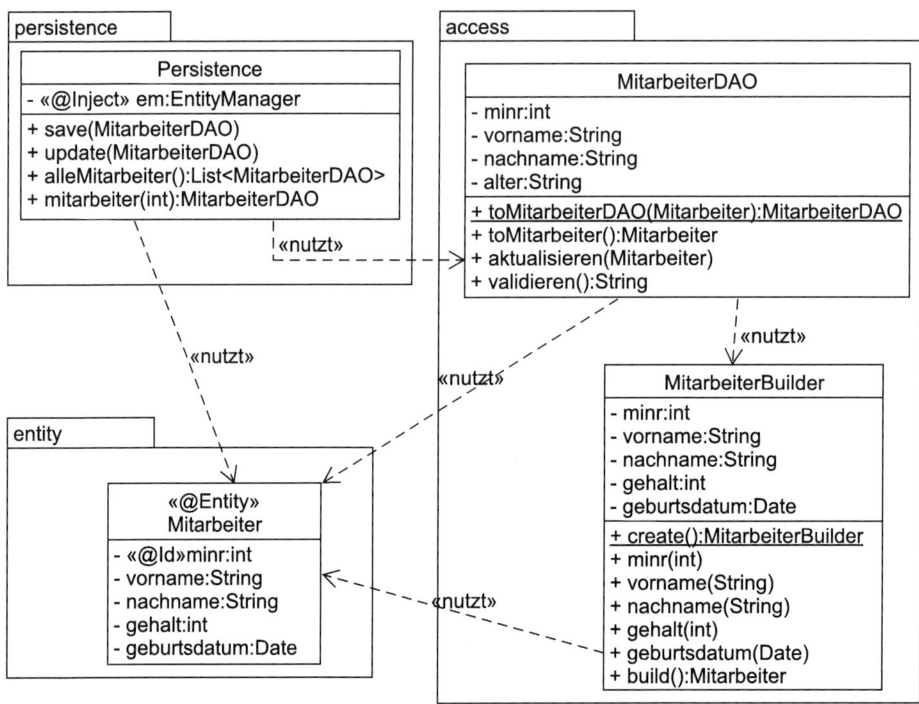

Abb. 9.17 Datenhaltung

```
    private int gehalt;
    @Temporal(javax.persistence.TemporalType.DATE)
    private Date geburtsdatum;

    @Version
    private int version;

    public Mitarbeiter(){
    }

    // getter und setter für: minr, vorname, nachname,
    // gehalt, geburtsdatum, version
}
```

Zur Objekterzeugung werden Konstruktoren benötigt. Haben die Objekte einige Exemplarvariablen, die nicht alle bei der Erstellung benötigt werden, kann dies zur Erstellung einer größeren Anzahl von Konstruktoren führen, bei denen die Übersicht über die Reihenfolge und Bedeutung von Parametern leicht verloren gehen kann. Eine Abhilfe sind sogenannte Builder-Klassen, mit denen Objekte Schritt für Schritt zusammengebaut werden können. Die eigentliche Erzeugung beginnt dabei immer mit einer create()-Klassenmethode und wird mit einer build()-Methode abgeschlossen, die das zu erstellende Objekt liefert. Dazwischen werden Methoden genutzt, die Exemplarvariablen Werte zuordnen. Diese Methoden sind so konzipiert, dass sie das zur Erstellung benutzte Objekt wieder zurückliefern, wodurch mehrere Methodenaufrufe hintereinander ausgeführt werden können. Dieser Ansatz wird auch Method Chaining und Fluent Programming genannt. Die Realisierung sieht wie folgt aus.

```
package access;

import entity.Mitarbeiter;
import java.util.Date;

public class MitarbeiterBuilder {

    private int minr;
    private String vorname;
    private String nachname;
    private int gehalt;
    private Date geburtsdatum;

    public MitarbeiterBuilder(){};

    public static MitarbeiterBuilder create(){
        return new MitarbeiterBuilder();
    }

    public MitarbeiterBuilder minr(int minr){
        this.minr = minr;
        return this;
    }

    public MitarbeiterBuilder vorname(String vorname){
        this.vorname = vorname;
        return this;
    }

    public MitarbeiterBuilder nachname(String nachname){
        this.nachname = nachname;
        return this;
    }

    public MitarbeiterBuilder gehalt(int gehalt){
        this.gehalt = gehalt;
```

```
        return this;
    }

    public MitarbeiterBuilder geburtsdatum(Date geburtsdatum){
        this.geburtsdatum = geburtsdatum;
        return this;
    }

    public Mitarbeiter build(){
        Mitarbeiter ergebnis = new Mitarbeiter();
        ergebnis.setVorname(this.vorname);
        ergebnis.setNachname(this.nachname);
        ergebnis.setGehalt(this.gehalt);
        ergebnis.setGeburtsdatum(this.geburtsdatum);
        return ergebnis;
    }
}
```

Die direkte Bearbeitung von Objekten, die in Datenbanken geschrieben werden, ist aus verschiedenen Gründen diskutabel. Oft werden nur Teilinformationen dieser Objekte benötigt und weiterhin soll nicht jede Komponente direkt potenziellen Einfluss auf die gespeicherten Objekte haben können. Wird einer dieser beiden Punkte als relevant angesehen, können Data Transfer Objekte (DTO) genutzt werden. Diese enthalten nur die benötigten Informationen, gegebenenfalls bereits in einer an anderen Stellen benötigten Form, z. B. einen zur Ausgabe nutzbaren String statt eines komplexen Objektes. Weiterhin können DTOs zusätzliche Informationen enthalten, die aus anderen Daten berechnet werden können, deren mehrfache Berechnung aber als zu aufwendig angesehen wird. In DTOs kann auch eine Validierung der enthaltenen Daten stattfinden, wobei es dazu verschiedene weitere Ansätze gibt.

Um ein DTO nutzbar zu machen, muss ein reales Objekt in ein DTO-Objekt und ein DTO-Objekt in ein reales Objekt umwandelbar sein. Dabei können Methoden zur Aktualisierung einzelner Werte ebenfalls eine Rolle spielen. Eine solche DTO-Klasse zeigt die folgende Implementierung, dabei wird unter anderem das aktuelle Alter eines Mitarbeiters berechnet und Teil des DTO-Objekts. Die Methode toMitarbeiter() zeigt eine Builder-Nutzung. Die Validierung liefert bei einer erfolgreichen Prüfung einen leeren String, sonst eine Fehlermeldung.

```
package access;

import entity.Mitarbeiter;
import java.time.LocalDate;
import java.time.ZoneId;
```

```
import java.time.temporal.ChronoUnit;
import java.util.Date;

public class MitarbeiterDTO {

    private int minr;
    private String vorname;
    private String nachname;
    private String alter;

    public MitarbeiterDTO(){
    }

    public MitarbeiterDTO(int minr, String vorname, String nachname
            , String alter) {
        this.minr = minr;
        this.vorname = vorname;
        this.nachname = nachname;
        this.alter = alter;
    }

    public static MitarbeiterDTO toMitarbeiterDTO(Mitarbeiter m){
        if (m == null){
            return null;
        }
        LocalDate jetzt = LocalDate.now();
        Date tmp = m.getGeburtsdatum();
        String alter = "unbekannt";
        if (tmp != null){
            LocalDate geburt = tmp.toInstant()
                      .atZone(ZoneId.systemDefault()).toLocalDate();
            alter = "" + ChronoUnit.YEARS.between(geburt, jetzt);
        }
        return new MitarbeiterDTO(m.getMinr(), m.getVorname()
                ,m.getNachname(), alter);
    }

    public Mitarbeiter toMitarbeiter(){
        return MitarbeiterBuilder
                .create()
                .minr(this.minr)
                .vorname(this.vorname)
                .nachname(this.nachname)
```

```
                .build();
    }

    public void aktualisieren(Mitarbeiter m){
        m.setVorname(this.vorname);
        m.setNachname(this.nachname);
    }

    public String validieren(){
        String ergebnis = "";
        if(this.vorname.trim().length() < 2
            || this.nachname.trim().length() <2){
            ergebnis = "Vor- und Nachname müssen mindestens"
                    + " zwei Zeichen haben";
        }
        return ergebnis;
    }

    // getter und setter für: minr, vorname, nachname,alter
}
```

Die eigentliche Software läuft auf einem JEE-fähigen Server, wie z. B. auf der Referenzimplementierung GlassFish [@Gla]. Zur Persistierung werden EJBs, die die transaktionale Durchführung von Datenbank-Operationen garantieren, genutzt. Die eigentliche Steuerung der EJBs übernimmt in diesem Fall der Server. Es ist nur zu beachten, dass Transaktionen auch scheitern können, was zur Weitergabe von Exceptions führen kann. Die eigentliche Steuerung der Transaktion ist im folgenden Code beschrieben. Mit em.find() können Objekte mithilfe des Schlüsselwertes gefunden werden. Die Annotation @Stateless bedeutet, dass eine EJB einmal genutzt und dann gelöscht wird und so keine Zwischeninformationen behalten kann.

```
package persistence;

import access.MitarbeiterDTO;
import entity.Mitarbeiter;
import java.util.ArrayList;
import java.util.List;
import javax.ejb.Stateless;
import javax.inject.Inject;
import javax.persistence.EntityManager;

@Stateless
public class Persistence {
```

```
    @Inject
    private EntityManager em;

    public void save(MitarbeiterDTO m) {
        em.persist(m.toMitarbeiter());
    }

    public void update(MitarbeiterDTO m) {
        Mitarbeiter mit = em.find(Mitarbeiter.class, m.getMinr());
        m.aktualisieren(mit);
        em.persist(mit);
    }

    public MitarbeiterDTO minr(int minr) {
        return MitarbeiterDTO
                .toMitarbeiterDTO(
                        this.em.find(Mitarbeiter.class, minr));
    }

    public List<MitarbeiterDTO> getMitarbeiter() {
        List<Mitarbei ter> tmp = em
                .createQuery("SELECT m FROM Mitarbeiter m"
                             , Mitarbeiter.class)
                .getResultList();
        List<MitarbeiterDTO> ergebnis = new ArrayList<>();
        tmp.forEach(m -> ergebnis.add(
                    MitarbeiterDTO.toMitarbeiterDTO(m)));
        return ergebnis;
    }
}
```

Die eigentliche Software-Architektur nutzt Contexts and Dependency Injection (CDI) [@CDI]. Damit kann der Server beauftragt werden, Objekte zu erstellen und diese in andere Objekte zu injizieren. Die injizierten Objekte entstehen z. B. durch den Aufruf eines parameterlosen Konstruktors, es kann aber auch direkt mit der Annotation @ Produces angegeben werden, dass bestimmte Objekte injizierbare Objekte erzeugen oder beinhalten. EJB und CDI sind zwei verschiedene Konzepte, die Objekte intern durch Lebenszyklen unterschiedlich verwalten. Eine Verknüpfung ist möglich, indem die EJBs dem CDI-Ansatz untergeordnet werden, was durch folgende Hilfsklasse passiert. Das Attribut unitname weist auf eine XML-Datei in der die Datenbankverbindung festgelegt ist.

```
package persistence;

import javax.enterprise.inject.Produces;
import javax.persistence.EntityManager;
import javax.persistence.PersistenceContext;

public class EJBinCDIIntegration {
    @Produces
    @PersistenceContext(unitName = "SWEBuchMitarbeiterverwaltungPU")
    private EntityManager em;
}
```

Abb. 9.18 zeigt den weiteren Aufbau der Software. Die zentrale Koordination wird von einer Controller-Klasse durchgeführt, die in diesem kleinen Beispiel nur recht elementare Aufgaben zur Erstellung und Aktualisierung von Objekten übernimmt. Weiterhin wurde entschieden, auf dieser Ebene mögliche Exceptions der Transaktionen abzufangen, da

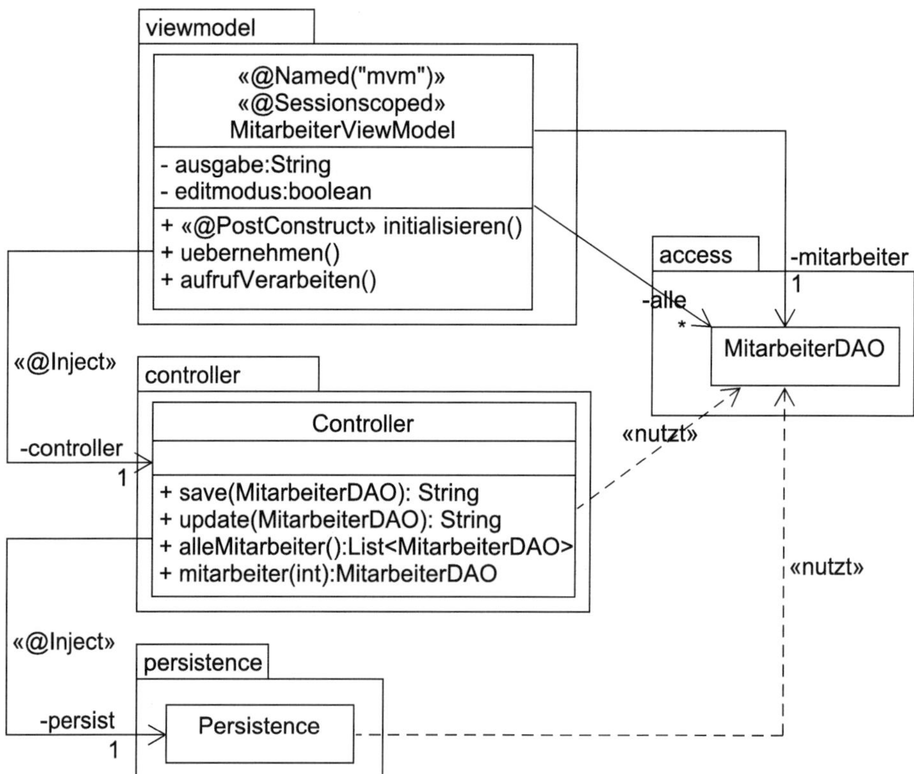

Abb. 9.18 Mitarbeiterverwaltung

diese hier dann in weiter nutzbare Ergebnisse, hier einfache Strings, umgewandelt werden können. Das Controller-Objekt nutzt ein Persistence-Objekt, dass bei der Erstellung des Controllers durch CDI injiziert wird. Der Code sieht wie folgt aus.

```
package controller;

import java.io.Serializable;
import java.util.List;
import javax.enterprise.context.Dependent;
import javax.inject.Inject;
import access.MitarbeiterDTO;
import persistence.Persistence;

@Dependent
public class Controller implements Serializable{
    @Inject
    private Persistence persist;

    public List<MitarbeiterDTO> alleMitarbeiter() {
        return this.persist.alleMitarbeiter();
    }

    public String save(MitarbeiterDTO m) {
        String ergebnis = m.validieren();
        if (!ergebnis.equals("")) {
            return ergebnis;
        }
        try {
            this.persist.save(m);
            ergebnis = "erfolgreich gespeichert";
        } catch (Throwable e) {
            ergebnis = "Aktion gescheitert: " + e.getMessage();
        }
        return ergebnis;
    }

    public String update(MitarbeiterDTO m) {
        String ergebnis = m.validieren();
        if (!ergebnis.equals("")) {
            return ergebnis;
        }
        try {
            this.persist.update(m);
            ergebnis = "erfolgreich aktualisiert";
```

```
            } catch (Throwable e) {
                ergebnis = "Aktion gescheitert: " + e.getMessage();
            }
            return ergebnis;
        }

        public MitarbeiterDTO mitarbeiter(int minr) {
            return this.persist.mitarbeiter(minr);
        }
    }
```

Zur Umsetzung als Web-Applikation wird JavaServer Faces (JSF) genutzt. Die eigentliche Beschreibung der Oberfläche folgt einem XML-basierten Ansatz, in dem über bestimmte Bezeichnungen auf Variablen und Methoden zugehöriger Objekte zugegriffen werden kann. Der in der Microsoft-Welt genutzte Begriff der „Code behind"-Datei ist hier sehr sinnvoll. Diese Datei kann Eingaben annehmen, auszugebende Werte bereitstellen und Aktionen liefern, die bei der Nutzung von Steuerungselementen auszuführen sind. Diese hier als ViewModel bezeichnete Klasse erhält über die Annotation @Named einen Namen, über den die XML-Datei auf ein Objekt dieser Klasse zugreifen kann. Von dieser Klasse namens Klasse existiert nur ein Objekt, das bei jedem Seitenaufruf neu entsteht, was durch die Scope-Annotation beschrieben wird. Für Eingaben wird ein DTO-Hilfsobjekt genutzt, weiterhin werden alle vorhandenen Objekte in einer Variablen gemerkt. Zur Unterscheidung, ob gerade ein neues Objekt erstellt oder ein Vorhandenes editiert werden soll, existiert eine Boolesche Variable editmodus. In einer Variablen ausgabe wird die auszugebende Information festgehalten. Für Knöpfe werden Methoden angegeben, die im Normalfall die nachfolgende Webseite als Ergebnis liefern. Da in diesem Fall immer auf der gleichen Seite geblieben wird, ist der Rückgabetyp dieser Methoden void. Ein zu bearbeitender Mitarbeiter wird mit einem Get-Parameter bei Aufruf übergeben. Die Methode aufrufVerarbeiten prüft, ob es sich um eine Bearbeitung handelt und lädt den zu bearbeitenden Mitarbeiter. Der Code dieser „Code behind"-Datei sieht wie folgt aus.

```
package viewmodel;


import controller.Controller;
import java.io.Serializable;
import java.util.List;
import javax.annotation.PostConstruct;
import javax.enterprise.context.SessionScoped;
import javax.inject.Inject;
import javax.inject.Named;
import access.MitarbeiterDTO;
```

```
@Named("mvm")
@SessionScoped
public class MitarbeiterViewModel implements Serializable {
    private MitarbeiterDTO mitarbeiter;
    private List<MitarbeiterDTO> alle;
    @Inject
    private Controller controller;
    private String ausgabe = "";
    private boolean editmodus = false;
    public MitarbeiterViewModel() {
    }

    @PostConstruct
    public void initialisieren() {
        this.alle = this.controller.getMitarbeiter();
        this.mitarbeiter = new MitarbeiterDTO();
        this.editmodus = false;
    }

    public void aufrufVerarbeiten(){
        if (this.editmodus){
            this.mitarbeiter = this.controller
                    .mitarbeiter(this.mitarbeiter.getMinr());
            if(this.mitarbeiter != null){
                return;
            } else {
                this.editmodus = false;
            }
        }
        this.mitarbeiter = new MitarbeiterDTO();
    }

    public void uebernehmen() {
        if (this.editmodus) {
            this.ausgabe = this.controller.update(this.mitarbeiter);
        } else {
            this.ausgabe = this.controller.save(this.mitarbeiter);
        }
        this.initialisieren();
    }
    // getter und setter für: mitarbeiter, alle, editmodus, ausgabe
}
```

Die Annotation einer Methode mit @PostConstruct sorgt dafür, dass diese Methode nach der Objekterzeugung und den geforderten Injizierungen, hier im Beispiel der eines Controller-Objekts, durchgeführt wird. Die Methode übernimmt damit die Rolle des eigentlichen Konstruktors, bei dessen Aufruf nicht klar sein muss, ob die Injizierungen bereits stattgefunden haben und die zugehörigen Objekte nutzbar sind.

In der Oberflächenbeschreibung kann über #{mvm.mitarbeiter.vorname} direkt auf die Exemplarvariable vorname des DTO-Objekts mitarbeiter zugegriffen werden. Durch die Angabe von Input oder Output wird festgelegt, ob schreibend oder lesend auf die Variable zugegriffen wird. Mithilfe von panelgrid-Elementen können Ausgaben in Tabellenstrukturen angeordnet werden. Das Attribut rendered berechnet einen Booleschen Wert, nur wenn dieser true ist, wird das Element ausgegeben, eine minr mit Wert 0 bedeutet, dass noch keine Nummer vom System vergeben wurde, was beim ersten Persistieren passiert. Das Element datatable dient zur Ausgabe von Tabellen, dabei wird im value-Attribut angegeben, über welche Collection iteriert wird und im Attribut var steht der lokale Name der Laufvariable für die einzelnen Elemente der Collection. Das Element message dient zur Ausgabe von Meldungen und bezieht sich auf die id des Elements, das im for-Attribut angegeben ist. Die im Element metadata angegebenen Parameter beziehen sich auf beim Aufruf übergebene get-Parameter, deren Werte in Variablen geschrieben werden. Die benutzten Button-Elemente zeigen die Erzeugung solcher Aufrufparameter. Die gesamte Oberfläche sieht wie folgt aus.

```
<?xml version='1.0' encoding='UTF-8' ?>
<!DOCTYPE html PUBLIC "-//W3C//DTD XHTML 1.0 Transitional//EN"
    "http://www.w3.org/TR/xhtml1/DTD/xhtml1-transitional.dtd">
<html xmlns:="http://www.w3.org/1999/xhtml"
      xmlns:h="http://xmlns.jcp.org/jsf/html"
      xmlns:f="http://xmlns.jcp.org/jsf/core">
    <f:metadata>
        <f:viewParam name="minr" required="false"
                     value="#{mvm.mitarbeiter.minr}"/>
        <f:viewParam name="edit" required="false"
                     value="#{mvm.editmodus}"/>
        <f:viewAction action="#{mvm.aufrufVerarbeiten}"/>
    </f:metadata>

    <h:head>
        <title>Mitarbeiterverwaltung</title>
    </h:head>
    <h:body>
        <h:form id="mitarbeiter">
            <h:panelGrid id ="eingabe" columns="3" >
                <h:outputText value="Mitarbeiternummer: "/>
                <h:outputText value="#{mvm.mitarbeiter.minr}"
```

```
                    rendered="#{mvm.mitarbeiter.minr != 0}"/>
        <h:outputText value="vom System vergeben"
                    rendered="#{mvm.mitarbeiter.minr == 0}"/>
        <br/>

        <h:outputText value="Vorname: "/>
        <h:inputText id="vorname" value="#{mvm.mitarbeiter.
        vorname}"/>
        <h:message for="vorname" style="color:red"/>
        <h:outputText value="Nachname:  "/>
        <h:inputText     id="nachname"     value="#{mvm.mit-
        arbeiter.nachname}"/>
        <h:message for="nachname" style="color:red"/>
        <h:commandButton value="übernehmen"
                      action="#{mvm.uebernehmen}"/>
        <h:button value="abbrechen" outcome="index"
                rendered="#{mvm.editmodus}">
            <f:param name="edit" value="false" />
        </h:button>
    </h:panelGrid>
    <h:outputText value="#{mvm.ausgabe}"/><br/>

    <h:panelGrid rendered="#{!empty mvm.alle}">
        <h:dataTable value="#{mvm.alle}" var="m" border="0" >
            <h:column>
                <f:facet name="header">
                    <h:outputText value="Minr" />
                </f:facet>
                <h:outputLabel value="#{m.minr}"/>
            </h:column>
            <h:column>
                <f:facet name="header">
                    <h:outputText value="Vorname" />
                </f:facet>
                <h:outputLabel value="#{m.vorname}"/>
            </h:column>
            <h:column>
                <f:facet name="header">
                    <h:outputText value="Nachname" />
                </f:facet>
                <h:outputLabel value="#{m.nachname}"/>
            </h:column>
            <h:column>
                <f:facet name="header">
                    <h:outputText value="Alter" />
```

```
                </f:facet>
                <h:outputLabel value="#{m.alter}"/>
            </h:column>
            <h:column>
                <h:button value="editieren" outcome="index">
                    <f:param name="minr" value="#{m.minr}" />
                    <f:param name="edit" value="true" />
                </h:button>
            </h:column>
        </h:dataTable>
    </h:panelGrid>
  </h:form>
 </h:body>
</html>
```

Zur Vervollständigung werden noch einige Konfigurationsdaten benötigt, um die CDI-Nutzung einzuschalten und die Zugriffsdaten für die Datenbank anzugeben.

Abschließend sei angemerkt, dass bei einer realen Nutzung von JSF weitere JSF-spezifische Aspekte, wie andere Ansätze seltener auf die Datenbank zuzugreifen, viele Möglichkeiten zur Oberflächengestaltung und andere Möglichkeiten zur Ausgabenbehandlung genutzt werden würden. Die gezeigte Lösung hat aber den Vorteil sehr flexibel zu sein, da sie zumindest ab der Controller-Klasse völlig unabhängig von der benutzten Oberflächentechnologie und somit leicht wiederverwendbar ist.

9.13 Risikoanalyse Implementierungsaspekte

Bei der Implementierung können folgende Fragen hilfreich sein, die zur Aufdeckung möglicher Risiken dienen können. Wenn eine Frage nicht mit „ja" beantwortet werden kann, sollte der Punkt in eine Risikoliste aufgenommen und dem Risikomanagement zur Verfügung gestellt werden.

1. Wurde vor der Implementierung überprüft, ob die Software die Laufzeit- und Speichervorgaben erfüllt?
2. Ist sichergestellt, dass die zu implementierende Software in der vorgesehenen Form auf der Hardware des Kunden läuft?
3. Werden in der Entwicklung alle geforderten Sicherheitsstandards für die Entwicklung eingehalten?
4. Ist sichergestellt, wie die Security-Anforderungen des Kunden erfüllt werden?
5. Wurde bei einem zu entwickelnden verteilten Zielsystem das verwendete Prozess- und Kommunikationsmodell auf seine Anwendbarkeit geprüft?

6. Wurde bei einem Client–Server-System schriftlich festgehalten, welche Funktionalität warum auf dem Client und beim Server laufen soll?
7. Wurde über den Einsatz einer mehrschichtigen Architektur nachgedacht und wurden die zugehörigen Vor- und Nachteile diskutiert?
8. Wurde für die eingesetzten Programmbibliotheken geprüft, ob sie die zu nutzende Funktionalität in der geforderten Qualität liefern?
9. Wurde für die eingesetzten Komponenten geprüft, ob sie die zu nutzende Funktionalität in der geforderten Qualität liefern?
10. Wurde für die eingesetzten Frameworks geprüft, ob sie die zu nutzende Funktionalität in der geforderten Qualität liefern?
11. Wurde über den Einsatz von XML zur Formulierung des Datenformats für Dateien nachgedacht?
12. Wurden XML-Standards aus dem Anwendungsbereich berücksichtigt?
13. Wurde über die Art der persistenten Datenhaltung nachgedacht und auch über ihre Zukunftstauglichkeit geredet?
14. Wurde über den Einsatz und die Anbindung von Datenbanken nachgedacht und die genutzte Technologie evaluiert?
15. Wurde über den Einsatz existierender Frameworks mit Annotationen nachgedacht oder die Entwicklung eigener Annotationen in Erwägung gezogen?
16. Wurde darüber nachgedacht, wie man Lösungsansätze langfristig einfacher wiederverwendbar machen kann (wenn gewünscht) und ob dabei DSL- oder MDA-Ansätze eine Rolle spielen können?
17. Wurde der entstandene Programmcode nach und während der Entwicklung kritisch auf Vereinfachungsmöglichkeiten überprüft?

Anmerkungen zur Praxis

Der Unterschied zwischen jemanden, der lauffähige Programme programmieren kann und einem guten Programmierer kann sehr drastisch sein. Oftmals denken Schüler, Auszubildende und Studenten, dass sie nach einem grundlegenden Programmierkurs prinzipiell beliebig große Programme schreiben können, was nicht der Fall ist. Gute Programmierung beginnt mit gutem Design, dazu gehören Erfahrungen mit gewählten Frameworks und Bibliotheken sowie den dazu gehörenden Pattern. Erst dann ist eine gute Programmierung möglich.

Gute Programme zeichnen sich dadurch aus, dass sie für andere leicht lesbar sind, was ein Teil der Clean Code-Idee [Mar08] ist. Weitere wichtige Bestandteile sind kurze Methoden und einprägsame Namen für Methoden und Variablen, insbesondere dann, wenn sie an verschiedenen Stellen genutzt werden. Gute Software hat einen wart- und erweiterbaren Aufbau, der durch eine klare Software-Architektur ermöglicht wird. Um die Nutzung des Codes zu erleichtern existieren Interfaces, deren

Verständnis zur Nutzung prinzipiell ausreichen soll. Benötigte Implementierungen von Interfaces sind leicht über eine Injection-Möglichkeit zu bekommen.

Gerade bei sehr gleichartigen Programmerweiterungen, wie der Ergänzung und Auswertung zusätzlicher Informationen in Planungssystemen, spielen in der Praxis DSL-Ansätze eine immer größere Rolle. Eine Gefahr bleibt trotzdem, dass ein sehr gutes Programm auf die falsche System- oder Software-Architektur setzt und mit der Zeit immer langsamer oder unwartbarer wird. Hier gilt es gerade bei langfristig weiterentwickelter Software die Zeichen der Zeit früh zu erkennen, mit Alternativen zu experimentieren und gegebenenfalls den radikalen Umbau zu wagen. Ein gutes Design wird diesen Weg zur Reimplementierung immer unterstützen. ◀

9.14 Aufgaben

Wiederholungsfragen

Versuchen Sie zur Wiederholung folgende Fragen aus dem Kopf, d. h. ohne nochmaliges Blättern und Lesen, zu beantworten.

1. Welche Rolle können nicht-funktionale Anforderungen bei der Implementierung spielen?
2. Welche zwei Arten von Sicherheitsanforderungen gibt es, wie unterscheiden sie sich?
3. Worum geht es bei Transaktionen und atomaren Bereichen?
4. Wie unterscheiden sich synchrone und asynchrone Kommunikation, welche typischen Probleme gibt es?
5. Was ist ein Client–Server-System, welche Varianten gibt es?
6. Was ist eine Drei-Schichten-Architektur, welchen Sinn hat sie?
7. Welche Bedeutung kann XML für Software-Projekte haben?
8. Wie sind XML-Dateien typischerweise aufgebaut?
9. Welche Aufgaben können wie mit Programmbibliotheken gelöst werden?
10. Welche Aufgaben können wie mit Komponenten gelöst werden?
11. Welchen Sinn haben Java Beans, wie funktionieren sie?
12. Welche Aufgaben können wie mit Frameworks gelöst werden?
13. Wie unterscheiden sich Komponenten- und Framework-Ansätze?
14. Welche Möglichkeiten zur persistenten Datenhaltung gibt es, welche Vor- und Nachteile haben sie?
15. Was sind Annotationen, welche Form können sie haben, wie werden sie in Beispielen eingesetzt?
16. Worum geht es bei Domain Specific Languages?
17. Worum geht es bei Model Driven Architecture?

Was ist Refactoring, wie wird es warum eingesetzt?

Übungsaufgaben

1. Im Studiengang Informatik sollen die Klausuren eines Semesters in XML-Dateien abgespeichert werden. Dabei sind das Semester, die unterschiedlichen Fächer, ihre Lehrveranstaltungsnummern, die Prüfer und die geprüften Studierenden mit Matrikelnummer, Namen, Versuch und Note festzuhalten. Eine Klausur kann durchaus zu mehreren Prüfern gehören. Erstellen Sie ein syntaktisch korrektes XML-Dokument, das mindestens drei Klausuren mit jeweils mindestens zwei Klausurteilnehmern enthält.
2. Zu entwickeln ist ein Java-Programm zur graphischen Darstellung sogenannter „Zahlenbäume", mit der Möglichkeit, weitere Bäume zu ergänzen
   Ein Zahlenbaum enthält eine Zahl, und an seinen ausgehenden Ästen hängen Zahlenbäume mit den echten Teilern dieser Zahl. Dabei ist ein Teiler echt, wenn er nicht eins oder die Zahl selber ist. In der folgenden Abb. 9.19 befindet sich auf der linken Seite ein Zahlenbaum. Hat eine Zahl keine echten Teiler, handelt es sich um ein Blatt.
   Insgesamt soll nicht nur ein Zahlenbaum, sondern eine Menge von Zahlenbäumen dargestellt werden (man beachte die Linie ganz links). Dabei muss keine Verknüpfung der Bäume untereinander stattfinden. Neben der graphischen Ausgabe soll es einen Nutzungsdialog geben, mit dem neue Bäume angehängt, mit dem die aktuell vorhandenen Bäume gespeichert und gespeicherte Bäume geladen werden können. Ein Nutzungsdialog mit umrandeten Eingaben sieht wie folgt aus (die erreichte graphische Ausgabe mit zusammengeklappten Elementen ist auf der rechten Seite der Abbildung dargestellt).

```
(0) beenden
(1) Zahl ergänzen
(2) speichern
(3) laden
1
Zahl eingeben: 42
(0) beenden
(1) Zahl ergänzen
(2) speichern
(3) laden
1
```

```
Zahl    eingeben:
420
(0) beenden
(1) Zahl ergänzen
(2) speichern
(3) laden
2
(0) beenden
(1) Zahl ergänzen
(2) speichern
(3) laden
1
```

```
Zahl eingeben: 4
(0) beenden
(1) Zahl ergänzen
(2) speichern
(3) laden
3
(0) beenden
(1) Zahl ergänzen
(2) speichern
(3) laden
```

Das Programm soll in Java unter der Nutzung eines JTree und der Klassen XMLEncoder sowie XMLDecoder geschrieben werden. Grundsätzlich können Sie den Weg zu einer gelungenen objektorientierten Implementierung selbst bestimmen. Alternativ können Sie folgenden Ratschlägen folgen, wobei das Klassendiagramm in Abb. 9.20 hilfreich sein kann.

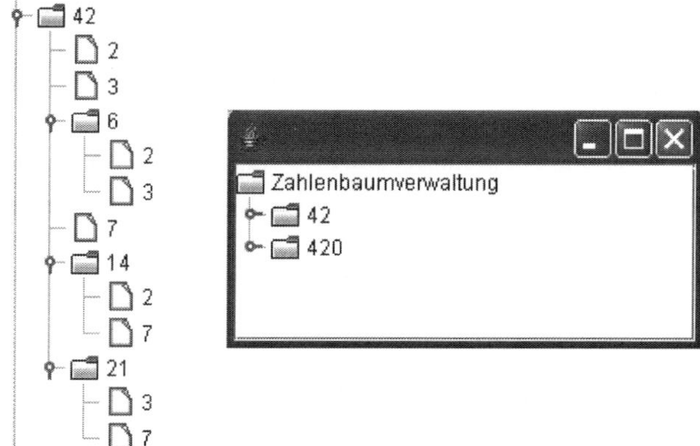

Abb. 9.19 Zahlenbaum

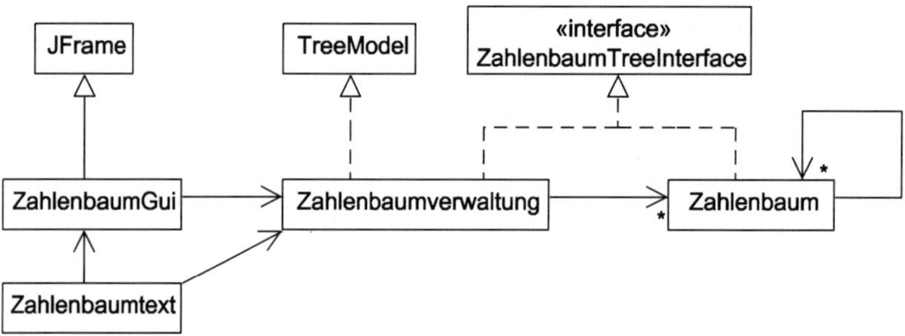

Abb. 9.20 Ansatz zur Zahlenbaum-Implementierung

- Schreiben Sie zunächst eine Klasse Zahlenbaum mit den beschriebenen Eigenschaften.
- Schreiben Sie dann eine Klasse Zahlenbaumverwaltung, mit der eine Menge oder eine Liste von Zahlenbäumen verwaltet werden kann.
- Um die Klasse JTree nutzen zu können, benötigen Sie eine Klasse, die das Interface TreeModel implementiert, deren Methoden Sie genauer studieren sollten. Dies kann sinnvollerweise Zahlenbaumverwaltung sein. Da die Klasse Zahlenbaumverwaltung und die einzelnen Zahlenbäume im Baum dargestellt werden sollen, könnte ein einheitliches Verhalten der beiden Klassen sinnvoll sein. Hierzu dient das Interface ZahlenbaumTreeInterface.
- Im nächsten Schritt kann eine Klasse ZahlenbaumGui für die graphische Ausgabe geschrieben werden. Dabei könnte folgender, wahrscheinlich noch leicht anzupassender, Programmcode hilfreich sein, dabei ist jzahlenbaum vom Typ JTree und zbv vom Typ Zahlenbaumverwaltung.

```
jzahlenbaum= new JTree(zbv);
    JScrollPane hauptscroller= new JScrollPane(jzahlenbaum);
    hauptscroller.setMinimumSize(new Dimension(600,400));
    hauptscroller.setSize(new Dimension(600,400));
    hauptscroller.setPreferredSize(new Dimension(600,400));
    add(hauptscroller,BorderLayout.CENTER);
```

- Versuchen Sie jetzt, eine Zahlenbaumverwaltung mit mindestens einem Baum anzuzeigen.
- Schreiben Sie jetzt eine Klasse Zahlenbaumtext, die den Nutzungsdialog und damit auch die Veränderung des Baumes steuert. Dabei soll zunächst das Hinzufügen implementiert werden. Beachten Sie, dass der JTree als View Änderungen des Baumes mitbekommen muss. Der JTree trägt sich bereits bei der Initialisierung als Listener bei der Zahlenbaumverwaltung zbv ein. Wenn jetzt ein Zahlenbaum in der Zahlenbaumverwaltung ergänzt wird, müssen alle Listener über die Änderung informiert werden. Schauen Sie sich dazu auch die Klasse TreeModelEvent an.
- Ergänzen Sie dann die Funktionalität zum Lesen und Schreiben der Informationen. Überlegen Sie dabei genau, welches Objekt Sie speichern wollen, da Klassen, die TreeModel implementieren, sich nur eingeschränkt mit Exceptions zur XML-Codierung eignen. Es bietet sich dann an, das Objekt in mehreren Teilen zu speichern.

Oberflächengestaltung 10

Zusammenfassung

In den bisherigen Kapiteln stand die Erfüllung der funktionalen Anforderungen im Mittelpunkt. Im Kapitel über die Implementierung wurde in einem Überblick gezeigt, wie nicht-funktionale Anforderungen berücksichtigt werden können. Insgesamt wurde dabei eine zentrale Anforderung für Software, die von Menschen direkt genutzt wird, vernachlässigt, die Nutzbarkeit.

Die Nutzbarkeit kann eine zentrale Anforderung für den Projekterfolg sein, da funktional korrekte, aber nicht intuitiv bedienbare Software bei Kunden kaum Akzeptanz findet. Zunächst ist es für Informatiker meist schwierig, mit Begriffen wie Nutzbarkeit und intuitiver Bedienbarkeit umzugehen. Ziel dieses Kapitels ist es zu zeigen, dass man diese Begriffe bis zu einem gewissen Grad präzisieren und überprüfen kann. Nach einem kurzen Einblick in die unterschiedlichen Aspekte, die hinter dem Begriff „Nutzbarkeit" stehen, werden zunächst sehr generelle Anforderungen an die Nutzbarkeit formuliert, die dann schrittweise konkretisiert werden. Die Oberflächengestaltung muss in fast jedem Schritt des Entwicklungsprozesses berücksichtigt werden, die zugehörigen Aspekte werden vorgestellt. Abschließend wird gezeigt, wie man die Nutzbarkeit prüfen kann [SP05] [RC02].

10.1 Hintergründe der Oberflächengestaltung

Zunächst fallen wissenschaftliche Überlegungen zur Nutzbarkeit von Oberflächen nicht in das zentrale Kerngebiet der Informatik, da hier sehr unterschiedliche Wissenschaftsdisziplinen zusammenarbeiten. Generell sind die folgenden Aufgabengebiete beteiligt.

S. Kleuker, *Grundkurs Software-Engineering mit UML*,
https://doi.org/10.1007/978-3-658-46534-6_10

Psychologie: In der Gestaltungspsychologie wird u. a. untersucht, welche Wirkungen Farben und Formen haben. Dabei ist zu beachten, dass Farben im Kontext betrachtet werden müssen. So steht schwarz auf der einen Seite für Seriosität, ein schwarzer Hintergrund aber eher für Trauer oder Web-Seiten aus dem sogenannten Gothic-Bereich. Weiterhin spielt es eine Rolle, dass Farben in unterschiedlichen Kulturen eine ganz andere Bedeutung haben können. Die Farbe Weiß steht in weiten Teilen Asiens z. B. für Trauer. Neben einzelnen Farben ist auch das Zusammenspiel von Farben zu beachten, so ist z. B. orange Farbe auf grünem Untergrund sicherlich schlechter lesbar als blaue Farbe auf weißem Untergrund. Neben Farben spielen Formen und ihre Anordnung eine Rolle beim Verständnis von Oberflächen. Durch gleiche Farben und Rahmen kann man z. B. Funktionalitäten gruppieren und gegen andere Funktionalitäten abgrenzen. Weiterhin haben Formen auch emotionale Wirkungen auf den Betrachter, sodass sehr dicke Linien als grob und dünnere Linien als eher edel und fein angesehen werden. Insgesamt lassen sich damit Regeln der Gestaltungspsychologie, die z. B. auch in der Werbung eine wichtige Rolle spielen, größtenteils auf graphische Oberflächen übertragen.
Arbeitswissenschaft: Ein Teil der Arbeitswissenschaften beschäftigt sich mit der ergonomischen Gestaltung von Arbeitsplätzen. Dabei ist eine zentrale Forderung, dass die Arbeitsumgebung und die Arbeitsmittel zur Aufgabe passen. Software ist dabei in vielen Berufen ein zentrales Arbeitsmittel von vielen Personen, die sich nicht mit der Software-Entwicklung beschäftigen. Für diese Personen muss der Zugang zur IT aus ihrer Sicht intuitiv sein. Mit der Analyse der Arbeitsabläufe wurde in der Anforderungsanalyse für die Software bereits ein wichtiger Schritt in diesem Themengebiet gemacht, da zentrale Arbeitsaufgaben identifiziert werden mussten. Wichtig ist es jetzt, für diese Arbeitsabläufe festzustellen, wie man diese durch einen geschickten Aufbau der graphischen Oberfläche weiter unterstützen kann. Zentrale Einstellungen müssen z. B. leicht zugänglich sein, Fehlbedienungen möglichst abgefangen und die Nutzer nicht mit Informationen überfrachtet werden.
Software-Ergonomie: In der Software-Ergonomie als Informatik-Disziplin beschäftigt man sich mit der Umsetzung der Ideen der vorher genannten Arbeitsgebiete in der Software. Dabei muss als besondere Randbedingung die Realisierbarkeit von gestalterischen Ideen berücksichtigt werden. Benutzt man eine bestimmte Klassenbibliothek zur Umsetzung ergonomischer Ansätze, stehen oft nicht alle theoretisch denkbaren Realisierungsansätze technisch zur Verfügung. Ziel des Software-Ergonomen muss es dann sein, eine technische und wirtschaftliche Realisierung ergonomischer Software zu ermöglichen.

Es gibt weitere Details, die bei der Gestaltung von Oberflächen beachtet werden müssen, die damit auch einen Einfluss in der Software-Ergonomie haben. Dies sind z. B. marketing-technische Überlegungen, wenn aus Firmenvorgaben die Pflicht entsteht, ein Unternehmenslogo in einem gewissen Größenverhältnis darzustellen und Unternehmensfarben zu nutzen. So mag eine Darstellung von weißer Schrift auf magentafarbenem Hintergrund nicht optimal lesbar sein, trotzdem werden die meisten Leser mit dieser Kombination ein konkretes Unternehmen verbinden.

Ein weiterer nicht zu unterschätzender Aspekt für das Oberflächendesign stellt die Mode dar. Seit Anfang der 1990er Jahre sind Oberflächen mit Fenstern sehr weit verbreitet, die etwas abhängig vom Betriebssystem rechts oben Steuerungselemente enthalten. In der Kopfzeile befindet sich dann ein aufklappbares Menü, aus dem Unterpunkte gewählt werden können. Neben eventuell möglicher ergonomischer Kritik wirkt das gleiche Design über die Jahre langweilig. Aus diesem Grund wurden z. B. die Ecken von Fenstern rund und wurden halbtransparente Fenster eingeführt. Diesen Schritt haben einige Werkzeuge weitergeführt, indem sie die Oberflächengestaltung in die Hand erfahrener Nutzer gelegt haben. Dazu gibt es ein Basisdesign, sodass alle Personen das Werkzeug grundsätzlich nutzen können und dann so genannte Skins, mit denen das Layout und die Form jedes Oberflächenelementes angepasst werden kann. Eine solche Individualisierung der Oberfläche führt dazu, dass sich der Nutzer enger mit „seiner" Software verbunden fühlt.

10.2 Konkretisierung des Nutzbarkeitsbegriffs

Da der Begriff „Nutzbarkeit" stark von den Kenntnissen und Fähigkeiten des individuellen Nutzers abhängt, ist eine formale, für alle Individuen gleich akzeptable Begriffsdefinition kaum möglich. Stattdessen ist ein Mittel über unterschiedliche Nutzergruppen zu bilden, damit allgemeingültige Definitionen ermöglicht werden.

Eine solche Definition findet sich in verschiedenen Standards und Normen. In diesem Unterkapitel wird die weit verbreitete Norm EN ISO 9241- Teil 110 [DIN20] betrachtet. Insgesamt beschäftigt sich die gesamte Norm ISO 9241 mit der Benutzbarkeit, was die Aufteilung der Norm in verschiedene Teile in Abb. 10.1 zeigt.

Der etwas eigentümliche Name „Teil 110" leitet sich davon ab, dass ISO-Normen in einem Zyklus von fünf Jahren überarbeitet werden und dass der Teil 110 eine Überarbeitung des Teils 10 einer früheren Version ist. Dabei wurden die Norminhalte nicht grundlegend geändert, sondern die bereits in der alten Norm enthaltenen sieben Dialogprinzipien weiter konkretisiert. Diese im Folgenden vorgestellten Prinzipien hängen in ihrer Realisierung immer zusammen, sodass ein Realisierungsansatz sich positiv oder auch negativ auf mehrere Prinzipien auswirken kann. Weiterhin ist es von der Projektart abhängig, wie wichtig die einzelnen Prinzipien im konkreten Projekt sind.

10.2.1 Aufgabenangemessenheit

Eine Oberfläche wird als aufgabenangemessen bezeichnet, wenn sie die effektive und effiziente Erledigung einer Aufgabe unterstützt, ohne dass der Nutzer Besonderheiten der Oberfläche beachten muss.

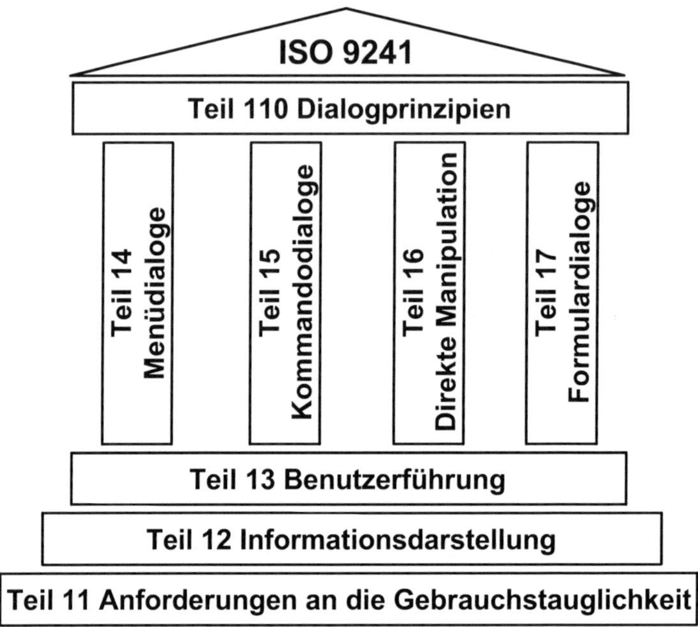

Abb. 10.1 ISO 9241-Überblick

Möchte jemand z. B. ein Projekt mit neuen Daten in einer Eingabemaske eingeben, so sollte es möglich sein, ohne die Maus zu bewegen zwischen den einzelnen Teileingaben zu wechseln. Dazu wird meist die Nutzung der Tab-Taste zum Wechseln zwischen den Feldern genutzt.

Generell orientiert sich die Aufgabenangemessenheit an den Arbeitsprozessen, die durch die Software unterstützt werden müssen. Dazu hat eine Detailanalyse der einzelnen Arbeitsschritte zu erfolgen. Müssen z. B. in einer Projektverwaltung Projekte miteinander verglichen werden, so muss es problemlos möglich sein, mehrere Projekte übersichtlich auf dem Bildschirm anzuordnen.

Ein weiterer wichtiger Aspekt der Aufgabenangemessenheit ist die Komplexität der Oberfläche, genauer, wie viele Informationen gleichzeitig dargestellt werden sollen. Grundsätzlich gilt, dass genau die Informationen sichtbar sein müssen, die für den Arbeitsschritt benötigt werden. Dies ist bei sehr komplexen Systemen nicht immer möglich, sodass man sich weitere Strukturierungsmöglichkeiten, z. B. die Nutzung von Karteikarten, überlegen muss.

Gibt es sich wiederholende Arbeitsschritte, in denen sich gewisse Daten nicht ändern, so muss die Dialoggestaltung dies in der Form unterstützen, dass sinnvolle Vorauswahlen stattfinden. Werden z. B. einem Projekt neue Projektaufgaben zugeordnet, so sollte es nicht bei jeder Projektaufgabe notwendig sein, die Nummer des Projekts erneut einzugeben.

10.2.2 Selbstbeschreibungsfähigkeit

Eine Oberfläche wird selbstbeschreibungsfähig genannt, wenn aus ihrer Struktur deutlich wird, wann welche Interaktionsmöglichkeit warum und mit welchen möglichen Ergebnissen besteht. Dazu gehört, dass es Erklärungen zu den möglichen Schritten gibt und deutlich wird, warum eventuell einzelne Steuerungsanteile nicht zur Verfügung stehen.

Typisch ist für Oberflächen, dass Schaltelemente, die aktuell nicht bedienbar sind, grau in grau dargestellt werden, damit man erkennt, dass es keine Interaktionsmöglichkeiten gibt. Die Frage, warum dieses Element aktuell nicht nutzbar ist, sollte das System selbstständig beantworten können. Eine konkrete Realisierung ist z. B. eine kontextsensitive „Bubble-Hilfe". Generell besteht eine Bubble-Hilfe darin, dass, wenn man mit der Maus auf ein Steuerungselement geht, dann in einer kleinen Blase eine Kurzbeschreibung von Sinn und Zweck dieses Steuerelements erscheint. Kontextsensitiv bedeutet, dass abhängig von den bisherigen Arbeitsschritten diese Hilfe um Informationen passend zur aktuellen Situation, z. B. warum das Element nicht anwählbar ist, ergänzt wird.

Damit sich ein Nutzer schnell an eine Oberfläche gewöhnt, ist es weiterhin wichtig, dass nur Begriffe aus der Begriffswelt des Nutzers gewählt werden.

Sollten irgendwelche Aktionen wie komplexe Berechnungen länger andauern, so sollte der Nutzer über die Dauer und den Fortschritt informiert werden.

Werden Eingaben vom Nutzer gefordert, so sollte er über das nutzbare Datenformat, z. B. über die Nennung von Beispielen, informiert werden. Alternativ kann die Struktur der gewünschten Eingabe, z. B. „TT.MM.JJ" für die Eingabe angegeben werden, wobei in diesem konkreten Fall über die Nutzung einer Eingabemaske mit drei Feldern nachzudenken wäre.

Bei verschachtelten Menü-Steuerungen ist es sinnvoll, dem Nutzer anzuzeigen, wie er zu diesem Menü gekommen ist. Dies passiert bei Web-Seiten z. B. dadurch, dass die Pfade der angewählten Seiten als sogenannte Breadcrumbs, z. B. Hochschule-Studiengänge-Informatik-Modulhandbuch, auf dem Bildschirm angezeigt werden und auch zur Steuerung zu vorhergehenden Seiten nutzbar sind.

10.2.3 Steuerbarkeit

Eine Oberfläche wird steuerbar genannt, wenn der Nutzer den Ablauf, die Art der Eingabe und die Geschwindigkeit des Ablaufs selbst bestimmen kann.

Wenn Daten nicht unmittelbar voneinander abhängig sind, sollte es keinen Zwang geben, diese genau in einer Reihenfolge einzugeben. Weiterhin sollten unterschiedliche Steuerungsmöglichkeiten, meist über die Tastatur oder die Maus, möglich sein.

Werden Eingaben unterbrochen, um z. B. Informationen unter anderen Menüpunkten nachzulesen, sollte es möglich sein, die unvollständigen Eingaben zu ergänzen, ohne dass alle alten Eingaben wiederholt werden müssen.

10.2.4 Erwartungskonformität

Eine Oberfläche wird erwartungskonform genannt, wenn ihr Verhalten den Erwartungen des Nutzers entspricht, die auf den Erfahrungen des Nutzers mit anderen Oberflächen und mit Erfahrungen aus seinem Arbeitsgebiet beruhen, wodurch eine Verbindung zur Aufgabenangemessenheit deutlich wird.

Wichtig ist dabei, dass sich die Oberfläche in gleichartigen Situationen gleich verhält. So werden Fehlermeldungen z. B. immer in einem Extra-Fenster in der Mitte des Bildschirms und Meldungen über den Status des Systems in der unteren Status-Zeile angezeigt.

Arbeitet jemand viel mit klassischer Bürosoftware, wie Textverarbeitungen, war es lange Zeit üblich, im oberen Fensterbereich eine Menüleiste zu haben, in der man baumartig zu weiteren Untermenüs kommen konnte. Diese Menüleistensteuerung ist damit auch sinnvoll, wenn weitere Software für dieses Arbeitsumfeld entwickelt werden soll. Interessant ist in diesem Zusammenhang der Übergang von Microsoft in seiner Office-Suite von der klassischen Menü-Steuerung zum so genannten „Tabbed Browsing", bei dem über die Auswahl in der Kopfzeile alle wichtigen Funktionen zum jeweiligen Aufgabengebiet im oberen Fensterabschnitt eingeblendet werden. Abb. 10.2 zeigt einen Ausschnitt aus dem oberen Fensterabschnitt von Word 2003, wobei die unteren Menüleisten konfigurierbar sind. Abb. 10.3 zeigt einen Ausschnitt aus der Oberfläche von Word 2007 mit Tabbed Browsing.

Ein weiteres Beispiel für die Erwartungskonformität ist, dass man Feldern in Oberflächen sofort ansieht, ob in ihnen Eingaben möglich sind oder nicht. So sollte sich der Hintergrund der Eingabe eines Chat-Programms vom Hintergrund des Fensters, in dem nur Ausgaben des Chat-Programms dargestellt werden, farblich unterscheiden.

Abb. 10.2 Einstellungsmöglichkeiten für Büro-Software

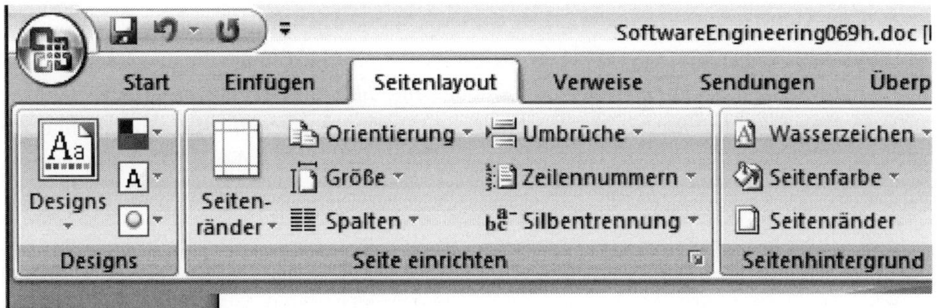

Abb. 10.3 Variante der Einstellungsmöglichkeiten

10.2.5 Fehlertoleranz

Eine Oberfläche wird fehlertolerant genannt, wenn trotz fehlerhafter Eingaben das Arbeitsergebnis mit minimalem Änderungsaufwand erreicht werden kann, wobei der Nutzer über die Fehler und ihre Art informiert wird. Grundsätzlich dürfen fehlerhafte Eingaben nicht zum Verlust von Daten oder zu Programmabstürzen führen.

Fehlertoleranz bedeutet u. a., dass die Software erkennt, dass ein untypischer oder für das System kritischer Arbeitsschritt vom Nutzer ausgeführt wird. Typisches Beispiel ist die Nachfrage, ob man ein System verlassen möchte, obwohl die letzten Änderungen noch nicht gespeichert sind. Weiterhin dürfen falsche Eingaben nicht zu Problemen führen, ist z. B. nur die Eingabe von Zahlen in einem Eingabefeld erlaubt, sollte der Nutzer bei der Eingabe von anderen Zeichen über das Problem und die Hintergründe informiert werden.

Fehlertoleranz bedeutet auch, dass es eine zum Fehler passende kontextsensitive Hilfe gibt, die, wenn möglich, auf die Arbeitsschritte zur erfolgreichen Lösung einer Aufgabe hinweist. Dazu müssen Fehlermeldungen lesbar und konstruktiv formuliert sein.

Ein fehlertolerantes System erlaubt dem Nutzer im gewissen Maße auch das Ausprobieren, wobei es Möglichkeiten gibt, die Testschritte wieder rückgängig zu machen.

10.2.6 Individualisierbarkeit

Eine Oberfläche wird individualisierbar genannt, wenn sie Anpassungen an individuelle Vorlieben und Fähigkeiten des Nutzers ermöglicht.

Viele Individualisierungsmöglichkeiten befinden sich in Optionseinstellungen der Software, in der z. B. die Größe und Art des Schrifttyps der Darstellung festgelegt werden kann. Weiterhin kann es sinnvoll sein, dass Farbdarstellungen frei konfigurierbar sind, um z. B. Probleme mit Farbenblindheit von Nutzern lösen zu können.

Zur Individualisierbarkeit gehört auch die bereits bei der Steuerbarkeit genannte Möglichkeit, mehrere Arbeitsschritte zu einem Makro-Schritt zusammen zu fassen.

Bei der Selbstbeschreibungsfähigkeit wurde z. B. die Bubble-Hilfe als sinnvolles Realisierungsmittel genannt. Da sich erfahrene Nutzer durch die immer wieder erscheinenden Hilfen gestört fühlen könnten, muss es möglich sein, diese an- und abzuschalten.

Eine konsequente Umsetzung der Individualisierbarkeit erlaubt die vollständige Anpassung der Oberfläche an den individuellen Arbeitsstil und Geschmack des Nutzers.

10.2.7 Lernförderlichkeit

Eine Oberfläche wird lernförderlich genannt, wenn sie den Nutzer beim Erlernen der Nutzung der Funktionalität des Systems unterstützt.

In diesen Kontext fallen bereits einige der vorher genannten Maßnahmen hinein. Wichtig ist, dass das Vokabular der Endnutzer genutzt wird und es weiterhin Möglichkeiten gibt, das System kennen zu lernen. Dies ist z. B. gegeben, wenn Arbeitsschritte ausprobiert und wieder rückgängig gemacht werden können. Wichtig sind in diesem Zusammenhang auch die Dokumentation des Systems und die zugehörigen Schulungsunterlagen. Hilfreich können Beispiele sein, die der Nutzer sich im System anschauen kann, die Lösungen aus vergleichbaren Aufgabenstellungen beinhalten. Bei einer Projektverwaltung könnte es z. B. ein vorhandenes System aus fiktiven Projekten geben, das geladen und an dem experimentiert werden kann. Dieses Beispiel sollte dann auch Grundlage der Nutzungsdokumentation sein.

Bei der Lernförderlichkeit muss auch beachtet werden, dass es unterschiedliche Lerntypen gibt. Es gibt Leute, die an Beispielen besonders gut lernen, andere lernen besser anhand eines gesteuerten Auswahldialogs, eines so genannten Wizards. Die Lerntypen spielen nicht nur bei der Oberflächenentwicklung, sondern auch bei der Entwicklung von Schulungen eine Rolle.

10.3 Berücksichtigung der Ergonomie im Software-Entwicklungsprozess

Da die Oberflächengestaltung die Akzeptanz eines Projektergebnisses maßgeblich beeinflusst, hat sie auch einen Einfluss auf den gesamten Software-Entwicklungsprozess.

Abb. 10.4 zeigt auf der linken Seite die Arbeitsschritte, die in den vorherigen Kapiteln für die Entwicklung bisher beschrieben wurden. Der Ablauf ist dabei vereinfacht sequenziell ohne Iterationen dargestellt. Auf der rechten Seite sieht man, den Arbeitsschritten zugeordnet, die jeweiligen Ergebnisse aus Sicht der Oberflächenentwicklung. Dabei wird davon ausgegangen, dass jemand, der für die Oberflächenentwicklung verantwortlich ist, in alle Prozessschritte eingebunden wird.

Bei der Bestimmung der Ziele kann es sein, dass die Ergonomie keine besondere Rolle spielt, da für das angedachte System die Nutzungsführung und Art der Oberflächengestaltung sich aus vorherigen Projekten ablesen lässt. In diesem Fall ist hier kein

Abb. 10.4 Integration der Oberflächenentwicklung

explizites Ziel zu nennen. Ganz anders verhält es sich, wenn sich das Produkt durch eine Innovation im Bereich Benutzung von anderen Systemen abheben soll. Ein typisches Beispiel war 2012 die Einführung von Windows 8 mit der neuen Kachel-Oberfläche, mit der Windows sich strategisch auf dem vorher vernachlässigten Markt der Tablet-Rechner etablieren wollte.

Eine zentrale Gruppe der Stakeholder sind die Endanwender. Deren Erfahrungen und Bedürfnisse müssen unmittelbar in das Bedienkonzept einfließen. Hier ist es wichtig, möglichst Repräsentanten verschiedener Endnutzergruppen kennenzulernen. Zu den Aufgaben gehört dann die Beantwortung von Fragestellungen nach den bisherigen Erfahrungen der Nutzer und ob besondere Randbedingungen berücksichtigt werden müssen. Ein Beispiel für eine Randbedingung kann der besondere Einsatzort des zu entwickelnden Systems sein. Kann es sein, dass Bildschirme verschmutzt sind oder dass die Nutzer unter Umständen Handschuhe tragen müssen, wie es z. B. in Schlachtbetrieben der Fall ist, muss dies nicht nur bei der Auswahl der Hardware, sondern auch bei der Oberflächensteuerung berücksichtigt werden, da Handschuhe z. B. die Motorik einschränken.

Konkrete Nutzer, die genau ihre Arbeitsschritte definieren können, sind damit wichtige Grundlage der Entwicklung, stehen aber als Menschen nicht immer als Ansprechpartner zur Verfügung. Personas [CRC07] [@Coo] sind archetypische Nutzerbeschreibungen, die das Wissen aus den Rollen in den Arbeitsprozessen dokumentieren, ihre persönlichen Erfahrungen und Wünsche als Individuen formulieren und für die Entwicklung als fiktive Ansprechpartner zur Veranschaulichung zur Verfügung stehen. Personas werden gerne als Steckbrief eines Nutzers mit Namen, beruflichen Erfahrungen und individuellen Wünschen modelliert. Personas durch reale Menschen zu ersetzen oder zu unterstützen ist, wenn möglich, sehr sinnvoll.

Da man generell bei Anforderungen über ihre spätere Prüfung nachdenken soll, ist es sinnvoll, hier bereits mögliche Überprüfungsszenarien zu konzipieren.

Aktivitätsdiagramme beinhalten häufig in Teilen der Aktionen konkrete Bedienschritte. Diese Arbeitsschritte müssen später über die Oberfläche schnell und einfach ausführbar sein. Aus diesem Grund sind gerade Prozessmodellierungen, hier mit Aktivitätsdiagrammen, sehr gut geeignet, ein generelles GUI-Konzept zur Bedienung festzulegen. Funktionale Anforderungen vom Typ 1 konkretisieren Bedienmöglichkeiten und werden so mit konkreten Bedienelementen der Oberfläche verknüpft. In den nicht-funktionalen Anforderungen werden alle Anforderungen an die Bedienung überprüfbar formalisiert.

Die ersten Designschritte werden typischerweise auf Papier oder einem Whiteboard gemacht, indem man grob über sichtbare Oberflächen bei den einzelnen Arbeitsschritten des Nutzers nachdenkt. Baut man ein maskengesteuertes System, kann man ähnlich wie beim Trickfilm ein Story-Board erstellen, wobei für jeden Arbeitsschritt die sichtbare Maske skizziert und die Verknüpfung der einzelnen Arbeitsschritte durch Pfeile beschrieben wird. GUIs werden dazu häufig mit sogenannten Wireframe- und Mockup-Werkzeugen modelliert, die ein schnelles Skizzieren und Verändern von Oberflächen ermöglichen. Die detaillierte Ausarbeitung der Oberflächen kann sinnvoll mit der Klassenmodellierung verknüpft werden, da hier die genauen Daten mit ihren jeweiligen Typen festzulegen sind.

In der Design-Phase der Software ist damit auch das Design der Oberfläche zu klären. Durch den in diesem Buch verfolgten Ansatz, stark auf die Nutzung von Schnittstellen und Paketen zu achten, kann man die Schnittstelle zwischen der eigentlichen Kernsoftware und der Oberfläche relativ schmal halten. Trotzdem muss auf beiden Seiten bekannt sein, welche Informationen verwaltet werden und damit meist auch darzustellen sind.

Bei der Implementierung der Oberflächen sind nur die Eigenarten der benutzten Klassenbibliotheken, Komponenten und Frameworks zu beachten. Folgt der Ansatz z. B. dem Model-View-Controller-Ansatz, so ist dieser auch beim Design der restlichen Software zu berücksichtigen.

10.4 Prüfung der Nutzbarkeit

Eine zentrale Aufgabe in der Software-Entwicklung ist es sicherzustellen, dass die entwickelte Software die gewünschte Funktionalität hat. Wie man dies für die Implementierung macht, wird im folgenden Kapitel behandelt. Die Überprüfung der Ergonomie braucht bei funktionierender Software aber andere Ansätze, da man nicht einfach automatisch Ergonomietests laufen lassen kann. In diesem Unterkapitel werden deshalb Ansätze zur Prüfung der Ergonomie vorgestellt.

Generell kann man bei der Prüfung der Ergonomie zwei Ansätze unterscheiden. Bei den expertenzentrierten Methoden wird die Erfahrung von Ergonomie-Fachleuten zur Beurteilung genutzt. Bei nutzerzentrierten Methoden steht die Beobachtung und Befragung von Endnutzern im Mittelpunkt. Für jeden der fünf im Folgenden vorgestellten Ansätze gilt, dass er mit den anderen Ansätzen kombinierbar ist und zur Berücksichtigung projektindividueller Randbedingungen modifiziert werden kann.

Vor der Nutzung eines der Ansätze ist zu klären, was das Hauptziel der Prüfung sein soll. Dies kann neben dem zentralen Ziel, dass die Arbeitsprozesse der Endnutzer möglichst optimal unterstützt werden, folgende Analysen beinhalten:

- Haben die Oberflächen ein einheitliches Design, das eventuell auch noch zum verkaufenden Unternehmen der Software und weiteren angebotenen Softwarepaketen passt?
- Können für eine Konkurrenzsoftware erlernte Arbeitsprozesse leicht in die neu erstellte Software übernommen werden?
- Werden die vom Marketing besonders betonten Eigenschaften in der versprochenen Form umgesetzt?

10.4.1 Heuristische Evaluation

Bei diesem expertenzentrierten Ansatz wird die Kompetenz von externen Ergonomie-Gutachtern eingekauft. Diese Personen sollten eine gewisse Kenntnis in dem Aufgabengebiet haben und mit aktuellen Trends bei der Oberflächengestaltung vertraut sein. Sinnvoll ist es, mehrere Gutachter zu nutzen, die zunächst getrennt, z. B. nach unterschiedlichen Kriterien, die Oberfläche evaluieren und die sich dann zu einem gemeinsamen Bericht zusammensetzen.

Vorteile dieses Ansatzes sind die Neutralität und die Erfahrungen der Gutachter. Dem Ansatz steht der hohe Preis für Experten gegenüber, die zunächst gefunden werden müssen.

10.4.2 Guidelines und Checklisten

Der expertenzentrierte Ansatz orientiert sich an der Auswertung von Vorgaben. Dies können entweder Vorgaben sein, die am Anfang des Projekts nach der Analysephase aufgestellt wurden, oder Fragenkataloge, die man z. B. in Büchern oder auf Web-Seiten zur Usability [Nie04] [USH06] findet.

Man kann dazu Erwartungen an die Software formulieren und für jede dieser Erwartungen eine Gewichtung vorgeben, wie es in Abb. 10.5 gezeigt ist. Danach werden die Erwartungen mit einer Punkteskala, z. B. von „0 = wird nicht erfüllt“ bis „4 = wird voll erfüllt“, bewertet. Diese Bewertung wird von unterschiedlichen Personen getrennt

Nr.	Erwartung	Gewichtung g 1= gering 4= hoch	Bewertung b 0 = nicht erfüllt 4= voll erfüllt	Wert g*b
1	Projekte sind leicht einzufügen	3	4	12
2	Projekte sind leicht miteinander zu vergleichen	4	2	8
3	Die Auswertungsmöglichkeiten sind flexibel gestaltet	3	3	9
4	Die Auswahl der Auswertungsmöglichkeiten ist leicht verständlich	4	4	16
5	Die Fehlermeldungen des Systems haben eine einheitliche Form	2	2	4
			Summe (von 64):	49

Abb. 10.5 Ausschnitt aus einer Checklisten-Bewertung

durchgeführt, dabei kann man aus Repräsentanten unterschiedlicher Personengruppen, wie Projektbeteiligten, die die Oberfläche nicht entwickelt haben, Kollegen aus anderen Projekten, firmeninternen Experten und ausgewählten Kunden wählen. Die Bewertungen werden zusammengetragen und analysiert. Bei Problemen wird dann ein Punktwert festgelegt, den die Oberfläche bei der nächsten Prüfung erreichen soll.

Die Vorteile sind, dass man vorgegebene Kriterien recht schnell bewerten und man die resultierenden Bewertungen im Detail analysieren kann. Die Nachteile sind, dass der Ansatz pro Projekt zumindest leicht modifiziert werden muss und es oft schwer ist, Gewichtungen so zu legen, dass alle Probleme gefunden werden können.

10.4.3 Nutzerbefragung

Bei diesem nutzerzentrierten Ansatz werden die Endnutzer der Software befragt. Dabei wird meist ein Fragebogen mit geschlossenen Fragen, die ähnlich wie bei der Checklistenbearbeitung zu erstellen sind, um offene Fragestellungen ergänzt. In den Fragen können neben der Nutzbarkeit auch Fragen zu den Vorkenntnissen, Erwartungen und Verbesserungsvorschlägen der Kunden gestellt werden. Dabei muss der Ersteller des Fragebogens zumindest Grundkenntnisse in der empirischen Sozialforschung [Fri90] haben, in der nicht nur Kenntnisse über den Aufbau von Fragebögen, sondern auch zu Auswirkungen von Befragungen behandelt werden.

Die Möglichkeit, den Kontakt zum Kunden aufzubauen, hängt stark von der Software und den Vertriebswegen ab. Dabei ist die persönliche Ansprache, z. B. auf Nutzerkonferenzen oder die Befragung mit der klassischen Post, Befragungen über das Internet vorzuziehen. Bei der Nutzung von E-Mails besteht immer die Gefahr, dass eine Befragung als Spam eingestuft wird, was auch bei telefonischen Befragungen ein Problem ist. Da es mittlerweile ein etablierter, zumindest moralisch verwerflicher Trick ist, einen Kontakt als Befragung zu tarnen, um am Ende zumindest ein Verkaufsgespräch vorzubereiten, ist die Nutzerbefragung in den letzten Jahren schwieriger geworden. Unkritischer sind Wettbewerbe, bei denen die Fragebogenbeantwortung mit einer Verlosung verknüpft wird. Über das Internet besteht dann bei mangelnder Kontrolle ein „Glücksritterproblem", bei dem sich Nutzer oder spezielle Programme unter unterschiedlichen E-Mail-Adressen automatisch bei Befragungen anmelden.

10.4.4 Task-Based Testing

Dieser nutzerbasierte Ansatz geht wieder von den typischen Hauptaufgaben der Endnutzer aus. Dabei wird eine Gruppe von Personen benötigt, die die Rollen der möglichen Endnutzer übernehmen. Dies können die endgültigen Nutzer sein, oder andere Personen mit etwa vergleichbaren Vorkenntnissen.

Den Testpersonen werden einige Aufgaben erklärt, die sie mit dem neuen System lösen sollen. Der individuelle Lösungsweg der Beteiligten wird mit Video und anderen Aufzeichnungsmöglichkeiten z. B. zur Aufzeichnung der Maus- und Tastaturaktionen gespeichert. Mit recht einfachen technischen Ergänzungen sind auch die mit den Augen fokussierten Bildschirmbereiche erfassbar. Danach analysieren die Oberflächenentwickler das Verhalten der Testpersonen, um Optimierungspotenzial zu entdecken. Es ist sinnvoll, diesen Ansatz mit Interviews mit den Testpersonen zu verknüpfen, die ihre Eindrücke und auch Emotionen beim Umgang mit dem neuen Werkzeug schildern.

Praktische Erfahrungen haben gezeigt, dass eine geringe Anzahl von Testpersonen, abhängig von der Komplexität des Systems zwischen 4 und 10 Personen, ausreicht, um zu aussagekräftigen Ergebnissen zu kommen. Ein Problem kann es sein, passende Testpersonen und mit wenig oder ohne Erklärung bearbeitbare typische Aufgaben zu finden.

10.4.5 Thinking-Aloud-Tests

Dies ist eine Variante des Task-based Testing, bei der neben den Aufzeichnungsmöglichkeiten von den Testpersonen gefordert wird, dass sie möglichst genau schildern, was sie bei jedem Arbeitsschritt denken. Der große Vorteil ist, dass man neben den sichtbaren Aktionen einen Einblick in die Arbeitsweisen der Nutzer erhält. Gerade aus den Vorüberlegungen, wenn Nutzer schildern, was sie suchen, kann man wertvolle Anregungen gewinnen, wie man den Aufbau der Oberfläche oder die Struktur der Hilfe-Funktionalität verbessern kann.

Ein zentrales Problem stellt hier wieder das Finden passender Testpersonen dar. Neben der zu den Endnutzern passenden Erfahrung, müssen die Personen in der Lage sein, ihre Gedanken zu formulieren und trotz der lauten Formulierung ihre Arbeit im gewohnten Maße auszuführen.

10.5 Risikoanalyse Oberflächengestaltung

Bei der Oberflächengestaltung können folgende Fragen hilfreich sein, die zur Aufdeckung möglicher Risiken dienen können. Wenn eine Frage nicht mit „ja“ beantwortet werden kann, sollte der Punkt in eine Risikoliste aufgenommen und dem Risikomanagement zur Verfügung gestellt werden.

1. Sind die in den Anwenderforderungen festgelegten Richtlinien und Standards für die Oberflächengestaltung vollständig eingehalten worden?
2. Wurde die Oberfläche von geschulten kreativen Oberflächen-Designern entwickelt?
3. Wurden die Arbeitsprozesse der späteren Nutzer mit dem Kunden geklärt und in der Oberfläche umgesetzt?
4. Ist die Oberfläche möglichst ohne Schulung intuitiv für Anwendungsexperten bedienbar?
5. Wurden Konkurrenzprodukte und weitere Software rund um das Einsatzgebiet der neuen Software bezüglich ihrer Oberfläche analysiert und sind deren Ideen in das eigene Design eingeflossen ohne sie einfach zu kopieren?
6. Passt das Oberflächen-Design zum Design anderer Software, die von uns hergestellt wurde?
7. Wurde die Software fehlertolerant gestaltet?
8. Werden Fehleingaben frühzeitig abgefangen und die Fehler erläutert?
9. Sind Verantwortliche für die Oberflächen in den gesamten Entwicklungsprozess mit eingebunden?
10. Können die Nutzer individuelle Einstellungen vornehmen?
11. Wurden mit dem Kunden Zwischenabnahmen für Oberflächen-Vorschläge vereinbart?
12. Wurde der Kunde über den Fakt, dass eine fertige Oberfläche nicht bedeutet, dass das Gesamtsystem fertig ist, aufgeklärt?
13. Wurde ein für die Software passendes Verfahren zur Prüfung der Ergonomie durchgeführt?

Anmerkungen zur Praxis

Oberflächentechnologien und die zugehörigen Gestaltungsmöglichkeiten haben sich in den letzten Jahren drastisch verändert, trotzdem wurde dieses Kapitel seit der ersten Veröffentlichung sehr wenig umgeschrieben. Der Grund dafür ist, dass in diesem Kapitel zentrale Grundprinzipien bei der Entwicklung zur Überprüfung ergonomischer Software beschrieben werden. Die Beschreibung ist abstrakt genug, um unabhängig von klassischer Software, Smartphone- und Tablet-Apps oder auch virtual und augmented Reality-Anwendungen zu sein. Die Ideen und Anforderungen bleiben gleich, sind dann aber konkret zu interpretieren. Bei der Smartphone-Nutzung sind

z. B. die Szenarien des Task-Based Testing schwieriger zu konstruieren, da es keinen statischen Arbeitsplatz, sondern ein vom Nutzer im Raum bewegtes Device gibt. Die Ausführung auf klassischen Monitoren kann Abhilfe schaffen, führt aber gegebenenfalls zu einem anderen Verhalten, da die Haptik eine andere ist.

Dieses Kapitel enthält sehr bewusst kein klares Regelwerk für gutes Design. Gutes Design benötigt einen guten Designer, was eine ganz andere Aufgabe als die gute Implementierung einer Oberfläche ist. Die Informatik ist immer dann erfolgreich, wenn sie mit anderen Fachleuten zusammenarbeitet, dies betrifft die Erhebung von Anforderungen, aber auch die Gestaltung von Oberflächen. Aus diesem Grund sind für Projekte mit einer größeren Nutzergruppe gute Design-Ideen, wie sie z. B. durch Medien- und Interaction Designer entwickelt werden, ein Muss. Dabei arbeiten Designer und Programmierer zusammen, dadurch verstehen Informatiker die umzusetzenden Bedienkonzepte und Designer etwaige Einschränkungen, die es in den benutzten Technologien gibt. Informatiker sorgen durch gutes Software-Design dafür, dass dann Oberflächen einfach änderbar sind oder Oberflächentechnologien ausgetauscht werden können. Ähnlich wie die ergonomische Gestaltung keine Aufgabe eines typischen Informatikers ist, sind Designer oder Physiker, Elektrotechniker oder Maschinenbauer nicht für die Umsetzung der Software zuständig.

Designer und Informatiker arbeiten frühzeitig in der Anforderungsanalyse zusammen, damit alle Beteiligten die Wünsche des Kunden verstehen. Designer nutzen oft Wireframes- und Mockup-Werkzeuge, um schnell Skizzen möglicher Oberflächen zu gestalten, die bereits einfache Klicks zur Visualisierung von Folgeszenarien erlauben. Solche Oberflächen können die Anforderungsanalyse zusammen mit den Kunden unterstützen, da so frühzeitig Wünsche des Kunden, aber auch unnötig komplexe Bedienungen, erkennbar sind. ◀

10.6 Aufgaben

Wiederholungsfragen

Versuchen Sie zur Wiederholung folgende Fragen aus dem Kopf, d. h. ohne nochmaliges Blättern und Lesen, zu beantworten.

1. Welche Wissenschaftsdisziplinen spielen beim Oberflächen-Design welche Rolle?
2. Welche Dialog-Prinzipien sind in der Norm ISO 9241-Teil 110 beschrieben, wie können sie konkret umgesetzt werden?
3. Welche Bedeutung hat der Kundenkontakt bei dem Oberflächen-Design?
4. Welchen Einfluss kann die Oberflächengestaltung auf den gesamten Software-Entwicklungsprozess haben?
5. Welche Möglichkeiten zur Prüfung der Nutzbarkeit von Software gibt es, wann können sie eingesetzt werden, welche Vor- und Nachteile haben sie?

Übungsaufgabe

1. Die in diesem Kapitel genannten Dialogprinzipien gelten für alle Oberflächen, also auch für Software, die über Web-Browser bedienbar ist. Überlegen Sie für jedes der sieben Prinzipien zwei positive konkrete Beispiele, wie es auf Web-Seiten eines Internet-Kaufhauses umgesetzt werden kann. Halten Sie weiterhin Randbedingungen fest, die eine beliebige Umsetzung des Prinzips durch mögliche Einschränkungen durch die Nutzung eines Browsers zumindest erschweren.

Qualitätssicherung 11

Zusammenfassung

Zum Ende des vorherigen Kapitels zur Oberflächengestaltung wurde bereits gezeigt, dass es wichtig ist zu überprüfen, ob das entwickelte System die geforderten Eigenschaften erfüllt. Für die reine Funktionalität der Software wurden in der Informatik vielfältige Methoden entwickelt, um sicherzustellen, dass die Anforderungen erfüllt werden. Diese Ansätze werden in diesem Kapitel vorgestellt.

Neben dem reinen Ausprobieren, dessen Ansatz man auch systematisieren kann, gibt es weitere Ansätze, die die Qualität der Software erhöhen können. Dabei spielt hauptsächlich das Qualitätsmerkmal der Korrektheit eine Rolle. Bei der Korrektheit muss man sich fragen „Korrekt bezüglich was?", da eine Aussage „Das System ist korrekt." allein wenig Sinn macht. Korrektheit bezieht sich immer auf vorher gestellte Anforderungen. Nur wenn Anforderungen präzise gestellt werden, kann man die Frage, ob ein System die Anforderungen erfüllt, klar mit „ja" oder „nein" beantworten. Zentrale Aussage dieses Kapitels ist, dass man mit Tests nur nachweisen kann, dass diese Tests in gewünschter Form ablaufen können. Es wird damit nicht bewiesen, dass das System fehlerfrei ist. Durch die systematische Auswahl von Tests kann man die trotzdem noch möglichen Fehler begrenzen und validieren, dass die Nutzerwünsche erfüllt sind.

Die Überlegungen, wann man die Korrektheit eines Systems garantieren kann, stehen am Anfang dieses Kapitels. Danach werden mit Zusicherungen und Unit-Tests zwei Verfahren vorgestellt, wie man Tests realisieren kann. In den folgenden Unterkapiteln werden dann unterschiedliche Ansätze vorgestellt, wie die Testentwicklung systematisiert wird. Dabei steht die Suche nach Testfällen im Vordergrund, die möglichst viele

S. Kleuker, *Grundkurs Software-Engineering mit UML*,
https://doi.org/10.1007/978-3-658-46534-6_11

Probleme entdecken können. Testfälle werden durch den Hinweg zu einer Startsituation, die Angabe der zum Test zu verwendenden Daten, den erwarteten Ablauf und das erwartete Resultat spezifiziert. Die hier relativ kompakt gezeigten Ansätze zum Testen sind Grundlage eines Buches [Kle19] und werden dort in verschiedenen Umgebungen weiter analysiert.

Neben Tests gibt es weitere Möglichkeiten, die Qualität von Software zu beurteilen. Diese werden im Unterkapitel über Metriken behandelt. Noch allgemeiner kann man über Maßnahmen im Softwareentwicklungsprozess nachdenken, die die Erstellung qualitativ hochwertiger Software wesentlich erleichtern, die abschließend vorgestellt werden.

Bei der Vorstellung der Testverfahren wird der Weg des in Kap. 4 vorgestellten V-Modells ab der Entwicklung weiter beschritten, d. h., es findet zunächst ein Test auf Programmebene statt, der zumeist vom Entwickler selbst durchgeführt wird. In den folgenden Tests wird das System schrittweise integriert und gegen immer genereller werdende Anforderungen, die sich z. B. aus den Aktivitätsdiagrammen ergeben, geprüft. Generell sind die vorgestellten Ansätze aber in jedem Vorgehensmodell anwendbar. Die konkrete Ausprägung, was genau gemacht wird, hängt wieder von vielen konkreten Projektbegebenheiten ab.

Auch die Prozesse innerhalb der QS kann man genauer beschreiben. Da es dabei generell sehr sinnvoll ist, einheitliche Begriffe zu nutzen, sei hier die Zertifizierungen erwähnt, die das ISTQB (International Software Testing Qualifications Board [@IST]) ermöglicht. Grundlage ist ein Kurs „Foundation Level", in dem die zentralen Abläufe mit ihren Rollen rund um die QS vorgestellt und ein Überblick über Testarten gegeben werden. Aufbauend auf diesem Kurs gibt es verschiedene Vertiefungsrichtungen, in denen man sich ebenfalls zertifizieren lassen kann, weitere Experten-Bereiche werden angeboten oder sind im Aufbau. Wesentlich verantwortlich für die Umsetzung, aber auch die kontinuierliche Aktualisierung der gelehrten Inhalte in Deutschland ist das GTB (German Testing Board [@GTB]), ein sehr interessanter Anlaufpunkt für weitere Informationen. Generell ist eine Grundlagenzertifizierung auch für Entwickler sinnvoll, damit in Projekten eine einheitliche „Projektsprache" gesprochen wird.

11.1 Formale Korrektheit

Die natürlichste Idee, wenn man zuerst über Korrektheit nachdenkt, ist der Ansatz, ein Programm zu schreiben, dem man das zu überprüfende Programm und eine Anforderung übergibt, das dann als Ergebnis die Antwort liefert, ob die Anforderung erfüllt ist. Leider liefert die theoretische Informatik [VW04] mit der Untersuchung des Halteproblems die Erkenntnis, dass ein solches System nicht existieren kann. Es ist z. B. unmöglich, ein Programm zu schreiben, das für andere Programme überprüft, ob diese bei jeder Eingabe terminieren.

Wenn man die Art der Anforderungen einschränkt, kann es aber sehr wohl ein solches Verifikationsverfahren geben. Diese Ideen sind im Themengebiet „Model Checking" [Pnu77] [WVS83] [CES86] [BCM90] [Hol04] [Kle09] begründet, das sich damit beschäftigt, Sprachen für Modelle und Anforderungen zusammen mit Verifikationsprogrammen zu entwickeln, sodass automatisch nachgeprüft werden kann, ob ein Modell eine konkrete Anforderung erfüllt. Die Modelle sind dabei möglichst einfache Beschreibungen des zu entwickelnden Systems in einer speziellen Modellierungssprache.

Ausgangspunkt dieser Überlegungen ist, dass, wenn es nur endlich viele Eingaben und Ergebnisse geben kann, man dann alle Fälle überprüft. Dies soll an einem sehr einfachen Beispiel verdeutlicht werden. Zu implementieren ist eine Boolesche Methode, die die logische „Wenn-Dann"-Formel implementiert. Diese Formel ist in Abb. 11.1 mit einer Wahrheitstafel spezifiziert.

Danach wird ein Programm entwickelt, was z. B. wie folgt aussehen kann.

```
public static boolean impliziert(boolean a, boolean b){
    return !a || b;
}
```

Jetzt kann man für alle möglichen Fälle prüfen, ob das Programm die Spezifikation erfüllt.

```
public static void main(String[] args) {
  boolean werte[]={true,false};
  for(boolean a:werte) {
    for(boolean b:werte) {
        System.out.println("a=" + a + " b=" + b
                       + " liefert " + impliziert(a,b));
    }
  }
}
```

Die zugehörige Ausgabe lautet wie folgt.

```
a=true b=true liefert true
a=true b=false liefert false
a=false b=true liefert true
a=false b=false liefert true
```

Bereits dieses extrem kleine Beispiel zeigt die Bedeutung einer absolut exakten Anforderungsspezifikation. Für das Model Checking werden hier verschiedene Arten formaler Logiken eingesetzt.

Abb. 11.1 Logische Schlussfolgerung

a	b	wenn a dann b
true	true	true
true	false	false
false	true	true
false	false	true

Aus dem Beispiel könnte man ableiten, dass Model Checking nur möglich ist, wenn die Menge der möglichen Eingaben und Ausgaben endlich ist. Durch mathematische Abstraktionen ist es aber in allerdings recht engen Grenzen möglich, auch Schlüsse über unendliche Datenbereiche zu formulieren.

Möchte man Beweise für beliebige Programmiersprachen und Logiken führen, muss man sogenannte Beweissysteme einsetzen. Das bekannteste dazu ist der Hoare-Kalkül [Hoa69], [AO97]. Die Grundidee besteht darin, dass man aus kleineren, als korrekt bewiesenen Programmen unter der Nutzung ebenfalls als korrekt bewiesener Beweisregeln zu größeren korrekten Programmen kommen kann. Die Anforderungen werden dabei als Programmeigenschaften in einer Logik formuliert. Für ein Beispiel benötigt man ein Programm P1, für das bewiesen ist, dass, wenn vorher eine Eigenschaft E zusammen mit einer Booleschen Formel B erfüllt ist und dann P1 ausgeführt wird, das Ergebnis die Eigenschaft F erfüllt. Weiterhin benötigt man ein Programm P2, für das bewiesen ist, dass, wenn vorher eine Eigenschaft E zusammen mit einer Booleschen Formel „nicht B“ erfüllt ist und dann P2 ausgeführt wird, das Ergebnis die Eigenschaft F erfüllt. Dann kann man mit einer Beweisregel für die Implikation folgendes schließen. Wenn am Anfang die Eigenschaft E gilt, dann gilt nach der Ausführung von

```
if(B){P1} else {P2}
```

dass die Eigenschaft F erfüllt ist.

Die sehr aufwändige schrittweise Entwicklung von solchen Beweisen kann mit so genannten Theorem-Beweisern unterstützt werden. Dabei gibt der Nutzer an, welche Parameter er für einen Beweisschritt nutzen möchte. Das System prüft dann, ob die Beweisregel angewandt werden kann. Ist das der Fall, berechnet das System den resultierenden größeren Beweis.

Der Model Checking Ansatz geht auf Arbeiten ab dem Ende der 1970er Jahre zurück [Pnu77] und hat gerade in der Hardwaretechnik einige Anwendungen gefunden. Dies ist das erste größere Anwendungsgebiet, da man Hardware später nicht mehr so leicht wie Software ändern kann. Erfahrungen mit Model Checking-Ansätzen haben gezeigt, dass es formal ausgebildete Experten benötigt, um die Ansätze effizient nutzen zu können. Ob und wie die vorgestellten Überlegungen weiteren Einzug in die klassische Software-Entwicklung haben werden, ist offen. Die in Kap. 7 vorgestellte Object Constraint Language stellt dabei einen interessanten Ansatz dar, da sie die Formulierung von Anforderungen an Klassenmodelle erlaubt, was eventuell auch zu einer weiteren Verbreitung von Beweissystemen führen könnte.

11.2 Zusicherungen

Aktuelle Programmiersprachen wie Java, C#, C+ +und C haben einen eigenen assert-Befehl in ihrer Syntax. Die genaue Form sieht wie folgt aus:

```
assert <Boolesche Bedingung>;
```

Diese Zusicherungen können in verschiedenen Szenarien eingesetzt werden. Dabei ist zu beachten, dass sie ausschließlich in der Entwicklung einzusetzen sind und kein Exception-Handling ersetzen sollen. Die Idee besteht darin, dass der Programmierer an kritischen Stellen zur Absicherung, dass seine Annahmen bei der Programmierung korrekt sind, Zusicherungen einbaut. Da diese Zusicherungen Speicherplatz und Laufzeit benötigen, stellen die genannten Programmiersprachen Mechanismen zur Verfügung, assert-Befehle bei der Kompilierung ein- und auszuschalten. Mit assert-Befehlen kann man sehr gut informell spezifizierte Teile des „Design by Contract" überprüfen. Da die angebotenen Methoden nur wie beschrieben funktionieren, wenn dokumentierte Randbedingungen eingehalten sind, kann ihre Einhaltung mit assert-Befehlen geprüft werden. Am Ende eine Methode ist auch die Einhaltung des garantierten Ergebnisses so überprüfbar.

Steht ein assert-Befehl am Anfang einer Methode, z. B.

```
public void analyse(int a, int b){
  assert a > b  && exemplar > 5;
  ...
}
```

bedeutet dies, dass geprüft wird, dass die Methode nur mit Parametern aufgerufen wird, die diese Eigenschaft erfüllen und weiterhin sich das Objekt in einem bestimmten Zustand, im Beispiel soll die Exemplarvariable exemplar einen Wert größer als 5 haben, befinden soll. Diese Annahme darf nicht mit einer Exception verwechselt werden. Die Zusicherung bedeutet, dass man sich bei der Spezifikation der Programmeigenschaften geeinigt hat, dass die Methode nur unter der genannten Bedingung ausgeführt wird. Gibt es diese Absprache nicht, wie es z. B. beim sogenannten defensiven Programmieren der Fall ist, bei dem gefordert wird, dass eine Methode immer nutzbar ist, müsste statt der Zusicherung eine Exception eingesetzt werden.

In Java wird die Syntax des assert-Befehls etwas erweitert

```
assert <Boolesche Bedingung>: <beliebiges Objekt>;
```

dabei wird das <beliebige Objekt> ausgegeben, wenn die Zusicherung verletzt wird. Typischerweise handelt es sich bei dem Objekt um einen String oder ein Objekt mit sinnvoller toString()-Implementierung.

Mit einer Zusicherung am Ende einer Methode kann geprüft werden, ob man das gewünschte Ergebnis berechnet hat. Dies geht natürlich nur, wenn es zwei unterschiedliche Wege zur Ergebnisberechnung gibt. Alternativ kann man zumindest prüfen, ob das berechnete Ergebnis einige der gewünschten Eigenschaften hat. Im folgenden Beispiel wird ein Multiplikationsverfahren genutzt, bei dem beide Parameter positive ganze Zahlen sein müssen.

```
public int multiplizieren(int a, int b){
  int op1 = a;
  int ergebnis = b;
  int rest = 0;
  assert(a > = 1 && b > = 1):"nicht positive Parameter";
  while(a > 1){
    ergebnis = ergebnis*2;
    if(a%2 == 1)
      rest=rest+b;
    a = a/2;
  }
  ergebnis = ergebnis+rest+b;
  assert ergebnis == op1*b: "Falsche Berechnung in multiplizieren";
  return ergebnis;
}
```

Dadurch, dass die Methode um Zusicherungen ergänzt wurde, findet zunächst noch keine Prüfung statt. Man muss die Methode mit geeigneten Parametern ausführen. Die systematische Bestimmung solcher Testfälle wird in den folgenden Unterkapiteln beschrieben, zunächst können wir aber mit Beispielen testen, wobei angenommen wird, dass sich die Methode in einer Klasse Rechner befindet.

```
public static void main(String[] args) {
  Rechner r= new Rechner();
  System.out.println("7*9="+r.multiplizieren(7,9));
  System.out.println("6*8="+r.multiplizieren(6,8));
  System.out.println("6*0="+r.multiplizieren(6,0));
}
```

Die zugehörige Ausgabe sieht wie folgt aus.

```
7*9=63
6*8=48
Exception in thread "main" java.lang.
AssertionError: nicht positive Parameter
    at Rechner.multiplizieren(Rechner.java:8)
    at Rechner.main(Rechner.java:24)
```

Die Verwendung von Zusicherungen soll keine zusätzlichen Ressourcen benötigen, wenn die Zusicherungen abgeschaltet sind. Dies ist nicht immer ganz zu erreichen, da ab und zu Hilfsinformationen zu merken sind, die nur in Zusicherungen genutzt werden. Bei einer genaueren Analyse der vorgestellten multiplizieren-Methode fällt z. B. auf, dass die Variable op1 nur in der letzten Zusicherung genutzt wird.

Zusicherungen können nicht nur am Anfang und am Ende einer Methode stehen, sie können auch zwischenzeitlich genutzt werden. Ein kleiner Trick ist die Nutzung der Zusicherung

```
assert false;
```

die an Stellen in dem Programm eingefügt wird, von denen der Programmierer davon ausgeht, dass sie nicht erreicht werden. Ein Beispiel ist folgende Methode, die nur für Personen unter 65 eingesetzt werden soll.

```
public int rabatt(int alter){
  int ergebnis=0;
  if(alter>=0 && alter<18)
    ergebnis=10;
  else
    if(alter>=18 && alter<65)
      ergebnis=5+(alter/2);
    else
      assert false:"falsches Alter";
  return ergebnis;
}
```

Bei der Nutzung von Zusicherungen muss garantiert werden, dass die Prüfung von Zusicherungen keine Seiteneffekte hat, d. h., dass der eigentliche Objektzustand nicht verändert wird. So ist für einen Iterator iter die Zusicherung

```
assert iter.next()!=null;
```

sinnlos, da die Überprüfung der Zusicherung den Zustand des Iterators verändert, da er nach der Prüfung auf das nächste Objekt zeigt.

11.3 Unit-Tests

Zentrale Aufgabe des Testens ist es zunächst, die richtigen Testfälle zu finden, mit denen möglichst viele Fehler gefunden werden. Die verschiedenen Wege zu guten Testfällen werden in den folgenden Unterkapiteln beschrieben, aber zunächst stellt sich die Frage, was überhaupt ein Testfall ist.

Intuitiv geht es darum, dass man das zu testende System, im Englischen „System under Test" (SUT), ausprobiert und analysiert, ob es sich wie gewünscht verhält. Formaler bedeutet dies, dass ein Testfall nur existieren kann, wenn es vorher eine Spezifikation gibt, die das erwartete Verhalten beschreibt. Diese Spezifikation ist durch die Anforderungen gegeben, sodass man schrittweise versuchen kann, jede der Anforderungen zu prüfen. Weiterhin sind bei der Testerstellung auch Aktivitätsdiagramme sehr hilfreich, da die dort beschriebenen Abläufe überprüft werden können.

Genau wie bei der Erstellung textueller Anforderungen die Vorbedingung einer jeden Anforderung beschrieben werden soll, muss für jeden Testfall klar festgelegt werden, unter welchen Randbedingungen er ablaufen soll. Testet man z. B. eine einfache Methode, kann die Angabe der Eingabeparameter ausreichen. Werden in der Methode aber Exemplarvariablen oder andere Objekte genutzt, muss für jede der betroffenen Variablen festgelegt werden, welche Werte sie haben sollen. Man spricht in diesem Fall auch von einer Konfiguration, die genau für alle Bestandteile des Systems festhält, in welchem Zustand sie sich befindet. Verfolgt man diesen Gedanken weiter, muss man abhängig vom entwickelten System die weiteren Rahmenbedingungen der Software festhalten. Dies kann folgende Punkte umfassen:

- auf welcher Hardware soll die entwickelte Software später laufen; dies kann bei technischen Systemen bis auf Hardware-Baustein-Ebene relevant für die Testumgebung sein,
- welche Software läuft parallel zur entwickelten Software; dies spielt z. B. bei Performance-Untersuchungen eine wichtige Rolle,
- mit welchen Versionen anderer Software soll die entwickelte Software später zusammenarbeiten; diese Versionen sollten, wenn möglich, in der Testumgebung zur Verfügung stehen.

Man erkennt an den genannten Randbedingungen, dass es optimal ist, wenn man die exakt gleichen Rahmenbedingungen, wie bei späteren Kunden herstellen kann. Dabei kann ein Testlabor mit Rechnern, die für Software-Tests konfiguriert werden können, sehr hilfreich sein. Oftmals ist es aber in der Praxis so, dass man sich realistische Kompromisse ausdenken muss, um diese Rahmenbedingungen zu simulieren.

Der Testverlauf muss ebenfalls exakt beschrieben werden. Im einfachsten Fall besteht er aus einem oder mehreren Methodenaufrufen. Bei komplexeren Systemen müssen häufig noch Zeitbedingungen beachtet werden, die z. B. garantieren, dass das getestete System genügend Zeit zum Reagieren hat.

Weiterhin muss die Testfallbeschreibung eine genaue Festlegung des erwarteten Ergebnisses haben, sodass einfach entschieden werden kann, ob der Test einen Fehler gefunden hat, oder nicht. Hier hängt es wieder von der Komplexität des Systems ab, wie aufwendig diese Festlegung wird. Der einfachste Fall ist das erwartete Ergebnis eines Methodenaufrufs. In komplizierteren Fällen, in denen weitere Software, wie z. B. Datenbanken, eingebunden sind, muss für jedes dieser betroffenen Systeme festgehalten werden, wie der Zielzustand aussehen soll.

Zur Prüfung der Zusicherungen im vorherigen Unterkapitel musste man sich eine eigene Testumgebung aufbauen, was bei kleineren Systemen in der main-Methode oder einer main-Funktion generell noch gut machbar ist. Trotzdem sieht man hier bereits, dass einiger Aufwand in die Erstellung der Testumgebung gesteckt werden muss. In einem alternativen Ansatz nutzt man ein Testwerkzeug, dem man die zu untersuchende Methode bekanntgibt und dann aus diesem Werkzeug heraus die Tests laufen lässt. Dieser Ansatz hat den Nachteil, dass man sich erst mit dem Testwerkzeug und seiner Funktionsweise vertraut machen muss.

Aus den genannten Problemen war bei Kent Beck [Lin05] die Idee entstanden, ein möglichst einfaches Testrahmenwerk zu schaffen, das es ermöglicht, Tests in der genutzten Programmiersprache zu erstellen, ohne dass man sich aufwendig um die Erstellung der gesamten Testumgebung kümmern muss. Diese Idee wurde zunächst in Smalltalk mit SUnit realisiert und dann auf verschiedene Programmiersprachen, wie Java, C#, C+ +und viele andere als sogenanntes Unit-Testrahmenwerk übertragen. Hier wird eine kurze Einführung in das JUnit-Testrahmenwerk gegeben. Dabei wird die Version 5 genutzt.

Die zentrale Idee von JUnit ist es, spezielle Methoden zum Testen zu nutzen. Deren Ausführung und Auswertung wird dann von JUnit übernommen. In älteren JUnit-Varianten erkennt man eine Testmethode daran, dass sie mit

```
@Test
public void test<weitererNamensteil>(){...
```

beginnt, wobei jeder Testfall einen eigenen Namen hat. Ab JUnit 4 gibt es diese Verpflichtung nicht, trotzdem ist es sinnvoll, dass alle Testmethoden mit „test" im Namen beginnen. JUnit 3 kann dann Reflection nutzen, um die passenden Methoden in einer Testumgebung auszuführen. Ab JUnit 4 werden für Testkonzepte Annotationen genutzt, deren Idee im Unterkapitel „9.8 Annotationen" vorgestellt wird. Die Testfälle, also Testmethoden sind mit der Annotation @Test. markiert. Alle Testmethoden stehen in einer Testklasse, die in JUnit noch bis zur Version 3.8 von der Klasse TestCase erben muss, danach aber keine Restriktionen hat. Soll eine Klasse mit Namen X getestet werden, so hat sich für den Namen der Testklasse XTest eingebürgert.

Die eigentliche Ausführung der Tests wird von JUnit übernommen. Es gibt eine eigene graphische Oberfläche, in der die Anzahl der ausgeführten Tests und der davon erfolgreich sowie erfolglos durchgeführten Tests angezeigt wird. Diese Oberfläche ist in die meisten Entwicklungsumgebungen integriert, sodass die Umgebungen die Testausführung starten. Wurden durch Tests Fehler entdeckt, werden die zugehörigen Fehlermeldungen angezeigt.

Bei der Testklasse handelt es sich um eine gewöhnliche Java-Klasse, die damit auch Exemplarvariablen und –methoden enthalten kann. Für Tests ist es dabei wichtig, dass alle Tests die gleiche Ausgangssituation nutzen, die auch Test-Fixture genannt wird. Die Ausführungsreihenfolge der Tests darf keinen Einfluss auf das Ergebnis haben. Zur Herstellung dieser eindeutigen Ausgangssituation kann die Testklasse ein mit @BeforeEach annotierte Methode nutzen.

```
@BeforeEach
protocted void setUp(){ ...
```

Diese Methode wird vor jedem Test durchgeführt, in ihr können Exemplarvariablen Werte zugeordnet werden, die dann Ausgangspunkt jedes Tests sind.

```
@AfterEach
protected void tearDown(){ ...
```

Die mit @AfterEach annotierte Methode wird nach jedem Test durchgeführt und soll zum Aufräumen genutzt werden. Da der Garbage-Collector von Java alle nicht mehr benötigten Objekte löscht, bezieht sich das Aufräumen z. B. auf das Schließen von Dateien und Datenbankverbindungen sowie die Wiederherstellung der ursprünglichen Testausgangssituation. Der Ablauf sieht dann für jede Testmethode testX() wie folgt aus: Zunächst wird setup(), dann testX() und zum Abschluss tearDown() ausgeführt.

Innerhalb der Testmethoden gibt es dann spezielle Möglichkeiten, Eigenschaften zu überprüfen. Dazu werden Klassenmethoden der Klasse Assertions genutzt. Zentral dabei ist die Methode

```
Assertions.assertTrue(<Boolesche Bedingung>, <Text>);
```

wobei die Boolesche Bedingung überprüft wird. Bei einer Auswertung nach false ist dies ein Fehler, der Testfall wird beendet und der Text zusammen mit der Information, an welcher Stelle der Fehler aufgetreten ist, von JUnit ausgegeben. Dabei ist es meist hilfreich, in diesem Text auf den erwarteten und den in Wirklichkeit aufgetretenen Zustand hinzuweisen. Bei der kürzeren Variante assertTrue(<Boolesche Bedingung>) wird der erklärende Text weggelassen. Neben assertTrue gibt es weitere Methoden zur Überprüfung, die alle als Spezialfälle von assertTrue angesehen werden können. Wichtige Methoden sehen wie folgt aus.

```
assertEquals(Object erwartet, Object aktuell)
```

überprüft, ob die Objekte gleich sind, es wird die Methode equals(Object o) der jeweiligen Klasse genutzt.

```
assertEquals(int erwartet, int aktuell)
```

überprüft, ob beide Variablen den gleichen Wert haben, solche Methoden gibt es auch für die einfachen Typen float, byte, char, short, long und boolean.

```
assertEquals(double erwartet, double aktuell, double delta)
```

überprüft, ob die beiden Werte erwartet und aktuell sich maximal um den Wert delta unterscheiden, eine vergleichbare Methode gibt es auch für float.

```
assertSame(Object erwartet, Object aktuell)
```

überprüft, ob die beiden Objekte identisch (==) sind.

```
assertNull(Object object)
```

überprüft, ob object eine Null-Referenz ist.

```
assertNotNull(Object object)
```

überprüft, ob object keine Null-Referenz ist.

Interessant ist die letzte der genannten assertEquals-Methoden, da damit nicht die exakte Gleichheit von zwei Fließkommawerten geprüft wird, sondern nur gefordert ist, dass die beiden Werte maximal um delta auseinander liegen. Dies ist hilfreich, da die Fließkommaarithmetik in Computern nicht immer korrekt sein kann.

Neben den assert-Methoden gibt es noch die Methode

```
fail(<Text>);
```

die Stellen markiert, die nicht erreicht werden sollen. Der Text wird wieder bei der Ausgabe des Fehlers ausgegeben. Diese Methode ist z. B. hilfreich bei der Überprüfung einer Ausnahmebehandlung und alternativ zu assertTrue(false) nutzbar.

Erwartet man, dass eine Methode xy() eine Ausnahme. wirft, so sieht das im Test wie folgt aus.

```
@Test
public void testXyWirftException(){
  try{
    ob.xy();
    fail("ob wirft keine Exception"+ob);
  }catch (XYException e){}
}
```

Erwartet man keine Exception, steht der Aufruf von fail im Exception-Handling.

```
@Test
public void testXyWirftKeineException(){
  try{
    ob.xy();
  }catch (XYException e){
    fail("ob wirft Exception"+ob);
  }
}
```

Man kann den Ansatz noch verfeinern, in dem man mit weiteren catch-Blöcken sicherstellt, dass nur die erwartete Exception geworfen wird. JUnit 5 bietet einige weitere Varianten zum Test von Exceptions, die aber die Funktionalität, die Überprüfung ob eine Exception auftritt, nicht erweitern. Die hier vorgestellte Form findet sich in vielen anderen Unit-Frameworks für andere Programmiersprachen.

Insgesamt wird die Testbeschreibung auch unter dem Akronym AAA. zusammengefasst. Dies steht für Arrange-Act-Assert. Mit Arrange ist die Vorbereitung des Tests gemeint. Act beschreibt die eigentliche Testausführung, die am Ende typischerweise Überprüfungen der Ergebnisse mit Zusicherungen, also Assert, beinhaltet.

Die vorgestellten Ideen werden jetzt an einem kleinen Beispiel verdeutlicht. Dabei könnte man auf die setup-Methode verzichten, indem man die Initialisierung immer am Anfang der jeweiligen Testmethode ausführt. Zu entwickeln ist eine Klasse Rabatt, in der der aktuelle Rabatt eines Kunden in einer Exemplarvariablen rabatt festgehalten wird. Weiterhin gibt es die Möglichkeit, einen Kunden zu sperren, sodass die unterstützte Rabattberechnung bei gesperrten Kunden mit einer RabattException abgebrochen wird. Die Implementierung sieht wie folgt aus.

```
package kapitel 11_Rabatt;
public class RabattException extends Exception {}
```

sowie

```
package kapitel11_Rabatt;
public class Rabatt {
  private double rabatt;
  private boolean gesperrt;

  public Rabatt(double rabatt, boolean gesperrt) {
    this.rabatt = rabatt;
    this.gesperrt = gesperrt;
  }
  public boolean isGesperrt() {
    return this.gesperrt;
  }
  public void setGesperrt(boolean gesperrt) {
    this.gesperrt = gesperrt;
  }
  public double getRabatt() {
    return this.rabatt;
  }
  public void setRabatt(double rabatt) {
    this.rabatt = rabatt;
  }

  double preis(double ursprungspreis) throws RabattException{
    if(this.gesperrt)
      throw new RabattException();
    return ursprungspreis*(1-(rabatt/100));
  }
}
```

Die Testklasse sieht wie folgt aus, wobei man auf die Prüfung von get- und set-Methoden meist verzichtet, wenn sie automatisch von einem Entwicklungswerkzeug generiert werden. Generell gilt, dass man unterschiedliche Tests auf mehrere Testfälle aufteilen sollte. Stehen mehrere assert hintereinander und sorgt das erste assert für einen Fehler, werden die anderen assert nicht mehr geprüft. Nur bei sehr eng zusammengehörenden Testfällen kann man, wie im folgenden Beispiel gezeigt, Ausnahmen zulassen.

```
package kapitel11_Rabatt;

import org.junit.jupiter.api.AfterAll;
import org.junit.jupiter.api.AfterEach;
import org.junit.jupiter.api.Assertions;
import org.junit.jupiter.api.BeforeAll;
import org.junit.jupiter.api.BeforeEach;
import org.junit.jupiter.api.Test;
import org.junit.jupiter.api.function.Executable;

public class RabattTest{

    private Rabatt gut;
    private Rabatt boese;

    @BeforeAll
    public static void einmalAmAnfang(){
        System.out.println("z. B. DB-verbindung aufbauen");
    }

    @AfterAll
    public static void einmalAmEnde(){
        System.out.println("z. B. DB-verbindung schliessen");
    }

    @BeforeEach
    public void starten() throws Exception {
        System.out.println("starten aufgerufen");
        gut= new Rabatt(3.0,false);
        boese= new Rabatt(0.0,true);
    }

    @AfterEach
    public void beenden(){
        System.out.println("beenden aufgerufen");
    }

    @Test
    public void getRabatt(){
        Assertions.assertEquals(3.0, gut.getRabatt());
```

```
        Assertions.assertEquals(0.0, boese.getRabatt());
    }

    @Test
    public void setRabatt(){
        gut.setRabatt(17.0);
        Assertions.assertEquals(17.0, gut.getRabatt());
}

    @Test
    public void isGesperrt(){
        Assertions.assertTrue(!gut.isGesperrt());
        Assertions.assertTrue(boese.isGesperrt());
    }

    @Test
    public void setGesperrt(){
        gut.setGesperrt(true);
        boese.setGesperrt(false);
        Assertions.assertTrue(gut.isGesperrt());
        Assertions.assertTrue(!boese.isGesperrt());
    }

    @Test
    public void preisErfolgreich(){
        try {
            double ergebnis=gut.preis(100.0);
            Assertions.assertEquals(97.0, ergebnis,0.001);
        } catch (RabattException e) {
          Assertions.fail("falsche RabattException");
        }
    }

    @Test
    public void testAddFaehigkeit1() {
        Executable code = () -> boese.preis(100.0);
        Assertions.assertThrows(RabattException.class
            , code
            , "erwartete Exception nicht geworfen");
    }
}
```

Die Ausgabe sieht in Eclipse wie in Abb. 11.2 aus.

Textausgaben in der Konsole sind in Tests eher unüblich. Die nachfolgende Ausgabe verdeutlicht aber die Testausführung und die Nutzung der mit @BeforEach und @AfterEach annotierten Methoden, die auch andere Namen haben dürfen. Weiterhin zeigt

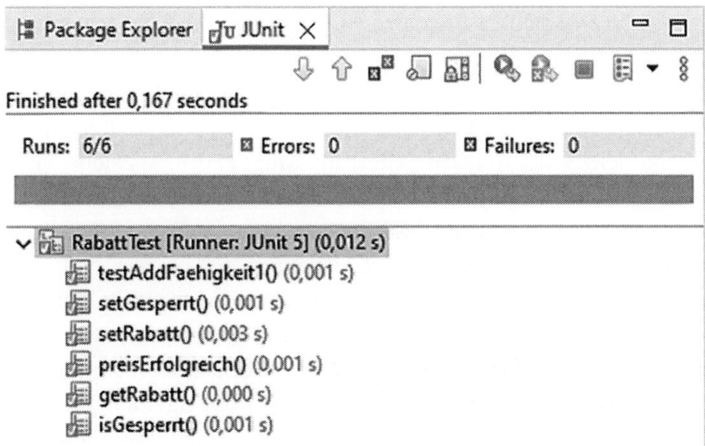

Abb. 11.2 JUnit-Beispielausgabe

die nachfolgende Ausgabe, dass mit @BeforeAll annotierte Methoden genau einmal vor allen Tests und @AfterAll annotierte Methoden genau einmal nach allen Tests ausgeführt werden. Der Test testAddfähigkeit1() deutet an, dass Testfälle auch funktionaler programmiert werden können, dabei wird der zu prüfende Code mit einer Lambda-Funktion beschrieben, sodass bei der Ausführung in addThrows() auf die erwartete Exception geprüft werden kann.

```
z. B. Datenbankverbindung aufbauen
starten aufgerufen
beenden aufgerufen
starten aufgerufen
beenden aufgerufen
starten aufgerufen
beenden aufgerufen
starten aufgerufen
beenden aufgerufen
starten aufgerufen
beenden aufgerufen
starten aufgerufen
beenden aufgerufen
z. B. Datenbankverbindung schliessen
```

In größeren Entwicklungsprojekten ist es üblich, dass Testfälle gesammelt werden und dass zu bestimmten Zeiten alle Testfälle oder zumindest nach bestimmten Kriterien ausgewählte Testfälle wiederholt laufen. Diese Zusammenstellung von Tests zu sogenannten Testsuiten wird von JUnit ebenfalls unterstützt.

Die zentralen Ideen von Test-Frameworks sind, dass es neben den individuell laufenden Tests die Möglichkeiten gibt, eine Test-Fixture mit Einstellungsmöglichkeiten vor und nach jedem Test zu ergänzen und die Tests später zu gruppieren. JUnit bietet weitere Annotationen mit denen die genauere Steuerung der Testfälle ermöglicht wird, die z. B. in [Kle19] vorgestellt werden. Dazu gehört die Möglichkeit, spezielle Methoden anzugeben, die einmal vor allen Tests und einmal danach ablaufen. Diese Klassenmethoden sind mit @BeforeClass und @AfterClass zu annotieren. Weiterhin können die erwarteten Exceptions als Parameter der Annotation @Test angegeben werden.

Der Name Unit-Testrahmenwerk suggeriert, dass es nur für Entwickler erstellt wurde, damit diese direkt ihre selbst erstellten Klassen prüfen können. Dies ist sicherlich ein zentrales Einsatzgebiet, allerdings kann der Ansatz für viele weitere funktionale Tests genutzt werden. Es ist z. B. auf Paketebene genauso möglich, das Zusammenspiel von Paketen mit Unit-Testfällen zu prüfen. In den Testfällen wird grundsätzlich das Zusammenspiel der Klassen analysiert, sodass einem Einsatz auf allen funktionalen Ebenen nur technische Randbedingungen im Wege stehen können. Diese technischen Randbedingungen können z. B. sein, dass die Software Internet-Verbindungen nutzt, was den Aufbau einer Testumgebung erschwert. Für einige dieser Fälle gibt es aber Erweiterungen der jeweiligen Unit-Testrahmenwerke, wie z. B. TestNG [@TNG], die die Erstellung der Testumgebung erleichtern und sonst auf den vorgestellten Unit-Testideen basieren.

11.4 Testbarkeit von Systemen herstellen

Bei der Erstellung von Tests geht man wenn möglich „Bottom Up“ vor. Dies bedeutet, dass man mit einfachen Methoden anfängt und, wenn diese erfolgreich getestet sind, man Tests für die nächst komplexeren Methoden schreibt, die auf den einfachen Methoden aufbauen. Diese Schritte gehen so weiter, bis einfache Klassen ohne Abhängigkeiten getestet sind, um dann weitere davon abhängige Klassen zu testen. Bei der Erstellung neuer Tests geht man von der Korrektheit bereits getesteter Klassen und Methoden aus. Nutzt man z. B. die Klasse Rabatt aus dem vorherigen Unterkapitel, wird kein Test mehr für die Methode preis() der Klasse Rabatt in einer anderen Testklasse geschrieben.

Falls der „Bottom Up“-Ansatz nicht konsequent durchführbar ist, sei es wegen zu hoher Kosten, eng vernetzter Klassen oder Eigenarten eingesetzter Frameworks, ist in der Teststrategie ein Einstieg auf höherer Ebene festlegbar. Dabei werden mehrere Klassen zusammen getestet, wobei man grundsätzlich nur davon ausgehen darf, dass vorher getestete Funktionalität korrekt ist. Die konkrete Erstellung der Testfälle wird in den folgenden Unterkapiteln untersucht.

Häufig tritt bei der parallelen Entwicklung durch mehrere Personen der Fall auf, dass man zum Test seiner eigenen Klassen die Klassen anderer Leute benötigt, die diese aber noch nicht implementiert haben. Statt zu warten, gibt es dann den Ansatz, sich diese Klassen in minimaler Form selbst zu schreiben. Dieser Ansatz wird in der Literatur die Erstellung sogenannter Stubs [@MFow],, bei objektorientierten Tests auch Mocks genannt. Man sucht dabei nach einer möglichst einfachen Implementierung, sodass man seine eigenen Tests sinnvoll ausführen kann. Während Stubs sich auf die Produktion einzelner Ergebnisse konzentrieren, die das Testen unterstützen, erlauben Mocks zusätzlich die Formulierung von Erwartungen, wie z. B. dass eine Methode des Mocks dreimal aufgerufen wurde. Es entsteht so eine Verfeinerung von Test-Hilfsobjekten. Am einfachsten sind Realisierungen die nur die Lauffähigkeit des Programms garantieren, die manchmal auch Dummy-Objekte genannt werden. Ermöglichen die Test-Hilfsobjekte verschiedene Wege der zu testenden Software einzuschlagen, handelt es sich um Stubs. Wird es dann noch möglich zu prüfen, ob, wie oft und in welcher Reihenfolge auf dem Hilfsobjekt Methoden aufgerufen werden, ist der Begriff „Mock" am passendsten. Im folgenden Beispiel werden minimale Annahmen über die Reihenfolge der Nutzung der Methoden des Hilfsobjekts gemacht, sodass der Name Mock nutzbar ist.

Die einfachst mögliche Implementierung besteht darin, immer einen Default-Wert zurückzugeben. Für den Rückgabetypen void kann man eine vollständig leere Implementierung nutzen. Soll ein echtes Objekt zurückgegeben werden, reicht es für eine lauffähige Implementierung aus, dass null zurückgegeben wird. Bei Rückgabetypen wie boolean oder int muss man sich auf Standardwerte wie false und 0 einigen.

Mit der einfachst möglichen Implementierung kann man dann feststellen, ob die eigene Klasse übersetzbar ist. Dies reicht aber häufig nicht aus, um die eigene Klasse vollständig zu testen. Benötigt man z. B. die Implementierung einer Methode mit Boole-schem Rückgabewert der Form

```
public boolean entscheide(int i){
  return false;
}
```

so kann man bei seinen eigenen Tests immer nur den Fall berücksichtigen, bei dem diese Methode false zurückgibt. Aus diesem Grund wählt man zum Testen eine etwas kompliziertere Mock-Implementierung, bei der man selbst den Ergebnisparameter steuern kann, dies kann z. B. in der Form

```
public boolean entscheide(int i){
  return i==42;
}
```

passieren, sodass man beim Test beide Alternativen als Rückgabewert zur Verfügung hat. Dieser Grenzwert sollte mit dem eigentlichen Implementierer der Klasse abgesprochen werden, damit die Tests nicht oder nur gering geändert werden müssen, wenn die richtige Implementierung der mit dem Mock simulierten Klasse vorliegt. Dieser Ansatz wird mit einem kleinen Beispiel verdeutlicht. Zu testen ist die Methode abbuchen der folgenden Klasse Buchung.

```
package kapitel11_BuchungMock;
public class Buchung {
  public static LogDatei logging;
  ...
  public synchronized void abbuchen(int id, Konto konto, int betrag)
                                          throws BuchungsException{
    if(konto.istLiquide(betrag)){
      konto.abbuchen(betrag);
      logging.schreiben(id + " bearbeitet");
    }
    else{
      logging.schreiben(id + " insolvent");
      throw new BuchungsException("insolvent");
    }
  }
}
```

mit folgender Exception-Klasse:

```
package kapitel11_BuchungMock;
public class BuchungsException extends Exception {
    public BuchungsException(String s){
        super(s);
    }
}
```

Leider liegen weder die Implementierungen der Klassen LogDatei noch Konto vor. Von der Klasse LogDatei wird nur eine Methode ohne Rückgabewert genutzt. Hier kann die einfachst mögliche Implementierung genutzt werden. Die zugehörige Klasse sieht wie folgt aus.

```
package kapitel 11_BuchungMock;
public class LogDatei { // Mock für Buchung
  public void schreiben(String s){}
}
```

Von der Klasse Konto werden die beiden Methoden abbuchen und istLiquide benötigt. Für abbuchen kann man wieder leicht argumentieren, dass die einfachst mögliche Implementierung sinnvoll ist. Bei istLiquide sieht es etwas anders aus, da zum Test der eigenen abbuchen-Methode benötigt wird, dass beide Booleschen Werte als Rückgabewerte möglich sind. Eine sinnvolle mögliche Mock-Implementierung sieht wie folgt aus.

```
package kapitel11_BuchungMock;
public class Konto { //Mock für Buchung
```

```
    public boolean istLiquide(int betrag){
      return betrag < 1000;
    }


    public void abbuchen(int betrag){}
}
```

Damit können nun die Tests für die Klasse Buchung geschrieben werden, diese Klasse kann wie folgt aussehen.

```
public class BuchungTest {
  /* Mock-Nutzung: LogDatei, Konto */
  private Konto konto;
  private Buchung buchung;

  @BeforeEach
  protected void setUp() throws Exception {
    Buchung.logging=new LogDatei();
    this.buchung = new Buchung();
    this.konto = new Konto();
  }

  @AfterEach
  protected void tearDown() throws Exception {
        // logging schließen
  }

  @Test
  public void testErfolreicheBuchung(){
    try {
      this.buchung.abbuchen(42,konto,100);
    } catch (BuchungsException e) {
      fail();
    }
  }

  @Test
  public void testErfolgloseBuchung(){
    try {
      this.buchung.abbuchen(42,konto,2000);
      fail();
    } catch (BuchungsException e) {}
  }...
}
```

Bei dem Klassenentwurf selbst muss man darüber nachdenken, diese testbar zu gestalten. Dabei ist eine Klasse mit vielen kleinen Methoden testbarer als eine Klasse mit wenigen, sehr langen Methoden. Je länger eine Methode wird, desto schwieriger wird es, alle Aspekte dieser Methode zu testen. Weiterhin sind private Methoden schwer testbar, da eine klassische JUnit-Klasse nicht auf sie zugreifen kann. Dies ändert sich etwas für protected geschützte Methoden mit JUnit ab der Version 4, da hier eine Testklasse von einer beliebigen Klasse, somit auch von der zu testenden Klasse erben kann. Man kann daraus ableiten, dass private Methoden nur sehr einfache Aufgaben übernehmen dürfen. Weiterhin kann ein Entwickler festlegen, dass zum Testen die Sichtbarkeit von Methoden erweitert wird, wobei dann sicherzustellen ist, dass es durch Polymorphie keine neuen unerwünschten Effekte gibt, da plötzlich eine andere als die gewünschte Methode ausgewählt wird. Alternativ kann man in Java und C# Reflection nutzen, um auf private Methode zuzugreifen.

Polymorphie und Vererbung stellen aus Sicht der Testbarkeit grundsätzlich eine besondere Herausforderung dar, da man Tests einer Oberklasse nicht direkt auf eine erbende Klasse übertragen kann, wenn Methoden oder Exemplarvariablen überschrieben werden.

Da das Ergebnis der Ausführung von Methoden nicht nur von den übergebenen Parametern, sondern auch vom Zustand des Objekts abhängt, sollte dieser Zustand von außen leicht änderbar sein. Dies ist automatisch der Fall, wenn es für jede Exemplarvariable get- und set-Methoden gibt. Ist dies nicht erwünscht, sollte man zum Testen wieder darüber nachdenken, ob man diese Methoden für den Testprozess zulässt.

Für die Erstellung von echten Mocks, die genauere Analysen der Art der Nutzung der Mock-Objekte zulassen, bieten alle Programmiersprachen Mock-Bibliotheken, wie z. B. Mockito [@Moc] für Java an.

11.5 Äquivalenzklassentests

In den bisherigen Unterkapiteln wurden Verfahren besprochen, wie man Tests schreiben, bzw. eine Klasse testbar machen kann. Dabei besteht ein Testfall aus der Spezifikation der Eingaben, der Umgebung, z. B. dem Zustand des betrachteten Objekts und dem erwarteten Ergebnis. Das generelle Ziel dabei ist, mit möglichst wenigen Testfällen möglichst viele Fehlerquellen zu überprüfen.

Offen bleibt dabei die Frage nach der sinnvollen Auswahl von Testfällen. Ab der Unit-Ebene, also für einzelne Methoden, aber auch für mögliche Abläufe in Aktivitätsdiagrammen stellt die Äquivalenzklassenmethode [Lig02] einen mächtigen Ansatz dar.

Äquivalenzklassen sind aus der Mathematik bekannt, sie teilen eine Menge in unterschiedliche Teilmengen auf, wobei die Zugehörigkeit zu einer Teilmenge von dem Verhalten der einzelnen Elemente bezüglich einer ausgewählten Funktionalität abhängt. Durch die ganzzahlige Division durch drei werden z. B. alle natürlichen Zahlen in drei so genannte Restklassen aufgeteilt. In der ersten Klasse sind alle durch drei teilbaren

Zahlen {3, 6, 9, …}, in der zweiten Klasse alle Zahlen mit Rest eins {1, 4, 7, …} und in der dritten Klasse alle Zahlen mit Rest zwei {2, 5, 8, …}. Diese Äquivalenzklassen haben unter anderem die Eigenschaft, dass, wenn man zwei beliebige Elemente aus zwei Äquivalenzklassen addiert, man immer ein Ergebnis der gleichen Äquivalenzklasse erhält, dies ist z. B. bei $1+2$ und $7+8$ der Fall, 3 und 15 liegen in der gleichen Äquivalenzklasse.

Die Idee der Äquivalenzklassenbildung wird jetzt auf die möglichen Eingaben für eine Methode oder generell eine angebotene Funktionalität übertragen. Dabei gilt es, aus der Anforderungsbeschreibung möglichst präzise Fälle abzuleiten, die unterschiedlich bearbeitet werden sollen.

Ein erstes Beispiel soll eine Methode sein, die für alle ganzen Zahlen zwischen 0 und 100 ein sinnvolles Ergebnis liefern soll. Zunächst ist immer zu klären, was der informelle Ausdruck „zwischen" bedeutet, ob also die mathematisch exakte Beschreibung der erlaubten Werte bei eins oder null anfängt und bei 99 oder 100 endet. Ist dies geklärt, hat man z. B. eine Äquivalenzklasse mit gültigen Werten $0<x<100$. Da für den Parameter beliebige int-Werte erlaubt sind, sind alle anderen Werte ungültig und sollen z. B. nach der Anforderungsspezifikation zu Ausnahmen führen. Man könnte jetzt eine Klasse mit ungültigen Werten definieren, gerade bei Zahlenwerten ist es aber üblich, zwei Äquivalenzklassen mit ungültigen Werten, einmal mit zu kleinen Werten „x<1" und einmal mit zu großen Werten „x>99", zu bilden. Das grundsätzliche Prinzip, das im Folgenden noch weiter verfeinert wird, ist dann, dass zu jeder Äquivalenzklasse ein Testfall geschrieben wird, es hier z. B. drei Testfälle mit den Werten -2, 7 und 101 gibt.

Die Bildung von Äquivalenzklassen ist bei Nichtzahlenwerten meist etwas komplizierter, wobei für Aufzählungen z. B. mit den erlaubten Werten ROT, GELB und GRUEN einfach jeder einzelne Wert eine Äquivalenzklasse darstellt. Falls kein anderer Wert eingegeben werden kann, wie es z. B. bei Enumeration-Typen der Fall ist, gibt es keine Äquivalenzklasse mit ungültigen Werten. Handelt es sich nicht um eine Enumeration, sondern z. B. um ein Textfeld, in das ein Nutzer beliebige Zeichen eingeben kann, gibt es eine weitere Klasse mit allen ungültigen Eingaben.

Als Beispiel dient eine Methode, genauer ein Konstruktor, zur Verwaltung von Studierendendaten, der ein Name, ein Geburtsjahr und ein Fachbereich übergeben werden. Dabei darf das Namensfeld nicht leer sein, das Geburtsjahr muss zwischen 1900 und 2010 liegen und es können nur die Fachbereiche FBING, FBBWL und FBPOL aus einer Aufzählung übergeben werden. Insgesamt gibt es dann folgende Äquivalenzklassen für die Eingabewerte.

Ä1) Name nicht leer (gültig)
Ä2) Name leer (ungültig)
Ä3) Geburtsjahr kleiner 1900 (ungültig)
Ä4) Geburtsjahr größer-gleich 1900 und kleiner-gleich 2010 (gültig)
Ä5) Geburtsjahr größer 2010 (ungültig)
Ä6) Fachbereich FBING (gültig)
Ä7) Fachbereich FBBWL (gültig)
Ä8) Fachbereich FBPOL (gültig)

Diese Äquivalenzklassen sind zu testen. Da man aber bei einem Methodenaufruf mehrere Parameter zusammen übergeben kann, kann man die Anzahl der Tests verringern. Dabei gilt, dass man beliebig viele gültige Werte aus Äquivalenzklassen zu einem Test kombinieren kann, so kann ein Test gleich die Äquivalenzklassen Ä1, Ä4 und Ä6 abdecken. Bei ungültigen Äquivalenzklassen muss man vorsichtiger sein. Hier gilt die Regel, dass ein Wert aus einer ungültigen Äquivalenzklasse nur zusammen mit gültigen Werten anderer Klassen geprüft werden darf. Man stellt so sicher, dass dieser eine ungültige Wert die Problembehandlung auslöst. Dieser Testfall erlaubt damit auch keine Aussagen über die genutzten gültigen Äquivalenzklassen.

Man kann dann die in Abb. 11.3 beschriebenen Testfälle konstruieren. Sind Klassen in Klammern genannt, bedeutet dies, dass sie bereits mit einem anderen Testfall abgedeckt werden.

Kritische Leser haben sicherlich darauf gewartet, dass man die Grenzen von den Äquivalenzklassen genauer betrachtet, da jeder erfahrene Programmierer weiß, dass hier häufiger Fehler eingebaut werden. So ist ein Fehler für das Geburtsjahr 1986 unwahrscheinlich, eher kann es passieren, dass das Geburtsjahr 2010 als ungültig angenommen wird. Aus diesem Grund wird bei der Testfallerstellung zusätzlich die Grenzwertanalyse genutzt, d. h., dass für jede Äquivalenzklasse, wenn möglich, genau die Grenzen getestet werden, an denen der Übergang zu einer anderen Klasse stattfindet. Dies ist bei Zahlenbereichen sehr gut möglich, da es hier zumeist eine obere oder eine untere Schranke gibt. Die Äquivalenzklasse Ä3 hat die obere Grenze 1899, die Äquivalenzklasse Ä5 die untere Grenze 2011, die Äquivalenzklasse Ä4 die untere Grenze 1900 und die obere Grenze 2010.

Bei der Zahlendarstellung im Computer ist zu beachten, dass es kleinste und größte Zahlen bei den zugehörigen Datentypen gibt. Können diese Grenzen eine Rolle spielen, muss man sie bei der Grenzwertanalyse berücksichtigen. Dies ist im vorgestellten Beispiel nicht der Fall. Bei Fließkommazahlen ist gegebenenfalls noch zu beachten, dass es zwischen der Zahl Null und der kleinsten positiven bzw. negativen Zahl immer eine kleine Lücke gibt, sodass man gegebenenfalls mit diesen kleinsten Zahlen ungleich Null auch testen sollte. Da alle Grenzwerte immer zu einer Äquivalenzklasse gehören, kann man dies bei der Erstellung der Testfälle berücksichtigen.

Testnummer	1	2	3	4	5	6
geprüfte Äquivalenzklassen	Ä1 Ä4 Ä6	(Ä1) (Ä4) Ä7	(Ä1) (Ä4) Ä8	Ä2	Ä3	Ä5
Name	„Meier"	„Schmidt"	„Schulz"	„"	„Meier"	„Meier"
Geburtsjahr	1987	1989	1985	1988	1892	2006
Fachbereich	FBING	FBBWL	FBPOL	FBING	FBING	FBING
Ergebnis	ok	ok	ok	Abbruch	Abbruch	Abbruch

Abb. 11.3 Testfälle zu Äquivalenzklassen

Testnummer	1	2	3	4	5	6
geprüfte Äquivalenz-klassen	Ä1 Ä4U Ä6	(Ä1) Ä4O Ä7	(Ä1) (Ä4) Ä8	Ä2	Ä3O	Ä5U
Name	„Meier"	„Schmidt"	„Schulz"	„"	„Meier"	„Meier"
Geburtsjahr	1900	2010	1985	1988	1899	2011
Fachbereich	FBING	FBBWL	FBPOL	FBING	FBING	FBING
Ergebnis	ok	ok	ok	Abbruch	Abbruch	Abbruch

Abb. 11.4 Erweiterung um Grenzwertanalyse

In Abb. 11.4 sind die Testfälle unter Berücksichtigung der Grenzen angegeben, dabei steht ein „U" für eine berücksichtigte untere und ein „O" für eine berücksichtigte obere Grenze. Durch die Grenzwertanalyse kann es passieren, dass sich die Anzahl der benötigten Testfälle um zwei zu testende Grenzen erhöht.

Jeder der gefundenen Testfälle kann dann in einen getrennten Unit-Testfall umgesetzt werden, wie es hier beispielhaft für die Fälle 1 und 4 beschrieben ist.

```
@Test
public void test1(){
  try{
    new Immatrikulation("Meier",1900,Bereich.FBING);
  }catch(ImmatrikulationsException e){
    fail("falsche Exception");
  }
}

@Test
public void test4(){
  try{
    new Immatrikulation("",1988,Bereich.FBING);
    fail("fehlende Exception");
  }catch(ImmatrikulationsException e){
  }catch(Throwable e){
    fail("falsche Exception");
}
```

Aus objektorientierte Sicht muss man immer über null-Referenzen nachdenken, die dann meist eine eigene Äquivalenzklasse darstellen. Diese null-Werte müssen auch bei Aufzählungstypen beachtet werden. Im Beispiel wurde angenommen, dass die Daten nur über eine Oberfläche einzugeben sind und so null-Referenzen nicht auftreten können.

Mit etwas formaler mathematischer Bildung könnte man fordern, dass jede Äquivalenzklasse mit jeder anderen zusammen geprüft wird, was hier grob zu $2 * 3 * 3 = 18$

Testfällen führen würde. Da man aber bei der Wahl der Klassen davon ausgeht, dass sich diese nicht gegenseitig beeinflussen und die Anzahl der Testfälle sonst auch sehr schnell enorm wachsen würde, verzichtet man auf diesen Ansatz.

Was passiert aber, wenn das Ergebnis doch von der Kombination der Eingabewerte abhängig ist? In diesem Fall sollte man Äquivalenzklassen als Kombinationen der Eingabewerte bilden. Dies kann allerdings leicht zu sehr komplexen Strukturen führen, sodass man als Kompromiss dann wieder zu der ursprünglich getrennten Betrachtung der Eingabeparameter zurückkehrt. Die komplexere Betrachtung von sich gegenseitig beeinflussenden Eingabeparametern wird jetzt mit einem Beispiel verdeutlicht. Es soll eine Methode geschrieben werden, die das Maximum aus den drei übergebenden Zahlen berechnet. Die fehlerhafte Beispielimplementierung sieht wie folgt aus.

```
public class Maxi {
  public static int max(int x, int y, int z){
    int max=0;
    if(x>z)
      max=x;
    if(y>x)
      max=y;
    if(z>y)
      max=z;
    return max;
  }
}
```

Benutzt man den einfachen Äquivalenzklassenansatz, so kann jeder Parameter beliebige Werte annehmen, sodass es für jeden Parameter genau eine Äquivalenzklasse gibt, die alle int-Werte enthält. Es würde dann reichen, einen Testfall zu schreiben, der z. B. die Werte $x=7$, $y=5$ und $z=4$ umfasst. Die Programmausführung liefert das erwartete Ergebnis 7.

Systematischer ist die Überlegung, dass es drei verschiedene Lösungen für die Fälle geben kann, dass das Maximum an erster, zweiter oder dritter Stelle steht. Die zugehörige Testklasse sieht dann wie folgt aus.

```
public class MaxiTest {
  @Test
  public void testErstesMax(){
    Assertions.assertTrue(7 == Maxi.max(7, 5, 4),
          "Maximum an erster Stelle");
  }

  @Test
  public void testZweitesMax(){
```

```
    Assertions.assertTrue(6 == Maxi.max(5, 6, 4),
          "Maximum an zweiter Stelle");
  }

  @Test
  public void testDrittesMax(){
    Assertions.assertTrue(6 == Maxi.max(4, 5, 6),
          "Maximum an erster Stelle");
  }
}
```

Auch diese Tests laufen erfolgreich, man kann aber eine noch genauere Analyse durchführen und die alternativen Anordnungen der Werte berücksichtigen, wo der größte, der zweit-größte und der kleinste Wert steht. Weiterhin sind noch die Fälle zu berücksichtigen, bei denen zwei oder mehr Parameter den gleichen Wert haben. Insgesamt ergeben sich dann folgende Äquivalenzklassen.

x>y=z	y=z>x	y>x=z	x=z>y	z>y=x
y=x>z	z>y>x	z>x>y	y>z>x	y>x>z
x>z>y	x>y>z	x=y=z		

Bei der Ausführung der zugehörigen Testfälle scheitern mehrere dieser Fälle, ein Beispiel sieht wie folgt aus, das falsche Ergebnis ist 5.

```
@Test
public void testXZY() {
  Assertions.assertTrue(6 == Maxi.max(6, 4, 5), "X>Z>Y");
}
```

Dieses kleine Beispiel deutet bereits an, dass die systematische Ableitung von Testfällen, die möglichst alle Probleme aufdecken, eine komplexe und teilweise sehr aufwändige Aufgabe ist. Tests zeigen nur die Abwesenheit von Fehlern in konkreten Situationen, nämlich genau den getesteten Fällen. Eine Garantie der Korrektheit kann so nicht erreicht werden, weshalb in sehr kritischen Fällen über den Einsatz formaler Ansätze nachgedacht werden muss.

Die bisher gezeigten Fälle berücksichtigen die Objektorientierung nicht, da der Zustand eines Objekts bei den bisherigen Betrachtungen eines Konstruktors und einer Klassenmethode keine Rolle spielten. Setzt man den Äquivalenzklassenansatz konsequent für Objekte um, dann ist der Objektzustand ein weiterer Eingabeparameter. Man muss dazu untersuchen, welche unterschiedlichen Objektzustände das Berechnungsergebnis beeinflussen können. Damit werden Äquivalenzklassen für alle möglichen Objektzustände gebildet, die dann bei der Testfallerstellung berücksichtigt werden müssen. Die Komplexität der Objekt-Äquivalenzklassen hängt unter anderem stark von der Anzahl der Exemplarvariablen ab. Im folgenden Beispiel gibt es nur eine Exemplarvariable, was die Betrachtung vereinfacht.

In einem Bestellsystem wird für jeden Kunden im Objekt einer Klasse Zuverlaessigkeit festgehalten, wie er bezüglich seines Bezahlverhaltens eingestuft wird. Diese Einstufung wird durch die folgende Aufzählung beschrieben.

```
package kapitel11_OOTestZuverlaessigkeit;
public enum Bezahlstatus {
    STANDARD, GEPRUEFT, KRITISCH;
}
```

Die Klasse Zuverlaessigkeit soll eine Methode anbieten, mit der geprüft werden kann, ob eine Bestellung über eine bestimmte Summe ohne eine weitere Liquiditätsprüfung erlaubt wird. Die Bestellung soll für geprüfte Kunden immer und für kritische Kunden nie ohne zusätzliche Prüfung möglich sein. Für sonstige Kunden muss eine Prüfung ab einer Bestellsumme von 500 € erfolgen. Die zu testende Implementierung sieht wie folgt aus.

```
package kapitel11_OOTestZuverlaessigkeit;
public class Zuverlaessigkeit {
    private Bezahlstatus status;

    public void setStatus(Bezahlstatus status){
        this.status=status;
    }

    public boolean einkaufssummePruefen(int wert){
        switch(this.status){
            case GEPRUEFT:{
                return true;
            }
            case STANDARD:{
                return wert<500;
            }
        }
        return false;
    }
}
```

Bei der reinen Äquivalenzklassenanalyse würde man nur den Eingabeparameter wert untersuchen und zwei Intervalle für gültige Äquivalenzklassen, kleiner 500 € und größergleich 500 €. definieren. Diese Betrachtung berücksichtigt die Einstufung des Kunden nicht. Aus diesem Grund werden drei gültige Äquivalenzklassen für die möglichen Objektzustände ergänzt.

Bei einer reinen Betrachtung der zwei getrennten Eingabeparameter Bestellwert und Objektzustand würde man auch bei der Berücksichtigung von Grenzfällen auf drei Tests kommen, bei denen die unterschiedlichen Objektäquivalenzklassen mit jeweils einem der Bestellwerte 499 und 500 kombiniert werden.

Da bekannt ist, dass die Parameter zusammen das Ergebnis beeinflussen, müssen die kombinierten Äquivalenzklassen aus Objektzustand und Bestellwert betrachtet werden, wodurch zumindest für Standardkunden die Werte 499 und 500 in einem vierten Test zu prüfen sind. Bei sehr kleinen Anzahlen von Äquivalenzklassen kann man auch zur Kombination aller Einzelklassen übergehen und die Überprüfung mit den Werten 499 und 500 auch für die anderen Objektzustände durchführen, da dies durchaus zusätzliche Fehlerquellen bei der Realisierung sein könnten. Insgesamt enthält man dann die folgenden sechs Tests, die keine Fehler in der Implementierung zeigen. Man erkennt weiterhin, dass es zur Testerstellung wichtig ist, dass man von außen leicht Objektzustände durch set-Methoden erreichen können muss. Diese Methoden müssen gegebenenfalls zum Testen ergänzt werden.

```
public class ZuverlaessigkeitTest {

   private Zuverlaessigkeit zvl;

   @BeforeEach
   protected void setUp() throws Exception {
      this.zvl= new Zuverlaessigkeit();
   }

   @Test
   public void testGeprueft1(){
          this.zvl.setStatus(Bezahlstatus.GEPRUEFT);
          Assertions.assertTrue(
               this.zvl.einkaufssummePruefen(499));
   }

   @Test
   public void testGeprueft2(){
     this.zvl.setStatus(Bezahlstatus.GEPRUEFT);
     Assertions.assertTrue(
        this.zvl.einkaufssummePruefen(500));
   }

   @Test
   public void testKritisch1(){
     this.zvl.setStatus(Bezahlstatus.KRITISCH);
     Assertions.assertFalse(
        this.zvl.einkaufssummePruefen(499));
   }
```

```
    @Test
    public void testKritisch2(){
      this.zvl.setStatus(Bezahlstatus.KRITISCH);
      Assertions.assertFalse(
         this.zvl.einkaufssummePruefen(500));
    }

    public void testStandard1(){
      this.zvl.setStatus(Bezahlstatus.STANDARD);
      Assertions.assertTrue(
         this.zvl.einkaufssummePruefen(499));
    }

    @Test
    public void testStandard2(){
      this.zvl.setStatus(Bezahlstatus.STANDARD);
      Assertions.assertFalse(
      this.zvl.einkaufssummePruefen(500));
    }
}
```

Die Äquivalenzklassenmethode kann auch bei Tests auf abstrakterer Ebene eingesetzt werden, wenn man z. B. nur den Text einer Anforderung als Grundlage hat. Dabei muss man sich nur unterschiedliche Eingabebereiche ausdenken. Damit ist dieses Konzept der systematischen Konstruktion von kritischen Parametern und Objektzuständen die zentrale Idee zur Testfallerstellung.

Man kann den Äquivalenzklassenansatz auch umkehren, indem man sich ausgehend von unterschiedlichen Ergebnissen überlegt, welche Form die Eingaben haben müssen. Man spricht dann von Ausgabeäquivalenzklassen. Es ist dann zu beachten, dass ein Ergebnis wie eine Exception unterschiedliche Gründe in der Eingabe haben kann.

11.6 Kontrollflussbezogene Testverfahren

Die vorher vorgestellte Äquivalenzklassenmethode betrachtet die zu untersuchende Funktionalität von außen. Es wird nur das Ein-Ausgabeverhalten betrachtet, was auch Black-Box-Sicht genannt wird. Bei der Erstellung der Methoden weiß der Entwickler, warum er eine bestimmte Struktur aus Schleifen und Alternativen gewählt hat. Damit eine Methode vollständig getestet wird, muss zumindest jedes Programmteilstück einmal ausgeführt werden. Dies wird durch die Äquivalenzklassenmethode nicht garantiert, auch wenn sich aus den Eingabeäquivalenzklassen die Gründe für Verzweigungen in den Methoden ergeben sollten.

Die jetzt vorgestellten Überdeckungsverfahren orientieren sich an der detaillierten Programmstruktur, es wird genau in die untersuchten Methoden hineingeschaut. Dies wird auch White-Box-Sichtweise genannt.

Zu jedem Programm kann man einen gerichteten Kontrollflussgraphen angeben, der die möglichen Programmausführungen beschreibt. Dabei sind die Knoten des Graphen ausgeführte Befehle, die durch gerichtete Kanten verbunden werden. If-Befehle, Switch-Befehle und Schleifen führen dabei zu Verzweigungen im Graphen.

Abb. 11.5 zeigt links eine Methode und daneben den zugeordneten Graphen. Die Methode soll für alle positiven geraden Zahlen das Quadrat dieser Zahl und sonst den Wert Null liefern. Bei der Erstellung des Graphen gibt es einige Freiheiten, z. B. kann man sich fragen, ob schließende Klammern eigene Knoten sind, weiterhin ist die Anweisung i=i-1 unschön in eine andere Zuweisungszeile mit i– eingeflochten und sollte vielleicht als eigener Knoten dargestellt werden. Um die Graphen zu vereinheitlichen, gibt es folgende Regeln, mit denen mehrere Knoten $k_1,k_2,\ldots,k_n$, die nacheinander durchlaufen werden können, also $k_1 \rightarrow k_2 \rightarrow \ldots \rightarrow k_n$, zu einem Knoten verschmolzen werden.

a. „Man kommt nur über $k_1$rein.“: Die Knotenfolge wird bei jedem Durchlauf immer nur über k_1 betreten, es gibt außer den genannten Kanten keine weiteren Kanten, die in $k_2,\ldots,k_n$ enden.
b. „Man kommt nur über k_n raus.“: Die Knotenfolge wird bei jedem Durchlauf immer nur über k_n verlassen, es gibt außer den genannten Kanten keine weiteren Kanten, die in $k_1,\ldots,k_{n-1}$ beginnen.
c. „Man kann keinen Knoten hinzunehmen.“: Die Knotenfolge ist maximal bezüglich a) und b).

Für das Beispiel bedeutet dies nur, dass die beiden ersten Knoten verschmolzen werden, da alle anderen Knoten zumindest eine der genannten Bedingungen nicht erfüllen. Die Knoten 2 und 3 können z. B. nicht verschmolzen werden, da es eine Kante von 2 nach 4 gibt, die gegen die Forderung b) verstößt. Die Frage nach dem eigenen Knoten für i– stellt sich damit nicht mehr, da dieser zusätzliche Knoten wieder wegoptimiert werden würde. Der minimale Graph zum Beispiel befindet sich rechts in Abb. 11.5.

Der Ansatz bei den vorgestellten Überdeckungsmaßen ist, dass man fordert, dass mit einer Menge von Testfällen das jeweilige Maß möglichst groß, genauer möglichst der Wert Eins, ist.

Im ersten Fall wird für die sogenannte Anweisungsüberdeckung, auch C0-Überdeckung genannt, gezählt, wie viele Knoten von den Tests besucht wurden. Das Maß der Anweisungsüberdeckung berechnet sich damit als.

$$\frac{\text{Anzahl der besuchten Knoten}}{\text{Anzahl aller Knoten}}$$

In Abb. 11.6 sieht man, dass der Test mit $\{-1\}$, was die Kurzform für einen Test mit $ein=-1$ sein soll, eine Anweisungsüberdeckung von 5/6 liefert. Die zur vollständigen Angabe eines Testfalls benötigte Spezifikation des erwarteten Ergebnisses ist hier vereinfachend weggelassen, da es für Überdeckungsbegriffe keine Rolle spielt. Der Testfall $\{0\}$ liefert eine Überdeckung von 2/3, der Testfall $\{1\}$ eine vollständige Anweisungs-

```
public int aha(int ein){
  int erg=-ein/2;              // 0
  int i=ein;                   // 1
  while(i>0){                  // 2
    erg=erg+(i--);             // 3
  }
  if (ein <0 || ein%2==1){// 4
    erg=0;                     // 5
  }
  return erg*2;                // 6
}
```

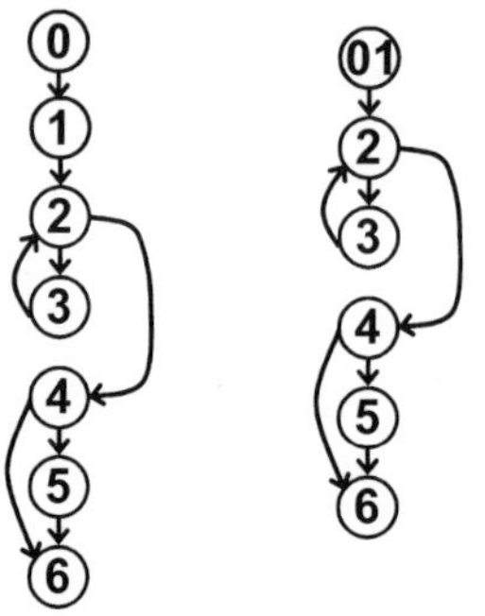

Abb. 11.5 Kontrollflussgraphen zu einer Methode

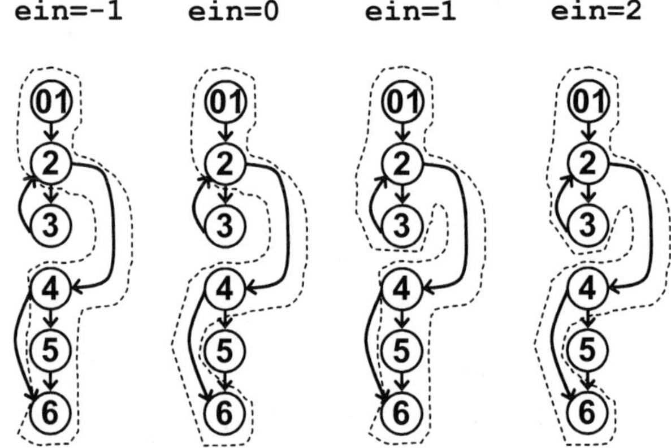

Abb. 11.6 Beispiele für Testüberdeckungen

überdeckung. Die Testfälle $\{-1{,}2\}$ liefern ebenfalls eine vollständige Anweisungsüberdeckung. Man beachte, dass es bei verschachtelten Programmen oft nicht möglich ist, mit nur einem Testfall eine vollständige Überdeckung zu erreichen.

Die Anweisungsüberdeckung ist ein sehr grobes Maß, da hier nur Knoten, aber nicht die Ausführungspfade betrachtet werden. So hat der Testfall $\{1\}$ zwar eine vollständige Anweisungsüberdeckung, es werden aber nicht alle möglichen Pfade durchlaufen. Die Kante vom Knoten 4 zum Knoten 6 wird nicht benutzt. Dies führt zur Definition der Zweigüberdeckung, auch Kantenüberdeckung oder C1-Überdeckung genannt, die fordert, dass alle Kanten überdeckt werden, das Maß ist damit wie folgt definiert.

$$\frac{\text{Anzahl der besuchten Kanten}}{\text{Anzahl aller Kanten}}$$

Aus einer vollständigen Zweigüberdeckung folgt aus der Definition der Graphen eine vollständige Anweisungsüberdeckung. In Abb. 11.7 sind für das Beispiel einige Überdeckungen von Testfallmengen angegeben.

Die Berechnung von Überdeckungsmaßen muss immer durch ein Software-Werkzeug erfolgen. Eine systematische Erweiterung von Programmen von Hand zur Messung einer Überdeckung macht wenig Sinn, da der Quellcode recht aufwendig annotiert werden muss. In der Praxis spielt die Zweigüberdeckung eine große Bedeutung, da mit ihr zumindest alle Programmabschnitte einmal mit ihren Verknüpfungsmöglichkeiten durchlaufen werden.

Aber auch die Zweigüberdeckung garantiert nicht, dass wirklich alle programmierten Alternativen getestet werden. Betrachtet man eine bedingte Anweisung der Form if(a || b), so reicht es für eine Zweigüberdeckung aus, dass b den Wert false und a einmal den Wert true sowie einmal den Wert false hat. Durch diese Tests wird die Bedeutung von b nicht genau betrachtet, da b nie den Wert true hat. Diese Überlegung führt zu einem alternativen Überdeckungsmaß, das sich nicht am Programmablauf, sondern an den im Programm vorkommenden Booleschen Bedingungen orientiert. Historisch heißt diese einfache Bedingungsüberdeckung auch C2-Überdeckung, wobei sie mit der Zweig- also der C1-Überdeckung, wie später noch gezeigt, nichts zu tun hat. Die die einfache Bedingungsüberdeckung, ist wie folgt definiert.

$$\frac{\begin{array}{c}\text{Anzahl aller nach wahr ausgewerteten Atome}\\ +\text{ Anzahl aller nach falsch ausgewerteten Atome}\end{array}}{2 * \text{Anzahl Atome}}$$

Ein Atom ist dabei ein nicht weiter zerlegbarer Boolescher Ausdruck, der im Programm vorkommt. In der Bedingung (ein<0 || ein%2= =1) sind ein<0 und ein%2= =1 die Atome. Insgesamt hat das Beispielprogramm mit i>0 noch ein drittes Atom.

Ein besonderes Problem stellt in Java, C#, C+ +, C und anderen Sprachen hierbei die so genannte Kurzschlussauswertung dar. Dies bedeutet, dass z. B. bei a||b die Auswertung endet, wenn a nach true ausgewertet wird und damit der gesamte Ausdruck wahr ist. Dies spart Rechenzeit und ist logisch sinnvoll, da das Ergebnis des gesamten Ausdrucks nach dem ersten Schritt bereits bekannt ist. Kritisch ist es, wenn b einen gewollten, damit aber programmiertechnisch sehr unschönen Seiteneffekt hat. Ein einfaches Beispiel ist die Bedingung x<4 || x/0= =42. Für x-Werte kleiner 4 wird die Bedingung problemlos ausgewertet, da das illegale Teilen durch Null nie stattfindet. In Java kann man die Kurzschlussauswertung verhindern, indem | statt || und & statt && genutzt wird.

Testfälle	{-1}	{0]	{1}	{2}	{-1,0}	{0,1}	{1,2}	{-1,1}
Zweigüberdeckung	4/7	3/7	6/7	5/7	5/7	7/7	7/7	6/7

Abb. 11.7 Beispiele für Zweigüberdeckung

Testfälle	{-1}	{0}	{1}	{2}	{-1,0}	{0,1}	{1,2}	{-1,1}	{-1,1,2}
`i>0`	f	f	f,t	f,t	f	f,t	f,t	f,t	f,t
`ein<0`	t	f	f	f	t,f	f	f	t,f	t,f
`ein%2==1`	-	f	t	f	f	f,t	t,f	t	t,f
einfache Bedingungsüberdeckung	2/6	3/6	4/6	4/6	4/6	5/6	5/6	5/6	6/6

Abb. 11.8 Beispiele für Einfache Bedingungsüberdeckung

Abb. 11.8 zeigt für verschiedene Mengen von Testfällen die zugehörige Einfache Bedingungsüberdeckung mit t für true, f für false und einen Strich, wenn keine Auswertung wegen der Kurzschlussauswertung stattfindet.

Wichtig ist, dass die einfache Bedingungsüberdeckung nichts mit der Anweisungs- oder Zweigüberdeckung zu tun hat, d. h. man kann weder aus einer vollständigen einfachen Bedingungsüberdeckung auf eine vollständige Anweisungs- oder Zweigüberdeckung noch aus einer vollständigen Anweisungs- oder Zweigüberdeckung auf eine vollständige einfache Bedingungsüberdeckung schließen. Betrachtet man die Bedingung

a | b

so genügen für eine vollständige einfache Bedingungsüberdeckung die beiden Fälle a = true und b = false sowie a = false und b = true. In beiden Fällen wird die gesamte Bedingung nach true ausgewertet und so bei einer if-Anweisung die Kanten und Knoten des else-Zweiges nicht durchlaufen.

Betrachtet man den gleichen Booleschen Ausdruck aus Sicht der vollständigen Anweisungs- und Zweigüberdeckungen, so reichen hierfür die Fälle a = true und b = false sowie a = false und b = false aus, um alle Kanten und Knoten zu durchlaufen. Dies genügt aber den Anforderungen der einfachen Bedingungsüberdeckung nicht.

Die verschiedenen Überdeckungsarten werden bei der minimalen Mehrfachbedingungsüberdeckung, auch C3-Überdeckung genannt, zusammengeführt, da hier nicht nur alle Atome, sondern alle in Bedingungen auftretenden Teilprädikate betrachtet werden. Für die Bedingung

(a || b) && (c || d)

werden damit die sieben Bedingungen a, b, c, d, a || b, c || d und (a || b) && (c || d) betrachtet. Die Formale Definition der minimalen Mehrfachbedingungsüberdeckung, lautet.

$$\frac{\begin{array}{c}\text{Anzahl aller nach wahr ausgewerteten Teilbedingungen}\\ +\ \text{Anzahl aller nach falsch ausgewerteten Teilbedingungen}\end{array}}{2 * \text{Anzahl aller Teilbedingungen}}$$

Dabei wird z. B. auch (a || b) && (c || d) als Teilbedingung von sich selbst aufgefasst.

Abb. 11.9 zeigt einige Berechnungen für die minimale Mehrfachbedingungsüberdeckung für unser Beispiel. Man kann leicht aus der Definition folgern, dass aus einer minimalen Mehrfachbedingungsüberdeckung auch eine einfache Bedingungs- und eine Zweig-, damit auch eine Anweisungsüberdeckung folgt.

Abb. 11.10 zeigt die Zusammenhänge zwischen den unterschiedlichen Überdeckungen. In der Literatur gibt es weitere Überlegungen zu Überdeckungen. In unseren Betrachtungen spielten z. B. Kombinationen aus Knoten der Bedingungen keine Rolle, es wurde z. B. nie gefordert, dass, wenn möglich, ein Test die Knoten 3 und 6 zusammen berücksichtigen soll. Einen gelungen Überblick über weitere Überdeckungsmöglichkeiten findet man in [Lig02]. Da der Aufwand für die Berechnung der Überdeckungen immer komplexer wird, es leider nur wenige Werkzeuge gibt, die eine minimale Mehrfachbedingungsüberdeckung berechnen und die Entwicklung von Tests, die eine Überdeckung von 96 % auf 97 % erhöht, sehr aufwendig sein können, spielen in der Praxis meist nur die Zweig- und die einfache Bedingungsüberdeckung eine Rolle. Dabei

Testfälle	{-1}	{0}	{1}	{2}	{-1,0}	{0,1}	{1,2}	{-1,1}	{-1,1,2}
`i>0`	f	f	f,t	f,t	f	f,t	f,t	f,t	f,t
`ein<0`	t	f	f	f	t,f	f	f	t,f	t,f
`ein%2==1`	-	f	t	f	f	f,t	t,f	t	t,f
`ein<0||ein%2==1`	t	f	t	f	t,f	f,t	t,f	t	t,f
minimale Mehrfachbedingungsüberdeckung	3/8	4/8	5/8	5/8	6/8	7/8	7/8	6/8	8/8

Abb. 11.9 Beispiele für minimale Mehrfachbedingungsüberdeckung

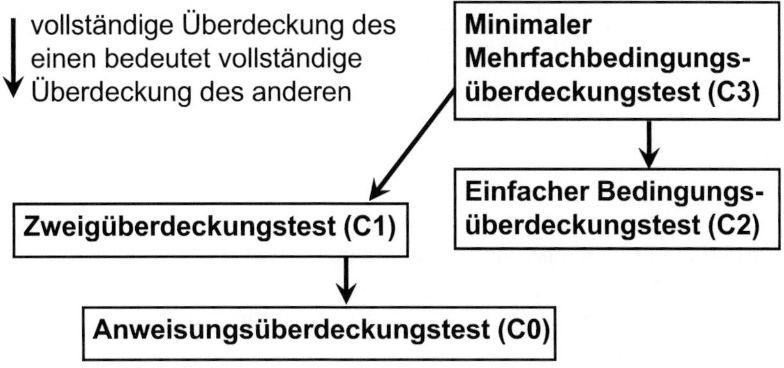

Abb. 11.10 Zusammenhänge zwischen den Überdeckungen

werden diese Überdeckungen teilweise auch in Standards für kritische Software, z. B. in der Norm RTCA DO 178 B aus dem Avionik-Bereich, gefordert.

Wichtig ist, dass Überdeckungstests niemals alleine genutzt werden dürfen, da sie nicht in der Lage sind, Fehler zu finden, die auf einer falschen Interpretation der Anforderungen beruhen. Wird ein Teil der Anforderungen z. B. schlicht nicht implementiert, kann trotz einer vollständigen Überdeckung das Programm funktional unvollständig sein.

Um ein bestimmtes Überdeckungsmaß zu garantieren, gibt es verschiedene Taktiken. Man kann sich vollständig auf die Überdeckungstests konzentrieren, was sehr aufwendig wird, falls noch andere Testverfahren verwendet werden. Eine Alternative ist dann, zunächst ein anderes Verfahren, wie die Äquivalenzklassenmethode, anzuwenden, bei deren Nutzung die Überdeckung bereits berechnet wird. Erst wenn das gewünschte Überdeckungsmaß so nicht erreichbar ist, werden weitere, z. B. echte Überdeckungstests, ergänzt. Dabei ist zu bedenken, dass das Nichterreichen einer bestimmten Überdeckung konkrete Gründe haben kann, die die weitere Qualitätssicherung, eventuell aber auch die Entwicklung beeinflussen. Beispielhafte Gründe sind:

- mangelnde Äquivalenzklassenbildung, es wurden zu wenig Eingabeäquivalenzklassen betrachtet, sodass einige Ablaufalternativen nicht getestet werden
- mangelhafter Programmierstil, wenn Methoden zu lang sind oder zu viele Alternativen enthalten, sind sie schwer testbar und sollten verändert werden
- Entwicklung überflüssiger Programmanteile, da der Entwickler Einsatzfälle für seine Methode annahm, die nie eintreffen, dabei ist aber kritisch zu hinterfragen, ob diese Fälle wirklich nicht möglich sind und ob diese Fälle eventuell für spätere Erweiterungen im Programmcode bleiben sollen.

Überdeckungsverfahren eignen sich für alles, was durch einen Ablaufgraphen dargestellt werden kann. Dies bedeutet, dass man den Ansatz z. B. auch für Aktivitätsdiagramme und Zustandsdiagramme nutzen kann.

Das [Kle19] entnommene Beispiel in Abb. 11.11 zeigt, dass ein zu hohes Vertrauen in die bisher gezeigten Kontrollflussverfahren nicht angebracht ist. Die Methode berechnet das Maximum von drei übergebenen Werten, ist x>z wird zunächst x genommen, ist dann y größer ist es y oder soll dann z größer sein ist es z. Abb. 11.12 visualisiert drei Testfälle, die alle vier vorgestellten Überdeckungsarten zu 100 % erfüllen und bei denen das gewünschte Ergebnis herauskommt. Trotzdem hat die Methode zwei Fehlerarten. Sollten alle Parameter den gleichen Wert haben kommt unabhängig von dem konkreten Wert immer 0 als Ergebnis heraus. Ist weiterhin z größer als y spielt der x-Wert keine Rolle, auch wenn dies der größte Wert ist.

Das Beispiel soll als Warnung vor einem zu großen Fokus auf das Erreichen einer hohen Überdeckung als totale Sicherheit dienen. Generell bleibt der bereits genannte Weg, zunächst das typische Verhalten zu testen und sich dann genauer intensiv mit Überdeckungswerten zu beschäftigen, sehr sinnvoll.

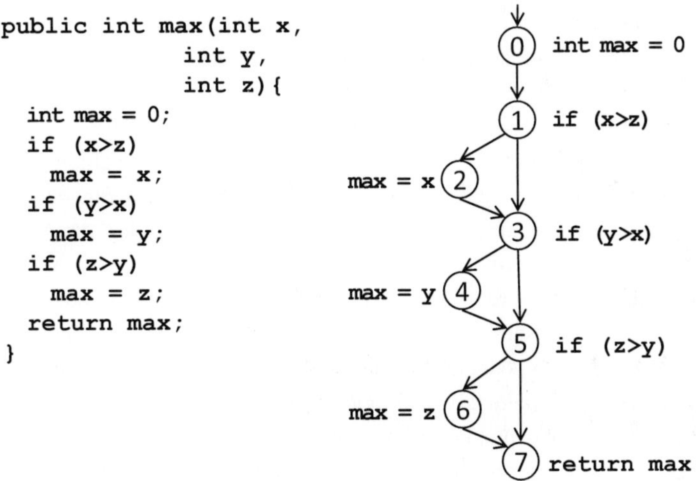

Abb. 11.11 Maximumberechnung mit Kontrollflussgraph [Kle19]

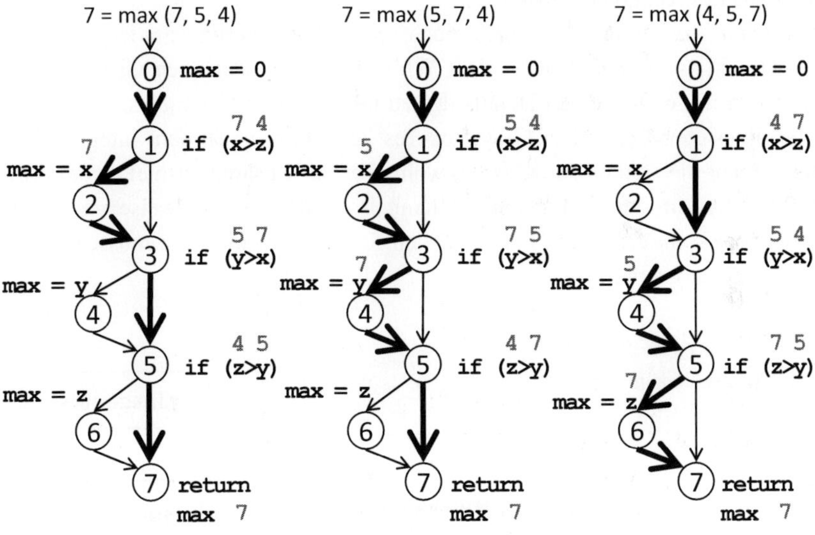

Abb. 11.12 Maximumberechnung mit Zweigüberdeckung [Kle19]

11.7 Testarten und Testumfeld

In den vorherigen Unterkapiteln wurden verschiedene Testmöglichkeiten vorgestellt und auf ihre Einsatzgebiete eingegangen. Dabei standen die Tests der Funktionalität im Vordergrund. In diesem Unterkapitel werden die Testarten in eine Systematik eingeordnet und gezeigt, wie man bei dem Test weiterer Eigenschaften vorgeht.

Wie bereits bei der Diskussion von Vorgehensmodellen angedeutet, kann man die in Abb. 11.13 gezeigten Testebenen trennen, die von oben nach unten pro Entwicklungsiteration durchlaufen werden. Beim Klassentest oder Unit-Test steht der Test der einzelnen, meist gerade entwickelten Funktionalität im Vordergrund. Diese Testart wird meist vom Entwickler selbst durchgeführt, wobei Vorgaben aus der Qualitätssicherung zu berücksichtigen sind. Diese Vorgaben enthalten z. B. Regeln, dass für jede Methode mindestens ein getrennter Test geschrieben werden und dass zumindest die Anweisungsüberdeckung bei 95 % liegen muss.

Beim Integrationstest werden die einzelnen Klassen zu Paketen oder auch Software-Einheiten schrittweise zusammengesetzt. Für jede neue Klasse werden dabei Tests geschrieben, die das Zusammenspiel mit den anderen Klassen testen. Im nächsten Schritt werden die einzelnen Pakete als Komponenten zum vollständigen System integriert. Dabei sind das Zusammenspiel der Komponenten untereinander und das Zusammenspiel mit anderen Programmen, die die Schnittstelle zum gesamten Anwendungssystem bilden, beim Systemtest zu beachten. All diese Tests finden üblicherweise beim Hersteller der Software statt. Der Abnahmetest findet dann beim Kunden statt, wobei häufig die Systemtests in der realen Umgebung wiederholt werden, weiterhin wird auf besondere Testwünsche des Kunden eingegangen.

Man kann die Testansätze auch nach ihren Detaillierungsgraden unterscheiden, was in Abb. 11.14 beschrieben ist. Der White-Box-Test oder auch Glass-Box-Test beschäftigt sich mit den internen Details des zu untersuchenden Objekts, dies findet meist auf Klassentestebene statt. Der Gray-Box-Test entspricht meist dem Integrationstest, da hier nicht mehr die Details der Klassen, wohl aber das Zusammenspiel detailliert geprüft wird. Beim System- und Abnahmetest handelt es sich üblicherweise um Black-Box-Tests, bei dem keine Details des zu testenden Systems bekannt sein müssen, es wird nur das äußere Verhalten betrachtet.

Abb. 11.13 Testebenen

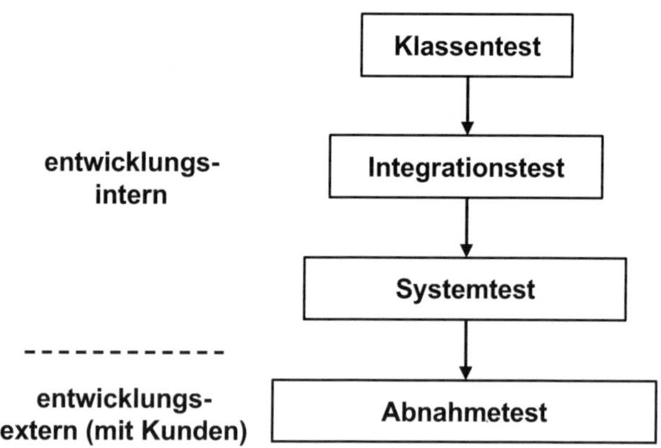

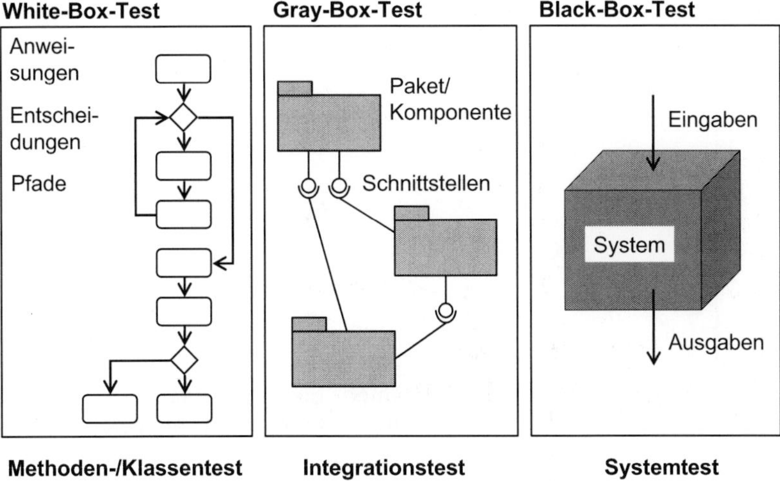

Abb. 11.14 Detaillierungsgrade von Tests

Die angedeutete Zuordnung der Testphasen zu den Sichtweisen muss nicht in dieser Form passieren. Stellt sich der Integrationstest z. B. als zu aufwendig heraus, da die schrittweise Ergänzung von Software-Paketen durch eine komplexe Hardwarenetzwerkstruktur erschwert wird, kann ein Gray-Box-Test auch auf Systemebene stattfinden.

Ein weit verbreiteter Ansatz, alle Tests auf Systemebene durchzuführen, kann zu neuen unkalkulierten Aufwänden führen, wenn für einen gefundenen Fehler erst lange untersucht werden muss, welche Klassen warum für diesen Fehler verantwortlich sind. Dieser Zusammenhang wird durch die Kurve in Abb. 11.15 sichtbar, die zeigt, dass die Kosten für die Behebung eines Fehlers sich meist drastisch erhöhen, je länger der Zeitabstand im Projekt zwischen dem Auftreten des Fehlers und seiner Erkennung ist.

In Abb. 11.16 wird der Zusammenhang zwischen den verschiedenen Entwicklungsphasen mit zugeordneten UML-Sprachelementen und den Testphasen verdeutlicht. Wichtig ist dabei die Grundidee, dass bereits bei der Entwicklung darüber nachgedacht werden sollte, ob und wie z. B. die korrekte Umsetzung eines Aktivitätsdiagramms später geprüft werden kann.

11.7.1 Regressionstests

Grundsätzlich gilt, dass alle geschriebenen Tests einer zentralen Verwaltung zugeführt werden müssen, dabei muss für jeden Test eindeutig sein, unter welchen Bedingungen er laufen soll und wie das erwartete Testergebnis aussieht. Dies ist gerade bei der inkrementellen

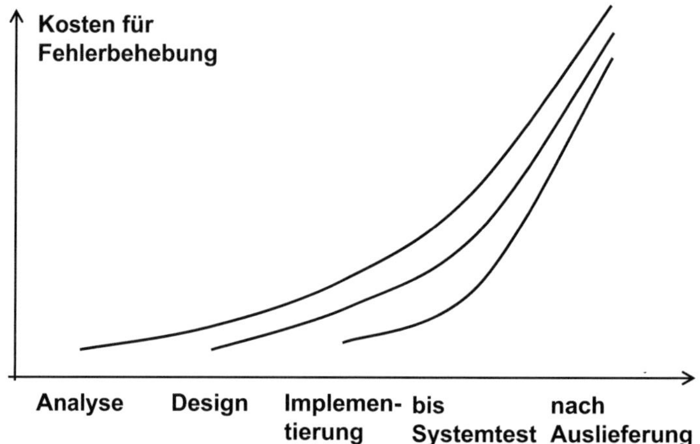

Abb. 11.15 Kosten für Fehlerbeseitigung

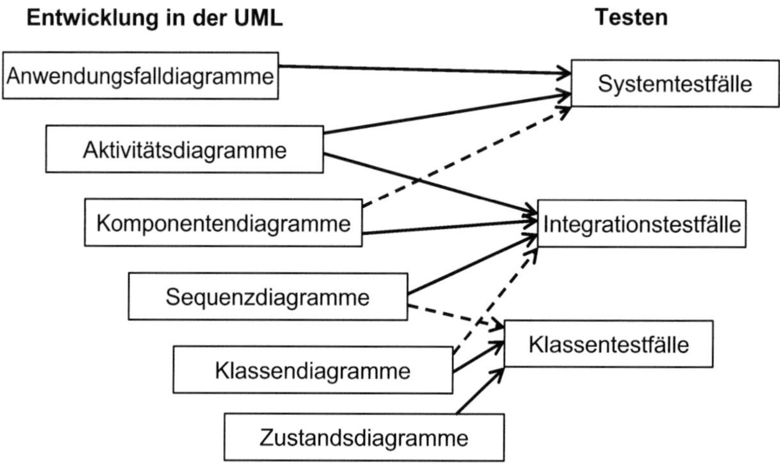

Abb. 11.16 UML-Sprachelemente zur Testfindung

Entwicklung von Bedeutung, da die Tests vorheriger Iterationen für eine neue Iteration wiederholt werden sollen. Bei diesem Ansatz spricht man von dem in Abb. 11.17 beschriebenen Regressionstest, bei dem die Testdatenbank in jeder Iteration mit weiteren Tests gefüllt wird und für jede Iteration alle vorhandenen Tests erfolgreich durchlaufen werden müssen.

Insgesamt ergibt sich dann das in Abb. 11.18 beschriebene Bild, bei dem mit jeder Iteration die Menge der Tests wächst. Nach jeder Iteration werden die alten und die neu entwickelten Tests durchgeführt.

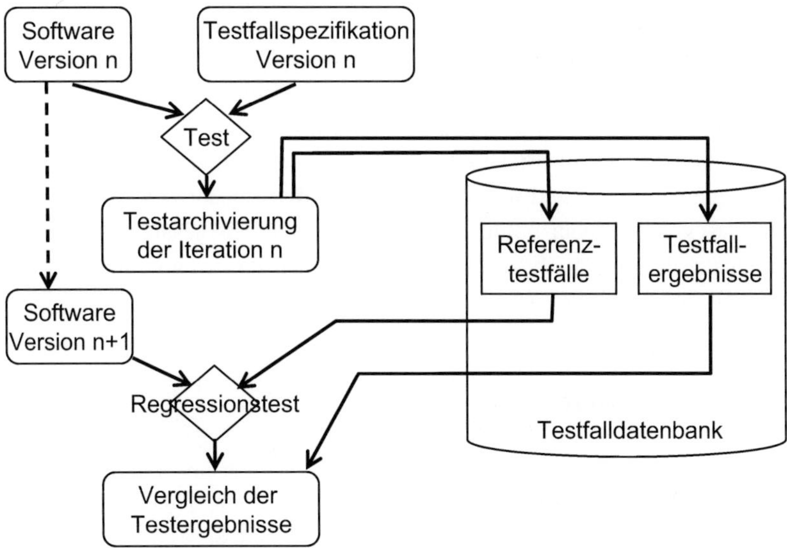

Abb. 11.14 Testfallverwaltung

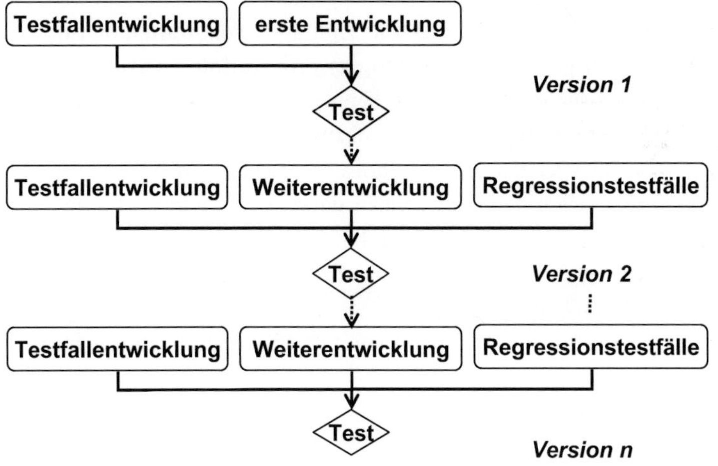

Abb. 11.18 Anwachsen von Testsystemen

11.7.2 Lasttests

Neben der Funktionalität spielt das Laufzeit- und das Speicherverhalten der erstellten Software eine wichtige Rolle. Zu diesem Zweck werden sogenannte Lasttest-Werkzeuge genutzt. Dazu wird ein Testszenario beschrieben, mit dem eine hohe Auslastung des Systems erreicht werden kann. Spezielle Testsoftware ist z. B. in der Lage, den simultanen Zugriff mehrerer 1000 Nutzer auf ein System zu simulieren. Es werden dann der maximale Speicherverbrauch und die maximale Antwortzeit gemessen. Zur Analyse und Verbesserung ist es dabei notwendig, diese Werte nicht nur auf globaler Ebene, sondern auch auf Methodenebene zu erheben. Es kann z. B. protokolliert werden, wie häufig eine Programmzeile ausgeführt und wie viel Rechenzeit dafür benötigt wurde. So werden sogenannte Flaschenhälse oder bottle-necks gefunden, die das gesamte System aufhalten. Zu beachten ist, dass die Analysesoftware auch Rechenzeit benötigt und dass es möglich sein muss, die protokollierten Werte mit realen Werten abzugleichen.

11.7.3 Tests von Oberflächen

Generell sind Oberflächen normale Software-Komponenten und können deshalb in der Entwicklung und Nutzung genau wie andere Software auch getestet werden. Dabei wurde das Design, wie in Kap. 10 beschrieben, getrennt betrachtet. Insbesondere die Äquivalenzklassenmethode eignet sich zur Erstellung von Testklassen.

Ein eher technisches Problem ist, dass die Ausführung der Tests meist nicht mit den Standardtestwerkzeugen ausgeführt werden kann. Aus diesem Grund werden hierzu häufig so genannte Capture-and-Replay-Werkzeuge genutzt. Die zentrale Idee ist dabei, dass die Nutzung der Oberfläche, also z. B. das Eintragen von Werten und das Ziehen sowie Klicken der Maus, aufgezeichnet wird. In das Protokoll dieser Aufzeichnung kann man die geforderten Eigenschaften, z. B. Ausgaben, angezeigte Texte und Anzeigefarben, eintragen. Teilweise besteht auch die Möglichkeit, dass Teile des Bildschirms als Bild mit vorher gemachten Bildern, also Screen-Shots, verglichen wird.

Die so aufgezeichneten Testfälle können dann immer wieder, bei jedem neuen Software-Release, möglichst automatisch durchgeführt werden. Testwerkzeuge mit Replay-Möglichkeit führen dann die aufgezeichneten Mausbewegungen aus. Weiterhin ist eine spätere Anpassung der Testfälle möglich.

Generell ist gerade bei der Erstellung von Oberflächentests zu beachten, dass man für die Tests eine sinnvolle Testarchitektur aus Sicht der Testsoftware aufbaut. Dabei geht es darum, die Tests so zu organisieren, dass Änderungen der zu testenden Software nicht dazu führen, dass alle Tests neugeschrieben werden müssen. Ein Ansatz ist es dabei, Testschritte in einzelnen Methoden zu kapseln und dann die echten Tests aus diesen Schritten zusammenzubauen. Wird dann z. B. ein Knopf woanders in der Oberfläche platziert, muss nur die Test-Software für diesen einzelnen Schritt angepasst werden.

11.8 Metriken

Zur Bewertung der Qualität von Oberflächen wurde im Kap. 10 ein Kriterienkatalog aufgestellt, dann für jedes Kriterium ein Bewertungsbereich sowie eine Gewichtung festgelegt und daraus dann ein Wert, d. h. ein Maß für die Qualität, berechnet. Diese Idee,

Indikatoren zu bewerten und daraus dann Schlüsse zu ziehen, ist auch in anderen Bereichen wie der Betriebswirtschaft mit Balanced Scorecards zur Bewertung von Firmensituationen [FS04] verbreitet.

Solche Maßzahlen sind z. B. zur Beurteilung des Fertigstellungsgrades eines Projekts nutzbar. Abb. 11.19 zeigt dazu Beispiele mit möglichen Bewertungskriterien. Es wird davon ausgegangen, dass am Anfang des Projekts ein Überblick über die Funktionalität mit Anwendungsfällen geschaffen wurde. Dann kann man festhalten, wie viele dieser Anwendungsfälle realisiert, wie viele der Software-Pakete kodiert und wie hoch die aktuelle Testüberdeckung z. B. für die Zweig- und die einfache Bedingungsüberdeckung im Projekt sind. Der obere Strich in der Graphik deutet jeweils das Ziel des Projekts an, so wird hier auf vollständige Überdeckungen verzichtet. Die Überdeckungsmaße hängen nicht von der Anzahl der realisierten Anwendungsfälle oder Komponenten ab, da sie sich nur auf die realisierte Software beziehen.

Dabei müssen allerdings einige Einflussfaktoren bedacht werden, die sich von Projekt zu Projekt ändern können. Wichtige Faktoren sind die Anzahl der Programmzeilen, die von Werkzeugen generiert wurden, und die Art und der Umfang, wie Bibliotheken und Frameworks genutzt werden. All diese Werte sind von Werkzeugen zu berechnen, sodass auch Leerzeilen und Formatierungen des Programmcodes keine Rolle spielen.

Der Ansatz, die Qualität eines Produktes mit Maßzahlen zu bewerten, die nach bestimmten Regeln erstellt werden, ist auch auf Programme übertragbar. Der Vorteil ist hier sogar, dass die Maßzahlen meist automatisch berechnet werden können. Wie bei allen solchen Bewertungssystemen auch, muss man die Qualität des eigentlichen Maßsystems immer im Hinterkopf haben. Es muss immer das Ziel der qualitativ hochwertigen Software im Vordergrund stehen, das durch eine geschickte Auswahl von Metriken zur Beurteilung von Programmen unterstützt werden soll. Werden Werte für falsche Schwerpunkte erhoben oder wichtige Aspekte nicht bewertet, kann ein Maßsystem sogar

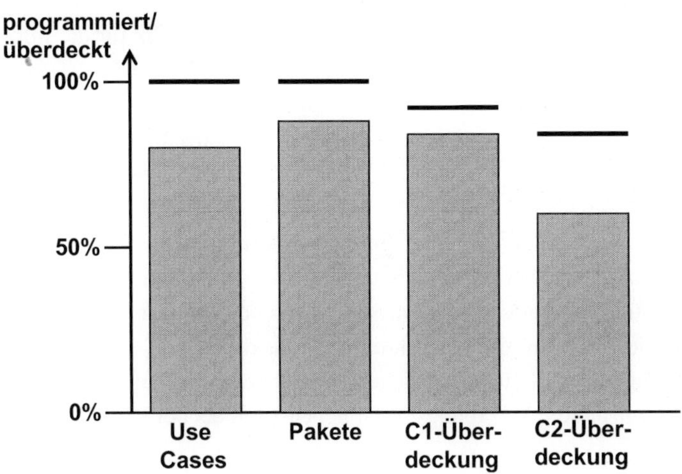

Abb. 11.19 Metriken zur Testfallüberdeckung

Schaden anrichten, wenn sich alle Entwickler an einem mangelhaften Maßsystem ausrichten. Misst man die Qualität der Software z. B. ausschließlich am Verhältnis zwischen Programmcode und Kommentarzeilen, so fördert man die sehr kompakte und damit schwer lesbare Programmierung sowie überflüssige Kommentare, wie „Die Liste wird mit dem Iterator it durchlaufen.“.

Trotzdem können Metriken ein wertvolles Hilfsmittel bei der Bestimmung der Softwarequalität sein. In diesem Unterkapitel werden einige sehr unterschiedliche Maße vorgestellt, weitere findet man z. B. in [Hen96] und [Mar03].

Die bereits genannten Maße zur Projektgröße können die Grundlage einiger einfacher Qualitätsmaße sein. Durch die Berechnung des Verhältnisses von Kommentarzeilen zu eigentlichen Programmzeilen erhält man einen Indikator für die Intensität der Kommentierung. Zählt man die Programmzeilen in Methoden und teilt diese durch die Anzahl der Methoden, so erhält man die durchschnittliche Methodenlänge. Im Gegensatz zu prozeduralen Programmiersprachen wie C ist die Forderung nach kurzen Methoden, deren Sinn man bereits aus dem Methodennamen ableiten kann, von besonderer Bedeutung. Aus diesem Grund spielen nicht nur Mittelwerte, sondern weitere statistische Werte, wie minimale und maximale Werte sowie die Standardvarianz, eine Rolle. Die Statistik zu den Methodenlängen kann man dabei auf Klassen- und Paketebene erheben. Eine einfache automatisch zu prüfende Regel ist z. B., dass Methoden niemals länger als 12–20 Zeilen sein sollten. Ausnahmen, die z. B. beim Zusammenbau graphischer Oberflächen erlaubt werden können, sind zu begründen.

Es gibt weitere Indikatoren, die auf verschiedenen Ebenen erhoben werden können und die eine gewisse Aussagekraft haben, die allerdings nicht zu überbetonen ist. Beispiele sind:

- Längen von Variablen- und Methodennamen geben gewisse Informationen über die Lesbarkeit.
- Parameteranzahlen geben Aufschluss über die Komplexität von Methoden.
- Die Anzahl von Exemplarvariablen pro Klasse gibt ein Indiz für die Informationsvielfalt pro Klasse.
- Längen der Vererbungshierarchien geben Auskunft darüber, ob Vererbung eingesetzt wurde, wobei hohe Werte für zu starken Vererbungseinsatz sprechen können, was die Wiederverwendbarkeit erschwert.

Für alle genannten Indikatoren kann man projektindividuell weiche und harte Grenzen definieren. Eine weiche Grenze beinhaltet die Aufforderung, dass dieser Wert nur mit guter Begründung verletzt werden soll, während harte Grenzen nicht verletzt werden dürfen. Die Grenzen sind projektindividuell, da es bei der starken Nutzung von Klassenbibliotheken z. B. für graphische Oberflächen oder bei der Neuerstellung eines Frameworks ganz andere Vererbungstiefen geben kann als bei klassischen Entwicklungsprojekten.

Neben diesen recht allgemeinen statistischen Erhebungen gibt es weitere Überlegungen, welche Indikatoren es für qualitativ hochwertige Software geben kann, die auch von einem Werkzeug berechnet werden können.

Zur Messung der Komplexität und damit auch der Lesbarkeit von Methoden wird die McCabe-Zahl, auch zyklomatische Zahl nach McCabe genannt, genutzt. Dazu bildet der zur Methode gehörende Kontrollflussgraph, der bereits bei den Überdeckungsmaßen für Tests betrachtet wurde, die Grundlage. Die zugehörige Rechenformel für die McCabe-Zahl lautet dabei.

$$\text{Anzahl aller Kanten–Anzahl aller Knoten} + 2$$

Abb. 11.20 zeigt einige Berechnungen von McCabe-Zahlen von Graphen. Man kann feststellen, dass sich die McCabe-Zahl erhöht, je mehr Verzweigungen und Schleifen im Programm vorkommen. Dies ist generell ein guter Indikator für die Lesbarkeit. Der „+ 2"-Teil dient lediglich einer gewissen Normierung, damit der kleinste Wert eins ist.

Um die McCabe-Zahl einer Methode zu verringern, hat ein Entwickler typischerweise folgende Möglichkeiten:

- Optimierung der Methode, man kommt durch intensivere Überlegungen zu einer einfacheren Ablaufstruktur.
- Aufteilung der Methoden, enthält ein if-Befehl weitere if-Befehle, kann man die zum ersten if-Befehl gehörenden Programmteile in lokale Methoden ausgliedern, dieser Ansatz wurde im Kap. 9 als Refactoring vorgestellt und wird teilweise von Werkzeugen unterstützt.
- Verwendung von Polymorphie, dadurch wird die Ablaufalternative nicht vom Entwickler, sondern von der ausführenden Programmumgebung bestimmt.

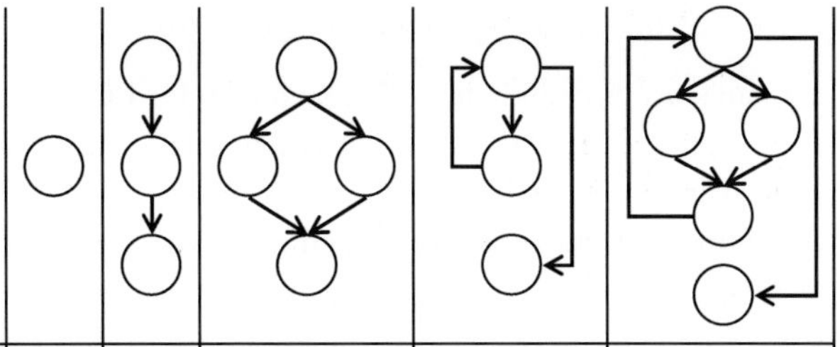

Anzahl Kanten	0	2	4	3	6
Anzahl Knoten	1	3	4	3	5
McCabe Zahl	1	1	2	2	3

Abb. 11.20 Beispielberechnungen der McCabe-Zahl

Häufig wird auch eine erweiterte McCabe-Zahl betrachtet, bei der neben den Verzweigungen auch die Komplexität der Booleschen Bedingungen eine Rolle spielt. Dazu wird die bisher berechnete McCabe-Zahl erhöht um.

$$\text{Anzahl der atomaren Bedingungen} - \text{Anzahl der genutzten Bedingungen}$$

Dabei steht die Anzahl der genutzten Bedingungen für alle möglichen Verzweigungen im Programm, also werden z. B. alle Bedingungen in if(<Bedingung>) und while(<Bedingung>) einfach gezählt. Bei den atomaren Bedingungen werden alle nicht weiter aufteilbaren Bedingungen gezählt. Der Wert ist z. B. für eine Bedingung

```
( a || x > 3) && y < 4
```

drei, da drei atomare Formeln vorkommen. Die erweiterte McCabe-Zahl unterscheidet sich damit von der einfachen McCabe-Zahl nur, wenn zusammengesetzte Boolesche Bedingungen in Entscheidungen genutzt werden. Die Aussage hinter dieser Berechnung ist damit, dass komplexe Boolesche Bedingungen die Lesbarkeit von Methoden verringert. Für die McCabe-Zahl stellt der Wert fünf eine recht strenge, realistische Obergrenze für die objektorientierte Programmierung dar.

Es stellt sich die Frage, ob es noch weitere Normen gibt, die sich mit der Objektorientierung beschäftigen. Ein solches Maß stellt „Lack of Cohesion in Methods", kurz LCOM* genannt, dar, mit dem der innere Zusammenhalt einer Klasse gemessen wird.

Zur Berechnung werden für eine Klasse die folgenden Werte bestimmt. Für eine Exemplarvariable e sei nutzt(e) die Anzahl aller Methoden, in denen diese Exemplarvariable genutzt wird. Dann sei avgNutzt der durchschnittliche nutzt()-Wert für alle Exemplarvariablen dieser Klasse; wenn m die Anzahl der Exemplarmethoden der Klasse ist, wird also die Summe aller nutzt(e) berechnet und durch m geteilt. Dann wird der LCOM*-Wert wie folgt berechnet.

$$(\text{avgNutzt} - m)/(1 - m)$$

Betrachten wir zunächst die möglichen Wertebereiche für LCOM*. Wird jede Exemplarvariable in jeder Methode genutzt, ist avgNutzt = m und LCOM* damit null. Werden die Exemplarvariablen in fast jeder Methode genutzt, ist der Zähler avgNutzt-m knapp negativ. Der Wert wird dann umso kleiner, je betragsgrößer der Nenner wird, was mit steigender Methodenanzahl der Fall ist. Da dann Zähler und Nenner negativ sind, ist eine positive Zahl das Ergebnis. Wird in einem anderen Extrem jede Exemplarvariable nur in einer Methode genutzt, so ist der Zähler 1-m, sodass dann LCOM* den Wert Eins hat. Werte nahe Null sind damit ein Indikator für einen guten Zusammenhang, nahe Eins für einen schlechten Zusammenhang. Die Ausnahme, dass eine Klasse nur eine Exemplarmethode enthält, soll nicht betrachtet werden.

Die Forderung ist dann, dass dieser Wert möglichst klein, also nahe dem Wert Null ist. Ist der Wert nahe Eins, ist die Klasse schwach zusammenhängend und sollte eventuell aufgeteilt werden.

Betrachten wir folgende Klasse.

```
package kapitel11_LCOMBeispiel;
public class LCOMSpielerei {
  private int a;
  private int b;
  private int c;

  public void mach1(int x){
    this.a = this.a + x;
  }
  public void mach2(int x){
    this.a = this.a + x;
    this.b = this.b - x;
  }

  public void mach3(int x){
    this.a = this.a + x;
    this.b = this.b - x;
    this.c = this.c + x;
  }
}
```

Man kann folgende Berechnungen anstellen:

nutzt(a) = 3, nutzt(b) = 2, nutzt(c) = 1, avgNutzt = 6/3 = 2
LCOM*= (2−3) /(1-3) = −1/−2 = 0.5

Der Wert von LCOM* wird durch die konsequente Nutzung von get- und set-Methoden verfälscht, da hier immer nur eine Exemplarvariable pro Methode eine Rolle spielt. Es ist deshalb sinnvoll, diese Methoden aus den Betrachtungen herauszunehmen.

Metriken sollen von Werkzeugen berechnet werden, wobei diese Werkzeuge so konfigurierbar sein müssen, dass man harte und weiche Grenzen einstellen kann. Noch besser ist ein Werkzeug, bei dem man Verstöße erlauben kann, wenn gewisse Markierungen, also Kommentare oder Annotationen im Programm stehen, damit man bei einer wiederholten Prüfung nicht erneut einen Hinweis auf ein vorher gelöstes Problem erhält.

11.9 Konstruktive Qualitätssicherung

Die bisher vorgestellten Ansätze zur Qualitätssicherung, insbesondere die Testverfahren, können erst angewandt werden, wenn das zu prüfende Produkt, z. B. die Software, bereits entwickelt wurde. Dieser Ansatz wird auch analytische Qualitätssicherung genannt.

Mit den vorgestellten Metriken ist ein alternativer Ansatz möglich. Zwar können Metriken erst geprüft werden, wenn die zu messenden Produkte vorliegen, aber man kann bereits vor der Entwicklung Zielwerte vorgeben. Ist z. B. allen Entwicklern bekannt, dass die zyklomatische Zahl maximal den Wert fünf erreichen soll, weiß jeder, dass er in der Programmierung nur wenige Verzweigungen nutzen darf und im Zweifelsfall eine Zerlegung in mehrere Methoden vornimmt.

Der Ansatz, bereits vor der Ausführung der eigentlichen Arbeit Qualitätsrichtlinien auszugeben, wird konstruktive Qualitätssicherung genannt. Diese Vorgaben können die Erstellung einzelner Produkte, wie der des Anforderungsanalyseergebnisses oder des Programm-Codes, aber auch ganze Prozesse betreffen.

Generelle Prozessvorgaben ergeben sich für die gesamte Entwicklung durch die Auswahl des Vorgehensmodells, da hier bereits die Zusammenhänge zwischen den Arbeitsschritten und die notwendigen Produkte festgelegt werden. Dabei können die Vorgehensmodelle als erste konstruktive Qualitätssicherungsmaßnahme an das individuelle Projekt angepasst werden, wie es in Kap. 3 beschrieben wurde.

Weitere Vorgaben sind für die individuellen Produkte formulierbar. Dabei kann man immer zwischen unterschiedlichen Formalisierungsgraden unterscheiden. Recht allgemein ist z. B. die Vorgabe einer Use Case-Dokumentationsschablone. Diese Schablone kann dadurch mehr formalisiert werden, dass immer ein Aktivitätsdiagramm zur Dokumentation gewählt werden soll. Weiterhin kann man z. B. vorgeben, wie Namen von Use Cases aussehen dürfen. Jede zusätzliche Formalisierung bedeutet zunächst einen Entwicklungsaufwand für die Vorlage. Weiterhin müssen dann alle Anforderungen von den Nutzern der Vorgabe erfüllt werden. Wird eine Vorgabe dabei zu formal, kann der positive Beitrag zur einheitlichen Qualität durch zeitliche Verzögerungen und unzufriedene Nutzer verloren gehen. Der oftmals schmale Grat zwischen notwendiger Vorgabe und Behinderung der Arbeit muss individuell für Projekte gefunden werden. Dabei kann eine testweise Anwendung der Vorgaben sehr hilfreich sein, da danach Anpassungen, dies können zusätzliche Vorgaben oder Lockerungen sein, basierend auf fachlichen Erfahrungen möglich sind.

Bei der Programmierung gibt es sogenannte Coding-Guidelines, die den Stil von Programmen vorgeben. Um diese Vorgaben zu validieren, ist es sinnvoll, ein Werkzeug einzusetzen, da eine manuelle Überprüfung sehr aufwendig werden kann. Ein Beispiel aus den Coding-Guidelines von Sun für Java [Sun97] beschäftigt sich z. B. mit der Formatierung komplexer Boolescher Bedingungen.

Das folgende Teilprogramm ist schwer lesbar, da sich die eigentliche Befehlszeile nicht von der Bedingung absetzt.

```
if ((bedingung1 && bedingung2) || (bedingung3 && bedingung4)
    || !(bedingung1 && bedingung3))
    machWas();
```

Sinnvoll ist es, die Booleschen Bedingungen weiter einzurücken, um das genannte Problem zu umgehen. Weiterhin ist es immer sinnvoll, die Booleschen Verknüpfungsoperatoren am Anfang einer neuen Zeile zu platzieren, da man so leicht einen Überblick über die gesamte Bedingung erhalten kann, z. B..

```
if ((bedingung1 && bedingung2)
        || (bedingung3 && bedingung4)
        || !(bedingung1 && bedingung3))
    machWas();
```

Während Anforderungen an die Formatierung des Programmtexts noch leicht zu formulieren sind, ist die Beschreibung von Vorgaben für den Programmierstil wesentlich schwerer. Regeln der Form „es sind möglichst Design-Pattern zu verwenden", haben nur einen eingeschränkten Sinn, da ihre Überprüfung schwierig ist und es einige Ausnahmen gibt, in denen man auf den unbedingten Pattern-Einsatz verzichten kann.

Die hier erwähnten Ansätze sind ein weiterer Bestandteil des „Clean Coding"-Ansatzes [Mar08] der bereits bei den Implementierungsaspekten erwähnt wurde.

11.10 Manuelle Prüfverfahren

Viele funktionale Anforderungen können automatisiert durch Tests geprüft werden. Ähnliches gilt für Metriken, deren werkzeuggestützte Überprüfung ebenfalls möglich ist. Für weitere Produkte gilt allerdings, dass sie nicht mit Werkzeugen geprüft werden können. Zwar kann z. B. die korrekte Rechtschreibung von Anforderungen mit von einem Werkzeug geprüft werden, aber eine inhaltliche Prüfung der fachlichen Qualität, der Lesbarkeit und der Einhaltung von Vorgaben muss von Menschen vorgenommen werden.

Dieser Prozess der manuellen Prüfung ist zu organisieren. Dabei sind verschiedene Varianten möglich, abhängig davon, was von der Freigabe des Projekts abhängt. Die folgende Zusammenfassung lehnt sich an die Darstellung in [Bal98] an, wobei eigene Erfahrungen eingearbeitet wurden. Vorgestellt wird die formalste Form der Prüfung durch eine Inspektion. Informelle und damit kürzere Verfahren sind das Review und der Walkthrough, die sich allerdings alle in ihren grundsätzlichen Abläufen nicht wesentlich unterscheiden.

Abb. 11.21 gibt eine Übersicht über den Inspektionsprozess. Generell ist es wichtig, dass für solche Prüfungen Zeit eingeplant wird, da die formale Analyse durch einen Menschen aufwendig ist. Ein kritisches Lesen eines Dokuments über acht Stunden ist nicht möglich.

Für Prüfungen gilt immer, dass sie nur durchgeführt werden können, wenn der Autor des zu prüfenden Produkts der Meinung ist, dass er eine erste vollständige Version abgeschlossen hat. Prüftermine müssen in den Projektplan eingearbeitet werden, wobei immer Zeitpuffer für mögliche Verschiebungen eingeplant werden müssen.

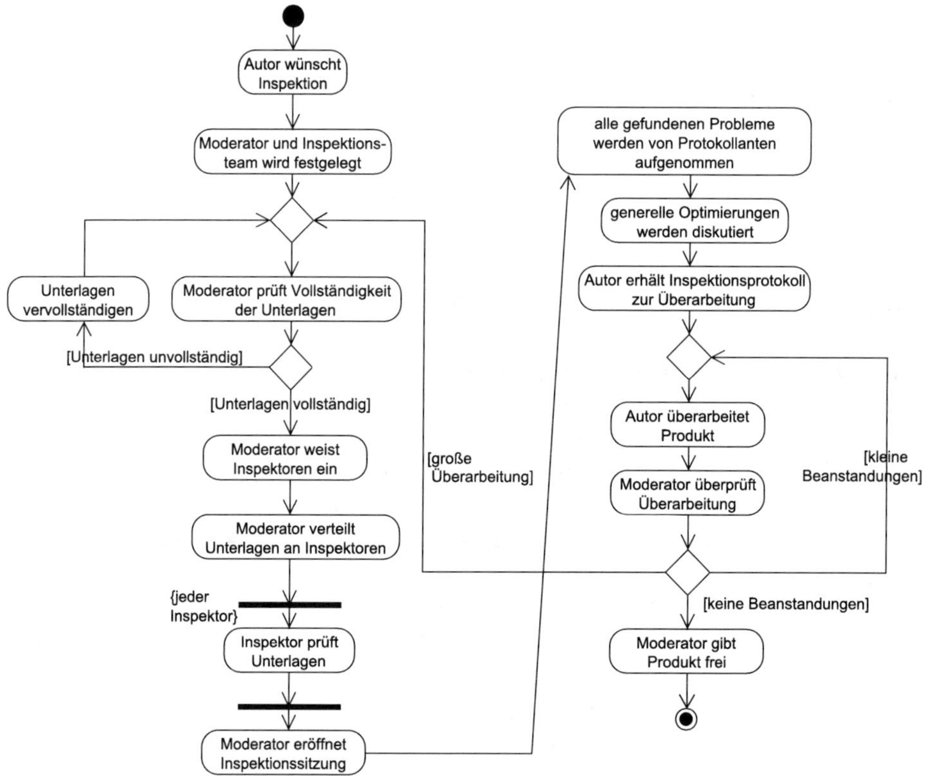

Abb. 11.21 Inspektionsablauf

Nachdem der Autor eine zu prüfende Version erstellt hat, wird das Prüfteam festgelegt. Bei Inspektionen wird z. B. von der Qualitätssicherung ein Moderator festgelegt, der nur für die Durchführung des Prozesses zuständig ist und sich sonst keine Meinung über das Prüfobjekt bildet. Die Prüfer, in der Abbildung Inspektoren genannt, werden bestimmt, wobei sie fachlich das zu prüfende Produkt beurteilen können müssen. Der erste Schritt des Moderators besteht darin, die Vollständigkeit der Prüfunterlagen zu überprüfen. Dazu gehört natürlich das Produkt selber, aber auch das benutzte Material und ein Regelkatalog, der bei der Produkterstellung berücksichtigt werden soll. Für ein Anforderungsdokument gehören z. B. die Texte des Kunden, die verwendeten Guidelines und weitere Dokumentationsvorlagen zum benutzten Material.

Der Moderator weist die Inspektoren in ihre Aufgaben ein. In erfahrenen Teams kann dies z. B. durch die Nennung einer im Unternehmen bekannten Prozessbeschreibung geschehen. Bei unerfahreneren Teilnehmern passiert eine Einweisung in den weiteren Prozess. Weiterhin kann es bei größeren Produkten sinnvoll sein, dass die Inspektoren das Produkt aus unterschiedlichen Rollen, z. B. der des Kunden, aus Sicht der Infrastruktur und aus Sicht der Entwicklung betrachten. So kann der Blick auf einzelne Aspekte geschärft und größere Produkte können schneller abgearbeitet werden.

Die Inspektoren erhalten dann die notwendigen Unterlagen und arbeiten das Produkt individuell durch. Alle gefundenen Fehler werden mit genauer Nennung der Quelle und der Art des Fehlers von den Inspektoren festgehalten.

Der Moderator eröffnet dann die eigentliche Inspektionssitzung und stellt formal fest, ob alle Inspektoren ihren Aufgaben nachgekommen sind. Danach werden alle gefundenen Fehler in ein Protokoll übernommen. Haben mehrere Inspektoren einen Fehler gefunden, wird die Beschreibung optimiert. Haben Inspektoren einzelne Fehler anderer nicht gefunden, ist zu prüfen, ob es sich wirklich um einen Fehler handelt. Um die Inspektionssitzungen möglichst kurz zu halten, werden keine Lösungsvorschläge formuliert, dabei kann aber ein Kommentar aus einer Frage an den Autor bestehen. Wenn möglich und vom Moderator als sinnvoll erkannt, kann abschließend über generelle Empfehlungen an den Autor zur Produktverbesserung nachgedacht werden. Auch kann die Frage, ob eine Inspektion in der angewendeten Form zum momentanen Zeitpunkt überhaupt sinnvoll war, aus Sicht der Teilnehmer diskutiert werden, da so Anregungen an generelle Prozessverbesserungen ermöglicht werden.

Wie bereits angedeutet, nimmt der Autor nicht an der Inspektionssitzung teil. Er erhält das Protokoll der Inspektion, um seine Überarbeitung durchzuführen. Der Moderator prüft dann, ob die geforderten Korrekturen durchgeführt wurden. Nur er kann das Produkt freigeben, kleinere aus dem Protokoll folgende Überarbeitungen oder, wenn das Produkt grundsätzlich geändert wurde, eine neue Inspektionssitzung einfordern.

Beim Review ist die Vorbereitung informeller, wobei auch wieder alle Inspektoren oder Reviewer das Produkt durchsehen, dann alle gefundenen Probleme mit Rot markieren und aus ihrer Sicht kommentieren. Bei der Review-Sitzung ist der Autor anwesend, er kann befragt werden, sollte aber selber nicht aktiv werden. Der Autor erhält später alle markierten Rot-Strich-Exemplare, wobei die Reviewer während der Durchsprache der gefundenen Probleme ihre Kommentare gegebenenfalls anpassen.

Beim Walkthrough übernimmt der Autor selbst die Moderation der Durchsprache. Er ist die treibende Kraft und stellt sein Produkt vor. Die weiteren Teilnehmer hören zu und sind zu kritischen Fragen und Anregungen aufgefordert. Auch beim Walkthrough wird die Qualität des Ergebnisses erhöht, wenn die Teilnehmer vorher das Produkt analysieren.

Dadurch, dass zumindest drei Personen an einer manuellen Prüfung beteiligt sein sollten, folgt unmittelbar, dass diese Prüfungen einigen Aufwand haben. Dieser kann bei kritischen Prüfungen bis zu 20 % der Erstellung betragen. Da aber nur Menschen die Semantik von Texten prüfen können, sind manuelle Prüfmethoden in größeren Software-Projekten unverzichtbar.

Neben dem zu beachtenden Aufwand, gibt es weitere Gefahren für die Nützlichkeit manueller Prüfverfahren. Werden zu viele Personen an den Prüfungen beteiligt, kann der Kommunikationsaufwand die Effizienz wesentlich verringern. Es sollten nur fachlich qualifizierte Personen an solchen Sitzungen teilnehmen. Manuelle Prüfungen werden kritisch, wenn sie zur Prüfung der Qualität des Autors werden. Diese Form der Überprüfung des Autors ist unbedingt zu vermeiden, da die genannten Prüfungen als Chancen zur Qualitätsverbesserung angesehen werden und nicht Quelle von Prüfungsangst sein sollen. Hieraus folgt unmittelbar, dass der Vorgesetzte des Autors sich möglichst nicht im Prüfteam befinden soll.

Für räumlich verteilte Projekte kann man sich Varianten von Reviews ausdenken. Möglichkeiten bestehen durch die Nutzung einer zentralen Informationsplattform im Web, z. B. einem Wiki, in dem Dokumente eingestellt werden können. Die Dokumente werden mit einer Statusinformation, z. B. „zur Prüfung" markiert und ein Endtermin angegeben, bis wann Kommentare anderer Nutzer möglich sind.

11.11 Risikoanalyse Qualitätssicherung

Bei der Qualitätssicherung können folgende Fragen hilfreich sein, die zur Aufdeckung möglicher Risiken dienen können. Wenn eine Frage nicht mit „ja" beantwortet werden kann, sollte der Punkt in eine Risikoliste aufgenommen und dem Risikomanagement zur Verfügung gestellt werden.

1. Wurde zum Projektstart eine Qualitätssicherungsstrategie für alle Projektphasen definiert?
2. Ist sichergestellt, dass die Qualitätssicherung unabhängige Entscheidungen treffen darf?
3. Ist für jedes Produkt definiert, wie die Qualität getestet wird?
4. Sind alle Tests im geplanten Maße durchgeführt worden?
5. Ist die Software bzw. sind alle ihre Teile bezüglich Ihrer Qualitätsansprüche eingestuft und ein passender Qualitätssicherungsprozess definiert worden?
6. Ist bei sehr kritischen Systemen über die Nutzung formaler Modelle nachgedacht worden?
7. Gibt es klare Programmierrichtlinien, die jeder Programmierer akzeptiert und die möglichst automatisch überprüft werden können?
8. Wurde eine Teststrategie definiert, wann welche Testziele, z. B. Überdeckungen, wie erreicht werden sollen?
9. Sind alle Testfälle präzise bzgl. der Vorbedingungen, dem Testablauf und den erwarteten Ergebnissen spezifiziert?
10. Werden für alle Klassen Unit-Tests durch die Entwickler geschrieben und durchgeführt (z. B. nach dem test-first-Ansatz)?
11. Ist die Testdurchführung automatisiert, sodass Tests gesammelt werden und man kurzzeitig eine beliebige Menge von Tests starten kann?
12. Wurden aus allen Anforderungsdokumenten, insbesondere den Aktivitätsdiagrammen, systematisch mit der Äquivalenzklassenmethode Testfälle abgeleitet?

13. Sind alle Testfälle mit den Voraussetzungen, dem Ablauf und den erwarteten Ergebnissen klar spezifiziert?
14. Wurde vor dem Projekt eine Mindestüberdeckung für die Anweisungs- und Zweigüberdeckung vorgegeben, wird diese automatisch überprüft und eingehalten?
15. Wurden zur Kontrolle der Code-Qualität Metriken definiert, die in der Entwicklung automatisch überprüft werden?
16. Wurde für alle Produkte geprüft, ob diese eventuell zusätzlich manuell zu prüfen sind und werden diese manuellen Prüfungen durchgeführt?
17. Sind die manuellen Prüfprozesse klar definiert und werden die Prüfungen von erfahrenen Qualitätssicherungsmitarbeitern durchgeführt?

Anmerkungen zur Praxis

Das Thema Qualitätssicherung hat in den letzten zwanzig Jahren eine drastische Änderung durchlaufen. Während Systeme, die für die Sicherheit von Menschen oder großen Geldmengen relevant sind schon immer sehr intensiv mit konstruktiven und vor allem analytischen Qualitätssicherungsmaßnahmen geprüft wurden, spielte die Qualitätssicherung in anderen Systemen oft eine untergeordnete Rolle. Oft hing es alleine am Ehrgeiz des Entwicklers gute Software zu liefern, wenn es um QS-Maßnahmen ging. Im nächsten Schritt gab es Testspezifikationen, die nachvollziehbar die auszuführenden Tests beschrieben, die dann manuell ausgeführt werden mussten. Ein undankbarer, monotoner Job, der häufig von wenig qualifiziertem Personal durchgeführt wurde. Mit der zunehmenden Systemkomplexität und der Möglichkeit Tests zu programmieren, sodass sie nur noch angestoßen werden mussten, hat sich das Bild deutlich geändert.

Die Entwicklung von Unit-Tests ist in fast allen Betrieben eine Standardaufgabe von Entwicklern, die natürlich zur eigentlichen Entwicklung gehört. Gerade die agilen Methoden betonen die Bedeutung der QS, da in sehr kurzen Release-Zyklen dem Kunden neue verwendbare Ergebnisse zu präsentieren sind, was zu Vorgehensmodellen wie Test Driven Development und Behaviour Driven Development geführt hat.

Tests werden so entwickelt, dass sie automatisch mit jeder neuen Erstellung der Software ausgeführt werden, solche Build-Systeme sammeln die Informationen und leiten Probleme automatisch an Entwickler weiter. „Nebenbei“ sammeln die Build-Systeme weitere Daten, wie die Testüberdeckung und Metriken ein, die Indikatoren für die momentane Qualität der Software sind. Wie an mehreren Stellen im Kapitel angedeutet sind diese Werte ein klarer Mehrwert, dürfen aber nicht im Mittelpunkt stehen und als zentrales Qualitätsziel angesehen werden. Die Testentwicklung orientiert sich an der typischen Funktionalität der Software und nutzt Kenntnisse der Metriken zur Erkennung und Analyse potenzieller Probleme.

Oftmals wird eine Unterscheidung zwischen Entwicklern und Testern nur temporär gemacht, da jeder beide Rollen einnehmen können sollte. Durch die zur Verfügung stehenden Frameworks und Werkzeuge sowie die Komplexität der zu testenden Systeme ist die Arbeit als Testentwickler mittlerweile vergleichbar komplex zu der eines reinen Entwicklers. Damit Tests langfristig nutzbar sind, benötigen sie eine sinnvolle Testarchitektur, sodass Änderungen der zu testenden Software möglichst nur zu lokalen Änderungen betroffener Tests führen.

In größeren Unternehmen ist die über mehrere Kurse verteilte Zertifizierungsmöglichkeit nach dem ISTQB sehr hilfreich, da so alle QS-Beteiligten die gleichen Begriffe nutzen und die grundlegenden Prozesse kennen. Dabei bleibt klarzustellen, dass es für fast kein größeres Projekt nur eine Testart und ein Testwerkzeug gibt und Aufgabenstellungen weiter existieren, für die manuelle Tests der beste Ansatz sind. Bei sich häufig ändernden Oberflächen oder komplexen visuellen Designs, mit eventuell nicht sichtbaren kleinen Teilbereichen ist z. B. ein manuelle Sichtung sinnvoll. ◀

11.12 Aufgaben

Wiederholungsfragen

Versuchen Sie zur Wiederholung folgende Fragen aus dem Kopf, d. h. ohne nochmaliges Blättern und Lesen, zu beantworten.

1. Welche Probleme gibt es mit der Forderung „ein Programm soll korrekt sein“?
2. Was ist die Grundidee der automatischen formalen Verifikation?
3. Wozu kann der assert-Befehl genutzt werden?
4. Wie wird ein Testfall präzise beschrieben?
5. Wie sehen typische Testklassen in JUnit aus?
6. Wie kann das richtige Werfen von Exceptions geprüft werden?
7. Wozu gibt es Mocks in der Testerstellung?
8. Wie kann man systematisch möglichst einfache Mocks aufbauen?
9. Wie funktioniert die Testfallerstellung mit Äquivalenzklassen, wann kann sie eingesetzt werden?
10. Was versteht man unter der Grenzwertanalyse, warum ist sie sinnvoll?
11. Welchen Einfluss haben Objekte bei der Testfallerstellung mit Äquivalenzklassen?
12. Was ist ein Kontrollflussgraph, wie kann man ihn normieren?
13. Was versteht man unter Anweisungs-, Zweig-, einfacher Bedingungs-, minimaler Mehrfach-Überdeckungen, wie hängen diese zusammen?
14. Was versteht man unter einer Bottom-Up-Teststrategie, welche Alternativen gibt es warum?
15. Was für typische Ebenen von Tests gibt es?
16. Was sind Black-Box-, Gray-Box- und White-Box-Tests?
17. Welchen Zusammenhang zwischen Fehlerentstehung und Fehlerfindung gibt es?

18. Wie hängen die verschiedenen Sprachelemente der UML mit der Testfallerstellung zusammen?
19. Was versteht man unter Regressionstests?
20. Was sind Lasttests?
21. Wie können Oberflächentests systematisch durchgeführt werden?
22. Wozu dienen Metriken in der Qualitätssicherung?
23. Welche Metriken können welche Indikatoren über die Qualität des Programmcodes liefern?
24. Warum ist LCOM* ein Qualitätsmaß für die Objektorientierung?
25. Welche Maßnahmen der konstruktiven Qualitätssicherung gibt es?
26. Wie werden Inspektionen systematisch durchgeführt?
27. Was sind die Unterschiede von Inspektionen, Reviews und Walkthroughs?

Übungsaufgaben

Ihre Aufgabe besteht darin, die folgende Implementierung der Klassen Kundenkonto und der davon erbenden Klasse Grosskundenkonto zu testen (Dateien auf der Webseite des Buches)

```
package kapitel11_QuellenAufgabe1;
public class Kundenkonto {
  protected int geldwaschgrenze=20000;
  protected int kontoNr;
  protected int guthaben=0;
  protected int dispo=0;

  public Kundenkonto(int kontoNr){
    this.kontoNr=kontoNr;
  }

  public void setDispo(int dispo){
    this.dispo=dispo;
  }

  public void einzahlen(int betrag) throws KontoException{
    if (betrag > getGeldwaschgrenze()
        && !Bankauskunft.einzahlungPruefen(this.kontoNr,betrag))
      throw new KontoException("Geldwäscheverdacht bei Ein-
      zahlung");
    else
      this.guthaben = this.guthaben + betrag;
  }
```

```
    public void auszahlen(int betrag) throws KontoException{
      if (betrag > getGeldwaschgrenze()
          && !Bankauskunft.auszahlungPruefen(this.kontoNr,betrag))
        throw new KontoException("Geldwäscheverdacht bei Aus-
        zahlung");
      else
        if(betrag <= this.guthaben)
          this.guthaben = this.guthaben - betrag;
        else
            if (betrag > this.guthaben && this.guthaben - betrag>
            = -this.dispo
                 && Bankauskunft.istKreditwuerdig(this.kontoNr))
                   this.guthaben = this.guthaben - betrag;
        else
          throw new KontoException("Auszahlung verweigert");
    }

    public int getGuthaben(){
      return this.guthaben;
    }
    public int getGeldwaschgrenze() {
      return this.geldwaschgrenze;
    }
  }
```

und

```
package kapitel11_QuellenAufgabe1;
public class Grosskundenkonto extends Kundenkonto {
    public Grosskundenkonto(int kontoNr){
        super(kontoNr);
        geldwaschgrenze=1000000;
    }

    @Override
    public void auszahlen(int betrag) throws KontoException{
        try {
            super.auszahlen(betrag);
        } catch (KontoException e) {
            if (super.guthaben - betrag < -3 * super.dispo
                    || !Bankauskunft.istGuterKunde(super.kontoNr))
                throw e;
            else
```

```
                super.guthaben = super.guthaben - betrag;
            }
        }
    }
```

weiterhin

```
package kapitel11_QuellenAufgabe1;
public class KontoException extends Exception {
  private static final long serialVersionUID = 1L;
  public KontoException(String text){
    super(text);
  }
}
```

Zum Test liegt folgende Spezifikation der Methoden vor:

Methode	Beschreibung
Kundenkonto(int) Grosskundenkonto(int)	Konstruktoren zur Erstellung eines Objekts mit der Kontonummer des Parameters, restliche Werte sind 0
setDispo(int)	Setzen des Dispokredits
int getGuthaben()	gibt aktuellen Kontostand zurück
einzahlen(int)	Betrag wird auf das Konto eingezahlt, ist der Betrag größer 20.000 (bei Grosskunden über 1.000.000) wird zusätzlich überprüft, ob ein Geldwäscheverdacht vorliegt und gegebenenfalls eine KontoException ausgegeben
auszahlen(int)	1. Betrag>20.000 [1.000.000 bei Grosskunden] dann Prüfung auf Geldwäsche (evtl. KontoException) 2. Betrag <= Guthaben, dann auszahlen 3. Guthaben + Dispo> = Betrag und Kunde kreditwürdig, dann auszahlen (falls es sich um einen guten Grosskunden handelt, wird der Dispo verdreifacht) 4. wenn keine Auszahlung, dann KundenException

Zur Überprüfung der Kundeneigenschaften wird eine Klasse Bankauskunft benötigt, die zum Testen nicht vorliegt. Schreiben Sie einen sinnvollen Mock, um Kundenkonto testen zu können. Bankauskunft bietet folgende Klassenmethoden:

boolean einzahlungPruefen (kontoNr,betrag)	Darf auf Konto kontoNr der Betrag betrag eingezahlt werden?
boolean auszahlungPruefen (kontoNr,betrag)	Darf vom Konto kontoNr der Betrag betrag ausgezahlt werden?

boolean einzahlungPruefen (kontoNr,betrag)	Darf auf Konto kontoNr der Betrag betrag eingezahlt werden?
boolean istKreditwuerdig (kontoNr)	Darf Konto kontoNr überzogen (d. h. Dispo genutzt) werden?
boolean istGuterKunde (kontoNr)	Gehört Konto kontoNr zu gutem Kunden?

Schreiben Sie dann zunächst Tests für die Klasse Kundenkonto und danach für Grosskundenkonto, können Sie Tests übernehmen (z. B. durch Vererbung bei Testklassen)?

2. a) Schreiben Sie eine Klasse X mit (mindestens) einer Exemplarmethode xx, die aus der Eingabe eines int und eines boolean unter Berücksichtigung beider Parameter wieder einen int berechnet. Schreiben Sie Testfälle, mit denen Sie die Korrektheit der Implementierung prüfen.

b) Schreiben Sie eine Klasse Y, die von X erbt und nicht die Methode xx überschreibt. Nutzen Sie die gleichen Tests für Y wie für X, wobei Sie statt X-Objekte jetzt Y-Objekte erzeugen, allerdings soll mindestens ein Test scheitern. [Beachten Sie das „mindestens" in a)].

c) Schreiben Sie ein Interface I, das die Methode xx enthält, weiterhin soll X das Interface implementieren. Schreiben Sie eine Klasse A, die eine Exemplarvariable i vom Typ I hat. Ergänzen Sie (mindestens) eine Methode in A, sodass Sie durch Tests zeigen können, dass sich ein Objekt der Klasse A unterschiedlich in Abhängigkeit davon verhält, ob i ein Objekt der Klasse X bzw. der Klasse Y enthält.

3. Schreiben Sie eine Klasse Tarifrechner mit einer zentralen Exemplarmethode preisBerechnen(int,int,int,boolean) für Fahrpreise, die einen int-Wert zurück liefert. Der erste Parameter steht für die Anzahl der zu fahrenden Zonen, der zweite für das Alter, der dritte für die Uhrzeit (die Stunde) und der vierte bestimmt, ob es sich um einen Betriebszugehörigen handelt oder nicht. Der Preis wird wie folgt berechnet: Jede Zone kostet 130, Personen unter 14 und über 64 zahlen 40 weniger, von 9–14.59 Uhr ist der Preis um die Hälfte reduziert, Betriebszugehörige (und deren Angehörige) zahlen 150 weniger, allerdings wird der 9–14.59 Uhr-Tarif nicht zusätzlich berücksichtigt. Es soll aber immer der günstigste Preis (entweder/oder) ausgeben werden. Der minimale Ticketpreis ist mit 30 festgelegt. Diese Berechnungen können wie folgt zusammengefasst werden.

x Zonen	130 * x
Alter<14 oder Alter>64	– 40
9–14.59 Uhr, nicht zum Betrieb	– 50 %
nicht 9–14.59 Uhr, zum Betrieb	–150
9–14.59, zum Betrieb	– 50 % oder –150
Minimum: 30	

Beispiel: ein 13-jähriger „Betriebszugehöriger“ fährt 3 Zonen um 10 Uhr
Alternative 1: ((130*3) - 40) /2 = 175
Alternative 2: (130*3) − 40 − 150 = 200
Der Preis beträgt 175.

Überlegen Sie sich mit der Äquivalenzklassenmethode unter Berücksichtigung von Grenzfällen Testfälle zur Überprüfung Ihrer Implementierung. Bei einer Gruppenarbeit wäre es sinnvoll, wenn die Klasse und die Tests von unterschiedlichen Personen programmiert werden.

Geben Sie, wenn möglich, für die folgende Methode eine Menge von Tests an, die folgende Eigenschaften haben

```
public int komplex( int i, int j){
  int ergebnis=0;
  if(i>j)
    ergebnis+=42;
  if(i>2*j && i<3*j)
    ergebnis+=42;
  if(i<2*j || i>3*j)
    ergebnis+=42;
  return ergebnis;
}
```

a. Anweisungs-, aber nicht Zweigüberdeckung.
b. Zweig-, aber nicht einfache Bedingungsüberdeckung.
c. einfache Bedingungsüberdeckung, aber nicht Zweig-Überdeckung.
d. minimale Mehrfachbedingungsüberdeckung.

Es kann hilfreich sein, zu der Methode erst einen Kontrollflussgraphen anzugeben.

Umfeld der Software-Entwicklung 12

Zusammenfassung

In den vorherigen Kapiteln stand das ingenieurmäßige Vorgehen, also das systematisch durch Erfahrungen kontinuierlich verbesserte Verfahren zur Softwareentwicklung im Mittelpunkt. Gute Entwickler, die alleine gelungene Softwareprojekte mit OO-Ansätzen realisieren können, werden aber in großen Projekten schnell feststellen, dass das Entwicklungs-Know-how zwar zentrale Grundlage von großen gelungenen Projekten ist, es aber viele weitere Faktoren gibt, die ein erfolgreiches Software-Projekt und darüber hinaus eine erfolgreiche Software-Produktionsabteilung stark beeinflussen. Diese sehr unterschiedlichen Faktoren werden in diesem Kapitel angesprochen und grundlegende Einblicke vermittelt. Dabei ist zu beachten, dass es sich bei den folgenden Unterkapiteln meist um abgetrennte Forschungs- und Anwendungsgebiete handelt, die z. B. durch die angegebene Literatur vertieft werden können.

Auf der rein technischen Seite muss bei der Zusammenarbeit mehrerer Personen darauf geachtet werden, wer welche Dateien bearbeiten darf und wie sichergestellt wird, dass jeder mit den aktuellsten Versionen arbeitet. Weiterhin muss jeder Entwickler seine eigene Entwicklungsumgebung haben und geklärt werden, wie die entstehende Software auf Test- und Zielsystemen zu installieren ist. Diese Aspekte werden in den Unterkapiteln zum Versions- und Build-Management behandelt. Auf der organisatorischen Seite müssen Projekte geplant werden. Zentrale Grundlage ist dazu die Aufwandsschätzung, deren Ideen in einem eigenen Unterkapitel vorgestellt werden. Weitere Ansätze zum Projektmanagement werden danach diskutiert.

S. Kleuker, *Grundkurs Software-Engineering mit UML*,
https://doi.org/10.1007/978-3-658-46534-6_12

Bereits bei der Anforderungsanalyse in Kap. 4 wurde betont, dass es wichtig ist, die Prozesse zu verstehen, die hinter der späteren Nutzung der zu erstellenden Software liegen. Diese Arbeitsprozesse, von denen die Softwareentwicklung ein Teil ist, müssen kontinuierlich auf Anpassungsnotwendigkeiten und Optimierungsmöglichkeiten geprüft werden. Dies ist die Aufgabe des Qualitätsmanagements, das mit unterschiedlichen Ansätzen vorgestellt wird.

Nicht zufällig abschließend, wird ein entscheidender Projekterfolgsfaktor am Ende diskutiert; dies sind die Projektmitglieder und ihre Zusammenarbeit auf der sozialen Ebene. In diesem Unterkapitel werden exemplarisch Ansätze beschrieben, wie man die Grundlage für ein besseres Miteinander schaffen kann, wenn man sich mit einigen Regelmäßigkeiten der Kommunikation beschäftigt.

12.1 Versionsmanagement

Dem Versionsmanagement kann man grob zwei zentrale Arbeitsprozesse zuordnen. Mit dem ersten Prozess wird die Zusammenarbeit zwischen verschiedenen Entwicklern geregelt. Es muss sichergestellt sein, dass Arbeiten einer Person nicht irrtümlich von einer anderen Person gelöscht werden. Der zweite damit zusammenhängende Prozess klärt, welche Arbeitsstände zurzeit aktuell sind und zur Weiterbearbeitung zur Verfügung stehen.

- Arton nimmt seine Änderungen zurück, verzichtet auf das Einchecken und arbeitet mit der dann im nächsten Schritt ausgecheckten Version von Nadia weiter.
- Arton ist sich sicher, dass seine Änderungen alle Änderungen von Nadia enthalten und er fordert das Versionsmanagementsystem explizit auf, seine Version als neue aktuelle Version n + 2 einzuchecken.
- Das Versionsmanagementsystem unterstützt die Erkennung, dass die Änderungen von Arton und Nadia an unterschiedlichen Stellen in der Datei stattfinden, und erlaubt das automatische Vermischen beider Ergebnisse. Falls eine solche Möglichkeit besteht, ist Arton trotzdem verpflichtet zu prüfen, ob die Vermischung wirklich problemlos möglich ist.
- Der am häufigsten vorkommende Ansatz ist, dass Arton von Hand die beiden Ergebnisse zu einem Ergebnis integrieren muss. Dazu bietet sich meist eine Hilfssoftware an, mit der man die Unterschiede zwischen den beiden Versionen verdeutlichen kann. Bei einfachen Versionen solcher Vergleichswerkzeuge, die meist zum Umfang von Versionsmanagementwerkzeugen gehören, findet der Vergleich zeilenweise statt, man erkennt gelöschte, geänderte und hinzugefügte Zeilen. Arton teilt dann dem Versionsmanagementwerkzeug am Ende mit, dass er den Konflikt gelöst hat, und checkt die neue Version n + 2 ein.

Abb. 12.1 zeigt die typischen Arbeitsschritte eines Entwicklers, der schrittweise seine Software durch eigene Tests optimiert oder Korrektur- und Änderungswünsche aus anderen

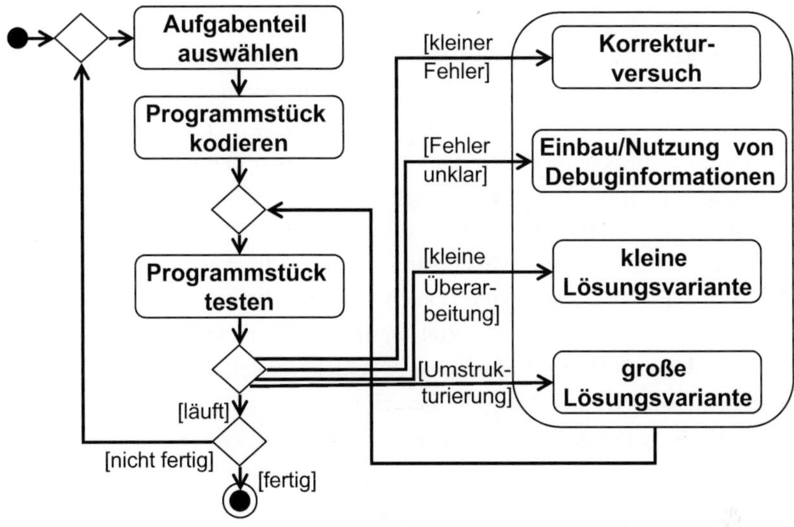

Abb. 12.1 Entwicklungsprozess mit Korrekturen

Projektarbeitsschritten erhält. Das Bild suggeriert, dass die Entwicklung kontinuierlich voranschreitet, was allerdings auch bei erfahrenen Entwicklern nicht der Fall sein muss. Es werden Ideen ausprobiert und dann später verworfen. Dabei ist es beim Verwerfen wichtig, dass man zu einer älteren funktionsfähigen Version zurückkehren kann.

Abb. 12.2 zeigt, wie die Entwicklung für einen Entwickler, aber auch für ein gesamtes Projekt, aussehen kann. Bei den mit V bezeichneten Varianten der Software gibt es z. B. den Fall, dass ein Ergebnis mit nicht sinnvollen Lösungsansätzen entstanden ist, wie es bei Version 3 des Pakets 2 möglich sein könnte. In einem anderen Fall werden von außen Änderungswünsche an die Software herangetragen, was z. B. zum Schritt von der

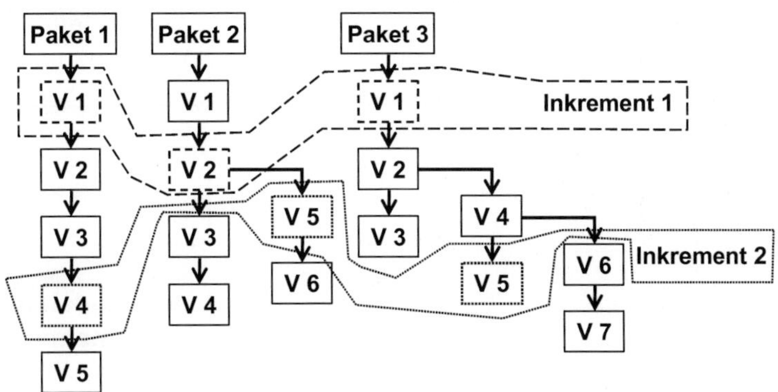

Abb. 12.2 Versionsbäume

Version 5 zur Version 6 des Pakets 3 führt. Wichtig ist, dass der Entwickler weiß, welche Funktionalität in welcher Version realisiert wurde und wie er zuverlässig diese Version wieder herstellen kann. Weiterhin muss jeder Entwickler wissen, auf welchem Stand der in Entwicklung befindlichen Software andere Entwickler gerade arbeiten, wenn er seine Software zusammen mit der Software der anderen testen will. Diese Entwicklungsarbeiten werden durch das Versionsmanagement unterstützt, für das es eine Vielzahl von Werkzeugen auf dem Markt gibt.

Anschaulich übernimmt das Versionsmanagement die Verwaltung aller bisher entwickelten Software oder allgemeiner Daten. Typisch ist es, dass diese Ergebnisse in einem sogenannten Repository verwaltet werden. Hinter einem Repository kann man sich eine Datenbank mit allen Entwicklungsständen vorstellen, wobei es auch effiziente Realisierungen basierend auf File-Systemen gibt.

Die zentrale Aufgabe des Repository ist es, den Entwickler über die aktuellen Stände der Entwicklung zu unterrichten und neue Stände zu sichern. Dazu ist das Versionsmanagement typischerweise als eigenständiger Prozess organisiert. Es gibt einen Administrator, der für die Verwaltung des Repositories verantwortlich ist, die Datenstrukturen einrichtet, Backups verwaltet und technische Probleme löst. Alle Entwickler sind als Nutzer des Versionsmanagementwerkzeugs eingetragen und haben dort Rechte, die unabhängig von den Rechten im aktuellen Betriebssystem sind. Diese Rechte geben unter anderem an, wer welche Dateien bearbeiten und erstellen kann.

Abb. 12.3 zeigt die typischen Arbeitsschritte eines Entwicklers, wobei sich die Entwicklung nicht nur auf die Programmierung, sondern auch auf die Erstellung jedweder anderer Ergebnisse, wie Anforderungen, die mit Textbearbeitungsprogrammen erstellt werden, beziehen kann. Kein Entwickler arbeitet auf dem aktuellen Arbeitsstand, es wird immer auf Kopien gearbeitet, sodass die letzte Version niemals verloren geht. Der Entwickler checkt die zu bearbeitenden Dateien im Versionsmanagement aus, er kann damit

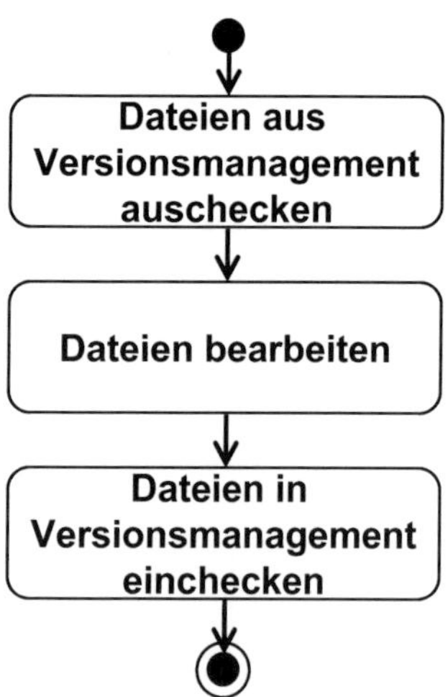

Abb. 12.3 Typische Nutzung des Versionsmanagements

die Änderungen auf einer Kopie vornehmen. Das Versionsmanagement weiß, dass der Entwickler die Version n von bestimmten Dateien bearbeitet. Hat er seine Änderungen abgeschlossen, werden diese wieder unter Versionsverwaltung genommen und im einfachen Fall die Versionsnummer um Eins auf n + 1 erhöht. Dabei ist der Entwickler beim Einchecken immer verpflichtet anzugeben, welche Änderung er aus welchem Grund vorgenommen hat. In vielen Coding-Guidelines steht dazu die Forderung, dass dieser Kommentar auch im Quellcode steht.

Neben der Verwaltung neu erstellter Software-Versionen bietet ein Versionsmanagement immer die Möglichkeit, sich eine ältere Version anzusehen oder diese zur Weiterbearbeitung auszuchecken. Es entstehen dann die bereits in Abb. 12.2 angedeuteten Versionsbäume. Dabei kann es in längerfristig angelegten Projekten dazu kommen, dass es nicht nur die eine aktuelle Version gibt, sondern dass für verschiedene Kunden unterschiedliche Versionen weitergepflegt werden müssen.

Bisher wurde nur der einfache Ein- und Auscheck-Zyklus betrachtet. Wenn mehrere Personen an einem Projekt arbeiten, kann es aber zu Konflikten kommen, wenn Dateien gleichzeitig bearbeitet werden. Diese Situation ist in Abb. 12.4 beschrieben. Zunächst hat Entwickler Arton die Version n der Datei D zur Bearbeitung ausgecheckt, danach hat Nadia die gleiche Version zur Bearbeitung ausgecheckt, die Datei bearbeitet und wieder eingecheckt. Danach will Arton seine Bearbeitung einchecken. Passiert dies ohne Warnung, gehen die Änderungen von Nadia verloren. Zur Lösung dieses Problems gibt es zwei grundsätzlich verschiedene Ansätze, wobei abhängig vom verwendeten Versionsmanagementsystem nicht immer beide Ansätze unterstützt werden.

Beim pessimistischen Ansatz hätte Nadia die Datei gar nicht auschecken können. Der erste, der eine Datei auscheckt, sperrt diese für die Bearbeitung durch andere Entwickler.

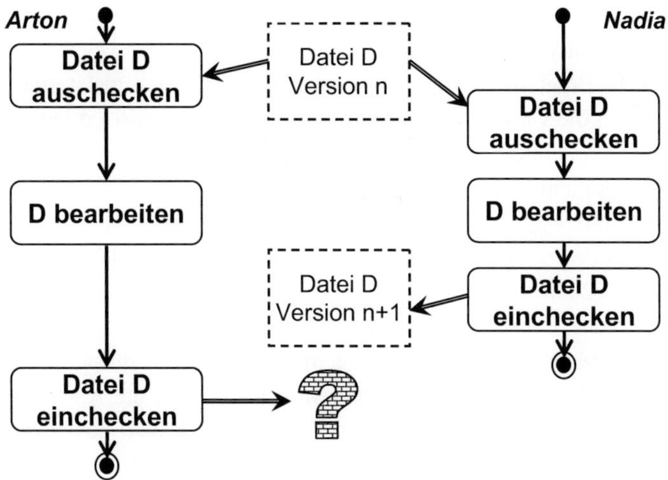

Abb. 12.4 Konflikt bei gemeinsamer Bearbeitung

Nadia würde beim Versuch auszuchecken die Meldung bekommen, dass Arton die Datei bereits bearbeitet. Der Ansatz wird pessimistisch genannt, da jedes mögliche Problem bereits zu einem Konflikt führt. Der Ansatz hat den Vorteil, dass immer gesichert ist, dass eine Datei nur von einer Person bearbeitet wird. Allerdings gibt es auch einige wesentliche Kritikpunkte. Rein organisatorisch kann es passieren, dass Arton sehr lange für die Bearbeitung der Datei benötigt, der klassische schlimmste Fall ist ein Jahresurlaub mit ausgecheckter Datei, und Nadia selbst für nur kleine Änderungen warten muss, die sie unbedingt für ihre weitere Arbeit benötigt. Weiterhin kann es auch der Fall sein, dass die Änderungen von Nadia zwar auf der gleichen Datei stattfinden, aber die Änderungen von Arton nicht beeinflussen.

Beim optimistischen Ansatz können Arton und Nadia die Datei parallel bearbeiten. Versucht dann Arton nach Nadia seine Ergebnisse einzuchecken, stellt das Versionsmanagement einen Konflikt fest, da Arton mit der Version n gearbeitet hat, sich aber zum Zeitpunkt des Eincheckens bereits die Version n + 1 unter Versionskontrolle befindet. Wird ein solcher Konflikt erkannt, ist Arton verpflichtet, vor dem Einchecken diesen Konflikt zu lösen, wobei es üblicherweise folgende Lösungsmöglichkeiten gibt:

- Arton nimmt seine Änderungen zurück, verzichtet auf das Einchecken und arbeitet mit der dann im nächsten Schritt ausgecheckten Version von Nadia weiter.
- Arton ist sich sicher, dass seine Änderungen alle Änderungen von Nadia enthalten und er fordert das Versionsmanagementsystem explizit auf, seine Version als neue aktuelle Version n+2 einzuchecken.
- Das Versionsmanagementsystem unterstützt die Erkennung, dass die Änderungen von Arton und Nadia an unterschiedlichen Stellen in der Datei stattfinden, und erlaubt das automatische Vermischen beider Ergebnisse. Falls eine solche Möglichkeit besteht, ist Arton trotzdem verpflichtet zu prüfen, ob die Vermischung wirklich problemlos möglich ist.
- Der am häufigsten vorkommende Ansatz ist, dass Arton von Hand die beiden Ergebnisse zu einem Ergebnis integrieren muss. Dazu bietet sich meist eine Hilfssoftware an, mit der man die Unterschiede zwischen den beiden Versionen verdeutlichen kann. Bei einfachen Versionen solcher Vergleichswerkzeuge, die meist zum Umfang von Versionsmanagementwerkzeugen gehören, findet der Vergleich zeilenweise statt, man erkennt gelöschte, geänderte und hinzugefügte Zeilen. Arton teilt dann dem Versionsmanagementwerkzeug am Ende mit, dass er den Konflikt gelöst hat, und checkt die neue Version n+2 ein.

Ein generelles Problem des Versionsmanagements, das die vorgestellten Ansätze direkt nicht lösen, ist der Fall, dass Arton die Klasse A ändert, die die Klasse B benötigt und Nadia die Klasse B bearbeitet, die die Klasse A benötigt, wobei keiner die anderen Änderungen mitbekommt und A nicht mehr zusammen mit B läuft. Um dieses Problem zu vermeiden, muss das Versionsmanagement sehr eng in die Entwicklungsumgebung für eine bestimmte Programmiersprache eingebunden sein.

Wenn man die Möglichkeit hat, den pessimistischen und optimistischen Ansatz parallel zu nutzen, sollte man dies machen. Für sehr kritische Dateien, wie z. B. Konfigurationsdateien, die systemweit für Einstellungen genutzt werden, ist zur pessimistischen Variante zu raten. Bei der normalen Programmierung kann der optimistische Ansatz oft ausreichen und eine schnellere Bearbeitung ermöglichen. Es gibt auch Varianten von Versionsmanagementsystemen, bei denen einfache Entwickler das System dazu zwingen können, mit einer Begründung irgendwelche Sperren von Dateien zu nehmen. Egal welchen Ansatz man verfolgt, wenn sehr viele Konflikte auftreten, sollte man beginnen, den Softwareentwicklungsprozess bzw. die konkrete Vorgehensweise bei der Entwicklung zu hinterfragen und überlegen, ob man organisatorisch die Anzahl der Konflikte reduzieren kann.

Das Versionsmanagement wird häufig mit anderen Werkzeugen verknüpft und stellt dann weitere Möglichkeiten zur Verfügung, die Entwicklung auf einem qualitativ hochwertigen Niveau zu halten. Ein Ansatz ist es z. B., dass beim Einchecken immer einstellbare Tests, z. B. JUnit-Tests, ablaufen und nur, wenn diese keine Fehler anzeigen, das Einchecken auch wirklich passiert.

12.2 Build-Management

Die Aufgabe des Build-Managements kann man zunächst direkt als den Aufbau des endgültigen Software-Produkts beschreiben. Bei kleinen Entwicklungen bedeutet dies nur, den Compiler aufzurufen, abhängig von der Programmiersprache einen Linker zu nutzen und dann das ausführbare Programm zu starten. Bereits bei kleineren Projekten hängt der Erfolg dieser elementaren Schritte von einigen Randbedingungen ab, wie z. B. der, dass der Compiler gefunden wird und man die Rechte hat, eine Datei mit dem kompilierten Ergebnis in dem Ergebnisverzeichnis zu erstellen. Schnell kommen weitere Randbedingungen hinzu, die die Einbindung von Bibliotheken und Komponenten sowie die dazugehörigen Pfade betreffen. In größeren Projekten müssen weiterhin nicht immer alle Dateien neu kompiliert werden, sodass zunächst festgestellt werden soll, welche Dateien überhaupt verändert wurden.

Neben der reinen Kompilierung gibt es weitere wichtige Aufgaben im Umfeld der bearbeiteten Dateien. Es wird eine Beschreibung benötigt, wie die entwickelte Software unter welchen Randbedingungen, wie z. B. Systemvariablen, wo installiert werden soll. Weiterhin muss bei der Entwicklung der Entwicklungsstand in die Arbeitsbereiche der Entwickler kopiert werden.

All die bisher genannten Arbeitsschritte kann man immer wieder von Hand mit der direkten Nutzung eines Befehlszeileninterfaces, auch Shell, Command-Tool oder DOS-Box genannt, ausführen. In einem ersten Optimierungsschritt werden diese Informationen dann in einer Datei, einem Shell-Skript oder einer Batch-Datei, zusammengefasst. Dieser Ansatz kann schon relativ weit führen, allerdings ist es der nächste Schritt in einer wartbaren Software-Entwicklungsumgebung, dass dann ein Build-Management-Werkzeug eingesetzt wird.

Für Entwicklungsumgebungen, die kein eigenes Teilwerkzeug für diese Aufgaben zur Verfügung stellen, haben sich auf dem Markt im C/C++-Bereich das Werkzeug make [Mec05] und im Java-Bereich das Werkzeug Ant [HL03] [@Ant] durchgesetzt, deren auf oberster Ebene gemeinsames Konzept hier am Beispiel von Ant genauer betrachtet werden soll.

Bereits aus den beschriebenen Anwendungsbereichen kann man zwei zentrale Aufgaben für Ant und make feststellen.

1. Verwaltung von Randbedingungen, wie Systemeinstellungen und weitere Variablen
2. Abarbeitung von Befehlsketten, die beschreiben, wie aus bestimmten Objekten neue Objekte konstruiert und an bestimmte Orte verschoben werden

Der zweite Punkt beinhaltet z. B., dass Dateien mit der Endung.java mithilfe des Compilers in.class-Dateien übersetzt werden, die in einem Verzeichnis namens bin stehen sollen. Die Befehlsketten bestehen aus einem zu erreichenden Ziel und einer Menge von Voraussetzungen, die erfüllt werden müssen, damit das Ziel erreicht wird. Diese Struktur wird in Ant und make ausgenutzt, es werden immer Ziele angegeben und dazu die Voraussetzungen, die zur Erreichung des Ziels benötigt werden. Da diese Voraussetzungen auch wieder kleinere Teilziele sein können, ergibt sich so insgesamt eine baumartige Hierarchie. Dies soll mit folgendem Beispiel verdeutlicht werden.

```
<?xml version="1.0"?>
<project name="AntSpiel" default="default">
  <description>
            Etwas Spielerei mit ant
    </description>

<property name="srcdir"
      location="src/kapitel12_Antspielerei/de/kleuker"/>
  <property name="builddir" location="build"/>
  <property name="destdir" location="dest"/>
  <!-- clean üblicherweise nicht immer -->
  <target name="default"
          depends="clean,compile,pack,execute"
          description="mach alles">
    <echo message="in default"/>
  </target>

  <presetdef name="javac">
      <javac includeantruntime="false" />
  </presetdef>

    <target name="clean" description="aufräumen">
      <delete dir="${builddir}"/>
```

```
        <delete dir="${destdir}"/>
        <echo message="in clean"/>
      </target>

    <target name="start" description="initialisieren">
      <tstamp/>
      <mkdir dir="${builddir}"/>
      <mkdir dir="${destdir}"/>
      <echo message="in start"/>
    </target>
    <!-- classpath enthält meist mehr Informationen -->
    <target name="compile" depends="start" description="kompiliere">
      <javac srcdir="${srcdir}"
             destdir="${builddir}"
             classpath="."
             debug="on">
      </javac>
      <echo message="in compile"/>
    </target>

    <!-- alternativ existierendes Manifest mit attribut file="" ein-
    binden -->
    <target name="pack" depends="compile" description="packe">
      <jar destfile="${destdir}/gepackt${DSTAMP}.jar"
        basedir="${builddir}">
        <manifest>
          <attribute name="Main-class"
                 value="kapitel12_Antspielerei.de.kleuker.XStarter"/>
        </manifest>
      </jar>
      <echo message="in pack"/>
    </target>

   <!-- sehr ungewöhnlich, aber zum Zeigen wie Windows-Programm ge-
startet wird -->
   <target name="execute" depends="pack" description="ausführen">
    <exec dir="${destdir}" executable="cmd.exe" os="Windows XP"
    spawn="true">
         <arg line="/c java -jar gepackt${DSTAMP}.jar"/>
      </exec>
      <echo message="in execute"/>
    </target>

  </project>
```

Das vorherige Ant-Skript zeigt eine Build-Datei im XML-Format, die mit Ant verarbeitet werden kann. In der zweiten Zeile steht das zentrale Ziel „default", das Ant zu konstruieren versucht, wenn kein anderes Ziel als Parameter angegeben wird. Die property-Einträge dienen dazu, Werte von Variablen aufzunehmen und werden immer als Wertepaar der Form Name und Wert angegeben. Ein Spezialfall stellen dabei Pfadangaben dar, bei denen statt „value" dann „location" zur Beschreibung des Wertes genutzt wird. Auf Variablenwerte kann mit ${<Variablenname>} zugegriffen werden. Die Pfadbegrenzer „/" und „\" aus Windows und Unix können in beiden Formen genutzt werden, was ein wichtiger Beitrag zur Nutzungsmöglichkeit über Betriebssystemgrenzen hinweg ist.

Zentrale Bestandteile des Skripts sind die Ziele „target", zu denen immer die Voraussetzungen in einer mit „depends" bezeichneten Liste angegeben werden. Die Vorgehensweise von Ant ist es dann zu analysieren, welche Voraussetzungen insgesamt erfüllt sein müssen, um dann schrittweise die eigentliche Bearbeitung durchführen zu können, dabei sind zyklische Abhängigkeiten natürlich nicht erlaubt.

Die Bearbeitung passiert in sogenannten Ant-Tasks, dies sind vorgegebene Befehle mit optionalen Parametern im XML-Format, die dann, wie in der target-Beschreibung angegeben, nacheinander abgearbeitet werden.

Im Beispielskript werden einige Ant-Tasks genutzt, ein besonders einfaches Beispiel stellt <echo message="Text"/> dar, mit dem der Message-Text auf der Konsole ausgegeben wird, auf der Ant gerade läuft. Die Teilziele „clean" und „start" zeigen die Möglichkeit, Dateien und Verzeichnisse zu löschen und anzulegen. Die ebenfalls von Ant unterstützten Möglichkeiten zur Prüfung bestimmter Werte und zur Prüfung, ob Dateien und Verzeichnisse existieren sowie bearbeitbar sind, wurden im Beispiel nicht genutzt. Die Teilziele „compile" und „pack" zeigen exemplarisch Möglichkeiten zur Kompilierung von Java-Dateien, die dann in einem bestimmten Verzeichnis abgelegt und anschließend mit dem Java-üblichen Pack-Programm jar zu einer ausführbaren Komponente zusammengesetzt werden. In „pack" wird die Variable DSTAMP genutzt, die im Target „start" mit der Ant-Task <\tstamp> implizit initialisiert wurde. Diese Variable enthält das aktuelle Entstehungsdatum, sodass man unterschiedliche Varianten ausführbarer Programme, hier z. B. gepackt20240809.jar, an ihrem Entstehungstermin unterscheiden kann. Das Teilziel „execute" soll zeigen, dass man, wenn es unbedingt notwendig ist, auch auf betriebssystemspezifische Befehle zugreifen kann.

In Ant sind bereits viele der Ant-Tasks definiert, die z. B. für die Java-Entwicklung benötigt werden, weiterhin ist es bei Werkzeugen üblich, eine Ant-Task beizulegen, die die Nutzung des Werkzeugs von Ant aus ermöglicht. Es ist relativ leicht, selbst weitere Ant-Tasks zu schreiben, da Ant ein Java-Framework bietet, mit dem man weitere Tasks und ihre Abarbeitung beschreiben kann. Dies ist besonders dann hilfreich, wenn man eine individuelle Entwicklungsumgebung aufgebaut hat, die kleinere Lücken z. B. beim Umkopieren von Dateien in den Arbeitsbereich eines nächsten Werkzeugs besitzt, indem leicht individuelle Ant-Tasks für solche Aufgaben ergänzbar sind. Damit kann die auch als „Klebesoftware" bezeichnete Ergänzung nahtlos in die Bearbeitung einbezogen werden und so zu einer nahtlosen Entwicklungsumgebung führen.

Maven [@Mav] ist wie Ant ein Werkzeug zur Unterstützung des Build-Prozesses. Der Ansatz von Maven unterscheidet sich allerdings grundlegend von dem von Ant. Ein Ant-Skript ist aus einer Menge von Targets aufgebaut, die die einzelnen Build-Ziele realisieren. Insgesamt kann so ein sehr komplexer Prozess entstehen, der oft nur durch den Skript-Ersteller selbst gewartet werden kann. Dies ist besonders bei flexiblen Skripten mit Alternativen der Fall. Mit der Entwicklung von Maven sollen solche Probleme, wie auch die Wiederverwendung von bestimmten Zielen gelöst werden. Der Implementierungsaufwand kann sich damit für den Build-Prozes stark reduzieren. Maven vereinfacht ebenfalls den Umgang mit benutzten Bibliotheken in verschiedenen Varianten.

Ein nächster möglicher Schritt ist die Nutzung von Jenkins. Jenkins [@Jen] (ehemals Hudson) ist ein webbasiertes Open Source Continous Integration System, also ein Werkzeug zur kontinuierlichen Integration. Die Idee der kontinuierlichen Integration ist es, dass die Entwickler frühzeitig und regelmäßig Änderungen in das Versionsmanagement einchecken. Diese Änderungen sollten funktionsfähig sein, sodass die gesamte Applikation auf Integrationsprobleme geprüft werden kann. Durch die Nutzung dieses Ansatzes ist fast immer die Verfügbarkeit einer lauffähigen Version gegeben, die dann z. B. für anderweitige Testzwecke oder Vertriebszwecke genutzt werden kann. Eine typische Anwendung sind Nightly Builds, bei denen zu einer vorgegebenen Uhrzeit der aktuelle Programmcode übersetzt wird und dabei Tests mit der erstellten Software automatisch ausgeführt werden. Bei gefundenen Problemen kann ein Entwickler dann z. B. direkt per Mail über das gefundene Problem informiert werden. Jenkins ist in Java geschrieben und plattformunabhängig. Die Basis von Jenkins unterstützt zahlreiche Werkzeuge, darunter die Versionsmanagementwerkzeuge SVN und Git, die Build-Werkzeuge Maven, Gradle und Ant sowie JUnit. Eine Erweiterbarkeit ist durch eine Plugin-Architektur gegeben.

Zum Test sind immer Testsysteme zu nutzen, die keinen Kontakt zu Systemen haben, die im Produktivbetrieb im Einsatz sind. Dies betrifft insbesondere Web-Server und Datenbanken. Sehr hilfreich bei diesem Ansatz sind Virtualisierungslösungen, bei denen mehrere logische Rechner auf einem physikalischen Rechner laufen und sich wie „normale" Rechner verhalten. Diese virtuellen Rechner können bei Bedarf schnell gelöscht und neue Versionen wieder hergestellt werden, was z. B. durch die Virtualisierungslösung Docker [@Doc] ermöglicht wird.

Die Ausführungen zum Build-Management und vorher zum Versionsmanagement machen deutlich, wie wichtig eine für das Projekt und den Entwicklungsprozess passende Software-Entwicklungsumgebung ist. Möglichst viele Arbeitsschritte sollten werkzeugunterstützt möglich sein, wobei nicht gelten darf, dass eine Funktionalität eines Werkzeugs zum Selbstzweck wird. Nur weil eine Funktionalität zur Verfügung steht, muss sie nicht eingesetzt werden. Entwicklungsumgebungen benötigen Erfahrungen, sodass sich die Effizienz der Nutzung der Umgebung erst im Laufe eines langen Projekts oder mehrerer kleiner Projekte zeigt. Die Kosten-Nutzen-Analyse von Entwicklungswerkzeugen ist ein sehr komplexes Thema, was gerade auch in der Wirtschaftsinformatik sehr kontrovers diskutiert wird.

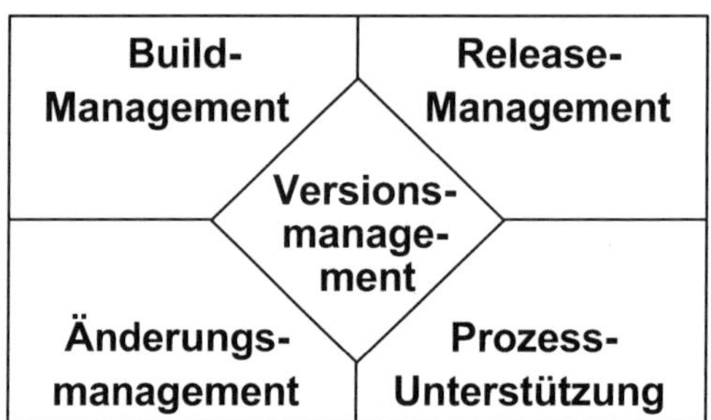

Abb. 12.5 Konfigurationsmanagement

Abb. 12.5 zeigt eine Zusammenfassung der Themengebiete, die unter dem Dach „Konfigurationsmanagement" zusammengefasst werden. Das bereits vorgestellte Versionsmanagement stellt dabei den Kern dar, ohne den die anderen Prozesse nur schwer effizient sein können, da durch das Versionsmanagement die Verwaltung aller Produkte garantiert wird, die auf einem Computer verwaltbar sind. Mit dem Build-Management wird wie gezeigt festgehalten, wie welche Produkte aus anderen Produkten erzeugt werden.

Hinter dem Release-Management steht die Koordinierung, wann welchem Kunden was ausgeliefert wurde. Zur Entwicklung von Erweiterungen oder der Korrektur von Fehlern ist es unerlässlich zu wissen, welche Softwareproduktversion beim Kunden installiert ist. Das Release-Management kann bei Unternehmen, die Standardprodukte auf den Markt bringen, die z. B. unter Windows-PCs laufen, recht einfach sein, kann aber bei einem Dienstleistungsunternehmen, das als zentrale Dienstleistung die individuelle Anpassung seiner Softwareprodukte an die Kundenwünsche anbietet, zum zentralen Prozess werden.

Das Änderungsmanagement dient dazu zu prüfen, ob Änderungen notwendig sind und die dann als notwendig betrachteten Änderungen in ihrer Realisierung zu verfolgen. Man kann so z. B. dem Kunden nachweisen, dass gewünschte Änderungen durchgeführt und wo diese Änderungen im Detail vorgenommen wurden.

Die in der Abbildung erwähnte Prozessunterstützung macht deutlich, dass all die genannten Arbeitsschritte meist nur effizient durchgeführt werden können, wenn sie werkzeuggestützt möglich sind. Ist dies nicht der Fall, sollte über alternative Prozesse oder die bei der Vorstellung von Ant bereits erwähnte Erstellung von „Klebesoftware" nachgedacht werden.

12.3 Grundlagen der Projektplanung und -verfolgung

Neben den Entwicklungsfähigkeiten und der Entwicklungsumgebung spielt das Projektmanagement für den Erfolg eines Projekts eine zentrale Rolle. Während bis jetzt die technische Abwicklung im Mittelpunkt stand, geht es nun um die organisatorische

Abwicklung. Das Thema Projektmanagement wird in vielen Büchern, z. B. [DeM98], [Bur02], [Sch03] behandelt. Die dabei betrachteten Themen wurden so gewählt, dass ein eher technisch orientierter Entwickler versteht, warum das Projektmanagement solch eine Bedeutung hat und wie er es bei der Arbeit unterstützen kann.

Das eigentliche Projektmanagement beginnt mit der Projektidee, die beim Kunden oder unternehmensintern reifen kann. Bereits hier werden Randbedingungen definiert, die den Erfolg maßgeblich beeinflussen. Handelt es sich um ein Projekt für einen Kunden, wurde basierend auf meist noch allgemein gehaltenen Dokumenten der Preis des Projekts ausgehandelt. Abhängig von der aktuellen Marktsituation und der Preispolitik des Softwareherstellers folgt hieraus, ob genügend Zeit und Ressourcen für die Entwicklung zur Verfügung stehen oder ob bereits vom Anfang der Entwicklung an eine Mangelverwaltung stattfindet.

Die Projektleitung ist die zentrale Rolle eines Projekts, die üblicherweise für die Projektplanung zuständig ist, den Projektverlauf einschätzt, dabei projektinterne Probleme löst und das Projekt nach außen gegenüber dem Kunden, aber auch innerhalb des eigenen Unternehmens vertritt. Aus dieser sicherlich nicht vollständigen Aufzählung folgen Fähigkeiten und Eigenschaften, die der Rolleninhaber haben muss. Er muss mit vielen Menschen umgehen und schnell entscheiden können. Ein technisches Verständnis für die fachliche Aufgabe ist Grundvoraussetzung, um mit seinem Team reden zu können; dabei ist es gerade bei größeren Projekten nicht notwendig, dass der Projektleiter Experte des Anwendungsgebiets ist. Bei sehr großen Projekten kann man die Projektleitung auch in einen eher managementorientierten und einen technikorientierten Projektleiter aufteilen. In Scrum-Projekten bleiben alle genannten Koordinationsaufgaben für den Scrum-Master erhalten. Er ist allerdings im laufenden Projekt nicht für die Detailplanung verantwortlich, da diese koordiniert durch das Team erfolgt. Eine Verknüpfung von klassischer Planung auf abstrakter oberer Ebene mit der Nutzung von Scrum auf Entwicklungsebene ist dabei möglich, kann aber zu Reibereien führen, die durch erfahrene Beteiligte geglättet werden können.

Am Anfang des klassischen Projekts steht die Projektplanung, in der zunächst festgestellt werden muss, was überhaupt zu erledigen ist. Diese Planungsgrundlage kann eine Work-Breakdown-Structure, kurz WBS sein, in der die Hauptaufgaben festgehalten sind und bei der komplexere Aufgaben in Teilaufgaben zerlegt werden. Abb. 12.6 zeigt ein Beispiel für eine solche WBS. Bei der Aufteilung in Teilaufgaben ist nur zu beachten, dass sich diese möglichst wenig überschneiden sollen. Im Beispiel findet eine Orientierung an den querschnittlichen Aufgaben, wie Qualitätssicherung und Projektmanagement, und auf technischer Ebene an Use Cases statt. Grundsätzlich sind aber auch andere Aufteilungen, wie z. B. nach zu entwickelnden Software-Komponenten, sinnvoll.

In der WBS in der Abbildung sind bereits die zu den Aufgaben gehörenden Aufwände in Personentagen (PT) angegeben. Der Gesamtwert ergibt sich aus der insgesamt zur Verfügung stehenden Arbeitszeit. Dabei müssen die Werte zum realen Aufwand passen, der sehr früh im Projekt geschätzt werden muss. Diese zentrale Aufgabe der Aufwands-

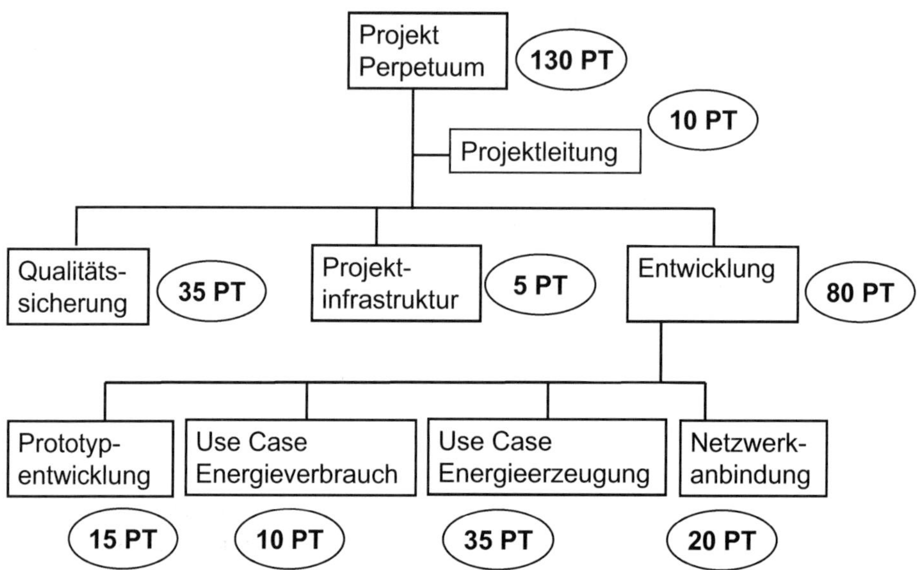

Abb. 12.6 Work-Breakdown-Structure

schätzung wird im folgenden Teilkapitel explizit behandelt. Im Folgenden wird davon ausgegangen, dass ein sinnvolles Schätzergebnis vorliegt, das für jedes Arbeitspaket aus zwei Werten besteht, dem bei gutem Verlauf erwarteten Aufwand und der Risikorückstellung eines Aufwandsanteils zur Lösung potenzieller Probleme.

Im nächsten Schritt wird ein grober Projektplan erstellt, der kontinuierlich über die Projektlaufzeit verfeinert und angepasst wird. Zur Erstellung des Plans muss man neben dem Aufwand für die Arbeitspakete ihre Abhängigkeiten kennen. Konkret muss klar sein, welche Arbeitsergebnisse vorliegen müssen, damit andere Arbeiten voranschreiten können.

Die Abhängigkeiten zwischen den Arbeitspaketen kann man durch einen Graphen visualisieren, wie er in Abb. 12.7 beispielhaft gezeigt wird. Dabei wird hier nicht der minimale und maximale Aufwand, sondern die Dauer der einzelnen Pakete betrachtet. Bei der Dauer wird berücksichtigt, inwieweit die Arbeit im Paket parallelisiert, also von mehreren Personen gleichzeitig erledigt werden kann, ohne dass der Aufwand zur

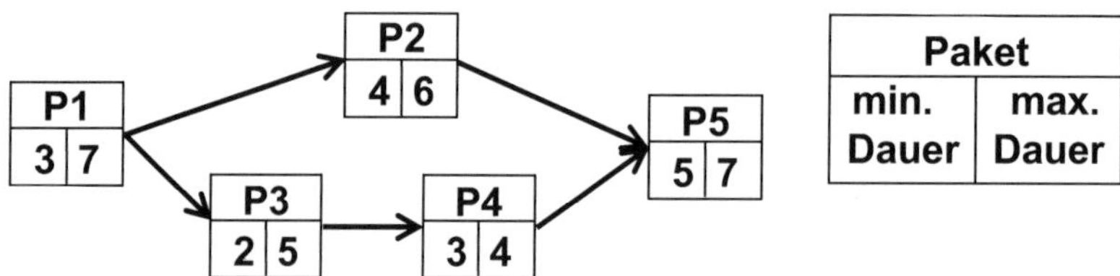

Abb. 12.7 Fachliche Abhängigkeiten zwischen Arbeitspaketen

Abstimmung zu groß wird. Der Abhängigkeitsgraph kann die Grundlage der weiteren Planung sein, wobei es wichtig ist, zu erkennen, dass es in den meisten Fällen viele Varianten gibt, wie die Abhängigkeiten in einem konkreten Plan umgesetzt werden können. Eine analytische Erkenntnis des Graphen ist die minimal mögliche Projektdauer, die sich im Beispiel aus $3+2+3+5=13$ ergibt. Dies ist dabei nur ein theoretischer Wert für die mögliche Zeitdauer, die nicht unterschritten werden kann. In die eigentliche Planung geht eine Dauer von $7+5+4+7=23$ ein, in der Risikozuschläge berücksichtigt werden. Dieser Pfad zur Bestimmung der minimalen Dauer wird auch kritischer Projektpfad genannt. Jedes Arbeitspaket, das auf diesem Pfad liegt und eine außerplanmäßige Verzögerung erhält, führt automatisch dazu, dass das Projekt später fertig ist. Ein wichtiges Ziel komplexer Projektpläne ist es, dass möglichst wenige Arbeitspakete auf diesem kritischen Pfad liegen, was z. B. auch durch den Einbau weiterer Zeitpuffer ermöglicht werden kann. Im kleinen Beispiel in der Abbildung kann man den Beginn des Arbeitspakets P2 etwas flexibel planen, da es nur nach P1 und vor P5 stattfinden muss.

Die Realisierungsmöglichkeit eines Projektplans hängt unmittelbar von den zur Realisierung zur Verfügung stehenden Mitarbeitern ab. Stehen Mitarbeiter mit besonderen Kenntnissen z. B. nur zu bestimmten Zeitpunkten zur Verfügung, so muss der Plan an diese Randbedingungen angepasst werden. Insgesamt ergibt sich so aus dem Plan des einzelnen Projekts und der Gesamtplanung des Mitarbeitereinsatzes über alle Projekte hinweg ein komplexes System von Abhängigkeiten, bei dem die Mitarbeiter möglichst gut ausgelastet sein sollen und jedes Projekt möglichst schnell voranschreiten soll. Diese Aufgabe wird im Multiprojektmanagement gelöst.

In der sogenannten Netzplantechnik werden die fachlichen Abhängigkeiten in einen Ablaufplan für das Projekt umgesetzt. Die Abhängigkeiten werden, wie in Abb. 12.8 gezeigt, visualisiert. In (a) ist der bereits erwähnte klassische Fall der Abhängigkeit des einen Pakets von Ergebnissen des anderen Pakets beschrieben. In (b) ist festgehalten, dass beide Arbeitspakete zum gleichen Zeitpunkt beginnen sollen. Dies ist z. B. sinnvoll, wenn eine gewisse Zeit zum Testen und Integrieren direkt beim Kunden vorgesehen ist. Damit der Kunde möglichst wenig gestört wird, sollten die Arbeiten kompakt zur gleichen Zeit stattfinden. In (c) wird gefordert, dass zwei Arbeitspakete zur gleichen Zeit enden sollen, was z. B. für den Übergang zu einer nächsten Integrationsphase sinnvoll sein kann. Der Fall (d) wird zur Vollständigkeit erwähnt und tritt nur in Projektplänen auf, in denen z. B. rückwärts von einem Zieldatum aus geplant wird, da gezeigt wird, dass ein Paket vor einem anderen passieren muss, was in der Planungsrealität sehr selten ist.

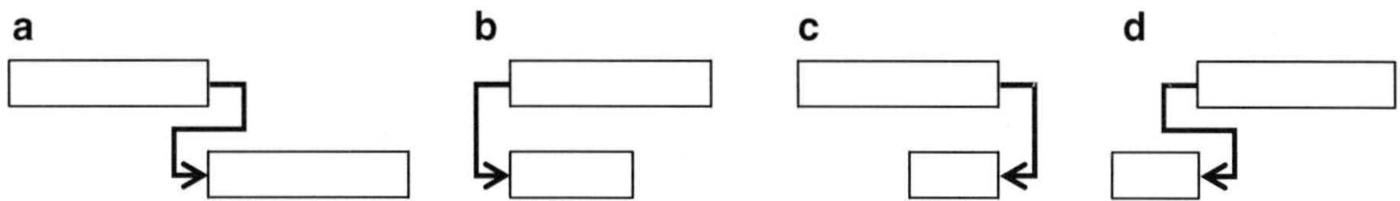

Abb. 12.8 Verlaufsabhängigkeiten von Arbeitspaketen

Um den Mitarbeitereinsatz zu planen, muss festgelegt werden, welche Rollen zur Realisierung der einzelnen Arbeitspakete eingesetzt werden sollen. Bei größeren Projekten ist es seltener der Fall, dass Mitarbeiter, die in der Analyse der Aufgabenstellung tätig sind, später auch implementieren. Um diese Zuordnung der Mitarbeiter zum Projekt zu vollziehen, ist es sinnvoll, Übersichten über die Fähigkeiten der zur Verfügung stehenden Mitarbeiter zu haben. Hierzu gehören dann Rollenbeschreibungen in denen festgehalten ist, welche Fähigkeiten ein Rolleninhaber haben muss, welche Verantwortung er übernehmen kann und welche Kompetenzen er haben muss, damit er seiner Verantwortung gerecht werden kann. Eine frei zugängliche Übersicht über die unterschiedlichen Rollen mit detaillierten Beschreibungen findet man z. B. im V-Modell XT [@VM], wobei die Nutzung dieser Beschreibungen unabhängig von der Nutzung des Modells ist.

Abhängig von den zur Verfügung stehenden Mitarbeitern und ihren Fähigkeiten, können wiederum Anpassungen des Projektplans notwendig werden, da z. B. Schulungen und Trainings on the Job in den Plan aufgenommen werden müssen. Abb. 12.9 fasst die vielfältigen Einflüsse in der Projektplanerstellung zusammen und zeigt, dass dieser Plan iterativ entsteht. Er muss an unterschiedliche Randbedingungen in der Planungsphase und an aktuelle Projektgegebenheiten im Projektverlauf angepasst werden.

Projektpläne werden gerne als sogenannte Gantt-Diagramme dargestellt, in denen ersichtlich wird, welche Arbeitspakete es mit welchen Abhängigkeiten gibt, wer an dem jeweiligen Paket mit welchem Arbeitsanteil arbeitet und zu wieviel Prozent das Paket fertig gestellt ist. Abb. 12.10 zeigt dazu ein Beispiel, in dem neben den Arbeitspaketen die sogenannten Meilensteine als schwarze Rauten eingetragen sind, an denen der Projektfortschritt geprüft wird und gegebenenfalls größere Umplanungen oder sogar der Projektstopp entschieden werden können. Man kann zwischen internen Meilensteinen, bei denen im entwickelnden Unternehmen der Fortschritt geprüft wird, und externen Meilensteinen, in denen der Kunde über das Projekt informiert wird und er gegebenenfalls Teilabnahmen machen muss, unterscheiden. Externe Meilensteine werden häufig (zu) frühzeitig in Ver-

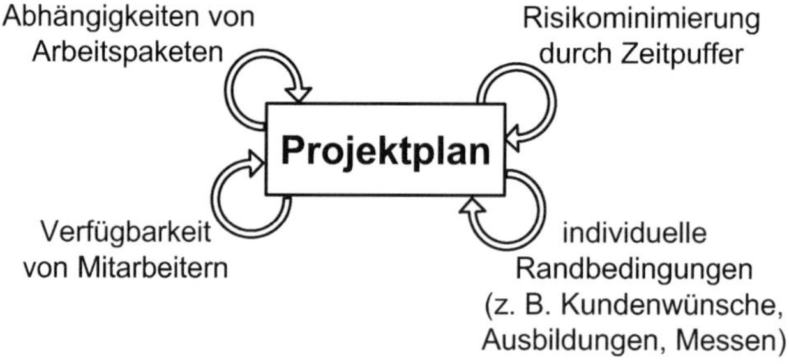

Abb. 12.9 Einflussfaktoren der Projektplanerstellung

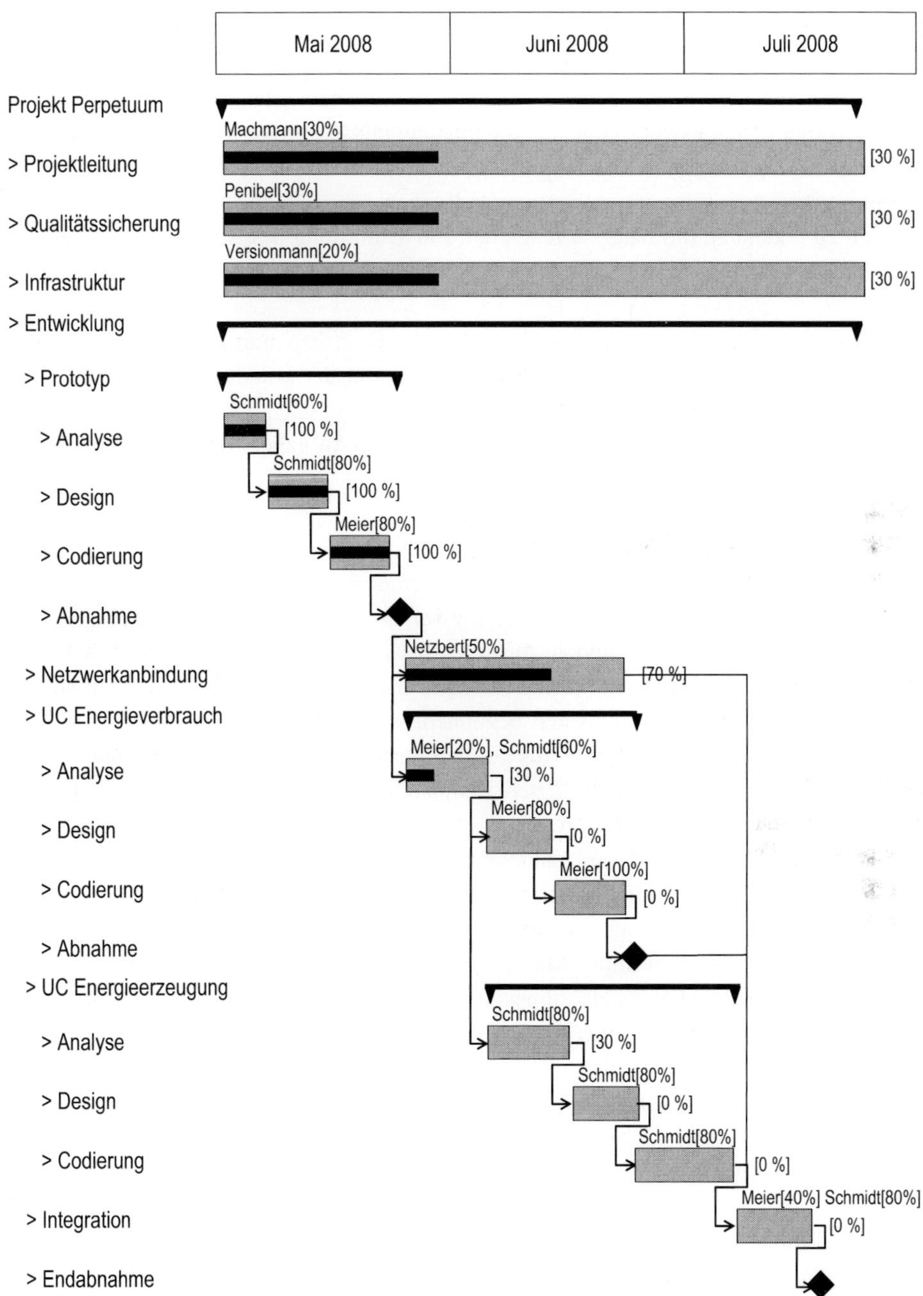

Abb. 12.10 Beispiel für ein Gantt-Diagramm

trägen vereinbart, sodass sie als Randbedingungen in den Plan mit einfließen. Dabei gilt grundsätzlich, dass zunächst geplant wird und dann die daraus resultierenden Daten abgelesen werden und nicht zuerst alle Meilensteine festzulegen sind. Dies ist auch das Konzept aller Planungswerkzeuge, die die Planung und Projektverfolgung unterstützen.

Eine wichtige Aufgabe des Projektleiters ist es, immer über den aktuellen Projektstand informiert zu sein, um aufkommende Risiken oder sich andeutende Verzögerungen schnell zu erkennen, um dann zu reagieren. Zur Ermittlung des Standes sind zwei zentrale Informationen zu erheben:

- Verbrauchte Arbeitszeit (allgemeiner: verbrauchte Ressourcen), üblicherweise in Personenstunden gemessen, die der Mitarbeiter mit der konkreten Aufgabe in einem Erfassungssystem festgehalten hat
- Fertigstellungsgrad, gibt an zu wieviel Prozent eine Aufgabe erledigt ist und muss von den bearbeitenden Personen geschätzt werden

Man beachte, dass die alleinige Betrachtung des fertigstellungsgrades nicht ausreicht. Sollten zu einem bestimmten Zeitpunkt 50 % einer Aufgabe erledigt sein und ist dies wirklich auch der Fall, kann es trotzdem zwei Probleme geben. Die beteiligten Mitarbeiter haben durch Überstunden zu viele Ressourcen verbraucht, was sich kritisch auf den Stand des Projekts auswirkt. Alternativ haben die Mitarbeiter weniger Stunden benötigt und bereits andere Arbeiten begonnen, was eventuell zu einer späteren Unterbeschäftigung führen kann. Der Fokus auf den Fertigstellungsgrad ist in Ordnung, wenn die Ressourcen im vorher kalkulierten Rahmen genutzt werden, z. B. wenn die Mitarbeiter die Arbeitszeiten einhalten.

Zur Visualisierung des Projektstandes werden abhängig vom konkreten Vorgehensmodell entweder eine Meilensteintrendanalyse oder ein Burndown-Chart eingesetzt. Beide Darstellungen sind eng verwandt und zeigen Abweichungen des Fertigstellungsgrades vom geplanten Termin. Abb. 12.11 zeigt links eine Meilensteintrendanalyse, dabei wird für jeden Meilenstein zu bestimmten Zeitpunkten neu geschätzt, wann er abgeschlossen ist. Es werden oben der Zeitpunkt der Schätzung und links das geschätzte Fertigstellungsdatum des Meilensteins angegeben. Am Anfang gibt es im Beispiel eine Planung am 1.1. bei der der 1.3. als Meilenstein für die Analyseergebnisse angesehen wurde. Das Diagramm wächst mit jeder neuen Planung von links nach rechts, im Beispiel wurden die Meilensteine etwa alle drei neu kalkuliert.

Bei theoretisch perfekter Planung ergeben sich parallele von links nach rechts verlaufende Linien, da zu jedem Zeitpunkt der ursprünglich kalkulierte und der neu geschätzte Wert übereinstimmen. Die Diagonale gibt dabei die Zeitpunkte an, an der Schätztermine und reale Termine zusammentreffen. Verläuft die Linie eines Meilensteins tendenziell nach unten, bedeutet dies, dass er eher fertig gestellt werden kann, was z. B. zu Planungsoptimierungen führt. Verläuft die Linie nach oben, verspätet sich die

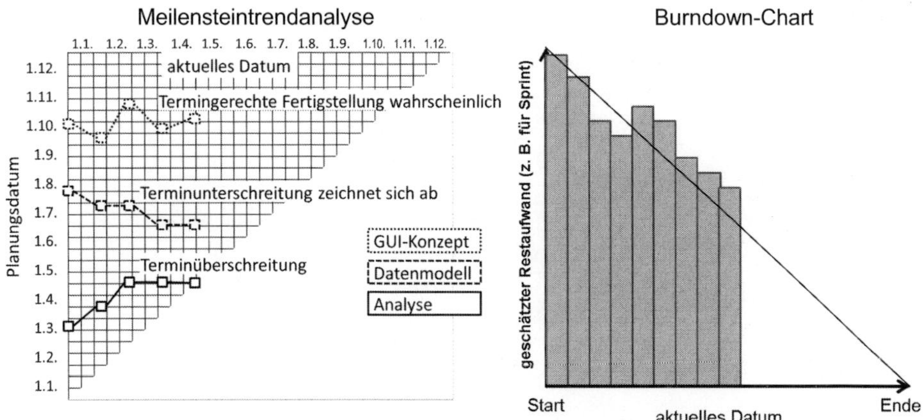

Abb. 12.11 Visualisierungen des Fertigstellungsgrades

Fertigstellung, was sich meist auch auf alle darüber liegenden Meilensteine auswirkt und man so über Gegenmaßnahmen nachdenken muss.

Beim Burndown-Chart wird in einem Balken z. B. pro Tag festgehalten, wie hoch der noch ausstehende Arbeitsaufwand geschätzt wird. Der anfängliche Wert ergibt sich dabei aus der ursprünglichen Schätzung und wurde mit dem Team vereinbart. Für jede Teilaufgabe korrigiert die bearbeitende Person die Schätzung jeden Tag, sodass man immer einen genauen Überblick hat. Die Diagonale zeigt hierbei den gewünschten linearen Rückgang der noch benötigten Aufwände. Das Beispiel zeigt, dass die konkreten Werte durchaus auch mal ansteigen können, wenn ein Ansatz verworfen werden muss oder sich eine Aufgabe als deutlich komplexer herausstellt.

Bei der Schätzung des Fertigstellungsgrades sollte bei normal laufender Entwicklung ein linearer Anstieg in der Schätzung das Ziel sein, da es häufig beobachtet werden kann, dass recht schnell ein Fertigstellungsgrad von 80 % angenommen wird und dieser dann z. B. durch die Korrektur vieler kleiner Fehler bei diesem Wert stagniert.

Sollte es in diesen Werten Abweichungen vom Plan geben, ist es die Aufgabe des Projektleiters oder eines Scrum Masters, zu reagieren. Abb. 12.12 zeigt zunächst ein Koordinatensystem, in dem man pro Arbeitspaket einen Eintrag als Punkt machen kann. Das Ziel ist es, dass sich alle Einträge in der Mitte befinden. Zwar bedeuten Einträge oberhalb der gestrichelten Diagonalen, dass das Projekt kein Geld verliert, aber auch auf solche Abweichungen ist zu reagieren. So bedeutet der Quadrant rechts oben, dass das Paket schneller mit weniger Aufwand abgeschlossen wird. Statt sich nur zu freuen, ist es die Aufgabe des Projektleiters, die frei werdenden Ressourcen und sich weiter dadurch abzeichnenden Optimierungsmöglichkeiten zu nutzen. Generell ist es sinnvoll, den Ressourcenverbrauch ähnlich wie den Fertigstellungsgrad zu visualisieren.

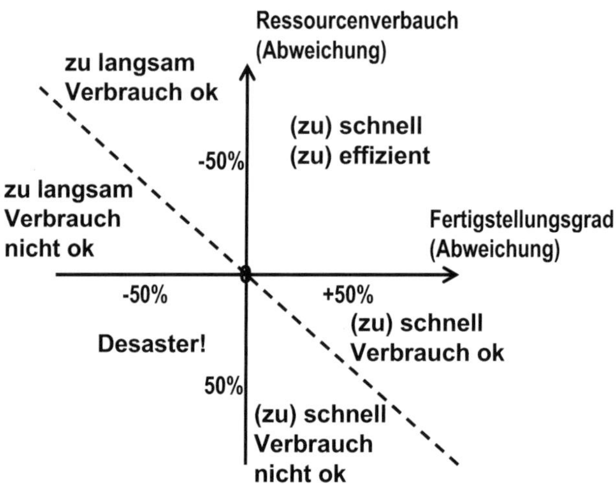

Abb. 12.12 Analyse von Planungsabweichungen

Ein sehr hilfreiches Mittel zur Visualisierung der laufenden Arbeiten ist ein Kanban-Board, das in vielen Vorgehensmodellen anwendbar ist. Abb. 12.13 zeigt ein Beispiel, dabei kann die Anzahl der Spalten projektindividuell unterschiedlich sein. Im Kanban-Board sind alle für die aktuelle Durchführung anstehenden Aufgaben als Kästen, z. B. als Klebezettel, auf dem Board vorhanden. Dazu werden die Aufgaben ihrer Bearbeitungsphase zugeordnet, die als Spaltenüberschriften benannt sind. Im Beispiel sieht man, dass zu bearbeitende Aufgaben vorbereitet werden, was z. B. für eine Prüfung der Vorbedingungen steht, dann entwickelt, getestet und letztendlich vom Kunden abgenommen werden. Die vier mittleren Phasen sind nochmals aufgeteilt, sodass erkennbar ist, ob die Arbeit gerade läuft oder bereits beendet ist und die Aufgabe auf die nächste Bearbeitung wartet. Weiterhin sind in den mittleren Spalten oben Zahlenwerte in Kreisen eingetragen, die die maximale Anzahl der Aufgaben angeben, die sich in dieser Phase, also der gesamten Spalte befinden dürfen. Dies ist ein wesentlicher Beitrag des Kanban-Ansatzes, da so verhindert wird, dass zu viele Aufgaben angefangen, dann aber im geplanten Zeitraum nicht vollständig beendet werden. Es ist natürlich, dass mehrere Aufgaben sich selbst bei einem Bearbeiter gleichzeitig in der Bearbeitung befinden, da z. B. Abhängigkeiten zwischen den Aufgaben bestehen. Das Kanban-Board verhindert allerdings, dass die Menge der in einer Phase in Bearbeitung befindlichen Aufgaben zu groß wird. Es ist dann auch unwahrscheinlich, dass Personen mit Spezialwissen längere Zeit ohne Aufgabe warten müssen, da sie z. b. als Tester nicht arbeiten können, da keine Entwicklung abgeschlossen wird.

Die Grenzwerte können während des laufenden Projekts und in anderen Projekten diskutiert werden, da man z. B. erkennt, dass zu viele Arbeiten an einem bestimmten Punkt warten. In der Abbildung ist es z. B. möglich, dass in der Testphase nicht weitergearbeitet

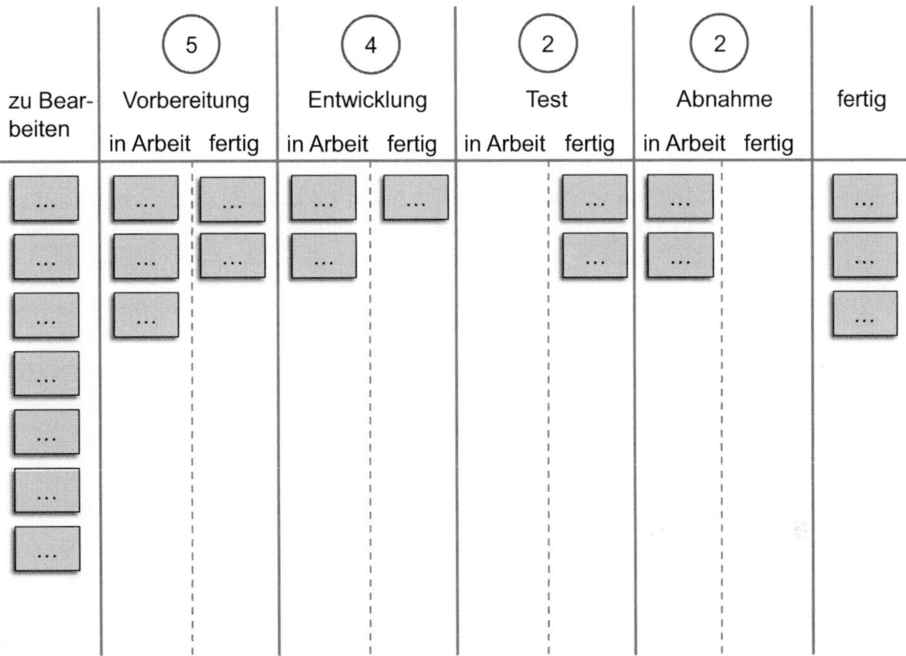

Abb. 12.13 Beispiel für ein Kanban-Board

werden kann, da die Entwicklung wenige Ergebnisse liefert, aber schlimmer, sich die Abnahmen mit dem Kunden zu lange verzögern und hier eventuell mehr Personal benötigt wird.

Die Entscheidungen innerhalb eines Projekts sind in einem Projekt-Logbuch zu dokumentieren. Weiterhin ist es die Aufgabe des Projektleiters, am Projektende ein Fazit in einem Projektabschlussbericht zu ziehen, indem Ergebnisse und Beobachtungen für unterschiedliche Aspekte, wie die Einschätzung der Qualität des Kundenkontakts, der Fähigkeiten der eingesetzten Mitarbeiter, der Qualität der eingesetzten Werkzeuge und der Qualität der verwendeten Prozesse unter besonderer Berücksichtigung des Risikomanagementansatzes, enthalten sind. Diese Projekthistorien sind wichtige Meilensteine zu einem lernenden, sich kontinuierlich verbessernden Unternehmen.

In diesem Unterkapitel wurde bewusst bis zu dieser Stelle nicht zwischen klassischem und agilen Vorgehen, wie es im Kapitel „3 Vorgehensmodelle“ genauer diskutiert wird, unterschieden. Alle hier vorgestellten Ansätze können als eigenständige Fragmente in jedwedem Vorgehen sinnvoll sein. Projektstrukturpläne und Gantt-Diagramme kommen aus dem klassischen Projektmanagement, sind aber in eventuell vereinfachter Form auch für agile Projekte sinnvoll, da so die generelle Machbarkeit des Projekts und mögliche Intervalle für Projektdauern kalkulierbar sind. Gefundene Arbeitspakete können in Product Backlogs und Sprint Backlogs einfließen.

Die eher aus agilen Ansätzen bekannten Burndown-Charts und Kanban-Boards sind unabhängig von der Projektart nutzbar und stellen gerade bei Projekten, in denen das Entwicklungsteam dicht zusammensitzt, einen klaren Mehrwert dar.

Zusammenfassend kann dazu festgestellt werden, dass „klassisches" und „agiles" Projektmanagement zwar auf dem Papier abgrenzbar sind, diese Abgrenzung, aber aus Praxis-Sicht wenig Sinn macht. Recht markante Unterschiede gibt es z. B. bei Scrum bei den Rollen Scrum Master und dem klassischen Projektleiter, da der Scrum Master im Wesentlichen Behinderungen des Projektteams im Alltag reduziert, während der klassische Projektleiter die Aufgaben verteilt und für den Gesamtlauf die Kontrolle übernimmt. Bei genauerer Betrachtung ist es eine zentrale Aufgabe des klassischen Projektleiters, frühzeitig Risiken und Probleme zu erkennen, was eng verwandt mit den zentralen Aufgaben eines Scrum Masters ist. Damit bleibt als einziger echter Unterschied, dass der Projektleiter Arbeitspakete den Entwicklern zuteilt und bei Scrum sich die Team-Mitglieder selbst die Aufgaben aussuchen, die sie bearbeiten. Damit führen sich Team-Mitglieder bei Scrum deutlich mehr für den Projekterfolg verantwortlich. Wird wieder die Praxis betrachtet, beteiligen viele klassische Projektleiter die weiteren Team-Mitglieder bei Schätzungen und Planungen. Weiterhin holen sie sich bei verteilten Aufgaben Zusagen der eingeplanten Mitarbeiter ab, dass diese ihre Aufgabe verstehen und in der geplanten Zeit umsetzen. Die freie Aufgabenwahl bei Scrum Teams ist meist auch nur theoretischer Natur, da Experten typischerweise ihre Aufgaben übernehmen. Der wesentliche Beitrag agiler Methoden ist, dass sie typische Risiken des klassischen Projektmanagements in den Vordergrund stellen und durch ihre Organisation automatisch risikominimierende Maßnahmen ergriffen werden. Dies betrifft die kontinuierliche Einbindung des Kunden, die Möglichkeiten auf Anforderungsänderungen und technische Probleme schnell zu reagieren, den aktuellen Stand des Projektes schnell erfahrbar zu machen, Mitarbeiter zu motivieren und den Erfahrungsaustausch unter den Mitarbeitern zu fördern.

12.4 Aufwandsschätzung

In klassischen Projekten hat die Aufwandsschätzung die zentrale Bedeutung für den Projekterfolg. Basierend auf dieser Kalkulation wird ein Festpreis angeboten, der vertragsrechtlich zementiert ist. Diesen Ansatz findet man auch heutzutage noch sehr häufig, wobei die modernen Erkenntnisse des Software-Engineerings über die inkrementelle Entwicklung und die von Entwicklern und Kunden eingeplanten Änderungsmöglichkeiten sich auch in Vertragsmodellen wiederfinden. Trotzdem kommt der Aufwandsschätzung weiterhin eine wichtige Rolle bei der Planung und Preisfindung zu.

In diesem Abschnitt werden verschiedene Schätzansätze vorgestellt, wobei am Anfang bereits festgestellt werden soll, dass es das Verfahren, das systematisch angewandt immer zu nahezu korrekten Schätzergebnissen kommt, nicht gibt. Dass es ein solches Verfahren nicht geben kann, beruht schon auf der Erkenntnis, dass die Aufgabengebiete,

Werkzeuge und Menschen nicht durch die eine ultimative Formel vereint werden können. Die zentrale Erkenntnis dieses Teilkapitels ist aber, dass man individuell in Unternehmen einen Schätzprozess aufbauen kann, sodass der Prozess mit jeder Schätzung genauer wird.

Der klassische Schätzansatz kann vereinfacht mit „Daumen drauf“ charakterisiert werden. Dabei wird eine Projektbeschreibung in Teilaufgaben zerlegt, wie sie z. B. auch in der Work-Breakdown-Structure genutzt wird. Danach schätzen ein oder mehr Experten basierend auf ihrer Erfahrung den dahinter liegenden Aufwand. Das zentrale Hilfsmittel ist bei diesem, wie auch bei anderen Schätzverfahren, die Analogie, man versucht, basierend auf Erfahrungen mit vergleichbaren Projekten passende Schätzaussagen abzuleiten. Bei mehreren Schätzern ist es meist sinnvoll, wenn diese getrennt schätzen, um dann in einer moderierten Schätzkonferenz zu einem Ergebnis zu kommen. Generell gilt für Schätzkonferenzen unabhängig vom Schätzansatz, dass sie nicht zur reinen Mittelwertbildung dienen. Bei größeren Abweichungen sollen die Experten beschreiben, welchen Aufwand sie warum hinter einer Aufgabe vermuten. Oftmals führen diese Beschreibungen zu neuen Erkenntnissen, was sich hinter einer Aufgabenstellung verbirgt bzw. was nicht dazugehört.

Die Aufwandsschätzung ist immer eng mit dem Risikomanagement verbunden, da bei den ersten Schätzungen häufig Projektrisiken entdeckt und dokumentiert werden können. Weiterhin muss ein systematischer Umgang mit den zu den Risiken gehörenden Aufwänden gefunden werden. Sinnvoll ist dabei, zuerst einen Wert für den optimalen Verlauf und dann unter Berücksichtigung eines Risikopuffers zu schätzen. Dieser Risikopuffer wird in einigen Unternehmen vereinfachend oft auch mit 30–50 % des optimalen Aufwands eingeschätzt.

Ein systematischer Schätzansatz, zu dem sich Schätzer sogar zertifizieren lassen können, ist die Function Point-Analyse [BF01]. Diese Analyse besteht aus den in Abb. 12.14 beschriebenen Schritten, die hier anhand eines Beispiels erläutert werden sollen. Realisiert werden soll eine kleine Mitarbeiterverwaltung, die u. a. die Reisen der

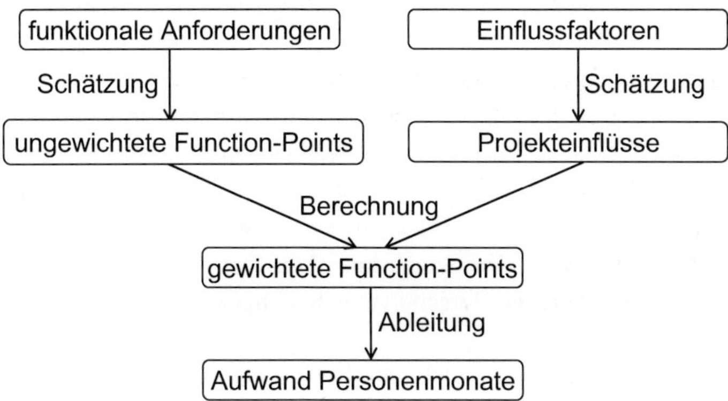

Abb. 12.14 Ablauf der Function-Point-Methode

Mitarbeiter abrechnet. Es handelt sich um ein kleines Unternehmen mit 12 Mitarbeitern, sodass eine große Standardlösung als zu teuer gilt. Man hat sich für eine Realisierung in Java entschieden, wobei aufgrund der geringen Datenmenge auf eine Datenbankanbindung verzichtet werden soll, die Daten werden direkt in XML gespeichert, wodurch eine Weiterverwendung der Daten zu einem späteren Zeitpunkt einfach wäre. Die Oberfläche soll nur die Bedienung der gewünschten Funktionalität erlauben. Insgesamt werden folgende Aufgaben identifiziert:

- Mitarbeiterstamm ergänzen
- Mitarbeiterdaten aufdatieren
- Mitarbeiter löschen
- Reise einrichten
- Reisebeleg einrichten
- Reise prüfen
- Reisekosten berechnen
- Reisekosten anweisen

Auf eine detailliertere Beschreibung wird hier bewusst verzichtet, da Schätzungen häufig auf Basis einer sehr geringen Informationsmenge stattfinden. Natürlich gilt, dass eine Schätzung umso genauer werden kann, je detaillierter die systematische Anforderungsanalyse vorangeschritten ist.

In der Function Point-Analyse werden alle Anforderungen in der vorliegenden Detaillierung möglichst genau durchgegangen, und es wird versucht zu klären, welche der fünf folgenden Aufgabenkategorien zu einer Anforderung gehören [BF01], [Bal00].

Internal Logical Files (ILF, Datenbestand): Datenbestände, die innerhalb des zu entwickelnden Systems bearbeitet werden, z. B. die selbst entwickelten Klassen
External Interface Files (EIF, Referenzdaten): Datenbestände, die von außerhalb des zu entwickelnden Systems kommen und bearbeitet werden
External Inputs (EI, Eingabe): Eingaben von außerhalb in das zu entwickelnde System, mit denen der Datenbestand verändert wird, z. B. über Eingabemasken, Dateien in bestimmten Eingabeformaten, Eingaben von externen Systemen
External Outputs (EO, Ausgabe): Ausgaben an außerhalb des zu entwickelnden Systems liegende Komponenten, die zu realisierende Berechnungen enthalten, z. B. Ausgabemasken, Dateien in bestimmten Ausgabeformaten, Ausgaben an andere Systeme, Fehlermeldungen
External Inqueries (EQ, Abfrage): Abfragen von Informationen des Datenbestands von außerhalb des Systems, z. B. Abfragemasken, Anzeigen und Analysen der verwalteten Daten, wobei keine zusätzlichen Berechnungen benötigt werden

Neben der Zuordnung einer oder mehrerer Kategorien wird auch die Komplexität der Anforderung berücksichtigt, wobei es immer drei Stufen „einfach“, „mittel“ und „komplex“ gibt, die z. B. für die Eingabe mit den Werten 3, 4 und 6 bewertet werden. In der

Literatur zur Function Point-Analyse gibt es verschiedene Ansätze, mit denen diese Stufen präzisiert werden.

Basierend auf den Schätzungen können mithilfe einer Schablone die ungewichteten Function Points berechnet werden. Dazu ist jeder Aufgabenkategorie zusammen mit einer Stufe ein Ausgangswert zugeordnet, dieser wird dann mit der Häufigkeit der Vorkommen bei den Anforderungen multipliziert. Die genauen Werte können der Beispielberechnung in Abb. 12.15 entnommen werden, dabei bedeutet der Wert 7 in der Zeile „Mitarbeiter löschen", dass es sich um eine einfache Manipulation des Datenbestands handelt. Der Eintrag „1*6" oben links deutet an, dass es auch möglich ist, dass zu einer komplexeren funktionalen Anforderung eine Kategorie mehrfach zugeordnet werden kann. Dabei sollten die Anforderungen soweit verfeinert vorliegen, dass jeweils nur die Frage, ob die Kategorie zur Anforderung gehört oder nicht, beantwortet werden muss.

Mit den unbewerteten Function Points wird versucht, die geforderte Funktionalität zu messen. In fast allen Schätzansätzen kommt dann ein weiterer wichtiger Faktor hinzu; dies sind die äußeren Randbedingungen des Projekts. Dazu gibt es für die Function Point-Berechnung einen Themenkatalog, der schrittweise durchgearbeitet werden muss und der dazu führt, dass für jeden Analyseschritt eine Bewertung in einem vorgegebenen Wertebereich angegeben wird. Für die Anpassbarkeit können z. B. Werte zwischen 0 für einmalige Entwicklungen und 5 für längerfristig weiterzuentwickelnde Systeme vergeben werden. Diese Werte werden dann anhand einer Summenformel in einen Gewichtungsfaktor umgerechnet, mit dem aus ungewichteten dann gewichtete Function Points nach dem in Abb. 12.16 gezeigten Ansatz werden.

Im letzten Schritt müssen dann die gewichteten Function Points in den eigentlichen Aufwand umgerechnet werden. Für diese Umrechnung gibt es zwar in der Literatur Beispiele, zwei aus [Bal00] abgeleitete Kurven stehen in Abb. 12.17, grundsätzlich gilt

Teilaufgabe	Eingabe 3 - 4 - 6	Abfrage 3 - 4 - 6	Ausgabe 4 - 5 - 7	Datenbestand 7 -10 -15	Referenzdaten 5 -7 -10	Σ
Mitarbeiterstamm ergänzen	1*6			15	5	26
Mitarbeiterdaten aufdatieren	4	3	5	7		19
Mitarbeiter löschen				7		7
Reise einrichten	4		4	7		15
Reisebeleg einrichten	6		4	7		17
Reise prüfen		3	4			7
Reisekosten berechnen		4	4		5	13
Reisekosten anweisen			4		5	9
						113

Abb. 12.15 Berechnung ungewichteter Function Points

	Summe ungewichteter Function-Points:	113	individueller Kommentar
Einflussfaktoren	Verflechtung mit anderen Anwendungssystemen (0-5)	0	interne Verflechtung?
	Dezentrale Daten, dezentrale Verarbeitung (0-5)	3	viele Clients und ein Server
	Transaktionsrate (0-5)	1	kein kontinuierlicher Strom
	Verarbeitungslogik:		
	Rechenoperationen (0-10)	2	einfache Berechnungen
	Kontrollverfahren (0-5)	2	Rechnung prüfen
	Ausnahmeregelungen (0-10)	3	Konsistenzprüfung
	Logik (0-5)	2	Standardsteuerung
	Wiederverwendbarkeit (0-5)	1	nur Komponenten nutzend
	Datenbestandskonvertierungen (0-5)	1	einmalig notwendig
	Anpassbarkeit (0-5)	5	wird Version 1.0
Summe der Einflussfaktoren (EF)		20	
Faktor Einflussbewertung (FE) = EF / 100 + 0,7		0,9	
Gewichtete Function-Points = ungewichtete Function-Points *FE		101,7	

Abb. 12.16 Berechnung gewichteter Function Points

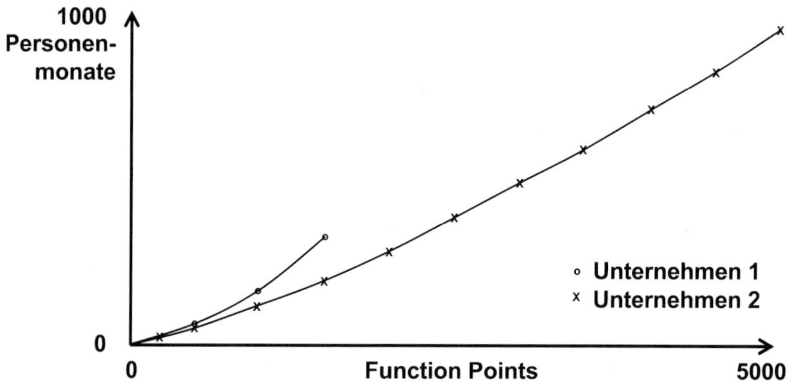

Abb. 12.17 Function Point-Umrechnung

aber, dass eine unternehmensindividuelle, eventuell sogar abteilungsindividuelle Umrechnungsformel bestimmt werden muss.

Der vorgestellte Schätzansatz zeigt deutlich, dass es viele vage Stellen in der Schätzung gibt, die das Ergebnis maßgeblich beeinflussen können, dass man Schätzungen aber sehr wohl in einem auch später nachvollziehbaren Schätzprozess durchführen kann. Werden Schätzungen wiederholt von den gleichen Personen durchgeführt, ist zu erwarten, dass die Qualität der Schätzergebnisse steigt. Um einen Einstieg in die systematische

Schätzung zu bekommen, empfiehlt es sich, mit dem genutzten Schätzansatz bereits abgeschlossene Projekte zu schätzen, sodass man mit den dann erhaltenen Daten eine interne Kalibrierung durchführen kann.

Verwandt mit der Function Point-Analyse ist das Constructive Cost Model (CoCoMo), das von Berry Boehm [BAB00] basierend auf Schätzungen und zugehörigen realen Ergebnissen in unterschiedlichen Entwicklungsbereichen kontinuierlich weiterentwickelt wird. Die Ergebnisse bis zum Jahr 2000 sind frei zugänglich, für Anpassungen der Datensätze muss jetzt gezahlt werden. Das hier vorgestellte Modell ist als CoCoMo II bekannt, von dem es mittlerweile einige Varianten für unterschiedliche Einsatzbereiche und Vorgehensmodelle gibt.

Basis des CoCoMo-Ansatzes ist eine Schätzung der undokumentierten Programmzeilen in der gewünschten Programmiersprache. Alternativ können auch ungewichtete Function Points genutzt werden, für die es dann eine Umrechnung in Programmzeilen gibt. CoCoMo ist eine Sammlung von Modellen, wobei jeweils eines der Modelle abhängig vom Stand und der Art des Projekts genutzt wird. Hier wird das Early Design Model für den Anfang eines Projekts vorgestellt, um einen genaueren Eindruck von dem Ansatz zu vermitteln. Das zentrale Ergebnis von CoCoMo ist die folgende Formel zur Aufwandsschätzung (PM, person months), die auch Basis für die hier nicht gezeigte Ableitung einer optimalen Projektdauer ist.

$$PM = A * Size^E * \prod_{i=1}^{n} EM_i$$

Basis der Formel sind die bereits erwähnten undokumentierten Programmzeilen SIZE, auch KDSI für „Kilo Lines of delivered Source Code Instructions“ genannt, wodurch deutlich wird, dass die Zeilenanzahl durch 1000 zu teilen ist.

Weiterhin gibt es Faktoren EM_i, die linear, also im Produkt in die Formel eingehen. Dies sind damit Faktoren, die den Aufwand linear verändern können. Die im Early Design Model verwandten Einflüsse ($n = 7$) kann man mit ihren möglichen Charakterisierungen und den daraus abzulesenden Werten aus Abb. 12.18 entnehmen. Man beachte, dass bei der Funktion Point-Methode der Wert der ungewichteten Function Points durch Projekteinflüsse maximal um 30 % geändert werden konnte, die Einflussfaktoren bei CoCoMo haben einen wesentlich größeren Einfluss, wie man alleine an dem Faktor „Personalfähigkeit“ sehen kann. Der Wert A geht ebenfalls linear zur Normierung ein und hängt von dem Einsatzgebiet der Software, z. B. Web-Applikation oder militärische Anwendung, ab, der Wert kann zwischen 2.5 und 4 liegen.

Die Faktoren, die in den Exponenten E eingehen, können den Phinter dem Wert E folgende rojektaufwand noch mehr als die anderen Faktoren beeinflussen, da sie exponentielle Änderungen erlauben. Genauer steckt Formel mit einem Normierungswert $B = 0.91$.

$$E = B + 0,01 * \sum_{j=1}^{5} SF_j$$

Einflussfaktor	Extra gering	Sehr gering	Gering	Normal	Hoch	Sehr hoch	Extra hoch
Produkt-Zuverlässigkeit und Komplexität	0.73	0.81	0.98	1	1.30	1.74	2.38
Angestrebte Wiederverwendbarkeit			0.95	1	1.07	1.15	1.24
Zielplattformbesonderheiten			0.87	1	1.29	1.81	2.61
Personalfähigkeit	2.12	1.62	1.26	1	0.83	0.63	0.50
Personalerfahrung	1.59	1.33	1.12	1	0.87	0.71	0.62
Qualität der Entwicklungsbedingungen	1.43	1.30	1.10	1	0.87	0.73	0.62
Entwicklungszeitrahmen		1.43	1.14	1	1	1	

Abb. 12.18 Lineare Einflussfaktoren

In die Formel für E gehen wieder einige einzuschätzende Faktoren ein, die genauer mit den zugehörigen Werten Abb. 12.19 entnommen werden können. Zusammenfassend bietet der CoCoMo-Ansatz eine große Menge von Stellschrauben, die Anzahl erhöht sich mit dem Projektfortschritt z. B. im Post Architecture Model, die den starken Einfluss unterschiedlicher Projektrandbedingungen sehr verdeutlichen. Wieder bietet das Modell auch die Möglichkeit, alle Werte unternehmensindividuell anzupassen bzw. weitere relevante Faktoren aufzunehmen. Die Qualität der Schätzung hängt auch hier maßgeblich von der Erfahrung der Schätzer ab.

Die benötigte Schätzerfahrung ist der Schlüssel zur Function Point-Analyse und zum CoCoMo-Ansatz. Es stellt sich die Frage, ob es Ansätze gibt, bei denen Entwicklungsexperten an der Schätzung maßgeblich beteiligt sind, die nicht gleichzeitig Schätzprozessexperten sein müssen. Ein solcher Ansatz wurde vom Autor dieses Buches zusammen mit ehemaligen Kollegen bei der Sema AG mit dem vereinfachten

Einflussfaktor	Sehr gering	Gering	Normal	Hoch	Sehr hoch	Extra hoch
Geschäftstätigkeit im Produktbereich	6.20	4.96	3.72	2.48	1.24	0
Entwicklungsfreiräume	5.07	4.05	3.04	2.03	1.01	0
Ausgereiftheit des Produktentwurfs	7.07	5.65	4.24	2.83	1.41	0
Einvernehmen zwischen Stakeholdern	5.48	4.38	3.29	2.19	1.10	0
Softwareentwicklungsprozessreife	7.80	6.24	4.68	3.12	1.56	0

Abb. 12.19 Exponentielle Einflussfaktoren

Analogieschluss entwickelt und für hausinterne Schätzungen sowie zu gemeinsamen Schätzungen mit Kunden benutzt. Als Schätzer werden Personen eingesetzt, die sich in die Beschreibung eines neuen Projekts eingearbeitet und gemeinsame Grundkenntnisse über ein bereits abgeschlossenes, von der Aufgabenstellung und den Randbedingungen her vergleichbares, Projekt haben, dessen Aufwandsdaten vorliegen.

Zunächst wird das neue Projekt in Teilaufgaben, z. B. Use Cases, zerlegt. Dann findet für jede dieser Aufgaben eine Schätzung bezüglich der in Abb. 12.20 genannten vier Einflussfaktoren A, B, C und D in ihren Wertebereichen statt. Diese vier Faktoren werden als unabhängige Größen angesehen, die den Aufwand beeinflussen. Dass diese Werte unabhängig sind, ist bei der späteren Schätzung zu beachten. Ein typischer Fehler ist die Vermischung von B und D, da sehr kritische Programmanteile häufig als sehr komplex angesehen werden. Dabei ist es durchaus möglich, dass die eigentliche Berechnung einfach ist, also geringer B-Wert, aber die Kritikalität sehr hoch ist. Wegen der Unabhängigkeit der Werte ist es mathematisch sinnvoll, diese als A*B*C*D zu multiplizieren.

Am Anfang werden ein oder mehrere Teilaufgaben mit möglichst mittelgroßem Funktionsumfang B bezogen auf die restlichen zu schätzenden Teilaufgaben, gemeinsam von allen Schätzern eingeschätzt. Dabei sollten mindestens drei Schätzer beteiligt sein. Die konkreten Werte spielen dabei keine Rolle, es geht nur darum, dass alle Schätzer z. B. die Bedeutung von B = 4 einschätzen können. Ausgehend von den gemeinsam geschätzten Aufgaben schätzt jetzt jeder Schätzer individuell alle Restaufgaben des neuen Projekts ein. Nachdem die getrennte Schätzung stattgefunden hat, wird eine moderierte Schätzkonferenz abgehalten, in der alle Werte diskutiert werden. Eine einfache Mittelwertbildung ist wie immer verboten, entdeckte offene Fragen und Risiken werden dokumentiert. Man erhält so ein vollständig durchgeschätztes Projekt, wobei die Werte nur das Aufwandsverhältnis der Teilaufgaben untereinander beschreiben, aber noch keine konkreten Werte ableitbar sind.

Im nächsten Schritt findet genau die gleiche getrennte Schätzung mit anschließender Schätzkonferenz für das bereits abgeschlossene Projekt statt. Dadurch, dass der Aufwand des abgeschlossenen Projekts bekannt ist, kann jetzt der Aufwand des neuen Projekts mit seinen Teilaufgaben mit folgendem Ansatz bestimmt werden.

1. Bestimme für jede neue Aufgabe Neu_i das dazugehörige Produkt A*B*C*D
2. Bestimme die Aufwandspunkte für das neue Projekt als Summe der Neu_i,AP_neu = Neu_1 + … + Neu_n
3. Bestimme für jede alte Aufgabe Alt_i das dazugehörige Produkt A*B*C*D
4. Bestimme die Aufwandspunkte für das alte Projekt als Summe der Alt_i,AP_alt = Alt_1 + … + Alt_m
5. Sei Auf_alt der Aufwand des Altprojekts in Personentagen, dann berechnet sich der Wert eines Aufwandspunktes Wert_AP aus Auf_alt/AP_alt
6. Mit Wert_AP kann der Schätzwert für den Aufwand des neuen Projekts mit AP_neu*Wert_AP für das Projekt und mit Neu_i*Wert_AP für die einzelnen Teilaufgaben berechnet werden.

Faktor Wertebereich	Beschreibung
A: Wiederverwendung	Bewertet für die neu zu erstellende Funktionalität, wie groß der Grad an Wiederverwendungsmöglichkeit ist
1	Aufgabe besteht rein aus der Wiederverwendung bereits existierender Ergebnisse, die nur neu zusammengesetzt werden müssen
1,3	Hoher Grad der Wiederverwendung, es müssen nur Anpassungen an relativ leicht zu identifizierenden Stellen vorgenommen werden
1,6	Hoher Grad der Wiederverwendung, neben kleinen Anpassungen müssen einige eigenständige Erweiterungen vorgenommen werden, aus der vorliegenden Dokumentation wird deutlich, wo Neuentwicklungen eingebunden werden sollen
1,9	Einige Teile können wiederverwandt werden, grundlegende Designideen sind übernehmbar
3	Neuentwicklung bzw. alle existierenden Ergebnisse müssen intensiv überprüft werden
B: Funktionalität	Messung der reinen Aufgabengröße (angelehnt an undokumentierten Programmzeilen)
1-8	Der Wert gibt die relative Einschätzung der Teilaufgabengröße an, eine Teilaufgabe sollte für diesen Wertebereich nicht mehr als achtmal größer als die kleinste Teilaufgabe sein; ein konkreter Wert bekommt nur durch seinen Bezug zu den anderen Werten der anderen Teilaufgaben seinen Sinn, findet eine vollständige Wiederverwendung statt, gilt B=0.
C: Schnittstellen	Hält fest, wieviele Lösungen anderer Teilaufgaben zur Lösung der einzuschätzenden Teilaufgabe benötigt werden
1	Keine oder geringe Abhängigkeit von anderen Teilkomponenten
2	Normaler Kommunikationsaufwand durch einige Abhängigkeiten von anderen Lösungen von Teilaufgaben
3	Teilaufgabe hängt zentral von der Lösung vieler anderer Teilaufgaben ab (koordiniert Ergebnisse oder ist für die gemeinsame Darstellung verantwortlich)
D: Kritikalität	Hält fest, wie gefährlich es für das Projekt ist, falls die Lösung dieser Teilaufgabe nicht funktioniert, berücksichtigt damit den Testaufwand
1	Niedrige Kritikalität, Projekt scheitert nicht, wenn Lösung kleinere/ mittlere Fehler enthält
1,5	Mittlere Kritikalität, Funktionalität und Kundenzufriedenheit wird bei Fehlern eingeschränkt, System bleibt nutzbar
2	Hohe Kritikalität, Projekt scheitert, wenn nur kleinere oder mittlere Fehler in dieser Komponente sind

Abb. 12.20 Einflussfaktoren der vereinfachten Analogieschätzung

1. Gemeinsame Schätzung einer neuen Beispielteilaufgabe

Teilaufgabe	A	B	C	D	ABCD
Neu1	1.9	5	2	2	38

2. Individuelle Schätzung mit Konsolidierung durch Schätzkonferenz

Teilaufgabe	A	B	C	D	ABCD
Neu1	1.9	5	2	2	38
Neu2	3	4	2	1.5	32
Neu3	3	6	1	1.5	27
Neu4	3	2	3	2	36
Neu5	1.6	5	2	1	16

3. Individuelle Schätzung des Altprojekts (Aufwand in Personentagen, PT, bekannt), mit Konsolidierung durch Schätzkonferenz

Teilaufgabe	PT	A	B	C	D	ABCD
Alt1	188	3	5	2	2	60
Alt2	62	1.9	5	2	1	19
Alt3	149	3	6	1.5	2	54
Alt4	54	3	2	3	1	18
Summe	453					151

4. Berechnung des Wertes eines Aufwandspunktes 453/151 = 3

5. Bestimmung des Aufwandes in PT des neuen Projekts mit Analogieschluss

Teilaufgabe	A	B	C	D	ABCD	Aufwand
Neu1	1.9	5	2	2	38	114
Neu2	3	4	2	1.5	32	96
Neu3	3	6	1	1.5	27	81
Neu4	3	2	3	2	36	108
Neu5	1.6	5	2	1	16	48

Abb. 12.21 Beispielergebnisse einer vereinfachten Analogieschätzung

Die einzelnen Prozessschritte der Schätzung sind in Abb. 12.21 zusammengefasst. Das Ergebnis ist dann von allen Schätzern auf seine Plausibilität zu prüfen, sodass gegebenenfalls Anpassungen vorgenommen werden können. Weiterhin kann es sinnvoll sein, das neue und das alte Projekt bezüglich seiner Randbedingungen zu vergleichen, dabei können die bei der Function Point-Analyse oder in CoCoMo bewerteten Aspekte hilfreich sein. Aus diesem Vergleich kann geschlossen werden, ob die Bedingungen ähnlich sind oder ob sie stark abweichen, was durch einen Faktor in die Schätzung eingerechnet werden kann.

Der mathematisch geschulte Leser wird bereits festgestellt haben, dass die Wertebereiche für die Berechnung keine Rolle spielen, das Verfahren funktioniert genau so, wenn für alle Faktoren die Wertebereiche von 1–10 genutzt werden. Diesen logischen Zahlen stehen in Schätzkonferenzen „psychologische" Zahlen gegenüber. Durch die vorgeschlagenen Wertebereiche wird die besondere Bedeutung der Funktionalität betont, wie es meist von Entwicklern gewünscht wird. Wie bei den anderen Verfahren auch, ist es sinnvoll, dieses z. B. in den einzelnen Werten mit ihren Bedeutungen noch zu kalibrieren. Anders als bei den vorher vorgestellten Verfahren, kann die Schätzung aber auch vollständig eigenverantwortlich durch einen Entwicklerkreis erfolgen. Natürlich kann man den Prozess der vereinfachten Analogieschätzung leicht modifizieren, man kann alternativ zuerst das alte Projekt eventuell sogar vollständig mit allen Schätzern zusammen durchschätzen und dann das neue Projekt zunächst getrennt schätzen.

Eine Variante des vereinfachten Analogieschlusses ist das von Scrum bekannte Planning Poker [Coh05], das auch in anderen Vorgehensmodellen angewandt werden kann. Voraussetzung ist wieder eine klare Beschreibung der zu schätzenden Aufgaben, was in Scrum meist Aufgaben in der Größe von wenigen Personenstunden bis zu einigen Personentagen sind. Eine Übertragung auf größere Einheiten ist aber möglich. Bei der Schätzung sitzen alle Schätzer zusammen und jede Teilaufgabe wird einzeln geschätzt. Zur Normierung wird eine nicht triviale Aufgabe genommen und jeder Schätzer legt verdeckt eine der in Abb. 12.22 gezeigten Karten mit einem zunächst abstrakten Wert auf den Tisch. Wie beim vorherigen Verfahren werden minimaler und maximaler Wert diskutiert und es kommt zu einer Neuschätzung mit zunächst verdeckten Karten. Nach dem Aufdecken einigt man sich auf einen Wert für die erste geschätzte Aufgabe. Alle weiteren Aufgaben werden nach dem gleichen Ansatz geschätzt, wobei man hier das Verhältnis zu dem ersten und den anderen bekannten Aufgaben beachtet. Es ist auch möglich, dass es mehrere Schätzrunden zu einer Aufgabe geben muss, bis eine Einigung auf einen Wert stattfindet, die nicht notwendigerweise genau dem Wert einer Karte entspricht. Insgesamt werden so alle Aufgaben geschätzt. Im nächsten Schritt müssen die abstrakten Werte in einen konkreten Aufwand umgerechnet werden. Diese Analogie kann man wieder mit einem Vergleichsprojekt herstellen, von dem ebenfalls Aufgaben nach dem gleichen Verfahren geschätzt werden. Da für diese Aufgaben der konkrete Aufwand bekannt ist, kann man wieder per Dreisatz den neu kalkulierten Aufwand berechnen. Alternativ kann sich man auch mit dem Schätzteam auf einen Umrechnungsfaktor einigen. Bearbeitet ein Scrum-Team mehrere Sprints, fließen Erfahrungen aus den vorherigen Sprints in die Umrechnung ein.

Die Karten in Abb. 12.22 zeigen Beispielwerte, die man auch variieren kann. Neben den konkreten Werten gibt es die mit „?“ markierte Karte, mit der man angibt, nicht genügend Wissen zur Schätzung zu haben. Die Karte mit dem Unendlich-Zeichen wird eingesetzt, wenn man meint, die generelle Aufgabe verstanden zu haben, es allerdings noch zu wenig Informationen, z. B. über relevante Randbedingungen gibt, um eine plausible Schätzung durchzuführen. Wenn mehrere Personen diese Karte ausspielen, ist es sinnvoll, die Schätzung dieser Aufgabe zu vertagen oder alternativ die Aufgabe

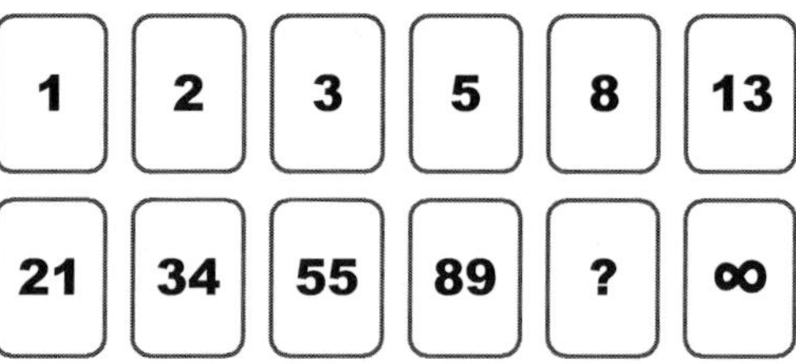

Abb. 12.22 Beispiel für Planning Poker-Karten

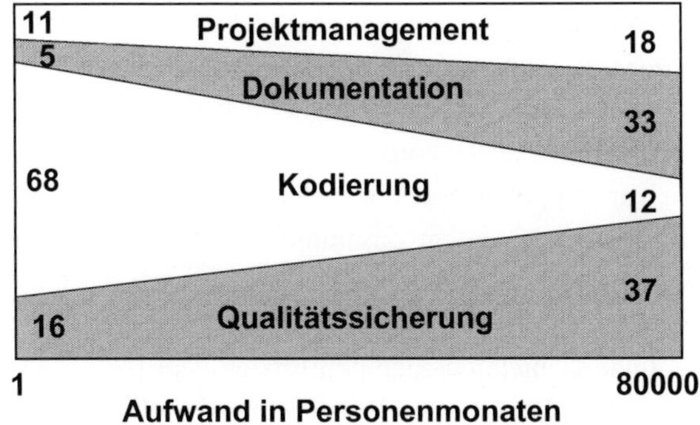

Abb. 12.23 Aufwandsverteilung nach [Jon91]

unter verschiedenen Annahmen zu schätzen. Jeder Schätzer hat bei jedem Schätzdurchgang immer alle Karten auf der Hand. Varianten mit anderen Kartenwerten und Karteninhalten, wie einer Karte mit dem Wunsch nach einer Kaffeepause, sind denkbar.

Der Planning Poker-Ansatz ist eng mit der vereinfachten Analogieschätzung verwandt, wobei jetzt nur ein Wert geschätzt wird und so die vorher getrennt geschätzten Faktoren mit in diesen einen Schätzwert einfließen müssen.

Die vorgestellten Verfahren schätzen den Gesamtaufwand bzw. den Aufwand von Teilaufgaben. Falls man daran interessiert ist, den Aufwand für querschnittliche Projektaufgaben, wie Projektmanagement oder Qualitätssicherung individuell zu bestimmen, muss man diese mit prozentualen Anteilen aus den Ergebnissen herausrechnen. Dabei gilt grundsätzlich, dass der Anteil der eigentlichen Entwicklung mit zunehmender Projektgröße immer sinkt und der Aufwand für das Management, die Dokumentation und die Qualitätssicherung wächst, wie es in Abb. 12.23 skizziert ist.

Abschließend sei angemerkt, dass Schätzergebnisse im Laufe des Projekts überprüft und gegebenenfalls angepasst werden müssen. Es kann dazu sinnvoll sein, Schätzungen zu wiederholen, CoCoMo bietet dazu z. B. verfeinerte Modelle an. Die Schätzungen und der reale Aufwand sind zum Projektabschluss zu dokumentieren, sodass man zusammen mit dem Projekt-Logbuch nachvollziehen kann, ob die anfänglichen Schätzungen nutzbar waren und man weiterhin Indikatoren erhält, wie der Schätzprozess im Unternehmen verbessert oder an neue Randbedingungen angepasst werden kann.

12.5 Qualitätsmanagement

Der Hauptteil dieses Buches beschäftigt sich damit, sinnvolle Möglichkeiten zur erfolgreichen Abwicklung von Software-Entwicklungsprojekten aus verschiedenen technischen Sichtweisen vorzustellen. Dies beinhaltet die Suche nach einem effizienten, an die individuellen Gegebenheiten anpassbaren Software-Entwicklungsprozess. Die

Bedeutung des Prozessbegriffs wurde auch bereits bei der Anforderungsanalyse betont, in der die Arbeitsprozesse analysiert werden müssen, in denen die neu zu erstellende Software eingesetzt werden soll. Würde die neue Software nicht zu diesem Prozess passen, wären Akzeptanzprobleme die Folge. Der Prozessbegriff spielt auch bei den vorgestellten Varianten von Vorgehensmodellen eine wichtige Rolle, da es das Ziel dieser Modelle ist, einen Weg zur effizienten Zusammenarbeit zwischen Menschen zu definieren. Dabei werden nicht nur die Entwicklung, sondern auch die Qualitätssicherung und die Projektleitung betrachtet.

Viele unterschiedliche Gebiete betonen den Prozessbegriff. Daraus kann man die Fragen ableiten, warum dieser Begriff gerade seit Mitte der 1990er Jahre eine immer größere Bedeutung bekommt und wie man allgemein qualitativ hochwertige Prozesse findet.

Die Historie des Qualitätsbegriffs hat in der Geschichte der Produktion einige Phasen durchlaufen, wobei es immer das grundsätzliche Ziel ist, ein Produkt zumindest in der mit dem Kunden vereinbarten Qualität abzuliefern. Historisch beginnt diese Entwicklung mit der Endabnahme von Produkten durch den Kunden. Ein markantes Beispiel ist die Endabnahme von Kanonenrohren im Mittelalter. Diese Rohre wurden von Gießern hergestellt, die in Friedenszeiten Glocken gegossen hatten. Da es bei der Umstellung der Gießerei von Glocken auf Kanonen dazu kommen konnte, dass die ersten Kanonenrohre von schlechter Qualität waren und beim ersten Zünden explodierten, war es eine drastische Qualitätsmaßnahme, dass der verantwortliche Gießer beim ersten Schuss neben der neuen Kanone stehen musste. Die Endabnahme spielt heute weiterhin in der Produktion und der Software-Erstellung eine wichtige Rolle. Anfang des zwanzigsten Jahrhunderts begnügte man sich bei Produktionen nicht nur mit der Endkontrolle, es wurden Daten über den Ausschuss erhoben und nach Maßnahmen gefragt, wie man diesen Ausschuss verringern konnte. Durch das Zählen des Ausschusses hatte man das erste und zentrale Maß für die Qualität eines Prozesses. Ein weiterer wichtiger Schritt war die Einführung von Zwischenkontrollen, sodass frühzeitig mangelhafte Produkte erkannt wurden und man auf Mängel im Produktionsprozess aufmerksam wurde. Dieser Ansatz ist mit der Verbesserung und Automatisierung analytischer Qualitätssicherungsmaßnahmen vergleichbar.

Der konsequente nächste Schritt beschäftigt sich dann mit der Frage, warum ein Prozess weniger Ausschuss als der andere produziert. Diese Frage ist dann der Anfangspunkt des Qualitätsmanagements im engeren Sinn, das an der kontinuierlichen Verbesserung der Prozesse interessiert ist. Dabei spielt nicht nur die Qualität des Endprodukts eine Rolle, sondern man versucht, eine Stellschraube zur Verbesserung aller in Abb. 12.24 als komplementär zueinander arbeitenden Kräfte zu finden. Grundsätzlich gilt, dass man ohne Veränderungen der Randbedingungen nicht in der Lage ist, eine der vier Kräfte zu optimieren, ohne dass man bei den anderen Einschränkungen hinnehmen muss. Man kann nicht einfach schneller entwickeln, ohne dass man entweder mehr Geld, also neues Personal oder bessere Werkzeuge nutzt oder die Qualität einschränkt und z. B. Kontrollen weglässt, oder aber Teilfunktionalität streicht. Findet man aber einen besser funktionierenden Entwicklungsprozess, in dem weniger Probleme auftreten, kann es sehr wohl der Fall sein, dass man schneller eventuell sogar eine bessere Qualität herstellt.

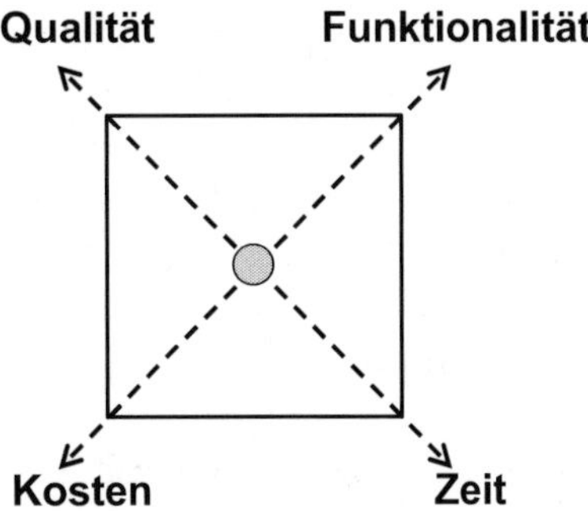

Abb. 12.24 Teufelsquadrat nach [Sne87]

Am Rande sei bemerkt, dass die hier auf der Analyse von Geschäftsprozessen [Gad03], [OWS03] basierende Prozessoptimierung einen kritischen Beigeschmack hat. Oftmals werden Optimierungen als Argument zur Umstrukturierung von Unternehmen genutzt, deren hintergründiges Ziel es nur ist, Mitarbeiter zu entlassen oder Teilarbeiten an billigere evtl. neu zu gründende Subunternehmen outzusourcen. So wird der eigentlich von allen als positiv gesehene Ansatz „lasst uns unsere Arbeit mit gleicher Kraft besser machen" immer kritischer hinterfragt, wenn große Unternehmen teilweise nur zur kurzfristigen Optimierung von Geschäftszahlen externe Beratungsagenturen, umgangssprachlich „Armani-Gangs" genannt, engagieren, um unter dem Deckmantel der Prozessverbesserung Personalreduktionen durchzuführen.

Bleiben wir beim positiven Potenzial von Prozessverbesserungen, die man als Kernaufgabe des Qualitätsmanagements ansehen kann. Nicht nur im Informatik-Studium lernt man, dass man das Rad nicht immer wieder neu erfinden soll, sondern dass man Erkenntnisse anderer nutzt. Für die Software-Entwicklung wurden in diesem Buch bereits einige Teilprozesse und ihre Zusammenhänge vorgestellt. Dabei kann man bereits in diesen Beschreibungen aus den Randbedingungen herleiten, dass es den einen ultimativen Entwicklungsprozess nicht geben kann. Gute Prozesse sind von vielen individuellen Gegebenheiten, z. B. vom Geschäftsgebiet, von den Vertragsmodellen und langfristigen Unternehmenszielen abhängig. Weiterhin können sich Geschäftsgebiete und Forderungen der Kunden ändern, sodass ein Unternehmen flexibel [DeM01] mit seinen Prozessen auf die Änderungen reagieren muss. Diese individuelle Anpassung und Flexibilität sind damit Qualitätskriterien des funktionierenden Qualitätsmanagements.

Aus der letzten Formulierung folgt auch, dass es nicht sinnvoll ist, einen Prozess vorzuschreiben; alle etwas allgemeiner nutzbaren Qualitätsmanagementansätze beinhalten stattdessen Anforderungen, die die individuelle Prozessgestaltung erfüllen muss. Für Software-Entwicklungsunternehmen wurden solche Anforderungen z. B. im Zusammenhang mit dem CMM (Capability Maturity Model) entwickelt, das, nachdem es in mehreren Varianten vorlag, wieder zum CMMI (Capability Maturity Model Integrated) [CMM06] zusammengefasst wurde. Die ursprüngliche Motivation des CMM war es dabei, dass das amerikanische Verteidigungsministerium eine Möglichkeit haben wollte, die Qualität von Unternehmen einzustufen. Dazu wurde von der Carnegy Mellon University eine Bewertungsskala entwickelt, nach der sich Unternehmen zertifizieren lassen können. Dabei wird die damit gemessene Prozessreife in die in Abb. 12.25 gezeigten Stufen bzw. Reifegrade eingeteilt [Kne02], wobei eventuell abweichende Stufennamen des alten CMM in eckigen Klammern ergänzt wurden.

Stufe 1 Initial
Dies ist die Ausgangsstufe, auf der man sich am Anfang befindet, ohne dass systematische Prozesse eingeführt sind. Die Entstehung von Ergebnissen ist im Nachhinein kaum nachvollziehbar, Arbeiten finden eventuell doppelt statt. Der Projekterfolg hängt ausschließlich von den Fähigkeiten und dem enormen Engagement der Mitarbeiter ab.

Stufe 2 Gemanagt
In dieser Stufe sind die Ergebnisse wiederholbar, die Prozesse in Projekten sind grundlegend organisiert, wobei das Projektmanagement im Mittelpunkt steht. Folgende Teilprozesse müssen gelebt werden: Anforderungsmanagement, Projektplanung, Projektverfolgung und -steuerung, Qualitätssicherung von Prozessen und Produkten, Konfigurationsmanagement, Management von Lieferantenbedingungen, Messung und Analyse.

Stufe 3 Definiert
Alle vorhandenen Prozesse sind in solch einer Qualität dokumentiert, dass sie für Außenstehende nachvollziehbar sind, sodass alle Projekte ein einheitliches Rahmenwerk nutzen. Das Zusammenspiel der Prozesse im Unternehmen rückt in den Mittelpunkt und wird koordiniert. Dazu werden folgende weitere Teilprozesse gefordert: Anforderungsentwicklung, Validation, Verifikation, Technische Umsetzung, Risikomanagement, organisationsweiter Prozessfokus, organisationsweite Prozessdefinition, organisationsweites Training, integriertes Projektmanagement, Entscheidungsanalyse- und Findung.

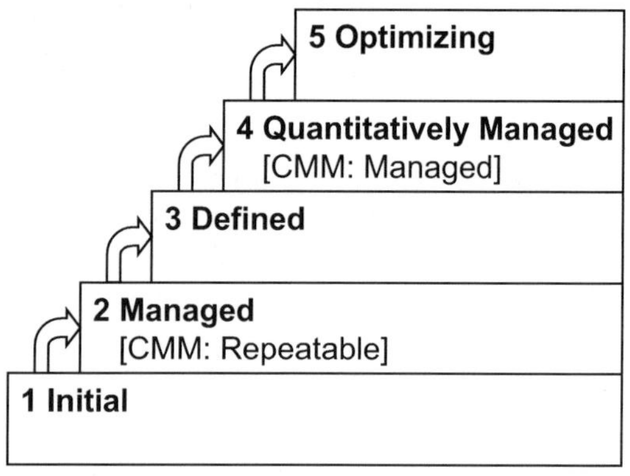

Abb. 12.25 Qualitätsstufen des CMMI

Stufe 4 Quantitativ gemanagt

Die Messung der Prozess- und Produktqualität spielt eine zentrale Rolle, damit Qualitätsveränderungen bei Prozessveränderungen erkannt werden können. Die Qualität jedes Prozesses muss messbar werden. Die Fähigkeit zur Selbstanalyse wird in den Teilprozessen „Performance der organisationsweiten Prozesse“ und „Quantitatives Projektmanagement“ beschrieben.

Stufe 5 Optimierend

Auf dieser Stufe ist das Unternehmen basierend auf den vorherigen Stufen in der Lage, sein eigenes Optimierungspotenzial und frühzeitig notwendige Prozessanpassungen zu erkennen. Die zugehörigen Teilprozesse heißen: Organisationsweite Innovation und Verbreitung, Ursachenanalyse und Problemlösung.

Das generelle Konzept der stufenweisen Verbesserung wird in Abb. 12.26 visualisiert. Nach dem Chaos auf Stufe 1 findet eine erste sehr grobe Prozessorientierung auf Stufe 2 statt, die in Stufe 3 durch detaillierte Prozesse für viele Bereiche konkretisiert wird. In der Stufe 4 ist ein Unternehmen in der Lage, die Dauer der Prozesse genau einzuschätzen, und in der Stufe 5, diese kontinuierlich neuen Gegebenheiten anzupassen.

Zu jedem der genannten Prozessgebiete gibt es eine detaillierte Anforderungsliste, deren Erfüllung man mithilfe konkreter Fragenlisten überprüfen kann. Gefordert werden damit einzelne Fragmente von zusammenspielenden Prozessen, wobei die individuelle Ausgestaltung dann jeweils dem Unternehmen unterliegt und so die Anpassung an

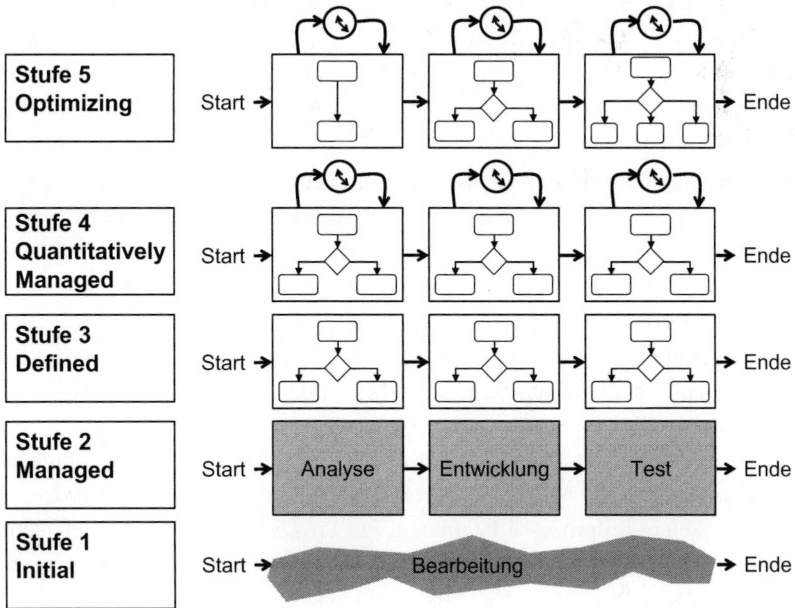

Abb. 12.26 Verbesserungen durch CMMI

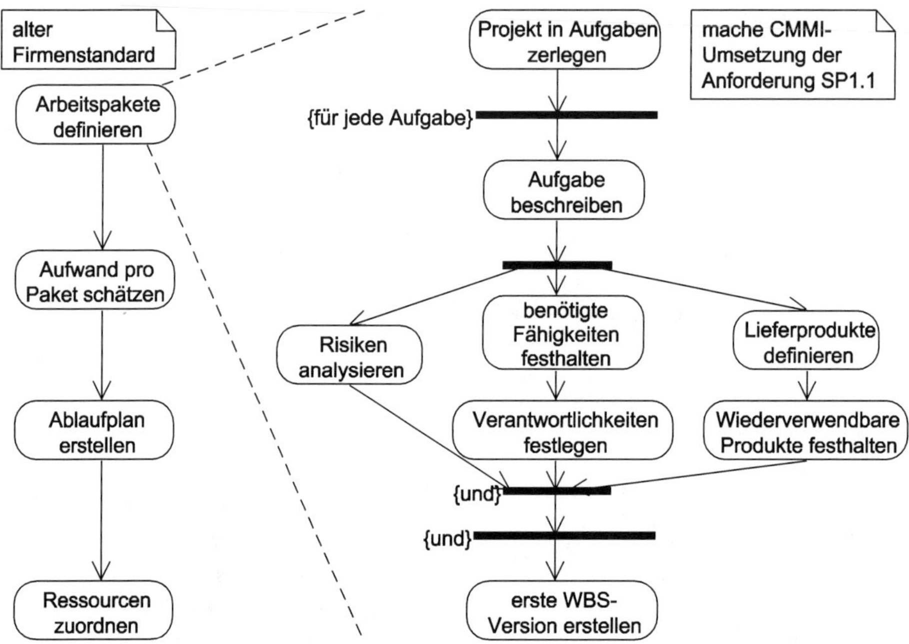

Abb. 12.27 Optimierung mit dem CMMI

das Unternehmen ermöglicht wird. Abb. 12.27 zeigt einen kleinen Ausschnitt einer Anpassung an das CMMI. Auf der linken Seite sind die ursprünglichen Schritte eines Unternehmens bei der Projektplanung beschrieben, dabei seien die Aktivitäten nicht mehr wesentlich verfeinert. Das CMMI fordert, dass genaue Überlegungen über Risiken und das benötigte Personal für alle Teilaufgaben angestellt werden. Diese Konkretisierung wird dann in die Überarbeitung des Prozessmodells des Unternehmens auf der rechten Seite übernommen, wobei nur eine Aktion der linken Seite verfeinert wird. Die konkrete Realisierung, z. B. welche Werkzeuge eingesetzt werden, wird dann auf der Arbeitsebene durchgeführt.

In der Praxis hat sich gezeigt, dass der Übergang von einer Stufe in einem Unternehmen zur nächsten Stufe einige Zeit, mindestens zwei Jahre, benötigt, da es nicht ausreicht, Prozesse auf dem Papier zu definieren und deren Nutzung von oben zu befehlen. Prozesse müssen von allen Mitarbeitern gelebt und damit als sinnvolles Hilfsmittel ihrer Arbeit erkannt werden.

Statt den Übergang von einer Stufe zur nächsten als harte Schritte durchzuführen, wird mittlerweile auch der Ansatz verfolgt, das man auf der Basis der Anforderungen des CMMI für einzelne Teilprozesse beginnt, diese Prozesse kontinuierlich zu verbessern. Dieser Ansatz wird auch vom CMMI mit einer leicht angepassten Variante, dem continuous model als Alternative zum vorher vorgestellten staged model, unterstützt.

Das CMMI bezieht sich auf ganze Unternehmen, deshalb stellt sich bei der Umsetzung die Frage, welche Auswirkungen diese auf die einzelnen Mitarbeiter hat. Die Antwort der CMMI-Entwickler, besonders Humphrey [Hum97], ist, auch Entwicklungsstufen für Mitarbeiter zu definieren. Einen Überblick über den „Personal Software Process" (PSP) gibt Abb. 12.28. Basierend auf Mitarbeitern, die die Prinzipien der Software-Entwicklung verstanden haben, geht es zunächst darum, das Arbeiten in vorgegebenen Prozessen als sinnvolle Tätigkeit zu erkennen. Als Ausgangspunkt von Verbesserungen müssen zunächst die benötigte Zeit und die aufgetretenen Fehler gemessen werden. In der zweiten Phase lernen die Mitarbeiter, ihre eigene Arbeit einzuschätzen, so kann die benötigte Dauer z. B. über Function Points berechnet werden. Dabei sind detaillierte Kenntnisse des Verfahrens zwar hilfreich, aber nicht unbedingt notwendig, da ein Entwickler nur gleichartige Aufgaben in gleicher Form abschätzen muss, um einen Analogieschluss durchführen zu können. Ausgehend von den eigenen Schätzungen werden Entwickler so in die Lage versetzt, ihre eigenen Arbeiten zu planen. Dadurch, dass sie Zeiten und Fehler messen, sind sie auch in der Lage, für mögliche Veränderungen ihrer Vorgehensweise zu bestimmen, ob diese ihre Arbeitsergebnisse verbessern. Nach der PSP 2-Phase sind Mitarbeiter in der Lage, sich selbst Qualitätsziele zu stecken und eigene Ergebnisse im Selbst-Review zu beurteilen. Insgesamt ist es das Ziel, Mitarbeiter zu erhalten, die Ergebnisse in hoher Qualität in möglichst genau bestimmbarem Zeitrahmen erreichen. Die Kreativität der Mitarbeiter soll dabei auf die eigentliche Aufgabenstellung und nicht mehr auf immer wiederkehrende Prozesse gelenkt werden.

Die Lücke zwischen den individuellen Mitarbeitern und dem Gesamtunternehmen wird durch einen „Team Software Process" (TSP) [Hum00] beschrieben. Die Möglichkeiten, die die Nutzung von CMMI, PSP und TSP schaffen, sind in [Wal07] dokumentiert.

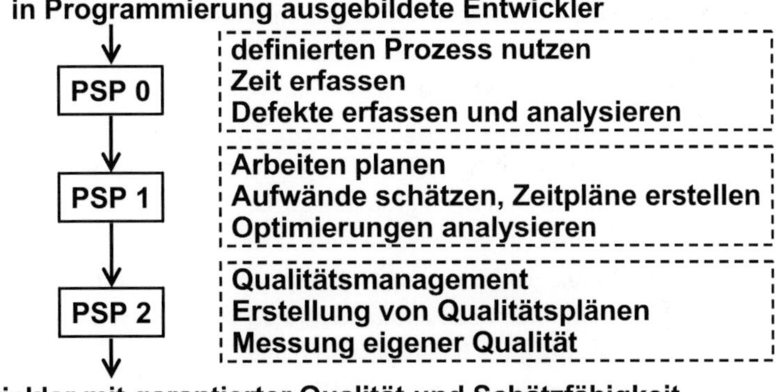

Abb. 12.28 Personal Software Process

Den Ansatz, dass Prozesse nach unterschiedlichen Standards zertifiziert werden können, wenn die Prozesse vordefinierte Anforderungen und Randbedingungen erfüllen, kann man in unterschiedlichen Bereichen meist sogar in verschiedenen Ausprägungen wieder finden. Populäre Vertreter dieser Ansätze sind z. B. die ISO 9000-Normen-Famile [DIN15] [Tha01], die praktisch für alle Arten von Unternehmen eingesetzt werden kann, ITIL (Information Infrastructure Library) [Olb04], mit der alle Unterstützungsprozesse von IT-Abteilungen organisiert werden können, und SPICE (Software Process Improvement and Capability dEtermination) [EMD97], [Sti99], das vergleichbar zum CMMI als Rahmenwerk für die Bewertung der Prozessqualität von Softwareentwicklungsunternehmen dient.

Leider findet man in der Realität häufiger nach einem Qualitätsstandard zertifizierte Unternehmen, bei denen sich die Prozesse nur in staubigen Ordnern bei jedem Mitarbeiter am hintersten Regalplatz befinden. Generell reicht es für ein erfolgreiches Qualitätsmanagement nicht aus, dass optimale Prozesse aufgeschrieben werden [Bar00], [Wal01], sie sind von den Mitarbeitern umzusetzen und es muss ein allgemeines Interesse an der Verbesserung der Prozesse vorhanden sein, wie es z. B. eine Philosophie des Total Quality Management [Dem00] ist. Prozesse werden so zum Kulturgut des Unternehmens.

12.6 Der Mensch im Projekt

Ein zentraler Erfolgsaspekt, der bei technisch orientierten Menschen gerne außer Acht gelassen wird, ist das soziale Umfeld eines Projekts. Wie bei den agilen Vorgehensmodellen betont, steht grundsätzlich der Mensch als der Erschaffende im Mittelpunkt, wobei die dazugehörige Zusammenarbeit von Projektmitarbeitern ohne Kommunikation kaum vorstellbar ist. Projekte bilden damit kleine soziale Einheiten, in denen sich die Mitglieder wohlfühlen müssen, um effizient am Projekterfolg zu arbeiten. Dabei ist immer zu beachten, dass Menschen ihren Wohlfühlbereich sehr individuell definieren und dass diese Definitionen von anderen erkannt und beachtet werden müssen. Die sogenannten Softskills spielen in der Aus- und Weiterbildung eine immer wichtigere Rolle. Man kann von jedem Mitarbeiter verlangen, dass er gewisse Spielregeln im Projekt akzeptiert und konstruktive Ansätze kennt, falls er Änderungen als notwendig ansieht. Da dieses Buch von einem Informatiker geschrieben ist, der durchaus einige der gängigen Klischees erfüllt, kann man in diesem Ausblick über dieses spannende, ab und zu vielleicht überbetonte Thema, keine tiefenpsychologischen Abhandlungen erwarten. Stattdessen werden hier recht analytisch einige zentrale Erkenntnisse aufgezählt, die sich in meinem Berufsleben als hilfreich herausgestellt haben.

Obwohl der Prozessbegriff die zentrale Rolle bei der erfolgreichen Software-Entwicklung spielt, können nicht alle Probleme auf Prozessebene in Projekten gelöst werden. In Abb. 12.29 ist die ganzheitliche Sichtweise auf Projekte skizziert. Danach kann man Projekte und ihre Erfolgsfaktoren in vier Gebiete aufteilen. Diese Gebiete sind:

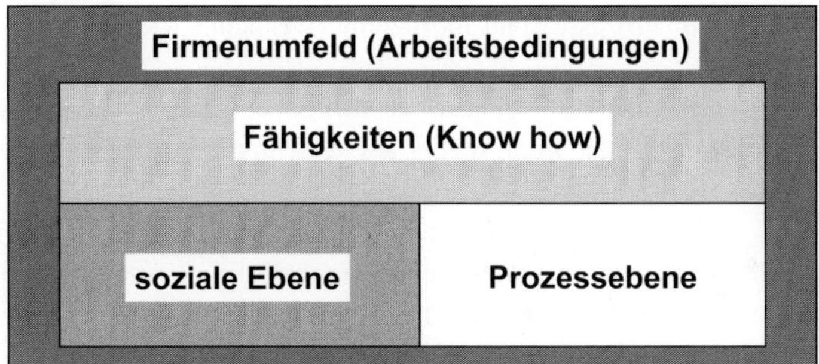

Abb. 12.29 Ganzheitliche Projektbetrachtung

Prozessebene: enthält alle Prozesse des Unternehmens mit den zugehörigen Beschreibungen
Fähigkeiten: enthält alle Kompetenzen, die die Mitarbeiter erlernt haben und anwenden können
soziale Ebene: enthält alle Kontakte und deren Art und Qualität der Mitarbeiter untereinander
Firmenumfeld: enthält alle organisatorischen Maßnahmen, die den Projekterfolg beeinflussen können, dies geht von geeigneten und gewarteten Rechnern bis zum genügend vorhandenen Klopapier auf den Firmentoiletten

Die zentrale Aussage der ganzheitlichen Projektbetrachtung ist, dass man Probleme des einen Gebiets nicht auf einem anderen Gebiet lösen kann. Können sich zwei Kollegen nicht leiden und stehen in ständiger Konkurrenz, kann man zwar Prozesse definieren, die möglichst genau die Zuständigkeiten regeln, trotzdem ist es wahrscheinlich, dass die zwei Streithähne eine Möglichkeit zum Konflikt finden. Die Konfliktlösung kann nur, eventuell moderiert, auf sozialer Ebene stattfinden. Auch zeigt das Modell, dass man mangelnde Fähigkeiten nicht durch Vorgehensmodelle mit klaren Prozessen abfangen kann, da erst das Know-How die Prozesse effizient nutzbar macht.

Am Anfang eines Projekts kommen häufig Personen zusammen, die noch nicht miteinander gearbeitet haben und sich nicht oder nur sehr oberflächlich kennen. Eine solche Gruppe muss sich zunächst als soziale Einheit finden, um gemeinsam am Projekterfolg zu arbeiten. Generell werden in dieser Findungsphase die folgenden Phasen durchlaufen und ihre Zeit benötigen, die vom Projektleiter zur Verfügung gestellt werden muss [Tuc65].

- forming: Projektmitglieder kennen sich nicht (alle) untereinander, Qualifikationen und Background werden geklärt, Ziele und Aufgaben des Projekts und der einzelnen Teilnehmer werden definiert
- storming: jeder versucht, sich mit seinem gewünschten Abbild (oder seiner innerlichen Rolle) zu präsentieren, Machtebenen und Einflussbereiche werden organisiert

- norming: offizielle (Prozesse) und inoffizielle (wer kann wie mit wem) Spielregeln werden festgelegt
- performing: das Projekt befindet sich in einem „eingeschwungenen" Zustand der konzentrierten Arbeit, jeder weiß, was er auf verschiedenen Ebenen vom Anderen erwarten kann

Die Kenntnis dieser Phasen ist auf der einen Seite hilfreich, um gewisse Verhaltensweisen zu verstehen, auf der anderen Seite sollte man sich als Beteiligter der Phasen bewusst sein, um den angestrebten Platz im Projekt zu erreichen. Dabei gilt für dieses Modell wie für die im Folgenden vorgestellten Modelle auch, dass man ihre Kenntnis zu einem gewissen Grad nutzen kann und nutzen sollte. Zu beachten ist aber, dass der Versuch, eine gänzlich andere Position einzunehmen, als die, die man üblicherweise hat, meist als schlechte Schauspielerei zum Gesichtsverlust führt.

Die Frage nach der sozialen Rolle ist eng mit der Frage nach dem Typ eines Menschen verbunden. Dieser Versuch der Charakterisierung von Menschen muss immer mit besonderer Sorgfalt betrachtet werden, da Ansätze, Menschen z. B. nach Körperformen zu klassifizieren, immer eine Tendenz beinhalten, Menschen als besser bzw. schlechter zu sortieren. Konstruktiv ist ein Ansatz von Belbin [Bel03], der versucht, für Projekte neun Personentypen zu charakterisieren, wobei jede dieser Eigenschaften positive wie negative Züge enthalten kann. Wichtig ist, dass unterschiedliche Typen verschieden gut für bestimmte Projektrollen geeignet sind und dass es für Projekte immer förderlich ist, wenn verschiedene dieser Typen zusammenkommen. Ziel der Charakterisierung ist es dabei nicht, jede Person genau einem Typen zuzuordnen, sondern herauszuarbeiten, welcher Typ verstärkt und welcher weniger stark in einer Person vorhanden ist. Die Typen kann man wie folgt versuchen zu beschreiben.

- Specialist
  - Experten, können sich neue Techniken erarbeiten, Stolz auf eigene Fähigkeiten
  - wenig Interesse an Anderen
- Completer, Finisher
  - sorgfältig bis ins Detail, beginnen nur Sachen, die sie beenden können, arbeiten stark aus eigenem Antrieb
  - delegieren ungern, undiplomatisch gegenüber Generalisten
- Implementer
  - gute Pragmatiker (was ist wichtig und machbar), systematisch im Umgang mit komplexen Aufgaben, loyal zum Unternehmen, eher introvertiert, integer
  - nicht spontan, steht sehr kreativen Ideen ablehnend gegenüber
- Teamworker
  - ausgeglichen, extrovertiert, kaum dominant, guter Zuhörer, kommuniziert frei mit allen im Team, passt sich neuen Situationen schnell an
  - geht Konfrontationen aus dem Weg, überfordert mit zentralen Entscheidungen

- Monitor Evaluator
  - ausgeglichen, ernsthafter klarer Blick für die aktuelle Situation, meist hohe Intelligenz, hohe Kreativität, entdeckt schnell Fehler
  - braucht lange für Entschlüsse, manchmal taktlos und herabsetzend in Analysen, zu kritisch
- Shaper
  - hoch motiviert, leitet und koordiniert Teams gerne, findet Wege um Probleme, extrovertiert, besorgt, ob gewünschter Fortschritt erreicht wird
  - oimpulsiv, ungeduldig, manchmal leicht reizbar, gibt eventuell zu schnell auf
- Co-ordinator
  - stabil, dominant, extrovertiert, diszipliniert, führt Team, bemüht, externe Ziele und Vorgaben zu erreichen, guter Kommunikator, gut in der Besetzung von Projektrollen
  - eher kein kreativer Denker, geht (zu) ruhig an Aufgaben heran
- Resource Investigator
  - locker, kommunikativ, leicht zu interessieren, bringt Ideen von Außen, Diplomat, Verkäufer, viele Außenkontakte
  - neigt zu zu großem Enthusiasmus, lässt Sachen schnell fallen, benötigt Anregungen von Außen
- Plant
  - Quelle von originellen Ideen, Anregungen und Vorschlägen, dominierend, meist hohe Intelligenz, konzentriert auf Hauptaufgaben
  - introvertiert, kann störend oder kränkend wirken, kein Detailinteresse, wenig kritikfähig

Jeder Leser wird sich in der einen oder anderen Formulierung sicherlich wiederfinden, wobei bei erfahrenen Informatikern gerne die Typen Specialist und Plant dominieren. Untersuchungen mit Informatik-Studierenden kurz vor dem Abschluss haben gezeigt, dass die Rollen Company Worker, Shaper und Team Builder sehr stark vertreten sind [KT11]. Die Kenntnis der unterschiedlichen Typen hilft aber zu erkennen, dass man üblicherweise für den Vertrieb ganz andere Personentypen benötigt als für die Entwicklung und dass nur ihre koordinierte Zusammenarbeit zum Projekterfolg führen kann. Tumbe Äußerungen, wie „der Vertriebstyp denkt beim Wort Klasse nur an die Buchstaben C, E oder S", oder „der Hacker kann seine Weisheiten gern mit seinen Kartoffelchips diskutieren, da ihm sonst eh keiner zuhört" mögen unterhaltsam sein, sind aber nie zielführend.

Die folgenden drei Kommunikationsmodelle sind [SRS04] entnommen und zeigen, wie man zu einem konstruktiven Gesprächsklima auch zwischen unterschiedlichen Typen mit verschiedenen Meinungen kommen kann.

Abb. 12.30 zeigt das „Vier-Schnäbel-vier-Ohren-Modell", auch Kommunikationsquadrat genannt, nach Schulz von Thun, das die vier verschiedenen Seiten einer einfachen Nachricht darstellt, wobei diese Seiten einmal aus Sender- und einmal aus Empfängersicht gesehen werden sollen. Diese verschiedenen Seiten werden anhand der

Abb. 12.30 Vier-Schnäbel-Vier-Ohren-Modell nach [SRS04]

Aussage „Die Klasse sollten Sie endlich mal kommentieren" von einem Projektleiter zu einem Entwickler vorgestellt, wobei man hier natürlich weder die Gesichtsausdrücke noch die Betonung als zentrale Bestandteile der Äußerung sieht.

Der Sachinhalt enthält die Informationen, die meist der zentrale Bestandteil von Äußerungen sind. Der Sachinhalt kann auf seinen Wahrheitswert und seine Relevanz geprüft werden. Hier wird festgestellt, dass eine Klasse nicht kommentiert wurde, für die der Entwickler zuständig ist.

Die Selbstkundgabe beinhaltet „was ich von mir zu erkennen gebe", dies hat stark mit der Betonung und Gestik zu tun. Der Projektleiter kann z. B. eine Verunsicherung kundgeben, dass er nicht sicher ist, ob elementare Absprachen eingehalten werden. Die Selbstkundgabe kann vom Empfänger anders interpretiert werden, z. B. denkt der Entwickler, dass der Projektleiter momentan schlecht gelaunt ist. Da jede Äußerung eine gewisse Selbstkundgabe beinhaltet, sollte man vor einer Äußerung prüfen, ob man sie ohne eine ungewollte Selbstkundgabe in der momentanen Situation tätigen kann. Hier zählt eine Erkenntnis von Watzlawick „man kann nicht nicht kommunizieren" [WJB07].

Weiterhin gibt die Äußerung eine Information über die Beziehung zwischen Sender und Empfänger, wobei hier die Vorgeschichte zwischen den beteiligten Personen eine Rolle spielen kann. Der Projektleiter kann z. B. glauben, dass der Entwickler Potenzial hat, seine Schludrigkeit ihn aber von besseren Ergebnissen abhält. Der Entwickler könnte auf der Beziehungsebene aber auch denken, dass der Projektleiter ihn für unfähig hält, selbst einfachste Aufgaben zu lösen. Dieses ist meist die sensibelste Äußerungsebene, da in dem Moment, wo eine Missstimmung zwischen den Gesprächsbeteiligten vorliegt, dies häufig auf der Beziehungsebene eskalieren kann.

Die letzte Ebene ist der Appell, er gibt Informationen „was ich bei dir erreichen möchte". Im Beispiel möchte der Projektleiter erreichen, dass der Entwickler systematischer arbeitet. Auch hier besteht eine andere Interpretationsmöglichkeit für den Empfänger, z. B. dass der Projektleiter wünscht, dass der Entwickler zuerst nur elementare Aufgaben lösen soll.

Gerade das Krisenmanagement ist ein wichtiger Softskill, der nicht nur aus Sicht eines Projekts, sondern auch aus Sicht eines Unternehmens gelernt werden sollte. Teil des Krisenmanagements ist es, so genannte Teufelsspiralen der Kommunikation zu erkennen. Diese Spiralen enthalten sich immer weiter verstärkende Informationen, die

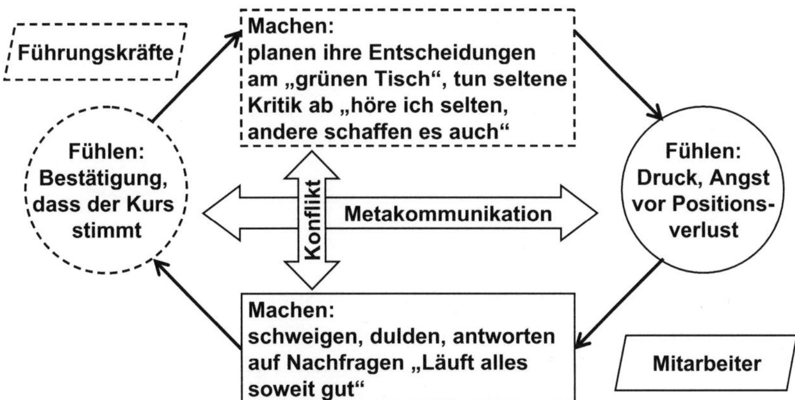

Abb. 12.31 Kommunikationsteufelskreis

ein negatives Bild bei allen Beteiligten festigen können. Ein Beispiel für einen solchen Ablauf ist in Abb. 12.31 beschrieben, wobei es irrelevant ist, wo die Spirale begonnen hat. Im Beispiel fühlen die Mitarbeiter einen enormen Druck durch die Unternehmensführung, sie haben Angst, ihre Arbeit zu verlieren. Auch bei zu großen Arbeitsmengen oder anderen Problemen sind sie aus Angst nicht bereit, diese nach außen kundzutun, und erklären stattdessen, dass die Arbeit läuft. Die Führungskräfte fühlen sich durch die positiven Äußerungen in ihren Entscheidungen bestätigt. Falls einzelne Kritik aufkommt, wird sie als Ausnahmefall abgetan. Dies führt dazu, dass die Führungskräfte ihren Stil nicht ändern und den Druck auf die Mitarbeiter aufrechterhalten. Eine solche Spirale kann sich beliebig lange drehen und wenn, dann nur mit einem Knall, z. B. einem gescheiterten Großprojekt oder einer Kündigung, enden.

Das Wissen über diese Spirale ermöglicht, statt auf die Handlungsebene, dem „Machen“, auf die Metaebene der Kommunikation, dem „Fühlen“, zu gehen. Gerade in der beschriebenen Situation wird natürlich großer Mut von Mitarbeitern benötigt, die z. B. durch eine Mitarbeitervertretung unterstützt werden können, um konstruktiv in einem offenen Gespräch zunächst die eigenen Eindrücke und Emotionen (Ich-Botschaften) zu schildern, sodass dann ein gemeinsamer Austausch auf der Metaebene eingeläutet wird. Das Wissen über Teufelsspiralen und die Metakommunikation kann natürlich auch von Führungskräften genutzt werden, um z. B. beiläufig bei Betriebsausflügen die Situation genauer zu hinterfragen.

Der Ansatz der Metakommunikation eignet sich dann, wenn auf der Metaebene eine Klärung durchgeführt werden kann. Dies ist z. B. bei partnerschaftlichen Beziehungen der Fall, wenn man sich dann auf gemeinsame Interessen, wie das erfolgreiche eigene Unternehmen, konzentriert. Eine Metakommunikation mit Personen, die man wenig kennt, kann aber sehr leicht missverstanden werden.

Abb. 12.32 dient zur Veranschaulichung der Logik sozialer Situationen, also der Punkte, die man berücksichtigen muss, wenn eine Gruppe von Personen zu einem Gespräch oder einer Sitzung zusammenkommen. Dabei steht (1) für den Eingangskanal, der die gesamte Vorgeschichte, den Anlass oder die Anlässe, die zur Situation führen und Informationen

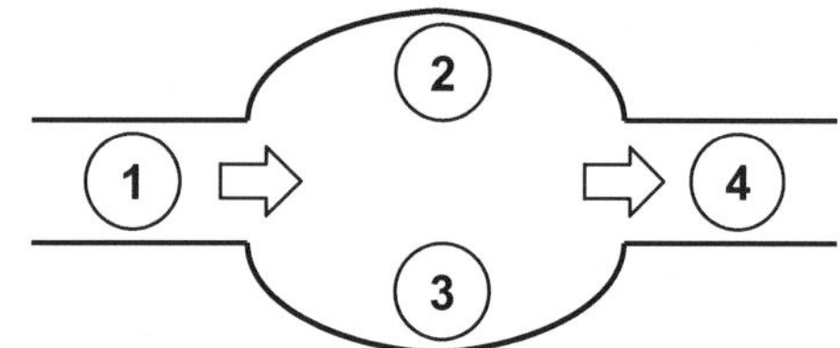

Abb. 12.32 Analyse von Gesprächssituationen

über ähnliche Situationen, die vorher aufgetreten sind, beinhaltet. In der Anwendung heißt das, dass man sich systematisch auf Sitzungen vorbereiten muss, gerade dann, wenn man wichtige Personen und ihre Beziehungen untereinander nicht kennt, wie es z. B. bei Kundenkontakten immer wieder der Fall sein kann.

Mit (2) wird der „Oberbauch" beschrieben, der die formalen Aspekte beinhaltet, dazu gehören die Themen des Treffens und die formale Organisation, z. B. Zeitpläne, wann wird wo gegessen. Weiterhin muss deutlich werden, welche Themen nicht behandelt werden sollen bzw. wie mit Ergänzungen umzugehen ist.

Der „Unterbauch" in (3) steht für die zwischenmenschliche Konstellation der Beteiligten untereinander. Dies beinhaltet die Rollen der Personen in der Gruppe, aber auch, wer was entscheiden darf. Teil des „Unterbauchs" sind auch die Klärungen der Fragestellungen, ob genau die zur Behandlung eines Punktes benötigten und die betroffenen Personen beteiligt sind. Gibt es beim Kunden z. B. eine graue Eminenz, einen Seniorchef, ohne den keine größeren Entscheidungen getroffen werden, ist diese mit in die Planung einzubeziehen. Dies sollte allerdings nicht der Fall sein, wenn rein technische Detailentscheidungen getroffen werden, da sich langweilende Manager sich gerne dazu hingezogen fühlen, dann auch bei Themen mitzuentscheiden, die jenseits ihres technischen Horizonts sind.

Der Ausgangskanal (4) beinhaltet die Ziele des Treffens, was soll entschieden, was nur diskutiert werden. Es sollte allen Beteiligten vor einer Sitzung klar sein, was erreicht werden soll und wo mögliche offene kritische Punkte liegen. Die Entscheidungsfindung ist z. B. im Vorfeld von Sitzungen durch frühzeitig verteilte Unterlagen vorzubereiten.

Die vorgestellten Ansätze sollen nur einen Überblick darüber geben, dass der persönliche Umgang von Menschen untereinander nicht nur von den jeweiligen Typen abhängt, sondern dass man von Mitarbeitern auch einen, im gewissen Maß schulbaren, professionellen Umgang miteinander verlangen kann.

12.7 Risikoanalyse Projektumfeld

Bei der Analyse des Projektumfelds Qualitätssicherung können folgende Fragen hilfreich sein, die zur Aufdeckung möglicher Risiken dienen können. Wenn eine Frage nicht mit „ja" beantwortet werden kann, sollte der Punkt in eine Risikoliste aufgenommen und dem Risikomanagement zur Verfügung gestellt werden.

1. Wird zum Projektstart ein bereits bekanntes Versionsmanagement-Werkzeug gewählt oder gibt es zumindest eine Unterstützung durch externe Experten?
2. Stehen alle Produkte, von der Software bis zu sämtlichen Dokumenten, unter Versionsmanagement?
3. Gibt es klare Regeln, wie bei Konflikten im Versionsmanagement reagiert wird?
4. Sind alle einfachen automatisierbaren Entwicklungsprozesse, wie das Auschecken aktueller Versionen, das Kompilieren und Installieren und die Dokumentengenerierung automatisiert?
5. Wird nachvollziehbar dokumentiert, welcher Kunde wann welche Software-Version erhalten hat?
6. Wird die Entstehung des Projektplans nachvollziehbar dokumentiert, sind alle Abhängigkeiten ersichtlich?
7. Werden Risikopuffer in die Projektplanung eingebaut?
8. Werden Meilensteine zur Prüfung in den Projektplan eingebaut?
9. Liegen möglichst wenige und risikoarme Aufgaben auf dem kritischen Projektpfad?
10. Wird automatisch geprüft, ob alle Randbedingungen für die Umsetzung eines Projektplans, wie verfügbare Mitarbeiter und weitere Ressourcen, erfüllt werden?
11. Gibt es klare Richtlinien, wann und wie ein Projektplan aktualisiert werden darf und muss?
12. Gibt es klare Regeln, wie der aktuelle Projektstand gemessen wird?
13. Wird ein dokumentiertes und etabliertes Aufwandsschätzverfahren genutzt?
14. Gibt es eine Erfahrungsdatenbank für Aufwände und Risiken, die zur Planung des aktuellen Projekts genutzt wurden?
15. Werden alle Schätzungen dokumentiert und im Laufe des Projekts mit Begründungen aktualisiert?
16. Wird die Aufwandsschätzung bis auf einzelne Arbeitspakete herunter gebrochen und haben die Bearbeiter dieser Pakete den Zeitplan akzeptiert?
17. Sind die Mitarbeiter in der Schätzung des Aufwandes ihrer eigenen Arbeit geschult, werden diese Ergebnisse geprüft?
18. Gibt es eine Unternehmensstrategie, wie Qualität garantiert werden soll, die im Projekt umgesetzt wird?
19. Gibt es ein unabhängiges Qualitätsmanagement des Unternehmens, das die Projektprozesse fordernd und fördernd begleitet?
20. Gibt es klare Regeln, wann Prozesse des Unternehmens geändert werden dürfen?
21. Werden Kennzahlen für alle Prozesse erhoben?
22. Ist die Ausbildungsplanung auf das Qualitätsmanagement abgestimmt?
23. Haben die Projektmitglieder am Anfang des Projekts genügend Zeit, sich als Team zu finden?
24. Werden Probleme im Projekt in der passenden Projektebene behandelt?
25. Werden die Projektmitglieder nach den fachlichen und persönlichen Fähigkeiten zusammengestellt?

26. Haben alle Mitglieder des Projekts ein Training für Kommunikationsgrundlagen mit intensiven Übungen absolviert?
27. Gibt es ein offenes Gesprächsklima, in dem Projektprobleme offen angesprochen werden können?
28. Sind alle Mitarbeiter in der systematischen Vorbereitung von Gesprächsterminen geschult?

Anmerkungen zur Praxis

Die in diesem Kapitel behandelten Themen gehören nicht unmittelbar in das Themengebiet Software Engineering, haben aber elementaren Einfluss auf den Erfolg von IT-Projekten. Eine noch so innovative modular an Komponenten orientierte Software-Architektur garantiert keinen Erfolg, wenn es nur in einem in diesem Kapitel genannten Themen Defizite gibt.

Die Software-Entwicklung muss in einem dokumentierten und nachvollziehbaren Weg zum Produkt führen. Dies beinhaltet die Übersetzung des Programm Codes, die Verwaltung benutzter Bibliotheken, die Ausführung von Tests und die Analyse der Ergebnisse. Je langsamer oder komplexer dieser Prozess ist, desto seltener wird die gesamte Software zusammengebaut, desto mehr versteckte Fehler werden nicht entdeckt. Experimente mit neuen Ideen müssen erlaubt sein, um z. B. eine Software-Architektur zu verbessern. Dies ist nur möglich, wenn einfach vorherige Versionen der Software wieder eingespielt oder auch nur betrachtet werden können. Je größer ein Unternehmen wächst, desto mehr gehören diese Kenntnisse zum Alltag. Genauer können Unternehmen nur wachsen, die dieses Fundament schaffen.

Wie bereits bei Vorgehensmodellen angedeutet gibt es kein „schlecht" oder „gut" sondern nur ein zur Gesamtsituation „passend" für die Gesamtorganisation eines Projektes. Die Einflussfaktoren sind dabei enorm vielfältig und können über die Komplexität eines Projektes, die Gefahren, die durch Fehler auftreten können, die Bereitschaft des Kunden an der Erstellung aktiv mitarbeiten zu können über die fachlichen Fähigkeiten bis zu den charakterlichen Eigenschaften der Projektmitglieder gehen. Agiles Projektmanagement ist die konsequente Umsetzung des proaktiven Risikomanagements. Werden diese Maßnahmen und Bausteine des agilen Projektmanagements passend in anderen Projektmanagement-Ansätzen genutzt, können diese genauso erfolgreich sein. Der bewusste Schritt z. B. von einem klassischen Ansatz direkt zu Scrum ist dann sinnvoll, wenn sich über die Zeit mehrere Probleme in Projekten gezeigt haben, um dann bewusst einen Neuanfang zu setzen.

In der Praxis wird bisher der Ansatz des „lernenden Unternehmens" oft in einigen Bereichen vernachlässigt. Ein Beispiel ist die klare Verfolgung von Aufwandschätzergebnissen bis hin zu den konkret entstandenen Aufwänden. Die Frage, ob ein Aufwandsschätzungsprozess funktioniert, können nicht alle Unternehmen beantworten. Eine kontinuierliche Beschäftigung mit dem Risiko- und Qualitätsmanagement findet oft erst in sehr großen Unternehmen statt, da diese das Potenzial der Ansätze erkannt haben. Nur vor Überregulierungen in Prozessregelungen ist zu warnen.

Der Erfolg von IT-Projekten und der Spaß an ihrer Erstellung hängen maßgeblich davon ab, dass Menschen mit sehr unterschiedlichen Fachkenntnissen und Persönlichkeiten aus sich heraus motiviert die Arbeit aufnehmen. Dies gelingt, wenn Menschen ihre individuellen Freiheiten haben, dabei aber auch bereit sind, neue Ideen in Experimenten zu nutzen. ◀

12.8 Aufgaben

Wiederholungsfragen

Versuchen Sie zur Wiederholung folgende Fragen aus dem Kopf, d. h. ohne nochmaliges Blättern und Lesen, zu beantworten.

1. Was sind die Hauptaufgaben des Versionsmanagements?
2. Wie sehen der optimistische und der pessimistische Ansatz zum Umgang mit Konflikten in Versionsmanagementwerkzeugen aus, welche Vor- und Nachteile haben sie?
3. Was versteht man unter Build-Management, welche Aufgaben kann ein Werkzeug in diesem Bereich übernehmen?
4. Welche Arbeitsschritte müssen durchlaufen werden, um von einer Projektbeschreibung zu einem als Projektplan umsetzbaren Gantt-Diagramm zu kommen?
5. Welche Einflüsse sind bei der Projektplanerstellung zu berücksichtigen?
6. Wie kann man den Stand eines Projektes messen und visualisieren?
7. Was sind Gemeinsamkeiten und Unterschiede des agilen und des klassischen Projektmanagements?
8. Wie kann ein Unternehmen zu einem qualitativ hochwertigen Aufwandsschätzprozess kommen?
9. Wie ist der typische Ablauf bei Function Point-, CoCoMo-, vereinfachten Analogieschluss- und Planning Poker-Schätzungen?
10. Welche Einflussfaktoren können wie in Schätzungen einfließen?
11. Wie kann in Schätzungen mit Risiken umgegangen werden?
12. Was versteht man generell unter Qualitätsmanagement?
13. Warum existiert das CMMI, was sagt es aus und wie kann es genutzt werden?
14. Wie kann man informell die Verbesserung der Prozessqualität in den verschiedenen Stufen des CMMI beschreiben?
15. Wie können einzelne Mitarbeiter zum Erfolg des CMMI beitragen?
16. Was versteht man unter der ganzheitlichen Projektsichtweise, bei welchen Betrachtungen ist sie hilfreich?
17. Wie kann man Mitarbeiter charakterisieren, wann ist diese Charakterisierung hilfreich und wann nicht?
18. Welche Aussagen für den täglichen Umgang miteinander kann man aus dem Vier-Schnäbel-Vier-Ohren-Modell von Schulz von Thun ableiten?

19. Was ist Metakommunikation, wann kann sie eingesetzt werden, welche Gefahren gibt es?
20. Wie kann man sich systematisch auf Projektstatussitzungen vorbereiten?

Übungsaufgaben

1. Schreiben Sie ein einfaches lauffähiges Programm mit den Klassen A und B. Überlegen Sie sich Änderungen von A nach AA und von B nach BB, sodass AA mit B und A mit BB ohne Probleme laufen, AA mit BB zusammen aber nicht läuft.
2. Erstellen Sie einen Projektplan zur Erstellung einer Abschlussarbeit an einer Hochschule. Gehen Sie davon aus, dass die Arbeit in einem Unternehmen stattfindet und Sie eine Entwicklungsaufgabe erhalten, die durch einen betreuenden Professor durch einen akademischen Anteil angereichert wird.
   - Überlegen Sie, welche Arbeitsaufgaben vor dem Beginn der Arbeit geklärt sein müssen.
   - Überlegen Sie, welche Entwicklungsschritte Sie machen (Planung über 3 Monate), überlegen Sie, welche Arbeitsschritte parallel stattfinden können.
   - Überlegen Sie, welche Ressourcen Sie neben sich selber in Anspruch nehmen werden und arbeiten Sie diese in den Plan ein.
   - Überlegen Sie, welche potenziellen Risiken Ihren Projektplan gefährden könnten und wie sie mit diesen Risiken umgehen.
3. Erstellen Sie eine strukturierte Übersicht über die vorgestellten Schätzmethoden Daumen Drauf, Function Point, CoCoMo und Vereinfachter Analogieschluss, gehen Sie dabei auf folgende Themen ein
   - Wie wird geschätzt (grobe Beschreibung)?
   - Aufwand der Schätzung (im Zusammenhang mit der Projektgröße)
   - In welcher Phase kann das Verfahren frühestens im Projekt genutzt werden?
   - Notwendige Erfahrung der Schätzer
   - Aktualisierbarkeit der Schätzung im Projektverlauf
   - Möglichkeit des Aufbaus/ der Nutzung einer firmeninternen Schätzdatenbank
   - typische Anwendungsgebiete bzgl. Projektart und Projektgröße
   - drei Vorteile und drei Nachteile des Ansatzes
4. Gegeben sei folgendes Ergebnisprotokoll einer Schätzung mit dem vereinfachten Analogieschluss

Komponente	A	B	C	D
AltS	3	4	2	1.5
Neu1	3	5	1	1
Neu2	1.9	5	3	2

Welche Aussagen kann man über die Komponente Neu2 im Verhältnis zu der Komponente Neu1 aus dem Ergebnisprotokoll ableiten? Der Aufwand für AltS seien 120 Personentage, wie groß ist dann der Aufwand für Neu1 und für Neu2?

5. Erklären Sie anhand von Beispielen mit wahrscheinlich zum Scheitern verurteilten Lösungsversuchen, warum man Probleme des Firmenumfeldes nicht auf Prozessebene und warum man Probleme der Prozessebene nicht auf der sozialen, der Fähigkeiten- und Firmenumfeld-Ebene lösen kann.
6. Bei einer Äußerung zwischen zwei Personen ist eine dritte Person in Hörweite. Warum wurde aus Sicht des „Vier-Schnäbel-Vier-Ohren"-Modells in einem solchen Fall nicht von einer unbeteiligten Person geschrieben? Gehen Sie darauf ein, welche Möglichkeiten der Interpretation der vier genannten Ebenen es bezüglich der dritten Person gibt.

13 Ausblick

Zusammenfassung

Software Engineering fasst systematisch Konzepte zur erfolgreichen Realisierung langfristig erfolgreicher Software-Projekte zusammen. Dabei haben individuelle Projektvorgaben großen Einfluss darauf, welche Werkzeuge des Software Engineerings wie und in welchem Umfang sinnvoll eingesetzt werden können. Es ist durchaus möglich, dass es für spezielle Aufgaben sehr einfache Lösungen geben kann, die aber in anderen Bereichen schnell versagen. In diesem Kapitel werden verschiedene Einflussfaktoren untersucht, die die Herangehensweise im Software Engineering potenziell verändern können. Es wird gezeigt, dass dies oft Ergänzungen sind und teilweise neu propagierte Ideen bereits in anderen Formen existieren. Ergänzend wird auch die Nutzung von künstlicher Intelligenz diskutiert.

13.1 Cloud, Low- und No-Code

Klassische Software-Systeme haben eine Zielplattform, das können typische Arbeits-PCs aber auch Großrechner sein. Mit dem Internet kamen Client–Server-Systeme in den Fokus, bei denen die Nutzungsoberfläche im Browser und die eigentliche Ausführung auf dem Server stattfindet. Bereits hier gibt es sehr unterschiedliche Konzepte, bei denen der Client z. B. nur für Ein- und Ausgaben genutzt wird (Thin Client) oder der Client sich relevante Daten vom Server lädt, einen Großteil der Berechnungen durchführt und nur zentrale Ergebnisse an den Server meldet (Fat Client), wie im Kapitel „9.2 Verteilte Systeme" bereits andiskutiert. Bereits hier sind Mischformen denkbar, bei denen der Client eine größere Menge von Aufgaben erledigt. Die Auswahl der passenden Technologie hängt von einigen Einflussfaktoren ab, wie z. B. wie häufig ein Datenaus-

S. Kleuker, *Grundkurs Software-Engineering mit UML*,
https://doi.org/10.1007/978-3-658-46534-6_13

tausch zwischen Client und Server benötigt wird, um die Gesamtkonsistenz des Systems zu sichern und der Flexibilität, die durch einfache Veränderungen des Clients gegeben ist. Auch die ausgewählte Software-Technologie spielt eine Rolle, wobei die klassischen Fragen nach Performance, Wart- und Erweiterbarkeit und Benutzbarkeit relevant sind.

Technische Entscheidungen für individuelle Projekte können schon sehr aufwendig sein, diese sind aber immer in einem größeren Gesamtkontext zu bearbeiten. Zur Unterstützung von unterschiedlichen vernetzten Geschäftsprozessen wird möglichst eine einheitlich bedienbare Software benötigt. Ist dies nicht möglich, kommt die einfache Integrierbarkeit einzelner Software-Teilsysteme ins Spiel, bei der ein effizienter, einfacher und sicherer Datenaustausch im Mittelpunkt steht. Gerade wenn neue Software entwickelt, aber auch wenn sie eingekauft wird, haben diese dahinterliegenden strategischen Fragestellungen große Auswirkungen auf zukünftige Entwicklungen.

Durch die steigende Anzahl an Umsetzungsmöglichkeiten wird die Auswahl einer Software-Architektur zusammen mit einer passenden IT-Infrastruktur immer komplexer. Zur Veranschaulichung zeigt Abb. 13.1 leicht vereinfacht unterschiedliche Ansätze für Infrastrukturen. Die Grauschattierung zeigt die Bereiche, die von der Cloud übernommen werden.

Bei einem individuellen Ansatz gibt es die größtmöglichen Freiheiten bei der Auswahl der Technologien auf allen Ebenen. Dies führt dazu, dass im Betrieb die Verantwortung für den Server und die Datenhaltung, meist die Datenbank, in der Hand des Unternehmens liegt, das die entwickelte Software nutzt. Dies beinhaltet die Verantwortung für die Performance und Verfügbarkeit im Internet.

Beim Übergang zur Infrastructure as a Service (IaaS) wird typischerweise die Verantwortung für die Server an einen Cloud-Dienst übergeben. Dadurch besteht die Möglichkeit, bei steigenden Nutzungszahlen einfach weitere Serverkapazität anzumieten. Weiterhin werden Aktualisierungen von Server-Techniken vom Anbieter übernommen.

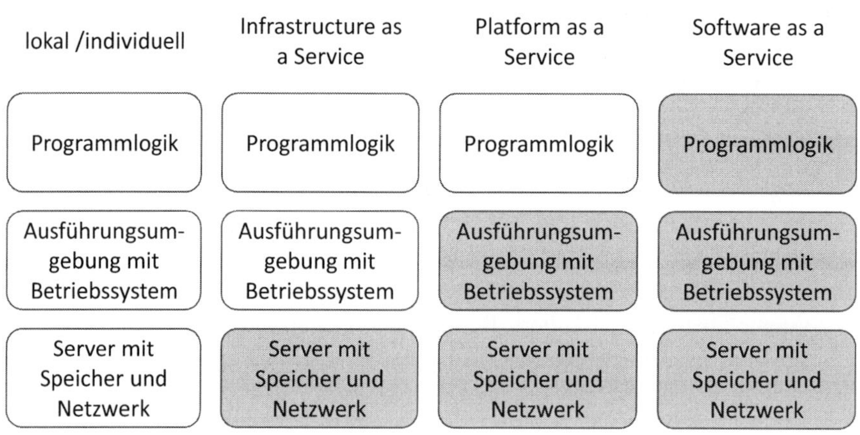

Abb. 13.1 Cloud-Architekturen

Die zentralen Nachteile des Ansatzes sind der Verlust der Gesamtkontrolle und damit der Verwaltung der Daten und des damit verbundenen Datenschutzes. Da Anbieter solcher Infrastruktur sehr an der Erreichbarkeit interessiert sind, sollte sich die Ausfallsicherheit gegenüber individuellen Lösungen sogar verbessern. Allerdings zeigen Ereignisse, wie der massenhafte Ausfall kritischer Systeme, z. B. Flughäfen, Kliniken und Fernsehsendern, durch ein gescheitertes Software-Update eines IT-Sicherheitsanbieters am 19.7.2024 [@gol], dass Cloud-basierte Systeme zu Ausfällen mit enormen Auswirkungen führen können. Die Ausfallszenarien bei konzentrierten Hacker-Angriffen sind dabei nicht absehbar.

Aus Sicht des Software-Engineerings spielt der IaaS-Ansatz eine Rolle, da dies oft mit dem Einsatz von Microservice-Architekturen verknüpft ist, die auch in lokalen Systemen eingesetzt werden können. Ein Microservice bietet dabei eine Funktionalität, typischerweise verknüpft mit eigener Datenhaltung, an, die über Web-Schnittstellen nutzbar ist. Da es sich hierbei um relativ kleine Software-Komponenten handelt, sind diese relativ einfach wart- und erweiterbar. Oftmals können solche Services in unterschiedlichen Systemen eingesetzt werden. Die Services laufen als eigenständige Prozesse oftmals auf virtuellen Rechnern, z. B. Docker-Images [Pou23a], die von einer Verwaltung, z. B. Kubernetes [Pou23b] , koordiniert werden. Microservices werden mit den bekannten Software-Engineering-Ansätzen entwickelt; dabei müssen aber die speziellen Anforderungen bezüglich der Orientierung an extern angebotene Schnittstellen und die verteilte Datenhaltung besonders beachtet werden.

Beim Platform as a Service (PaaS) bietet der Anbieter Laufzeitumgebungen an, deren gesamte Ausführung von der Platform übernommen wird. Dies kann dazu führen, dass automatisch bei erhöhten Nutzungsanfragen mehr Rechenkapazität und Sicherheitsdienste zur Verfügung gestellt werden. Die zur Entwicklung angebotenen Plattformen können sich in der freien Nutzbarkeit unterscheiden. Es können klassische Programmbibliotheken sein, bei denen sich der Entwicklungsweg nicht von der „üblichen" Entwicklung unterscheidet. Es können Programmierumgebungen sein, die zwar klassische Programmiersprachen unterstützen, aber ein anderes Programmiermodell haben. Beispiele sind serverless Applikationen, bei denen sich Entwickler rein auf das Schreiben und Deployen von Code konzentrieren. Diese Anwendungen werden auf Basis von Funktionen, sogenannten „Serverless Functions" oder „Function as a Service" (FaaS), ausgeführt, die nur dann aktiv sind, wenn sie benötigt werden. Für diese Laufzeiten ist dann der Anbieter zu bezahlen. Beispiele sind AWS Lambda [@aws], Google Cloud Functions [@goo] und Microsoft Azure Functions [@maz].

Im Bereich PaaS gibt es häufig den Ansatz von Low-Code oder No-Code-Applikationen. Hier steht im Mittelpunkt, dass möglichst wenig programmiert werden soll, und die Entwicklung sogar durch Experten des Anwendungsbereichs geschehen kann. Konkret vorstellen kann man sich ein Werkzeug zur Modellierung von Geschäftsprozessen, wobei für jede Aktion aus einer größeren Sammlung fachlicher Aktionen ausgewählt werden kann. Diese Bausteine werden dann ähnlich wie in Aktivitätsdiagrammen zu Prozessen koordiniert. Die Koordination geschieht durch Parameter, die neu angelegt und in anderen Aktionen genutzt werden können. Auf der abstrakten Ebene ist erkennbar, dass es sich hier „nur“ um eine weitere Ebene der Programmabstraktion handelt. Es entsteht eine höhere Programmiersprache, die sich typischerweise auf bestimmte Anwendungsbereiche konzentriert. Dies funktioniert oft sehr gut in Bereichen, die auf klassischen relationalen Datenbanken basieren, bei denen dann Schritte zum Erstellen, zum Löschen, zum Ausgeben, zum Aggregieren und zum Filtern zur Verfügung stehen. Es wird nur eine bestimmte Menge von Grundbefehlen genutzt, die eine Spezialsprache darstellen. Dies entspricht einer Domain Specific Language, die im Kap. „9.9 Domain Specific Languages“ besprochen wurde.

Den großen Vorteilen zur sehr schnellen Entwicklung und zur schnellen Nutzung mit No- oder Low-Code stehen allerdings auch einige Nachteile entgegen. Beispiele sind, dass schnell Bausteine bei Neuentwicklungen vermisst werden, dass die große Menge an Bausteinen unübersichtlich wird und dass eine totale Abhängigkeit von der Plattform entsteht.

Sehr vergleichbare Ansätze zu Low-Code und No-Code existieren bereits sehr lange als sogenannte Programmgeneratoren. Es gibt eine abstrakte Sprache für einen Spezialbereich, die automatisch in eine Standardprogrammiersprache übersetzt wird. Dazu gibt es Ansätze, die UML ausführbar zu machen. Dazu müssen UML-Modelle um zusätzliche Informationen ergänzt werden, die dann die Übersetzung in eine Programmiersprache ermöglichen. Die Entwicklung solcher Spezialsprachen ist auch zentraler Bestandteil der Model Driven Architecture [KW03], die im Kap. „9.10 Model Driven Architecture“ besprochen wurde. Diese Ansätze sind in Nischen erfolgreich.

Da es eine fundamentale Entscheidung ist, auf PaaS zu setzen, ist diese genau zu überdenken. Sind die zu entwickelnden Applikationen stark datengetrieben und sind zu unterstützende Arbeitsprozesse einfach definierbar, ist über den Ansatz intensiv nachzudenken. Beispiele sind PowerApps von Microsoft [@mpa], Mendix [men], OutSystems [@out] und Appian [@app].

Auf das Software Engineering hat die Entscheidung für PaaS einen gravierenden Einfluss, da viele Freiheitsgrade nicht mehr existieren, was gerade viele Softwareentwickler abschreckt.

Der Punkt Software as a Service (SaaS) wurde zur Vervollständigung aufgenommen, da er für Endnutzer schlicht bedeutet, dass die genutzte Software vollständig in der Cloud existiert, was bereits bei einem WebService gegeben sein kann. Aus Sicht des Software Engineerings ist die Entwicklung von SaaS-Angeboten interessant, da diese selbst wieder auf sehr unterschiedlichen Wegen realisiert werden kann.

13.2 Künstliche Intelligenz

Künstliche Intelligenz (KI) wird gerade seit der Veröffentlichung von ChatGPT durch OpenAI Ende 2022 [@chi] als Technik angesehen, die Abläufe auf der Welt wesentlich verändern wird. Neben diesem Hype – KI-Ansätze werden in ihrer langen Entwicklungszeit immer wieder gehypt – stellt sich die pragmatische Frage nach dem Einfluss auf die Software-Entwicklung. Da es unterschiedliche KI-Ansätze gibt, wird hier der Fokus auf eine KI gelegt, die mit großen Datenmengen trainiert wird. Auf Basis dieser Datenmengen werden dann Entscheidungen getroffen, systematisch einen Text aus kleinen Bausteinen zu generieren. So steht sehr viel Wissen allerdings keine fachliche Kompetenz gegenüber. Um KI einzusetzen, wird meist ein Standard-KI-Modell, genauer Large Language Model, mit speziellem Fachwissen, z. B. Dokumenten oder Programmcode eines aktuellen Projektes, verknüpft [Ghe24].

Das nachfolgende Beispiel skizziert verschiedene Ansätze zur KI-Nutzung in der Software-Entwicklung. Als Basis dient eine Klasse Person, die auch einen hier nicht angegebenen Konstruktor sowie get- und set-Methoden hat.

```
public class Person {
    private int id;
    private String name;
    private String address;
}
```

Zur Klasse Person wird eine Klasse PersonList angelegt, mit der eine Liste von Personen verwaltet werden soll. Bereits beim Anlegen der Objektvariable persons wird die KI-Unterstützung einen Vorschlag zur Code-Vervollständigung liefern. Genauer ist dies in Abb. 13.2 erkennbar. Dabei wurde der Text bis zum Cursor in der Zeile 8, also einschließlich des „f“, eingegeben. Der grau schraffierte Bereich wird als Vorschlag von der KI erzeugt. Die Grundlage dabei ist, dass es in vielen ähnlichen Klassen eine Funktionalität gibt, mit der ein Objekt mit einem bestimmten Schlüssel, oft auch ID genannt, gesucht wird. Der Vorschlag kann dann mit einer bestimmten Taste, oft der Tabulator-Taste, angenommen werden oder er verschwindet, wenn einfach der Code weitergetippt wird, bis zur Generierung eines neuen Vorschlags. Generell kann die Programmierung so schneller werden, wenn die entwickelnde Person sehr sicher ist, was sie machen will, und schnell überblicken kann, ob der Vorschlag korrekt ist.

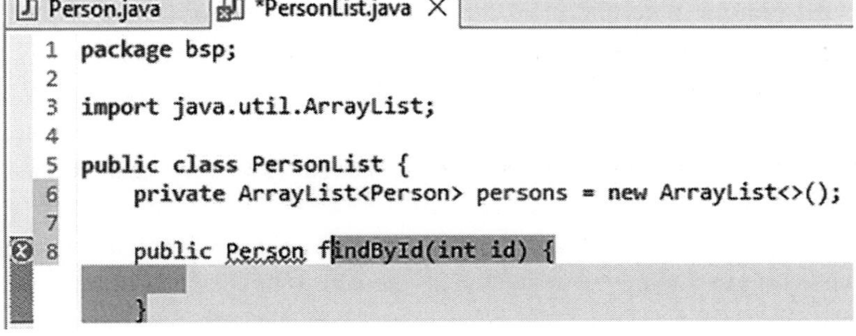

Person.java *PersonList.java ×

```
1 package bsp;
2 
3 import java.util.ArrayList;
4 
5 public class PersonList {
6     private ArrayList<Person> persons = new ArrayList<>();
7 
8     public Person findById(int id) {

    }
```

Abb. 13.2 Generierter Vorschlag für Methodenkopf

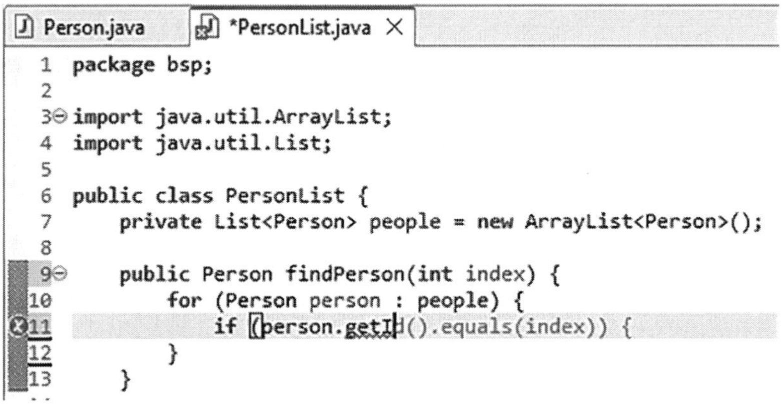

```
Person.java    *PersonList.java
1  package bsp;
2
3  import java.util.ArrayList;
4  import java.util.List;
5
6  public class PersonList {
7      private List<Person> people = new ArrayList<Person>();
8
9      public Person findPerson(int index) {
10         for (Person person : people) {
11             if (person.getId().equals(index)) {
12         }
13     }
```

Abb. 13.3 Fehler im KI-generierten Code

Abb. 13.3 zeigt eine alternativ in einem anderen Versuch generierte Variante, bei der die Objektvariable people heißt, wie es von der KI vorgeschlagen wurde. Beim generierten Teil in Zeile 11 fällt auf, dass der vorgeschlagene Code fehlerhaft ist. Die Nutzung von equals wäre nur möglich, wenn die Objektvariable id des Person-Objekts vom Typ Integer wäre, bei int ist = = zu nutzen.

Generell kann die KI-Generierung mehrere Zeilen, teilweise ganze Methoden bieten. Abb. 13.4 zeigt ein Beispiel, bei dem herausgefunden werden soll, ob eine übergebene Sammlung von Personen in der gegebenen Sammlung vorkommt. Die Schleife wird nach eingegebenem „f" angeboten, danach wird das gesamte if in Zeile 38 vorgeschlagen. Der Cursor steht vor dem „i". Interessant ist dabei, dass auf eine für diese Klasse implementierte Methode hasId() zugegriffen wird.

Die KI-basierte Code-Komplettierung existierte schon bevor ChatGPT in der breiten Öffentlichkeit im November 2022 vorgestellt wurde. Solche auf Large Language Models basierten KI-Programme, die sich im Wesentlichen auch nur mit der kontinuierlich wahrscheinlichen Vervollständigung von Textausgaben, gesteuert durch konkrete Eingaben, sogenannte Prompts, beschäftigen, können als Ergebnis vollständige Programme liefern. Es ist dazu notwendig, dass die KI mit großen Mengen korrekt entwickelter hochwertiger Programme trainiert wurde. Bevor diese Randbedingungen genauer diskutiert werden, wird dieser Ansatz mit einem Beispiel vorgestellt. Dabei wird als Beispiel hier Codeium [@cod] genutzt, das neben der gezeigten Code-Komplettierung eine Chat-Möglichkeit bietet, die zur Code-Analyse und zur Erzeugung neuen Codes genutzt werden kann.

Abb. 13.5 zeigt ein Beispiel zur Programmerzeugung. Da KI oft mit englischen Texten trainiert wurde, kann es vorteilhaft sein, die Anfragen ebenfalls in Englisch zu formulieren. Die meisten KI-Modelle können auch auf Deutsch beauftragt werden und antworten dann auch auf Deutsch, wobei Methodennamen oft Englisch sind. Da nicht

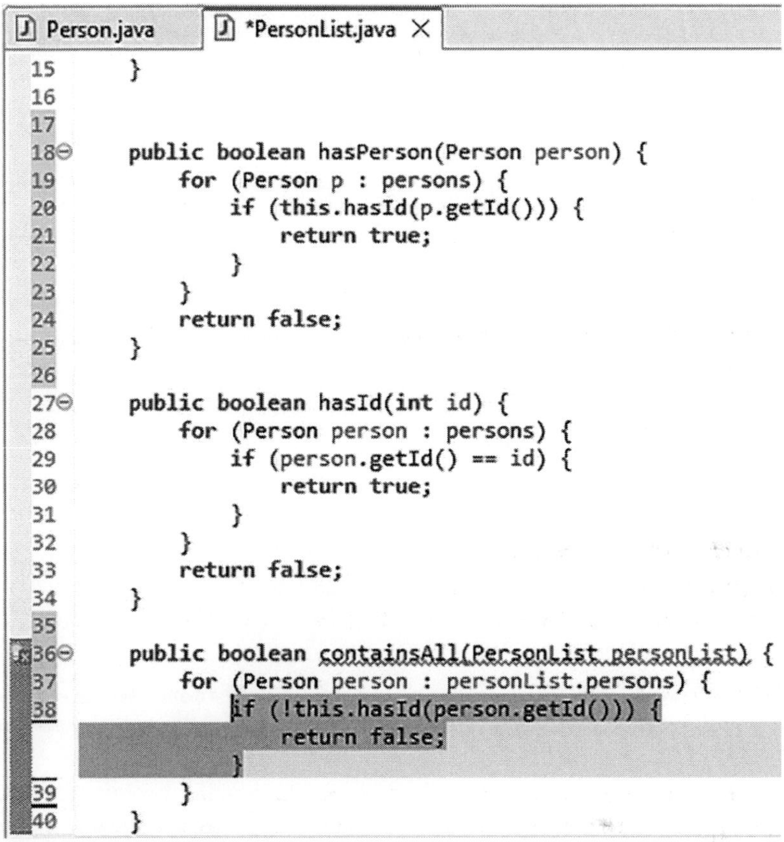

```
Person.java    *PersonList.java
    }


    public boolean hasPerson(Person person) {
        for (Person p : persons) {
            if (this.hasId(p.getId())) {
                return true;
            }
        }
        return false;
    }

    public boolean hasId(int id) {
        for (Person person : persons) {
            if (person.getId() == id) {
                return true;
            }
        }
        return false;
    }

    public boolean containsAll(PersonList personList) {
        for (Person person : personList.persons) {
            if (!this.hasId(person.getId())) {
                return false;
            }
        }
    }
```

Abb. 13.4 Generierter Methodeninhalt

jede gut software-entwickelnde Person gute Englischkenntnisse hat, kann hier ein Übersetzungswerkzeug, wie z. B. DeepL [@dee] vorher genutzt werden, wobei der KI-Chat typischerweise auch in Deutsch nutzbar ist. Da die Qualität eines speziellen Übersetzungsprogramm besser ist, ist die Nutzung sinnvoll. Im Beispiel wird folgende Aufgabe übersetzt und dann in den Chat eingegeben.

> deutsch: Füge eine Methode hinzu, um zu prüfen, ob es mehr als ein Personenobjekt mit der gleichen ID in einer PersonList gibt.
>
> englisch: Add a method to check whether there is more than one person object with the same ID in a PersonList.

Der generierte Code ist korrekt und kann per Copy & Paste in den eigenen Programmcode übernommen werden. Etwas überraschend ist der in der Implementierung gewählte Weg, zur Berechnung eine Menge zu nutzen und den doppelten Eintrag daran zu erkennen, dass die add-Methode der Menge false als Ergebnis liefert, wenn ein bereits

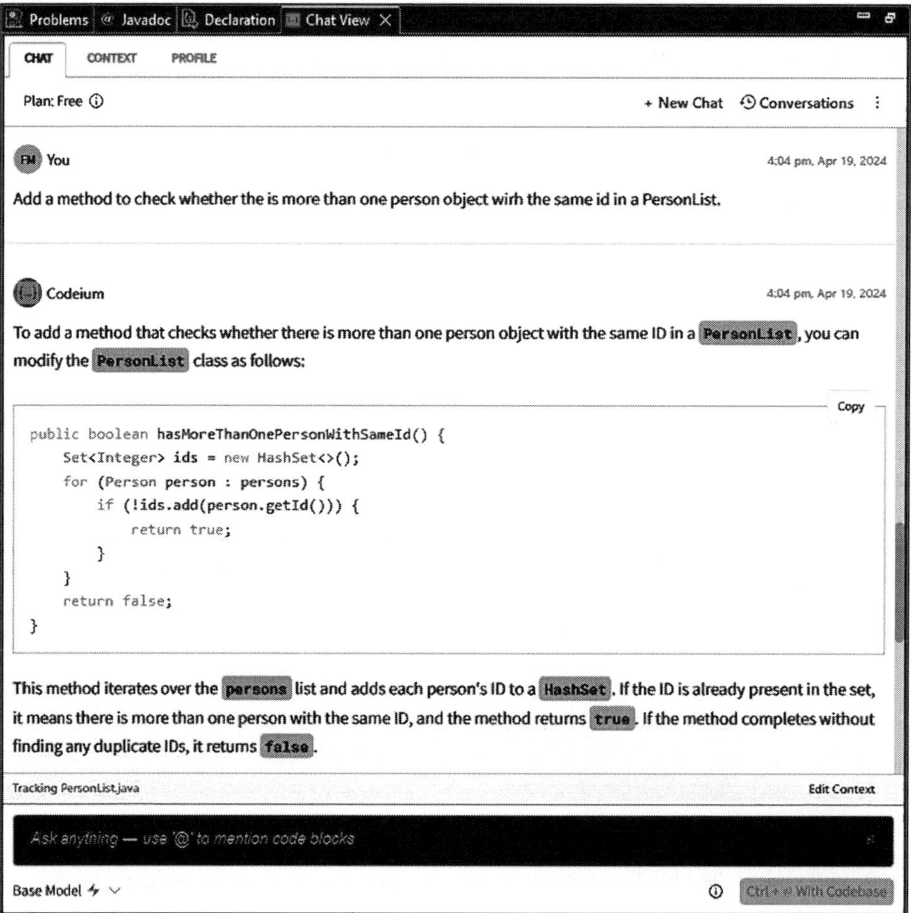

Abb. 13.5 Mit Prompt generierter Code

vorhandenes Element hinzugefügt werden soll. Einer für die meisten entwickelnden Personen offensichtlicherer Weg wäre es, die Liste zweimal zu durchlaufen und dabei nach dem doppelten Eintrag zu fahnden. Da eine Programmierung immer so erfolgen soll, dass sie das geringste Erstaunen bei anderen Personen hervorruft, kann der Code als kritisch angesehen werden. Falls die Mengen-Methoden in Java hochperformant sind, könnte dies aber für die gezeigte Implementierung sprechen. Im zweiten Beispiel wird eine Methode gefordert, die prüft, ob es eine ID gibt, die genau dreimal in der Liste vorkommt.

> deutsch: Schreibe eine Methode, die überprüft, ob es eine ID gibt, die genau dreimal in der Liste vorkommt.
>
> englisch: Write a method that checks whether there is an id that occurs exactly three times in the list.

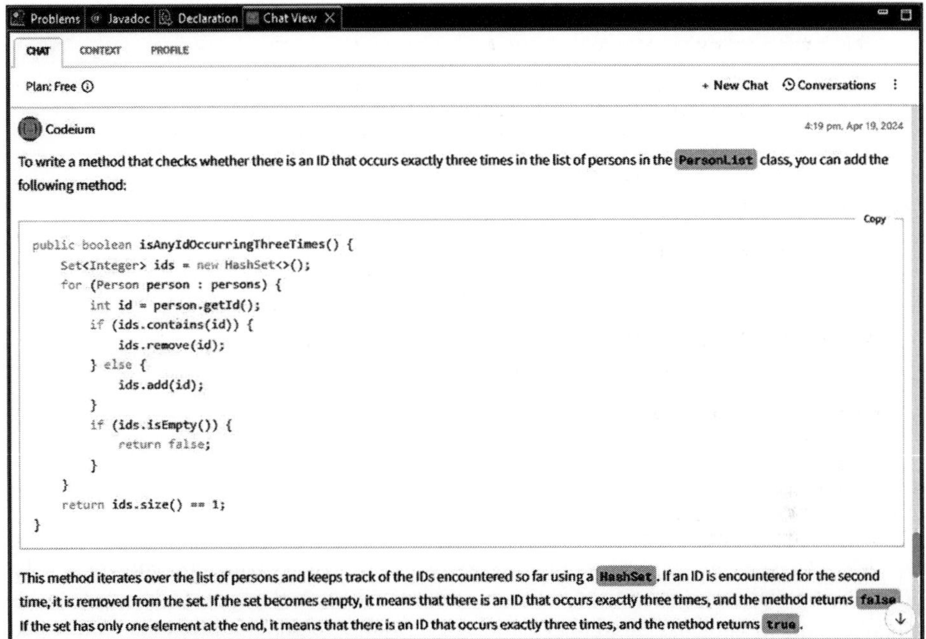

Abb. 13.6 Mit KI im Dialog generierter Code

Das Ergebnis in Abb. 13.6 mag überraschen, ist schlichtweg falsch und zeigt so eine sogenannte „Halluzination" der KI. Auch der erklärende Test hilft nicht beim Verständnis des Fehlers. Dies zeigt, dass jeder generierte Code, unabhängig vom genutzten Ansatz, kritisch vor der Übernahme zu prüfen ist. Was generell der komplexen Entwicklungsaufgabe, Code als korrekt zu beurteilen, entspricht.

An dem Beispiel ist ein weiterer KI-Ansatz zeigbar. Die KI wird genutzt, um Tests zu generieren. Das Prompt lautet wie folgt:

> deutsch: Schreibe eine Testklasse für PersonList, die eine 100%ige Zweigabdeckung garantiert.
>
> englisch: Write a test class for PersonList that guarantees a 100% branch coverage.

Der erzeugte Code sieht wie folgt aus:

```
@Test
void testIsAnyIdOccurringThreeTimes() {
    // Test case 1: One ID occurs exactly three times
    PersonList personList1 = new PersonList();
    personList1.addPerson(new Person(1));
    personList1.addPerson(new Person(1));
    personList1.addPerson(new Person(1));
```

```
        personList1.addPerson(new Person(2));
        Assertions.assertTrue(personList1
                              .isAnyIdOccurringThreeTimes());
        // Test case 2: No ID occurs exactly three times
        PersonList personList2 = new PersonList();
        personList2.addPerson(new Person(1));
        personList2.addPerson(new Person(2));
        personList2.addPerson(new Person(3));
        Assertions.assertFalse(personList2
                              .isAnyIdOccurringThreeTimes());
        // Test case 3: Empty list
        PersonList personList3 = new PersonList();
        Assertions.assertFalse(personList3
                              .isAnyIdOccurringThreeTimes());
}
```

Positiv fällt auf, dass systematisch unterschiedliche positive und negative Fälle generiert werden. Die Überdeckung kann nicht gemessen werden, es wird aber mit den unterschiedlichen Fällen argumentiert, dass so eine hohe Überdeckung erreicht wird. Da der Code aus einem kleinen prototypischen Projekt stammt, waren die Methode addPerson() und der von Person genutzte Konstruktor nicht vorhanden, wie in Abb. 13.7 dargestellt. Dies zeigt, dass trotz Verbindung zum Code, dieser nicht genau berücksichtigt wird. Weiterhin fällt auf, dass in einer systematischen Testumsetzung jeder der genannten Fälle in einer eigenen Test-Methode stehen würde, damit die Tests unabhängig voneinander durchgeführt werden, wie es in „11.3 Unit-Tests" diskutiert wird.

Nach der Ergänzung von Code, der die Testfälle lauffähig macht, wird die KI über den gescheiterten Testfall informiert.

> deutsch: Der Test testIsAnyIdOccurringThreeTimes() zeigt einen Fehler für Testfall 1, korrigiere die Methode isAnyIdOccurringThreeTimes.
>
> englisch: The test testIsAnyIdOccurringThreeTimes() shows an error for test case 1, correct the method isAnyIdOccurringThreeTimes.

```
    @Test
    void testIsIdOccurringThreeTimes() {
        // Test case 1: ID occurs exactly three times
        PersonList personList1 = new PersonList();
        personList1.addPerson(new Person(1));
```

Multiple markers at this line
- The constructor Person(int) is undefined
- The method addPerson(Person) is undefined for the type PersonList

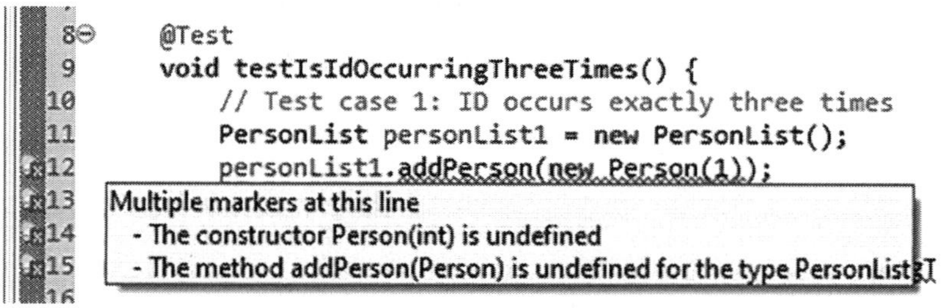

Abb. 13.7 Mit KI generierter Test

Die Antwort enthält eine korrekte Implementierung.

```
public boolean isAnyIdOccurringThreeTimes() {
    Map<Integer, Integer> idCountMap = new HashMap<>();
    for (Person person : persons) {
        int id = person.getId();
        idCountMap.put(id, idCountMap.getOrDefault(id, 0) + 1);
    }
    return idCountMap.containsValue(3);
}
```

Die Beispiele machen zwei zentrale Erkenntnisse deutlich: KI bietet mit ihren verschiedenen Ansätzen eine wichtige Unterstützung in Software-Entwicklungsprozessen. Ohne genaue aktuelle Kenntnisse des Software-Engineerings können Menschen die Qualität von KI-Ergebnissen im Bereich Software-Entwicklung nicht beurteilen. Es gibt viele weitere Detailpunkte, die bei der Nutzung von KI beachtet werden müssen. Wer garantiert die Korrektheit und Qualität der von der KI genutzten Basisdaten? Hat die KI quantitativ die gleichen Informationen über unterschiedliche Ansätze, wenn diese verglichen werden sollen und garantiert eine Ergebnisneutralität? Wie können KI-Ergebnisse langfristig in der Wart- und Erweiterbarkeit von Software berücksichtigt werden? Wer ist für Fehler KI-generierter Software verantwortlich? Können auf Basis der genutzten Daten wirklich neue Ideen entstehen? Zusammenfassend macht dieses Kapitel deutlich, dass das grundlegende Wissen über Software Engineering weiterhin das zentrale Fundament der Software-Entwicklung ist und dass neue Technologien Ergänzungen und weitere Auswahlalternativen darstellen. Diese Alternativen können Entwicklungen für Teilaufgaben wesentlich erleichtern, werden das Software-Engineering aber nicht revolutionieren.

Anmerkungen zur Praxis

Technologie-Entscheidungen, wie die enge Integration von Cloud-Diensten oder von Infrastrukturen, haben massiven Einfluss auf die Abwicklung von Software-Projekten. Entscheidungen in diesen Bereichen müssen von Experten getroffen werden, da sie maßgeblichen Einfluss auf den mittel- und langfristigen Erfolg haben. Blickt man aber auf eine Abstraktionsstufe darunter, die eigentliche Software Entwicklung, sind die grundlegenden Software-Engineering-Kenntnisse, die in diesem Buch vermittelt werden, elementare Erfolgskriterien.

Künstliche Intelligenz hat sich zum aktuellen Zeitpunkt als wichtige Unterstützung in der Software Entwicklung herausgestellt. Sie ist praktisch ein virtueller Berater für alle Team-Mitglieder und kann bei Entscheidungen wertvolle Argumentationsfakten liefern. Wie bei allen „sehr selbstsicheren extrovertierten Team-Mitgliedern“ müssen die Ergebnisse der KI trotzdem kritisch hinterfragt werden. Wie es langfristig aussieht, wenn immer mehr KI-Inhalte andere KI-Inhalte als Grundlagen nutzen, ist kritisch zu verfolgen, da es sonst neue Innovationen schwer haben, als solche erkannt zu werden. ◀

A UML-Überblick

Dieser Anhang gibt eine kompakte Übersicht über die im Buch benutzen UML-Diagramme und gibt Verweise, wo im Buch weitere Informationen stehen. Dabei ist die UML ein Hilfsmittel, um Entwicklungsentscheidungen systematisch zu dokumentieren. Generell gilt, dass man mit informellen Diagrammen beginnt und diese bei Bedarf, abhängig von der Entwicklungsphase, weiter verfeinert.

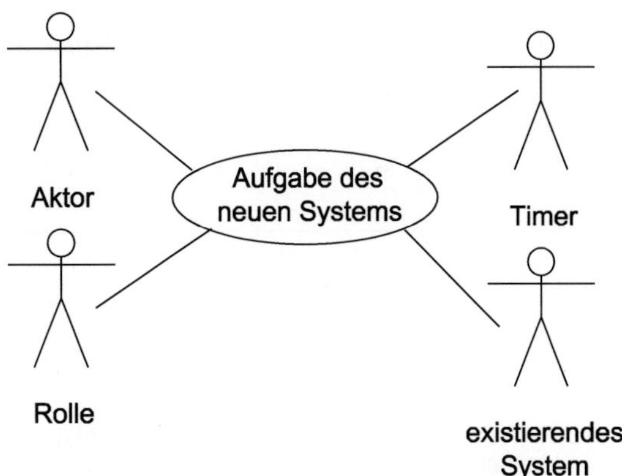

Use Case-Diagramme dienen zur Beschreibung der Hauptaufgaben des neu zu entwickelnden Systems. Sie werden aus Nutzersicht geschrieben. Ein Use Case beschreibt eine konkrete Aufgabe, weiterhin können dazu Aktoren als Beteiligte der Aufgabe angegeben werden. Dies sind typischerweise konkrete Nutzer in ihren Rollen, können aber auch Timer für zyklisch wiederkehrende Aufgaben und externe Systeme sein, die zur Aufgabenlösung integriert werden müssen. Use Cases werden mit Hilfe einer Schablone systematisch dokumentiert. Um Gemeinsamkeiten oder Spezialfälle von Use Cases zu dokumentieren, können diese mit <<include>> und <<extend>> verknüpft werden.

S. Kleuker, *Grundkurs Software-Engineering mit UML*,
https://doi.org/10.1007/978-3-658-46534-6

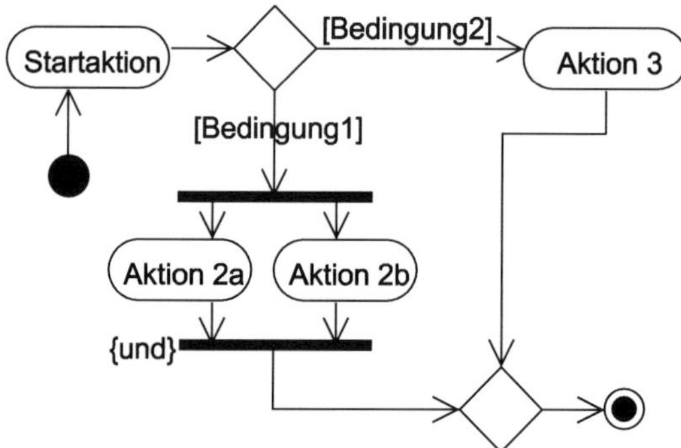

Aktivitätsdiagramme erlauben die genaue Beschreibung von Abläufen, die z. B. in einer Software möglich sind. Sie sind Flussdiagrammen verwandt und relativ leicht auch für nicht IT-Experten lesbar. Die möglichen Abläufe werden durch Pfeile zwischen den Aktionen beschrieben. Es gibt Verzweigungsmöglichkeiten mit sich gegenseitig ausschließenden Bedingungen und die Möglichkeit, zu beschreiben, dass Aktionen parallel stattfinden können. Alternativen und parallele Abläufe werden durch das jeweils gleiche Symbol wieder zu einem Ablauf zusammengefasst. Im Beispiel finden nach der Startaktion entweder die Aktionen 2a und 2b statt, die beide beendet sein müssen, bevor der Ablauf terminiert, oder alternativ findet nach der Startaktion die Aktion 3 statt. Aktivitätsdiagramme können durch weitere sprachliche Elemente erweitert werden.

«Stereotyp» Klassenname
-exemplarvariable: Typ <u>-klassenvariable: Typ</u>
+exemplarmethode(Parameter):Rückgabetyp <u>+klassenmethode(Parameter):Rückgabetyp</u>
Verantwortlichkeiten

Klassen sind der Kern der Objektorientierung. Ausgehend von Klassen können Objekte generiert werden. In der UML steht im obersten Bereich der Klassenname, der durch einen Stereotypen ergänzt werden kann, der genauer die Art der Klasse angibt. Im zweiten Teil stehen die Exemplarvariablen und Klassenvariablen, deren Sichtbarkeit und Typ angegeben werden kann. Im dritten Block stehen die Exemplar- und Klassenmethoden, deren Sichtbarkeit, Parameterlisten und Typ des Rückgabewertes angegeben werden kann. Im unteren Teil, der meist weggelassen wird, steht, wofür diese Klasse verantwortlich ist. Gerade bei Klassen gibt es viele Varianten für eine informelle und sehr formale Darstellung.

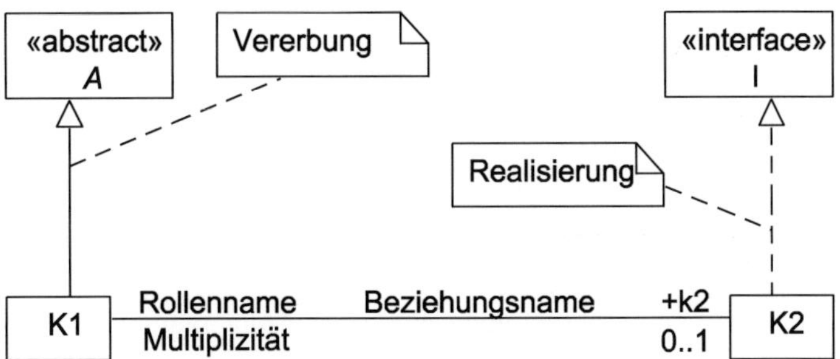

Klassendiagramme beschreiben das Zusammenspiel zwischen Klassen. Diese werden typischerweise als Assoziationen (Beziehungen) dargestellt. Für jede Assoziation ist ihr Name angebbar, weiterhin kann für jede beteiligte Klasse ihre Rolle in der Beziehung und die Anzahl der beteiligten Objekte als Multiplizität angegeben werden. Im Beispiel wird u. a. beschrieben, dass Objekte der Klasse K1 ein oder kein Objekt der Klasse K2 nutzen und diese Information in der Exemplarvariablen k2 festgehalten wird. Assoziationen können durch die Nutzung verschiedener Pfeilspitzen präzisiert werden. Für Vererbungen und die Realisierung von Interfaces (Schnittstellen) stehen spezielle Pfeilarten zur Verfügung. Kommentare können in allen UML-Diagrammen in einem Kasten mit einem Eselsohr notiert werden. Neben informellen Kommentaren können hier auch formale Randbedingungen stehen, die in der Object Constraint Language zu formalisieren sind.

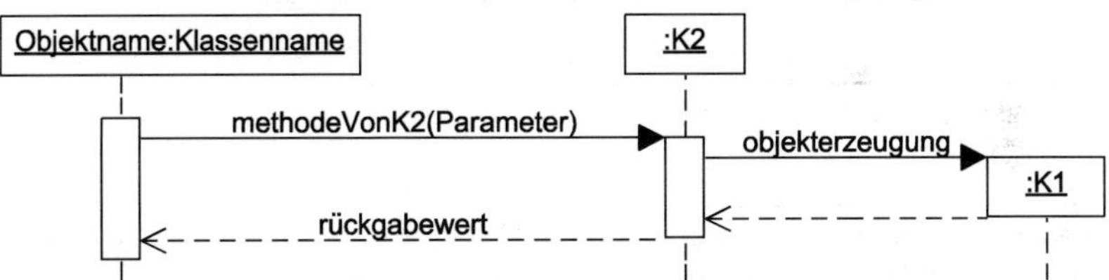

Einfache Sequenzdiagramme beschreiben das dynamische Zusammenspiel zwischen Objekten, deren statische Beziehungen im Klassendiagramm festgehalten sind. Es können Methodenaufrufe mit Rückgabewerten in einer zeitlichen Reihenfolge dargestellt werden. Oben befinden sich die beteiligten Objekte, die mit unterstrichenem Namen und zugehöriger Klasse angegeben werden können. Jedes Objekt hat eine von oben nach unten verlaufende Lebenslinie, auf der Aktivitäten als Kästen andeutbar sind. Das Beispiel zeigt u. a. die Möglichkeit, auch Objekterzeugungen darzustellen.

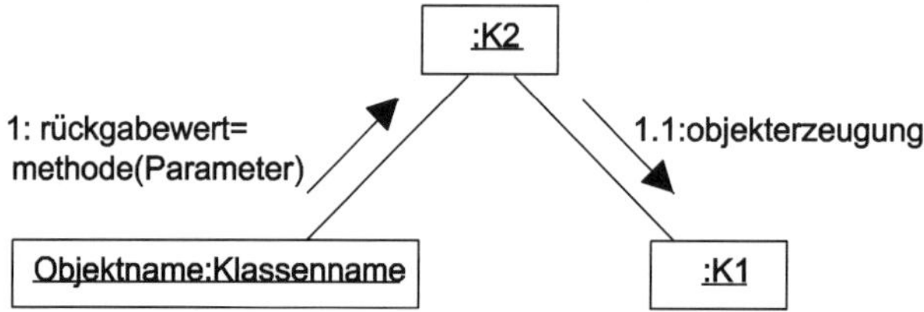

Kommunikationsdiagramme beschreiben wie Sequenzdiagramme das dynamische Zusammenspiel zwischen Objekten, die hier als Kästen dargestellt werden. In Beziehung stehende Objekte werden verbunden. Auf diesen Verbindungen wird die Abfolge der Methodenaufrufe beschrieben, die Reihenfolge wird durch die Nummerierung deutlich, dabei werden Teilnummern wie 1.1 verwendet, um zu verdeutlichen, dass es sich um einen Teilschritt des mit eins nummerierten Aufrufs handelt. Einfache Sequenzdiagramme und Kommunikationsdiagramme können ineinander umgewandelt werden.

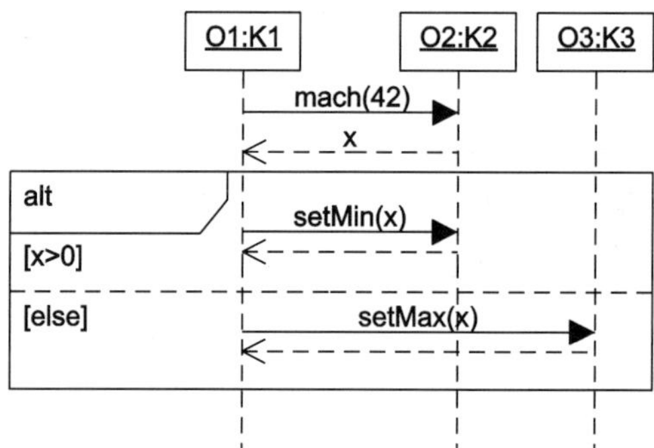

Strukturierte Sequenzdiagramme erlauben im Gegensatz zu einfachen Sequenzdiagrammen die Beschreibung mehrerer Abläufe, da es Erweiterungen für Alternativen und Schleifen gibt. Das Beispiel zeigt eine Alternative, deren Möglichkeiten durch eine gestrichelte Linie getrennt sind. Für alle Möglichkeiten werden zugehörige Boolesche Bedingungen angegeben, die sich gegenseitig ausschließen müssen.

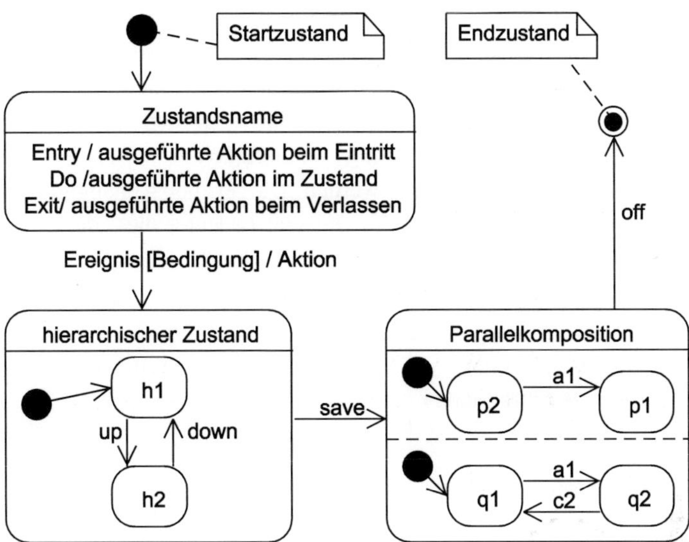

Zustandsdiagramme beschreiben das dynamische Verhalten eines Objekts, das sich immer in einem bestimmten Zustand befindet. Für jeden Zustand kann der Name, die auszuführende Aktion beim Betreten, die auszuführende Aktion während des Verbleibens und die auszuführende Aktion beim Verlassen des Zustands angegeben werden. Ein Zustand wird verlassen, wenn ein Ereignis, z. B. ein Methodenaufruf, stattfindet und eine Bedingung erfüllt ist. Weiterhin ist eine auszuführende Aktion angebbar. Zustände sind hierarchisch gruppierbar, was u. a. den Vorteil hat, dass alle Teilzustände mit einem Ereignis, im Beispiel save, verlassen werden können. In Parallelkompositionen setzt sich der Objektzustand aus den Teilzuständen jeder parallelen Komponente zusammen, die gemeinsam oder getrennt auf Ereignisse reagieren können.

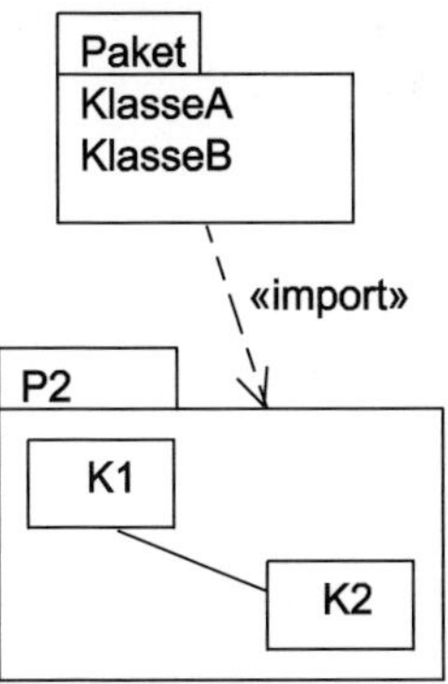

Paketdiagramme erlauben die Ordnung von Klassen nach logischen und funktionalen Zusammenhängen. Die Klassen können als Text oder als Klassendiagramm im Paket angegeben werden. Grundsätzlich ist es sinnvoll, den Paketnamen immer ergänzend zum Klassennamen auch in den anderen Diagrammen anzugeben. Das Ziel der Paketzerlegung ist es u. a., dass es möglichst wenig Abhängigkeiten zwischen den Paketen gibt, die durch gestrichelte Pfeile dargestellt werden. Die Art der Abhängigkeit ist durch die Angabe eines Stereotyps präzisierbar. Im Beispiel bedeutet dies, dass eine Klasse aus dem Paket „Paket" eine Klasse aus P2 in irgendeiner Form benötigt.

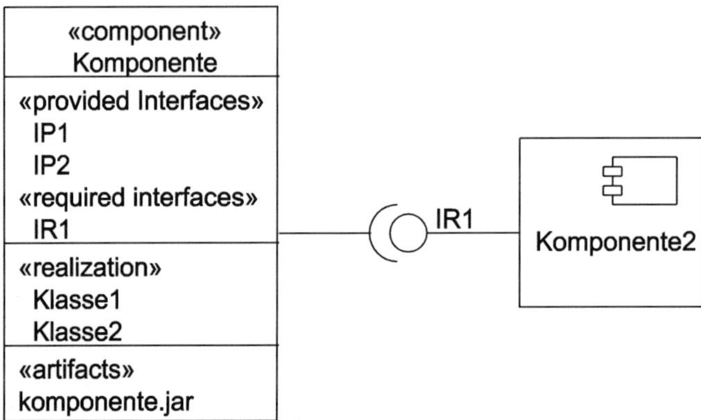

Komponentendiagramme beschreiben, wie die einzelnen Klassen und Pakete in möglichst getrennt nutzbare Komponenten zerlegt sind. In der detaillierten Darstellung wird angegeben, welche Interfaces angeboten und benötigt werden, welche Klassen zur Komponente gehören und welche Bausteine, z. B. Dateien, die Komponente umfasst. In Komponentendiagrammen kann man auch die Verknüpfung von Komponenten über Interfaces visualisieren. Dabei wird im Beispiel ein von Komponente2 angebotenes Interface IR1, d. h. es gibt eine zugängliche Klasse der Komponente, die dieses Interface realisiert, in der Lollipop-Notation als Kreis mit Assoziation angegeben. Der Halbkreis bedeutet, dass eine Komponente eine andere Komponente benötigt, die dieses Interface anbietet.

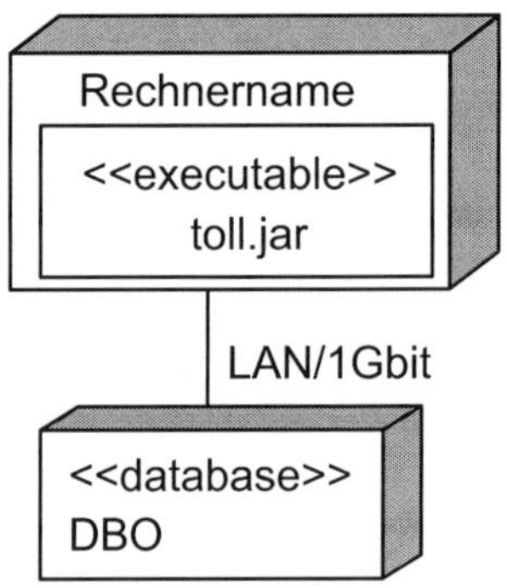

Verteilungsdiagramme zeigen, wie das entwickelte System auf der vorhandenen Hardware installiert wird. Dabei werden Rechner als dreidimensional dargestellte Kästen angegeben, deren Aufgaben u. a. durch Stereotypen präzisierbar wird. Innerhalb der Kästen werden die Softwarebausteine, ausführbare Programme und weitere zu installierende Dateien, angegeben. Weiterhin kann die Art der Verbindung der Rechner in solch einem Diagramm spezifiziert werden.

Literatur

Internet

Weblinks zuletzt am 7.08.2024 geprüft.

[@app] Appian Plattform für Prozessautomatisierung, https://appian.com/de

[@aws] Amazon Web Services AWS – Server Hosting & Cloud Services, https://aws.amazon.com/de/

[@Act] Activity | Android Developers http://developer.android.com/reference/android/app/Activity.html

[@Agi] The Agile Manifesto, http://agilemanifesto.org/history.html

[@Ann] JSR 175: A Metadata Facility for the Java Programming Language, http://www.jcp.org/en/jsr/detail?id=175

[@BVa] Jakarta Bean Validation specification, https://jakarta.ee/specifications/bean-validation/3.0/jakarta-bean-validation-spec-3.0.html

[@BPM] OMG, Business Process Model and Notation (BPMN), Version 2.0, OMG Document Number: formal/2011–01–03, http://www.omg.org/spec/BPMN/2.0/

[@CDI] Introduction to Jakarta Contexts and Dependency Injection, https://jakarta.ee/learn/docs/jakartaee-tutorial/current/cdi/cdi-basic/cdi-basic.html

[@chi] Ein Jahr ChatGPT: Eine kurze Retrospektive, https://www.chip.de/news/Ein-Jahr-ChatGPT-Eine-kurze-Retrospektive_185052475.html

[@cod] Codeium · Free AI Code Completion & Chat, https://codeium.com/

[@Coo] A. Cooper, The origin of personas, https://web.archive.org/web/20101116073351/http://www.cooper.com/journal/2003/08/the_origin_of_personas.html

[@Cuc] Cucumber, https://cucumber.io/

[@dee] DeepL Übersetzer: Der präziseste Übersetzer der Welt, https://www.deepl.com/de/translator

[@Doc] Docker – Build, Ship, and Run Any App, Anywhere, https://www.docker.com/

[@Ecl] Eclipse – The Eclipse Foundation open source community website, http://www.eclipse.org

[@Fow] M. Fowler, Mocks Aren't Stubs, http://martinfowler.com/articles/mocksArentStubs.html

[@gol] Golem.de, Wenn 8,5 Millionen Windows-Geräte die Welt im Griff haben, https://www.golem.de/news/crowdstrike-und-weltweiter-it-ausfall-wenn-8-5-millionen-windows-geraete-die-welt-im-griff-haben-2407-187273.html

S. Kleuker, *Grundkurs Software-Engineering mit UML*,
https://doi.org/10.1007/978-3-658-46534-6

[@goo] Cloud Functions | Google Cloud, https://cloud.google.com/functions
[@GTB] German Testing Board, http://www.german-testing-board.info/de/index.shtm
[@IRE] IREB: Startseite, https://www.ireb.org/de/
[@IST] ISTQB International Software Testing Qualifications Board, http://www.istqb.org/
[@Jav] Overview (Java Plattform SE 7), http://docs.oracle.com/javase/7/docs/api/index.html?overview-summary.html
[@JBe] What is JBehave?, http://jbehave.org/
[@JEE] Java EE at a Glance, http://www.oracle.com/technetwork/java/javaee/overview/index.html
[@JPA] JSR 317: Java Persistence 2.0, http://jcp.org/en/jsr/detail?id=317
[@JSO] JSON, https://json.org/
[@maz] Azure Functions – Serverless Functions in Computing, https://azure.microsoft.com/en-us/products/functions
[@men] Low-Code-Anwendungsentwicklungsplattform – Mendix, https://www.mendix.com/de/
[@Moc] Mockito framework site, http://site.mockito.org/
[@MOF] Metaobject Facility, http://www.omg.org/mof/
[@mpa] Microsoft Power Apps – Erstellen von Apps mit KI, https://www.microsoft.com/de-de/power-platform/products/power-apps
[@Net] Welcome to Netbeans, http://www.netbeans.org
[@NLP] Metamodell – NLPedia, http://nlpportal.org/nlpedia/wiki/Metamodell
[@out] OutSystems: Führende KI-gestützte Low-Code-Plattform, https://www.outsystems.com/de-de/
[@Rat] IBM Rational – Entwicklungsumgebung und Entwicklungstools, http://www-01.ibm.com/software/de/rational/
[@TNG] TestNG – Welcome, https://testng.org/
[@UML] Object Management Group – UML, https://www.omg.org/spec/UML/
[@Let] UML Tool for Fast UML Diagrams, http://www.umlet.com/
[@VM] V-Modell XT, https://www.cio.bund.de/Webs/CIO/DE/digitaler-wandel/Achitekturen_und_Standards/V_modell_xt/v_modell_xt_links_und_downloads/v_modell_xt_links_und_downloads_node.html
[@XML] XML Technology – W3C, http://www.w3.org/standards/xml/

Bücher

[AO97] K. R. Apt, E.-R. Olderog, Verification of Sequential and Concurrent Programs, 2. Auflage, Springer, New York Berlin Heidelberg, 1997
[BAB00] B. W. Boehm, C. Abts, A. W. Brown et al., Software Cost Estimation with Cocomo II, Prentice Hall PTR, Upper Saddle River, New Jersey, USA, 2000
[Bal00] H. Balzert, Lehrbuch der Software-Technik: Software-Entwicklung, 2. Auflage, Spektrum Akademischer Verlag, Heidelberg Berlin Oxford, 2000
[Bal96] H. Balzert, Objektorientierte Systemanalyse, Spektrum Akademischer Verlag, Heidelberg Berlin Oxford, 1996
[Bal98] H. Balzert, Lehrbuch der Software-Technik: Software-Management Software-Qualitätssicherung Unternehmensmodellierung, Spektrum Akademischer Verlag, Heidelberg Berlin Oxford, 1998

[Bar00] S. Bartsch-Beuerlein, Qualitätsmanagement in IT-Projekten, Hanser, München Wien, 2000

[BCM90] J.R. Burch, E.M. Clarke, K.L. McMillan, D.L. Dill, L.J. Hwang. Symbolic Model Checking: 10^{20} States and Beyond, Proceedings of the 5th Annual Symposium on Logic in Computer Science, Seiten 428–439, 1990.

[BG76] R. Bandler, J. Grinder, The Structure of Magic II: A Book About Communication and Change, Science and Behaviour Books, Palo Alto/USA, 1975

[Bec00] K. Beck, Extreme Programming, Addison-Wesley, München, 2000

[Bel03] M. Belbin, Team Roles at Work, Elsevier LTD, Oxford, 2003

[BF01] M. Bundschuh, A. Fabry, Aufwandsschätzung in IT-Projekten, 2. Auflage, mitp, Bonn, 2001

[BMM98] W. J. Brown, R. C. Malveau, H. W. McCormick III, T. J. Mowbray, Anti Patterns, John Wiley & Sons, USA, 1998

[Böh06] O. Böhm, Aspektorientierte Programmierung mit AspectJ 5, dpunkt, Heidelberg, 2006

[Bra09] J. Brauer, Grundkurs Smalltalk – Objektorientierung von Anfang an, 3. Auflage, Vieweg+Teubner, Wiesbaden, 2009

[BT03] B. Boehm, R. Turner, Balancing Agility and Discipline, Addison-Wesley, USA, 2003

[Bug17] D. Bugl, Learning Redux, Packt Publishing, UK, 2017

[Bur02] M. Burghardt, Projektmanagement – Leitfaden für die Planung, Überwachung und Steuerung von Entwicklungsprojekten, 6. überarbeitete Auflage, Publicis Corporate Publishing, Erlangen, 2002

[CES86] E.M. Clarke, E.A. Emerson, A.P. Sistla, Automatic Verification of Finite-State Concurrent Systems Using Temporal Logic Specifications, ACM Transactions on Programming Languages and Systems, 8(2), Seiten 244–263, April 1986.

[Che76] P. Chen, The Entity-Relationship Model – Towards a Unified View of Data, in: ACM Transactions on Database Systems, Band 1, Nr. 1, Seiten 9–36, 1976

[CMM06] CMMI Product Team, CMMI for Development, Improving processes for better products, Version 1.2, CMU/SEI-2006-TR-008, Carnegie Mellon University, 2006

[Col01] J. Coldewey, eXtreme Hyping, Objektspektrum, Nr. 3, 2001

[Col02] J. Coldewey, Multi-Kulti: Ein Überblick über die agile Entwicklung, Objektspektrum, Nr. 1, 2002

[Coh05] M. Cohn, Agile Estimating and Planning, Pearson Education, Upper Saddle River (USA), 2005

[CRC07] A. Cooper, R. Reimann, D. Cronin, About Face 3: The Essentials of Interaction Design, 3. Auflage, Wiley, Indianapolis, USA, 2007

[CZ05] Softwareentwicklung läuft nicht auf Zuruf, Computer Zeitung, Nr. 46, 14.11.2005

[Dat00] C.J. Date, Great News, The Relational Model Is Very Much Alive, http://www.dbdebunk.com, August 2000

[DeM98] T. DeMarco, Der Termin, Hanser, München Wien, 1998

[DeM01] T. DeMarco, Spielräume – Projektmanagement jenseits von Burn-out, Stress und Effizienzwahn, Hanser, München Wien, 2001

[Dem00] W. E. Deming, Out of the Crisis, B&T, USA, 2000

[DIN15] DIN Deutsches Institut für Normung e. V., Qualitätsmanagementsysteme – Anforderungen (ISO 9001:2015); Deutsche und Englische Fassung EN ISO 9001:2015, Beuth, Berlin Wien Zürich, 2015

[DIN20] DIN Deutsches Institut für Normung e. V., Ergonomie der Mensch-System-Interaktion – Teil 110: Interaktionsprinzipien (ISO 9241–110:2020), Beuth, Berlin Wien Zürich, 2020

[DL03] T. DeMarco, T. Lister, Bärentango – Mit Risikomanagement Projekte zum Erfolg führen, Hanser, München Wien, 2003

[EMD 97] K. El Emam (Hrsg.), W. Melo (Hrsg.), J.-N. Drouin (Hrsg.), SPICE: The Theory and Practice of Software Process Improvement and Capability Determination, John Wiley & Sons, New York, 1997

[EL07] W. Eberling, J. Lessner, Enterprise JavaBeans 3, Hanser, München Wien, 2007

[Erl03] H. Erlenkötter, XML, Rowohlt Taschenbuch Verlag, Reinbek, 2003

[ES04] K. Eilebrecht, G. Starke, Patterns kompakt, Spektrum Akademischer Verlag, Heidelberg Berlin, 2004

[Fow99] M. Fowler, Refactoring: Improving the Design of Existing Code, Addison-Wesley, USA, 1999

[FR14] J. Freund, B. Rücker, Praxishandbuch BPMN 2.0, 4. Auflage, Hanser, München Wien, 2014

[Fri90] J. Friedrichs, Methoden empirischer Sozialforschung, 14. Auflage, WV Studium, Band 28, VS Verlag für Sozialwissenschaften, Wiesbaden, 1990

[FS04] H. R. Friedag, W. Schmidt, Balanced Scorecard, Haufe, Planegg, 2004

[Gad03] A. Gadatsch, Grundkurs Geschäftsprozess-Management, 3. Auflage, Vieweg, Wiesbaden, 2003

[Ghe24] A. Gheorghiu, Building Data-Driven Applications with LlamaIndex, Packt Publishing, England, 2024

[GHJ95] E. Gamma, R. Helm, R. Johnson, J. Vlissides, Design Patterns – Elements of Reusable Object-Oriented Software, Addison-Wesley, USA, 1995

[Glo13] B. Gloger, Scrum: Produkte zuverlässig und schnell entwickeln, 4. Auflage, Hanser, München Wien, 2013

[Gol14] J. Goll, Architektur- und Entwurfsmuster der Softwaretechnik, 2. Auflage, Springer Vieweg, Wiesbaden, 2014

[Gru05] U. Grude, Java ist eine Sprache, Vieweg, Wiesbaden, 2005

[Hal11] G. McLean Hall, Pro WPF and Silverlight MVVM", Apress, New York City, 2011

[Har87] D. Harel, Statecharts: A Visual Formalism for Complex Systems, Science of Computer Programming, Nr. 8, Seiten 231–274, 1987

[Hen96] B. Henderson-Sellers, Object-Oriented Metrics, Measures of Complexity, Prentice Hall, USA, 1996

[HL03] E. Hatcher, S. Loughran, Java Development with Ant, Manning, Greenwich, 2003

[HMG05] C. Heinisch, F. Müller, J. Goll, Java als erste Programmiersprache, 4. Auflage, Teubner, Wiesbaden, 2005

[Hoa69] C. A. R. Hoare, An axiomatic basis for computer programming, Communications of the ACM, Nr. 12, Seiten 576–583, 1969

[Hol04] G. Holzmann, The SPIN model checker, Addison-Wesley – Pearson Education, Boston, 2004

[Hum97] W. S. Humphrey, Introduction to the Personal Software Process, Addison-Wesley, USA, 1997

[Hum00] W. S. Humphrey, Introduction to the Team Software Process, Addison-Wesley, USA, 2000

[Irv22] D. Irvine, Mastering React Test-Driven Development: Build simple and maintainable web apps with React, Redux, and GraphQL, 2.Auflage, Packt Publishing, UK, 2022

[Jon91] C. Jones, Applied Software Measurement, McGraw-Hill, USA, 1991
[JR03] D. Jordan, C. Russell, Java Data Objects, O'Reilly, USA, 2003
[KEP05] S. Kleuker, R. Ebrahim-Pour, Ein pragmatischer Ansatz zur individuellen Integration von IT-Risikomanagement in Unternehmen, Arbeitspapiere der NORDAKADEMIE, Nr. 2005–01, Elmshorn, 2005
[KK06] M. Klar, S. Klar, Einfach Generieren, Hanser, München Wien, 2006
[Kle09] S. Kleuker, Formale Modelle der Softwareentwicklung, Vieweg+Teubner, Wiesbaden, 2009
[Kle19] S. Kleuker, Qualitätssicherung durch Softwaretests, 2. aktualisierte und erweiterte Auflage, Springer Vieweg, Wiesbaden, 2019
[Kle24] S. Kleuker, Grundkurs Datenbankentwicklung, 5. erweiterte Auflage, Springer Vieweg, Wiesbaden, 2016
[KT11] S. Kleuker, F. Thiesing, Vier Jahre Software-Engineering-Projekte im Bachelor – ein Statusbericht, in J. Ludewig, A.Böttcher (Hrsg.), Software Engineering im Unterricht der Hochschulen 2011, Seiten 40–44, CEUR Workshop Proceedings, Vol. 695, 2011
[Kne02] R. Kneuper, CMMI, dpunkt, Heidelberg, 2002
[Kru04] P. Kruchten, The Rational Unified Process, 2. Auflage, Addison-Wesley, USA, 2004
[KW03] A. Kleppe, J. Warner, MDA Explained, Addison-Wesley, USA, 2003
[Lar05] G. Larman, UML 2 und Patterns angewendet, mitp, Bonn, 2005
[Lig02] P. Liggesmeyer, Software-Qualität. Testen, Analysieren und Verifizieren von Software, Spektrum Akademischer Verlag, Heidelberg Berlin Oxford, 2002
[Lin05] J. Link, Softwaretests mit JUnit, 2. Auflage, dpunkt, Heidelberg, 2005
[Lin13] T. Linz, Testen in Scrum-Projekten: Leitfaden für Softwarequalität in der agilen Welt, dpunkt, Heidelberg, 2013
[Mar03] R. C. Martin, Agile Software Development, Principles, Patterns and Practices, Prentice Hall, USA, 2003
[Mar08] R. C. Martin, Clean Code: A Handbook of Agile Software Craftsmanship, Prentice Hall, USA, 2008
[Mec05] R. Mecklenburg, GNU make, O'Reilly, Köln, 2005
[Mer04] E. Merker, Grundkurs Java-Technologien, Vieweg, Wiesbaden, 2004
[Mya07] A. Myatt, Pro NetBeans IDE 5.5 Enterprise Edition, Apress, USA, 2007
[ND81] K. Nygaard, O.-J. Dahl, The Development of the Simula Languages, in History of Programming Languages, R. Wexelblat (Hrsg.), Academic Press, USA, 1981
[Nie04] J. Nielsen, Designing Web Usability, dtsch. Ausg., Markt und Technik, 2004
[NR69] P. Naur, B. Randell (Editoren), Software Engineering, Proc. Nato Working Conference Oct. 1968, 1969
[Oes12] B. Oestereich, Analyse und Design mit der UML 2.5, Oldenbourg, München, 2012
[Olb04] A. Olbrich, ITIL kompakt und verständlich, Vieweg, Wiesbaden, 2004
[OLW07] R. Oates, T. Langer, S. Wille, T. Lueckow, G. Bachlmayr, Spring & Hibernate, Hanser, München, Wien, 2007
[OWS03] B. Oestereich, C. Weiss, C. Schröder, T. Weilkiens, A. Lenhard, Objektorientierte Geschäftsprozessmodellierung mit der UML, dpunkt, Heidelberg, 2003
[Pou23a] N. Poulton, Docker Deep Dive, Nielsen Book Services, England, 2023
[Pou23b] N. Poulton, The Kubernetes Book, Nielsen Book Services, England, 2023
[Pnu77] A. Pnueli, The Temporal Logic of Programs, Proceedings of the 18th IEEE Symposium on Foundations of Computer Science, Seiten 46–57, 1977
[RC02] M.B. Rosson, J.M. Carrol, Usability Engineering, Morgan Kaufmann, USA, 2002

[Roy70] W. Royce, Managing the development of large software systems, in: Proc. IEEE WESTCON, Los Angeles, Seiten 1–9, IEEE Computer Society Press, 1970

[RQ12] C. Rupp, S. Queins, die SOPHISTen, UML 2 glasklar: Praxiswissen für die UML-Modellierung, 4. Auflage, Hanser, München Wien, 2012

[RS14] C. Rupp, SOPHIST GROUP, Requirements-Engineering und –Management, 6. Auflage, Hanser, München Wien, 2014

[Rup14] S. Ruppert, Java 8 Streams, entwickler.press, Frankfurt, 2014

[RWH15] S. Rose, M. Wynne, A. Hellesøy, The Cucumber for Java Book, The Pragmatic Programmers, Dallas, Raleigh, 2015

[Sch03] J. Schwab, Projektplanungen realisieren mit MS Project 2003 und Project Server 2003, Hanser, München Wien, 2003

[Sch04] U. Schöning, Logik für Informatiker, 5. Auflage, Spektrum Akademischer Verlag, Heidelberg Berlin Oxford, 2004

[Scw04] K. Schwaber, Agile Project Management with Scrum, Microsoft Press, USA, 2004

[Sei15] H. Seidlmeier, Prozessmodellierung mit ARIS, 4. Auflage, Springer Vieweg, Wiesbaden, 2015

[Sne87] H. M. Sneed, Software-Management, Müller, Köln, 1987

[SP05] B. Shneiderman, C. Plaisant, Designing The User Interface, 4. Auflage, Addison-Wesley, USA, 2005

[SRS04] F. Schulz von Thun, J. Ruppel, R. Stratmann, Miteinander Reden: Kommunikationspsychologie für Führungskräfte, 2. Auflage, Rowohlt, Reinbek, 2003

[Sti99] H. Stienen, Nach CMM und BOOTSTRAP: SPICE. Die neue Norm für Prozessbewertungen, INFORMATIK/ INFORMATIQUE, Zeitschrift der schweizerischen Informatik Organisation, 6/1999

[Str94] B. Stroustrup, The Design and Evolution of C++, Addison-Wesley, USA, 1994.

[Sun97] Sun, Java Code Conventions, 1997, http://www.oracle.com/technetwork/java/codeconventions-150003.pdf

[Tha01] G. E. Thaller, ISO 9001:2000, 3. Auflage, Heise, Hannover, 2001

[Tuc65] B. W. Tuckman, Developmental Sequence in Small Groups, Psychological Bulletin, Nr. 63, Seiten 384–399, 1965

[Tür03] C. Türker, SQL:1999 & SQL:2003, dpunkt, Heidelberg, 2003

[USH06] U.S. Department of Health and Human Services (HHS), U.S. General Services Administration, Research-Based Web Design & Usability Guideline, erhältlich unter http://usability.gov/guidelines/index.html, 2006

[Ver03] G. Versteegen (Hrsg.), Risikomanagement in IT-Projekten, Springer, Berlin Heidelberg, 2003

[VOJ02] C.F. Vasters, A. Oellers, B. Javidi, J.M. Freiberger, B.A. DePetrillo, .NET-Crashkurs, 2. Auflage, Microsoft Press, Unterschleißheim, 2002

[VW04] G. Vossen, K.-U. Witt, Grundkurs Theoretische Informatik, 3. Auflage, Vieweg, Wiesbaden, 2004

[Wal01] E. Wallmüller, Software-Qualitätsmanagement in der Praxis, 2. Auflage, Hanser, München Wien, 2001

[Wal04] E. Wallmüller, Risikomanagement für IT- und Software-Projekte, Hanser, München Wien, 2004

[Wal07] E. Wallmüller, SPI – Software Process Improvement mit CMMI, PSP/TSP und ISO 15504, Hanser, München Wien, 2007

[WJB07] P. Watzlawick, J. H. Beavin, D. D. Jackson, Menschliche Kommunikation, 11. Auflage, Huber, Bern, 2007

[WK02] J. Warner, A. Kleppe: The Object Constraint Language, Addison-Wesley, USA, 2002

[WK06] G. Wolmeringer, T. Klein, Profikurs Eclipse 3, Vieweg, Wiesbaden, 2006

[WKB04] J. Warner, A. Kleppe, W. Bast, MDA Explained, Addison-Wesley, USA,2004

[WVS83] P. Wolper, M. Y. Vardi, A. P. Sistla, Reasoning about infinite computation paths, Proceedings of the 24th IEEE Symposium on Foundations of Computer Science, Tuscan, IEEE Press, Seiten 185–194, 1983

[WVS21] M. Winter, K. Vosseberg, F. Simon, Umfrage 2020 – Softwaretest in Praxis und Forschung, Technischer Report, https://www.softwaretest-umfrage.de/pdf/Technischer-Report-Umfrage-2020-V11Linked.pdf, Version 1.11, 2021

Stichwortverzeichnis

S. Kleuker, *Grundkurs Software-Engineering mit UML*,
https://doi.org/10.1007/978-3-658-46534-6

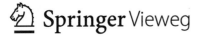